노인복지론

9판

권중돈 지음

학지사

❧ 9판 머리말

노인복지는 노인의 삶의 질을 고양하며, 노인이 살기 좋은 세상을 만드는 데 목적을 둔 사회제도이다. 그러므로 노인의 삶과 사회환경이 변화되면 노인복지 역시 변화될 수밖에 없다. 이 책은 2004년 초판이 발행된 후 20년 동안 독자 여러분의 사랑과 관심을 받아 왔으며, 그동안 이미 여덟 번의 수정·보완을 거쳐 왔다. 그럼에도 이 책이 노인의 삶과 노인복지제도의 변화를 담아내는 데 한계를 지닐 수밖에 없을 정도로 노인복지 분야의 변화는 매우 빠르게 진행되고 있다. 특히 3년마다 노인실태조사의 결과가 다시 발표되고, 매년 노인복지정책이 바뀜에 따라 노인의 삶의 실태와 욕구 그리고 노인복지정책에 대한 세부 내용을 대폭 손질할 필요가 생겼다.

인류학자이자 사이버네틱스 이론가인 Gregory Bateson은 사람 간의 의사소통을 '차이를 만드는 차이(difference which makes the difference)'라고 하였다. 이 책을 통해 독자와 소통하고 있는 저자는 책에 담긴 오래된 정보로 인해 독자의 지식과 기술에 '잘못된 차이'를 만드는 우(愚)를 범할까 두려웠다. 이에 새로운 정보를 전달하여 보다 창의적인 지식과 기술의 발전이라는 '좋은 차이'를 만들어 내야 한다는 책임감에서 9판 개정을 서두르게 되었다.

이번 개정판의 제1부 '노화와 노인의 이해' 중 제1장에서는 초고령사회 진입과 인생 100세 시대를 눈앞에 둔 점을 고려하여, 통계청 국가통계포털(kosis.kr)의 인구통계 자료를 바탕으로 노인인구의 변화 양상에 대한 내용을 대폭 수정하였다. 제2장에서는 노화와 관련된 최근의 학술 논의를 일부 보완하는 선에서 개정하였다.

제2부 '노년기의 삶, 욕구와 문제'에서는 보건복지부와 한국보건사회연구원의 '2023년도 노인실태조사' 결과를 바탕으로 노인의 삶과 복지욕구 전반에 관한 내용을 최신 정보와 자료로 수정하였다. 또한 한국노년학회(www.tkgs.or.kr)와 한국노인복지학회(www.koreawa.or.kr)의 학회지 그리고 외국의 노년학 전문저널에 발표된 최근 학술논문을 근거로 최신 연

구결과를 보완하였다. 제3장은 통계청의 경제활동인구조사, 고용노동부 (www.moel.go.kr)의 고령인력 활용과 퇴직 관련 자료를 근거로 수정하였다. 제4장은 국민 건강보험공단 (www.nhis.or.kr)의 건강보험 통계자료를 보완하여 손질하였다. 제5장은 치매 관련 최신 학술 및 연구자료를 바탕으로 보완하였고, 제6장은 여가활동과 자원봉사에 관한 통계자료와 학술논문을 기반하여 최신 정보로 수정하였다. 제7장은 국토교통부의 주거실태조사 결과를 반영함과 아울러 노인장기요양보험제도(www.longtermcare.or.kr)의 개정 내용과 요양보호사 교육과정의 변경 내용을 보완하였다. 제8장에서는 노인 가족, 친구, 이웃과의 관계에서 나타난 변화 양상과 관련된 자료를 수정하였으며, 제9장에서는 보건복지부의 고독사 예방실태조사와 자살실태조사 결과를 반영함과 아울러 호스피스 완화의료 사업안내 등을 참조하고, 노인 죽음, 노년기 성생활, 노인의 안전 및 노인인권과 관련된 최근의 연구결과를 최대한 반영하여 보완하였다.

　제3부 '노인복지 정책 및 실천' 중 제10장에서는 법제처의 국가법령정보센터(www.law.go.kr)의 노인복지 관련 법 개정 자료, 보건복지부(www.mohw.go.kr)의 2024년 노인보건복지 사업안내, 기획재정부(www.moef.go.kr)의 국가예산자료를 바탕으로 「노인복지법」, 노인복지 전달체계, 노인복지 재정과 관련된 내용을 수정하였다. 제11장은 국민연금공단(www.nps.or.kr), 국방부 군인연금(www.mps.mil.kr), 공무원연금공단(www.geps.or.kr), 사립학교교직원연금공단(www.tp.or.kr), 고용노동부(www.moel.go.kr), 국토교통부(www.molit.go.kr), 문화체육관광부(www.mcst.go.kr), 국민건강보험공단(www.nhis.or.kr), 건강보험심사평가원(www.hira.or.kr), 국민건강보험공단 노인장기요양보험(www.longtermcare.or.kr), 한국노인종합복지관협회(www.kaswcs.or.kr), 한국재가노인복지협회(www.kacold.or.kr), 한국노인복지중앙회(www.elder.or.kr), 한국시니어클럽협회(www.silverpower.or.kr), 한국노인인력개발원(www.kordi.or.kr)의 최신 통계 및 연구자료와 2024년 노인보건복지 사업안내, 치매정책 사업안내, 노인맞춤돌봄서비스 사업안내 등의 정책자료를 근거로 하여 현행 노인복지정책과 서비스의 변경 사항을 집중 보완하였다. 제12장은 필자의 사회복지 프로그램 공모사업 심사 및 슈퍼비전 경험을 바탕으로 프로그램 제안서 심사평가 기준과 실제 심사과정에서 심사위원들이 눈여겨보는 부분에 대한 내용을 보완하였다. 제13장은 노인복지 실천에 관한 최근의 연구자료를 최대한 반영하여 보완하였다.

　이와 같이 이번 9판은 8판의 내용을 수정·보완하였지만, 저자의 게으름과 무지의 소치로 인하여 여전히 미흡한 부분이 남아 있으므로, 독자 여러분의 건전하고 따끔한 비판을 통해 더욱 다듬어질 수 있기를 바란다. 다만, 정보지식사회의 교육은 '무엇을 가르치느냐'의 문제가 아니라 "어디에 정보가 있는지를 알려 주는 것이다."라는 어느 교육학자의 말에 의지하여, 노인복지와 관련된 최신 정보가 어디에 있는지를 독자 여러분께 알리는 것으로 작은 위안을 삼고자 한다.

이 책을 쓸 수 있도록 인도하신 하나님의 은혜와 주변에서 물심양면으로 도움을 주신 여러분께도 감사드린다. 그분들을 가슴으로 기억하며, 앞으로 더 좋은 내용을 담은 10판을 내놓겠다는 다짐으로 감사의 마음을 대신하려 한다. 또한 초판 발행 이후 짧은 시간 내에 9판을 세상에 내놓을 수 있었던 것은 이 책을 아끼고 사랑해 준 독자 여러분이 있어서 가능했기에 독자 여러분께 감사드린다.

아무쪼록 이 책이 동시대를 살아가는 노인의 힘든 삶을 조금이나마 위로하고 변화시킬 수 있는 도구로, 사회복지학 등의 인간봉사전문직을 전공하는 대학생과 대학원생에게는 노인복지 입문서로 그리고 노인복지 정책입안자와 행정가, 현장 실천가가 노인을 돕는 수단을 고민할 때 조금이나마 보탬이 되는 안내서로 사용되었으면 하는 바람이다.

2025년 2월
한겨울의 헐벗고 메마른 대지 속에서
새로운 생명을 준비하는 새싹을 피워 올리는
따사롭고 향기로운 봄을 기다리며
계룡산 자락의 작은 공간에서

🌱 1판 머리말

조선시대 함창(咸昌) 현감을 지낸 태촌(泰村) 고상안(高尙顔)의 수필『효빈잡기(效嚬雜記)』에 "젊은 쥐들은 더 이상 배울 만한 기술이 없어지자 늙은 쥐를 홀대하지만, 무거운 돌이 올려진 솥 안의 음식을 훔쳐 먹지 못하게 된 젊은 쥐들이 늙은 쥐의 지혜를 빌려 다시 음식을 훔쳐 먹을 수 있게 된 후로는 그 늙은 쥐를 극진히 보살폈다."라는 비유가 나온다.

쓰인 지 400년이 지났지만 이 글귀를 오늘날 노인이 처한 현실에 대입하여도 크게 다르지 않을 것이다. 현세대의 노인은 자신보다는 자식과 가족, 더 나아가서는 나라를 먼저 생각하며 고된 삶의 역정을 걸어왔다. 그러나 그에 따른 보상은『효빈잡기』에 나오는 늙은 쥐가 받는 대접과 별반 다를 것이 없다. 이러한 노인의 고단한 과거와 현재의 삶을 보상하고 미래의 행복한 삶을 보장하기 위하여 가족은 가족대로, 국가는 국가대로 나름의 노력을 기울이고 있다. 이러한 노력만으로는 아직 노인의 삶의 형편이 크게 나아지는 것 같지 않아 보이지만, 언젠가는『효빈잡기』의 깨우친 젊은 쥐들처럼 우리의 부모이자 사회의 어른인 노인을 극진히 모시는 그날이 올 것을 기대해 본다.

노인의 어제와 오늘의 삶을 이해하고, 오늘보다 나은 내일의 삶을 열어 갈 수 있도록 돕는 방법이 무엇일까를 고민하기 위하여 이 책을 쓰게 되었다. 이 책은 크게 3부로 나누어 엮었다. 제1부는 노화와 노인의 이해에 필요한 내용으로 구성되어 있다. 노인복지를 실천하기 위해서는 노화의 과정과 결과, 노인의 특성과 욕구, 노인문제를 이해하지 않으면 안 되므로 이에 대한 내용을 제1~2장에서 다루었다. 물론 이 책에 담긴 내용만으로는 프랑스의 고전작가 라 로슈푸코(La Rochefoucauld)의 말처럼 "진정으로 노인을 이해하지는 못한다."라고 할지라도 노화와 노인에 대한 기본 이해를 도모하는 데 크게 부족하지는 않을 것이다.

제2부는 현세대의 노인이 어떻게 살아가고 있으며, 무엇을 원하고 무엇을 힘들어하는지에 대해 다루었다. 제3~9장에서는 일과 소득, 건강, 주거, 여가와 교육, 가족, 죽음, 성, 차별

과 학대, 정치와 권익, 정보화, 사고와 범죄 등 다양한 노인의 삶의 모습을 조명해 보고 각각의 삶의 영역에서 나타나는 욕구와 문제가 무엇인지를 찾아보려 하였다.

제3부에서는 노인의 삶의 과정에서 나타나는 욕구와 문제를 해결할 수 있도록 돕는 방법에 대해 다루었다. 제10～12장에서는 노인복지에 대한 상세한 설명과 현재 실시되고 있는 노인복지정책과 서비스에 대해 살펴보고 노인상담, 사례관리, 프로그램 개발 등 노인복지 현장에서 효과적인 실천을 하는 데 필요한 지식과 기술에 대해서 다루었다. 그리고 효과적인 노인복지실천을 위해서는 노인복지 지식과 기술만으로는 부족하다는 점을 고려하여, 마지막 제13장에서는 물리치료, 작업치료, 음악치료, 미술치료, 원예치료, 회상요법, 문예요법, 향기요법, 발반사요법 등의 재활치료분야에 대한 기본적인 설명과 프로그램에 대해 간략히 다루고 있다.

이렇게 책을 구성하고 마무리하면서 느끼는 바가 많다. 먼저 글이라는 매체가 노인의 삶과 문제를 묘사하는 데 한계가 많다는 점이다. 또한 고인이 되신 아버님과 팔순을 훌쩍 넘기신 어머님을 통해 노년기의 삶을 목격하고, 노인복지에 관한 이런저런 책을 읽고 글을 쓰기는 했지만, 여전히 이 책을 쓰는 저자가 가진 노인과 노인복지에 대한 지식이 너무나 얕다는 것을 절실히 느끼게 된다. 그러기에 이 책을 세상에 내놓음에 있어 부끄러움이 앞선다. 이러한 부끄러움이 독자 여러분의 기탄없는 비판과 매질로 조금이라도 줄어들었으면 하는 바람이다.

이렇게 부끄러운 글이지만 이런 기회를 가질 수 있게 해 준 많은 고마운 분들이 있다. 그 고마운 모든 분의 이름과 얼굴, 쌓아 온 정(情)을 마음속 깊이 간직하는 것으로 감사의 표현을 대신하려 하며, 앞으로 더욱 갈고 닦아 이 책을 다시 쓸 수 있기를 소망해 본다. 아무쪼록 이 책이 노인의 삶을 이해하고 좀 더 나은 삶이 될 수 있도록 돕는 데 조그만 보탬이라도 되었으면 한다.

2004년 한여름 더위에
계룡산 자락의 작은 공간에서

차례

제1부
노화와 노인의 이해

제1장   **노인과 노인문제 • 21**

제2부
노년기의 삶, 욕구와 문제

제**4**장　노년기의 건강과 돌봄 • 115

제7장   노년기의 주거생활과 고령친화산업 • 223

제3부
노인복지 정책 및 실천

제10장 **노인복지와 노인복지정책 • 349**

제13장 노인복지실천 • 491

제1부

노화와 노인의 이해

제**1**장

노인과 노인문제

1. 노인에 대한 이해

모든 인간은 성장, 성숙, 노화라는 세 가지 단계를 거쳐 발달하게 되는데, 이 중에서 노화 단계에 속하는 사람을 '노인'이라는 용어로 구별하여 부르고 있다. 연령이나 생물적 노화를 기준으로 노인을 규정하는 경우가 일반적이지만, 연령에 따라서 인간의 발달 단계를 획일적으로 구분하는 것에는 한계가 있다(권중돈, 2021a). 노화[1]는 개인에 따라 차이가 있고 생물적 노화, 심리적 노화, 사회적 노화라는 복합적인 발달 영역을 내포하며, 특정 시대의 문화, 정치, 사회, 경제 등의 다양한 요인과 밀접하게 연관되어 있다. 따라서 단지 연령과 생물적 노화만을 기준으로 하여 노인이라고 규정하는 것에는 한계가 있다(Sanderson & Scherbov, 2013). 그러므로 노인을 대상으로 한 학술연구와 정책개발, 전문적 실천을 위해서는 노인이라는 개념에 대한 좀 더 구체적인 뜻매김, 즉 개념 정의가 필요하다.

---

1) 노화(aging)에 관해서는 제2장에서 상세히 다룬다.

1) 노인을 지칭하는 용어

노인이라는 용어는 말 그대로 '나이 들어 늙은 사람'이라는 의미이다. 이때 늙어 간다는 것, 즉 노화는 생물적, 심리적 그리고 사회적 기능이 쇠퇴해 간다는 의미를 지닌다. 따라서 노인이라는 용어는 '나이가 들어 제반 기능이 저하된 사람'을 의미한다. 그러나 일상생활, 학술연구, 정책 등에서 노인을 호칭하는 우리말은 노인이라는 단어에 국한되지 않고 노년, 고령자 등으로 다양하다. 먼저 '노인(老人)'이라는 용어는 나이 든 사람에 대한 일반적 호칭으로 가장 널리 사용되고 있다. '노년(老年)'이라는 용어는 노인이라는 용어가 지닌 부정적 의미를 줄이기 위한 시도로 제안된 용어지만, 주로 노년기라는 인간발달 단계상의 시간적 의미를 지닌다. 고령자(高齡者)라는 용어는 노인만을 지칭한다기보다는 장년층에서 노년층까지의 보다 넓은 인구를 통칭하는 경우에 주로 사용된다. 이 외에도 우리나라에서는 가족관계에서 활용하는 용어를 확장하여 할아버지, 할머니라는 용어로 부르기도 하며, 비하적인 의미를 지닌 용어 또한 많이 사용하고 있다. 노인에 대한 존경의 의미를 담고 있는 용어로 우리의 옛글에서는 '아주 큰 아버지와 같은 존재'라는 의미를 지닌 '한아비'라는 용어를 사용하였으며, 노인복지 실천현장에서는 '어르신'이라는 용어를 사용하고 있다.

외국에서도 노인을 의미하는 다양한 용어가 사용되고 있다. 영어권 국가에서는 늙은 사람(older person), 나이 든 사람(aged), 연장자(elderly), 선배시민(senior citizen), 황금연령층(golden age)이라는 용어를 사용하고 있다. 프랑스에서는 적극적인 노후생활을 영위한다는 의미로 제3세대라는 용어를, 중국에서는 60대는 장년(長年), 70대 이상은 존년(尊年)이라는 용어를, 그리고 일본에서는 실버(silver) 또는 노년이라는 용어를 노인이라는 용어와 함께 사용하고 있다(김성순, 1994).

이와 같이 어떤 문화권이든 간에 긍정-중립-부정의 세 가지 의미를 지닌 다양한 용어로 노인을 호칭하고 있다. 부정적 의미를 지닌 노인 상당어구는 노년기의 기능 저하, 사회적 지위의 하락 등을 드러내어 노인을 사회적으로 비하 또는 차별하는 경우에 주로 사용된다. 긍정적 의미의 상당어구는 노인의 높은 사회적 지위를 인정하고 사회의 웃어른으로 존중하고자 하는 의도를 내포한다. 그러므로 부정이나 긍정의 의미를 지닌 노인 관련 용어는 일상생활의 대인관계 또는 전문 원조과정에서 주로 사용되며, 객관성과 중립성을 요구하는 노인 관련 학문분야나 연구에서는 중립적 의미를 지닌 용어를 사용하는 것이 옳다. 따라서 노인복지 실천현장에서는 '어르신'이라는 용어를 사용하는 것이 적절하며, 학술적 논의를 위해서는 부정적 의미가 없는 것은 아니지만 현재 사용하고 있는 우리말 중에서는 상대적으로 중립적 의미를 지닌 '노인'이라는 용어를 사용하는 것이 바람직하다.

2) 노인의 개념 정의

노인을 지칭하는 용어에서 살펴보았듯 노인을 한마디로 정의한다는 것은 매우 어렵다. 하지만 노인복지의 주된 대상이자 주체인 노인에 대한 정확한 이해를 위하여 노인의 개념을 좀 더 명확히 하는 것이 필요하다.

Breen(1960)은 노화의 세 가지 영역을 동시에 고려하여 노인을 "① 생물적 및 생리적 측면에서 퇴화기에 있는 사람, ② 심리적 측면에서 정신기능과 성격이 변화하고 있는 사람, 그리고 ③ 사회적 측면에서 지위와 역할이 상실되어 가는 사람"이라고 규정하고 있다. 즉, 노화로 인하여 생물적 · 심리적 · 사회적 기능이 감퇴한 사람을 노인으로 규정한다.

국제노년학회(1951)에서는 노인이란 인간의 노화과정에서 나타나는 생물적 · 심리적 · 환경적 변화 및 행동적 변화가 복합적으로 상호작용하는 과정에 있는 사람이라고 규정하며, 다음의 다섯 가지 특성을 지닌 사람을 의미한다고 설명하고 있다. 즉, 노인은 ① 환경 변화에 적절히 적용할 수 있는 조직기능이 감퇴되고 있는 사람, ② 생체의 자체 통합능력이 감퇴되고 있는 사람, ③ 인체의 기관, 조직, 기능에 쇠퇴현상이 일어나는 시기에 있는 사람, ④ 생활상의 적응능력이 결손되어 가고 있는 사람, ⑤ 조직의 예비능력이 감퇴하여 적응이 제대로 되지 않는 사람이라고 규정하고 있다. 최성재와 장인협(2010)은 생리적 및 신체적 기능의 퇴화와 더불어 심리적인 변화가 일어나서 개인의 자기유지 기능과 사회적 역할기능이 약화되고 있는 사람이라고 규정하고 있다.

이와 같은 노인에 관한 개념 정의를 종합하여 볼 때, 노인이란 '노화의 과정 또는 그 결과로서 생물적 · 심리적 · 사회적 기능이 약화되어 자립적 생활능력과 환경에 대한 적응능력이 약화되고 있는 사람'이라고 규정할 수 있다.

3) 노인의 조작적 정의

위와 같은 노인에 대한 개념 정의는 조사연구, 복지정책의 수립과 집행을 위한 실제적인 효용성은 매우 낮다. 따라서 노인에 대한 더욱 구체적이고 조작적인 정의가 요구되는데, 노인에 대한 조작적 정의는 크게 다음과 같이 다섯 가지 정도로 구분할 수 있다(최성재, 장인협, 2010; 홍숙자, 2010; Atchley & Barusch, 2004).

(1) 개인의 자각에 따른 노인

개인의 자각에 따른 노인은 개개인의 주관적 판단에 의해 스스로를 노인이라고 규정하는 것이다. 어떤 사람은 누가 보아도 노인이라고 여겨지지만 정작 본인은 아직 노인이 아니라고 생각할 수 있는 반면, 어떤 사람은 여전히 중 · 장년기에 속해 있는데도 자신을 노인이라고 규정할 수도 있다. 그러나 '마음은 28청춘인데…….'라는 말에서 보듯이, 중년기 이후부터 자기 자신이 어느 정도 나이가 들었다고 여기는 자각연령(自覺年齡)이 실제 연령보다는 낮은 것이 일반적이며, 고학력이고 전문직 종사자일수록 더욱 낮은 경향을 보인다(Birren & Schaie, 1977). 노년기의 연령기준과 관련하여, 우리나라 노인들은 69세 이하부터 노인이 된다고 생각하는 경우가 20.9%, 70대 초반 44.6%, 70대 후반 21.4%, 그리고 80세 이상이라고 생각하는 경우가 13.0%로 나타나, 노인이 스스로를 노인이라고 인식하게 되는 연령은 평균 71.6세 전후이며, 노인이라고 생각하는 연령이 해가 갈수록 조금씩 높아지고 있다(보건복지부, 한국보건사회연구원, 2023).

이러한 개인의 자각에 따른 노인의 정의는 노화의 다양한 측면을 고려한 종합적 판단을 내포하기는 하지만, 매우 주관적이고 추상적이어서 노인에 관한 연구나 정책에서 활용하기에는 한계가 있다. 그러나 이 개념은 노인의 일상생활이나 대인관계, 그리고 노인을 위한 상담 등의 임상적 실천에서는 매우 유용하게 사용할 수 있다.

(2) 역연령에 따른 노인

노인에 관한 정의에서 가장 보편적으로 사용하는 정의는 역연령(曆年齡, chronological age)에 따른 정의이다. 역연령에 따르면 출생 이후부터 달력상의 나이로 계산한 만 나이가 일정 연령 이상일 경우 노인으로 규정한다. 이 정의는 독일의 노령연금 수급기준이 65세로 규정된 것에서 유래한 것으로, 서구에서는 일반적으로 사회보장제도의 급여 수급 자격을 기준으로 노인을 65세로 규정하고 있다. 그러나 65세라는 획일적 기준을 적용할 경우 다양한 사회보장제도의 급여나 서비스를 이용할 필요가 없는 사람이 포함되거나 반대로 필요한 사람이 제외되는 문제가 생길 수 있으며, 학술연구에서도 여러 가지 제약이 있을 수 있다. 따라서 노년학 전문학술지인 『Journal of Gerontology』에서는 1998년 노인의 연령범위를 50~70세로 규정하고, 상황에 따라 연령기준을 융통성 있게 적용할 것을 제안한다(Atchley & Barusch, 2004).

우리나라의 노인 관련 법규를 살펴보면, 「고용상 연령차별금지 및 고령자고용촉진에 관한 법률」에서는 55세 이상을 고령자로 규정하고 있고, 「국민연금법」에서는 1952년 이전 출생자의 경우 노령연금 수급기준을 60세로, 그리고 1969년 이후 출생자는 65세로, 「노인복지법」과 「기초연금법」에서는 65세를 노인으로 규정하고 있으며, 「국민기초생활보장법」에서는 「노인복지법」의 노인 연령기준을 원용하고 있다(www.law.go.kr). 그리고 대부분의 노인복지관에서 노인의 연령기준을 60세 또는 65세로 설정하고 있다. 특히 우리나라에는 60세를 회갑이라고 하여 이 시점부터 노인이 되는 것으로 인정하는 사회 관습이 있고, 또 「고용상 연령차별금지 및 고령자고용촉진에 관한 법률」에서 근로자의 정년을 60세로 규정하고 있다 (www.law.go.kr). 이러한 제반 법규와 사회문화적 특성을 근거로 하여 볼 때, 우리나라에서의 노인에 관한 연령기준은 55~65세라고 할 수 있다.

하지만 역연령에 따른 정의에서 50대 후반의 사람을 노인으로 규정하는 경우는 매우 드물며, 대부분 중·장년층 또는 넓은 개념에서 고령자로 구분하는 것이 일반적이다. 그리고 1990년대까지만 해도 퇴직연령이나 회갑을 기준으로 하여 60세 이상을 노인으로 규정하자는 주장이 설득력을 가졌다. 그러나 노인복지제도의 모법(母法)인 「노인복지법」과 「기초연금법」에서 노인을 65세로 규정하고 있고, 국민연금 급여의 수급연령도 65세로 상향 조정되고 있으며, 또 회갑의 사회적 의미가 퇴색되고 기대수명이 연장되는 점 등을 고려해 볼 때, 65세부터 노인으로 규정하는 것이 현실적으로 타당하다.

역연령에 따른 노인의 정의는 다양한 영역에서 나타나는 노화의 특성을 잘 반영하며 입법, 정책이나 행정에서의 각종 급여 수급권이나 서비스 이용 자격기준을 정하는 데 매우 유용하게 사용하고 있다. 그러나 이러한 정의는 특정 연령 이상의 사람들을 일괄적으로 노인으로 규정함으로써 노화의 개인 차이나 개인의 능력, 그리고 기능수준을 무시하는 한계를 지닌다. 또한 30~40년에 이르는 연령 차이가 있음에도 노인을 하나의 집단으로 분류함으로써 연령 차이에 따른 노인의 욕구와 문제의 차이를 간과하게 만드는 정책이나 행정 또는 실천과정에서의 오류를 범하게 할 위험성이 있다.

이러한 지나치게 넓은 노인의 연령범위를 고려하여 학자들은 노인을 좀 더 세부적인 연령집단으로 구분하고 있다. Neugarten(1974)은 55~74세의 노인을 연소노인(young-old), 75세 이상의 노인을 고령노인(old-old)으로 구분하였으며, Forman 등(1992)은 60~69세 노인을 연소노인(young-old), 70~79세 노인을 중고령노인(middle-old), 그리고 80세 이상을 고령노인(old-old)으로 분류하고 있다. 미국사회복지사협회(1995)에서는 55~64세를 연소노인(young-old), 65~74세를 노인(old), 75~84세를 고령노인(older old), 그리고 85세 이상을 초고령노인(very old 또는 oldest old)으로 구분하고 있다. 하지만 외국의 노년학계에서는 사회보장제도의 수급 자격기준을 근거로 하여 65~74세를 연소노인(young-old), 75~84세를 고령노인(old-old 또는 middle-old), 그리고 85세 이상을 초고령노인(oldest old)으로 구분하는 것이 일반화되어 있다(Atchley & Barusch, 2004; Harrigan & Farmer, 2000; Suzman, 2001). 우리나라의 경우에도 2022년 기대수명이 82.7세인 점(통계청, 2023a. 12.)을 감안할 때, 이와 같은 국제적인 노인집단 분류기준을 적용할 수 있겠지만 이 역시 임의적인 분류일 수밖에 없으며, 사회문화적 변화에 맞추어 재조정하여야 할 것이다. 그리고 미국의 인구통계청에서와 같이 60대, 70대, 80대 등 10년 단위로 집단을 분류하는 방법 또한 노인집단을 분류하는 기준으로 활용할 수 있다(Atchley & Barusch, 2004).

이와 같이 역연령에 따른 노인의 정의와 연령을 기준으로 한 노인집단의 분류에는 한계가 있으며, 노인의 연령을 상향 조정해야 한다는 의견도 제기되고 있어 향후 노인 기준 연령이 높아질 것으로 예상된다. 그럼에도 65세라는 연령은 노인이 되는 법적, 정책적 및 행정적 기준으로 보편적으로 활용되고 있으며, 학술적으로도 이 시기부터 노인이라고 규정하는 것이 일반적이다.

(3) 사회적 역할 상실에 따른 노인

사회적 역할 상실에 따른 노인은 사회적 시계(social clock) 또는 사회적 연령의 개념을 적용하여 노인을 정의하는 것이다. 개인은 사회의 연령규범(age norm)에 따라 다양한 사회적 지위와 역할을 획득하고 상실하게 되는데, 주요한 사회적 지위와 역할을 상실한 사람을 노인으로 간주한다. 예를 들면, 직장에서 퇴직한 사람이나 가정에서 주부의 지위와 역할을 이양한 사람을 노인으로 간주한다. 그러나 이 정의는 사회적 지위와 역할이 불분명하거나 일생 동안 특별한 사회적 지위를 갖지 못한 사람에게는 적용하기 어렵다는 한계가 있다.

(4) 기능적 연령에 따른 노인

기능적 연령(functional age)은 특정 연령범주에 속한 개인의 외모, 신체적 기능, 생산성, 자아통제력, 정신기능 등의 기능수준을 근거로 하여 노인을 규정하는 방식으로, 산업노년학 분야에서 관심을 갖고 발전시킨 정의이다. 연령이 늘어남에 따라 신체적 기능이나 업무수행능력은 줄어드는 것이 일반적이지만, 모든 사람에게서 기능수준이 줄어드는 것은 아니다. 오히려 70대에 기업체에 재취업하여 젊은 사람 못지않은 생산성을 보이는 경우가 있는가 하면, 80대에 마라톤 풀코스를 완주하는 경우도 심심치 않게 볼 수 있다. 따라서 일정 연령에 도달하였다고 하여 무조건 사회에서 분리하기보다는 개인의 생물적·심리적·사회적 기능수준을 고려하여 퇴직 등의 사회적 분리를 해 나가는 것이 타당하다. 그러므로 기능적 연령에 따른 노인의 정의에서는 개인이 특정한 업무나 일을 수행할 수 없을 정도로 기능이 저하된 경우에 한하여 노인이라고 규정한다.

이 정의는 특정 연령 이상의 사람들을 일률적으로 노인으로 규정함으로써 노화의 개인 차이를 무시하게 되는 역연령에 따른 노인의 정의가 갖는 한계점을 보완할 수 있는 장점이 있다. 그러나 기능적 연령을 평가할 수 있는 기준과 영역이 매우 복잡하고 정책이나 행정의 편의성이 매우 낮기 때문에, 노인에 관한 연구나 법, 정책, 실천현장에서 활용하는 데 많은 한계가 있다.

(5) 발달 단계에 따른 노인

인간의 발달 단계는 생물적·심리적·사회적 속성이나 환경적 특성에 따라 구분할 수 있다. 중년기는 사회적 전이가 심하며, 노화 증상이 나타나기 시작하는 시기이다. 하지만 중년기에 노화가 시작된다고 하여도 40~50대에 속한 사람을 노인으로 규정하지는 않는다. 60대부터 생물적 노화와 함께 심리적 노화가 진행되고, 사회적 지위와 역할을 상실하고, 사회참여가 줄어들고, 자녀를 모두 떠나보내고 노부부만 남게 되는 빈둥지(empty nest) 시기가 되는 등 사회적 노화 또한 급속하게 진행된다. 그리고 70대 후반에 신체적으로 매우 취약해지고 만성질환을 앓는 경우가 많아지며, 인지기능 역시 저하되고 사회관계망과 사회활동 참여가 축소되며, 타인에 대한 의존성이 급격히 증가된다. 따라서 이러한 인간발달 단계를 근거로 하여 50대 후반부터 후기 성인기 또는 초기 노년기로 구분하기도 하고, 60세 또는 65세부터 노년기로 분류하거나 75세 이후를 후기 노년기로 구분하는 경우도 있다(Atchley & Barusch, 2004).

이러한 노인에 대한 조작적 정의 모두가 제각각의 장단점을 지니고 있으므로, 하나의 정의만으로 노인을 명확히 규정하는 데는 한계가 있다. 그러나 그중 역연령에 따른 정의가 가장 보편적으로 받아들여지고 있으며, 상황이나 필요에 따라 역연령에 따른 노인 정의에 한두 가지 조작적 정의를 추가하여 활용하는 경우가 대부분이다.

2. 노인인구의 변화와 사회적 영향

사회는 서로 다른 지위와 역할을 수행하는 다양한 연령계층의 인구집단으로 구성되어 있다. 한 사회의 인구구조 변화는 경제, 의료, 주택, 금융, 복지제도 등 사회 전반에 중요한 영향을 미치므로, 국가정책의 우선순위를 설정하고 장기적인 대비책을 수립하기 위해서는 인구구조의 변화에 대한 고찰이 선행되어야 한다.

전 세계적으로 나타나는 인구구조 변화의 가장 큰 특징은 노인인구의 절대수와 상대적 비율이 증가한다는 점이다. UN(2024)의 인구추계에 따르면, 전 세계적으로 인구증가율은 둔화되고 있으나 출산율 저하와 기대수명 연장으로 인하여 2019년 7억 2,900만 명이던 전 세계 65세 이상 노인인구가 2070년대 후반에는 22억 명으로 세계 인구의 20%에 이르고 18세 미만 아동 인구보다 더 많아질 것으로 예측된다. 특히 개발도상국의 노인인구 증가가 더욱 빠르게 이루어질 것으로 보이며, 유럽 지역의 경우 2050년에 65세 이상 노인인구가 전체 인구의 26%에 이르고, 동남아시아 지역 역시도 24% 정도에 이를 것으로 추계되고 있다.

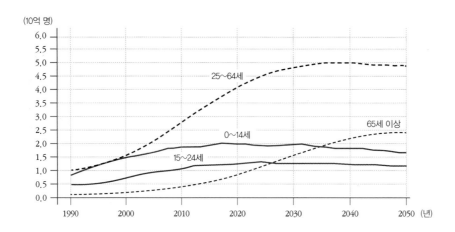

[그림 1-1] 세계 인구의 연령집단별 인구구성 변화추이

자료: United Nations (2024). *World Population Prospects 2024*.

　이와 같이 노인인구가 증가하게 된 배경요인은 사망률과 출산율의 변화와 밀접한 상관성을 지닌다(UN, 2019). 사회가 발전함에 따라 보건의료기술이 발전하고 건강에 대한 관심과 건강 관련 서비스의 증가, 영양, 안전, 위생환경의 개선 등과 같은 전반적인 생활수준의 향상으로 기대수명이 증가하고 사망률은 감소함으로써 노인인구의 절대수가 늘어나게 된다. 그리고 노동력이 경제적 부와 직결되던 농경사회에서 기계가 노동력을 대체하는 산업사회로 변화되면서 소자녀 가치관이 확산되어 출산율이 낮아짐으로써 노인인구의 상대적 비율이 증가하게 된 것이다. 우리나라의 경우에도 1970년대부터 산업화 과정을 거치면서 사망률과 출산율은 낮아지고 노인인구의 절대수와 상대적 비율이 지속적으로 빠르게 높아지고 있는데, 이에 대해 살펴보면 다음과 같다.

1) 기대수명의 연장

　'스스로 가겠다고 여쭈어라.'라는 글귀는 인간의 장수에 대한 여망을 표현한 것이라 할 수 있다(최순남, 1999). 이 글귀에 따르면 우리나라 사람들의 기대수명은 '지금부터 노년의 즐거움(老樂)을 누릴 시기'에 속할 정도로 많이 연장되었다. 〈표 1-1〉에서 보는 바와 같이 1960년부터 지난 60년 동안 기대수명은 30.8세 증가하였고, 2025년 기준 남자 81.6세, 여자 87.3세로 평균 84.5세에 이르며, 2030년에는 85.5세에 이를 것으로 예측하고 있다. 이런 점을 근거로 하여 볼 때, '인생은 60부터'라는 말은 옛말이 되고 '인생은 80부터'라는 말이 이미 현실이 되었다. 더 나아가 최빈사망연령이 90대에 이르는 100세 시대를 눈앞에 두고 있다(UN, 2019).

표 1-1	기대수명의 증가추이								(단위: 세)
연도	1960	1970	1980	1990	2000	2010	2020	2030	2050
전체	52.4	61.9	65.7	71.3	76.0	80.8	83.5	85.5	88.6
남	51.1	58.7	61.8	67.3	72.3	77.2	80.5	82.8	86.5
여	53.7	65.6	70.0	75.5	79.6	84.1	86.5	88.1	90.7

자료: 통계청(2024. 2.). 장래인구 추계; 통계청(2023a. 12.). 2022년 생명표.

2) 노인인구의 증가

이러한 기대수명의 증가는 노인인구의 절대수와 상대적 비율의 급격한 증가로 이어지고 있다. 〈표 1-2〉에서 보는 바와 같이 1970년에 100만 명이 채 되지 않았던 65세 이상 노인인구는 2020년에는 812만 명, 2030년에는 1,298만 명으로 증가하여, 지난 50여 년 동안 노인인구의 절대수가 8.2배 정도 늘어났다.

표 1-2	노인인구의 증가추이								
연도	1970	1980	1990	2000	2010	2020	2030	2040	2050
총 인구(천 명)	32,241	38,124	42,869	47,008	49,410	51,780	51,306	50,059	47,107
65세+인구(천 명)	991	1,456	2,195	3,395	5,452	8,125	12,980	17,151	18,908
65세+비율(%)	3.1	3.8	5.1	7.2	11.0	15.7	25.3	34.3	40.1
노령화지수[1](%)	7.2	11.2	20.0	34.3	68.4	129.0	312.0	442.2	504.0

* 주: 1) 노령화지수=65세 이상 인구÷14세 이하 인구×100
자료: 통계청(2024. 2.). 장래인구 추계.

이와 같은 노인인구의 절대수 증가는 전체 인구에서 차지하는 상대적 비율의 증가로 이어지게 된다. 즉, 1980년까지 3% 수준에 불과하던 노인인구의 비율이 2000년 7.2%, 2020년 15.7%, 2030년 25.3%, 그리고 2050년에는 40.1% 수준에 이를 것으로 전망되어, 인구고령화의 속도가 매우 빠르게 진행됨을 알 수 있다.

통계청에서는 65세 이상 노인인구가 전체 인구의 7% 이상을 차지할 때를 고령화사회 (aging society)로 분류하고 있는데, 우리나라는 이미 2000년에 고령화사회에 진입하였다. 그리고 2018년에는 노인인구 비율이 14.3%로 고령사회(aged society)에 진입하였고, 2025년에는 20.3%로 초고령사회(super aged society)에 진입할 것으로 예측되고 있다(통계청, 2024. 2.).

표 1-3 노인인구의 증가 속도 국제비교 (단위: 년)

국가	도달연도			소요연수	
	7%	14%	20%	7 → 14%	14 → 20%
대한민국	2000	2018	2025	18	7
일본	1970	1994	2006	24	12
프랑스	1864	1979	2019	115	40
미국	1942	2014	2030	72	16
스웨덴	1887	1972	2012	85	40

자료: 일본 국립사회보장, 인구문제연구소(2003). 인구통계자료집; 통계청(2024. 2.). 장래인구 추계.

　우리 사회의 노인인구 비율은 초고령사회에 이미 진입한 이탈리아와 일본, 스웨덴 등의 고령국가에 비해서는 비교적 낮지만, 인구고령화 속도는 세계 어떤 국가와도 비교하기 힘들 정도로 가장 빠르게 진행되고 있다(UN, 2019). 예를 들어, 프랑스의 경우 고령화사회에서 초고령사회로 진행되는 데 155년이 소요되었고, 고령화 속도가 빠르다고 알려진 일본의 경우도 36년이 소요된 것에 비해 우리나라는 불과 25년밖에 소요되지 않는다(〈표 1-3〉 참조). 이와 같은 우리 사회의 급격한 인구고령화는 기대수명의 연장과 출산율의 감소로 인한 노인인구의 절대수와 상대적 비율의 증가가 근본 원인이 되겠지만, 전체 인구의 14.0%에 해당하는 721만여 명에 이르는 베이비붐 세대(baby boomer: 1955~1963년생)(통계청, 2024. 2.)가 한꺼번에 노인인구로 전환되는 것이 가장 결정적인 원인이 되고 있다.

　인구고령화 추이를 정확히 파악하기 위하여 고려해야 할 또 다른 지표는 유년인구 대비 노인인구 비율을 나타내는 노령화지수이다. 통계청(2024. 2.)에 따르면, 우리나라의 노령화지수는 노인인구 증가와 출산율의 감소로 인하여 지속적으로 높아지고 있다. 1980년 유년인구 100명에 노인인구 11명 수준이던 것이 2010년에는 68명 수준으로 증가하고, 2020년에는 129명으로 증가하여 유년인구보다 노인인구가 더 많았으며, 2050년에는 노인인구가 유년인구의 5배 정도에 이를 것으로 예측되고 있다(〈표 1-2〉 참조). 이와 같은 노인인구의 지속적 증가와 출산율 감소로 인한 유년인구의 지속적 감소로, 우리나라의 인구구조는 1980년대 피라미드형에서 2040년에는 역피라미드형에 가까운 형태로 바뀔 것으로 전망되고 있다([그림 1-2] 참조).

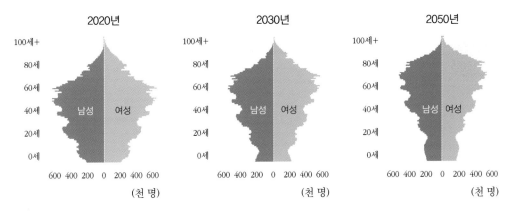

[그림 1-2] 우리나라의 인구구조 변화

자료: 통계청(2024. 2.). 장래인구 추계.

앞에서 살펴본 바와 같이 노인인구의 절대적인 수와 상대적 비율이 증가함으로써 다양한 노인문제가 야기되고 이에 대응하기 위한 국가의 부담이 가중되고 있다. 그러나 노인인구의 양적 증가 자체보다 더 큰 위험요인은 노인인구의 증가 속도이다. 우리나라의 고령화 속도는 현재의 경제수준이나 사회복지제도로서는 감당하기 쉽지 않은 사회 부담을 초래하게 될 것이므로 전반적인 사회 발전에 위험요인이 될 수 있다. 만약 급격한 인구고령화로 인한 문제를 국민에게 정확히 인식시키고 빠른 시일 내에 적극적인 국가적 대응방안을 강구하여 실시하지 않는다면, 1990년대 후반 IMF 체제하에서 겪은 고통보다 더한 고통을 겪어야 할 상황이 초래될 수도 있을 것이다.

3) 노인인구의 부양

우리나라의 인구구조 변화로 인하여 14세 이하의 유년인구에 대한 생산연령인구의 부양부담은 줄어들고 있지만, 노인인구에 대한 부양부담의 증가로 인하여 전체적인 부양부담은 증가하고 있다. 즉, 15~64세의 생산연령인구가 부양해야 할 노인인구의 비율을 의미하는 노년부양비는 2000년 10.1%에서 2020년 21.7%, 2030년 37.9%, 그리고 2050년에는 78.3%로 증가할 것으로 예측되고 있다. 따라서 2000년에는 생산연령인구 10명이 1명의 노인을 부양하면 되었지만, 2050년에는 생산연령인구 1.3명이 1명의 노인을 부양하여야 하는 상황이 됨으로써 생산연령인구의 노인 부양에 따르는 부담은 급격히 증가할 것으로 예측되고 있다.

이와 같이 노인인구에 대한 생산연령인구의 부담이 증가하는 주된 이유는 노인인구 증가에 있지만, 생산연령인구의 비중이 2020년 72.1%에서 2050년에는 전체 인구의 51.9%로 급격히 줄어드는 데도 원인이 있다. 그리고 15~64세의 인구를 생산연령인구로 규정하고 있

표 1-4 노인인구 부양부담의 변화추이

연도	1970	1980	1990	2000	2010	2020	2030	2040	2050
유소년부양비[1]	78.2	54.6	36.9	29.4	22.2	16.9	11.7	10.8	12.0
노년부양비[2]	5.7	6.1	7.4	10.1	15.2	21.7	37.9	58.9	78.3
총 부양비[3]	83.9	60.7	44.3	39.5	37.3	38.6	49.6	69.7	90.3

* 주: 1) 유소년부양비＝14세 이하 인구÷15~64세 인구×100
　　 2) 노년부양비＝65세 이상 인구÷15~64세 인구×100
　　 3) 총 부양비＝유년부양비+노인부양비
자료: 통계청(2024. 2.). 장래인구 추계.

지만 15~24세는 대부분 취학상태에 있으며, 55~64세는 퇴직하였거나 경제활동에 적극적으로 참여하지 못하는 인구가 상당수에 달하기 때문에 실질적인 생산연령인구는 25~54세라고 할 수 있다. 따라서 경제활동에 왕성하게 참여하는 실질적인 생산연령인구의 노인 부양에 대한 부담은 현재의 노년부양비보다 훨씬 높을 것이며, [그림 1-3]에서 보는 바와 같이 실질적 생산연령인구가 줄어드는 추이를 감안한다면 노인 부양에 대한 부담은 더욱 높아질 것으로 예측된다. 이로 인하여 노인 부양의 문제를 놓고, 생산연령인구와 노인인구 사이의 세대 간 갈등이 심화될 가능성 또한 배제할 수 없게 된다.

그리고 노인인구 부양에 따르는 부담과 관련하여 유념하여야 할 부분은 2017년에 유소년부양비(17.9%)가 노년부양비(18.8%)보다 낮아졌고, 그 격차가 점점 커진다는 점이다. 이와

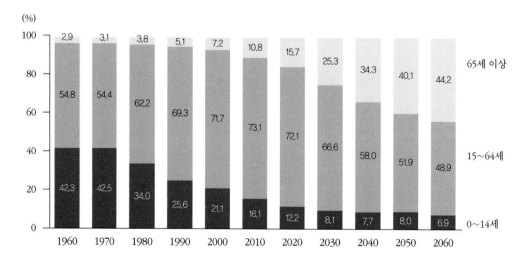

[그림 1-3] 연령계층별 인구의 변화추이
자료: 통계청(2024. 2.). 장래인구 추계.

같은 부양비의 역전현상은 정부에서 사회복지정책을 비롯한 다양한 정책의 우선순위를 결정함에 있어서 '국가의 미래를 보고 유소년인구의 교육과 성장에 재원을 투입할 것인가.' 아니면 '과거 국가발전에 기여한 노인인구의 부양과 보상에 재원을 투입할 것인가.'라는 두 가지 상반된 가치 사이에서 갈등을 유발할 가능성이 높다.

4) 노인인구의 특성 변화

우리나라의 경우 노인인구의 양적 증가뿐만 아니라 질적 변화 또한 급격하게 이루어지고 있다. 먼저 지역별 노인인구 구성을 살펴보면, 2021년을 기준으로 도시지역에 거주하는 노인인구 수는 885만여 명이고 농림어촌 지역은 117만여 명이며, 노인인구 비율은 도시지역이 17.1%인 반면 농림어촌지역이 46.4%로 나타나고 있다(행정안전부, 2021; 통계청, 2024a. 4.). 즉, 우리나라 노인인구의 88% 정도는 행정구역상 도시지역에 거주하고 있지만, 노인인구의 비율은 농림어촌 지역이 더 높을 뿐 아니라 고령화 속도 또한 더 빠르다. 그리고 2024년 현재 초고령사회에 진입한 지역은 전남(26.2%), 경북(24.7%), 강원(24.3%), 전북(24.1%), 부산(23.2%), 경남(20.8%), 충북(20.7%), 충남(20.7%)으로 총 8곳이며 2028년에는 세종(13.5%)을 제외한 우리나라 모든 지역이 초고령사회에 진입할 것으로 예상되고 있다(통계청, 2024. 9.). 이처럼 노인인구의 대다수가 도시지역에 거주하고 있지만, 농림어촌지역 지방자치단체의 재정자립도가 매우 낮고 지역노인복지체계가 적절히 구축되지 못하고 있는 현재의 실정을 감안할 때 농림어촌지역의 노인문제가 더욱 심각해질 것으로 예측된다.

연령별 노인인구 구성비율의 변화추이를 [그림 1-4]에서 살펴보면, 2020년을 기점으로

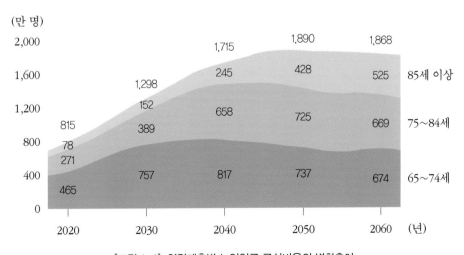

[그림 1-4] 연령계층별 노인인구 구성비율의 변화추이

자료: 통계청(2024. 2.). 장래인구 추계.

75세 이상 노인인구 수와 그 비율이 지속적으로 증가할 것으로 예측되고 있다(통계청, 2024. 2.). 따라서 앞으로 후기의 고령노인 증가가 심각한 사회문제로 등장할 것이며, 이들 고령노인의 건강 및 장기요양보호서비스에 대한 요구가 빠르게 증가할 것으로 보인다.

노인인구의 성별 구성비율을 보면, 남녀 노인 간의 기대수명의 차이로 인하여 여성노인인구가 차지하는 비율이 상대적으로 높게 나타나고 있다. 우리나라 65세 이상 노인의 성비(性比)는 [그림 1-5]에서 보는 바와 같이 남성의 기대수명 연장으로 남녀 간의 기대수명 차이가 줄어듦에 따라 2000년부터 증가하여 2050년에는 85.9명으로 높아질 것으로 전망되고 있다. 이러한 성비에서의 변화추이를 살펴볼 때, 노인인구 중에서 남성노인 인구가 차지하는 비율이 점차 높아지겠지만 여전히 여성노인의 절대수와 상대적 비율이 높으며, 85세 이상의 고령인구에서는 2050년경에 여성노인 5명에 남성노인이 4.3명 정도에 이를 것으로 예측된다(통계청, 2024. 2.).

노인인구의 결혼상태를 살펴보면, 2023년 기준 65~69세 노인인구 중에서 배우자가 없는 노인이 30.3%이지만 75~79세에서는 41.5%로 증가하고, 85~89세에서는 70.3%에 이르고 있다(보건복지부, 한국보건사회연구원, 2023). 그리고 기대수명과 초혼(初婚)연령의 차이 등으로 인하여 남성노인의 유배우율은 78% 정도인 반면, 여성노인은 46% 정도에 불과하여 고령여성노인 중에서도 독신 여성노인의 문제가 더욱 심화될 것으로 예측되고 있다(보건복지부, 한국보건사회연구원, 2023).

현재 노인계층은 주로 빈곤하고 성과 신분에 따른 교육기회의 차별이 극심했던 일제 강점기와 한국전쟁 시기에 성장기를 보냈기 때문에 많은 사람이 적절한 공식교육을 받을 수 있는 기회가 제한될 수밖에 없었다. 그 결과 65세 이상 노인 중에서 공식교육을 전혀 받지

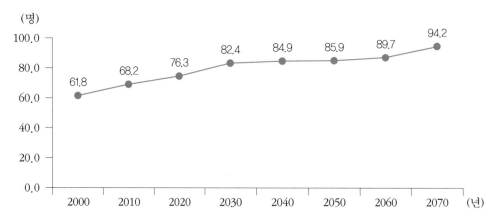

[그림 1-5] 노인인구의 성비(性比) 변화추이

* 주: 성비=여성노인 100명당 남성노인 수
자료: 통계청(2024. 2.). 장래인구 추계.

못한 노인이 9% 정도이며, 남성 노인은 5% 정도인 데 비해 여성노인은 18% 정도에 이르고 있다(보건복지부, 한국보건사회연구원, 2023). 그러나 공식교육을 받지 않은 노인의 비율은 줄어드는 반면 대학 이상의 교육을 받은 노인의 비율은 증가하는 것으로 나타나고 있다(보건복지부, 한국보건사회연구원, 2023). 이러한 노인인구의 교육수준 증가추이와 모든 인구계층의 교육수준이 빠르게 높아지고 있는 점을 고려할 때, 앞으로 고학력 노인인구가 차지하는 비중은 더욱 높아질 것으로 예측된다.

노인인구의 질적 변화와 함께 노인가구의 구성에서도 많은 변화가 나타나고 있다. 1990년에 자녀와 별거하는 노인가구의 비율은 27.0%였지만 2025년에는 72.6%로 나타나 35년 사이에 45.6% 포인트 증가하였으며, 노인 혼자서 생활하는 비율은 1990년 8.9%에서 2025년 37.8%로 28.9% 포인트 증가한 것으로 나타나고 있다(통계청, 2024. 9.). 이러한 자녀별거가구와 1인 독신노인가구의 증가 경향은 앞으로 더욱 가속화될 것으로 예측된다.

이러한 노인인구의 양적 및 질적 변화추이를 종합해 볼 때, 앞으로 농촌지역 거주노인, 여성노인, 80세 이상의 사별한 고령노인, 독거노인 등과 같은 사회적 보호에 대한 욕구가 높은 노인인구계층과 건강하고 교육수준이 높으며 경제적 여력이 있는 노인인구계층이 동시에 증가할 것으로 예측된다. 따라서 노인복지제도는 사회적 보호가 필요한 노인계층의 기초생활을 보장해야 하는 한편 건강하고 여유 있는 노인계층의 삶의 질을 향상해야 하는 상반된 두 가지 과제에 동시에 직면하게 될 가능성이 매우 높다.

5) 노인인구 증가의 사회적 파장

인구의 고령화는 장수라고 하는 인간의 소망이 실현된 결과라는 점에서는 인류 최대의 축복이라고 할 수 있다. 그러나 동시에 국가의 시한폭탄이며 재앙의 그림자이기도 하다(박동석 외, 2003). Wallice(2001)는 'Agequake'라는 신조어를 사용하여 인구고령화가 사회에 미치는 파장을 지진에 비유하고 있다. 그만큼 한 국가의 인구고령화는 산업구조, 재정과 금융, 주택시장, 문화, 직업환경 등 전체 사회에 강하고 큰 영향을 미친다. 그리고 Peterson(2002)은 고령화사회를 '잿빛 새벽(gray dawn)'에 비유하여 앞으로 펼쳐질 고령사회는 잿빛으로 물든 불안한 사회가 될 것임을 경고하고 있다. 반면 Irving(2016)은 인구고령화가 위기이자 동시에 기회일 수 있다고 말하고 있다. 이와 같은 인구고령화가 갖는 사회적 파급효과를 살펴보면 다음과 같다.

첫째, 인구고령화로 인하여 노동력 부족과 노동생산성 저하와 같은 노동시장의 변화와 경제성장 둔화현상이 나타날 것이다. 노인인구의 증가는 경제활동인구의 감소와 직결되어 있으므로 노동력 부족현상을 야기하게 될 것이다. 또한 초고령사회에서도 현재와 같은 정년퇴직제도가 유지될 경우 제조업종뿐만 아니라 전체 산업분야에서 노동력 부족현상이 더욱 심화되어 기업의 경쟁력을 약화할 것이다. 만약 정년연령의 연장이 이루어질 경우에는 노동력 부족현상은 일정 부분 완화되겠지만, 경제활동인구 중에서 고령자가 차지하는 비중이 높아짐으로써 전반적인 노동생산성이 저하될 위험성도 있다. 그리고 노동력 부족현상, 기업의 경쟁력 둔화 등은 다른 요인과 복합적으로 작용하여 지속적 경제 성장을 저해할 가능성이 매우 높다. 실제로 고령인구 비율이 1% 포인트 증가 시 국내총생산(GDP)이 0.04% 포인트 감소하는 것으로 분석되고 있다(OECD, 2005. 3.).

둘째, 산업구조의 변화가 나타날 것이다. 대다수가 연금제도에 가입하지 못했고 자신의 노후 준비를 할 수 있는 여력이 없었던 현재 노인세대는 상품구매력이 매우 낮다. 그러나 대다수가 연금제도에 가입해 있고 자신의 노후를 준비하고 있는 현재의 중·장년세대가 노인이 될 경우에는 상품구매력이 높아질 것이다. 이에 따라 건강약품과 식품산업, 의료서비스, 금융서비스, 문화여가 또는 노인주택산업 등의 고령친화산업분야가 급격하게 성장할 것으로 예측되고 있다. 따라서 인구고령화에 적절히 대응하지 못하는 산업분야나 기업은 쇠락의 길을 걷게 될 가능성이 높다.

셋째, 부동산시장에 변화가 나타날 것이다. 서구 국가의 경우 노인인구 증가로 인하여 주택가격이 전반적으로 하락하고 주택에 대한 수요도 낮아질 것으로 예측하고 있다. 하지만 이는 노인이 생활하는 데 적합하지 않은 지역(예: 미국의 북동부 지역의 스노우벨트)에 해당되는 것이며, 노인이 생활하는 데 적합한 지역(예: 미국의 버지니아에서 캘리포니아 남부까지의 기후가 좋고 일조량이 많은 선벨트 지역)은 오히려 부동산시장이 활성화될 것으로 예측되고 있다. 우리나라의 경우 국토가 좁고 자녀와 별거하는 노인의 비율이 빠르게 증가함에 따라 부동산 가격, 특히 소형주택의 가격은 지속적으로 상승하고, 노인복지시설과 같은 집단주거시설은 지속적으로 확대될 것으로 보인다. 그리고 부동산을 담보로 노후생활비를 마련하는 주택연금(역모기지론, reverse mortgage loan)과 농지연금제도 또한 활성화될 것으로 보인다.

넷째, 금융시장의 변화가 나타날 것이다. 노인인구 증가로 인해 노동력은 감소하고 노인부양에 따르는 부담이 증가함으로써 저축률이 줄어들게 될 것이다. 실제로 OECD의 분석에 따르면 노년부양비가 1% 포인트 증가할 때마다 저축률은 0.3%가 줄어드는 것으로 나타났다(OECD, 2005. 3.). 이러한 저축 감소는 가용자금의 축소, 투자 위축, 경상수지 악화, 경제성장의 둔화로 이어질 가능성이 높다.

다섯째, 국가의 재정위기와 정책 우선순위 결정에서 갈등을 초래할 것이다. 노인인구가 증가함에 따라 연금, 의료 및 복지비용 등의 사회보장비용이 급격히 증가하게 됨으로써 국가는 재정불균형 상태에 직면하게 될 위험이 있다. 실제로 현행 국민연금체계가 지속될 경우 2041년경부터 연금재정이 빠르게 소진되기 시작해 2055년에 고갈될 것(국민연금 재정추계전문위원회, 2023)이며, 노인의료비 증가로 인한 건강보험재정의 위기는 심화될 것이다. 국가가 재정불균형이나 적자재정문제를 완화 또는 해결하기 위해서는 사회보험료와 조세 인상을 추진하거나 경제, 국방, 교육 등의 다른 부문의 예산을 삭감해야 한다. 그러나 생산연령인구가 감소함에 따라 납세자의 수와 세금 규모가 줄어드는 상황에서 조세 인상을 통한 재정불균형 상태의 해결은 국민의 조세저항에 부딪힐 수 있다. 또한 노인인구의 보호와 다른 분야에 대한 투자의 우선순위에 대해 문제가 제기될 수 있으며 경제, 국방, 교육, 사회간접자본 등과 같은 다른 부문의 투자예산을 삭감할 경우 사회 전반의 발전속도가 늦어지는 딜레마 상황에 처할 수 있다.

여섯째, 지역 간 발전의 불균형 문제를 야기할 것이다. 우리나라의 농림어촌사회는 대부분 이미 초고령사회에 진입해 있어 해를 더할수록 농림어업생산성은 낮아지고 있다. 이러한 위험성에 대비하여 국가에서는 다양한 농림어촌 지원대책을 마련하고 있지만 지방자치단체의 재정자립도가 매우 낮아 실효를 거두기 어려운 실정이다. 따라서 앞으로 농림어촌지역 노인을 위한 복지대책과 실질적인 농림어민 지원대책이 마련되지 않는다면 농림어촌지역은 매우 빠르게 공동화되고, 농림어업생산성은 더욱 낮아짐으로써 농림어촌지역의 피폐화와 농림어촌지역 노인의 삶의 질은 더욱 악화될 것이다.

일곱째, 세대 간 갈등이 심화될 것이다. 노인인구의 증가는 연금재정을 압박하게 될 것이므로 이를 해결하기 위해서는 연금급여액은 낮추고 연금보험료는 높이는 방향으로 연금제도를 개혁할 수밖에 없다. 이 과정에서 노인인구는 더 많은 연금급여를 요구할 것인 반면 생산연령인구인 젊은 세대는 연금보험료 인상에 반대함으로써 세대 간 갈등이 심화될 가능성이 높다. 그리고 노인인구와 유소년인구의 비율이 역전됨에 따라 어떤 세대를 위한 재정투자를 더 많이 할 것인가를 놓고 정책적 가치갈등이 표출될 수도 있다.

이 외에도 노인의 정치적 영향력 확대로 인한 정치구조의 재편, 문화여가활동의 주도계층 변화, 교육제도의 재편 등과 같은 인구고령화에 따른 다양한 파급효과가 나타날 것이다. 그럼에도 정치권이나 정책담당자들은 '의도적으로 인구고령화문제에 대해 눈을 감아 버리는 경향'이 있어 '조용하게, 거의 눈에 띄지 않게 진행되는 사회혁명'인 인구고령화로 인한 사회불안은 더욱 커질 것으로 예측되고 있다(매일경제신문사, 2011; 박동석 외, 2003; Peterson, 2002). 따라서 국가는 인구고령화로 인해 야기되는 현재와 미래의 사회 변화와 위험을 정확히 파악한 후, 이를 예방 또는 해결하기 위한 전략을 구상하고 지속적으로 추진해 나가야 한다.

3. 노인의 욕구, 노인문제 및 노인복지의 관계

사회복지는 인간의 기본적 욕구를 충족하고 문제의 예방과 해결을 위한 사회의 구조적 대응방안 중의 하나이다(권중돈 외, 2024; Johnson, Schwartz, & Tate, 1997). 따라서 사회복지의 한 분야인 노인복지는 노인의 기본적 욕구를 충족하고 노인문제를 예방·해결하며, 성공적 노화를 촉진하기 위한 공공과 민간 부문의 조직적 활동이라고 간략히 규정할 수 있다.[2]

따라서 효과적인 노인복지실천이나 정책 수립을 위해서는 기본적으로 노인이 지닌 욕구나 문제에 대한 이해가 선행되어야 하며, 이는 노인복지의 대상이자 주체인 노인을 정확히 이해하는 데에도 많은 도움이 된다.

1) 노인의 욕구와 노인복지

욕구(need)는 개인이 도달하고자 하는 상태(X)와 현재 상태(A) 사이의 괴리상태이다(Witkin, 1984). 즉, 욕구는 사회생활에서 생존, 자립, 안녕(well-being) 상태를 유지하는 데 필요한 기회, 조건과 대상의 결핍이나 부족 상태로서, 인간의 만족스러운 삶을 저해하는 요인이 될 수 있다. 개인이 이러한 욕구를 적절히 충족하지 못하게 되면 역기능, 혼란상태 또는 문제를 경험하게 된다. 개인 또는 가족의 노력으로 이러한 욕구를 충족하지 못한 사회성원이 다수에 이르고, 이러한 상태의 개선과 회복이 필요하다고 사회적으로 인정될 때 그 욕구는 사회적 욕구로 전환되고 사회적 개입의 대상이 된다(권중돈 외, 2024).

사회적 욕구는 다수의 사회성원이 처해 있는 상황이 일정한 목표나 기준에서 괴리되어 있고 그 상태의 회복과 개선 등이 이루어져야 한다고 사회적으로 인정되는 욕구이다. 사회적 욕구의 내용과 범위는 사회적 삶의 영위에 필요한 기본욕구의 내용이나 범위와 밀접한 상관성을 지닌다. Harvey(1973)는 인간의 사회적 욕구를 음식, 주택, 의료보호, 교육, 사회적·환경적 서비스, 소비상품, 여가 기회, 우호적 이웃관계, 교통시설 등 아홉 가지 영역으로 구분하고 있다. 또한 Moxley(1989)는 소득, 주택, 고용·직업, 건강보호, 정신건강, 사회적·인간상호적 관계, 여가선용과 휴양, 일상생활의 활동, 이동수단, 법적 요구, 교육과 관련된 욕구로 규정하고 있다. 그리고 Gates(1980)는 적절한 직업, 소득, 주거, 보건, 지식, 사회 참여, 개인의 자유 등을 사회적 욕구에 포함하고 있다.

---

2) 노인복지의 개념, 원칙, 목표, 기능 및 보장체계 등에 대해서는 제10, 11장에서 상세히 다룬다.

　이와 같은 인간의 사회적 욕구는 연령이나 계층에 따라 정도의 차이가 있기는 하지만 모든 인간에게 공통적이기 때문에 노인의 사회적 욕구도 위와 같은 사회적 욕구의 범위에서 크게 벗어나지 않는다. 이러한 인간의 공통적인 사회적 욕구와 노년기의 특성을 고려하여 노인의 사회적 욕구를 종합해 보면, ① 소득 및 경제적 안정의 욕구, ② 고용 및 경제활동 기회에 대한 욕구, ③ 안정된 주거환경에 대한 욕구, ④ 신체 및 정신건강의 유지, 자립적 일상 생활, 치료와 요양 등 건강에 대한 욕구, ⑤ 여가 및 문화 활동에 대한 욕구, ⑥ 사회적 관계의 유지와 사회참여에 대한 욕구, ⑦ 지식, 교육 및 훈련 기회에 대한 욕구, ⑧ 차별, 학대 등에서 자유로울 수 있는 인권보호에 대한 욕구, ⑨ 우울 등의 정신적 문제의 예방, 죽음에 대한 대처 등과 같은 정서안정 욕구가 대표적인 노인의 욕구라고 할 수 있다.

　국가에서는 소득보장, 고용보장, 건강보장, 주거보장, 사회서비스 등의 노인복지대책을 수립하여 노인의 충족되지 않은 욕구를 해결하기 위하여 노력하게 된다. 그러나 노인의 모든 사회적 욕구가 노인복지의 개입 대상이 될 수는 없다. 따라서 노인복지에서 관심을 기울이고 개입해야 할 욕구는 기본적 욕구에 해당하면서 노인복지의 고유 영역과 관련된 욕구여야 하며, 제한된 사회자원의 범위 내에서 수립된 사회대책으로 해결 또는 완화가 가능한 욕구여야 한다. 그리고 제한된 사회자원으로 모든 욕구를 동일한 비중으로 다룰 수 없기 때문에, 욕구의 우선순위를 정하고 원조나 서비스의 대상을 결정하기 위한 기준을 설정하여 그 기준 이내에 속한 사람의 사회적 욕구를 우선으로 충족하게 된다.

2) 노인문제와 노인복지

　인간이 경험하는 문제란 "해결하고자 하는 욕구를 유발하는 불만족스러운 상태 또는 조건"이라고 규정된다(안해균, 1990). 따라서 인간의 문제는 욕구의 충족과 밀접한 관련이 있으며, 생활과정에서 다양한 기본적 욕구가 충족되지 않고 지속적으로 삶에 불편을 초래하게 될 때 나타나게 된다(Bruggencate et al., 2018). 따라서 노인문제는 "노인의 생존과 기본적 욕구를 본인이나 가족의 노력으로 해결·충족하지 못하여 삶의 불만족스러운 상태가 지속되는 현상"이라고 규정할 수 있다(권중돈, 2001a).

　인간문제가 모두 사회문제가 될 수 있는 것은 아니다. ① 사회가치에 비추어 볼 때 바람직하지 못하며, ② 상당수의 사람이 그 현상에 관련되어 고통, 손해 또는 부당한 처우를 당하고 있으며, ③ 상당수의 사람이 문제라고 인식하거나 또는 일부 영향력 있는 사람이 문제로 인식하며, ④ 사회가 전반적으로 개선을 원하고 있으며, ⑤ 문제의 개선이 가능하며, ⑥ 근본적 원인이 사회적 요인과 관련되어 있으며, ⑦ 집단적 또는 사회적 차원의 노력으로 해결될 수 있어야만 사회문제로 간주된다(Rubington & Weinberg, 1981). 현재 우리나라의 노인문제는 이미 이러한 일곱 가지 구비요건을 모두 갖춘 것으로 평가(최성재, 장인협, 2010)되고 있어, 노인문제가 개인문제가 아닌 사회문제로 인식되고 이의 해결을 위한 사회적 차원의 다양한 노인복지대책이 수립·집행되고 있다.

이러한 사회문제로서의 노인문제를 어떤 시각에서 규정하는가에 따라 문제 발생의 원인과 이에 대한 해결방안이 달라질 수 있다. 먼저 구조기능주의이론에서는 노인의 지위 저하를 정상적 현상으로 보고 노인문제를 개인 적응문제로 환원하여 이해하며, 갈등이론에서는 사회의 불평등한 배분구조가 노인문제의 원인이라고 보고 있다. 그리고 상징적 상호작용이론에서는 사회성원이 노인과 노화에 대해 부정적 의미를 부여함으로써 노인에게 낙인을 찍고, 노인도 자신을 무력하고 무능하다고 인식하게 됨으로써 노인문제가 발생한다고 보고 있다. 그리고 교환이론에서는 낡은 지식과 기술을 소유한 노인은 젊은이에 비해 재산, 수입, 지식, 권위, 사회유대 등의 교환자원이 점차 약화되어 사회적 상호작용에서 제외되고 문제를 경험하게 된다고 보고 있다(권중돈, 2021a; 김정석, 2007; 김형수 외, 2023).

이러한 다양한 노년학이론 중에서 구조기능주의이론에 속하는 Cowgill과 Holmes(1972)가 제시한 현대화이론은 노인문제의 원인을 현대화에서 찾고 있다. 이때 현대화란 산업화보다 광의의 개념으로 '한 사회가 동물적 동력(animated power), 제한된 기술, 미분화된 사회제도, 가부장적이고 전통적인 관점과 가치관에 바탕을 둔 전원적인 생활양식에서 무생물적 동력, 고도로 발달된 과학적 기술, 분화된 개인의 역할에 상응하는 고도로 분화된 제도, 효율성과 발전을 중시하고 거시적인 관점에 바탕을 둔 도시적인 생활양식으로 전환되는 과정'을 의미한다. 이러한 현대화의 특징적 현상은 보건의료기술의 발달, 생산기술의 변화와 발전, 교육의 대중화, 도시화라 할 수 있다.

현대화이론에서는 [그림 1-6]에서 보는 바와 같이 현대화 과정에서 나타나는 특징적 현상으로 인하여 노인의 지위가 하락하게 되고 그 결과, ① 수입 감소와 경제적 의존 등의 빈곤문제, ② 건강 약화와 보호부양의 어려움 등의 질병문제, ③ 심리사회적 소외와 고립 등의 고독과 소외의 문제, 그리고 ④ 여가시간의 연장과 역할 상실 등의 무위(無爲)의 문제라고 하는 노인문제, 즉 노년기의 사고(四苦)를 유발하게 된다고 보고 있다. 이러한 현대화의 특

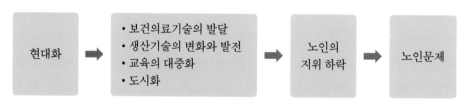

[그림 1-6] 현대화와 노인문제의 관련성

자료: Cowgill, D. O., & Holmes, L. D. (1972). *Aging and Modernization*. New York: Appleton-Century-Crofts.

징적 현상이 어떤 경로를 거쳐 노인문제를 일으키게 되는지 그 인과관계를 좀 더 자세히 제시하면 [그림 1-7]과 같다.

이러한 현대화이론에 근거할 때, 현대사회의 노인문제는 개인보다는 사회적 요인에 의해 유발된다고 볼 수 있다. 따라서 국가와 사회가 노인문제의 일차적인 책임이 있음을 인식하고, 다양한 노인복지대책을 통하여 노인문제를 해결하기 위하여 최선의 노력을 기울여야 한다. 그러나 현대사회의 노인문제는 사회구조나 제도의 개선 또는 개인의 병리적 문제해결 중 어느 한 가지 방법만으로는 해결이 불가능하므로, 노인 개인과 사회환경에 동시에 개입하는 접근방법을 채택하는 것이 일반적이다.

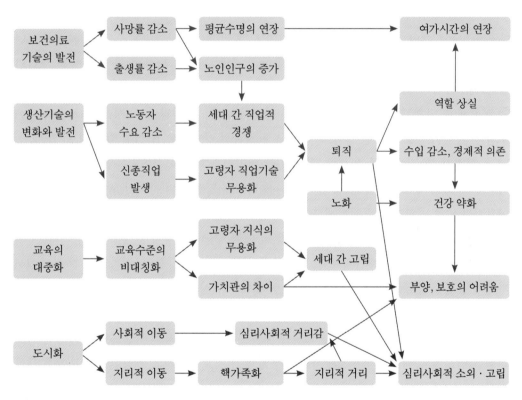

[그림 1-7] 현대화와 노인문제 발생의 인과적 흐름

자료: 최일섭, 최성재(1996). 사회문제와 사회복지. 서울: 나남출판.

4. 노인복지학의 이해

1) 노년학의 개념과 영역

노인복지학은 노년학의 하위 학문분야이므로 노년학에 대한 논의가 선행되어야 한다. 노년학(gerontology)이란 geros(노령) 또는 geron(노인)과 logos(연구)라는 용어의 합성어로, '노화 또는 노인을 연구하는 학문분야'를 일컫는 말이다. 따라서 노년학은 인류의 역사와 그 발달의 궤를 같이한다고 할 수 있다. 노년학 연구는 노화의 원인을 밝히고 장수의 비법을 강구하고자 하는 관심에서 출발하였지만, 19세기를 거쳐 20세기에 들어오면서 노화현상에 대한 다양한 학문분야의 과학적 연구가 이루어지면서 획기적으로 발달하게 되었다. 현대의 노년학 연구는, ① 신체재생능력이 저하되는 원인과 결과, 생물적 노화의 영향, 생물적 노화와 관련하여 야기되는 질병의 예방, 치료, 재활의 방법 등을 연구하는 생물적 노화 관련 영역, ② 노화에 따른 감각처리과정, 지각, 인지, 감정, 정신기능, 인간발달, 성격, 대처능력 등에 초점을 둔 심리적 노화 관련 영역, 그리고 ③ 환경과의 상호작용, 노인에 대한 태도, 가치, 신념, 사회적 역할, 자아개념, 노화에 관한 적응, 개인적 노화가 이루어지는 사회의 속성, 사회가 개인의 노화에 미치는 영향, 노인이 사회에 미치는 영향 등의 사회적 노화에 관한 영역에 이르기까지 그 범위가 매우 광범위하다(Atchley & Barusch, 2004).

따라서 현재는 노년학을 인류학, 생물학, 경제학, 지리학, 정치학, 역사학, 심리학, 사회학, 법학, 의학, 간호학, 재활치료학, 사회복지학 등의 인문, 사회, 자연과학의 전 분야에서 과학적 방법을 활용하여 노화와 노인과 관련된 제반 현상을 연구하고 실천하는 종합과학으로 규정하고 있다(Atchley & Barusch, 2004). 즉, 노년학은 노화와 노인에 관련된 다양한 현상을 연구하는 종합과학으로, 노화나 노인에 대한 지식 발견에 목적을 둔 순수과학과 노화로 인한 노인문제의 해결방안을 강구하는 응용과학에 이르기까지의 다양한 학문분야를 포괄한다.

노년학의 연구주제인 노화의 세 가지 영역이 상호 밀접하게 관련되어 있기 때문에 노년학의 하위 영역을 엄격하게 구분하기는 어렵지만 대체로 〈표 1-5〉와 같이 구분할 수 있다.

표 1-5 노년학의 하위 학문분야와 중점 연구 영역

학문분야	중점 연구 영역
노년생물학 (biological gerontology)	• 노화의 생물적·생리적 원인과 결과, 면역구조의 변화에 관한 연구가 주류를 이루며, 최근에는 지놈(genome) 프로젝트, 효소가 인간 수명에 미치는 영향에 대해 집중적으로 연구
노년의학 (geriatrics)	• 노화에 따른 면역반응의 쇠퇴와 신체 및 정신적 질병의 원인과 치료에 관한 연구와 임상활동
교육노년학 (geragogy)	• 노인의 학습, 노인에 관한, 노인에 의한, 노인을 위한 교육과 세대통합교육과 관련된 연구와 교수활동
노년심리학 (psychological gerontology)	• 노화에 따른 감각, 지각, 정신기능, 감정, 발달, 성격의 변화 및 이에 관련된 행동의 변화 연구
노년사회학 (social gerontology)	• 노화에 따르는 발달 및 집단행동, 노인인구의 존재로 인해 일어나는 사회 현상에 관한 연구
노인복지학 (gerontological social work)	• 노인과 사회환경 간의 상호작용과정에서 나타나는 개인의 적응문제, 발달적 욕구의 해결에 필요한 정책, 프로그램과 서비스 제공과 관련된 연구와 실천

2) 노인복지학의 특성

노인복지학은, ① 산업화·도시화에 따른 노인의 은퇴, 가족의 노인부양기능의 저하로 노인문제가 사회문제화되고, ② 노인인구 증가로 인한 경제활동인구의 감소, 노인부양부담의 증가, 노인복지비용의 부담 증가, 산업투자비용의 감소 등이 국가경제에 마이너스 효과를 가져오고 국가재정의 압박요인으로 작용함에 따라, ③ 정부와 학계에서 노인의 복지를 증진하고 노인문제를 더욱 효율적이고 효과적으로 해결할 수 있는 정책과 프로그램을 개발하기 위한 방안을 모색하는 과정에서 등장하게 되었다. 이런 배경하에 등장한 노인복지학은 앞으로 인구고령화가 심화되면서 더욱 각광을 받게 되는 학문분야인 동시에 전문직업이 될 것이 틀림없다(Ferguson & Schriver, 2012; Saltz, 1997).

노년학의 하위 학문분야인 노인복지학은, ① 노화과정에서 발생할 수 있는 제반 문제의 발생을 예방하고 노인의 사회적 욕구 충족과 발달과업의 성취를 지원하며, ② 노년기의 성공적 적응을 도모하고 안정된 노후생활을 영위할 수 있는 방안을 연구하고, ③ 이를 위한 정책 및 실천적 개입을 통하여 노년기의 삶의 질 향상을 도모하고 성공적 노화를 촉진하는 노년학과 사회복지학의 한 분야라고 할 수 있다.

이러한 노인복지학은 순수학문의 속성과 응용학문의 속성을 동시에 지니지만, 응용학

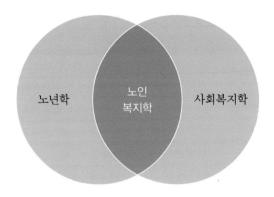

[그림 1-8] 노인복지학의 학문적 위치

문 또는 실천학문으로서의 성격이 더욱 강하다. 그 이유는 노인복지학이 속해 있는 사회복지학이라는 학문분야가 다양한 삶의 현장에서 나타나는 인간과 사회의 문제를 파악하고 이를 직접 해결하기 위한 전문적 실천행위를 강조하는 이른바 실천응용학문이기 때문이다. 따라서 노인복지학은 과학의 네 가지 목적 중에서, ① 현상을 있는 그대로 묘사하는 기술 (description), ② 현상 간의 인과관계를 밝혀내는 설명(explanation), ③ 현상이 앞으로 어떻게 변화되고 전개될지에 대한 예측(prediction)이라고 하는 순수과학의 목적보다는, ④ 현상을 조작하고 변화시키는 통제(control)라는 응용과학의 목적을 더욱 중시한다. 즉, 노인복지학은 노년학의 하위 분야 중 순수과학에서 개발된 이론과 지식을 바탕으로 현상의 통제, 즉 현상의 변화를 더욱 강조하는 응용학문분야이다. 그러나 응용학문의 속성이 강하다고 하여 순수학문분야의 지식에 소홀해서는 안 되며, 노인문제와 관련된 현상을 통제하고 변화하기 위해서는 사회복지학의 지식이나 기술뿐만 아니라 생물학, 의학, 보건학, 간호학, 재활치료학, 심리학, 사회학, 경제학, 정치학 등의 다양한 순수 및 응용 학문분야의 지식과 기술을 동시에 갖추어야 한다.

그러므로 노인복지학은 학문적 정체성의 문제가 제기될 정도로 다학문적(interdisciplinary) 속성, 즉 종합적 학문분야로서의 속성을 지닌다(Schneider, Kropf, & Kosor, 2000). 노인복지학 분야에서는 이러한 다학문적 속성으로 인한 정체성의 문제를 극복하기 위하여 노인복지학 나름의 고유한 가치체계, 지식체계, 기술체계의 정립을 위하여 노력해 왔으며, 현재는 노인복지학 특유의 연구방법과 전문적 실천 영역을 개발함으로써 독자적 학문 영역으로 인정받고 있다.

이러한 속성을 지닌 노인복지학은 65세 이상의 사회보호가 필요한 노인을 포함한 전체 노인계층뿐만 아니라 앞으로 노인이 될 향노인계층(向老人階層)과 그들의 공식 및 비공식 관계망을 대상으로 한 연구와 실천에 주된 관심을 기울이고 있다. 그리고 이들 노인복지의 주된 관심의 대상을 노인복지정책이나 실천의 대상으로만 간주하는 것이 아니라 노인복지의 주체로 인정하는 균형 잡힌 시각을 유지하고 있다. 또한 노인복지의 주체이자 대상인 노인과 그들을 둘러싼 사회지지체계의 욕구를 충족하고 문제를 예방 또는 해결하기 위하여, 직접적 개입, 간접적 개입 그리고 지원적 개입방법과 같은 사회복지의 주요 실천방법론을 균형 있게 활용하고 있다. 그리고 노인복지학의 지식과 실천방법은 가정, 노인복지시설과 기관, 노인복지단체, 공공기관에서 폭넓게 활용되고 있다.

앞으로 사회가 더욱 고령화되어 감에 따라 노인복지학의 학문적 발전은 더욱 확대될 것이다. 그리고 전문직으로서의 노인복지 관련 직업분야도 교육, 연구, 정부 정책이나 프로그램 개발, 직접 서비스, 정보통신과 대중매체 등으로 매우 다양화되고 직업적 전망 또한 매우 밝다고 할 수 있다(Schneider, Kropf, & Kosor, 2000; Ray et al., 2015).

📖 생각해 보아야 할 문제   • • •

1. 노인의 연령기준을 65세에서 그 이상으로 상향 조정해야 한다는 주장이 제기되고 있다. 이에 대한 찬반입장을 제시하고, 노인연령의 상향 조정에 따르는 장단점에 대해 토론해 보시오.

2. 다음 책을 읽고 노인인구 증가가 초래하는 사회적 파장에 대해 논의해 보시오.

   > 1. 테드 C. 피시먼(2011). 회색 쇼크: 고령화, 쇼크인가 축복인가(안세민 역). 서울: 반비.
   > 2. 폴 어빙(2016). 글로벌 고령화 위기인가 기회인가(김선영 역). 서울: 아날로그.
   > 3. 김웅철(2024). 초고령사회 일본이 사는 법. 서울: 매일경제신문사.

3. 우리나라의 현대화 이전과 이후의 노인의 지위와 역할 변화, 노인에 대한 공경의식 변화에 대해 토론해 보시오.

4. 노인복지관이나 경로당 또는 이웃에 거주하는 노인 가정을 방문하여 자원봉사활동을 하고, 노년기의 삶 속에서 나타나는 실질적인 복지욕구와 노인문제를 알아보시오.

5. 노인복지 실천현장에서 노인복지학의 지식과 기술만으로 전문적인 노인복지실천을 하는 데는 많은 어려움이 있다. 이러한 한계가 발생하는 이유는 무엇이며, 이를 극복할 수 있는 방안에는 어떤 것이 있는지 생각해 보시오.

제**2**장

노화의 과정과 결과

1. 노화의 개념과 영역

인간의 삶의 과정은 역동적인 안정과 변화의 연속이며, 이러한 역동적 과정을 발달이라고 지칭한다. 발달은 유기체(organism)의 생물적 발달에만 국한되지 않고 심리적 발달과 사회적 발달까지를 포괄하며, ① 양적으로 증대하고, 구조적으로 분화 · 정밀화 · 통합되며, 기능적으로 유능화되는 상승적 발달과 ② 양적으로 감소하고, 구조적으로 단순화되며, 기능적으로는 무능화되는 퇴행적 발달 모두를 포함한다(권중돈, 2021b).

노화(aging)는 발달 중에서 퇴행적 발달을 의미하며, 상승적 발달을 의미하는 성장(growth)이나 성숙(maturation)과는 대비되는 개념이다. 즉, 노화란 시간의 흐름에 따라 유기체의 생물적 · 심리적 · 사회적 측면에서 나타나는 점진적이고 정상적인 발달과정상의 변화로서 주로 퇴행적 발달을 의미한다. 그러나 노화의 개념을 좀 더 정확히 이해하기 위해서는 노화의 특징과 관련된 몇 가지 논쟁을 깊이 있게 탐색해 보아야 한다(Bee & Bjorklund, 2000).

첫째, 일반적으로 노화는 발달상의 변화로 이해하는 경우가 많지만, 나이가 들어도 어릴 적 생김새를 지니고 있는 것에서 보듯이 노화의 과정에서 변화만 일어나는 것은 아니다. 따라서 노화를 논의함에 있어서는 변화와 함께 생물적 · 심리적 · 사회적 측면에서 변하지 않고 동일하게 남아 있는 특성(staying the same), 즉 안정성에 대해서도 함께 고려해야 한다.

둘째, 노화의 과정에서는 일반적으로 상실 혹은 쇠퇴가 특징적으로 나타나지만, 노년기에 신체건강은 상실하는 반면 경험과 지혜는 확장되는 것과 같이 새롭게 어떤 특성을 얻기도 한다. Shakespeare는 "노년은 망각이며 남은 것은 아무것도 없다."라고 했지만, Hugo는 "젊음은 아름답지만 노년은 찬란하다."라고 하였다. 이처럼 노화는 상실과 획득, 쇠퇴와 성장, 부정과 긍정 두 가지 측면을 갖고 있으므로 이 두 가지 측면을 동시에 고려해야 한다(Vaillant, 2004).

셋째, 노화는 모든 사람에게 보편적으로 나타나는 일차적이고 본질적인 것이지만, 같은 나이에도 늙어 보이고 젊어 보이는 사람이 있듯이 개인에 따라 노화의 속도나 정도에 차이가 있다. 따라서 노화의 보편성과 개별성을 동시에 고려해야 한다.

넷째, 노화를 유전적 프로그램에 의해 유발되는 외적 변화로 인식하는 경우가 있지만, 외부의 환경적 요인 역시 노화를 일으키는 주요 요인이며, 노화에 따라 내적 변화 또한 일어나게 된다. 따라서 노화의 원인과 결과를 논의할 때 반드시 유전과 환경, 내적 요인과 외적 요인을 동시에 고려해야 한다.

다섯째, 생물적 노화를 기준으로 하여 일단 노화되면 원래 상태로의 회복은 불가능하다고 하지만, 직업적 역할의 상실과 같은 사회적 노화는 얼마든지 원래 상태로의 회복이 가능하다. 따라서 노화가 일반적으로는 비가역적 특성을 지니고 있지만 반드시 그렇지만은 않다는 점을 고려해야 한다.

이러한 노화 관련 논쟁과 함께 노화와 질병의 관계를 살펴볼 필요가 있다. 노화는 인간에게 유해한 과정이고 노화가 진행될수록 죽음에 이를 가능성이 높아지며, 죽음이 질병과 밀접한 연관성을 지니고 있기 때문에 노화의 결과를 질병과 죽음으로 간주하는 경향이 있다. 그러나 정상적 노화과정 자체만으로는 질병이 유발되지 않으며, 노화되면서 각종 질병의 발병 가능성이 높아지는 것을 병리적 노화라고 일컫는다(김전, 1999). 즉, [그림 2-1]에서 보는

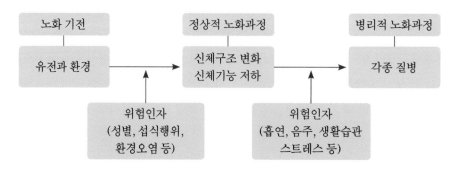

[그림 2-1] 정상적 노화와 병리적 노화의 관계

바와 같이 정상적 노화로 인하여 인간의 신체적 기능이 저하된 상태에서 특정한 위험인자가 개입하게 되면 정상적 노화과정은 병리적 노화과정으로 변환되며, 그 결과 질병에 걸리게 된다.

2. 생물적 노화

1) 생물적 노화의 개념과 특성

노화라고 하면 흰머리, 구부정한 허리와 같은 눈으로 확인할 수 있는 신체구조의 외적 변화를 의미할 정도로 신체적 노화는 매우 익숙한 개념이다. 그러나 일상적으로 사용하는 신체적 노화라는 용어는 생물적 시계(biological clock)나 생물적 영향에 의해 일어나는 모든 변화, 즉 생물적 노화라는 개념을 설명하는 데 한계가 있다(Bee & Bjorklund, 2000).

생물적 노화는 생물적 퇴화과정이 생물적 재생산과정을 능가하여 유기체 내에 퇴행적 변화가 나타나는 현상이다. 즉, 시간이 지남에 따라 또는 나이가 들어 감에 따라 신체구조 및 신체 내부의 세포, 조직, 장기 등 유기체 전반에 걸쳐 일어나는 퇴행적 발달현상을 의미한다(Atchley & Barusch, 2004). 이러한 생물적 노화는 신체적 노화와 생리적 노화라고 하는 두 가지 하위 영역을 포함하고 있다. 신체적 노화는 신체구조와 기능의 쇠퇴로 인한 활력의 상실과 질병에 대한 저항력을 상실하는 노화를 의미하며, 생리적 노화는 유기체의 기관, 조직체, 세포, 생체 통제기제 등에서의 쇠퇴와 기능 저하를 의미한다.

생물적 노화는 외적 요인에 의해 촉진되기도 하지만 유전적 요인, 세포기능의 저하, 면역체계의 문제, 생체기능에 대한 통제력 저하, 신경계의 기능 저하 등과 같은 내적 요인에 의해 주로 유발된다(Atchley & Barusch, 2004; Strehler, 1977). 그리고 생물적 노화의 과정은 모든 사람에게 보편적으로 일어나지만 노화의 정도나 속도는 개인별로 차이가 있으며, 가용 신체 에너지의 감소, 신장 등의 신체구조적 변화, 순환기계 등의 내부 장기의 기능 저하, 신체적 이동능력이나 일상생활능력의 약화 등과 같이 신체에 부정적 영향을 미친다. 또한 질병에 대한 저항능력의 저하를 초래하여 궁극적으로는 생명 종식에 이르게 한다.

Rowe와 Kahn(1998)은 생물적 노화의 수준을 최적의 노화(optimal aging), 통상적 노화(usual aging), 그리고 병리적 노화(pathological aging)로 구분하고 있다. 최적의 노화는 타고난 긍정적 유전발달 프로그램에 긍정적 환경요인이 작용하여 질병이나 장애상태에 이를 가능성이 매우 낮고 신체적 기능 저하도 거의 없는 최소한의 노화를 의미한다. 통상적 노화는 긍정적 또는 중성적 유전요인과 부정적 환경요인이 상호작용하여 만성질환과 기능 제한을 초래하지만 질병이나 기능 제한의 정도가 심하지 않은 상태를 유지하는 노화를 의미한다. 병리적 노화는 부정적 유전요인과 부정적 환경요인이 작용하여 심각한 수준의 만성질환과 장애를 초래하는 노화를 의미한다.

생물적 노화는 생물적 변화만을 초래하는 데 국한되지 않고, 노년기의 심리적 기능과 사회적 기능에도 중요한 영향을 미치게 된다. 생물적 노화를 자연스러운 과정으로 수용하고 이에 적응해 나갈 경우 심리사회적 기능을 유지 또는 발전시킬 수 있는 반면, 생물적 노화에 지나치게 집착하거나 몰두하게 될 경우에는 심리사회적 기능에 손상이 오며 전반적인 생활만족도 또한 낮아질 수 있다.

2) 생물적 노화의 주요 이론

노년학 연구가 생물적 노화를 억제하고 장수의 비결을 찾기 위한 것에서 시작했을 정도로 생물적 노화의 원인을 찾기 위한 노력은 지속적으로 이루어지고 있다. 그러나 아직 생물적 노화에 관한 보편적 이론은 정립되지 못하고 있는데, 생물적 노화의 원인을 설명하는 대표적 이론을 살펴보면 〈표 2-1〉과 같다(양성렬, 1999; 이영진, 2000; 최성재, 장인협, 2010; Goldsmith, 2012; Jin, 2010; Yates, 1996).

표 2-1 생물적 노화의 주요 이론

이론		주요 내용
세포이론	사용마모이론	• 오래 사용하여 신체기관이 퇴화(wear-and-tear)하여 노화 진행
	노폐물축적이론	• 세포 속에 해로운 물질과 제거될 수 없는 폐기물이 생성, 축적되어 세포의 정상적 기능을 방해하여 노화 진행
	교차연결이론	• 세포 내·외부에서 두 개의 큰 분자가 서로 상대에 부착되어 이 분자들이 서로 움직이지 못하게 함(예: 혈당은 세포 사이의 단백질을 끈적끈적하게 결합)으로써 화학적 반응을 일으키고 조직은 탄력성을 상실하여 노화 진행
	유전자변이이론	• 세포가 방사선 등의 원인에 의하여 상해를 입게 되면 변이세포가 생성되고, 이러한 변이세포의 누적으로 노화 진행
	세포분열제한이론 (Hayflick이론)	• 세포가 분열할 수 있는 한계 횟수가 정해진 세포시계(cell clock)의 한계를 벗어난 경우 세포분열 제한으로 노화 진행
	유해산소이론	• 세포는 신진대사과정에서 흡연, 감염, 지나친 운동 등의 외부자극에 대한 반응으로 활성산소를 생산하는데, 이 산소가 세포의 지방질과 단백질을 파괴하고 세포기능을 저하하여 노화 진행

	이론	주요 내용
유전이론	유전자조절이론 (예정계획이론)	• DNA 속에 노화의 속성이 미리 프로그램되어 있으며 유기체가 일정 시간이 경과하면 노화의 속성이 나타나면서 노화 진행
	DNA작용과오이론 (오류재해이론)	• DNA가 단백질 또는 효소와 결합하는 과정에서 DNA의 유전 정보에 맞지 않는 것을 생산하여 이런 단백질이 축적되어 노화 진행
	DNA과다이론	• DNA의 유전적 배열상의 과다로 유전적 오류가 발생하고 이로 인해 노화 진행
	질서·무질서이론	• 성적 성숙이 이루어진 이후에 유전 프로그램에 따라 사용되던 에너지의 효율성이 감소함으로써 노화 진행
	텔로메라제이론	• 염색체 끝에 연결된 일련의 핵산으로 구성된 텔로미어(telomere)가 세포분열과 함께 점점 짧아지면서 세포 손상을 일으킴으로써 노화 진행
생리학적 이론	신진대사이론	• 신진대사에 필요한 적정 수준의 열량 부족으로 노화 진행
	열량제한이론	• 영양실조 또는 영양과다로 노화 진행
	사망호르몬이론	• 산소 소모를 낮추는 호르몬에 의해 신경세포가 소실됨으로써 노화 진행
	신경호르몬이론	• 인체 항상성 유지 등에 관여하는 뇌의 시상하부의 신호에 의해 분비되는 호르몬 분비가 감소되거나 생화학적 조절기능이 약화되어 노화 진행
	흉선자극이론	• 면역계를 지배하는 흉선(thymus)이라는 분비선이 소실되면서 신체의 면역기능이 약화되어 노화 진행
	생명속도이론	• 타고난 제한된 양의 에너지를 빨리 소모함으로써 노화 진행
	생리적 통제이론	• 유기체의 신체 통합·조정기능의 상실로 노화 진행
면역이론	면역반응이론	• 항체의 이물질에 대한 식별능력이 저하되어, 이물질을 모두 파괴하지 못함으로써 노화 진행
	자동면역이론	• 체내 면역체계가 항체를 만들 때 정상세포까지 파괴하는 자동면역항체를 만들고, 이것의 증가로 정상세포가 파괴되어 노화 진행
스트레스이론		• 스트레스가 체내에 부정적 병리현상을 유발하여 노화 진행

3) 생물적 노화의 양상

생물적 노화는 신체적 노화와 생리적 노화로 구분되지만 논의의 편의상, ① 외적으로 진행되어 직접 관찰이 가능한 신체구조의 변화와 ② 내적으로 진행되는 신체적 기능의 변화로 구분하여 생물적 노화의 양상을 살펴보면 다음과 같다(권중돈, 2021a; 박성식, 1999; 최성재, 장인협, 2010; Bilder, 2016).

(1) 신체구조의 변화

생물적 노화가 진행됨에 따라 신체조직을 구성하는 세포와 섬유물질의 변화 등과 같은 생리적 노화현상이 나타나게 된다. 심장이나 근골격계 및 신경계 등에서 일명 노화색소라고 불리는 지방 갈색소가 많이 나타나며, 생명유지에 필요한 기능이 쇠퇴되고 DNA와 RNA, 단백질 합성에 필수적인 분자가 세포 내에서 생산되지 않게 됨으로써 세포 노화가 촉진된다. 결국 신체기관이나 조직의 노화를 일으키게 된다. 신체조직의 틀을 구성하는 섬유물질이 활발하게 교체되지 못하여 쉽게 손상되고 파편화되고 칼슘화됨에 따라 혈관, 폐 등의 신체조직의 노화를 촉진하게 된다.

생물적 노화의 결과로 나타나는 신체 외형의 변화를 살펴보면, 먼저 체중은 60세부터 점차 줄어들며, 연골조직의 퇴화로 인하여 신장도 30대에 비해 90대에는 2% 정도 줄어들게 된다. 그리고 치아는 60대에 14개, 70대에 11개, 80대에는 6개 정도로 줄어들게 된다. 머리카락은 멜라닌 세포의 감소로 인하여 은빛(silver)으로 변하게 되는데, 이러한 머리색에 비유하여 노인을 실버세대라고 부른다. 노인의 피부는 멜라닌 색소의 불규칙한 감소로 인해 전체적인 피부색이 동일하게 유지되지 않으며, 얼굴은 창백해지고 얼룩반점이 생기며 건성화된다. 노출된 피부는 표피 증식이 감소하여 얇아지고 피하지방의 감소로 주름살이 생기며 피부탄력성이 현저하게 줄어들게 된다. 그리고 피하조직과 피부의 신경세포 감소로 인하여 체온유지능력이 감소되면서 추위를 많이 느끼고, 온도 변화에 쉽게 적응하지 못하여 환절기에 호흡기질환에 걸리기 쉽고, 심혈관계 질환이 있는 경우에는 새벽운동과 같이 갑작스러운 온도 변화로 인하여 쓰러지는 경우도 있다.

연령이 증가함에 따라 신체조직 구성성분 중 지방분은 증가하는 반면, 고형분과 수분은 줄어드는 변화가 일어나며, 뼛속의 칼슘분이 고갈되어 뼈의 질량이 감소하고, 골밀도가 낮아짐으로써 골절을 당하기 쉽고, 골다공증에 걸리기 쉽다. 특히 여성은 폐경기 이후의 에스트로겐이라는 성호르몬 분비가 감소하고 신체적 활동이 줄어듦에 따라 남성에 비해 뼈의 손실이 더욱 증가한다. 그리고 연골조직이 얇아지거나 탄력이 약화되어 관절염을 일으키기도 한다. 또한 팔다리 및 골격 일부에 붙어 있는 수의근(隨意筋)의 근육 용적이 감소되고 수축력이 약화되어 운동능력이 감퇴된다.

(2) 신체기능의 변화

신체 내부의 장기(臟器)는 40세부터 중량이 감소하는데, 25세 청년을 100으로 하였을 때 75세 노인의 신장 중량은 81% 정도, 간장은 67% 정도, 비장은 45% 정도로 줄어들지만, 심장은 오히려 140% 정도로 증가한다(최성재, 장인협, 2010). 이러한 주요 장기의 중량 변화와 함께 조직 변화가 동시에 일어나게 됨으로써 장기의 기능 변화가 나타나게 된다.

심장근육 주변 모세혈관이 동맥경화로 인해 심장을 비대하게 만들고, 지방분이 증가하면서 심장의 중량을 증가시킨다. 따라서 심박출량과 심장박동능력은 감소하게 되며, 심장판막의 석회화로 인하여 세포가 사멸하게 됨으로써 노년기에는 각종 심장질환에 걸릴 가능성이 높아진다. 노화에 따른 순환기계의 변화는 주로 동맥에서 관찰되는데, 동맥벽이 비대해지고 경화되며 탄력성이 줄어들게 된다. 이러한 동맥의 구조적 변화와 기능 저하로 혈액순환이 원활하지 못하여 고혈압, 동맥경화, 뇌졸중 등의 순환기계 질환을 앓게 될 가능성이 높아진다.

노년기에는 폐조직의 탄성이 저하되고 폐용적은 감소되며 죽은 공간(dead space)이 증가하는 반면, 기관지는 약간 확장되고 기관지 점액선은 증가하게 된다. 이러한 호흡기계의 변화로 인하여 폐 속에 남아 있는 나쁜 공기, 즉 잔기량(殘氣量)이 증가하여 기관지질환이나 호흡기질환에 걸릴 가능성이 높아진다.

노년기에는 치아결손, 타액과 위액 등의 소화효소 분비량의 감소, 위 근육의 약화 등으로 인하여 소화기능이 감퇴한다. 그리고 60세 이상이 되면 소장은 융모의 크기가 작아져 점막 흡수면적이 줄어들고 운동성이 저하되며, 대장조직이 변형되고 운동성이 저하됨에 따라 변비나 숙변, 각종 장 질환에 걸릴 가능성이 높아진다.

연령 증가에 따라 신장의 크기, 무게, 피질의 양 등이 감소되며 신장 혈관의 경화(硬化)현상이 나타남으로써 신장기능이 줄어들게 된다. 즉, 신장에서 노폐물이나 독소를 여과하는 비율이 80세에는 30세의 50% 정도로 감소함에 따라 각종 신장질환에 걸릴 가능성이 높고, 방광이나 요도기능의 저하로 야간에 소변을 보는 횟수가 증가하게 된다.

노인이 되면서 세포 수의 감소와 함께 운동성이 저하되어 대사요구량이 줄어들게 되며, 심장이나 혈관의 기능과 밀접한 관련성을 지닌 체액의 양이 감소한다. 그러므로 휴식상태의 산소소모량인 기초대사율은 감소하는 반면, 탄수화물대사율은 증가하여 혈액 속에 혈당이 많아짐으로써 당뇨병에 걸릴 가능성이 높아진다.

내분비계는 호르몬을 생산·분비하여 다양한 인체 기능을 조절하고 통제하는 기관들로 이루어져 있는데, 호르몬은 노화와 함께 감소, 유지, 또는 증가하기도 한다. 나이가 듦에 따라 감소하는 호르몬은 성호르몬, 성장 호르몬, 멜라토닌 등이고, 유지 또는 감소하는 호르몬은 코르티솔, 인슐린, 갑상선 호르몬 등이며, 증가하는 호르몬은 난포 자극 호르몬, 황체형성 호르몬, 노르에피네프린, 부갑상선 호르몬 등이다. 그러나 노화와 함께 호르몬 수용체의 감수성이 낮아지므로, 전반적인 내분비 기능은 나이가 듦에 따라 줄어든다(Morley & Berg, 2000).

노화와 함께 성기능 또는 생식기능의 저하현상이 나타나게 된다. 여성의 경우 폐경으로 인하여 월경이 중단되고 생식능력이 상실되는데, 폐경 이후의 성적 욕구 변화에 대해서는 상반된 연구결과가 제시되고 있다. 남성의 경우에도 생식기능이 저하되고, 발기능력과 음경 크기의 감소, 음경강직도의 저하, 발기각도의 변화 등과 같은 불완전한 발기문제로 인하여 성교능력이 저하되기는 하지만 여성보다는 그 기능 저하가 덜하며, 70대 이상에서도 충분히 성적 관계를 유지할 수 있다는 연구가 많이 있다(Matthias et al., 1997).

4) 생물적 노화의 신화와 사실

생물적 노화와 관련된 앞서의 논의가 주로 생물적 노화의 부정적 측면에 치중되어 있는 것처럼 생물적 노화와 관련된 일반인의 잘못된 인식, 즉 편견과 신화(myth)가 존재한다. 생물적 노화가 반드시 부정적 결과를 낳는 것은 아니며, 많은 노인이 신체적 건강을 유지하면서 일상생활을 영위하고 있다. 따라서 다음에서는 현재 생물적 노화와 관련된 사실(fact)과 잘못된 신화에 대해 논의해 보고자 한다(Erber & Szuchman, 2015; Harrigan & Farmer, 2000).

◉ 신화 1: 노년기의 생활은 신체적 질병으로 가득 차 있다.

생물적 노화로 인하여 대부분의 노인은 신체적 기능이 저하되고, 면역체계의 손상과 기능 저하로 인하여 질병에 걸릴 가능성이 높아진다. 실제로 보건복지부와 한국보건사회연구원(2023)의 조사에 따르면 전체 노인의 86.1%가 만성질환을 앓고 있는 것으로 나타나고 있다. 그러나 질병은 정상적 노화의 결과가 아니라 병리적 노화의 결과이며, 질병 중에는 노년기 이전부터 앓고 있던 질병이 노년기에 더욱 악화되는 경우도 상당수에 이른다. 그리고 대다수의 노인이 질병을 앓고 있다고는 하지만 81% 정도가 타인의 도움 없이 자립적으로 일상생활을 영위하고 있다(보건복지부, 한국보건사회연구원, 2023). 이러한 결과를 근거로 하여 볼 때, 노년기에 질병을 앓을 가능성이 높아지는 것은 사실이지만 질병으로 인하여 일상생활에 지장을 받을 정도의 장애를 가진 노인은 소수에 불과하며, 적극적이고 활발하게 노후생활을 영위하는 경우가 많다.

◉ 신화 2: 노인은 매력이 없고 잘 보지도 듣지도 못하며, 냄새가 나고 치아도 없다.

생물적 노화로 인하여 피부를 비롯한 외모에서의 변화가 일어나는 것은 사실이지만, 외모의 변화는 의상이나 화장 등으로 얼마든지 보완이 가능하므로 노인을 매력 없는 존재로 치부해 버리는 것은 문제가 있다. 그리고 청력이나 시력의 변화는 성인기부터 시작되지만 노년기가 될 때까지 특별히 인식하지 못하며, 보청기나 안경 등으로 충분히 기능보완이 가능하고, 적절한 의사소통방법을 활용할 경우 원활한 대화가 가능하다. 그럼에도 젊은층에서는 자신의 잘못된 의사소통방법을 탓하기보다는 노인의 다소 민감하지 못한 의사소통 문제에만 초점을 두고 이를 부각하는 경향이 있다. 그리고 노인 특유의 냄새는 치과질환이나 소화기계의 기능 저하에 기인한 경우가 많으며 목욕, 양치질 등의 적절한 위생관리를 통해 충분히 제거할 수 있다. 또한 노년기에 치아가 결손되기는 하지만, 80세 이후에도 건강한 치아를 유지하는 노인이 많이 있을 뿐만 아니라 틀니 등으로 그 기능을 대치할 수 있으므로 노인을 '이빨 빠진 늙은이'로만 평가하는 것은 잘못된 것이다.

◉ **신화 3: 노인이 되면 스스로 힘든 일을 하지 말아야 한다. 그렇지 않으면 심장발작, 골절상 등을 입을 수 있다.**

노화로 인하여 근골격계, 심혈관계, 호흡기계의 구조 변화와 기능 저하가 나타난다. 그러나 신체 구조와 기능의 변화는 성인 초기부터 진행된 것이며, 의사의 조언을 받을 경우 에어로빅과 같은 격렬한 운동도 충분히 가능하며, 심지어는 마라톤 풀코스를 완주하는 노인의 사례도 심심찮게 볼 수 있다. 그리고 심장질환은 노인의 주요 사망원인이기도 하지만 중·장년층의 경우에도 동일하게 주요 사망원인인 것으로 알려져 있으며, 골절의 위험은 골밀도나 근력이 저하되는 중년기 이후부터 높아지기 때문에 특별히 노인에게만 해당되는 문제는 아니다.

◉ **신화 4: 노인은 성에 관심도 없고 성생활도 불가능하다.**

생물적 노화로 인하여 남성과 여성 모두 노년기에는 성기능이 저하되는 것이 사실이다. 그러나 성적 노화 자체보다는 성적 파트너의 유무가 성생활에 더 큰 영향을 미치며, 비아그라 등의 발기부전 치료제, 충분한 사전 성적 전희 등으로 70세 이후에도 성생활을 영위하는 노인이 상당수에 이른다. 따라서 노인을 성에 대해 관심이 없고 성생활도 불가능한 중성적 존재로 간주하는 것은 노인의 성에 대한 무관심과 편견에 기인한 비합리적인 사고의 전형이라 할 수 있다.

3. 심리적 노화

1) 심리적 노화의 개념과 특성

노화를 생물적 측면에서 보면 '인생의 1/4은 성장하면서 보내고 나머지 3/4은 늙어 가는 데 보낸다.'라고 할 수 있다. 하지만 심리사회적 측면에서 보면 '인생의 1/4은 성장하는 기간이고 2/4는 일을 하는 기간이며, 1/4은 늙어 가면서 보내는 기간'이라 할 수 있다(최순남,

1999). 이 표현에 따르면 인생의 마지막 1/4 기간 동안 이루어지는 심리적 노화는 주로 퇴행적 발달의 의미가 강하다. 하지만 심리적 노화는 감각기능, 인지기능, 정서 및 정신기능, 성격 등의 심리내적 측면과 심리외적 측면의 상호작용에서의 퇴행, 유지 및 성숙을 동시에 내포하는 심리적 조절과정이다.

이러한 심리적 노화의 영역은 크게, ① 감각기능, 지각과정, 심리운동수행능력(psychomotor performance), 정서 및 정신기능 등의 심리적 기능, ② 자아의 발달과 성격 변화와 같은 발달적 특성, ③ 정신건강과 장애로 나누어 볼 수 있다(Atchley & Barusch, 2004). 이러한 세 가지 심리적 노화의 영역 중에서 최근에는 주로 심리적 기능과 관련된 연구가 활발하게 진행되고 있다.

심리적 노화 역시 다른 노화의 영역과 상호연관성을 지닌다. 먼저 생물적 노화와의 관련성을 살펴보면, 생물적 노화와 관련된 심리적 기능일수록 연령이 증가함에 따라 퇴행적 발달이 현저하며, 경험과 밀접하게 관련된 심리적 기능이나 발달은 그대로 유지되거나 오히려 증가하는 특성을 지닌다. 또한 실험실 연구에서는 노인의 감각, 지각 및 다양한 정신기능이 쇠퇴하는 것으로 나타나고 있는 것과는 달리 실제 생활에서는 연령이 증가하더라도 크게 변화하지 않고 그대로 유지되는 경우가 많은 것으로 나타나고 있다(Atchley & Barusch, 2004). 그리고 심리적 노화가 일어나는 시점이나 노화의 비율은 개인에 따라 차이가 있다.

사회적 노화와 심리적 노화의 관련성을 살펴보면, 심리적 노화가 사회적 기능의 약화를 초래할 수도 있지만 오히려 촉진하는 경우도 있으며, 반대로 사회적 노화가 심리적 노화에 긍정적 또는 부정적 영향을 미칠 수 있다. 따라서 심리적 노화와 사회적 노화는 밀접한 상관성을 지니며, 이들 간의 인과관계는 아직 명확히 밝혀지지 않고 있다. 특히 심리적 노화와 사회적 노화는 연령뿐만 아니라 사회문화적 동질성을 의미하는 동년배집단(cohort)의 효과가 복합적으로 작용하기 때문에 순수한 노화만의 영향을 파악하는 것은 매우 어려운 일이다.

2) 심리적 노화의 주요 이론

심리적 노화에 관한 연구는 1825년 Gompertz가 사망률과 연령 사이의 상관성을 연구하면서부터 시작되었지만, 아직도 문화와 시대를 초월하는 보편적인 원칙을 제시할 수 있는 현자(賢者)를 기다리고 있는 실정이다(Schroots, 1996; Vaillant, 2004). 심리적 노화에 관한 이론은 발달과업이론, 성격발달이론, 인지이론, 행동유전이론, 노년초월이론 등 매우 다양한데, 주요 이론을 요약하여 제시하면 〈표 2-2〉와 같다(권중돈, 2021a; 최성재, 장인협, 2010; Coleman & O'Hanlon, 2016; Schroots, 1996).

표 2-2 심리적 노화의 주요 이론

이론	주요 내용
Havighurst의 발달과업이론	• 6단계의 인간발달 단계를 제시하면서, 노년기의 발달과업을, ① 쇠퇴하는 기력과 건강에 대한 적응, ② 퇴직과 소득 감소에 대한 적응, ③ 배우자의 죽음에 대한 적응, ④ 동년배집단과의 유대관계 강화, ⑤ 사회적 역할의 융통성 있는 수행과 적응, ⑥ 노후생활에 적합한 생활환경의 조성으로 규정함
Peck의 발달과업이론	• Erikson의 7~8단계를 통합하여 7단계의 인간발달이론을 제시하면서, 중년기 이후의 발달과업을, ① 자아분화 대 직업역할몰두, ② 신체초월 대 신체몰두, ③ 자아초월 대 자아몰두로 규정함
Clark와 Anderson의 적응발달과업이론	• 노년기에 직면하게 되는 적응과업을, ① 노화의 현상과 이로 인한 행동 및 활동에 제약이 오는 것을 자각하는 것, ② 신체적 및 사회적 생활반경을 재정의하는 것, ③ 노화로 인한 제약 때문에 이전처럼 만족시킬 수 없는 욕구를 다른 방법으로 만족시켜야 하는 적응과업, ④ 자아의 평가기준을 새롭게 설정하는 것, ⑤ 노년기의 생활에 맞도록 생활의 목표와 가치를 재정립하는 것으로 규정함
Erikson의 심리사회적 발달이론	• 전 생애에 걸친 점성적 성격발달이론으로, 노년기에 직면하는 심리사회적 위기를 '자아통합 대 절망'이라 명명함 • 자아통합: 과거 및 현재의 인생을 바라던 대로 살았다고 받아들이고 만족스럽고 의미 있게 생각하며, 다가올 죽음을 수용하고 기다리는 태도 • 절망: 과거 및 현재의 인생을 후회하고 불만스럽게 생각하고, 다시 한번 기회가 주어진다면 다르게 살겠다고 생각하며, 죽음 앞에 남은 시간이 너무 짧아 어떻게 할 수 없기 때문에 불안, 초조해하는 태도
Thome의 인지이론	• 생물적 · 사회적 · 심리역동적 이론을 통합한 노년기 성격에 관한 인지이론으로서 지각, 지각된 상황 그리고 지각된 자아를 강조함 • 객관적 변화보다는 주관적으로 지각한 변화가 행동 변화에 더 중요한 요인이며, 그러한 변화는 개인의 지배적 관심이나 기대치에 의해 평가될 수 있음 • 성공적인 노화를 위해서는 인지체계와 동기체계의 균형을 유지하고 재구조화하는 것이 필수적임
Salthose의 자원감소이론	• 노년기에는 정보를 처리할 수 있는 자원이 축소됨으로써 인지적 수행능력이 감소함 • 인지적 과업을 수행하는 데 필요한 자원이 많을수록 인지적 수행능력이 증가함
McClearn의 행동유전이론	• 유전요인이 노화에 미치는 영향에 관심을 두고 있으며, 시간의 흐름에 따라 유전요인과 환경요인의 영향력이 달라지게 되고, 그로 인해 행동상의 차이를 유발함 • 유전요인은 환경요인보다 행동에 지속적인 영향을 미치지만, 환경요인 역시 행동상의 차이를 유발하는 중요한 요인임

이론	주요 내용
Miller의 정체감위기이론	• 직업적 역할은 개인의 정체감을 지지·유지하는 기반이며, 사회적 역할, 생계유지자의 역할 등 부수적 역할을 부여한다고 규정함 • 퇴직자는 직업 및 부수적 역할을 상실하여 역할이 없는 사람이라는 낙인이 찍히게 되고, 이로 인해 자아 지지 기반이 와해되고 정체성 위기에 직면함 • 노년기에 정체감을 유지하기 위해서는, ① 다른 활동을 통하여 대체적 만족감을 추구하거나, ② 사회적 인정을 받을 수 있는 완전한 여가활동 개발 및 참여를 하여야 함
Atchley의 정체감유지이론	• 정체감은 여러 가지 원천에서 파생하며 직업적 역할만이 정체감 유지를 위한 활동이 아니므로 퇴직 후에도 여러 가지 역할을 통하여 정체감을 유지할 수 있음
Tornstam의 노년초월이론	• 노년기로의 진입과 함께 물질적이고 현실적인 관점에서 초월적이고 인류적인 관점으로 변화하며, 자연스럽게 삶의 만족도가 증진함 • 노년기가 되면 시간, 장소, 대상에 대한 관점이 변하고 과거 및 미래 세대와의 친밀성이 증가하며, 삶에 대한 지각이 변화하고 죽음에 대한 공포가 사라지며, 인류 전체에 관한 관심이 증가함 • 숨겨져 있던 자아의 특질을 발견하고 자아중심성이 줄어들며, 이타성을 회복하고 자아통합 상태에 도달함 • 물질적인 것에 대한 관심이 줄어들고 자아와 역할 사이의 차이를 이해하며, 자신의 삶을 반추하는 시간이 증가함

3) 심리적 노화의 양상

심리적 기능, 발달적 특성, 정신건강과 장애라고 하는 심리적 노화의 영역 중에서 정신건강과 장애에 대해서는 이 책의 제4장과 제5장의 노년기 신체 및 정신건강과 관련된 논의에서 상세히 다루도록 하고, 여기에서는 심리적 기능과 발달적 특성에 대해서만 논의한다. 심리적 기능은 감각기능과 인지 및 정신 기능으로 구분하여 살펴보고, 발달적 특성은 정서 및 성격 변화를 중심으로 살펴본다(권중돈, 2021a; 최성재, 장인협, 2010; Atchley & Barusch, 2004).

(1) 감각기능

노년기에는 신체 내·외부의 변화와 상태에 대한 정보를 수집하여 뇌에 전달하는 감각기관의 기능이 저하된다. 먼저, 시각 기능은 40대 이후부터 약화되기 시작하여 70세 이후부터는 교정시력으로도 정상시력을 유지하기 어려워진다. 그리고 노년기에는 내이(內耳)에서 대뇌피질까지의 청각체계 반응능력 감소, 중추신경계 자극반응능력 감소 등으로 인하여 청각능력 감퇴가 이루어지는데, 55세 이후부터는 음의 고저에 대한 변별력이 감소하고 노년기 후기에는 보청기와 같은 청력보조기구의 필요성이 높아진다.

미각은 20대에 최고 상태에 이른 후 50세부터 서서히 저하되지만 70세 이전까지는 큰 변화는 없다. 그러다가 80세 이후부터는 맛봉우리가 감소하여 미각구별능력이 현격히 쇠퇴한다. 후각은 65세 이후부터 감소하기 시작하여 80세 이후 노인의 3/4 정도가 후각 문제를 경험하게 된다. 촉각은 45세 이후부터 급격히 저하되며, 그중 통각(痛覺)은 젊은 사람에 비해 노인이 덜 민감하지만 통각의 저하는 연령과는 크게 상관성이 없는 것으로 알려지고 있다.

노년기에는 감각기관이 수집한 정보를 의식적 수준에서 처리하고 평가하는 지각기능의 반응속도가 저하된다. 즉, 노년기에 이르게 되면 뇌의 신경자극 전달세포의 감소, 연령 증가에 따른 조심성, 심사숙고의 증가 등으로 인해 운동반응, 반응시간, 문제해결, 기억력, 정보처리과정에서 반응속도가 둔화된다. 그러므로 노년기에는 환경 변화에 즉각적으로 대처할 수 없게 되어 안전사고를 유발할 가능성이 높아진다.

연령이 증가함에 따라 일반적으로 수면시간이 감소하는데, 20대에는 하루 평균 7~8시간의 수면을 취하지만 55세 이후에는 급격히 감소하여 65세 이상에서는 5~6시간 정도 수면을 취하는 것으로 나타나고 있다. 이러한 수면시간의 감소와 함께 노년기에는 취면장애, 조기각성, 주야전도, 숙면장애 등의 수면장애를 경험하는 경우가 많다(Wolkove et al., 2007). 특히 숙면시간이 감소함에 따라 피로회복률이 낮아져 낮 동안의 일상활동에 지장을 받는 경우가 많아진다.

(2) 인지 및 정신 기능

정상적인 노화과정에서 뇌의 무게와 부피는 전반적으로 감소한다. 20대 남성의 평균 뇌 무게는 1,394g이지만 90대 초반에 이르면 1,161g으로 감소하는데, 이는 뉴런이 퇴화되어 글리아 세포(glia cells), 즉 신경교세포로 대체되기 때문이다(Nordhus et al., 1998). 뇌의 일부 부위에서는 노인반, 신경섬유농축체, 수상돌기의 감소 등으로 인하여 뇌기능이 저하되기도 한다. 그러나 특별한 뇌병변(腦病變)이 없으면, 뇌구조의 변화로 인한 뇌기능의 전반적 저하가 일어나지는 않으므로 노년기에도 일상생활을 영위하는 데 필요한 인지기능을 적정 수준에서 유지할 수 있다.

Riegel 등(1976)은 사망 5년 전부터는 지적 능력의 감퇴가 확실히 나타난다고 하였으며, Kleemeier(1961)는 사망 직전에 극적인 인지기능 감퇴가 이루어지는 종말적 저하(terminal drop)현상이 일어난다고 하였다. 그러나 노년기의 지능, 기억력, 사고 및 문제해결능력의 변화 양상에 대한 연구결과는 아직 일치된 의견을 제시하지 못하고 있다(권중돈, 2021a).

인지기능 중에서 지능은 개체가 유목적적으로 행동하고 사고하며, 환경에 효율적으로 대처해 가는 종합적이고 총체적인 능력으로, 새로운 것을 학습할 수 있는 능력 또는 환경에 적응하는 능력을 의미한다. 일반적으로 지능은 18~25세 이후부터는 점진적으로 쇠퇴한다고 보고 있으나, 지능에는 여러 종류가 있으므로 특정 영역의 지능만을 근거로 지능의 약화를 주장할 수는 없다. Schaie(1990)의 연구에 따르면 연령이 증가함에 따라 선천적으로 갖고 태어난 수에 대한 감각, 정확성, 기억능력, 반응속도 등의 유동성 지능은 20~30대에 절정을 이루다 70세 이후부터 급격히 감퇴하는 반면, 경험을 통해 후천적으로 획득된 추론능력, 어휘력 등의 결정성 지능은 60세까지 꾸준히 증가하는 것으로 나타나고 있다. 이러한 점을 근거로 할 때 연령과 지능이 부적 관계에 있다고 단정하기는 어렵다. 따라서 지능은 연령 이외의 변인, 즉 교육수준, 생활경험, 직업, 동년배집단효과, 지능검사 시의 신체 및 건강 상태 등의 영향을 많이 받는다고 할 수 있다. 그리고 창의성은 30대에 정점에 이른 후 점차 조금씩 감퇴되지만, 60~70세에도 20대와 동일한 수준의 창의성을 발휘할 수 있으며, 80세에도 여전히 중요한 일을 훌륭하게 수행하는 경우가 많다(Simonton, 1990).

기억은 외부에서 들어온 정보를 대뇌에 기록해서 저장했다가 어떠한 상황에 직면하여 의식으로 되살려 내는 정신기능을 의미한다. 이러한 기억은, ① 5~10초 후에 회상해 내는 단기기억, ② 1시간~며칠 후에 회상해 내는 최근기억, ③ 오래전에 일어난 일에 대해 살면서 자주 회상했던 것을 회상해 내는 장기기억, ④ 오래전에 일어난 일로서 한 번도 회상해 본 적이 없는 것을 회상해 내는 최고기억으로 구분된다. 노년기에 이르게 되면 일반적으로 단기기억과 최근기억의 능력이 약화되고 암기보다는 논리적인 것의 기억능력이 더 많이 감퇴되는 것으로 알려져 있으며, 보는 것보다는 듣는 것의 기억력이 뛰어나므로 노인의 학습능력 증진을 위해서는 청각을 활용한 교육방법이 효과적이다.

연습이나 경험을 통하여 정보나 기술을 습득하는 학습능력은 일반적으로 연령이 증가함에 따라 저하되는 것으로 알려져 있다. 그러므로 노인의 학습능력을 증진하기 위해서는 충분한 시간과 의미 있고 분명한 구체적인 학습과제를 제시하며, 학습결과에 대해서는 즉각적인 환류를 제공해야 한다.

사고능력은 학습과 지각에 의해 받아들인 정보를 구별하고 분류하여 개념화하는 과정으로, 이미 습득한 지식을 활용하여 여러 가지 과제를 해결하거나 과제 상황에 대처하는 것을 의미한다. 그리고 문제해결능력은 사고과정에서 형성된 개념을 바탕으로 논리적 추리를 하여 어떤 결정을 내리는 것을 의미한다. 이러한 사고능력과 문제해결능력은 연령이 증가함에 따라 저하되는 것이 일반적이지만 단순히 연령 증가만이 그 원인이라고 단정 짓기는 어려우며 연령과 교육수준, 인생경험, 지능, 직업, 동년배집단효과 등의 요인이 복합적으로 영향을 미친다.

노년기에 주로 일어나는 사고능력과 기억력의 심각한 장애인 치매의 문제는 사회문제로 제기되고 있다. 치매는 뇌질량의 감소, 뇌혈관장애, 알코올 등으로 인한 뇌병변에 의해 인지기능과 고등정신기능이 감퇴되는 신경인지장애로 기억장애, 추상적 사고장애, 판단장애, 대뇌피질장애, 성격 변화가 수반됨으로써 직업, 일상적 사회활동 또는 대인관계에 지장을 주는 복합적 임상증후군이다(권중돈, 2024b).

노인은 오랜 삶의 경험을 통하여 나름대로의 삶에 대한 지혜(wisdom)를 갖게 된다. 지혜는 지식과 실용적 능력을 결합하여 인생에 대해 더 큰 이해를 갖게 되는 개인적 지식의 통합체로서 공식교육, 부모나 스승의 가르침, 수도(修道) 등을 통하여 후천적으로 습득할 수도 있지만, 성인이나 종교지도자처럼 선천적으로 타고나는 경우도 있다. 노년기에는 반응속도의 저하와 같은 인지기능의 감퇴를 오랜 인생경험을 통해 획득한 지혜를 사용하여 보완해 나갈 수 있다(Vaillant, 2004).

노화 자체가 인간의 궁극적 존재 이유에 대해 관심을 갖게 하고 죽음에 대해 깊이 명상하게 하며, 보편적 가치를 추구하게 하므로 노년기에는 영성(spirituality)이 더욱 깊어지는 경향이 있다. Tornstam(1994)의 연구에 따르면 대다수의 노인이 젊은 시절에 비해 영성이 훨씬 더 깊어지는 것으로 나타나고 있다. 그러나 신체기능의 저하로 인해 종교활동에 대한 참여도가 줄어들면서 영성도 감소하게 된다는 주장도 있다.

(3) 정서 및 성격 변화

노년기의 자아정체감 변화와 관련해서는 상반된 이론이 제시되고 있다. Miller(1965)는 노년기에 이루어지는 은퇴로 인하여 자아기반이 와해되면서 노인은 정체감 위기에 직면하게 된다는 정체감위기이론을 제시하였다. 이에 반해 Atchley와 Barusch(2004)는 정체감은 여러 가지 원천에서 파생되므로 은퇴 이후에도 여러 가지 역할을 통하여 정체감을 유지할 수 있다는 정체감유지이론을 제시하고 있다.

노년기에 이르게 되면 감정표현능력이 저하된다. 이러한 감정표현능력의 저하는 연령의 증가에 기인한 것이라기보다는 사회문화적 요인에 더 큰 원인이 있다. 즉, 감정표현을 억제하는 것이 사회문화적으로 더 바람직한 것이라는 사회압력에 순응한 결과라고 할 수 있다.

Erikson(1963)은 노년기의 심리사회적 위기인 자아통합 대 절망(ego integration vs despair)은 중·장년기의 생산성 대 침체의 위기를 어느 정도 성공적으로 극복하였는가에 따라 그 결과가 달라진다고 하였다. 자아통합은 자신의 과거 및 현재의 인생을 바라던 대로 살았다고 받아들이고 만족스럽고 의미 있게 생각하며, 다가올 죽음을 인정하고 수용하는 태도를 갖는 것이다. 이에 비하여 절망은 자신의 과거 및 현재의 인생을 후회스럽고 불만스럽게 생각하고 다시 한번 기회가 주어진다면 다르게 살겠다고 생각하며, 죽음 앞에 남은 시간이 너무 짧아 어떻게 할 수 없기 때문에 불안, 초조해하는 것을 의미한다.

인간의 죽음에 대한 태도는 아동기에 시작하여 노년기에 이르기까지 장기간에 걸쳐 형성되는데, 노년기의 죽음에 대한 태도는 자아통합성의 성취 정도에 따라 차이를 보인다. 만약 노인이 자아통합에 이르게 되면 자신이 살아온 인생을 수용하고 두려움 없이 죽음에 직면하는 능력이 높아지지만, 절망에 이른 경우에는 죽음을 수용하지 못하고 타인을 원망하며 우울증의 경향을 보인다. Kübler-Ross(1969)는 중년기에 말기 암에 걸린 환자는 '부정-분노-타협-우울-수용'이라는 다섯 단계를 거치며 죽음에 적응해 간다고 하였다.

노년기의 성격, 특히 방어기제의 변화와 관련하여 Jones와 Meredith(2000), Costa와 McCrae(1989)는 나이가 들수록 투사, 공격성 등의 미성숙한 방어기제는 사용 빈도가 줄어드는 반면, 승화와 같은 성숙한 방어기제는 더욱 증가하는 경향이 있다고 하였다. 그러나 노년기의 성격이 연속성과 안정성을 유지한다는 주장과 변화한다는 주장이 동시에 제기되고 있다. Kogan(1990)은 노년기에도 이전과 같은 방식으로 자극에 반응하며, 이러한 습관적인 방식을 유지하기 위하여 자신의 사회환경을 조정하기 때문에 노년기에는 성격 변화가 일어나지 않는다고 주장하고 있다. 이에 비해 윤진(1996)과 Ruth(1996)는 노년기에 성격 변화가 일어난다고 보고 있다. 윤진(1996)은 노년기에 나타나는 특징적 성격 변화를 다음과 같이 열 가지로 요약하여 제시하고 있다.

① 내향성 및 수동성의 증가: 외부 사물이나 행동보다는 내적인 측면에 관심과 주의를 기울이며, 자신의 사고나 감정에 따라 사물을 판단하고 능동적 문제해결보다는 타인에 대한 의존성이 증가한다.

② 조심성의 증가: 정확성을 중시하며, 감각능력이 감퇴하고 결정에 대한 자신감의 결여로 인하여 확실한 것을 추구하는 경향이 강해진다.

③ 경직성의 증가: 자신에게 익숙한 습관적 태도와 방법을 고수하며, 이로 인해 대체로 학습능력과 문제해결능력이 저하된다.

④ 우울 성향의 증가: 신체질병, 배우자 사망, 경제사정 악화, 사회로부터의 고립, 일상생활에 대한 통제력 약화, 과거에 대한 회상의 증가로 인하여 우울 성향이 증가하고 이로 인해 불면, 무감각, 강박관념, 증오심, 체중감소 현상이 나타나기도 한다.

⑤ 생에 대한 회상의 경향: 과거의 인생을 회상하여 남은 시간 동안에 지금까지 해결하지 못한 것을 찾아서 새로운 해결을 시도하고 새로운 인생의 의미를 발견하려 한다.

⑥ 친근한 사물에 대한 애착 증가: 사용해 온 물건에 대한 애착이 증가하며, 이를 통해 과거 인생을 회상하고 마음의 평온을 추구한다.

⑦ 성역할 지각의 변화: 남성은 친밀성, 의존성, 관계지향성이 증가하는 반면, 여성은 공격성, 자기주장, 자기중심성, 권위주의 성향이 상대적으로 높아진다.

⑧ 의존성의 증가: 노화가 진행됨에 따라 경제적·신체적·정서적·사회적 의존성이 전반적으로 증가한다.

⑨ 시간전망의 변화: 40세 이후부터 시간전망의 변화가 나타나는데, 남아 있는 시간을 계산하고 시간이 얼마 남지 않았다는 사실을 회피하기 위해서 과거에 대한 회상에 집중하거나 또는 과도하게 미래지향적이 된다.

⑩ 유산을 남기려는 경향: 죽기 전에 자손, 예술작품, 기술, 지식, 재산 등 뭔가를 남기려는 성향이 강해진다.

이러한 노년기의 성격 특성을 근거로 하여 Reichard는 노년기의 성격 유형을 〈표 2-3〉에서 보는 바와 같이 다섯 가지로 구분하고 있다(최성재, 장인협, 2010).

표 2-3 노년기의 성격 유형

성격 유형	주요 특징
성숙형	• 매사에 신중하고 은퇴 후의 변화를 수용하고 과거에 집착하지도 않으며, 여생이나 죽음에 대한 과도한 불안이 없다.
방어형	• 노화에 따른 불안을 방지하기 위하여 사회적 활동 및 기능을 계속 유지한다.
은둔형	• 은퇴 후 과거에 힘들었던 일이나 복잡한 대인관계에서 벗어나 조용히 수동적으로 보내는 것에 만족한다.
분노형	• 젊은 시절 인생목표를 달성하지 못하고 늙어 버린 것에 대해 비통해하고, 실패 원인을 외부에 투사하여 남을 질책하고, 자신의 늙음에 타협하지 않으려 한다.
자학형	• 지난 인생에 대한 후회가 많고 불행이나 실패의 원인이 자신에게 있다고 여겨, 자신이 무가치하고 열등하다고 생각하며 의기소침해하거나 우울증을 보인다.

4) 심리적 노화의 신화와 사실

심리적 노화와 관련된 사실과 잘못된 신화를 살펴보면 다음과 같다(Harrigan & Farmer, 2000).

⊙ **신화 1: 노인은 하루 종일 잠을 잔다.**

노화와 함께 수면시간 감소, 취면장애, 조기각성, 숙면장애 등과 같은 수면 양상의 변화가 일어나는 것은 분명한 사실이다. 그러나 대부분의 노인은 이러한 수면 양상의 변화에 잘 적응하고 있으며, 새벽녘에 일어나 활동하므로 오후가 되면 피로를 느낄 수 있다. 낮잠을 자는 것은 야간에 충분한 수면을 취하지 못했기 때문일 수도 있지만 낮시간 동안의 지루한 생활을 벗어나기 위함일 수도 있다. 만약 노인이 낮시간 동안에 바쁘게 활동한다면 낮잠을 자지 않을 것이다.

⊙ **신화 2: 노인은 융통성이 없고 고집이 세다.**

노년기에는 성격의 경직성이 강화되는 것이 사실이다. 물론 부정적 시각에서 보면 노화가 진행됨에 따라 노인의 경직성이 증가하는 것으로 볼 수 있지만, 긍정적 시각에서 보면 일생 동안의 다양한 경험을 통하여 얻은 확신이며, 삶의 지혜를 반영한 것이라 할 수 있다. 그리고 실제로 노인은 종합적이고 포괄적으로 사고하기 때문에 오히려 젊은 사람에 비하여 더 폭넓게 보고 사고할 수 있으며, 상황에 대해 더욱 유연하게 대처하기도 한다(Vaillant, 2004).

⊙ **신화 3: 노년기는 평화롭고 평안한 시기이다.**

노인 자신이 다른 사람에게 어떻게 보이는지에 그다지 신경을 쓰지 않으며, 일이나 사회관계에서 오는 스트레스가 감소하므로 노년기를 비교적 평화롭고 평안한 시기라고 말한다. 하지만 노년기로의 전환에 따르는 위기, 사회관계의 위축이나 상실, 빈곤이나 질병에 대한 염려 등과 같은 스트레스는 오히려 더 커지게 된다. 따라서 노년기를 스트레스가 없는 평온한 시기로 간주하는 것은 잘못된 신화이다.

⊙ **신화 4: 노년기에 기억력 저하와 치매에 걸리는 것은 피할 수 없다.**

노년기에 이르게 되면 일반적으로 단기기억과 최근 기억의 능력이 약화되지만, 암기보다는 논리적인 것의 기억능력이 더 많이 감퇴되는 것으로 알려져 있다. 그러나 장기기억은 잘 보존되는 경우가 대부분이며, 시청각 보조기구를 활용하면 노인의 기억력과 학습능력 증진을 도모할 수 있다. 또한 뇌의 구조적 변화와 기능 저하로 인하여 치매에 걸릴 가능성이 높아지는 것은 사실이지만, 2022년 우리나라 노인의 치매유병률은 10.38%(보건복지부, 국립중앙의료원, 중앙치매센터, 2024)에 불과하므로 10명 중 1명의 노인만이 치매에 걸린다고 할 수 있다. 그리고 경증의 치매환자는 정상적인 생활을 영위할 수 있으므로 치매에 걸렸다고 하여 모두 시설에 입소해야 하는 것은 아니다.

⊙ **신화 5: 노인은 새로운 것을 학습할 수 없으며, 나이가 들어 감에 따라 지능이 낮아진다.**

노년기에는 학습능력이 저하되는 것으로 알려져 있으나, 구체적이고 흥미로운 학습과제와 충분한 학습시간을 제공하고 학습동기를 촉진하면 얼마든지 새로운 지식을 습득할 수 있다. 그리고 타고난 유동성 지능은 낮아지지만 경험을 통해 터득한 결정성 지능은 오히려 증가하여 전체적인 지능수준은 별다른 변화가 없으므로 노화에 따른 지능의 저하는 잘못된 신화이다. 특히 지능은 연령 이외의 변인, 즉 교육수준, 생활경험, 직업, 동년배집단효과, 지능검사 시의 신체 및 건강 상태 등의 영향이 크기 때문에 노화로 인하여 지능이 낮아진다고 할 수 없다.

⊙ 신화 6: 노인은 일상생활상의 문제를 해결할 수 있는 능력이 없다.

문제해결능력을 좌우하는 변인으로 기억력, 창의성, 사고의 유연성 등을 들 수 있는데, 노년기에는 이러한 인지기능이 저하되는 경향이 있으므로 일상적인 문제조차도 해결하기가 어려워진다고 보는 경우가 있다. 그러나 실제로 문제해결능력은 노화보다는 교육수준, 직업경력, 동년배집단효과와 같은 다른 요인의 영향이 훨씬 강하므로 단순히 노화의 결과라고 보는 데는 한계가 있다. 실제 대부분의 노인은 주변 상황에 대한 정확한 판단과 창의적 문제해결방안의 모색 등을 통하여 일상적 문제를 적절히 해결하고 있다.

⊙ 신화 7: 노인은 젊은이보다 죽음을 더 무서워한다.

죽음에 대한 태도는 아동기부터 형성되기 시작하여 노년기에 이르기까지 오랜 기간에 걸쳐 형성된다. 노인의 죽음불안에 관한 연구결과를 보면, 우리나라의 노인은 죽음을 자연스러운 과정으로 편안하게 받아들이며, 자신의 죽음을 미리 준비하기도 하는 것으로 나타나 죽음에 대한 불안수준이 낮은 것으로 나타나고 있다. 실제로 우리나라의 노인은 자신의 수의를 윤달과 같은 좋은 시기에 미리 마련하여 두거나, 조금이라도 젊었을 때 영정사진을 준비해 두기도 한다.

⊙ 신화 8: 노인은 매우 의존적이며 다른 사람의 도움이 필요하다.

노년기가 되면 가족이나 사회에 대한 의존성이 증가하는 것이 사실이다. 그러나 중증 질환을 앓거나 장애가 있는 노인을 제외한 대부분의 노인은 기본적인 일상생활을 독립적으로 수행할 수 있으며, 자신의 생활환경을 통제할 수 있는 능력을 지닌다.

⊙ 신화 9: 노년기에는 종교에 몰입한다.

노년기의 여가시간 증가로 인하여 종교활동에 참여하는 빈도가 높아지는 것이 일반적이지만, 노년기에 오히려 종교와 거리를 둔다는 주장도 있다(Valliant, 2004). 그리고 노년기에는 영성이 더욱 깊어지지만 이는 종교에 빠져드는 것과는 의미가 다른 영적 성숙의 개념이므로 노년기에 지나치게 종교적 성향을 띠게 된다는 것은 잘못된 신화이다.

4. 사회적 노화

1) 사회적 노화의 개념과 특성

사회적 동물인 인간은 자신의 사회관계망에 속해 있는 사람들과 지속적으로 상호작용하는 과정에서 사회규범을 학습하고 사회화 요구에 순응하며, 다양한 사회적 지위에 따르는 역할을 수행하게 된다. 이와 같이 사람들은 사회와 상호작용하는 과정에서 사회의 영향을 받을 뿐만 아니라 자신을 둘러싼 사회환경에도 영향을 미치게 된다. 그러므로 노화의 사회적 측면을 정확히 이해하기 위해서는 노년기로의 전환과 함께 이루어지는 개인 수준에서의 사회적 상황 변화뿐만 아니라 사회가 노화과정이나 노인에게 미치는 영향, 노인인구로 인하여 야기되는 사회적 변화라고 하는 세 가지 측면을 모두 고려해야 한다.

이와 같이 사회적 노화는 매우 광범위한 영역을 포함하고 있으므로 노년기로의 전환과 함께 나타나는 노인 개개인의 신체나 심리적 특성 변화에 국한되어 있는 생물적 노화 또는 심리적 노화에 비하여 개념을 규정하는 것이 어렵다. 하지만 노년사회학 분야에서 노화의 사회적 측면을 논의할 때는 주로 노년기로의 전환과 함께 나타나는 개인수준에서의 사회적 상황 변화로 그 영역을 제한하는 것이 일반적이다. 따라서 이 책에서도 사회적 노화를 '노년기로의 전환과 함께 나타나는 노인 개인수준의 사회적 상황 변화, 즉 사회관계망과 상호작용, 연령규범과 사회화, 그리고 지위와 역할의 변화'라고 개념 정의를 하고자 한다.

2) 사회적 노화의 주요 이론

노화와 관련된 한 개인의 사회적응 과정이나 이에 대한 사회의 반응과 대응이라는 사회현상은 매우 복잡하기 때문에 한 가지 이론만으로는 노화와 관련된 사회 현상을 총체적으로 설명하는 데는 한계가 있다. 따라서 다양한 이론적 관점을 통합적으로 활용할 필요가 있다. 다음에서는 지금까지 제시된 사회적 노화와 관련된 주요 이론을 간략히 제시해 보고자 한다(김동일, 2000; 김정석, 2007; 김형수 외, 2023; 최성재, 장인협, 2010; Atchley & Barusch, 2004; Passuth & Bengtson, 1988; Thorson, 2000).

표 2-4 사회적 노화의 주요 이론

이론	주요 내용
활동이론	• 중년기까지의 활동과 역할의 축소를 강요받아 노인이 사회적으로 분리될 경우 문제를 경험할 수 있음 • 노인은 신체 및 환경적 제한이 따르고 중요한 역할의 상실을 경험하지만, 중·장년기처럼 지위에 따르는 역할이나 다양한 활동에 적극적으로 참여함으로써 긍정적 자아개념을 유지하고 성공적으로 노화에 적응할 수 있음
분리이론	• 노년기에 노인이 자발적으로 사회에서 분리됨으로써 사회는 유능한 젊은이가 일할 기회를 제공할 여지를 마련하게 되고, 노인은 편안히 쉬면서 죽음을 준비할 수 있는 기회를 갖게 됨 • 노인은 사회 교류와 활동 범위를 축소하고 개인이나 사회를 위해 스스로 사회에서 분리되고, 사회 역시 노인을 사회에서 분리하는 것이 타당함
지속이론	• 인간은 성인기 이후에 자아상, 성격이나 생활습관 등이 거의 동일하게 유지되며, 노년기에도 이전과 같은 방식으로 생활함 • 노년기에 자신의 고유한 생활습관과 성격, 행동유형을 유지하는 것이 자아존중감과 생활만족도를 증진함
역할이론	• 노인이 노화에 얼마나 잘 적응하는가는 노년기의 역할 변화를 어느 정도 수용하는가에 의해 결정됨 • 노년기에 상실되는 역할은 많은 반면 그것을 대체할 새로운 역할을 얻지 못하거나, 역할이 불확실할 경우 사회적 정체감과 자아존중감의 혼란이 초래됨
스트레스이론	• 노인은 배우자 상실, 퇴직 등으로 인하여 스트레스를 경험하게 되지만, 이에 대처할 수 있는 자원이 부족하여 스트레스로 인한 부정적 영향을 받을 가능성이 높아짐 • 동일한 스트레스라고 하더라도 노인의 스트레스에 대한 지각과 대처자원, 사회적 지지수준에 따라 스트레스의 결과는 달라짐
생활과정이론	• 노인의 삶은 그 시대의 문화가 요구하는 연령규범의 영향을 받음 • 노년기의 연령규범과 사회화 기준이 불명확하여, 많은 노인이 성공적인 노화와 만족스러운 노년기 삶에 대한 인식의 혼란을 경험함
현대화이론	• 사회의 현대화(보건의료기술 발전, 생산기술의 변화와 발전, 도시화, 교육의 대중화) 수준과 반비례하여 노인의 지위가 하락됨 • 노인 지위의 하락에 비례하여 노인문제가 발생함
구조지체이론	• 의학의 발달로 노인의 활동능력은 증가하였지만 경제제도는 노인을 은퇴시키며, 사회복지제도는 노인의 욕구에 적합한 서비스를 개발하여 시행하지 못하는 등 사회제도가 노인의 욕구와 현실의 변화를 따라가지 못하고 지체됨
낙인이론	• 사회가 노인을 비생산적이고 쓸모없는 존재로 규정하면, 노인은 이러한 사회적 규범과 낙인에 맞추어 행동하려는 경향이 있음

이론	주요 내용
사회와해이론	• 노인은 부적절한 행동에 대해 사회적 비판을 받게 되면 의존적 존재가 되고, 장점과 능력을 인정받으면 자율적 존재가 되는데, 일반적으로 사회가 노인을 부정적으로 인식함에 따라 노년기의 사회관계와 사회참여가 위축됨 • 사회가 노인에게 은퇴를 강요하게 되면 노인은 자신감 상실과 정서적 불안 등으로 부적절한 행동을 하고 의존적 존재가 되어 문제를 경험함
하위문화이론	• 사회의 차별, 노인 간의 신념과 관심사의 유사성 등으로 노인은 집단 특유의 규범과 가치를 창조해 냄으로써 집단정체감과 하위 문화를 형성함 • 노인세대의 하위 문화가 다른 세대와의 갈등, 분화를 통하여 집단 내 결속력을 높이고 더 많은 권력을 얻지 못한 결과, 노인은 문제를 경험함
연령계층화이론	• 사회가 경제 계급에 의해 계층화되는 것과 마찬가지로 청년, 중년, 노년으로 연령에 따라 계층화됨 • 서로 다른 연령계층으로 구성된 사회에서 노인은 이전까지 누리던 지위와 권력 등이 약화되면서 배분과정에서 소외됨 • 노화에 따른 권력의 약화, 사회 배분구조에서의 소외로 인하여 노인은 세대 간 차이를 느끼고 낮은 서열로 밀려나게 됨으로써 문제를 경험함
세계체제이론	• 선진국과 개발도상국 사이에 존재하는 정치 불평등에 의해 제3세계 노인의 지위와 삶의 질적 수준이 저하됨 • 중심국가(선진국)의 주변국가(개발도상국)에 대한 경제적 지배나 착취가 개발도상국 노인의 문제를 야기함
정치경제이론	• 사회의 정치경제적 제도 속에서 노인은 기회를 거의 얻지 못하거나 상실한 존재가 됨 • 사회정책과 조직, 집단권익옹호행동에서 노인의 기회를 박탈하고 의존성을 조장함으로써 사회경제적으로 열악한 상태가 됨
교환이론	• 노인은 재산소유 및 통제권의 약화, 지식의 낙후성, 가족과의 유대관계 약화 등으로 인하여 교환자원이 점차 약화되고 가치가 저하됨에 따라, 교환관계에서도 열등한 지위에 처하게 되어 사회적 상호작용에서 소외됨

3) 사회적 노화의 양상

사회적 노화에는 생물적 노화와 심리적 노화를 제외한 다양한 노화의 측면이 포함될 수 있다. 하지만 여기서는 노년기로의 전환과 함께 나타나는 사회관계망과의 상호작용, 연령규범과 사회화, 지위와 역할의 변화에 국한하여 각각의 영역에서 노인 개개인에게 어떤 변화가 일어나며 이러한 변화에 사회환경이 어떠한 영향을 미치는가에 대해 논의하고자 한다. 그리고 노인인구로 인한 사회 변화는 제1장의 노인인구 증가로 인한 사회적 파장에 관한 논의로 갈음하고자 하며, 이 장에서 다루는 사회적 노화의 영역에서 나타나는 세부적 현상에 대해서는 이 책의 제2부에서 더욱 상세하게 다룬다.

(1) 사회관계망과의 상호작용

노년기에는 퇴직, 배우자와 친구의 상실 등으로 인하여 사회관계망이 줄어드는 것이 일반적이다. 그리고 직장 등과 같은 2차 집단과의 유대관계 및 참여 정도는 줄어들고 가족, 친구, 이웃 등과 같은 1차 집단과의 관계가 사회관계의 중심이 되며, 그중에서도 가족과의 관계가 핵심 관계축이 된다(권중돈, 2021b).

노년기에는 기대수명의 연장과 출산자녀 수의 감소로 자녀양육기간은 줄어들고, 배우자 사망 이후 독신으로 생활하는 기간과 여가시간이 늘어나게 된다. 그러므로 노년기에 원만한 부부관계의 유지는 삶의 만족도를 유지하는 데 필수적인 요인이 된다. 노년기에 원만한 부부관계를 유지하기 위해서는 건강 및 경제적 자립, 생활범위의 조정 등이 이루어져야 한다. 특히 남성노인의 경우 은퇴 이후 익숙하지 않은 가정이라는 공간에 머무는 시간이 늘어나게 되면서 배우자와 갈등을 일으킬 가능성이 높아지므로 양성적 성역할을 사전에 학습하는 것이 좋다. 노년기가 되면 배우자 사망이라는 상실을 경험하게 되는데, 이때 많은 노인이 슬픔, 불면증, 식욕상실, 체중감소, 사회활동에 대한 관심 저하, 불안, 우울, 분노, 비통, 죄의식 등과 같은 애도감정이나 이와 관련된 행동을 나타낸다. 전통사회에서는 일부종사(一夫從事)의 유교적 윤리에 근거하여 노년기의 이혼과 재혼을 금기시해 왔으나, 최근에는 황혼이혼이 점차 증가하고 있으며 노년기 재혼에 대해 좀 더 허용적인 태도를 보이고 있다(통계청, 2024. 4.). 그러나 노년기 재혼에 대한 욕구는 노인 자신의 보수적인 성 도덕관, 자녀의 반대, 경제적 자립생활능력의 결여, 노인전문 결혼상담기관의 부족 등으로 실제 재혼에 이르는 경우는 황혼이혼 건수에 비해 많지 않은 실정이다.

노년기에는 성인 자녀와 적절한 유대관계를 형성해야 하지만, 노인이 부양자의 지위에서 피부양자의 지위로 전환하는 과정에서 많은 어려움을 겪기도 한다. 특히 핵가족화, 소가족화의 영향으로 자녀와 별거하는 비율이 높아지면서 노인과 자녀와의 연락이나 접촉빈도가 낮아지는 등 양적 관계에서의 변화뿐만 아니라 부모-자녀 간의 정서적 유대관계도 소원해지는 등 질적 관계에서도 많은 변화가 일어나고 있다. 특히 결혼, 취업 등으로 인하여 자녀가 모두 부모의 곁을 떠나고 노부부만 남게 되는 빈둥지(empty nest) 시기를 자유롭게 자기 자신을 개발할 수 있는 기회로 활용하는 경우가 있는가 하면, 자녀가 떠난 빈자리로 인하여 우울을 경험하는 경우도 있다(Atchley & Barusch, 2004; Xie et al., 2010). 이와 같은 부모-자녀관계를 원만하게 유지하기 위해서는 자녀에게 일방적으로 의존하기보다는 상호지원관계를 유지하고 신체적 건강의 유지, 안정된 소득기반의 조성, 심리적 건강 등을 확보하여야 한다. 만약 적절한 건강과 소득을 유지하지 못하게 되면, 가족에 대한 의존성이 높아지고 가족 내·외부의 사회적 역할 수행에 어려움을 겪으며, 가족기능과 가족관계에서 많은 어려움을 초래하게 된다.

평균수명의 연장으로 인하여 조부모로서의 역할을 수행하는 기간이 증가하였지만, 이전 처럼 조부모가 삶의 지혜를 가르쳐 주는 역할을 하지 못하고 성인 자녀에게 손자녀 교육을 위임하고 있는 실정이다. 최근 들어 조부모가 부모를 대신하여 손자녀를 양육해 주는 경우 는 줄어들고 있으며, 필요에 따라 자녀의 가정을 방문하여 손자녀와 즐거운 시간을 보내고, 나머지 시간에는 노인 자신의 관심 추구에 많은 시간을 보내는 경우가 늘어나고 있다. 그리 고 예전처럼 손자녀 훈육도 엄격하지 않고 온화하고 관대해지는 경향이 강해지고 있으며, 성인 자녀와의 별거로 인하여 원거리형 조부모 역할 유형이 증가하고 있는 실정이다.

노년기에 있어서 친구관계는 가족관계 못지않게 중요하다. 노년기의 친구관계는 노후적 응에 매우 중요하며, 자아의 중요한 지지 기반이 된다. 노년기에는 직장동료관계 등과 같은 기존의 사회관계가 축소됨에 따라 친구의 수가 줄어들게 되는데, 그 자리를 대신할 새로운 친구를 사귀기는 쉽지 않으며, 대부분 지역적으로 가까운 곳에 사는 이웃노인이 친구가 되 는 경우가 많다. 따라서 노년기에 친밀한 친구관계를 유지하기 위해서는 경제적으로 안정 되어 있어야 하고 건강상태가 양호해야 하며, 동일한 지역에서 오래 거주하는 것이 바람직 하다. 대다수의 노인은 자신이 거주하고 있는 집에서 살고 싶어 하며, 주거지를 변경하는 경 우는 많지 않다(Atchley & Barusch, 2004). 그러나 노년기에는 퇴직이나 자녀와의 동거를 위 하여 새로운 지역사회로 주거환경을 바꾸는 경우가 있다. 이와 같이 노년기에 주거환경을 바꿀 경우 사회관계망의 위축, 지역사회에서의 상징적 지위의 상실, 새로운 이웃과의 관계 설정과정에서의 어려움 등 부정적 영향을 받을 가능성이 높다. 또한 질병이나 가족의 부양 능력 한계 등으로 인하여 노인복지시설에 입소하는 경우가 점차 늘어나는 경향(보건복지부, 2024. 6.)을 보이는데, 시설에 입소하게 될 경우 지역사회에서 거주하는 경우보다 외부 사회 관계망과의 상호작용이 좀 더 많이 위축될 수 있다.

(2) 연령규범과 사회화

성공적인 사회생활을 위하여 개인은 자신이 속한 집단이나 사회에서의 지위에 적합한 기 술, 지식, 가치, 역할 등을 학습하여야 한다. 그리고 사회가 안정을 유지하고 발전하기 위해 서는 사회성원에게 적절한 기술, 지식, 가치, 역할 등을 교육하여야 한다. 이러한 개인수준 또는 사회적 수준에서 이루어지는 노력을 사회화라 한다. 즉, 사회화란 사회적 상호작용을 통하여 사회의 규범, 가치, 역할기대 등을 학습하고 사회생활에 필요한 사회적 기술을 발전 시키게 하는 사회적 학습과정이다(Atchley & Barusch, 2004).

　　이러한 사회화 과정은 일생 동안 지속되는 것으로, 주변의 사회관계망과 관계를 맺는 과정에서 타인의 태도와 행동은 특정 개인의 행동방식에 영향을 미치게 되는데, 사회가 자신에게 기대하는 바와 제한하는 바가 무엇인지를 배우고, 승인되는 행동과 승인되지 않는 행동이 무엇인지를 알게 된다. 사회적으로 기대되는 행동을 하게 되면 강화를 받지만 그렇지 못할 경우에는 벌을 받는다. 따라서 노인도 사회의 연령규범과 사회화에 대한 기대에 순응하여야 적응적인 삶을 영위할 수 있게 된다.

　　한 사회의 연령규범이 명확할수록 구성원의 사회화 과정은 더욱 쉽게 이루어질 수 있다. 이때 연령규범(age norms)이란 동시대인이 특정 연령대에 적합한 행동을 하도록 각 개인에게 요구하는 사회적 기대나 가치를 의미한다(Thorson, 2000). 이러한 연령규범은 한 개인이 무엇이 옳고 그른가를 판단하는 데 영향을 미칠 뿐만 아니라 특정 연령대에 속한 사람들의 권리와 의무를 규정하게 된다. 따라서 노인은 사회의 연령규범을 기준으로 하여 자신이 무엇을 어떻게 할 것인지를 결정하게 된다. 그러나 급격한 변화를 경험한 우리 사회는 아직 노년기에 적합한 연령규범에 대한 합의가 이루어지지 않고 있다. 즉, 노년기에 대한 긍정적 시각과 부정적 시각이 혼재해 있고, 노년기의 사회적 역할과 연령적합행동에 대한 사회합의가 이루어지지 못하고 있는 실정이다. 다만, 보건복지부와 한국보건사회연구원(2017, 2020, 2023)의 조사에서 노년기에도 봉사활동이나 일을 하거나 뭔가를 배우기 위한 노력을 기울이는 것이 바람직하다는 응답을 한 노인이 많아지고 있는 점을 근거로 해 보면, 우리나라의 노년기 연령규범은 사회에서 분리(disengagement)되기보다는 활기찬 노화(active aging)를 선호하는 방향으로 전환되고 있음을 알 수 있다.

　　이와 같이 노년기와 관련된 명확한 연령규범의 부재로 인하여 중년기 이후에 노년기에 적합한 가치, 기술, 지식, 행동 등을 사전에 학습하고 싶어도 할 수 없게 되며, 예비사회화 과정을 거치지 못한 채 노년기에 진입하게 됨으로써 노후생활에 많은 혼란과 어려움을 경험하게 된다. 또한 우리 사회는 어린이나 젊은이의 사회화에 주력하기 때문에 노인은 새로운 지식이나 기술을 습득할 수 있는 기회가 제한됨으로써 사회에서 분리될 수밖에 없다. 그리고 노인 스스로도 노화가 진행됨에 따라 새로운 사회적 기술의 학습에 어려움을 겪기 때문에 사회적으로 고립되어 간다. 또한 현대사회에서는 노년기의 사회적 역할이나 지위가 명확히 확립되어 있지 않기 때문에 이전의 발달 단계에서 노년기에 대한 예비사회화 기회를 갖지 못하여 노년기의 사회화는 더욱 어려워지게 된다(최성재, 장인협, 2010).

　　이와 같이 노년기와 관련된 명확한 연령규범의 부재와 이로 인한 사회화 과정의 혼란으로 인하여 노인은 노년기에 적합한 행동을 수행하지 못하는 경우가 많다. 노인이 연령에 적합하지 못한 행동, 즉 '나이에 걸맞은 행동(acting his age)'을 하지 못하게 되면 사회성원에게서 인정을 받지 못하고 비난이나 사회차별을 받게 될 가능성이 높아진다. 따라서 우리 사회에서 노년기의 연령규범에 대한 사회합의가 이루어지지 못하는 상황이 지속된다면 노인에 대한 사회차별은 더욱 심화될 것이 분명하다.

(3) 지위와 역할의 변화

개인의 일상생활은 그가 지닌 사회적 지위나 역할에 의해 주로 결정된다. 이때 사회적 지위란 사회신분에 따라 개인이 차지하는 자리나 계급을 의미하며, 역할이란 지위의 동적인 표현으로서 특정한 사회적 지위에 상응하는 기대행동이라고 할 수 있다. 이러한 사회적 지위와 역할은 한 개인이 행사할 수 있는 권력, 사회영향력 그리고 삶의 질을 결정하는 매우 중요한 요소이다.

이러한 사회적 지위나 역할은 일생을 통하여 변화하게 되는데, 일반적으로 성인기까지는 사회적 지위와 역할을 획득하는 경우가 많지만 노년기는 중요하고 가치 있는 사회적 지위와 역할을 상실하는 경우가 더 많다. 즉, 노년기는 친구와 가족의 죽음, 직업적 지위와 수입의 상실, 신체적 건강과 아름다움의 감소, 삶의 목적 상실 등 얻는 것보다는 잃는 것이 더 많은 시기이므로 상실의 시기 또는 역할 없는 역할(roleless role)을 갖는 시기라고도 한다. 그러나 노년기에 사회적 지위나 역할을 잃기만 하는 것은 아니며, 새로운 역할을 얻기도 하고 동일한 역할을 수행하더라도 그 수행방법이 변화되거나 역할 자체의 중요성이 변화되는 등 다양한 역할 전환을 경험하게 된다.

Rosow(1985)는 일생을 통하여 사회적 지위와 역할의 종류와 수, 중요성이 달라진다고 하였다. Rosow는 사회적 지위와 역할을 다음의 네 가지 유형으로 구분하고 있다. ① 제도적 지위와 역할(institutional role)은 기업체의 과장, 가정의 생계유지자 등과 같이 지위와 역할이

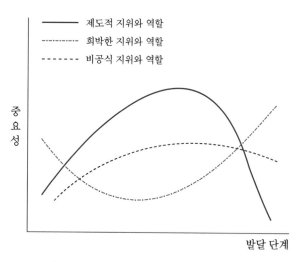

[그림 2-2] 생애 단계별 지위와 역할 변화

분명한 경우를 말한다. ② 희박한 지위와 역할(tenuous role)은 명예총장, 실직한 과장, 퇴직 가장 등과 같이 지위는 있지만 역할이 없거나 있어도 아주 적은 경우를 말한다. ③ 비공식적 지위와 역할(informal role)은 비공식적 지도자, 사기꾼 등과 같이 공식적 지위는 없으나 역할은 있는 경우를 말한다. 그리고 ④ 무역할(無役割)의 지위와 역할(non-role)은 지위도 역할도 없는 상태로서, 실제적으로는 사회적인 의미가 전혀 없는 경우를 말한다.

이러한 노년기의 지위와 역할의 변화에 나타나는 특성을 살펴보면, 먼저 노년기에는 특정한 지위와 역할을 상실하는 대신 다른 지위와 역할을 획득하게 된다. 노년기에는 직업인의 지위에서 물러나 퇴직인의 지위를 갖게 됨으로써 생계유지자 및 남편과 아내로서의 역할에서 피부양자, 독신, 조부모의 역할로 전환하게 된다. 그리고 2차 집단에서의 지위와 역할의 종류와 수는 줄어들지만 1차 집단 내에서의 지위와 역할에는 큰 변화가 없다. 그리고 Rosow가 말한 제도적 지위와 역할은 종류와 수, 중요성이 줄어드는 반면 희박한 지위와 역할은 오히려 늘어나며, 비공식적 지위와 역할은 크게 변화가 없지만 노년기 후기에는 약간 줄어드는 것이 특징적이다([그림 2-2] 참조).

노년기의 사회적 지위에 따르는 역할 수행방법은 개인차가 큰데, Neugarten과 Neugarten(1987)은 노년기의 사회적 역할 수행 유형을 〈표 2-5〉와 같이 구분하고 있다.

앞에서 살펴본 바와 같이 노년기에는 직업적 지위와 역할과 같은 중요한 지위와 역할을 상실하고 사회가치가 낮은 지위와 역할을 획득하게 됨으로써 노인 스스로 자신의 가치를 평가절하하게 되고 그로 인하여 자아존중감, 삶의 만족도 등이 낮아진다. 그리고 사회 역시 노년기의 지위와 역할 상실을 당연하게 받아들이거나 오히려 이를 조장하는 경향을 보임으로

표 2-5 노년기의 사회적 역할 수행 유형

유형	역할 수행활동
재구성형	• 젊음을 유지하고 활동적으로 지역사회활동에 참여함
집중형	• 심사숙고해서 선택한 몇 가지 활동에 에너지를 집중함
유리형	• 조용히 자기 자신에 몰두하고 스스로 사회관계에서 위축됨
계속형	• 나이가 드는 것을 두려워하지만 바쁜 생활을 계속하고 성취지향적이며, 은퇴하지 않으려고 함
제한형	• 능력 상실과 노화의 위협에 사로잡혀 있으며, 에너지를 축소하여 쇠퇴를 회피하고자 함
구원요청형	• 보통 정도의 사회활동을 유지하나, 타인에게 정서적으로 의존함
무감각형	• 인생을 수동적으로 살아온 사람으로 안락의자에 앉아 아무 일도 하지 않고 소일함
와해형	• 인지기능이 감퇴하고 정서통제가 불가능함

써 노인의 사회적 분리와 소외를 초래하는 경향이 있다. 그러나 노년기의 역할 전환이 항상 부정적 결과만을 초래하는 것은 아니다. 노년기에 이루어지는 역할 전환은 대부분 점진적으로 이루어지기 때문에 심리적으로 준비할 수 있는 시간을 충분히 가질 수 있어서, 대다수의 노인은 이러한 역할 전환에 성공적으로 적응하고 있으며, 새롭게 획득한 지위와 역할에 만족하는 경우도 많다.

4) 사회적 노화의 신화와 사실

노인은 사회의 노인에 대한 잘못된 범주화 또는 정형화에 의해 다양한 사회적 불리 (handicapped)를 경험하게 된다. 이러한 노인의 사회적 노화와 관련된 사실과 잘못된 신화를 살펴보면 다음과 같다(Harrigan & Farmer, 2000).

◉ 신화 1: 노인은 어쩔 수 없이 주류사회에서 퇴출된다.

노년기에는 가장, 직장인, 부모로서의 책임감 등 인생 전반기의 주요한 지위와 역할에서 물러나서 피부양자, 퇴직자, 조부모 등 우리 사회에서 기대수준이 상대적으로 낮은 지위와 역할을 갖게 된다. 그러나 노인 중에는 새로이 주어진 지위와 역할에 만족하는 경우가 많으며, 어떤 사회적 지위나 역할이든 인간에게는 매우 중요하기 때문에 이러한 역할 전환을 주류사회에서의 퇴출을 의미하는 것으로만 보는 것은 문제가 있다. 그리고 실제로 퇴직 후에 자원봉사, 재취업 등을 통해 의미 있는 지위와 역할을 재획득하고 사회의 발전에 기여하는 노인이 점차 늘어나고 있는 점을 고려할 때 노인을 주류사회의 주변인(marginal man) 정도로 취급하는 사회적 시각은 문제가 있다.

◉ 신화 2: 노인은 고독하고 소외되어 있다.

노년기에는 배우자와 친구의 상실, 사회활동의 위축, 자녀별거가구와 1인 가구의 증가 등으로 인하여 고독해지고 소외될 가능성이 높다. 그러나 자녀와 동거하지는 않지만 자주 연락과 접촉을 하고 있으며, 친구관계망이 위축된다고 할지라도 이웃노인이나 친구와 꾸준히 접촉하는 등 주변의 사회관계망과 유기적 관계를 맺고 있으므로 노년기가 단순히 외롭고 쓸쓸하게 죽음을 맞이하는 시기로만 이해되는 것은 잘못된 신화라 할 수 있다.

◉ 신화 3: 노인은 가난하다.

퇴직으로 인한 소득 감소, 노후소득보장에 대한 개인의 준비와 사회보장체계의 미비 등으로 인하여 노년기에는 소득이 줄어들지만 고정적인 가구 지출은 지속적으로 이루어지므로 빈곤상태에 이를 가능성이 높다. 특히 고령 여성 독거노인, 중증질환이나 장애노인 등은 노년기에 경제적 어려움을 겪을 가능성이 더 높다. 하지만 노년기에도 경제활동 참여, 자녀의 경제적 지원, 개인저축이나 재산소득 등으로 적정 수준의 소득을 유지하는 노인이 점차 늘어나고 있으며, 노후소득보장에 대한 의식이 높아지고 기초연금과 국민연금 급여가 지급됨에 따라 노인의 소득수준은 더욱 개선될 것으로 보인다. 따라서 노년기를 빈곤의 시기로만 규정하는 것은 잘못된 사회 편견이다.

◉ 신화 4: 노인은 혼자 있기를 좋아하고 대부분의 시간을 TV를 보며 지낸다.

노년기에는 여가시간이 늘어나지만 여가에 대한 예비사회화의 기회를 갖지 못했던 현세대 노인은 소극적이고 시간소모적인 여가활동에 참여하는 경우가 많다. 노인은 여가시간에 혼자서 지내기보다는 다른 세대와 지속적으로 교류하기를 원하지만 가치관, 사고, 생활시간과 양식의 차이 등으로 인하여 가정 내에서도 세대공동활동을 할 수 있는 기회가 줄어들게 된다. 또한 의식주 해결과 가족 부양에 전념해 온 현 세대는 여가에 대한 배움의 기회를 갖지 못한 경우가 대부분이므로 소극적이고 시간소모적인 활동으로 소일하는 경우가 많다. 하지만 여가활동에 대한 의식이 높아지면서 좀 더 적극적이고 창조적인 여가활동이나 평생교육에 참여하는 노인이 늘어나고 있다. 이런 점에서 볼 때 노인이 여가시간을 적극적으로 활용하지 않는 것이 아니라 우리 사회의 여가에 대한 낮은 인식, 여가교육 기회의 제한, 여가시설과 프로그램의 부족, 세대 간의 가치관 차이 등으로 인하여 여가시간을 적극적으로 활용하지 못하고 있다고 보는 것이 타당할 것이다.

◉ 신화 5: 많은 노인이 학대받고 방임되고 있다.

우리 사회에서 존친(尊親), 불욕(不辱), 능양(能養)이라는 효유삼(孝有參)의 유교적 윤리가 희박해지고 노인차별주의(ageism)가 심화됨에 따라 노인에 대한 학대와 방임이 늘어나고 있다(보건복지부, 중앙노인보호전문기관, 2024. 6.). 노인실태조사(보건복지부, 한국보건사회연구원, 2023)에 따르면, 전체 노인의 5.9%가 신체적 학대, 경제적 학대, 성적 학대, 정서적 학대, 방임을 경험한 것으로 나타났다. 이처럼 일부 학대를 받는 노인은 있으나 그 외 대다수의 노인은 자녀의 존경과 적절한 부양을 받고 있으므로 노인을 학대받고 방임당하는 사회적 국외자로 간주하는 것은 문제가 있다.

◉ 신화 6: 노인복지시설의 증가나 노인복지서비스의 확대는 전통적인 가족의 노인부양기능을 약화한다.

노인문제가 국가적 과제로 등장하면서 노인을 위한 사회보장제도와 사회서비스가 매우 빠르게 확대되고 있다. 그리고 치매환자나 중증의 노인환자를 위한 노인장기요양시설을 위주로 한 노인복지시설 또한 지속적으로 확대되고 있다. 그러나 현행 노인복지제도는 가족의 노인부양기능을 대체할 수 있는 수준에 이르지 못하고 있으며, 노인복지생활시설에 입소해 있는 노인은 전체 노인의 2.2%(보건복지부, 2024. 6.)에 불과하여 노인복지제도의 확대가 가족의 노인부양기능을 약화한다는 주장은 잘못된 것이다. 오히려 가족의 노인부양기능을 보완하고 강화하는 기능을 담당하고 있다고 볼 수 있다.

◉ 신화 7: 노인은 일하기를 싫어하거나 일을 할 수 없다.

노년기에는 질병이나 신체적 기능의 저하, 생산지식과 기술의 한계 등으로 인하여 노동시장에서 분리될 가능성이 높다. 그러나 통계청(2023)의 경제활동 인구조사에 따르면 65~79세 노인의 46.1%가 경제활동에 참여하고 있으며, 보건복지부와 한국보건사회연구원(2023)에 따르면 노인의 42% 정도가 앞으로도 계속 일을 하고 싶어 하는 것으로 나타났다. 그리고 퇴직 이후에 곧바로 일을 하지 않는 것이 아니라 이전에 종사하던 직종보다는 사회적 지위나 보수가 낮은 교량직업(bridge job)에 일정 기간 종사한 후에 일을 그만두는 노인이 늘어나고 있는 추세이다. 그러므로 노인이 일하기 싫어하고 일을 할 수 없다고 하는 것은 고령인력을 노동시장에서 배제하기 위한 사회 편견에 불과하다.

◉ 신화 8: 노인은 정치에 관심이 없고 투표율 또한 낮다.

최근의 각종 선거에서 나타난 투표율을 보면 60대와 70대 노인의 투표율이 20~50대 사이의 젊은층과 중·장년층에 비해 훨씬 높다(중앙선거관리위원회, www.nec.go.kr). 그리고 19~20대 대통령 선거의 선거인 수에서 노인이 차지하는 비율보다 투표자 수 중에서 노인이 차지하는 비율이 높다는 점에 기초해 볼 때 노인의 정치적 관심과 영향력이 크다는 사실을 알 수 있다. 다만, 노인의 경우 인터넷 등의 온라인을 통한 선거홍보 등 정치와 관련된 각종 정보의 접근에서 점차 더 많은 제한을 받음으로써 노인의 보수적 정치색은 더욱 강화될 가능성이 있다.

5. 성공적 노화

1) 성공적 노화의 개념과 구성요인

1980년대 중반까지의 노년학 연구에서는 노화의 부정적 측면, 즉 생물적 노화, 심리적 무기력, 질병과 장애, 사회적 의존성 등에 중점을 두었다. 하지만 노인인구 증가와 함께 건강하고 경제적으로 여유가 있으면서 지적 수준이 높고 사회활동에 활발하게 참여하는 노인인구가 증가함에 따라 노화의 긍정적 측면, 즉 성공적 노화(successful aging)에 관심을 기울이게 되었다(권중돈, 2006b).

성공적 노화에 대한 개념은 1986년 미국 노년사회학회가 처음 제시하였으며, 그 이후 1990년대부터 생물학, 사회과학, 의학 등의 다양한 학문분야에서 성공적 노화에 관한 연구가 이루어졌다. 성공적 노화는 Rowe와 Kahn(1998)의 노화수준 구분에서 최적의 노화에 해당하는 것으로서, 생물적 · 심리적 · 사회적 기능수준이 높고 삶의 만족과 환경에 대한 적응 수준이 높은 상태라는 데 노년학자들은 전반적으로 일치된 견해를 보이고 있다. 이러한 점에서 볼 때 성공적 노화는 훌륭한 노화(good aging)와 같은 의미로도 사용된다. 그리고 WHO(2002)에서 제시한 활기찬 노화(active aging), Dychtwald(1999)가 제시한 건강한 노화(healthy aging), 그리고 Burr 등(2002)이 제시한 생산적 노화(productive aging)의 개념은 성공적 노화와 유사한 개념으로 사용되고 있다.

성공적 노화의 구성요인을 밝히기 위한 연구에서는 가장 먼저 신체적 건강상태에 관심을 기울였지만, 점차 심리적 · 사회경제적 특성과 관련된 변인을 성공적 노화의 구성요인에 포

표 2-6 성공적 노화의 구성요인

연구	성공적 노화의 구성요인
Ryff(1989)	• 자율, 환경조절, 개인 성장, 자아수용, 목표의식, 타인과의 상호작용
Vaillant(2004)	• 신체적 건강(생물적 건강, 수명), 심리사회적 건강(정신적 건강, 심신의 활력, 생활만족)
Fisher(1995)	• 자율, 환경의 조절, 개인의 성장, 자아수용, 목표의식
Rowe & Kahn(1998)	• 질병과 장애의 위험수준이 낮음, 높은 인지적 · 신체적 기능수준 유지, 적극적 생활참여(사회참여)
Crosnoe & Elder(2002)	• 가족참여, 직업성공, 시민역할 참여, 생활만족도, 활력
홍현방(2001)	• 심리적 발달(자아개념과 통제감), 사회적 발달(사회 접촉, 가족 접촉), 신체 및 정신적 건강
박경란, 이영숙(2002)	• 자율, 개인성장, 안락한 생활, 역할완수, 자아수용, 상호교류, 봉사
성혜영, 유정헌(2002)	• 사회적 관계 유지 및 적응, 정신적 · 신체적 기능 유지, 삶의 만족, 복지혜택 및 편함, 경제적 준비, 질병 예방, 가족 간 관계
강인(2003)	• 신체적 건강, 개인 성장, 정서적 안녕, 자율성, 가족지향, 경제적 안정
김미혜, 신경림(2005)	• 자기효능감을 느끼는 삶, 자녀 성공을 통해 만족하는 삶, 부부간의 동반자적 삶, 자기통제를 잘하는 삶

함하게 되었다(김미혜, 신경림, 2005). 비록 일관적이고 합의된 개념 정의는 어려울지라도 성공적인 노화가 생물적·심리적·사회적 측면의 발달 특성을 포괄하는 다차원적인 개념임은 분명한데, 기존 연구에서 밝혀진 성공적 노화의 구성요인을 살펴보면 〈표 2-6〉과 같다.

선행연구에서 밝혀진 성공적 노화의 구성요인을 노화의 세 가지 영역으로 구분하여 정리하여 보면 생물적 영역에서의 성공적 노화는, ① 질병이나 장애 존재 여부에 상관없이 생활을 최소한도로 방해하고, ② 일상활동을 자립적으로 할 수 있는 신체적 기능수준을 유지하고, ③ 신체적 활력(vitality)을 보유하는 상태로 노화하는 것을 말한다. 이는 기존의 성공적 노화와 관련된 개념 중 건강한 노화(healthy aging)에 가장 근접한 성공적 노화의 영역이다.

심리적 영역에서의 성공적 노화는 ① 삶의 목표의식이 뚜렷하고, ② 건강한 인지기능을 유지하며, ③ 자신을 수용하고 통제하며 자신의 능력에 대해 신뢰하고 스스로의 성장을 도모하면서, ④ 환경적 요구에 잘 대처하고 적응하면서 주관적으로 만족스러운 삶을 영위하는 상태를 의미한다. 이러한 심리적 노화 영역에서의 성공적 노화는 기존의 성공적 노화와 관련된 용어는 없지만 적응적 노화(adaptive aging)라고 부를 수 있다.

사회적 영역에서의 성공적 노화는 ① 가족, 친구, 이웃 또는 이전의 동료와의 사회 접촉을 통하여 사회관계망을 유지·강화해 나가고, ② 경제적으로 안정된 생활을 할 수 있는 정도의 노후소득준비를 충분히 하고, ③ 은퇴 이후에도 경제활동 또는 사회발전에 기여할 수 있는 생산적 활동에 활발하게 참여하는 상태를 의미한다. 이러한 사회적 영역의 성공적 노화는 기존의 성공적 노화와 관련된 용어 중에서 활기찬 노화(active aging)와 생산적 노화

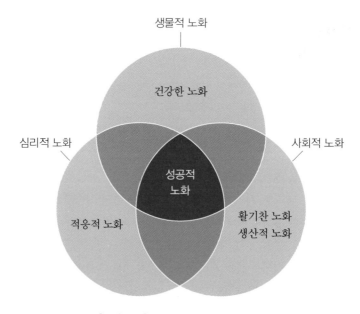

[그림 2-3] 노화 영역별 성공적 노화

(productive aging)에 근접한 개념이다.

이러한 노화 영역별 성공적 노화의 구성요인에 기초해 성공적 노화를 정리하면 [그림 2-3]과 같다.

2) 성공적 노화의 촉진방안

노인이 성공적 노화에 이르기 위해서는 앞서 언급한 건강한 노화, 적응적 노화, 활기차고 생산적인 노화에 이르려고 하는 자발적 노력과 외부의 지원이 있어야 한다. 노인이 성공적 노화에 이를 수 있도록 지원하는 방안은 이 책의 제3부에서 좀 더 상세히 논의하기로 하고, 여기에서는 노인의 성공적 노화를 촉진할 수 있는 방안을 개괄적으로만 살펴보고자 한다.

첫째, 노인의 건강증진을 위한 생활습관의 관리와 다차원적 예방(multi-level prevention)을 실시하여야 한다. 먼저 금연, 균형 있는 영양섭취, 체중관리, 성인병 위험요인의 관리, 꾸준한 운동 등과 같은 바람직한 생활습관을 유지하여 질병에 걸리고 신체적 기능이 위축되는 것을 방지하는 1차적 예방활동을 가장 우선으로 실시하여야 한다. 그럼에도 질병에 걸릴 경우에는 질병이 악화되고 이로 인해 일상생활에 제약을 받지 않도록 적극적으로 질병을 치료하고 일상생활 동작능력(ADL)을 유지하기 위한 2차적인 예방적 개입을 실시하여야 한다. 이러한 2차적 예방조치를 했음에도 질병이 심각해지거나 장애상태에 이르게 된다면 방문간호사업, 방문요양서비스, 주간보호사업 또는 노인요양시설 입소 등의 장기요양보호(long-term care)에 대한 대책을 마련하여야 할 것이다.

둘째, 심리적으로 만족스럽고 정신적으로 건강한 삶을 영위할 수 있도록 원조하여야 한다. 이를 위해서는 노인 자신의 전 생애를 되돌아보고 해결되지 않은 생활사건이나 감정을 해결할 수 있는 기회를 부여하는 인생회고(life review) 프로그램이나 자서전 쓰기 프로그램을 실시하도록 한다. 그리고 평생교육 프로그램을 개설하여 노년기의 삶에 적응할 수 있는 방안을 교육하고, 인지기능유지 프로그램, 영성훈련 프로그램, 죽음준비교육 프로그램, 스트레스 관리 프로그램 등을 실시하여 생활 스트레스나 환경적 요구에 효과적으로 적응할 수 있도록 원조해야 할 것이다.

셋째, 경제적 안정을 위한 지원을 해야 한다. "돈이 효자다."라는 시쳇말이 있듯이, 경제적 여유가 없으면 기본적인 생활이 어려워지며, 더 나아가 가족에게 의존하게 되고, 친구관계나 이웃과의 관계도 위축된다. 그러므로 노후생활에 필요한 적정 수준의 경제력을 갖추는 것이 중요하다. 만약 적절한 노후소득이 확보되지 못한 경우에는 규모 있는 지출 관리, 금융권의 주택 또는 농지 연금제도 활용, 의료비 지출에 대비해 재산 중 일부를 즉시 현금화하는 방법, 유산배분 등의 경제생활에 관한 교육과 정보제공 서비스가 필요하다.

넷째, 경제활동이나 사회발전에 기여할 수 있는 활동에 참여할 수 있는 기회를 부여해야 한다. 경제활동을 하게 될 경우 소득보완의 효과뿐만 아니라 사회관계망이 유지되고 사회적 지위와 역할을 부여받을 수 있는 효과가 있으므로, 노동시장에서의 재취업이나 지역사회 내의 노인복지관이나 시니어클럽에서 실시하는 노인일자리사업에 참여하도록 권유할 필요가 있다. 그리고 돈벌이는 되지 않더라도 사회봉사활동에 참여할 수 있는 기회를 제공함으로써 사회관계를 유지하고 자아존중감이나 자기유용감 등의 긍정적 심리상태, 신체 및 정신건강을 유지하는 효과를 거둘 수 있다. 따라서 지역 내 사회복지기관이나 공공단체에서 실시하는 노인 사회봉사 프로그램에 참여할 것을 적극적으로 권유하도록 한다.

다섯째, 사회관계 유지와 적극적 여가참여를 지원해야 한다. 노년기의 가장 중요한 관계인 부부관계, 노부모-자녀관계를 원만하게 유지할 수 있도록 가족관계 재조정 프로그램에 참여하도록 유도할 필요가 있다. 그리고 경로당이나 노인복지관 등과 같은 노인복지기관에 적극적으로 참여하도록 유도함으로써 사회관계를 폭넓게 유지하고 여가 선용과 개인의 발전을 도모할 수 있도록 지원해야 한다.

📕 생각해 보아야 할 문제   ● ● ●

1. 부모나 조부모의 노화과정과 노후생활을 관찰하여, 자신의 노후 모습을 글이나 사진으로 옮겨 보고 그 느낌을 표현해 보시오.

2. 다음 책을 읽고 성공적 노화의 방법에 대해 토론해 보시오.

   1. 조지 베일런트(2004). 10년 일찍 늙는 법, 10년 늦게 늙는 법(이덕남 역). 서울: 나무와 숲.
   2. 지미 카터(1999). 나이드는 것의 미덕(김은령 역). 서울: 이끌리오.
   3. 알란 D. 카스텔(2020). 나이 듦의 이로움(최원일 역). 서울: 씨아이알.
   4. 김형석(2021). 백년을 살아보니. 서울: 덴스토리.

3. 부모나 조부모, 이웃노인에게서 나타나는 생물적 · 심리적 · 사회적 노화현상을 직접 관찰한 후, 우리 사회의 노화나 노인에 대한 편견과 잘못된 신화를 비판해 보시오.

4. 다수의 젊은층, 중 · 장년층, 노년층에게 '노인이 되면 어떻게 행동하고 생활해야 하는가?'라는 질문을 하여 우리 사회의 노년기와 관련된 연령규범이 무엇인지를 탐색해 보시오.

5. 노화의 영역별 주요 이론이 노화와 노인을 어떤 관점에서 이해하고 있으며, 노인문제에 대한 시각은 무엇인지를 알아보고, 각각의 이론이 지니는 한계와 이를 보완할 수 있는 방안을 모색해 보시오.

제2부

노년기의 삶, 욕구와 문제

제**3**장

노년기의 경제생활

1. 노년기의 소득과 지출

　기본적인 생계의 유지뿐만 아니라 적정 수준의 삶의 만족도를 유지하기 위해서는 충분한 소득의 확보가 필수적이다. 그러나 노년기에 이르게 되면 퇴직 등으로 인하여 근로소득은 급격히 줄어드는 데 비해 개인의 노후소득 준비 미흡과 연금제도와 공적 부조제도의 미성숙으로 인하여 노년기의 소득 감소는 적절히 보완되지 못함으로써 노인은 경제적 어려움을 경험할 가능성이 높아지게 된다.

　이에 다음에서는 노년기에 나타나는 경제생활 유형의 변화, 노후 경제생활 보장에 대한 태도, 노인의 소득과 자산, 소비지출, 경제생활 유형과 만족도 등에 대해서 자세히 살펴보고자 한다.

1) 노년기의 경제생활 변화

노년기의 경제생활 유형은 개인의 교육수준, 노동능력, 가족구성과 생활주기, 일생 동안의 소득, 소비와 저축 유형과 밀접한 관련성을 지니므로, 노인 개개인의 경제생활 형편은 매우 다르다. 그러나 일반적인 개인생활주기를 근거로 하여 볼 때, 20대 후반에 취업을 하여 40대 후반에서 50대 초반에 소득이 최고조에 이르게 된다. 일반 기업체의 퇴직연령을 감안할 때 55세경부터는 소득이 줄어들지만 자녀 결혼 등으로 인하여 가계지출은 이전과 유사하거나 오히려 늘어나고, 65세 이후에는 건강문제나 재취업기회의 제한으로 인하여 소득이 격감하여 가족이나 사회에 대한 경제적 의존도가 높아지는 경향을 보인다. 실제로 고용노동부(2024. 6.)의 고용형태별 근로실태조사에 따르면, 20대를 기준으로 하였을 때 40대에 월평균 임금소득이 최고조에 이르러 20대의 1.5배가 되고, 50대부터 감소하여 60대 이후에는 20대의 임금소득수준으로 다시 낮아지는 것으로 나타났다. 이러한 경향은 우리나라에서만 나타나는 것은 아니며, 국제연합에서 전 세계 41개 국가의 지난 20년간 연령별 임금 수입과 소비 지출의 변화 유형을 분석한 결과에서도 유사하게 나타나고 있다(United Nations, 2023).

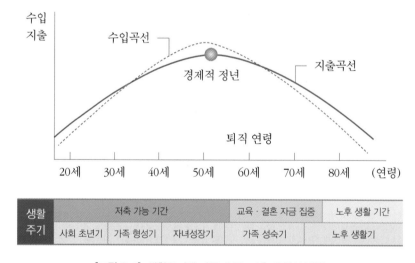

[그림 3-1] 생활주기에 따른 소득–지출 유형의 변화

자료: 금융감독원(www.fss.or.kr)

이와 같이 노년기에는 퇴직 등으로 인한 소득의 격감 또는 상실이 발생함에도 기본적인 생계 유지를 위한 일상생활비 지출은 약간 감소한 선에서 지속적으로 유지되며, 질병 치료에 소요되는 의료비의 증가로 인하여 적자 가계상태로 전락할 가능성이 높다. 따라서 노년기에는 가계의 수지 균형을 유지하기 위하여 이전 생활 단계에서 축적해 놓은 재산 또는 저

축을 처분하여 가계지출에 소요되는 금액을 충당하거나, 가족이나 사회에 경제적으로 의존하게 될 가능성이 높아진다.

2) 노후 경제생활보장에 대한 태도와 준비

전통사회에서는 자녀가 노부모의 경제적 부양을 책임지는 것이 일반적인 현상이었으나, 현대사회에서는 가족의 부양기능이 축소됨에 따라 노후 경제생활 보장에 대한 의식이 크게 변화하였다. 통계청(2019, 2023)의 사회조사보고서에 따르면, 노후생활비를 노인 본인과 배우자가 부담하겠다는 비율이 가장 높고, 정부와 사회단체의 지원으로 마련하겠다는 비율은 증가하는 반면, 자녀나 친척의 지원으로 마련하겠다는 비율은 줄어드는 경향을 보이고 있다. 이러한 결과는 가족이 노후 경제생활을 책임져야 한다는 전통적 가족부양의식은 약화되는 반면, 노인 자신 또는 국가와 사회가 노후 경제생활을 책임져야 한다는 의식이 강화되고 있음을 보여 주는 것이다. 특히 국민연금 지급이 본격화되고 노년기에도 경제활동에 참여하려는 의식이 증가함에 따라 노인 자신과 국가 그리고 사회가 노후 경제생활을 책임져야 한다는 의식은 더욱 강화되는 추이를 보일 것으로 예상된다.

표 3-1 노후생활비 마련방법 (단위: %)

연도	본인 및 배우자 부담	자녀 또는 친척 지원	정부 및 사회단체
2019	69.9	17.7	12.4
2023	76.0	12.0	12.0

자료: 통계청(2019, 2023). 사회조사보고서.

이와 같이 노후 경제생활에 대한 책임의식이 변화하고 있을지라도 노인 자신이 안락한 노후생활을 위한 적정 노후생활자금을 준비하지 못했을 경우에는 가족이나 사회에 의존할 수밖에 없다. 그러므로 실제적인 노후생활자금의 준비 정도를 함께 살펴보아야 노후 경제생활 보장에 대한 책임의식의 의미가 더욱 분명해진다.

노후생활자금에 대한 추정치는 조사연구 기관마다 매우 큰 편차를 보이는데, 여러 민간보험회사에서 추정한 노후자금의 규모는 공공기관의 추정액보다 훨씬 높게 나타나고 있다. 이러한 민간보험회사의 노후생활자금 추정치는 주된 영업공략 대상인 상류층의 웰빙생활유형을 전제로 한 경우가 대부분으로, 물가상승률은 높게 잡고 투자 기대수익률은 낮게 잡는 등의 문제점이 있다. 국민연금연구원(2022)의 국민노후보장패널조사(KReIS)에 의하면, 노인 부부가 한달 생활하는 데 필요한 최소한의 생활비는 198만 원 정도이며, 적정 수준의

표 3-2 최소 및 적정 필요 노후생활비 (단위: 만 원)

구분		2007년	2009년	2011년	2013년	2015년	2017년	2019년	2022년
최소	부부	112.3	123.2	132.6	159.4	174.2	176.0	194.7	198.7
	개인	71.9	77.4	78.3	98.6	104.1	108.1	116.6	124.3
적정	부부	163.8	177.1	187.3	224.1	236.9	243.4	267.8	277.0
	개인	105.0	113.5	111.4	141.7	145.3	153.7	164.5	177.3

자료: 국민연금연구원(2022). 중고령자의 경제생활 및 노후준비실태: 제9차(2021년) 국민노후보장패널조사(KRelS) 기초분석 보고서.

생활을 하는 데 필요한 비용은 277만 원 정도 그리고 노인 혼자 생활하는 데는 각각 124만 원, 177만 원 정도로 나타났다. 현재 65세인 노부부가 기대여명인 20년 정도를 같이 산다고 가정하면 최소 노후생활비로 총 4억 7,700만 원 정도, 적정 노후생활비로 6억 6,480만 원 정도가 필요할 것으로 예상된다. 그리고 노후생활에 필요한 월 생활비가 꾸준히 증가하고 있는 점과 기대수명의 증가, 물가상승 등의 경제적 변화 등을 고려할 때 노년기 이전에 준비해야 할 노후생활자금의 규모는 앞으로 더욱 커질 것으로 예상할 수 있다.

이와 같이 노후생활에 필요한 생활자금을 어느 정도 준비하고 있는지를 통계청(2023)의 사회조사보고서 결과를 바탕으로 살펴보면, 노후준비를 하고 있는 비율이 점진적으로 높아지고는 있으나 아직도 노후생활자금을 준비하지 못하고 있는 경우가 30% 정도에 달한다. 연령별로는 40대의 경우에는 81% 정도가 그리고 50대의 경우에는 83%가 노후준비를 하고 있었지만, 65세 이상의 노인은 60% 정도만이 노후생활자금을 준비하고 있는 것으로 나타났다.

표 3-3 노후준비방법 (단위: 천 원, %)

연도	준비하고 있음						준비하고 있지 않음				
	소계	공적 연금	사적 연금	퇴직금	예금, 적금, 보험	부동산 기타	소계	아직 생각 못함	향후 준비 계획	준비 능력 부족	자녀 에게 의탁
2019년	65.1	41.3	5.5	2.5	12.0	3.4	34.9	6.1	11.8	14.0	3.0
2023년	69.7	46.8	4.8	2.7	10.9	4.5	30.3	5.7	10.4	11.5	2.7

자료: 통계청(2019, 2023). 사회조사보고서.

한국행정연구원의 사회통합실태조사(2024)에서 노후 준비 정도를 조사한 바에 의하면, 전혀 또는 별로 준비가 되어 있지 않은 경우가 67% 정도에 이르고 있어, 열 명 중 일곱 명이 노후준비가 충분히 되어 있지 않다는 것을 알 수 있다. 특히 연령별로는 노년기에 속하는 65세 이상, 직업별로는 전문직이나 사무직보다는 서비스 판매직이나 노무직, 소득수준별로는 저소득층일수록 노후준비 정도가 미진한 것으로 나타나, 실제 노후준비가 더 필요한 사회계층의 준비정도가 더욱 미흡한 것으로 나타났다.

이러한 점을 근거로 하여 볼 때 노후생활자금 준비에 대한 인식은 증가하고 있으나, 적정수준의 노후준비를 하고 있는 중·장년층은 소수에 불과할 것으로 예측된다. 이처럼 은퇴 이전에 적절한 수준의 노후준비를 하지 못하는 이유는 취업난에 따른 청년층의 사회진출 시기 지연, 결혼 연령과 주택마련 비용의 증가, 자녀의 사교육비 및 조세부담 증가 등으로 실제 노후를 대비할 경제력이 부족한 것이 그 원인으로 지적되고 있다. 이러한 노후생활자금 준비에 장애를 초래하는 요인이 단기간 내에 해결되기 어렵고, 기대수명이 점차 늘어나고 있다는 점을 고려할 때, 앞으로 국가와 사회의 노후생활 보장에 대한 재정적 부담은 더욱 가중될 것으로 예측된다.

3) 노년기의 소득과 자산

일반적으로 소득의 유형은 크게 공적 소득원과 사적 소득원으로 구분할 수 있다. 공적 소득원은 공적 연금 및 공공 부조 등 공적 이전소득으로 구성되며, 사적 소득원은 다시 ① 노동을 통한 임금소득, 사업소득, 부업소득 등의 근로·사업소득, ② 저축·임대·이자소득·사적 연금 등에 의한 재산소득, 그리고 ③ 자녀, 친척 등으로부터의 사적 이전소득 등세 가지 유형으로 분류할 수 있다. 이를 소득원의 영역에 따라 재정리하여 보면, ① 노동(work)과 사업, 부업을 통한 근로·사업소득, ② 시장(market)을 통한 재산소득, ③ 가족을 통한 사적 이전소득, 그리고 ④ 국가를 통한 공적 이전소득으로 유형을 분류할 수 있다(Rein & Turner, 1999).

중·장년기 이후의 생활주기에 따라 살펴보면, 일반적으로 근로·사업소득과 재산소득이 총 소득에서 차지하는 비중은 점차 줄어드는 반면 사적 이전소득, 공적 이전소득의 비중

표 3-4 노년기 소득원별 소득 비중의 변화 (단위: %)

소득원	2014년	2017년	2020년	2023년
근로·사업소득	52.8	47.3	51.0	53.8
재산소득	8.2	9.3	14.9	11.6
사적 이전소득	15.1	15.2	11.7	8.0
공적 이전소득	22.6	27.4	22.3	25.9
기타 소득	1.3	0.9	0.0	0.7

자료: 보건복지부, 한국보건사회연구원(2015, 2017, 2020, 2023). 노인생활실태조사.

은 높아진다. 그러나 현재 노인세대의 경우 사적 이전소득이 지속적으로 감소하고, 재산소득, 공적 이전소득 그리고 근로·사업소득의 비중은 증감을 반복하는 것으로 나타났다. 성별로는 남성노인의 경우에는 근로·사업소득의 비중이 상대적으로 많은 반면, 여성은 사적 이전소득에 대한 의존도가 상대적으로 높은 것으로 나타나고 있다(보건복지부, 한국보건사회연구원, 2023).

노인의 경우 한 가지 소득원에 의존하기보다는 여러 가지 소득원을 가지는 경우가 많다. 보건복지부와 한국보건사회연구원(2023)에 따르면 공적 이전소득이 있는 노인이 87%, 사적 이전소득이 있는 노인이 78%, 근로소득이 있는 노인이 28%, 사업소득이 있는 노인이 23% 그리고 재산소득이 있는 노인이 14% 정도인 것으로 나타났다.

모든 소득원을 통해서 얻게 되는 노인가구의 연간 평균 소득액은 3,468만 원이며, 근로소득과 공적 이전소득, 사업소득, 사적 이전소득의 순으로 구성비율이 높은 것으로 나타났다. 그리고 가구형태별로는 노인독신가구가 2,085만 원, 노인부부가구가 3,823만 원, 자녀동거가구가 5,853만 원으로 나타났으며, 도시지역 노인가구는 3,587만 원, 그리고 농촌지역 노인가구는 3,132만 원으로 나타나 가구형태와 거주지역에 따라 노인가구의 소득액에 차이를 보이고 있다. 노인 개인의 연간 총 수입액은 2,163만 원 정도이며, 공적 이전소득과 근로·사업소득의 구성비율이 높았으며, 여성노인, 농촌노인, 80세 이상의 고령노인, 교육수준이 낮은 노인의 소득 수준이 상대적으로 낮은 것으로 나타났다. 노인가구의 소득 중에서 노인 개인소득이 차지하는 비중은 68% 정도였다.

표 3-5　**연간 노인 가구 및 개인의 소득원천별 소득액**　　　　　　　　　　　(단위: 만 원)

구분	연간 총소득액	근로 소득	사업 소득	재산 소득	사적 이전소득	공적 이전소득	사적 연금소득	기타 소득
가구소득	3,468.6	1,015.9	849.3	231.2	279.1	897.1	168.6	25.9
개인소득	2,163.7	504.3	562.8	170.9	199.8	578.3	130.3	17.3

자료: 보건복지부, 한국보건사회연구원(2023). 2023년도 노인실태조사.

보건복지부와 한국보건사회연구원(2023)에 따르면, 노인 본인과 배우자 등의 가구원이 부동산 자산을 보유하고 있는 경우가 97% 정도로 부동산 자산액은 3억 1,817만 원이며, 금융자산이 있는 경우는 75% 정도로 금융자산액은 4,912만 원이며, 기타 자산이 있는 경우가 38% 정도로 기타 자산액은 835만 원 정도인 것으로 나타났다. 그리고 노인 가구 중에서 부채가 있는 경우는 20% 정도로 부채액은 1,136만 원인 것으로 나타났다. 따라서 부동산과 금융자산 등의 총자산 금액에서 부채액을 제외한 순자산 규모는 평균 3억 6,428만 원 정도이

표 3-6 노인의 자산 및 부채 비율과 규모   (단위: %, 만 원)

구분	자산			부채	순자산
	부동산	금융	기타		
자산 또는 부채가 있는 비율	97.0	75.1	38.1	20.4	
자산액 또는 부채액	31,817.3	4,912.3	834.6	1,135.7	36,428.5

자료: 보건복지부, 한국보건사회연구원(2023). 2023년도 노인실태조사.

며, 순자산 중에서 부동산 자산이 87% 정도를 차지하고 있어, 노인의 자산이 부동산 자산에 편중된 경향이 매우 강하다는 것을 알 수 있다.

4) 소비지출

현재 노인계층의 경우 노후생계를 위해 여유자금을 저축할 수 있는 여력이 매우 제한된 상황에서 생활해 왔으며, 노후소득보장체계가 아직 미비하기 때문에 가족 등의 비공식 지지망에 의존하여 기본 생계비를 마련하는 경향이 있다. 실제로 통계청(2023)의 사회조사보고서에 따르면, 노인인구 중에서 기본 생계비를 본인이나 배우자의 수입으로 마련하는 경우가 76%, 자녀나 친척의 도움으로 마련하는 경우가 12% 정도로 조사되어 대부분이 본인, 배우자, 그리고 가족의 힘으로 생활비를 마련하고 있는 것으로 나타났다. 성에 따라서는 남성 노인은 본인과 배우자의 수입으로 생활비를 마련하는 경향이 강하고, 여성은 자녀와 친척의 도움으로 생활비를 마련하는 경향이 상대적으로 강하다. 그리고 연령에 따라서는 연령

표 3-7 노인의 생활비 마련방법   (단위: %)

구분		본인 및 배우자	자녀, 친척	정부 및 사회단체
연도	2020년	69.9	17.7	12.4
	2023년	76.0	12.0	12.0
성	남	84.0	6.1	9.9
	여	69.4	16.9	13.7
연령	60~64세	92.1	3.5	4.5
	65~69세	85.4	6.6	8.0
	70~79세	70.6	14.3	15.1
	80세 이상	40.5	32.5	27.0

자료: 통계청(2020, 2023). 사회조사보고서.

이 낮을수록 본인과 배우자의 수입으로 생활비를 마련하는 경향이 강하고, 연령이 높아질수록 자녀와 친척, 그리고 정부와 사회단체의 지원에 의존하는 경향이 강해지는 것으로 나타났다.

보건복지부와 한국보건사회연구원(2023)에 따르면 노인가구의 월평균 소비지출액은 162만 3,000원이며, 도시지역 가구, 자녀동거가구, 고학력 노인가구, 노인 취업 가구, 신체기능에 제한이 없는 노인가구의 소비지출액이 상대적으로 많은 것으로 나타났다. 노인가구의 월생활비 지출항목별 구성비율을 〈표 3-8〉에서 살펴보면, 월생활비 지출액은 183만 원 정도로 우리나라 전체가구의 소비지출액의 61% 정도이며, 지출항목별로는 식료품비, 기타, 주거비, 의료비, 교통비 등의 순으로 나타났다. 이러한 노인가구의 소비지출항목별 비중을 전체가구와 비교하여 보면, 식료품비와 주거비, 의료비의 비중이 상대적으로 높다는 것을 알 수 있다. 그리고 노인가구가 경제적으로 부담을 느끼는 생활비 지출항목을 살펴보면, 식비(49.7%), 주거관련비(25.7%), 보건의료비(8.3%), 교통통신비, 간병수발비 등 기타 비용(4.3%), 경조사비(2.5%), 월세(1.0%) 등의 순으로 나타나 의식주와 질병치료에 지출되는 비용에 대한 부담이 크다는 것을 알 수 있다(보건복지부, 한국보건사회연구원, 2023).

표 3-8 생활비 지출항목별 지출액과 구성비율 (단위: 천 원, %)

구분		총소비지출	식료품	주거비	교육비	의료비	교통비	통신비	기타
전체 가구	지출액	2,987	969	367	283	199	266	165	738
	구성비	100.0	32.4	12.3	9.5	6.7	8.9	5.5	24.7
노인 가구	지출액	1,829	660	282	21	240	145	89	392
	구성비	100.0	36.1	19.4	1.1	13.1	7.9	4.9	21.4

자료: 통계청(2024. 3.). 2023년 가계금융복지조사 보고서.

노인가구 지출과 더불어 노인 자신을 위한 지출항목과 지출액을 살펴보면, 보건의료비를 지출하는 비율이 가장 높고, 그다음으로는 문화여가비, 경조사비 등의 순으로 나타났으며, 월평균 지출액 규모도 지출항목과 동일한 순으로 나타났다. 그중에서 보건의료비는 여성노

표 3-9 노인 개인지출 유무 및 금액 (단위: %, 천 원)

구분	보건의료비	간병돌봄비	문화여가비	경조사비
지출이 있는 비율	91.0	4.7	65.3	50.8
월평균 지출 금액	81	8	56	60

자료: 보건복지부, 한국보건사회연구원(2023). 2023년도 노인실태조사.

인, 80대 초반 노인, 자녀동거가구 노인, 저학력 노인, 일상생활 동작능력에 제한이 있는 노인의 지출액이 많았지만, 문화여가비는 남성노인, 60대 후반 노인, 부부가구 노인, 고학력 노인, 일상생활 동작능력에 제한이 없는 노인의 지출액이 많은 것으로 나타나 대조를 이루고 있다(보건복지부, 한국보건사회연구원, 2023).

5) 경제생활 유형과 만족도

앞서 논의한 노년기의 소득원과 생계수단을 중심으로 하여 노인의 경제생활 유형을 나누어 보면 크게 자립형, 의존형, 경제생활 불가형으로 구분할 수 있다. 먼저 자립형은 주로 노인 자신이나 배우자의 근로 · 사업소득, 저축, 주식투자 수입, 부동산소득, 개인연금이나 퇴직금 등의 소득으로 노후생활을 영위하는 유형이다. 의존형 중에서 동거자녀나 별거자녀, 친척의 지원으로 생활하는 경우는 가족의존형, 공적 연금이나 국민기초생활보장제도의 생계급여 또는 기초연금 급여로 생활하는 경우는 국가의존형, 그리고 사회단체나 종교단체의 원조로 생활하는 경우는 사회의존형으로 구분할 수 있다.

노후의 경제생활을 스스로 책임지려는 의식이 높아지고 기초연금과 국민연금 급여의 수급률이 높아짐에 따라 자립형과 국가의존형 경제생활 유형의 비율은 점차 높아지는 반면, 가족의존형의 비율은 줄어들 것으로 예측된다. 이때 가족의존형 경제생활을 하는 유형이 전반적으로 줄어든다는 것은 자녀의 적극적인 자유의지에 따라 경제적 부양을 할 경우 노인이 이를 수동적으로 수용하는 방식의 가족의존형 경제생활 유형이 줄어들 것이라는 의미이다. 이와 반대로 자녀가 노부모에 대한 부양의무를 전혀 이행하지 않거나 소홀히 하는 비율은 오히려 늘어날 수도 있다.

자립형과 국가의존형 경제생활을 하는 비율이 점차 높아짐에 따라 노인의 경제생활수준

표 3-10 국민기초생활보장 생계급여 수급 노인 현황　　　　　　　　(단위: 명, %)

구분		전체 인구	65세 이상 노인인구
2017년	수급자 수	1,491,650	430,549
	비율	2.9	6.1
2020년	수급자 수	1,301,061	439,135
	비율	2.5	5.2
2023년	수급자 수	2,458,608	1,015,379
	비율	4.8	10.4

자료: 보건복지부(2024. 7.). 2023년도 국민기초생활보장 수급자 현황.

은 현재보다 많이 개선되겠지만, 그렇다고 하여 절대빈곤계층에 속하는 노인인구의 비율이 급격히 줄어들 것이라는 전망은 하기 어렵다. 실제로 국민기초생활보장제도의 생계급여에 의존하여 경제생활을 하는 노인인구는 2023년 기준 전체 노인인구의 10.4%에 해당하는 101만 5,379명 정도로 2017년에 비해 58만 4,830명이 늘어난 것으로 나타났다(보건복지부, 2024. 7.). 이러한 절대빈곤계층 노인인구수는 일정 수준에서 지속적으로 유지될 가능성이 높으며, 상대적 빈곤의 개념을 적용할 경우에는 빈곤노인인구의 비율은 현재보다 더 높아질 가능성이 농후하다. 실제로 OECD(2023. 12.)에 따르면 2023년 우리나라의 66세 이상 노인의 상대빈곤율은 38.1%로, OECD 국가 중에서 그 비율이 가장 높았다.

노인에게 소득과 지출액에 관계없이 현재의 경제상태에 대해 어느 정도 만족하는지 평가를 하게 한 결과, 경제상태에 대해 만족한다고 응답한 경우는 31% 정도이며, 경제상태에 대해 만족하지 않는다고 응답한 경우는 20% 정도에 이른다(보건복지부, 한국보건사회연구원, 2023). 통계청(2023)의 사회조사보고서에 따르면, 소득부문과 소비부문으로 나누어 만족도를 조사했을 때 소득이 있는 노인 중에서 현재의 소득에 만족하는 노인은 24% 정도인 데 비해 불만족하는 경우는 50% 정도였다. 그리고 소비만족도에서는 만족하는 경우가 15% 정도였으며, 불만족하는 경우는 34% 정도로 나타났다. 그러나 전체적으로 볼 때, 노인인구 중에서 현재의 소득이나 소비생활에 대해 만족하는 경우는 10명 중에 1~2명 정도이며 3~5명 정도는 불만족하는 것으로 나타나, 소득과 소비생활에 대한 만족도 수준이 매우 낮다는 것을 알 수 있다.

표 3-11 노인의 소득 및 소비생활만족도   (단위: %)

구분	매우 만족	약간 만족	보통	약간 불만족	매우 불만족
소득만족도	3.4	20.9	35.8	27.3	12.7
소비생활만족도	2.1	12.6	51.5	26.2	7.5

자료: 통계청(2023). 사회조사보고서.

2. 노년기의 일의 의미와 경제활동실태

1) 일의 개념

일에 대한 개념 정의는 학자에 따라 다양하다. 광의로서의 일(work)의 개념은 모든 종류의 생산적인 활동(productive activity)과 동일한 의미로 사용되는 데 비해 협의의 일의 개념은 육체적인 유급의 산업노동인 노동(labour)으로 국한되기도 한다. 우리나라에서는 일과 노동의 의미를 엄밀히 구분하지 않고 유급의 노동만을 일로 간주하는 경향이 있지만, 일반적으로 일이란 '자신과 사회에 필요한 재화와 서비스를 만들어 내는 제반 생산적 활동'을 의미하는 것으로 받아들여지고 있다(이영희, 1992). 즉, 일이란 정신적이고 육체적인 경제적 활동뿐만 아니라 비공식적인 도움이나 무급의 자원봉사 형태로 사회에 생산적 기여를 하는 생산적 활동까지를 모두 포함하는 넓은 의미의 개념이라 할 수 있다.

노년기에는 유급의 노동뿐만 아니라 무급 봉사활동 등을 통하여 사회 기여를 하는 생산적 활동까지를 일의 범주에 포함하는 것이 타당하다(윤순덕, 한경혜, 2004; Bass et al., 1993; Herzog et al., 1989). 그러나 우리나라에서 노년기의 일에 대해 논의할 때는 주로 퇴직과 대비되는 개념으로서의 취업 또는 경제활동의 의미로 사용되는 경우가 일반적이다. 우리나라 경제활동인구조사(통계청, 2024. 9.)에서는 경제활동인구를 "15세 이상 인구 중 상품이나 서비스를 생산하기 위하여 실제로 수입이 있는 일을 한 취업자와 일을 하지는 않았으나 구직활동을 한 실업자"로 규정하고 있으며, 비경제활동인구를 "취업자도 실업자도 아닌 만 15세 이상인 자, 즉 집에서 가사와 육아를 전담하는 주부, 학교에 다니는 학생, 일을 할 수 없는 연로자(年老者)와 심신장애인, 취업 및 진학 준비를 하는 자 등"으로 규정하고 있다. 경제활동인구 중에서 "15세 이상 인구 중에서 평소에 수입이 있는 일을 하고 있는 자"를 취업자로 규정하고, 이를 다시 ① 수입을 목적으로 조사대상 기간에 1시간 이상 일한 자, ② 동일 가구 내 가족이 운영하는 농장이나 사업체의 수입을 위하여 주당 18시간 이상 일한 무급 가족종사자, ③ 직장 또는 사업체를 가지고 있으나 일시적인 질병, 사고, 연가, 교육, 노사분규 등의 이유로 일하지 못한 일시휴직자로 구분하고 있다. 그리고 실업자를 "조사대상 기간에 수입이 있는 일을 하지 않았고, 지난 4주간 적극적으로 구직활동을 하였던 사람으로 일자리가 주어지면 즉시 취업이 가능한 사람"이라고 말한다.

노년기의 일을 광의의 개념으로 사용하려는 학문적 추이가 있음에도 우리나라 정부의 통계기준이나 노년학계의 일반적 관점을 종합하여 볼 때, 노년기의 일은 '경제활동에 참여하여 개인과 사회에 필요한 재화와 서비스를 생산하는 활동'의 의미로 규정하는 것이 바람직하다. 그리고 유급의 경제활동과 무급의 자원봉사활동과 같은 사회 기여도가 높은 활동 모두를 포함할 경우에는 일이라는 개념보다는 생산적 활동 또는 생산성이라는 개념으로 규정하는 것이 바람직하다.

2) 노년기의 일의 기능

개인이 일을 하는 이유는 일차적으로 경제적 목적을 성취하는 것이다. 즉, 모든 개인은 노동을 통하여 재화나 서비스를 생산해 냄으로써 생존과 생활유지에 필요한 자원을 획득한다. 특히 자본주의 사회에서 생산수단을 소유하지 못한 노동자의 경우에는 일 또는 노동이 생존의 수단이 될 정도로 매우 중요한 경제적 의미를 지닌다.

하지만 인간이 일을 하는 이유는 오로지 경제적인 것에만 있지 않으며, 사회심리적 목적에서도 일을 한다. 일이라는 것은 경제적 기능 이외에 사회적 · 윤리적 · 심리적 기능도 동시에 지니며, 경제적 기능보다는 사회적 · 윤리적 · 심리적 기능이 각 개인에게 더욱 중요한 의미를 지닌다(김경동, 1994; 이영희, 1992; Thorson, 2000). 개인은 일을 통해 직장이라는 사회집단 또는 조직에 소속됨으로써 사회에 참여할 수 있는 길을 마련하게 되며, 친구나 직장동료와 관계를 맺음으로써 사회관계망을 유지하게 된다. 직업에 따라 사회적 지위와 역할, 권력을 부여받게 되며, 사회성원으로서의 도덕적 책임을 완수할 수 있는 기회를 제공받게 된다. 그리고 인간은 일을 통하여 자신의 능력을 확인하고, 자신의 존재가치를 의식하고, 자신감을 갖고, 자신이 누구인가를 확인하고, 기본적인 생활 리듬과 규칙성을 가지며 정서적 만족감을 경험하게 된다. 이와 같이 개인은 노동 또는 일을 통하여 경제적 목적과 함께 사회적 목적은 물론 심리적 목적까지도 달성할 수 있으므로 일의 만족도에 관계없이 모든 인간에게는 일이 있어야 한다.

노년기에 있어서 일 혹은 노동은 앞서 제시한 일의 기능인 경제적 · 사회적 · 윤리적 · 심리적 기능과 같은 다양한 기능을 수행한다. 즉, 노년기에 있어서 일이란 노인 개인 차원에서는, ① 생활비 및 용돈의 소득원 확보, ② 자기유용감과 정체감의 부여, ③ 사회관계망의 유지, ④ 신체 및 정신 건강 유지, ⑤ 소일 또는 여가활용의 기회까지도 제공해 준다. 그리고 거시적 차원에서는 노인을 의존적인 소비계층으로만 간주하는 부정적인 사회적 인식의 개선을 도모하고, 국가의 생산성 제고와 사회보장비용 절감효과까지도 얻을 수 있다.

하지만 노년기에 이르게 되면 신체 및 정신 기능의 약화로 인한 노동능력의 저하, 현대화에 따른 경제적 생산기술과 생산체계의 변화에 대한 적응능력의 부족 등으로 인하여 노인은 노동시장에서 탈락하게 되는 경향이 있다. 따라서 노동시장에서 탈락하게 된 노인은 소득감소 또는 상실로 인한 경제적 고통뿐만 아니라 역할 상실, 지위하락, 사회관계의 축소, 생활만족도의 저하, 여가 및 문화 활동의 생활공간 축소 등과 같은 사회심리적 문제도 함께 겪게 된다. 즉, 경제활동을 하지 못하는 노인은 적극적인 사회참여를 하지 못하게 되고 생활의 장이 축소되어 생활만족도나 안녕감이 낮아진다.

3) 고령 노동력에 대한 신화와 사실

고령 인력 또는 고령 노동자에 대해서는 사회적인 편견이 폭넓게 자리잡고 있다. 이러한 고령 노동력과 관련된 사회적 편견 또는 신화를 열거하여 보면, 노인은 ① 일할 수 없을 정도로 병들어 있고, ② 은퇴하고 싶어 하고, ③ 업무상 재해나 사고를 일으키기 쉽고, ④ 생산성이 떨어지고, ⑤ 조직보다는 개인적인 일에 더 관심이 많고, ⑥ 창의성과 업무주도성이 낮고, ⑦ 질병 등을 핑계로 한 결근이 잦고, ⑧ 상사의 지도감독에 협조적이지 않고, ⑨ 새로운 지식이나 기술을 습득하는 데 시간과 비용이 많이 들고, ⑩ 일하는 것에 비해 급여를 많이 받고, ⑪ 동료와의 업무보조를 맞추기가 어려우며, ⑫ 이직과 전직이 빈번하다는 것이다 (Thorson, 2000).

그러나 고령 노동력에 대한 사회적 편견은 사실이 아닌 것이 많고, 오히려 고령 인력이기 때문에 가질 수 있는 다양한 강점이 있다. 산업노년학 분야의 연구에 따르면, 노인은 ① 자신의 일에 대한 자긍심을 가지고(Cherrington, 1979), ② 일에 따르는 물질적 보상이나 지위 상승에 대한 욕심이 적고, ③ 지도감독자의 지시와 규칙에 더욱 순응하고 협력하고(Schwab & Heneman, 1977), ④ 일 자체에서 즐거움을 얻고(Hall & Johanson, 1980), ⑤ 어떤 업무 영역에서는 젊은 노동자에 비하여 생산성이 더 높고(Bourne, 1982), ⑥ 결근이 적고, ⑦ 이직률이 낮고, ⑧ 젊은 노동자에 비하여 업무상 사고나 재해를 당하는 비율이 낮고(Blumberg, 1980), ⑨ 젊은 노동자가 기피하는 궂은 일을 마다하지 않으며, ⑩ 성실하고 양심적인 특성을 지닌다.

4) 노인의 경제활동 참여실태

인간발달 단계는 직업이나 경제활동 참여를 기준으로 직업준비기, 직업선택기, 직업활동기, 은퇴기로 구분할 수 있다. 개인적인 결정이나 사회환경에 따라 달라지기는 하지만 중년기 이후에는 직업적 변화를 경험할 가능성이 높아진다. 이러한 중년기 이후의 직업적 변화와 관련하여, 활동이론에서는 노년기에도 적극적으로 경제활동이나 직업생활에 참여할수록 삶의 만족도와 노후생활에 대한 적응수준이 높아진다고 보고 있다. 이에 반해 분리이론에서는 경제활동이나 직업생활에서 은퇴하여 쉬는 것이 개인과 사회 모두에 도움이 된다고 본다. 지속이론에서는 이 두 이론을 절충하여 새로운 직업적 역할을 갖기보다는 이전부터 수행해 오던 역할을 지속적으로 수행할 경우에 삶의 만족도가 높아진다는 관점을 제시하고 있다. 현재 우리나라에서는 노년기에도 일을 하는 것이 바람직하다는 인식과 은퇴하여 쉬면서 젊은 세대에게 일자리를 양보하는 것이 바람직하다는 인식이 모두 설득력을 지닌다. 그러나 점차 노년기에도 경제활동을 포함한 의미 있는 일에 적극적으로 참여하는 것이 바람직하다는 사회 인식이 확산되고 있다(보건복지부, 한국보건사회연구원, 2023).

이러한 사회적 인식과 기대수명의 연장, 가족의 노인부양기능 저하, 노후소득보장체계의

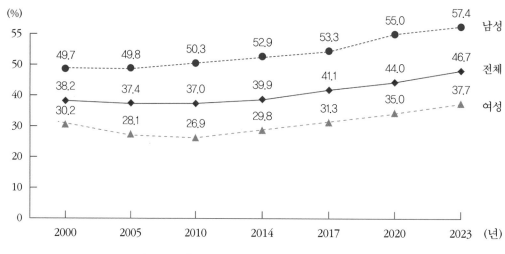

[그림 3-2] 노인인구의 경제활동 참여율 변화추이

자료: 통계청(2024). 경제활동인구연보.

미비 등으로 인하여, 노인인구의 경제활동 참여율은 점진적으로 상승하고 있다. 보건복지부와 한국보건사회연구원(2023)의 노인실태조사에서는 65세 이상 노인인구 중에서 경제활동에 참여하는 비율이 39.0%로, 2017년에 비해 경제활동 참여율이 8% 포인트 증가한 것으로 나타났다. 통계청(2024)의 경제활동인구연보에 따르면 2023년 기준 60세 이상 노인의 경제활동 참여율은 46.7%로 2017년에 비해 5.6% 포인트 정도 증가하였으며, 노인 취업자 수는 622만 3,000명으로 2020년에 비해 114만 명 정도가 증가한 것으로 나타났다.

노인의 경제활동 참여율은 지역에 따라서 많은 차이를 보이는데, 도시지역 노인의 경우에는 33.7%가 경제활동에 참여하는 반면 농어촌지역에서는 53.9%가 경제활동에 참여하고 있는 것으로 나타났다(보건복지부, 한국보건사회연구원, 2023). 여성노인의 경제활동 참여율의 증가폭이 상대적으로 크기는 하지만 남성노인에 비해서는 아직 낮으며, 50대 장년층 여성의 경제활동 참여율은 69% 정도이지만 60대에는 38% 정도로 낮아지는 것으로 나타나, 연령과 경제활동 참여율 사이에는 부적 상관관계가 있음을 알 수 있다(통계청, 2024).

이러한 경제활동 참여율은 취업자와 실업자 모두를 포함하므로, 현재 노인 중에서 취업자의 비율을 정확히 파악하기 위해서는 고용률을 살펴보아야 한다. 통계청(2024)의 경제활동인구연보에 따르면, 2023년 기준 60세 이상 노인의 고용률은 45.5%로서 2010년에 비해 8.5% 포인트 증가하였다. 성별로는 남성노인은 56.0%, 여성노인은 36.7%인 것으로 나타나 남성노인의 고용률이 더 높았다.

보건복지부와 한국보건사회연구원(2023)의 조사에 따르면, 현재 경제활동에 참여하고 있는 노인의 경제활동 참여이유는 생계비 마련(77.9%), 용돈 마련(6.9%), 건강 유지(6.2%), 능

표 3-12	노인 취업자의 직업별 구성비율								(단위: %)
직업별	입법공무원, 고위임직원 및 관리자	전문가	판매 종사자	사무 종사자	서비스 종사자	농업, 어업 숙련 종사자	기능원 및 관련 기능 종사자	장치기계 조작원 및 조립원	단순 노무직 종사자
구성비율	5.6	1.6	12.5	1.7	14.4	20.3	7.0	3.3	33.0

자료: 보건복지부, 한국보건사회연구원(2023). 2023년도 노인실태조사.

력 발휘(3.6%), 시간을 보내기 위해(3.1%) 등으로 밝혀져, 주로 경제적 이유에서 경제활동에 참여하고 있는 것으로 나타났다. 그리고 이러한 경제적 이유 때문에 앞으로도 계속해서 경제활동을 할 의향이 있는 노인이 73% 정도에 이른다. 보건복지부와 한국보건사회연구원(2020)에 따르면, 경제활동에 참여하지 않는 비경제활동 노인인구 또한 늘어나고 있는 추세인데, 경제활동에 참여하지 않는 주된 이유는 낮은 급여수준(47.2%), 일의 내용(24.2%), 건강상태와 맞지 않아서(15.3%) 등의 순인 것으로 나타나, 경제적 요인과 건강문제가 경제활동 참여의 가장 중요한 방해요인이 되고 있음을 알 수 있다. 경제활동에 참여하고 있는 노인의 직업별 구성비율을 살펴보면 단순노무직 종사자가 33.0%, 농업 및 어업 종사자가 20.3%, 서비스 종사자가 14.4%, 판매종사자 12.5%로 네 직종 종사자가 전체의 4/5 정도를 차지하고 있었다.

경제활동에 참여하고 있는 노인의 종사상 지위를 살펴보면, 자영업주가 37% 정도로 가장 많고, 그다음은 임시근로자(22.2%), 상용 근로자(17.2%), 무급가족종사자(8.3%), 일용 근로자(7.9%)였다(보건복지부, 한국보건사회연구원, 2023). 이와 같이 경제활동에 참여하는 노인인구 중에서 임금근로자 중 임시근로자와 일용 근로자가 차지하는 비중이 높게 나타나고 있는 것은 직업기술 낙후와 같은 노인 개인의 문제뿐만 아니라 노동시장에서의 노인 분리라고 하는 환경요인이 복합적으로 작용하고 있기 때문이라 할 수 있다.

노년기에는 직업적 지위도 높고 임금수준도 높은 이전의 직업에서 물러나, 전문지식이나 기술수준이 이전의 직업에 비해 낮은 제2의 직업(second career) 또는 임금고용상태에서 퇴직한 후 완전히 은퇴하기 이전에 새로운 직업에 종사하게 되는 교량직업(bridge job)으로 직업적 전이가 이루어지는 경우가 많다(Atchley & Barusch, 2004). 고용노동부(2024. 6.)에서 60세 이상 취업자의 월급여수준을 조사한 바에 따르면 전체 60세 이상 취업자의 월평균 급여액은 261만 원 정도로 임금근로자 월평균 급여의 72%에 이르고 있다. 노인 비정규직 근로자의 월급여액은 172만 원 수준으로 정규직 근로자의 49% 수준에 불과하며, 직종별로는 관리자, 사무직 종사자, 판매직 종사자의 경우에는 전체 임금근로자 월평균 급여보다 더 높은 수준의 급여를 받지만, 대부분의 노인이 종사하고 있는 농어업종사자, 단순노무직 종사자의 경우에는 임금근로자 월평균 급여액보다 매우 낮은 수준에 머물고 있는 것으로 나타났다. 따라서 일반 기업체에서 고령 인력에 대한 인건비 부담이 높다는 점을 들어 고령 인력의 고용을 기피하는 것은 잘못된 편견이라 할 수 있다.

3. 은퇴의 과정과 적응

1) 은퇴의 제도화 배경

농경사회 또는 전산업사회에서는 육체적 쇠약으로 인하여 일을 할 수 없는 상태가 되지 않는 이상 사망 직전까지 일을 하였기에 퇴직이라는 생활사건은 거의 무의미하였다. 퇴직이라는 개념이 본격적으로 등장하게 된 것은 산업화 과정이 본격화된 20세기 이후의 일이며, 퇴직이 제도화된 것은 산업화와 관련된 몇 가지 요인이 복합적으로 작용했기 때문이다.

최성재와 장인협(2010)은 퇴직의 제도화와 관련된 요인으로, ① 노동력 수요의 감소, ② 생산 기술과 지식의 급속한 발전, ③ 생산조직의 관료화, ④ 노후소득보장제도의 발전이라는 네 가지 요인을 들고 있다. 하지만 우리나라의 경우에는 아직 국민연금을 포함한 사회보험 급여에 의한 노후소득보장 수준이 미흡하므로 마지막 네 번째 요인이 퇴직을 제도화하고 촉진하는 배경이 된다고 보기에는 아직은 한계가 있다(권중돈 외, 2024).

2) 은퇴와 퇴직의 개념

은퇴(retirement)라는 용어는 일(work)의 개념보다는 직업(job) 또는 노동(labor)이라는 개념과의 관련성을 근거로 정의를 내리는 경우가 많다. 그 이유는 모든 개인은 사망할 때까지 일(work), 즉 생산적 활동을 하는 것을 멈추지는 않지만 직업적인 고용상태에서 물러날 수는 있기 때문이다(Atchley & Barusch, 2004). 따라서 노년학계에서는 은퇴의 개념을 직업적 고용상태에서 물러나는 퇴직으로 그 개념을 한정하여 논의하는 경우가 많다.

퇴직이라는 것은 일반적으로 고용상태의 어떤 직위에서 물러나 그 직위에 관련된 역할 수행을 중단하게 된 현상을 의미한다. 하지만 퇴직이라는 개념은 관심 영역에 따라 사건(event), 과정(process), 역할(role) 또는 생활 단계(phase of life)라는 각기 다른 의미로 사용된다(Atchley, 1976). 먼저, 사건(event)으로서의 퇴직은 퇴임식, 퇴직연금이나 사회보장급여를 받기 위한 서류 제출, 업무의 인계, 퇴직여행 등의 사건을 중심으로 한 개념이다. 과정(process)으로서의 퇴직은 퇴직 준비, 퇴직 결정, 실질적인 퇴직사건, 밀월 단계, 안정 단계,

재지향 단계, 종결 단계 등의 단계적 절차를 의미한다. 역할(role)로서의 퇴직은 소위 '은퇴자' 또는 '퇴직자'라고 불리는 지위에 따르는 권리의무와 관련된 사회규범을 의미하는 것으로, Kimmel(1974)은 이를 지위로서의 퇴직이라고 하였다. 생활 단계(phase of life)로서의 퇴직은 생활주기상의 마지막 단계, 막내 자녀가 분가한 이후 등을 의미하는 것으로, 이 단계는 대략 15~30년 동안 지속된다.

이와 같이 여러 의미를 지닌 퇴직이라는 개념을 객관적으로 측정하는 데는 많은 제한이 따르므로, 학자나 연구에 따라 나름대로의 조작적 정의를 활용한다. Palmore 등(1985)은 퇴직을 조작적으로 정의할 때, 노동시간을 기준으로 주관적 퇴직과 객관적 퇴직으로 구분하고 있다. 그리고 Atchley와 Barusch(2004)는, ① 지난 1년간 보수를 받는 고용상태에 있지 않은 자, ② 퇴직연금을 수급하고 있는 자, ③ 연간 주 35시간 이상 상근으로 고용되어 있지 않은 자라는 세 가지 기준을 종합적으로 활용하여 조작적 정의를 내리고 있다. 이와 유사하게 Palmore, Fillenbaum과 George(1982)는 "주당 35시간 이하로 고용되어 있으면서 퇴직연금을 받는 자"를 퇴직자라고 조작적으로 정의하고 있다.

3) 퇴직의 과정과 영향

퇴직은 하나의 과정으로서 직업활동에서 물러나고 퇴직자로서의 역할을 받아들이는 것이다. 이러한 퇴직과정은 개인이 퇴직을 인식하면서부터 시작되는데, 퇴직에 대한 태도는 퇴직 후의 경제사정에 대한 예상, 정년퇴직연령, 노동에 대한 가치관, 퇴직의 자발성, 직업에 대한 헌신과 사명감 정도, 퇴직 후 생활목표의 확실성, 퇴직 이후의 소득보장 정도 등과 같은 다양한 변인의 영향을 받는다(권중돈, 2021a; 최성재, 장인협, 2010).

이러한 퇴직에 대한 태도에 영향을 미치는 요인은 퇴직 결정을 내리는 데 영향을 미치는 요인과 중복되는 경우가 많다. 퇴직 결정에 영향을 미치는 요인으로 일반적으로 지적되는 것은 정년제와 역연령 등의 조직의 공식 구조, 가족성원의 퇴직에 대한 태도, 가족의 경제상태 및 예상 수입 정도, 본인의 건강상태, 직업 및 교육수준, 배우자 유무와 부양책임 정도, 직업에 대한 만족도, 여가에 대한 태도 등이다. Atchley와 Barusch(2004)는 [그림 3-3]과 같은 퇴직 결정과정의 흐름도와 영향요인을 제시하고 있다.

퇴직을 고려하는 시점부터 질병이나 장애, 사망, 재취업 등으로 종결되기까지의 퇴직과정은 개인에 따라 다르게 나타나므로 퇴직의 단계를 구분하는 것은 쉽지 않지만, 일반적으로 〈표 3-13〉과 같이 8단계로 구분된다(Atchley & Barusch, 2004).

이러한 퇴직의 과정을 거치는 과정에서 퇴직으로 인한 다양한 생활 변화가 나타난다.

첫째, 수입이 급격하게 줄어들거나 상실되는 반면, 지출은 지속적으로 이루어지기 때문

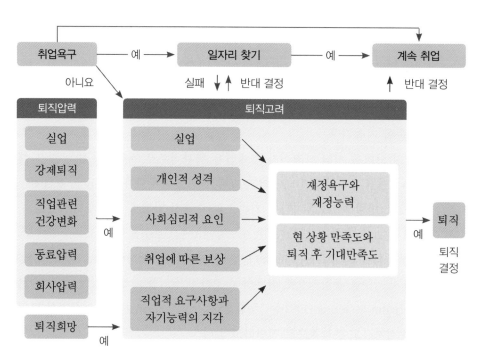

[그림 3-3] 퇴직 결정과정의 흐름도

| 표 3-13 | 퇴직의 단계 |

단계	주요 특성
퇴직 전 단계	• 먼 단계: 은퇴에 대한 막연한 인식을 가짐 • 근접 단계: 은퇴를 의식하고 말년의식을 보이거나 퇴직 후 생활에 대한 환상을 가짐
밀월 단계	• 일에서의 해방으로 인해 도취된 시기임 • 대부분의 시간을 자신의 관심사나 흥미와 관련된 영역에 소모함 • 경제적 지출이 따르므로 재정상태에 따라 밀월 단계 지속기간이 달라짐
안정 단계	• 퇴직 이전에 퇴직 후 활동이나 사회관계에 대한 선택을 한 사람일수록 퇴직 후 생활이 쉽게 안정됨
휴식 단계	• 활동적인 밀월 단계와는 대조적으로 전체적인 활동량이 감소함 • 충분한 이완과 휴식을 취하면서 지난 생을 반추해 보고 퇴직 이후의 생활계획을 수립함
환멸 단계	• 퇴직생활에 대한 환상에서 벗어나 실망하거나 우울을 경험함 • 퇴직 전 단계에서 퇴직에 대해 비현실적인 환상을 가진 경우에 환멸이나 공허감이 더 심하게 나타남 • 환멸 단계에 이르는 퇴직자는 많지 않으며, 대부분의 경우 이 단계를 거치지 않음

단계	주요 특성
재지향 단계	• 재정상태나 어떤 일의 실현 가능성을 재고하여 정확한 현실인식을 하고 현실적 생활양식을 선택하려 함 • 새로운 인간관계 속에서 자아를 정립해 나감
일상화 단계	• 퇴직 후 생활 변화를 일상적으로 처리할 수 있게 됨 • 예측 가능한 생활을 영위함 • 장기간 지속되는 단계임
종결 단계	• 질병이나 장애에 의해 퇴직자의 역할이 중단됨 • 독립적 생활이 줄어들고 가족 등의 지지망에 대한 의존성이 증가함

에 퇴직 이후의 경제생활에 대한 준비 정도에 따라 달라질 수 있지만 경제적 어려움을 경험할 가능성이 높아지게 된다.

둘째, 퇴직 이후에 신체적 건강상태나 정신건강이 악화될 가능성이 높다고 알려져 있다. 그러나 신체 및 건강 상태는 퇴직 전과 비교하여 변화가 없거나 오히려 스트레스 수준이 낮아지고, 규칙적인 운동을 포함한 건강관리시간이 늘어남에 따라 건강이 더 좋아지는 경우도 있다(Ekerdt et al., 1983; Midanik et al., 1995).

셋째, 퇴직으로 인하여 직장동료와의 관계가 단절되고 사회활동 참여도가 낮아짐으로써 사회적 소외와 고독을 경험할 가능성이 높다(Atchley & Barusch, 2004). 그러나 이전부터 사회관계망과 빈번한 교류를 통하여 원만한 관계를 유지해 온 경우에는 사회관계망이 다소 위축되기는 하지만 사회적 소외를 경험하지는 않는다(Van Tilburg, 1992).

넷째, 퇴직으로 인하여 자신의 정체감을 지탱해 왔던 직업적 지위를 상실하게 됨으로써 부정적 자아개념을 형성하거나 자기 자신의 가치를 낮게 평가할 가능성이 높아지며, 이에 따라 삶에 대한 만족도 역시 낮아질 수 있다. 그러나 삶의 만족도는 퇴직의 직접적 영향을 받는다기보다는 개개인의 성격 특성에 따라 결정되는 경향이 있다(Reis & Gold, 1993).

다섯째, 퇴직 이후 여가시간은 증가하지만 일반적으로 여가활동의 참여도는 줄어든다. 하지만 퇴직 이전의 여가에 대한 예비사회화 정도와 재정상태, 건강상태 등에 따라 여가활동 참여도가 달라질 수 있다.

여섯째, 퇴직 전에는 남성은 대외적 지위에 요구되는 수단적 역할, 그리고 여성은 가정 내 지위에 요구되는 표현적 역할을 주로 수행하지만 퇴직 이후에는 두 가지 역할 모두, 즉 양성적 역할을 수행하는 경향이 높아진다(최성재, 장인협, 2010).

4) 퇴직에 대한 적응

노년기의 주요 발달과업 중의 하나가 퇴직에 대한 적응일 정도로, 퇴직 이후의 생활 적응은 노년기의 삶의 질을 결정하는 중요한 요인 중 하나이다. 따라서 노년기에는 퇴직에 따르는 지위와 역할의 변화, 경제적 조건의 변화, 상황요인의 변화, 사회관계망의 변화 등과 같은 생활 전반에 나타나는 변화를 수용하고, 자신이나 주변의 대처자원을 활용하여 능동적으로 적응할 수 있어야 한다. 이러한 퇴직생활에 대한 적응에 영향을 미치는 요인은 퇴직에 대한 태도, 퇴직의 유형, 퇴직 전 직업, 여가에 대한 예비사회화, 교육수준, 경제 및 건강 상태 등이 있다(최성재, 장인협, 2010).

먼저 퇴직에 대한 태도가 퇴직 이후의 생활 적응에 어떤 영향을 미치는가를 살펴보면, 퇴직 이후에 나타날 수 있는 경제상태와 건강상태의 변화, 심리적 문제에 대한 사전 인식이 부족할수록 퇴직에 대해 부정적 태도를 형성하게 된다. 이러한 부정적 태도는 퇴직생활에 대한 부적응을 유발할 가능성을 높인다. 퇴직의 유형에 따라서는 정년연령에 따른 강제퇴직의 경우에는 지위와 역할에 대한 상실감, 경제적 곤란, 좌절감이 더 크기 때문에 퇴직 이후의 생활에 부적응이 야기될 가능성이 높다. 퇴직 전 직업에 따라서는 전문직이나 사무관리직 종사자의 경우에는 전반적으로 생활통제력과 경제수준이 높기 때문에 퇴직 이후의 생활에 더 쉽게 적응하는 경향이 있다. 교육수준이 높을수록 개인적 자원이 충분하여 퇴직 이후의 여가시간을 적절히 활용하거나 재취업을 할 가능성이 상대적으로 높기 때문에 퇴직생활에 더 잘 적응해 나갈 수 있다.

퇴직 이후의 경제사정이 양호할수록 여가활동, 건강 유지 및 관리활동 등에 참여하여 여가시간을 적절히 활용하고, 퇴직 이후 소득이 감소하더라도 물질적 안락감을 누릴 수 있다. 그러나 빈곤 노인이나 노후소득보장에 대한 대비가 미흡한 노인의 경우에는 생계비나 용돈 마련을 위하여 본인의 의사와 상관없이 다시 경제활동에 참여할 수밖에 없는 상황에 직면하는 경우가 많다. 설령 재취업을 하더라도 이전까지 종사하던 직업에 비해 직업적 지식이나 기술, 그리고 임금수준이 낮은 제2의 직업이나 교량직업에 종사해야 하는 경우가 많으므로 퇴직 이후의 생활에 적응하는 데 많은 어려움을 경험하게 된다(Christensen, 1990).

노인의 건강상태에 따라서는 신체적 독립성을 유지할 정도로 건강상태가 양호한 경우에는 사회관계를 유지하고 활발하게 사회활동에 참여할 수 있는 기회를 갖게 됨으로써 퇴직 이후의 생활에 더욱 쉽게 적응해 나갈 수 있다. 그리고 퇴직 이후 여가시간이 증가하게 되므로 긴 여가시간을 효과적으로 활용하는 것이 중요한데, 퇴직 전에 여가활동에 대한 경험이 풍부하고 여가에 대한 예비사회화의 수준이 높을수록 퇴직 이후에도 여가활동을 포함한 전반적인 퇴직생활에 대한 적응도가 높은 것으로 나타나고 있다.

따라서 퇴직 이후의 생활에 효과적으로 적응하기 위해서는 퇴직 이전에 건강 유지, 안정적 소득의 확보, 여가활동계획의 수립 등과 같은 퇴직 이후의 생활에 대한 체계적이고 지속적인 준비가 선행되어야 한다. 그리고 퇴직 이후에도 만족스러운 은퇴생활을 영위하기 위한 노력을 지속적으로 기울여 나가야 한다. 먼저 가족관계와 관련하여 살펴보면, 은퇴 이후 부부간의 결혼만족도가 높아진다는 연구결과도 있지만 정반대의 연구결과도 있다. 특히 '소득은 반으로 줄고 수발은 배로 늘어나는 현상(twice the service and half the income)'을 극복할 수 있도록, 퇴직자 스스로는 수단적 역할과 표현적 역할 모두를 수행할 수 있어야 하며, 배우자와 성인자녀의 적극적인 지지가 요구된다(홍숙자, 2010). 그리고 퇴직에 따르는 상실감, 우울, 불안, 강박 등의 심리적 스트레스 극복을 위하여 퇴직을 인생의 전환사건 또는 '제2의 인생(second life)'으로 바라보고 이를 긍정적으로 수용해야 한다.

신체적 건강상태를 유지하기 위해서는 지속적인 운동과 체력관리, 영양관리, 정기 검진을 통해 적극적으로 질병을 예방하여야 하며, 질병에 걸렸을 경우에는 조기에 발견하여 적극적으로 치료하여야 한다. 그리고 퇴직 이후의 투자 실패, 생활비 부족 등에 대한 불안을 극복하기 위해서는 자녀에 대한 지원의 축소, 가계지출의 합리화, 그리고 환금성과 수익성이 좋은 금융상품을 중심으로 노후자금을 운용하되, 부동산이나 주식투자는 가능한 한 피하는 등의 효과적인 경제생활과 재정운용계획을 수립하여야 한다. 본인의 의사와 관계없이 강제로 연장된 여가시간을 효과적으로 활용하기 위해서는 퇴직 전의 여가활동에 대한 예비사회화가 필수적이다. 그렇지 못할 경우에는 사회관계망과의 교류를 유지하고 주변의 노인복지기관이나 평생교육기관에서 실시하는 여가활동이나 평생교육 프로그램에 적극적으로 참여하려는 의지를 가져야 한다.

4. 현행 퇴직제도의 현황과 문제

1) 퇴직의 유형

퇴직은 새로운 삶을 위한 기회가 될 수도 있지만 개인의 경제, 건강, 심리사회적 기능 수준에 심각한 위기를 초래할 수도 있다. 따라서 퇴직을 기회로 보는 근로자의 경우에는 자발적으로 퇴직을 선택할 가능성이 높지만, 퇴직을 위기로 보는 경우에는 비자발적 퇴직, 즉 정년퇴직을 선택하고자 한다. 이와 같이 퇴직의 종류에는 본인의 자유의사에 의해 선택하는 임의퇴직, 연금 수급연한이 되어 퇴직하는 자연퇴직, 그리고 능력에 관계없이 일정 연령에 도달하면 어쩔 수 없이 퇴직하는 강제퇴직이 있다.

우리나라의 경우 개인 사정에 의한 직업이나 직장의 이동을 제외하면 대부분의 기업체에서 강제퇴직제도를 채택하고 있다. 이러한 강제퇴직제도인 정년퇴직제도는 다시 단일정년제와 차등정년제로 나뉘며, 차등정년제는 다시 계급정년제, 직종정년제, 성별정년제로 구분된다. 먼저 단일정년제는 직급이나 직종, 성별에 관계없이 일률적으로 정년연령에 도달하면 퇴직하는 제도이며, 차등정년제는 계급(직급)이나 직종, 성별에 따라 정년연령을 차등적용하는 정년퇴직제도이다.

차등정년제 중에서 계급(직급)정년제는 서열적 직급에 따라 그 직종에 머물 수 있는 상한연령을 정하여 그 연령에 도달하면 퇴직하는 제도이다. 직종정년제는 직종별로 각기 다른 정년연령을 정하고 이 연령에 도달하게 될 경우 퇴직하는 제도이며, 성별정년제는 남녀에 따라 각기 다른 정년연령을 규정하여 퇴직하는 제도를 말한다. 계급정년제는 경찰, 군대조직에서 주로 활용되며, 성별정년제는 「남녀고용평등과 일·가정 양립 지원에 관한 법률」 제11조에 의거하여 남녀 간의 정년, 퇴직 및 해고 등에서의 차별을 금지하고 있지만 실제로는 결혼이나 자녀양육 등의 사유로 음성적인 차별이 행해지고 있는 실정이다.

2) 정년퇴직제도의 현상

우리나라의 정년퇴직제도는 민간부문과 공공부문 사이에 매우 큰 차이가 있다. 민간기업체의 경우 1970년대 이후의 급속한 산업화 과정을 거치면서 정년퇴직제도가 정착되었다. 민간기업체의 정년퇴직제도를 살펴보면, 대부분의 기업체에서 강제퇴직제도를 채택하고 있다. 고용노동부(2023. 6.)에서 상시 근로자 300인 이상 사업장 2,285개소를 대상으로 정년제 운용 현황을 조사한 바에 의하면, 85% 정도의 기업이 정년제를 도입하고 있었으며, 정년제의 유형별로는 단일정년제를 실시하는 경우가 89.4%이다. 2023년 현재 단일정년제 도입 사업장의 평균 정년은 61.2세로 2001년 이후 꾸준한 증가추세를 보이고 있다. 2013년 5월 「고용상 연령차별금지 및 고령자고용촉진에 관한 법률」에서 권고조항으로 되어 있던 정년을 "사업주는 근로자의 정년을 60세 이상으로 정하여야 한다."라는 의무조항으로 개정하였다. 이에 따라 상시 300명 이상의 근로자를 채용한 사업장, 공기업과 공공기관, 지방공사 등은 2016년 1월부터 정년을 60세로 연장하였으며, 2017년 1월부터는 300인 미만 사업장에도 적용되고 있다(www.law.go.kr).

이와 같이 정년연령은 꾸준하게 증가하고 있으나 1997년에 시작된 국제통화기금 관리체제 이후 민간기업에서 정리해고, 권고사직, 명예퇴직 등으로 정년연령 이전에 조기퇴직을 하는 기업이 늘어나면서 실질적 퇴직연령이 낮아지는 경향을 보이고 있다. 그리고 명예퇴직, 조기퇴직 신청자가 증가하고 있고, 명목상으로는 희망퇴직의 형태를 취하지만 실제로는 반강제적 해고를 당하는 사례가 증가하고 있다. 이처럼 노동시장에서의 정리해고, 권고사직, 명예퇴직 등으로 정년연령 이전의 조기퇴직자가 지속적으로 증가하고 있는 상황이다(이승호, 2024. 9.).

공공부문의 정년퇴직제도는 1963년 「국가공무원법」 개정으로 정착되었으며, 2008년 6월 「국가공무원법」의 개정으로 「경찰공무원법」 「소방공무원법」 등의 관련 법령이 개정되어 정년 연령은 직종이나 직급에 관계없이 60세로 단일화되었다(www.law.go.kr). 즉, 국가공무원, 지방공무원, 소방ㆍ경찰 등의 특수직 공무원, 기능직 공무원, 별정직 공무원의 정년 연령은 60세로 통일되었다. 다만, 경찰공무원과 소방공무원은 연령정년제와 함께 계급정년제를 보완적으로 운영하고 있다. 공무원 중에서 정년연령이 가장 높은 직종은 교육공무원으로서, 「교육공무원법」에 초ㆍ중ㆍ고등학교 교원의 정년은 62세, 대학교수의 경우는 65세로 규정되어 있다.

이러한 정년제도에 대해 근로자의 대부분은 정년 연장을 희망하고 있으나, 기업체에서는 기업효율성과 기업경쟁력을 저하한다는 이유로 일률적으로 정년을 연장하는 것에는 반대하는 경향이 강하다. 정부에서는 표면적으로는 사회보장비용 경감이라는 이점과 고령 인력 활용 촉진이라는 점에서는 정년 연장에 찬성하여 정년을 연장하기 위한 각종 조치를 취하고 있다. 하지만 실업률, 특히 청년실업률의 급증과 같은 사회적 분위기와 기업체의 거듭된 반대요구에 직면하여 정부는 정년 연장에 미온적이었으나, 생산연령인구 감소와 고령인력 활용에 대한 요구의 증가로 정년을 연장하는 법적ㆍ행정적 조치를 강구하기에 이르렀다.

3) 조기퇴직의 문제

고령사회에 진입한 우리 사회에서는 기대수명은 길어지는 반면, 은퇴연령은 매우 느리게 증가하는 현상이 나타나고 있다. 2023년 동아일보(2023. 10. 17.)에서 직장인을 대상으로 실시한 조사 결과를 살펴보면, 직장인이 실제로 체감하는 정년연령은 53.1세로 나타나 '사오정' '오륙도'라는 조기퇴직을 빗댄 은어가 과장된 것이 아니며, 사회적 조로(社會的 早老) 현상이 심각함을 알 수 있다.

이와 같이 중ㆍ장년기에 조기퇴직하게 되는 현상은 경기불황과 국제통화기금 관리체제 이후 보편화된 기업의 인력구조조정이 가장 주된 원인으로 알려져 있다. 하지만 생산 지식과 기술의 빠른 변화, 그리고 〈표 3-14〉에서 보는 바와 같이 이윤 추구를 목적으로 하는 기업체의 경우 조기퇴직에 따르는 이점은 많고 눈에 띄게 잃는 점은 없다는 조기퇴직에 따른 득실 계산도 주요 원인이 되고 있다.

근로자 개인 차원에서 보면, 자녀교육이나 자녀결혼 지원 등으로 인한 가계지출이 최고

조에 이르는 시점에서 조기퇴직을 당하게 될 경우 경제적으로 매우 큰 어려움을 겪을 수 있다. 그리고 조기퇴직한 중·장년층 근로자는 실질적인 노인이 되기까지는 아직 시간이 많이 남아 있는 '제3연령층(the third age)'으로서 재취업을 해야 한다. 그러나 조기퇴직자의 재취업은 개인의 노동능력보다는 노동시장 내의 임금수준, 근로조건 등에 의해 결정되는 경향이 강하기 때문에 개인의 노력만으로는 성공하기가 어렵다(김학주, 우경숙, 2004). 따라서 개인이 가진 직업적 경험과 노하우를 살리지 못하고 저임금 또는 비정규직 근로자로 전락하거나 취업포기자로 전락하여, 빈곤의 위험에 처할 가능성이 높다. 이러한 조기퇴직의 문제를 좀 더 거시적 차원에서 보면 인적 자원의 낭비일 뿐만 아니라 복지 등 사회비용의 증가를 초래하고, 이러한 사회비용은 기업이나 가족이 부담할 수밖에 없기 때문에 결국은 기업의 경쟁력을 약화하는 결과를 가져올 수 있다(박동석 외, 2003).

이러한 조기퇴직의 일반화와 그 부정적 파급효과로 인하여 개인, 가족, 국가적 차원에서 조기퇴직의 문제를 해결하기 위하여 적극적으로 노력해야 한다. 먼저 근로자 개인 차원에서는 조기퇴직을 제2 또는 제3의 직업전환기로 수용하고 적극적으로 창업이나 재취업 등의 방안을 모색해야 하며, 가족생활이나 사회관계에서 주변적 지위나 역할로 밀려나기보다는 적극적으로 참여하는 자세가 필요하다.

조기퇴직자의 가족은 조기퇴직자의 원만한 역할 전환을 위해 서로 지지해야 하고 부부관계에서는 양성적 역할의 공유가 필요하며, 조기퇴직자의 직업적 재사회화를 위하여 재정 및 정서적 지지를 제공하고 가족결속력을 강화해야 한다. 그리고 국가적 차원에서는 기대수명

표 3-14 조기퇴직 당사자의 이해득실

관련 당사자	이점	단점
근로자	• 연금의 조기 수급에 따른 노후 여가의 연장 • 젊은 실업자를 위해 일자리를 양보하는 도덕적 만족감 • 만성적 실업의 위협에서 해방	• 노후소득보장체계의 미성숙으로 인한 경제적 애로 • 자기무용감, 정체감 상실 위기
기업	• 인사활력의 제고에 따른 인력구조의 연소화 • 생산성 제고 및 인건비 절감 • 인력수요를 경기변동과 기술의 진보에 맞게 조절 가능함	• 특별한 단점 없음
정부	• 실업률 저하를 통한 정치적 부담 완화 • 정당의 정치적 지지도 제고 및 이에 따른 정치적 안정	• 조기 연금 수급자 증가로 인한 사회보장비용 증가

자료: 홍숙자(2010). 노년학 개론(개정판). 서울: 도서출판 하우.

이 늘어나는 만큼 기대 근로연수도 늘어나는 점을 반영하여, 생산적 고령화시스템을 구축해야 한다. 이를 위해「고용상 연령차별금지 및 고령자고용촉진법」의 엄격한 시행과 기업체의 적극적인 정년연장정책을 지원하며, 고령자를 위한 다양한 일자리를 창출하고 고령자의 고용을 촉진할 수 있는 다양한 대책을 마련하여 적극적으로 시행해야 한다.

4) 퇴직제도의 문제점

정년퇴직제도는 임금근로자에게 보편화된 현상이며, 평생직장 또는 정년퇴직이란 용어 자체가 지니는 의미가 퇴색될 정도로 조기퇴직의 경향이 강해지고 있다. 이러한 사회 현상이 초래되는 이유는 매우 다양하겠지만, 여기서는 정년퇴직제도의 문제점에 국한하여 논의해 보고자 한다.

첫째, 정년연령의 절대적 수준이 낮다. 우리나라에 정년퇴직제도가 도입된 1960년대 초반부터 현재까지 기대수명은 32세 정도 증가하여 84세 이상에 이르고 있지만, 기업체의 평균 정년연령은 61세 정도에 머물러 있고 고령자의 재취업기회 또한 매우 제한되어 있는 실정이다. 따라서 60대 초반부터 '사회적 노인'으로 전락하여 사회에서 분리된 채 특별히 하는 일 없이 긴 노년기를 보내야 하는 상황에 처하게 된다. 이렇게 될 경우 퇴직자 개인의 경제사회적 생활의 문제는 물론 생산연령인구의 조세와 부양에 대한 부담이 증가한다. 그리고 국가적 차원에서는 노동력 부족, 생산성 저하, 사회복지비용의 증가와 같은 사회적 손실을 초래하게 될 것이다.

둘째, 퇴직 이후의 소득보장에 대한 고려를 하지 않는다. 우리나라의 정년퇴직제도는 비자발적 강제퇴직이 주류를 이루고 있기 때문에 근로자 개인이나 가족의 경제사정은 정년퇴직에서 고려 대상이 되지 못한다. 그러나 생활주기상 50대 후반과 60대 초반은 자녀교육이나 결혼자금의 지원 등으로 인하여 가계지출이 최대화되는 시점이므로 퇴직으로 인한 수입 격감은 가족의 경제적 어려움을 유발하게 된다. 그리고 퇴직연령과 국민연금 수급연령 사이에 간격이 존재하고, 설령 연금 수급권자라고 하더라도 연금액의 소득대체율이 낮은 관계로 경제적 어려움은 가중될 수밖에 없다. 정년퇴직이 아닌 조기퇴직의 경우에는 근로자 개인과 가족의 경제적 어려움은 더욱 커지고 국가의 연금재정에 대한 부담 또한 더욱 높아질 것이다.

셋째, 성별, 직급 등에 따른 차별적 정년연령이 엄존하고 있다. 민간기업에서 단일정년제를 도입한 기업이 90% 정도에 이르고 있고, 공무원의 정년연령의 기준이 60세로 단일화됨으로써 이전에 비하여 직종, 직급에 따른 차별적 정년제도는 많이 완화되었다. 하지만 직급과 직종에 따른 차등정년제를 실시하는 민간기업이 상존하고 있으며, 소방공무원, 경찰공무원, 군인의 경우 연령정년제와 함께 계급정년제를 동시에 운영하고 있다. 그러나 직종, 직급(계급)에 따른 차등적 정년연령을 설정한 기준의 타당성과 합리성이 매우 낮다는 문제점이 있다. 뿐만 아니라 「남녀고용평등과 일·가정 양립 지원에 관한 법률」에 의거하여 성에 따른 차별적 정년제도를 금지하고 있지만, 여성 근로자의 경우 결혼과 임신은 곧 퇴직을 의미한다는 얘기가 있을 정도로 성에 따른 고용차별은 심각한 실정이다. 이와 같이 비공식 성별 차등정년제의 엄존으로 인하여 여성의 노동권과 생존권이 심각하게 침해되고 있는 것이 현재의 퇴직제도가 지닌 문제점이다.

넷째, 퇴직 이후의 재고용, 재취업을 위한 제도적 장치가 미흡하다. 중·고령 퇴직자의 경우 실질적인 노년기가 되기 전까지 재취업을 해야 하지만 재취업의 기회는 매우 제한되어 있다. 물론 국가에서 중·고령자 재취업을 위한 다양한 정책을 실시하고 있지만, 기업체의 입장에서는 중·고령자 고용에 따른 정부 지원을 받기보다는 젊은 노동력의 높은 생산성에 더 큰 가치를 두기 때문에 실질적인 정책효과를 나타내지 못하고 있다.

5) 퇴직제도의 개선방안

기대수명이 연장되고 있고 노후소득보장체계가 완비되지 않은 우리나라의 현실을 감안할 때 정년퇴직제도의 문제점을 개선하는 것은 노동 및 사회복지의 주요 과제이다. 이에 정부에서는 '저출산·고령사회 기본계획' 중의 하나로 고용 및 인력 관련 정책과제를 추진하고 '고령자 고용촉진 기본계획'을 추진함으로써 중·고령자의 고용안정을 도모하고자 노력하고 있다. 국가에서 제시한 정년 연장을 비롯한 중·고령자의 고용안정을 위한 정책과제와 기존 연구에 나타난 정년퇴직제도의 개선방안 등을 종합하여, 현행 정년퇴직제도에서 개선하여야 할 과제를 제시하면 다음과 같다.

첫째, 정년연령을 지속적으로 연장해야 한다. 「고용상 연령차별 금지 및 고령자 고용촉진에 관한 법률」의 개정으로 60세 정년이 의무화되었지만, 장기적으로는 65세까지 연장해 나가고, 더 나아가 정년제 폐지를 적극 검토해야 한다. 하지만 2030년에 기대수명이 85.5세에 이르는 점과 희망근로 연령이 73.3세인 점(통계청, 2024. 5.)을 감안하면, 미국과 영국처럼 정년제를 폐지하거나 일본처럼 65세까지 고용확보조치를 의무화하는 것과 같은 좀 더 적극적인 정년제도의 개선방안 모색이 필요하다.

둘째, 직종, 직급 및 성별 차등제도를 개선해야 한다. 현재 일부 민간기업과 공공부문에서 동일한 업무를 수행하면서도 직급이나 직종에 따라 차등 정년연령기준을 적용하고 있으나, 이러한 기준의 형평성과 타당성에 문제가 제기되고 있는 만큼 보다 타당한 정년연령기준을 설정할 필요가 있다. 또한 현행의 연공서열형 임금구조는 직급이 높아질수록 임금이 자동

상승하는 제도이므로 직급이 높아진 중·고령 근로자 중 일부는 무사안일주의로 인한 생산성 저하를 우려한 기업체로부터 권고사직이나 명예퇴직 등의 압력을 받는 등 조기퇴직 문제를 겪고 있다. 이에 정조원(2017)은 연공서열형 임금체계를 성과급, 능률급, 직무급으로 개편하여 연공서열형 임금구조의 문제점을 개선하자는 제안을 하고 있다. 실제로 금융계에서는 순환보직제를 폐지하고 개인의 능력과 전문성에 따른 성과급제도를 도입하여 실시하고 있다. 그리고 성에 따른 차별을 개선하기 위해서는 비공식 성차별 정년제도를 실시하는 기업체에 대한 더욱 엄격한 법 적용이 이루어져야 한다.

셋째, 일정 연령까지는 일률정년제를 적용하고 이후부터 일정 기간 동안 조건부 정년기간을 설정하는 부분 정년제도를 도입해야 한다. 이러한 부분 정년제도의 도입방안으로 현재 실시되고 있는 방안은 임금피크제(salary peak)이다. 임금피크제는 일정 연령에 도달한 근로자의 임금을 삭감하는 대신 정년까지 고용을 보장하거나, 정년을 연장하거나 또는 고용을 연장해 주는 제도이다. 그러나 이 제도는 근로자의 실적을 평가해 실적이 저조한 근로자를 임금삭감이나 퇴출 등의 방식으로 정리할 수 있다는 점에서 정년보장보다는 인력구조조정의 성격이 더 강하다고 할 수 있으며, 노사 양측의 반발이 크다는 문제점을 안고 있다. 이러한 임금피크제의 한계를 보완하기 위해 정부에서는 정년연장형 임금피크제의 도입을 적극적으로 추진하고 있으며, 2006년부터 임금피크제 지원금 제도를 시행하고 있다.

넷째, 정년퇴직 후 재고용제도를 확대해야 한다. 노후소득보장체계가 완비되지 않은 상황에서 50대 후반이나 60대 초반에 정년퇴직을 하게 되면 10년 이상을 특별히 하는 일 없이 여가시간으로 보내게 됨으로써 노년기 삶의 질적 수준은 낮아질 것이 분명하다. 그리고 국가적 차원에서는 노인복지나 의료비 등에 대한 비용부담이 가중될 것이다. 따라서 퇴직 후의 반일근무제, 격일근무제, 주 4일근무제 등 다양한 형태의 재고용제도가 마련되어야 한다. 이와 관련하여, 정년퇴직자를 대상으로 정년 이전에 3~4년 동안 임금을 삭감하는 대신 정년퇴직 후 3~4년 동안 수행 가능한 업무를 기업이 제시하고 근로자와 협의하여 이루어지는 '-3 & +3 또는 -4 & +4 임금피크제'는 퇴직 후의 재고용을 촉진할 수 있을 것이다. 그리고 이와 유사한 형태로 정부에서 추진하고 있는 일정 연령 이후 근로자의 고용이나 정년 이후 재고용 근로자에 대한 재고용지원금 제도 역시 퇴직 후 재고용을 촉진할 수 있을 것이다.

다섯째, 노인을 포함한 고령자를 위한 평생직업능력 개발을 강화해야 한다. 국가에서는 중·고령 근로자의 자발적 직업훈련에 대한 지원, 기업의 인적 자원 개발 투자 촉진 유도, 이·전직 근로자의 전직지원장려금 등을 통하여 중·고령근로자의 능력개발을 촉진하고 있다. 이러한 퇴직근로자에 대한 능력개발 지원이 활성화될 경우, 퇴직 후 재고용이나 다른 직종으로의 재취업이 좀 더 용이해짐으로써 장기적으로는 정년 연장의 효과를 얻을 수 있게 될 것이다.

여섯째, 은퇴준비교육 프로그램을 확대·실시해야 한다. 퇴직 예정자가 퇴직 이후에 겪게 되는 문제를 해결하고 성공적으로 퇴직생활에 적응할 수 있도록 돕는 퇴직준비교육은 그 필요성이 매우 높다. 실제로 한국행정연구원(2024)에 따르면 퇴직 후의 생활에 대한 준비를 하지 않은 은퇴자가 67% 정도에 이르며, 은퇴준비에 필요한 정보도 비전문적이고 수동적인 정보 채널에 의존하고 있는 것으로 나타났다. 현재 한국전력, 중앙공무원교육원, 포스코, KDB금융그룹 등에서는 퇴직준비교육을 활발하게 실시하고 있으나, 대부분의 기업에서는 체계적인 퇴직준비교육을 실시하지 않고 있는 실정이다. 퇴직준비교육은 퇴직 후의 생활에 필요한 정보와 지식을 제공하여 효과적인 퇴직 준비를 시킬 목적에서 실시되는 것으로 교육내용은 재정, 건강, 인간관계, 여가활동, 사회참여, 퇴직과 노후생활에 대한 태도, 주택, 법률지식, 노인복지서비스 정보를 포함하여야 한다. 그리고 실시 시기와 기간은 퇴직 전 1~2년 전에 장기 프로그램으로는 주 1회 3개월, 단기 프로그램으로는 2주간 실시할 수 있다. 그러나 퇴직 예정자뿐만 아니라 노인복지 전문인력이나 젊은 근로자에게도 퇴직준비교육을 실시해야 한다. 퇴직준비교육은 기업 자체적으로 실시하는 것이 바람직하며 상담, 강의, 토의, 현장 견학 및 실습의 방법을 혼용하는 것이 바람직하다.

일곱째, 퇴직자 가족생활 적응지원 프로그램을 실시해야 한다. 퇴직제도의 개선방안은 주로 근로자의 고용기회 확대와 고용안정에만 치중되어 있는 경우가 대부분이다. 하지만 퇴직자와 그 가족이 안정적인 가족생활을 유지할 수 있도록 다양한 주거복지 또는 가족복지 프로그램도 병행하여 실시하여야 한다.

📖 생각해 보아야 할 문제

1. 노후소득보장에 대한 책임을 개인, 가족, 시장 또는 국가가 어떤 방식으로 분담하는 것이 좋을지에 대해 토론해 보시오.

2. 자신의 노후생활에 대한 계획을 수립해 보고, 그 계획에 따라 생활하고자 할 때 언제부터 어떤 준비가 이루어져야 하는지에 대해 심사숙고해 보시오.

3. 노년기가 되면 일에서 물러나 쉬는 것이 좋은지, 아니면 노년기에도 지속적으로 일을 하는 것이 좋은지를 분리이론과 활동이론에 근거하여 토론해 보시오.

4. 조기퇴직 현상의 확산으로 인하여 나타날 수 있는 사회적 파장과 이에 대한 대응방안을 모색해 보시오.

5. 청년실업과 노인 경제활동 참여 문제 모두 해결되어야 할 국가적 과제이지만 둘 중 한 가지 문제가 우선적으로 해결되어야 한다면 어떤 문제가 먼저 해결되어야 하며, 그렇게 되었을 경우 나타날 수 있는 사회적 영향과 일자리를 둘러싼 세대 간 갈등의 문제에 대해 토론해 보시오.

제**4**장

노년기의 건강과 돌봄

1. 건강과 질병의 개념

"건강을 잃으면 모든 것을 다 잃는 것이다."라는 말이 있듯이, 건강은 신체적 독립을 유지하고 개인의 일상생활을 영위하며, 삶의 목표를 추구하고 달성하는 데 필수 조건이다. 특히 노년기의 건강상태는 자립적이고 활기찬 노후생활을 유지하는 데 필수불가결한 요소이다. 이러한 건강은 일반적으로 사람이 살아가기 위해 필요한 필수 활동인 식사, 수면, 운동 등의 일상생활을 특별한 어려움 없이 스스로의 힘으로 수행할 수 있는 상태를 말하며 충분한 체력, 영양 및 에너지를 갖추고 신체 장기나 세포조직의 생리적 기능이 충분히 발휘되고 있는 상태를 의미한다(Robbins et al., 1997). 이와 같이 건강이라고 하면 신체상태에 초점을 맞추어 이해하려는 것이 일반적인 경향이다.

그러나 건강을 의미하는 영어의 'health'는 전체라는 의미를 지닌 'hale'에서 유래하였으며, 한문으로는 '신체적으로 튼튼하다.'라는 의미의 '건(健)'과 '마음이 편하고 걱정이 없다.'라는 의미의 '강(康)'이 합쳐진 용어이다. 이렇듯 건강의 개념은 신체적 측면에 국한되지 않고 인간의 생물적 측면, 심리적 측면, 사회적 측면 모두에서의 최적 상태를 의미한다. 이러한 건강의 종합적 측면을 반영하여 세계보건기구(www.who.int) 헌장 전문에서는 건강을 "단순히 허약성이나 질병이 없는 상태가 아니라 신체적·심리적·사회적으로 완전한 안녕상태(well-being)"라고 정의하고 있다. 이와 같이 건강이란 질병이 없는 상태라는 소극적 의미가 아니라 인간 생활의 모든 측면에서의 안녕상태를 의미하는 적극적인 개념이다.

이러한 건강은 최고의 안녕상태(health)와 죽음이나 최악의 건강상태(illness)를 양극단으로 하는 하나의 연속적 개념으로 이해되어야 한다. 그리고 어떤 관점에서 규정하는가에 따라 건강의 의미가 달라질 수 있다. 의학적 측면에서 보면, 건강은 질병, 증상, 장애가 없는 상태라 할 수 있다. 사회적 역할 수행상의 측면에서 보면, 자신의 지위에 따르는 일상 역할을 수행하는 데 어려움이 없는 상태라 할 수 있다. 그리고 개인-환경 간의 상호작용 측면에서 보면, 환경의 스트레스에 융통성 있게 적응해 가는 것이라 할 수 있으며, 행복론 측면에서 보면 전반적인 안녕상태와 자기실현의 목표를 달성할 수 있는 능력으로 이해될 수 있다.

이러한 건강을 결정하는 요인을 살펴보면 유전적 소인, 건강습관과 생활양식, 환경요인, 그리고 보건의료서비스의 이용 등 매우 다양하다. 노년기에는 이러한 요인과 노화과정이 복합적으로 작용하여 개인의 생물적·심리적·사회적 기능수준을 저하할 뿐만 아니라 개인 내·외부의 위험인자가 개입하게 되면 정상적 노화과정은 병리적 노화과정으로 변화되고, 그 결과 다양한 질병을 유발하게 된다(제2장 [그림 2-1] 참조). 이때 질병이라 함은 '역행 또는 회피가 가능한 생물적 불균형 상태'를 의미한다. 즉, 질병을 '생물적 기계의 고장 또는 일탈'로 규정한다. 그러나 이와 같은 생물적 환원주의 또는 기계론적 모형에 입각하여 질병을 개념 정의할 경우 질병의 범위를 지나치게 좁게 규정할 수 있으므로 개인의 주관적 수준에서 평가한 질병이나 건강에도 관심을 기울여야 한다는 주장이 의학계에서 제기되고 있다.

특히 노년기에는 개인의 주관적 평가에 의한 건강과 질병의 판단이 매우 의미 있는 것으로 알려져 있다. 일반적으로 질병이나 건강을 파악하는 방법은 의사 등의 전문가에 의한 객관적인 진단과 개인의 주관적 판단에 의한 평가가 있다. 먼저 의사에 의한 객관적 진단과 판정은 질병의 유무를 판정하는 데는 매우 효과적이지만 개인의 생물적·심리적·사회적 기능 전반에 대한 정확한 평가는 이루어지기 어렵다. 이에 반해 개인의 주관적 판단에 의한 건강과 질병의 평가는 객관적 기준에 의한 질병 유무에 관계없이 개인의 전반적인 기능수준, 즉 일상생활 능력을 평가하는 방법으로서 객관성은 결여되지만 개인의 기능수준을 파악하는 데는 매우 유용하다. 이 두 가지 방법 중 질병 유무에 의한 건강 평가는 질병의 치료와 예방에 매우 효과적이며, 개인의 주관적 판단에 의한 기능평가는 사회적인 측면에서 매우 의의가 크다. 특히 일상생활에서 노인이 날씨가 흐리거나 비가 오기 전에 허리나 다리가 아프다고 호소하는 경우가 많은 것을 보면, 의사에 의한 객관적 진단과 개인의 주관적 건강 평가가 상당 부분 일치하는 것을 볼 수 있다. 노년기에는 의사에 의한 질병 유무의 판정보다는 삶의 질을 결정하는 개인의 주관적 기능수준 평가가 더욱 의미를 지니는 경우도 있다. 이처럼 건강이나 질병의 평가는 객관적 방법과 주관적 방법 모두 의미가 있으므로, 노인의 건강을 평가할 때 이 두 가지 평가방법을 동시에 활용하는 것이 도움이 된다.

2. 노인성 질환의 특성

노인은 다른 연령층의 사람들과 다른 특성을 지니고 있을 뿐만 아니라 노인집단 내부에서의 개인차도 매우 크기 때문에 의학적인 측면에서도 노인환자가 보이는 특성은 매우 다양하다. 따라서 우선 노인환자의 특성을 정확히 이해하는 것이 필수적인데, 노인환자가 지니고 있는 생리적 · 병리적 · 임상적 특성을 구체적으로 살펴보면 다음과 같다(유형준, 1999).

① 특정 질병과 위험인자 사이의 관련성이 약하다.
② 특정 질병에 수반되는 증상이 없거나 비전형적인 경우가 많다.
③ 생활력, 병력, 경제형편, 일상생활 동작능력 등에 따라 개인차가 크다
④ 동시에 여러 가지 질병, 즉 다장기질환(多臟器疾患)을 가진 경우가 많다.
⑤ 의식장애나 정신장애를 일으키기 쉽다.
⑥ 수분과 전해질의 균형, 즉 항상성을 유지하기가 어렵다.
⑦ 사회적으로 소외되거나 경제적 생활이 어려운 경향이 있다.
⑧ 체력과 예비능력이 위축되어 있는 경우가 많다.
⑨ 정상적 노화와 병리적 노화를 정확하게 구분하기 어렵다.

이와 같은 특성을 지닌 노인환자의 진단과 치료과정에서 나타나는 특징적인 현상을 살펴보면 다음과 같다(유형준, 1999).

① 기억감퇴, 언어적 표현능력의 제한 등으로 병력의 청취가 어려워 진단과 치료가 어렵다.
② 노인환자의 검사결과는 젊은 환자와의 차이는 물론 개인의 생활력, 병력, 경제형편 등에 따라서 개인차가 크다.
③ 합병증을 동반하기 쉽다.
④ 장기 치료와 간호가 필요하므로 입원기간이 길다.
⑤ 의학적 치료에 대한 판단뿐만 아니라 삶의 질에 대한 판단 또한 매우 중요하다.
⑥ 와상(臥床, bed-ridden or chair-bound)환자가 될 가능성이 높다.

3. 노년기의 주요 질환

노년기에 이르면 다른 사람의 도움이나 보호가 필요한 건강 문제나 장애로 인하여 어려움을 당하는 경우가 증가하는데, 다음에서는 노년기에 빈번하게 나타나는 대표적인 질환에 대해 살펴보고자 한다.[1]

1) 순환 · 호흡기계 질환

노년기에는 혈관조직의 노화와 기능 저하, 심장비대와 기능 저하 등으로 인하여 고혈압, 동맥경화, 협심증 및 심근경색 등의 다양한 순환기계 질환을 앓게 될 가능성이 높아진다. 그리고 호흡기의 구조 및 기능적 변화로 인하여 다양한 호흡기계 질환을 앓을 가능성이 높아진다.

이러한 노년기에 앓기 쉬운 순환기계 질환과 호흡기계 질환 중에서 순환기계 질환인 고혈압, 동맥경화성 혈관질환, 심부전과 호흡기계 질환인 만성폐쇄성 폐질환에 대한 특성을 구체적으로 살펴보면 〈표 4-1〉과 같다.

표 4-1 고혈압 · 동맥경화성 혈관질환 · 심부전 · 만성폐쇄성 폐질환의 특성

고혈압	개념	• 수축기 혈압 140mmHg 이상, 이완기 혈압 90mmHg 이상
	원인	• 유전, 염분 과다섭취, 비만, 노화, 과음, 흡연, 스트레스, 피임약 복용 등의 환경요인
	증상 · 경과	• 두통, 뒷머리 부분이 뻐근하고 쉽게 피로, 신경예민, 가슴이 답답하고 숨이 참 • 자각 증상 없이 수년에서 수십 년에 걸쳐 진행되며 심장병, 뇌졸중, 신부전 등의 합병증을 일으킴
	예방 · 치료	• 규칙적인 운동, 식이요법, 체중관리, 스트레스 경감, 정기적 혈압체크, 항고혈압제 투여

1) '의학교육연수원(편)(1999). 노인의학. 서울: 서울대학교출판부'와 '대한노인의학 세부전문의위원회(2023). 노인의학. 고양: 의학출판사'를 주로 참조하였다.

동맥 경화성 혈관 질환	개념	• 혈관내벽에 지방질이 끼어 사지의 혈관이 좁아지거나 막히는 질환
	원인	• 고혈압, 당뇨병, 운동 부족, 스트레스, 비만, 흡연
	증상 · 경과	• 보행 시 통증, 관상동맥의 질환, 운동능력의 저하 • 자각 증상이 없고 심장 관상동맥, 목의 경동맥, 머리의 뇌동맥, 팔다리 등에 잘 생기고 심근경색이나 뇌졸중 등의 합병증을 일으킴
	예방 · 치료	• 혈관확장제 투여, 레이저를 이용한 혈관 노폐물 제거, 풍선카테터 삽입을 통 한 혈관확장술
심부전	개념	• 심장기능의 저하로 심박출량이 약해져 혈액을 내보내지 못하게 되어 나타나 는 증상
	원인	• 고혈압, 심장판막증, 선천성 심장질환, 심근경색, 갑상선 기능항진증, 폐경 색과 만성 폐질환, 동맥경화증, 부정맥, 요독증, 빈혈 등의 질환
	증상 · 경과	• 혈액이 부족한 부위에 따라 뇌의 산소 부족으로 인한 실신이나 발작, 호흡곤 란, 신장기능의 장애, 빈맥, 전신의 부종, 청색증 등
	예방 · 치료	• 강심제, 이뇨제, 스테로이드 등의 약물치료, 식이요법, 금연, 금주, 심장보조 장치, 인공심장, 심장이식수술
만성 폐쇄성 폐질환	개념	• 원인이 되는 폐질환이나 심장질환이 없이 기도폐쇄가 발생하여 기류의 속도 가 감소하는 질환으로서 만성(폐쇄성) 기관지염, 천식성 기관지염, 폐기종 등의 질환이 속함
	원인	• 흡연, 공해 등의 환경오염, 호흡기 감염증, 선천성 질환
	증상 · 경과	• 40대에서 만성적 기침, 호흡기 질환의 재발 등으로 나타나기 시작하며 기침, 가래, 운동 시 호흡곤란 등의 증상이 나타남
	예방 · 치료	• 항생제, 기관지 확장제, 부신피질 호르몬제, 거담제, 산소요법, 호흡재활치 료, 충분한 수분 섭취, 금연

2) 소화기계 · 신장 질환

노년기에는 치아결손, 타액과 위액 등의 소화효소 분비량 감소, 위 근육 약화 등으로 인하
여 소화기능이 감퇴하고 소장기능과 대장기능이 저하되어 각종 소화기계 질환을 앓게 될 위
험이 높아진다. 그리고 연령이 증가함에 따라 신장의 크기, 무게, 피질량 등이 감소하며 신
장혈관의 경화(硬化)현상이 나타남으로써 신장기능이 저하되어 다양한 신장질환을 앓게 될
가능성이 높아진다. 이러한 소화기계 질환과 신장질환 중에서 악성 위종양(위암), 대장암,
간암, 만성 신부전의 특성을 살펴보면 〈표 4-2〉와 같다.

표 4-2 악성 위종양·대장암·간암·만성 신부전의 특성

악성 위종양 (위암)	개념	• 위에서 생겨나 비정상적으로 성장하며, 다른 조직으로 침윤하거나 다른 장기로 전이되는 악성 종양
	원인	• 유전요인과 맵고 짠 음식, 불에 탄 음식 등의 섭취, 헬리코박터파이로리균 의 감염, 만성 위염, 무산성 악성 빈혈, 선종성 용종 등의 환경요인
	증상·경과	• 초기에는 특별한 증상이 없으며, 상복부 불쾌감이나 팽만감, 소화불량, 식 욕부진, 체중 감소, 복통, 구토, 연하곤란, 위장관 출혈
	예방·치료	• 위절제술, 항암화학치료, 방사선 치료
대장암	개념	• 대장종양의 하나로서 대장에서 비정상적으로 성장하며, 다른 조직으로 침 윤하거나 다른 장기로 전이되는 악성 종양
	원인	• 대장암의 가족력 등의 유전요인, 고지방 저섬유질 식사, 궤양성 대장염, 대장 용종, 흡연
	증상·경과	• 직장 출혈, 복부팽만감, 혈변, 변비나 설사의 교대와 같은 배변 습관의 변 화, 체중 감소, 황달, 뼈 통증 등의 증상이 있으며, 점막층에 국한된 경우에 서부터 점차 장막 침범, 림프절로까지 전이됨
	예방·치료	• 대장절제수술, 항암치료나 방사선 치료, 황산화제 함유 채소 섭취
간암	개념	• 간세포암으로서 간을 이루는 간세포에 생겨난 악성 종양
	원인	• 만성 간염, 간경변증, B형 및 C형 간염바이러스, 알코올 등
	증상·경과	• 초기에는 상복부 통증, 복부팽만감, 심한 피로감, 식욕부진, 소화불량 등 의 증상으로 시작하지만 진행될수록 간기능이 급격히 저하되며, 다른 장 기나 조직으로 전이됨
	예방·치료	• 간염백신 접종, 건전한 음주 습관의 유지, 간절제술, 간이식, 간동맥 화학 색전술 등으로 치료
만성 신부전	개념	• 여러 가지 신장질환으로 인하여 신장의 배설, 조절, 대사 및 내분비계 기 능이 전체적으로 저하되거나 이상이 생긴 상태
	원인	• 당뇨병, 고혈압, 만성 신장염 등이 있으며, 이 외에도 사구체신염, 다낭성 신질환, 신결석, 요로폐쇄, 신증후군, 신혈관질환이 있음
	증상·경과	• 요독증과 함께 소화기계, 신경계, 순환기계의 다양한 증상을 나타내며, 원 인질환이나 합병증 유무에 따라 정도의 차이는 있지만 신장기능이 지속적 으로 감소함
	예방·치료	• 단백섭취 제한 등의 식이요법, 내과적 질환의 치료, 외과적 수술

3) 근골격계 · 내분비계 질환

　노년기에는 근골격계의 변화로 인한 관절염, 골다공증 등의 질환과 신체 내부의 생화학적 및 생리적 변화로 인한 내분비계 질환을 앓을 위험성이 있다. 노년기에 앓기 쉬운 근골격계 질환인 관절염, 골다공증과 내분비계 질환인 당뇨병의 특성은 〈표 4-3〉과 같다.

표 4-3　관절염 · 골다공증 · 당뇨병의 특성

관절염	개념	• 관절을 둘러싼 조직이 퇴화하여 물렁뼈가 계속되는 마찰로 얇아지면서 뼈가 자극을 받아 나타나는 질병
	원인	• 100여 가지가 넘지만 연골의 퇴화가 가장 주된 원인임
	증상 · 경과	• 50세 이후 관절의 퇴화로 인하여 진행되며, 퇴행성 관절염은 무릎, 엉치, 경추, 요추 부위에 통증, 류머티즘성 관절염은 손목, 손가락, 발목, 팔꿈치에 좌우 대칭형 통증
	예방 · 치료	• 간단한 운동(맨손체조, 수영, 걷기), 자세교환, 작은 관절보다 큰 관절을 주로 이용하는 등의 예방 조치를 이용하고 약물치료, 지팡이, 보행기 등의 관절보호 조치, 수술 등으로 치료 • 퇴행성 관절염은 휴식하면 호전되지만 류머티즘성 관절염은 휴식하면 오히려 악화되며, 급성 관절염일 경우 냉찜질, 만성일 때는 온찜질 요법이 효과적임
골다공증	개념	• 골밀도가 낮아져 뼈에 구멍이 생기면서 작은 충격에도 쉽게 부서지거나 골절상을 입는 골격계 질환
	원인	• 폐경, 흡연, 음주, 활동 부족, 칼슘섭취 부족, 유전요인
	증상 · 경과	• 골조직의 미세 구조가 저하되고 대퇴부, 척추, 손목 부위의 골절 위험이 증가하며, 지속적으로 골밀도가 저하됨
	예방 · 치료	• 성장발육기에 다량의 칼슘을 섭취하고 골 표식자 검사를 정기적으로 받는 것이 예방에 도움이 되며, 근본적 치료가 어렵고 칼슘보충제 투여, 비타민D요법, 에스트로겐요법 및 운동요법을 병행하고 금연 및 절주하는 것이 도움이 됨
당뇨병	개념	• 췌장에서 분비되는 인슐린이 부족하거나 제대로 작용하지 못하여 혈액 속의 혈당이 에너지로 이용되지 않고 혈액 속에 쌓이면 고혈당이 유발되어 소변으로 당이 배설되면서 눈, 신장, 신경 및 혈관에 여러 가지 합병증을 유발하는 질병
	원인	• 고령, 비만, 스트레스, 약물, 유전요인
	증상 · 경과	• 인슐린 결핍에 의한 전형적인 증상은 다뇨(多尿), 다음(多飮), 다식(多食)이며, 특별한 자각 증상이 없으므로 5~10년 정도 방치하면 당뇨병 자체보다는 망막증, 신부전증, 관상동맥질환, 뇌졸중, 말초혈관질환, 족부궤양, 발기부전, 치매 등의 합병증을 유발
	예방 · 치료	• 예방법이 없으므로 유산소운동이 바람직하고 사탕, 청량음료 등의 단순 당질의 섭취를 피하며, 식이요법과 인슐린 주사 등으로 치료

4) 안 · 비뇨기계 질환

노년기에는 시각기능의 저하, 비뇨기계 기능의 저하 등으로 인하여 다양한 안질환과 비뇨기계 질환을 앓을 수 있다. 노년기에 많이 걸리게 되는 녹내장과 백내장이라는 안질환과 전립선비대증이라는 비뇨기계 질환의 특성을 살펴보면 〈표 4-4〉와 같다.

표 4-4 백내장 · 녹내장 · 전립선비대증의 특성

백내장	개념	• 수정체의 혼탁으로 인한 안질환
	원인	• 연령 증가, 안과적 외상, 전신질환, 안내염, 당뇨병
	증상 · 경과	• 안구혼탁의 진행과 시력의 저하는 반드시 일치하지 않지만 시력 감퇴, 복시(複視)현상, 근시가 증가함
	예방 · 치료	• 진행을 억제하기 위한 안과계 약물의 점안 등의 약물치료, 백내장 적출수술 등으로 치료하고 합병증이 없으면 시력이 회복되나, 실명에 이르는 경우도 있음
녹내장	개념	• 안압의 상승에 의한 시신경장애와 이에 동반되는 시기능장애
	원인	• 연령 증가, 안질환, 당뇨병, 고도근시 등
	증상 · 경과	• 자각 증상이 뚜렷하지 않으며 시야의 변화, 각막부종, 시력 감퇴 등의 증상이 나타남
	예방 · 치료	• 약물치료, 수술치료(레이저 절제술)를 통하여 시력을 회복할 수 있으나, 심한 경우 시력장애를 보임
전립선비대증	개념	• 남성의 방광 아래에 위치해 있으면서 정자보호기능을 하는 밤톨 크기의 조직인 전립선이 비대해짐으로써 요도를 압박하고 이로 인해 배뇨장애가 일어나는 현상
	원인	• 요도 주위의 전립선 세포의 과대 증식, 남성호르몬의 감소와 여성호르몬의 증가 등의 내분비계 변화
	증상 · 경과	• 50대부터 전립선이 비대해지는 변화가 생기는데, 이러한 변화로 인해 소변이 나오는 시간이 많이 걸리거나, 저절로 끊기거나, 힘없이 약하게 나오거나, 소변을 본 후에도 소변이 남아 있는 느낌이 들며, 소변을 참기 힘들고 소변 횟수도 증가함 • 지속적인 요로폐색에 의해 만성 요로폐색이 유발되고, 심하면 방광이 과대 팽창되어 방광기능의 회복이 불가능해질 수도 있으며, 드물게는 방광결석이나 방광게실 형성, 신기능장애를 초래하기도 함
	예방 · 치료	• 약물치료, 전립선 절제술, 전립선 풍선 확장술, 온열요법 등

5) 신경 · 정신 질환

노년기에는 중추신경계의 변화, 성격의 변화, 지속적 상실경험 등으로 인하여 각종 신경계 질환이나 정신질환을 앓게 될 가능성이 있다. 다음에서는 뇌졸중이라는 대표적 신경계 질환과 우울증과 섬망이라는 정신질환에 대해 살펴본다. 그리고 노년기의 대표적 정신질환인 치매에 대해서는 제5장에서 좀 더 상세히 논의한다.

표 4-5 뇌졸중·섬망·우울증의 특성

뇌졸중	개념	• 흔히 중풍(中風)이라 불리며, 뇌혈관에 순환장애가 일어나 갑자기 신체의 일부나 반신에 마비를 일으키고 때로는 의식장애를 동반하는 상태로 뇌출혈, 뇌혈전증, 뇌색전증이 있음
	원인	• 고혈압, 동맥경화증, 동맥경화성 심장병, 고지혈증, 당뇨병, 흡연, 부정맥 등으로, 노화에 따른 뇌위축과 뇌조직의 대사 감소, 동맥의 퇴행성 변화인지 확실치 않음
	증상 · 경과	• 갑작스럽게 발생하며, 뇌졸중의 유형에 따라 다양한 증상을 보이지만 일반적으로 어지럼증, 두통, 실신, 구토, 반신불수, 혼수, 편마비 또는 사지마비 등을 보이며, 심한 경우 치매나 사망에 이를 수 있음
	예방 · 치료	• 스트레스 관리를 통한 혈압관리, 적정 운동, 비만예방, 간염이나 고혈압 예방, 식이요법(저염식, 저설탕, 고단백 섬유질의 조절), 금주, 금연, 규칙적 생활습관, 갑작스러운 온도 변화의 억제 등으로 예방 • 급성기에는 절대 안정을 취하게 하고 항응고제, 항혈소판제제 등의 약물치료와 수술, 운동요법, 각종 재활치료를 실시
섬망	개념	• 급성으로 인지기능, 지각기능이 저하되고 말의 조리가 없어지며, 지리멸렬한 상태가 지속되는 기질성 정신장애
	원인	• 노령, 뇌질환, 각종 중독, 내분비장애, 스트레스 저항능력 감소, 시청각기능 감소, 급만성질환
	증상 · 경과	• 초기에는 두통, 피로감, 흥미상실, 지남력장애, 기억장애, 주의력 결핍, 지리멸렬, 망상, 우회증(말의 속도가 느려지고 알아듣지 못하는 언어의 사용), 환시 · 환각 · 환청
	예방 · 치료	• 기저의 요인 제거, 약물치료 및 안정

우울증	개념	• 자신에 대한 실망, 죄책감, 무가치감, 절망감, 초조, 불안, 수면장애, 인지 장애, 식욕장애, 흥미 결핍, 자살충동 등의 증상을 보이는 정신장애
	원인	• 뇌병변, 알코올, HIV, 신체 및 사회적 상실, 정년퇴직이나 배우자 사망 등에 의한 심리적 스트레스
	증상 · 경과	• 환자 스스로도 자신이 우울증에 걸렸다는 사실을 자각하지 못하거나 가족이나 친구 등 주위의 사람들도 '기운이 없는 것은 나이 탓이다, 노화가 진행된 것이다, 최근 많이 늙었다.'라고 생각하여 방치하는 경우가 많은데, 이런 경우 무가치감, 식욕부진, 수면장애 등의 증상과 함께 자살하는 경우도 발생함
	예방 · 치료	• 항우울제 등의 약물치료, 개인 및 집단 정신치료, 전기충격치료

4. 노년기의 질병 양상

노인의 건강상태를 유지하고 질병 치료와 재활을 지원하며, 일상생활 영위에 필요한 제반 서비스를 계획 · 실행하기 위해서는 노인 개개인에 대한 의학적 진단뿐만 아니라 일상생활상의 기능수준을 평가하여야 한다. 이에 다음에서는 질병 유무, 장애 유무, 사망원인에 대한 통계자료를 바탕으로 노인의 건강상태와 질병 양상을 살펴본다.

1) 만성질환 유병률

보건복지부와 한국보건사회연구원(2023)의 노인실태조사에 따르면, 65세 이상 노인 중에서 86.1%가 한 가지 이상의 만성질환을 앓고 있으며 2개 이상의 만성질환을 앓는 경우가 64% 정도였으며, 평균 만성질환의 수는 2.2개에 이르는 것으로 나타났다. 성별로는 여성노인의 유병률이 상대적으로 높았으며, 연령이 증가함에 따라 만성질환 유병률이 지속적으로 증가하여 80대 후반에는 92% 정도의 노인이 만성질환을 앓고 있는 것으로 나타났다. 그리고 도시지역 노인보다는 농촌지역 노인, 교육수준이 낮은 노인, 배우자와 사별한 노인, 독거노인, 소득수준이 낮은 노인의 만성질환 유병률이 상대적으로 높게 나타났다.

같은 조사에서 노인이 앓고 있는 만성질환별로 유병률을 살펴보면, 고혈압(59.5%), 고지혈증(28.9%), 당뇨병(27.7%), 관절염(16.2%), 골다공증(11.1%), 요통 · 좌골신경통(10.0%), 백내장(6.2%) 등의 순으로 나타났다. 그리고 단축형 노인 우울척도(Short form of Geriatric Depression Scale)를 사용하여 우울상태를 측정한 결과, 우울 증상을 보이는 노인은 11.3%인

표 4-6 노인의 만성질환 수   (단위: %, 개)

구분	없음	1개	2개	3개 이상	평균 질환 수
전체	13.9	22.1	28.0	35.9	2.2
남성	15.4	25.7	28.9	30.0	2.0
여성	12.8	19.3	27.3	40.6	2.3

자료: 보건복지부, 한국보건사회연구원(2023). 2023년도 노인실태조사.

것으로 나타났으며, 한국형 간이정신상태검사도구를 이용하여 측정한 결과 치매 위험이 높은 인지저하 노인이 24.6%였으며, 지난 1년간 낙상 경험이 있는 노인도 5.5%인 것으로 나타났다.

2) 질병의 치료와 수발

노인의 경우 만성질환을 앓고 있는 경우에도 의료비 부담, 질병상태에 대한 부적절한 주관적 판단 등으로 인하여 치료를 지연하거나 치료를 받지 않는 경향이 있다. 보건복지부와 한국보건사회연구원(2023)의 조사에 따르면, 유병노인의 대부분은 의사에게서 진단을 받고 있으나 질병의 치료 행태에 있어서는 큰 차이를 보이고 있다. 노인 중에서 3개월 이상 의사가 처방한 치료약을 복용하고 있는 경우는 84% 정도이며, 평균 2.0개 정도의 치료약을 복용하고 있다. 그리고 조사 시점을 기준으로 지난 1개월 동안 의료기관을 방문한 적이 있는 노인은 69%, 지난 1년간 병원에 입원한 경험이 있는 노인이 5% 정도이었다. 하지만 이러한 질병 치료 행태는 노인의 특성에 따라 차이를 보이는데, 여성노인, 농촌노인, 고령노인, 사별노인, 독거노인, 교육수준이 낮은 노인, 소득수준이 낮은 노인의 의료기관 이용률이 상대적으로 높았다.

노인이 만성질환을 앓는 것은 생로병사의 과정이므로 피할 수 없는 현실이라고 하더라도 만성질환에 걸렸을 때 간병과 수발을 받지 못하게 되면 질병의 악화는 물론 일상생활에 지장을 초래할 수 있다. 보건복지부와 한국보건사회연구원(2023)에 따르면, 노인은 실제로 노화와 만성질환 등으로 인하여 일상생활에 어려움을 경험하고 있는 것으로 나타났다. 질병이나 일상생활 동작능력의 제한으로 인하여 타인의 간병이나 수발이 필요한 노인은 19% 정도이며 이들 중 현재 수발을 받고 있는 노인은 47%, 그리고 수발을 받지 못하는 노인이 53% 정도인 것으로 나타났다. 성별로는 남성노인의 38%, 여성노인의 53% 정도가 수발을 받고 있는 것으로 나타나 차이를 보이고 있으며, 가구형태에 따라서는 부부가구 노인(38.1%)이 독거가구 노인(53.3%)과 자녀동거가구 노인(57.0%)에 비해 수발을 받는 비율이 상대적으로

특성	수발률	수발자*						
		가족원		친척, 이웃·친구·지인	개인간병인, 가사도우미	장기요양보험서비스	노인돌봄서비스	그 외 공적 돌봄서미스
		동거	비동거					
전체	47.2	49.6	49.5	20.0	11.0	30.7	4.7	4.5
남성	38.2	67.6	35.0	13.9	9.0	20.0	4.9	3.4
여성	53.4	40.7	52.1	23.0	11.9	36.0	4.6	5.0

표 4-7 노인의 간병 및 수발 실태 (단위: %)

* 주: 중복응답 비율임.

자료: 보건복지부, 한국보건사회연구원(2023). 2023년도 노인실태조사.

낮게 나타나 차이를 보이고 있다. 간병이나 수발 담당자는 가족성원인 경우가 일반적이지만, 노인장기요양보험제도의 방문요양서비스나 방문간호서비스 제공기관 등의 서비스 제공기관이나 노인맞춤돌봄서비스기관의 요양보호사나 생활지원사로부터 간병과 수발을 받는 비율이 높아지고 있다. 그럼에도 간병이나 수발을 담당하는 가족성원은 대부분이 여성 배우자, 며느리, 딸 등으로 나타났다. 이들 여성 가족성원의 경우 가사, 자녀교육과 양육, 직업활동 등의 역할에 간병·수발자로서의 역할이 추가됨으로써, 이들의 부양부담[2]이 가중될 위험이 높다. 특히 최근 들어서는 동일 세대에 속해 있는 여성노인 배우자가 남성노인 배우자를 간병·수발하거나, 2세대 노인이 1세대 노인을 간병·수발하는 경우가 늘어나고 있어, 여성 노인 간병·수발자의 부양부담이 중요한 문제로 부각되고 있다.

이와 같이 노인이 앓고 있는 만성질환에 대한 적절한 치료와 간호, 수발이 이루어지지 못함으로써 상당수의 노인은 일상생활에 지장을 받고 있는 것으로 나타났다. 보건복지부와 한국보건사회연구원(2023)에 따르면 19% 정도의 노인이 질병이나 일상생활 동작능력의 제한으로 일상생활에 많은 어려움을 겪고 있었다.

3) 장애와 사망원인

우리나라 전체 인구의 장애출현율을 파악하기 위한 마지막 장애인실태조사는 2017년에 이루어졌으며, 그 이후로는 등록장애인만을 대상으로 조사를 실시하고 있다. 2017년 전체 인구의 장애출현율은 5.12%인 반면 65세 이상 노인의 장애출현율은 18.00%로 나타났었다(보건복지부, 한국보건사회연구원, 2017. 11.). 2023년 현재 등록장애인 인구는 264만 6,922명

---

2) 노인 부양에 따르는 가족의 부담에 대해서는 '제5장 치매의 이해'에서 좀 더 상세히 다룬다.

이며, 이 중 65세 이상 노인 장애인이 54.3%를 차지하고 있으며, 50세 이상 장년기와 노년기에 장애가 발생한 비율이 증가하면서 노인 장애인의 수와 그 비율이 점진적으로 증가하고 있는 실정이다(보건복지부, 한국보건사회연구원, 2024. 4.). 이와 별도로 보건복지부와 한국보건사회연구원(2023)이 실시한 노인실태조사에 따르면, 노인의 4.0%가 장애판정을 받았으며, 장애 판정을 받은 노인 중 장애정도가 심한 장애(1~3등급)가 있는 노인은 22.1%, 장애의 정도가 심하지 않은 장애(4~6등급)가 있는 노인은 77.9%로 나타났다. 그리고 장애유형별로는 지체장애가 55.9%로 가장 많았으며, 다음으로 청각장애(19.7%), 시각장애(10.1%), 뇌병변장애(5.2%), 신장장애(2.9%), 심장장애(2.0%), 뇌전증장애(1.5%), 언어장애(0.9%), 호흡기장애(0.9%), 정신장애(0.6%), 지적장애(0.1%), 안면장애(0.1%) 등으로 나타났다.

　노인 사망자의 사망원인을 분석한 자료(통계청, 2024. 10.)에 따르면, 사망원인 1위는 악성신생물로서 노인인구 10만 명당 사망률은 23명이었으며, 그다음이 심장질환, 폐렴, 뇌혈관질환, 알츠하이머병, 당뇨병 등의 순이었다. 성별로는 남성 노인의 경우에는 악성신생물, 폐렴, 심장질환, 뇌혈관질환, 당뇨병 등의 순인 반면 여성 노인은 악성신생물, 심장질환, 폐렴, 뇌혈관질환, 알츠하이머병 등의 순으로 사망률이 높게 나타나고 있다.

표 4-8　성별 노인인구의 사망순위　　(단위: 10만 명당 명)

순위	노인인구		남성		여성	
	사망원인	사망률	사망원인	사망률	사망원인	사망률
1	악성신생물	23.0	악성신생물	28.0	악성신생물	17.0
2	심장질환	10.0	폐렴	10.0	심장질환	11.0
3	폐렴	10.0	심장질환	9.0	폐렴	9.0
4	뇌혈관질환	7.0	뇌혈관질환	7.0	뇌혈관질환	8.0
5	알츠하이머병	4.0	당뇨병	3.0	알츠하이머병	5.0
6	당뇨병	3.0	만성하기도질환	3.0	고혈압성질환	4.0
7	고혈압성질환	3.0	코로나19	3.0	당뇨병	3.0
8	패혈증	3.0	알츠하이머병	2.0	패혈증	3.0
9	코로나19	2.0	패혈증	2.0	코로나19	2.0
10	만성하기도질환	2.0	고의적 자해(자살)	2.0	만성하기도질환	1.0

자료: 통계청(2024. 10.). 2023년 사망원인통계연보.

5. 일상생활 동작능력

1) 개념과 측정

일상생활 동작능력(Activity of Daily Living: ADL)이란 개인의 자기유지(self-maintenance)와 독립적인 지역사회활동을 하는 데 필요한 활동을 의미한다. Katz(1983)는 이동성(mobility), 기본적인 개인보호과업과 관련된 활동(basic ADL), 수단적 일상생활 동작능력(instrumental ADL)으로 구분하고 있으며, Barthel은 신체적 일상생활 동작능력(physical ADL)과 수단적 일상생활 동작능력(IADL)으로 구분하고 있다(Mahoney & Barthel, 1965). 그리고 미국 노인연구 · 서비스(OARS) 프로젝트에서는 노인의 일상생활 동작능력을, ① 화장실 이용, 옷 입기, 식사, 체위 변경, 용모 단장 등의 기본적 자기보호활동, ② 목욕, 보행, 가사, 식사 준비, 쇼핑, 외출 등의 중간적 자기보호활동, 그리고 ③ 자금관리, 전화 사용, 투약 등의 복잡한 자기관리활동으로 구분하고 있다(Fillenbaum, 2001).

우리나라의 노인장기요양보험제도의 장기요양인정조사에서 신체기능, 즉 일상생활 동작능력을 측정하기 위한 항목으로 〈표 4-9〉에서 보는 바와 같이 옷 벗고 입기, 세수하기, 양치질하기, 목욕하기, 식사하기, 체위 변경하기, 일어나 앉기, 옮겨 앉기, 방 밖으로 나오기, 화장실 사용하기, 대변 조절하기, 소변 조절하기, 머리 감기의 13개 항목을 포함하고 있다. 그리고 사회생활을 하는 데 필요한 수단적 일상생활 기능을 평가하기 위해서는 집안일 하기, 식사 준비하기, 빨래하기, 금전관리, 물건 사기, 전화 사용하기, 교통수단 이용하기, 근거리 외출하기, 몸단장하기, 약 챙겨 먹기라는 10개 항목을 완전 자립, 부분 도움, 완전 도움 등으로 평가한다.

이와 같이 일상생활 동작능력의 개념 규정은 학자마다 다르긴 하지만 일반적으로 신체적 일상생활 동작능력(PADL)과 수단적 일상생활 동작능력(IADL)을 포함하는 개념으로 규정한다. 이때 신체적 일상생활 동작능력은 개인위생, 옷 입기, 식사하기, 화장실 이용, 보행능력 등의 기본적인 자기관리능력을 의미하며, 수단적 일상생활 동작능력은 외출 및 대중교통 이용, 은행 및 관공서 이용, 사회적 관심 등의 독립적 생활을 영위하는 데 필요한 도구적 활동능력을 의미한다.

이러한 일상생활 동작능력은 만성질환 유무와 함께 건강상태를 평가하는 주요한 지표가 되고 있으며, 특히 노인의 자립적 생활능력을 평가한다는 점에서는 만성질환보다 더 중요한 의미를 지닌다고 할 수 있다. 이러한 일상생활 동작능력을 평가하는 데는 Katz 척도, Barthel 척도 등을 비롯하여 매우 다양한 척도가 있다. 그중에서 〈표 4-10〉에 제시된

표 4-9 장기요양인정조사표상의 일상생활 동작능력 평가도구

구분	항목	기능 자립 정도		
		완전 자립	부분 도움	완전 도움
신체기능 (기본적 일상생활 기능)	옷 벗고 입기			
	세수하기			
	양치질하기			
	목욕하기			
	식사하기			
	체위 변경하기			
	일어나 앉기			
	옮겨 앉기			
	방 밖으로 나오기			
	화장실 사용하기			
	대변 조절하기			
	소변 조절하기			
	머리 감기			
사회생활 (수단적 일상생활) 기능	집안일 하기			
	식사 준비하기			
	빨래하기			
	금전 관리			
	물건 사기			
	전화 사용하기			
	교통수단 이용하기			
	근거리 외출하기			
	몸 단장하기			
	약 챙겨 먹기			

* 주: 최근 한 달간의 상황을 종합하여 일상생활에서 타인의 도움을 받는 정도를 평가

자료: 노인장기요양보험제도(www.longtermcare. or.kr) 서식자료실.

Barthel 척도는 신체 및 수단적 일상생활 동작능력 각각의 수행능력을 평가할 수 있을 뿐만 아니라 개인의 전반적인 독립-의존수준을 평가할 수 있으므로 장애인이나 노인복지 실천 현장과 학술연구에 매우 유용하게 사용될 수 있을 것이다.

표 4-10 Barthel 척도(Modified Barthel Index: MBI)

기능		스스로 할 수 있다	남의 도움이 필요하다	남이 전부 해 준다
PADL	컵으로 물 마시기	4	0	0
	식사하기	6	0	0
	옷 갈아입기	5	3	0
	용모 단장, 머리 빗기	2	0	0
	침구정돈, 세탁물 정리	4	2(둘 중 하나)	0
	양치질하기	4	2	0
	세수하기	4	2	0
	목욕하기	6	2	0
	소변 보기	10	5(가끔 실금)	0(조절 못함)
	대변 보기	10	5(가끔 실금)	0(조절 못함)
	체위 변경	8	4	0
	앉고 일어서기	3	1(혼자 앉음)	0
	보행능력(평지 50m 걷기)	8	4	0(기동 못함)
	소계			/76점
IADL	대중교통 이용	4	2	0
	돈 계산능력, 은행 이용	4	2(둘 중 하나)	0
	외출능력	4	2	0
	공공기관 이용	4	0	0
	신문 읽기	4	2	0
	전화 걸기	4	0	0
	소계			/24점
합산 점수				/100점
판정	0~20점	전적인 의존(totally dependent: TD)		
	21~60점	심한 의존(severely dependent: SD)		
	61~90점	중도 의존(moderately dependent: MD)		
	91~99점	약한 의존(slightly dependent: LD)		
	100점	독립(independent: ID)		

2) 일상생활 동작능력의 수준

우리나라 노인의 일상생활 동작능력 수행수준을 〈표 4-11〉에서 살펴보면, 옷 갈아입기 등의 신체적 일상생활 동작은 최저 94% 이상이 다른 사람의 도움을 전혀 받지 않고 스스로 수행할 수 있는 것으로 나타났다. 그러나 식사 준비, 교통수단 이용, 집안일, 금전관리 등의 수단적 일상생활 동작능력의 자립 수행능력은 상대적으로 낮게 나타났다. 이런 결과를 근거로 하여 볼 때, 노인의 경우 수단적 일상생활 동작능력이 신체적 일상생활 동작능력에 비해 자립적으로 수행하는 비율이 더 낮다는 것을 알 수 있다.

보건복지부와 한국보건사회연구원(2023)에 따르면 일상생활 동작능력에 제한이 없는 노인이 81.4%, 신체적 일상생활 동작능력과 수단적 일상생활 동작능력 모두 제한이 있는 노인이 8.7%, 수단적 일상생활 동작능력만 제한이 있는 노인이 9.3%에 이르는 것으로 나타났

표 4-11 일상생활 동작능력 수준 (단위: %)

일상생활 동작능력 항목		완전 자립	부분 도움	완전 도움
신체적 일상생활 동작능력	옷입기	97.5	2.1	0.4
	세수, 양치, 머리 감기	97.5	2.1	0.4
	목욕, 샤워	94.6	4.5	0.9
	식사하기	94.1	5.4	0.5
	방 밖으로 이동	97.7	2.0	0.3
	화장실 사용	98.4	1.3	0.3
	대소변 조절	98.7	1.0	0.3
수단적 일상생활 동작능력	몸단장	96.8	2.9	0.3
	집안일	91.3	6.9	1.8
	식사 준비	86.6	10.9	2.4
	빨래하기	90.8	6.9	2.3
	약복용	96.8	2.6	0.5
	금전관리	92.9	5.7	1.4
	근거리 외출	93.7	4.8	1.5
	물건 구매	95.0	4.3	0.7
	전화이용	96.4	3.2	0.5
	교통수단 이용	90.3	8.2	1.5

자료: 보건복지부, 한국보건사회연구원(2023). 2023년도 노인실태조사.

표 4-12 일상생활 동작능력 제한 노인의 비율 (단위: %)

연령	신체적 일상생활 동작능력			수단적 일상생활 동작능력		
	완전 자립	1개 제한	2개 이상 제한	완전 자립	1~2개 제한	3개 이상 제한
전체	91.3	4.3	4.4	81.4	8.4	10.2
남성	92.5	4.1	3.4	82.3	8.8	8.9
여성	90.3	4.5	5.2	80.3	8.1	11.6

자료: 보건복지부, 한국보건사회연구원(2023). 2023년도 노인실태조사.

다. 특히 고령노인, 자녀동거가구 노인, 교육수준이 낮은 노인, 배우자와 사별한 노인, 가구소득이 낮은 노인이 일상생활 동작능력에 제한을 받는 비율이 상대적으로 높게 나타났다.

6. 노년기의 영양관리

노년기에는 미각, 후각, 시각 등 감각기능의 저하와 소화기계의 기능 저하, 그리고 식품의 구입, 조리 등의 곤란으로 인하여 여러 가지 영양문제가 초래될 수 있으며, 이로 인해 건강을 해치는 경우도 많다. 노인이 되면 침의 분비가 부족해지고 맛을 잘 느끼지 못하여 입맛이 떨어지기 때문에 식사량이 줄어들 수 있다. 또한 후각이 둔화되어 식품에 대한 관심이 줄어들고 식사를 거르기가 쉬우며, 치아결손으로 인하여 음식물을 씹는 데 불편을 느끼기도 하고, 의치를 한 경우에는 미각의 둔화도 일어날 수 있다. 시력과 청력의 저하는 음식을 조리하는 데 불편함을 초래하며, 위장운동과 소화기능이 저하되어 섭취한 음식을 소화하고 흡수하는 기능이 이전보다 떨어진다. 또한 음식재료를 구입하는 데 있어서의 불편함과 신체적 기능 저하로 인하여 식자재를 적절히 구입하지 못하는 경우가 있으며, 혼자 살거나 경제적으로 어렵거나 가족의 보살핌이 부족할 경우 영양문제를 일으키기 쉽다(권중돈, 2024b).

노화가 진행됨에 따라 활동량이 감소하고 기초에너지 대사가 줄어듦에 따라 1일 영양섭취기준은 젊은이에 비해 상대적으로 낮아진다. 보건복지부와 한국영양학회(2020)에서 제시한 영양섭취기준에 근거해 보면, 65~74세 남성노인의 1일 에너지 평균 필요량은 2,000kcal며, 65~74세 여성노인은 1,600kcal다. 이러한 필요에너지를 섭취함에 있어서 탄수화물은 총에너지 섭취량의 55~65%, 지방은 15~30%, 그리고 단백질은 7~20%를 섭취하고, 총당류 섭취량을 10~20%로 제한할 것을 권장하고 있다. 65~74세 노인이 균형 있는 영양상태를 유지하기 위하여 섭취해야 할 영양기준을 영양소별로 제시해 보면 〈표 4-13〉과 같다.

표 4-13 | 65~74세 노인의 영양소별 1일 섭취기준

영양소	평균필요량		권장섭취량		충분섭취량		상한섭취량	
	남	여	남	여	남	여	남	여
탄수화물(g)	100	100	130	130				
단백질(g)	50	40	60	50				
식이섬유(g)					25	20		
수분(mL)					2,100	1,800		
칼슘(mg)	600	600	700	800			2,000	2,000
인(mg)	580	580	700	700			3,500	3,500
나트륨(mg)					1300	1,300	2,100	2,100
염소(mg)					2,100	2,100		
칼륨(mg)					3,500	3,500		
마그네슘(mg)	310	240	370	280			350	350
철(mg)	7	6	9	8			45	45
아연(mg)	8	6	9	7			35	35
구리(μg)	600	460	800	600			10,000	10,000
불소(mg)					3.1	2.5	10	10
셀레늄(μg)	50	50	60	60			400	400
망간(mg)					4.0	3.5	11	11
요오드(μg)	95	95	150	150			2,400	2,400
비타민C(mg)	75	75	100	100			2,000	2,000
비타민B_1(티아민)(mg)	0.9	0.8	1.1	1.0				
비타민B_2(리보플라빈)(mg)	1.2	0.9	1.4	1.1				
나이아신B_3(mg)	11	10	14	13			35	35
엽산(μg)	320	320	400	400			1,000	1,000
비타B_{12}(μg)	2.0	2.0	2.4	2.4				
비타민A(μg)	510	410	700	600			3,000	3,000
비타민D(μg)					15	15	100	100
비타민E(mg)					12	12	540	540
비타민K(μg)					75	65		

자료: 보건복지부, 한국영양학회(2020). 2020 한국인 영양소 섭취기준.

그러나 노인의 영양섭취기준 대비 평균섭취비율을 보면, 필요에너지는 기준보다 약간 많이 섭취하는 것에 반해 단백질, 인, 철, 나트륨은 기준보다 많은 양을 섭취하고 있으며, 특히 나트륨은 기준치의 1.6배 이상을 섭취하는 것으로 나타났다. 그리고 칼슘, 칼륨, 리보플라빈, 나이아신, 비타민C는 섭취기준보다 적은 양을 섭취하고 있는 것으로 나타났다. 그리고 노인의 6% 정도는 하루 세 끼 중에서 한 끼 이상을 결식하는 것으로 나타나, 다수의 노인이 불균형한 식사로 인한 영양문제를 경험하고 있다는 것을 알 수 있다(보건복지부, 질병관리본부, 2023. 12.). 실제로 보건복지부와 한국보건사회연구원(2023)에 따르면 영양관리가 부적절하여 개선이 필요한 노인이 9.6%인 것으로 나타났으며, 비만인 노인이 26.1%, 저체중 노인이 2.3%이었다.

노년기의 적절한 영양관리를 위한 바람직한 식사지침을 소개하면 다음과 같다.

① 하루에 30가지 이상의 식품을 골고루 섭취한다.
② 규칙적 생활, 적절한 운동과 식사(정량의 80%)를 통해 정상체중을 유지한다.
③ 저염식을 통해 고혈압과 위암을 예방한다.
④ 지방과 콜레스테롤을 적게 섭취한다.
⑤ 생야채, 녹황색 채소를 매일 섭취한다.
⑥ 칼슘을 충분히 섭취하여 골격계 질환을 예방한다.
⑦ 철분(콩, 녹색채소, 고기)을 충분히 섭취한다.
⑧ 채소, 해조류 등에 많이 포함되어 있는 식물성 섬유를 충분히 섭취하여 변비, 대장암을 예방한다.
⑨ 비타민, 무기질을 충분히 섭취한다.
⑩ 당분을 적게 섭취하여 비만을 예방한다.
⑪ 금연과 절주를 한다.

이러한 노년기의 식사지침과 함께 올바른 식습관이 매우 중요하다. 올바른 식습관의 기본은 음식을 제때에, 골고루, 알맞게 세 끼 식사를 하는 것과 한두 번의 간식을 먹는 것이다. 제때에 규칙적인 식사를 하려면 세 끼 식사를 5~6시간 간격으로 하고 간식을 하루에 한두 번 정도 일정한 시간에 먹는다. 결식하지 않기 위해서는 아침에 산책이나 가벼운 운동으로 입맛을 회복하는 것이 좋으며, 친구들과 함께 식사를 하는 것도 좋은 방법이다. 간식은 식사 후 2~3시간이 지난 후에 먹으며, 과자나 사탕 종류보다는 감자, 고구마, 과일, 우유가 좋다. 음식을 골고루 먹으려면 인스턴트식품, 분식, 중식보다는 반찬을 조금씩 만들어 매일 다

| 표 4-14 | 당뇨병 환자의 하루 식단 | (기준: 1,500kcal) |

식사 시간	내용	분량
아침	잡곡밥, 시금칫국, 갈치구이, 김구이, 나박김치	밥 160g 갈치 50g
점심	잡곡밥, 육개장, 불고기, 양배추 생채, 배추김치	밥 100g 쇠고기 80g
간식	사과	200g
저녁	잡곡밥, 콩나물국, 적우럭구이, 미나리나물, 고기, 깻잎전, 깍두기	밥 160g 적우럭 50g 쇠고기 20g

른 반찬을 먹는 것이 좋다. 또한 고기는 상추, 양파, 당근 등 채소와 함께 먹는다. 알맞게 먹으려면 하루의 식사, 활동량, 휴식과 수면이 삼박자를 이루도록 하고, 식사를 거르거나 한번에 많이 먹지 않고, 천천히 먹으며 단 음식과 짠 음식을 줄이도록 한다. 체중 과다나 비만인 경우에는 1주일에 0.5㎏ 감량을 목표로 체중조절을 하는 것이 좋은데, 이를 위해서는 하루에 500kcal 정도(예: 밥 한 공기, 육류반찬 한 가지, 과일 한 접시 정도) 적게 먹고 세 끼 식사는 규칙적으로 하되, 식사량과 간식량을 줄여야 한다. 이에 반해 저체중인 경우에는 혼자 먹지 않으며, 식사를 조금씩 자주 하여 섭취량을 늘리고, 고기나 생선 등 동물성 단백질을 충분히 먹는다. 그리고 식물성 기름으로 조리한 나물, 채소 반찬으로 지방을 적당량 섭취한다.

특별한 질병을 앓고 있는 경우에는 식이요법을 병행하는 것이 좋다. 예컨대, 골다공증을 앓고 있는 노인에게는 우유, 치즈, 요구르트, 메밀국수, 율무, 콩, 팥, 두부, 들깨, 아몬드, 호두, 생선통조림, 멸치, 명태, 뱀장어, 미꾸라지, 생선어묵, 조개, 꽃게, 새우, 김, 다시마, 미역, 갓, 고사리, 고추잎, 근대, 냉이, 달래, 도라지, 무말랭이와 무청, 토란대, 쑥, 비름나물, 상추, 케일, 파슬리, 브로콜리 등이 도움이 되는 것으로 알려져 있다. 특별식에 의한 식이요법이 요구되는 당뇨병 환자의 하루 식단을 예로 들어 보면 〈표 4-14〉와 같다.

7. 노인환자의 돌봄

노인은 노화에 따른 기능 약화와 만성질환이나 장애로 인하여 타인의 도움이 필요한 경우가 많아지게 된다. 일상생활 동작능력의 저하로 인하여 도움이 필요한 경우는 19% 정도인데, 이들 노인 10명 중 5.3명은 적절한 신체적 수발이나 부양을 받지 못하고 있는 실정이다(보건복지부, 한국보건사회연구원, 2023). 그리고 앞으로 가족의 노인부양기능이 점차 저하되어 가고 인생 100세 시대를 맞이하여 초고령 노인의 수가 증가할 것으로 예상되어, 만성질환이나 일상생활 동작능력의 저하로 인한 신체적 수발이나 부양, 즉 돌봄과 관련된 미충족 욕구를 지닌 노인인구는 더욱 증가할 전망이다. 그러므로 노인복지전문직에 종사하고자 하는 예비 사회복지사는 노인의 만성질환이나 장애, 그리고 제한된 일상생활 동작능력을 보완하기 위한 전문 돌봄서비스 능력을 갖추어야 한다.

1) 돌봄의 개념과 특징

노인의 질병을 간호하거나 제한된 일상생활능력을 보완하는 대인서비스(personal service)를 우리나라에서는 수발 또는 부양이라고 불러 왔다. 그러나 최근 전문 지식과 기술에 근거한 대인서비스는 케어(care)라는 용어로 지칭하고 있다. 케어라는 용어는 우리말로 수발, 부양, 요양, 돌봄 등으로 번역되어 사용되고 있으며, 일본에서는 개호(介護)라고 칭한다. 이러한 다양한 용어상의 혼란을 피하고자 이 책에서는 케어라는 영어 용어의 우리말 번역어 중에서 가장 많이 사용되는 '돌봄'이라는 용어로 사용하고자 한다.

돌봄(care)이라고 하면 일반적으로 질병이나 일상생활의 영위에 장애가 있는 사람에게 일상생활(식사, 배설, 청결, 이동, 가사원조 등)을 원조하는 행위로서 단순한 기계적 · 신체적 원조가 아니라 전문 지식과 기술을 동반한 원조행위라고 규정할 수 있다(한국케어복지협회, 2000). 노인에게 제공되는 돌봄서비스는 영유아보육사업에서는 '보육'이라고 번역하여 사용하고 있는데, 둘 다 돌봄이기는 하지만 차이가 있다. 먼저 노인복지분야에서 사용하는 돌봄은 노화, 질병, 장애 등으로 인해 저하된 일상생활능력을 보완하고 지원하는 서비스인 반면 영유아를 대상으로 한 돌봄, 즉 보육은 사회적 인간으로서 성장하는 데 필요한 생활습관을 익히고 자립할 수 있도록 양육하는 행위라고 규정할 수 있다. 다시 말해, 노인에 대한 돌봄은 기능의 보완이나 대체의 의미가 강하며, 영유아에 대한 돌봄은 사회화, 성장, 그리고 아직 발현되지 않고 있는 잠재적 능력의 개발이라는 의미가 강하다.

노인에게 돌봄서비스를 제공할 때 따라야 할 원칙은 자기결정권의 존중, 계속성, 잔존능력의 활용이라 할 수 있다. 먼저, 돌봄 과정에서 노화, 질병, 장애로 인하여 제반 기능수준이 저하되어 있고, 타인의 도움이 필요하다고 할지라도 어떠한 돌봄서비스를 어떻게 받고 싶은지에 대해서 스스로 결정할 수 있도록 해 주어야 한다. 그리고 노년기에 제한되거나 저하된 기능은 회복이 불가능한 것은 아니지만 일반적으로 지속적으로 저하되는 경향이 있으므로 장기적인 돌봄서비스를 제공하여야 한다. 또한 노인에게 돌봄서비스를 제공할 때에는 모든 것을 대신해 주기보다는 노인 스스로 할 수 있는 일은 스스로 처리하게 함으로써 현재의 기

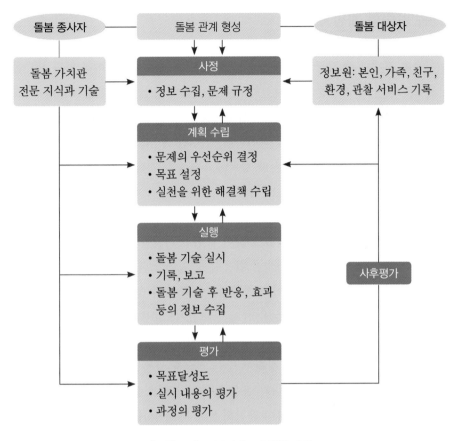

[그림 4-1] 돌봄서비스의 실천 단계

자료: 한국케어복지협회(편)(2000). 케어기술론. 서울: 나눔의 집.

능수준을 유지하고, 자기능력에 대한 자신감을 갖고 스스로 자립하려는 의지를 가질 수 있도록 돕는 것이 매우 중요하다.

　이러한 원칙하에 실시되는 돌봄서비스의 실천 단계는 사정 단계, 계획 단계, 실행 단계, 평가 단계로 구분할 수 있다. 먼저 사정 단계에서는 돌봄이 필요한 노인에 대한 정보를 수집하여 조직화하고, 돌봄 대상노인이 지닌 문제나 욕구를 정확히 규정하여야 한다. 이때 사정에 포함되어야 할 내용은 신체적 기능상태나 질병, 장애, 정신기능, 사회적 자원 등이다. 계획 단계에서는 돌봄이 필요한 노인의 욕구나 문제에 대한 우선순위를 결정하고 이에 따라 현실적인 돌봄 목적과 목표를 설정한 다음, 구체적인 돌봄 실천방법에 대한 계획을 수립하여야 한다. 실행 단계에서는 결정된 돌봄 계획에 따라 실질적인 돌봄 활동을 전개하고, 돌봄 활동에 대한 노인의 반응이나 효과 등에 대해 중간 점검을 실시하여야 한다. 평가 단계에서는 돌봄 목표의 달성 정도, 돌봄 활동의 과정과 결과에 대한 평가 등을 실시하여야 한다.

2) 돌봄 기술의 개념과 특성

돌봄 활동을 전개할 때 요구되는 전문 기술을 돌봄 기술(care skill)이라 한다. 즉, 돌봄 기술은 구체적인 돌봄 욕구나 문제를 해결하기 위해 사용하는 돌봄의 방법(김기태 외, 2002; 한국케어복지협회, 2000)으로, 이러한 기술은 선행학습을 통해 습득한 지식과 이론을 바탕으로 현장경험을 통해 체화(體化)된 기술을 의미한다. 이러한 돌봄 기술은 안전, 안락, 정확, 능숙성을 갖추어야 한다. 노인환자를 돌볼 때 정확하고 능숙한 기술의 사용은 노인의 안전과 안락감을 높여 줄 수 있다.

전문 돌봄 활동을 하기 위해서는 돌봄의 가치관과 돌봄에 대한 과학적이고 전문적인 지식을 바탕으로 하여 다양한 현장경험을 통하여 숙련된 기술을 습득하여야 하며, 돌봄 대상자의 욕구나 문제에 맞게 개별화된 기술을 활용할 수 있어야 한다. 먼저 돌봄 기술은 과학적 지식에 근거한 기술이어야 하는데, 이는 현장경험을 통하여 습득할 수도 있지만 과학의 원리에 입각하여 누가 돌보든, 어떤 대상을 돌보든 보편적으로 적용될 수 있는 기술이어야 한다. 그러나 동일한 질병이나 문제를 가진 돌봄 대상자라고 하더라도 개개인의 상태나 욕구는 다를 수 있으므로, 개별적으로 각 상황에 맞는 기술을 사용할 수 있어야 한다. 그리고 돌봄 기술은 머리로 이해하는 것이 아니라 몸을 통하여 자연스럽게 체득되어야 하는 것이므로, 끊임없는 현장훈련과 실습을 통하여 완전히 몸에 익혀 두어야 한다.

3) 돌봄 기술의 적용

노인 돌봄에서 가장 기본적인 것이 생활환경의 정비라고 할 수 있다. 노인에게 적합한 생활환경은, ① 노인의 주체성과 자립성을 높일 수 있는 환경, ② 건강이 유지되고 의존상태를 예방할 수 있는 주거환경, ③ 사회와 가족과 통합될 수 있는 환경, ④ 개인적 사생활이 보장되어 안심하고 살 수 있는 환경이어야 한다. 그리고 노년기에 안전사고가 많이 발생할 수 있다는 점을 고려하여, ① 노인의 일상생활 동작능력에 알맞은 생활수단과 방법을 검토하여 기능적인 환경을 만들고, ② 감각기능, 하지기능의 저하로 인한 사고를 막도록 하며, ③ 청소, 실내온도, 통풍, 환기, 채광 등을 배려하고, ④ 긴급호출장치(예: nurse call)와 같은 비상사태에 대한 대응책을 마련하고, ⑤ 집단생활시설인 경우에는 입주자 간의 의사소통을 촉진하고 사회관계망의 위축을 방지할 수 있는 친사회적 환경을 조성해야 한다(권중돈 외, 1999; 한국케어복지협회, 2000).

노인에게 돌봄서비스를 제공하는 과정에서는 쾌적한 주거 및 실내 환경을 구축할 뿐만 아니라 만성질환을 앓고 있거나 기능이 저하된 노인의 기본적 일상생활 지원, 질병과 증상의 간호와 관련된 기술을 상황에 맞게 적절하게 적용할 수 있어야 한다. 따라서 다음에서는 주거 및 실내 환경 조성방법, 기본적 일상생활 지원기술 그리고 질병과 증상의 간호기술에 대해 간략히 논의한다.

(1) 주거 및 실내 환경 조성방법

노인이 건강을 유지하고 쾌적하고 안락한 생활을 영위할 수 있도록 하기 위해서는 가장 기본적인 생활환경인 주거환경과 실내 환경을 노인의 특성과 기능수준에 맞추어 조성하여야 한다. 이러한 노인을 위한 주거 및 실내 환경 조성의 기본 지침을 요약하여 제시하면 〈표 4-15〉와 같다(한국케어복지협회, 2000).

표 4-15 노인을 위한 주거 및 실내 환경의 조성

환경 영역	조성의 지침
거실	• 채광과 통풍이 잘 되고 화장실이 가까우며, 가족의 목소리가 들리는 곳이 좋다.
벽	• 부드럽고 따뜻한 색상의 벽지, 커튼을 사용하고 이중 커튼으로 온도, 채광, 소음을 관리한다.
침구	• 침대가 좋지만 생활습관상 이부자리도 좋으며, 침대 높이는 걸터앉을 때 발이 바닥에 확실히 닿는 높이가 적당하다.
계단	• 계단 가장자리에 미끄럼방지 고무를 부착하고, 옆면에 안전손잡이(직경 3.5~4cm)를 부착하며, 조명을 밝게 한다.
현관	• 조명을 밝게 하고 장애가 있을 경우 휠체어 보관장소를 확보한다.
실내온도	• 여름 22~25℃, 겨울 18~22℃로 실내온도를 조절한다. • 실내온도 15℃ 이하이면 난방이 필요하며, 냉방 시에는 외부온도와 실내온도의 차이를 5℃ 정도로 유지한다.
습도	• 습도를 56~60% 수준에서 유지하고, 여름에는 제습기, 겨울에는 가습기를 가동한다.
환기	• 겨울철에는 바깥 공기가 노인에게 직접 닿지 않도록 1~2분씩 두 번 정도 환기한다.
채광	• 충분한 자연채광을 통해 살균효과를 거두고 신진대사를 촉진한다.
조명	• 전체 조명과 부분 조명을 혼용하되, 계단, 화장실, 복도 등의 위험장소에는 야간 조명을 설치한다.
소음 방지	• 이중창 등을 설치하여 가능한 한 소음 방지를 위해 노력한다.
냄새 방지	• 배설물을 신속히 처리하고 신발을 자주 세탁하며, 탈취제, 공기정화기 등을 이용한다.

(2) 노인환자의 기본적 일상생활 지원

노인환자 중에는 식사, 조리, 화장실 이용, 기저귀 교환, 의류 관리, 옷 갈아입기, 목욕, 음부세정, 머리 감기, 이동, 침대 정리 등의 기본적인 일상생활 동작조차 제한을 받는 경우가 많다. 이에 다음에서는 노인의 가정 내에서 이루어지는 일상생활 영역에서의 구체적인 돌봄 기술을 만성질환이나 장애상태가 심한 경우를 중심으로 살펴본다(이해영, 안향림, 2000; 한국재가노인복지협회, 2002a, 2002b).

표 4-16 노인환자의 일상생활 케어 기술

생활 영역	돌봄 방법과 기술
조리	• 건강상태에 따라 보통식, 부드럽게 익힌 음식, 잘게 썬 음식, 절인 음식, 유동식 등 먹기 쉬운 형태로 조리한다. • 삼킬 때 음식이 목으로 부드럽게 넘어갈 수 있도록 조리한다. • 표면이 매끄럽고 부드러우면서 적당한 끈기가 있는 것으로 준비한다. • 조리 시 재료를 작게 자르거나 두드려서 씹기 쉽도록 준비한다. • 식욕이 없는 경우에는 소량의 음식을 여러 가지 준비하고 반찬은 색깔을 고려하여 보기 좋게 담는다. • 증상과 정도에 따라 국이나 죽에 넣는 건더기를 다양하게 바꿔 준다.
식사	• 와상환자가 누워 있는 상태라도 가능한 한 머리를 치켜올린다. 불가능한 경우, 옆으로 눕히고 얼굴을 간호자의 방향으로 돌린다. • 누워 있는 상태에서는 마시는 것도 어렵고 소량으로도 포만감을 느낄 수 있다는 점을 고려하여 수발한다. • 메뉴를 알려 주는 것뿐만 아니라 내용을 보여 주어 식욕을 갖도록 적극 노력한다. • 수분이 적거나 신맛이 강한 음식은 목이 메이기 쉬우므로 한입에 넣을 수 있는 양이나 먹는 시간을 고려한다. • 노인이 음식물을 삼키는 것을 확인한 후에 음식을 다시 입에 넣어 준다. • 식후에는 반드시 입안을 깨끗하게 헹군다. • 고혈압, 당뇨병 환자 등을 위해서는 특별식을 준비한다.
배변	• 화장실 벽에 기대거나 손잡이를 잡게 하고 허락을 받아 하의를 내린다. • 노인의 양팔을 간호자의 방향으로 돌려 부둥켜안은 상태에서 변기에 앉힌다. • 배변이 끝나면, 손잡이를 잡고 허리를 약간 구부린 자세를 취하게 하여, 항문부를 앞에서 뒤로 닦는다. • 노인의 다리를 조금 뒤로 뺀 후, 양팔을 간호자의 목에 걸치게 하여 일어서게 하고, 하의를 올린다.

생활 영역	돌봄 방법과 기술
기저귀 교환	• 엉덩이를 들 수 없는 노인환자의 기저귀를 풀고, 복부를 압박하여 잔뇨나 변이 남아 있는가를 확인하고, 데워진 기저귀를 말아 놓고 노인을 옆으로 눕힌다. • 음부를 미지근한 온수를 사용하여 앞에서 뒤로 비비면서 씻어 내고, 물수건으로 깨끗이 닦는다. • 새 기저귀와 기저귀 커버를 절반 정도 말아서 허리에 대어 준다. • 몸을 바로 눕힌 후, 새 기저귀를 펼쳐 허리 부분에 주름이 가지 않도록 하고, 기저귀 커버로 덮는다.
세탁, 의복 관리	• 속옷은 매일 갈아입히는 것이 좋다. 의류 세탁 시에는 헹굼을 충분히 하여 햇빛에 말리고, 의류는 잘 건조된 것을 입도록 한다. • 새로 구입한 의류는 한 번 세탁한 후 착용하는 것이 좋다. • 감염이 의심되는 노인의 의류는 다른 것과 구별하여 세탁한다. • 입지 못하게 된 의류를 버릴 때에는 노인에게 미리 양해를 얻는다.
옷 갈아 입히기	• 와상환자가 입고 있는 앞이 막힌 상의를 벗길 때는 목 주변을 느슨하게 하고, 옷의 뒷깃을 겨드랑이 밑까지 걷어올리고 소매를 한쪽씩 벗기되, 편마비환자의 경우는 건강한 쪽의 소매부터 벗긴다. • 입힐 때는 상의 옷자락을 걷어올려 옷깃을 펴고, 머리가 옷깃에 걸리지 않도록 넣은 후, 걷어올려진 소매를 한쪽씩 넣고 옷 뒷깃을 아래로 내리되, 편마비가 있는 경우에는 아픈 쪽부터 넣는다.
목욕	• 주의 깊게 관찰하여 건강상태나 기분이 좋지 않을 때는 목욕을 중지한다. • 공복 시, 식사 직후, 음주 직후에는 목욕을 피한다. • 목욕시간은 몸을 씻는 시간을 포함하여 평균 10~15분 정도로 하며, 피로를 느끼는 정도를 파악한다. • 욕실 및 욕조 내에 적절한 온도를 맞춰 노인의 체온을 유지한다. • 안정적이고 안락한 체위를 유지하여 미끄러지거나 넘어지지 않도록 욕실 및 주변의 장애물을 치워 둔다. • 노인의 음부를 덮어 주는 등 프라이버시를 배려하여 행동한다. • 하반신부터 따뜻한 물을 부어 적셔 주고, 피부 중 겹친 부위를 좀 더 세심하게 닦아 준다. • 비눗물을 충분히 헹궈 내고, 강하게 문지르지 않으며, 물의 양이나 온도를 조절해 가며 갑작스러운 온도의 변화를 주지 않도록 주의한다. • 노인이 가지고 있는 신체적 기능을 최대한 활용할 수 있게 한다. • 목욕 후, 커다란 수건으로 물기를 닦고 피부가 건조된 후 옷을 입히고, 수분 섭취를 위한 음료를 제공한다.

생활 영역	돌봄 방법과 기술
음부 세정	• 여성의 경우 음부는 위에서 아래로 닦는다. • 한 번 사용한 타월의 면으로는 다시 닦지 않는다. • 회음부는 위로 향해서 반듯이 누운 자세로, 항문부는 비스듬히 누운 자세로 조심스럽게 물기를 닦아 낸다. • 남성의 경우, 고환에 주름이 많으므로 펴 가면서 주의하여 닦는다.
머리 감기기	• 와상환자는 환자의 머리를 침구의 가장자리에 오게 한 후, 베개를 빼고 머리에서 어깨까지 비닐을 깐다. • 목 쪽으로 더운 물이 가지 않도록 목욕 타월을 부채 모양으로 구부려 목에 감고, 비닐의 끝을 세숫대야에 집어넣어 머리 감은 물을 받아 낸다. • 얼굴에 비눗물이 흐르지 않도록 한다. • 두피를 손톱으로 긁지 말고 손가락을 이용하여 마사지해 준다. • 젖은 머리를 수건으로 건조할 경우, 머리카락을 비비지 말고 큰 타월로 머리 전체를 감싸 가볍게 두드린다. • 드라이기를 사용하여 머리카락을 건조할 경우에는 머리에서 10cm 이상 떨어뜨려 사용하고, 빗으로 빗겨 가며 말린다. • 머리를 감겨 주는 동안 노인의 신체상태 변화에 주의를 기울인다.
침상 주변 정리	• 노인의 생활습관을 존중하고 간호자의 일방적인 판단으로 처리하지 않는다. • 매일 침상 주변을 정리정돈하여 생활에 활기가 생기도록 한다. • 정돈되어 있지 않으면 비상시에 신속하고 정확한 대처에 방해가 된다. • 정리 후에 물건은 제자리에 둔다. • 사물함 등은 노인 스스로 정리할 수 있도록 일상동작능력 수준 및 기호를 고려하여 배치한다. • 환기는 공기의 오염상태에 따라 노인에게 미리 의견을 묻고 시간마다 한다. • 자립을 위한 분위기를 유지하기 위해 시계, 달력 등 시간과 날짜를 알 수 있는 물건을 놓아 둔다. • 침상 주위에 가족사진, 그림, 작품 등을 장식하여 가족이나 사회복지사 등과 즐겁게 교류를 가질 수 있도록 한다.
침대시트 교환	• 매트 밑에 들어간 시트를 모두 뽑아 낸다. • 노인을 한쪽으로 눕히고 침대 난간을 세운다. • 더러워진 시트를 말아서 노인의 몸 아래로 밀어 놓고, 깨끗한 시트를 펴서 한쪽 끝을 매트 밑에 넣는다. • 노인을 반듯이 눕히고 깨끗한 시트 위로 옮긴 후, 침대 난간을 세우고 반대편으로 이동한다. • 더러워진 시트를 뽑아 낸 후, 안쪽으로 말아서 세탁물통에 넣는다. 청결한 시트를 당겨서 넓게 펴고, 매트 밑으로 넣는다. • 노인을 침대 중앙에 눕히고, 베개 커버를 교환하고, 이불을 덮어 준다.

생활 영역	돌봄 방법과 기술
침대에서의 체위 변경과 이동	• 체위변경의 목적을 생각하는 것이 중요하며, 노인에게 남아 있는 기능을 최대한 이용하되, 환자와 간호자가 함께 신체에 부담을 적게 느끼면서 이동할 수 있는 기술을 습득하도록 한다. • 간호자는 몸을 최대한 노인에게 가까이 하고 말을 걸어 이동 시 협조를 얻는다. • 간호자는 발을 좌우로 벌리고 기저면을 넓혀서 몸을 안정시킨다. • 간호자는 동작을 하는 쪽을 향하여 서되, 노인이 필요 이상으로 움직이지 않도록 안전한 방법을 취한다. • 지렛대 원리를 이용하여 효과적으로 이동한다. • 이동에 익숙하지 않은 노인의 경우 이동 전후의 맥박, 호흡, 기분, 안색의 변화, 홍조를 띠는 정도 등을 관찰한다.
침대에서 휠체어로 이동	• 한쪽으로 앉게 하고, 노인의 건강한 방향에 휠체어가 위치하도록 하는데, 이때 20~30도의 각도를 두고 브레이크를 걸어 둔다. • 노인의 손을 간호자의 목에 걸고 다리는 간호자의 양 무릎으로 끼워 넣은 후에 90도 각도로 회전하여 휠체어로 옮긴다. • 휠체어에 노인이 깊게 앉을 수 있도록 뒤에서 노인의 몸을 당긴다. • 휠체어 발받침에 노인의 발을 반듯하게 얹는다.

(3) 질병의 증상 간호

　노인환자의 경우 앓고 있는 질환에 따라 다양한 증상을 보이기 때문에 각각의 노인성 질환에 대한 돌봄기술을 학습하는 것이 중요하다. 그러나 이에 대한 논의는 이 책의 범위를 벗어난 것이므로 다음에서는 노인의 가정이나 노인복지시설 환자에게서 흔히 나타날 수 있는 질병으로 인한 증상을 간호하고 돌보는 기술에 대해 살펴본다(한국재가노인복지협회, 2002a, 2002b).

표 4-17 노인환자의 기본 증상 간호

증상 영역	돌봄 방법과 기술
탈수	• 메뉴 중에서 국물이나 스프 등 수분이 많은 음식을 섭취하도록 하고, 과일을 선택할 경우는 과일즙이 많은 것을 선택한다. • 식사 때나 식후에 차 또는 물 등을 마시도록 권한다. • 일상 음료를 식사 시간 이외에 언제든지 마실 수 있도록 환자 가까이에 둔다. • 기상 이후부터 저녁식사 때까지는 충분한 수분을 섭취하도록 하고, 저녁식사 이후부터 취침시간까지는 수분 섭취를 삼가도록 권한다. • 수분 섭취를 싫어하는 사람의 경우에는 좋아하는 음료를 마련한다. • 목욕 후나 운동 후, 땀이 많은 계절에는 수분을 섭취할 시간을 따로 마련한다.
욕창	• 욕창 예방을 위해서는 압박의 제거, 혈행의 촉진, 피부의 건조가 필수이다. • 특히 욕창이 발생하기 쉬운 마비, 부종이 있는 환자의 경우에는 체위교환을 2시간마다 하고, 관찰과 예방을 통해 조기 발견하도록 주의를 기울여야 한다. • 땀, 소변, 질 분비물에 의한 습기와 흡수성이 낮은 침구의 사용, 침구의 주름 등에 의해 단기간에 욕창이 발생되고 악화되므로 주의를 기울여야 한다. • 의사의 사전 지시 없이는 어떤 약품도 사용해서는 안 된다. • 비닐시트, 고무시트 등 통기성이 없는 것을 바닥에 깔지 않는다.
통증	• 핫팩(hot pack)을 전자레인지에 3~5분간 돌리거나 뜨거운 물에 데운다. • 피부의 뜨거운 물체 허용온도는 45~55℃이므로 이보다 뜨거우면 식히거나 수건으로 감싸야 한다. • 전기찜질기를 이용할 때에는 저온 화상을 입지 않도록 조심한다. • 전기담요를 사용할 경우, 실금이 없으면 모포를 까는 것이 효과적이다. • 핫팩 등을 장시간 사용할 경우 탈수 증상에 주의한다.
호흡곤란	• 가능한 한 안정시키고 움직이지 않도록 한다. • 노인이 몸부림칠 때는 원인을 파악하여 제거해 준다. • 정신적인 불안을 제거한다. • 몸을 반 정도 일으킨 자세를 취하도록 한다. • 이물질이 제거되지 않는 경우에는 응급의사에게 연락한다. • 상황에 따라 인공호흡을 실시한다.
토혈(吐血) 객혈(喀血)	• 머리를 낮추고 질식하지 않도록 얼굴을 옆으로 향하게 눕힌 후, 절대 안정을 취하게 한다. 불필요한 움직임은 쇼크를 유발하기 쉬우므로 주의하고 즉시 의사에게 연락한다. • 호흡과 함께 토해 낸 물질이나 혈액이 목으로 넘어가지 않도록 한다. • 보온에 유의하면서 토했을 때는 위 부분에, 객혈 시에는 가슴 부분에 얼음주머니를 대고 음식 섭취를 금한다. • 토하는 증세가 진정되면 식염수로 양치질을 시키며, 갈증이 심할 때는 물로 입술을 적셔 주거나 얼음을 입안에 넣어 준다. • 토한 물질이나 혈액은 버리지 말고 의사에게 보인다.

화상	• 가능한 한 빨리 냉수로 열을 식힌다. 단, 상처에 직접 물을 대지는 않는다. • 가능한 한 빨리 화상 부위를 청결하게 한다. • 화상 부위에 붙어 있는 것을 함부로 떼어 내지 않는다. • 기름과 연고를 바르지 않는다. • 화상 입은 곳에 탈지면을 대지 않는다. • 화상 부위를 반창고로 싸지 않는다.
흉통	• 통증 이외의 증상, 호흡곤란의 유무, 혈압 및 맥박의 상태, 통증의 증감, 청색증, 혈액에 섞여 나온 가래, 식은땀 등을 주의 깊게 관찰하여 의사에게 보고한다. • 호흡상태와 의식상태, 전에 앓았던 병을 파악하고 협심증으로 니트로글리세린을 복용하고 있는 사람은 혀 밑에 투여한 후 통증을 관찰한다. • 갑자기 호흡곤란과 흉통을 호소하는 경우, 인공기흉술이 고려되므로 병원으로 호송한다. • 기도의 확보방법, 인공호흡법, 심장마사지법 등을 충분히 습득하여 둔다. • 불안이 동반되므로 다정한 말 등을 통해 안정감을 가질 수 있도록 도움을 준다.
변비	• 좌약은 체온에 의해 녹아 흡수되는 것이므로 냉암소 또는 냉장고에 넣어 관리한다. • 좌약을 삽입할 때는 직접 손으로 만지지 말고 소독용 고무장갑, 휴지나 가제를 사용한다. • 옆으로 또는 똑바로 누운 자세로 무릎 · 고관절을 깊게 구부리도록 한다. • 삽입이 어려울 경우에는 약 끝에 바세린 또는 올리브유를 칠하여 사용한다. • 삽입 후에는 변의(便意)를 촉진하는 일이 있으므로 미리 배변을 하도록 한 후에 투약한다. • 좌약이 배변을 목적으로 할 경우에 투약 후 약 30분 정도 지난 다음 화장실에 가도록 수발한다. • 질정 삽입 시는 옆으로 또는 똑바로 누운 자세를 취하게 하고, 소독용 고무장갑을 사용해서 집게손가락에 질정을 올려 질 내에 깊숙이 삽입한다. • 질정을 삽입한 후에는 안정되게 누워 있는 자세를 취하도록 한다.

8. 노인의 건강문제로 인한 사회비용

　노인의 건강관리를 위하여 사회가 부담해야 하는 비용은 주로 건강보험 총 진료비에서 노인진료비가 차지하는 비중을 중심으로 논의하는 것이 일반적이다. 65세 이상 노인의료비는 2005년 7조 3,159억 원이었으나 매년 꾸준히 증가하여, 2022년에는 전체 의료비의 42.0%를 차지하는 43조 2,347억 원에 이르고 있다(건강보험심사평가원, 국민건강보험공단, 2023. 11.). 그리고 2023년 의료급여제도의 65세 이상 노인 수급자는 62만 5,276명이며 노인

진료비는 5조 3,972억 원으로 총 의료급여비의 52.2%를 차지하고 있다(건강보험심사평가원, 국민건강보험공단, 2024. 11.). 그리고 건강보험급여를 기준으로 하였을 때 노인 1인당 의료비는 523만 원 정도로 전체 인구의 일반 의료비에 비해 2.6배 정도 높은 편이다(건강보험심사평가원, 국민건강보험공단, 2023. 11.).

이러한 노인의료비 증가는 노인인구의 증가, 노인의 상병(傷病)구조 변화와 장기요양에 대한 욕구 증가, 의료이용 증가 등 노인의 질병이나 의료 이용과 관련된 특성에도 그 원인이 있으나, 건강보험 수가체계의 변화와 인상, 고비용 치료기기의 도입 등과 같은 병원비용의 증가에도 상당한 원인이 있다(Atchley & Barusch, 2004). 이러한 노인의료비 관련 변인이 통제 되지 않을 경우 노인의료비는 지속적으로 증가하여, 2030년에는 노인진료비가 91조 3,000억 원에 이를 것으로 예측(국민건강보험공단, (사)건강복지정책연구원, 2017. 4.)되어, 건강보험의 재정안정화 문제가 시대적 과제로 등장해 있다. 미국의 경우에도 베이비붐 세대가 은퇴하여 노년기에 진입함에 따라 메디케어(Medicare) 기금이 고갈될 것으로 예측되고 있으며, 우리나라의 경우에도 노인의료비 부담의 증가는 장기적으로는 국가재정의 악화를 초래할 것으로 예측되므로 노인의료비 경감을 위한 적극적 대책이 수립되어야 한다.

노인의 건강문제로 인한 개인과 가족, 사회가 부담해야 하는 비용을 의료비에 국한하여 논의할 경우 많은 문제를 초래할 수 있다. 대부분의 기존 연구에서 노인 부양에 따르는 가족의 노동력이나 부양부담 등의 비용을 고려하지 않고 있는데, 이렇게 될 경우 노인의 건강문제로 인해 치러야 하는 비용을 과소 산정하는 문제가 발생하게 된다(김은영, 전경자, 2003). 실제로 노인을 가족이 돌보게 될 경우 부양자의 자아존중감 고양이나 가족통합성의 강화와 같은 긍정적 영향이 없는 것은 아니지만, 일반적으로 부양자와 가족의 생활에 부정적 영향을 미치게 된다(Kramer, 1997; Whitlatch & Noelker, 1996).

가족성원이 노인을 부양하는 과정이나 그 결과로 인하여 경제적 압박은 물론 불안, 분노,

표 4-18 건강보험에서의 노인의료비 증가추이

연도	전체 진료비(억 원)	노인의료비(억 원)	노인의료비 비율(%)
2000	144,100	22,555	19.2
2005	280,952	73,159	26.0
2010	436,283	141,350	32.4
2015	580,170	213,615	36.8
2020	866,432	366,766	42.3
2022	1,029,770	432,347	42.0

자료: 건강보험심사평가원, 국민건강보험공단(2023. 11.). 2022년 진료비 통계지표.

삶에 대한 의욕 저하, 우울, 죄의식 등과 같은 다양한 정신적 문제를 경험하게 되며, 경제활동에도 많은 제약을 받게 된다. 뿐만 아니라 신체적 피로와 질병을 앓게 되는 경우가 많으며, 동거가족이나 별거가족과의 갈등이나 관계 악화, 이웃관계에서의 문제 등을 경험하기도 한다. 또한 가사활동, 경제활동, 자녀양육과 교육 등의 역할을 동시에 수행하게 됨으로써 다양한 역할부담과 역할가중현상을 경험하게 되며, 사회활동에서도 제한을 받게 되는 경우가 많다. 이처럼 가족 내에서 노인을 부양하게 되어 다양한 스트레스, 긴장 또는 부양부담을 경험하게 됨으로써 가족의 전반적인 기능이 약화되고 삶의 질 또한 저하되는 결과를 초래하기도 한다(권중돈, 1994; 김수영 외, 2004; Cantor, 1995; Kinney et al., 1995). 따라서 노인의 건강문제해결을 위하여 개인과 가족, 사회가 감당해야 하는 비용부담을 경감하기 위한 방안을 모색하기 위해서는 의료비뿐만 아니라 노인을 간호하거나 부양하는 과정에서 경험하는 심리사회비용 등 다양한 비용요인을 포괄적으로 고려하여야 한다.

생각해 보아야 할 문제

1. 노인의학 관련 서적을 읽고 노인성 질환의 원인, 증상, 예방 및 치료방법에 대해 좀 더 깊이 공부하고 각종 노년기 건강관리 서적이나 인터넷의 건강지식이 지니는 의미와 이로 인해 나타날 수 있는 문제점에 대해 논의해 보시오.

2. 직접 기저귀를 차고 대소변을 보는 경험을 통해 대소변을 가리지 못하는 노인이 겪는 불편함을 체험해 보고, 그 느낌에 대해 토론해 보시오.

3. 노인환자에 대한 돌봄 기술을 자신의 조부모나 이웃노인, 시설생활 노인에게 적용해 보고, 이 과정에서 배운 점과 자신의 돌봄서비스 기술을 향상할 수 있는 방안을 모색해 보시오.

4. 우리나라의 노인의료비 증가추이를 분석해 보고, 노인의료비 경감을 위한 방안에 대해 토론해 보시오.

5. 노인을 부양하는 가족을 만나 노인 부양으로 얻게 되는 긍정적 영향과 스트레스나 부양부담 등의 부정적 영향에 대해 듣고, 부양자의 스트레스나 부양부담을 예방 또는 경감해 줄 수 있는 현실적 방안을 수립해 보시오.

제**5**장

치매의 이해

1. 치매의 개념과 특성

치매(dementia)라는 용어는 라틴어 'dement'에서 유래된 말로서, '없다'라는 'de'와 '정신'이라는 'ment'가 합해져 '제정신이 아니다. 정신이 나갔다(out of mind).'라는 의미를 지닌다. 한문으로는 '어리석을 치(癡 또는 痴)'와 '어리석을 매(呆)'가 합쳐진 단어로, '의심이 많아지거나 아는 것에 병이 든 상태'를 의미한다(권중돈, 2004c).

치매는 인간의 뇌가 성숙하여 정상적인 지적 수준에 도달한 이후, 질병이나 외상 등과 같은 후천적 원인에 의해 뇌가 손상됨으로써 고등정신기능에 장애가 나타나는 복합적인 임상 증후군이다. 즉, 치매는 뇌의 병변(病變)에 의하여 기억장애, 사고장애, 판단장애, 지남력(식별력)장애, 계산력장애 등과 같은 인지기능과 고등정신기능이 감퇴되고 정서장애, 성격 변화, 일상생활 동작능력장애 등이 수반됨으로써 직업적 · 일상적 사회활동 또는 대인관계에 장애를 초래하는 노년기의 대표적인 정신장애이다(권중돈, 1995d).

치매를 위와 같이 정의한다고 할지라도 복합적 임상증후군인 치매는 다른 질병과 혼동되는 경우가 많으므로 다른 질병과의 감별진단(differential diagnosis)에서 다음과 같은 임상적 특성을 보일 경우에 치매로 진단하게 된다(권중돈, 2004c).

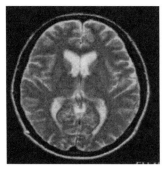

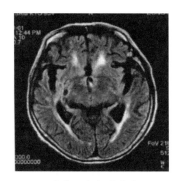

정상인의 뇌사진   치매노인의 뇌사진

[그림 5-1] 치매노인의 뇌구조

첫째, 치매는 뇌의 질병, 손상, 변형에 의해 발생한다([그림 5-1] 참조). 치매는 기능성 또는 심인성(心因性) 정신장애가 아니라 뇌와 신경계의 손상이나 기능 저하에 의해 발생하는 기질성 정신장애(organic mental disorder)이다. 따라서 우울증으로 인하여 인지기능이 저하되고 치매 증상이 나타나는 가성치매(pseudo-dementia)와는 분명히 다르다.

둘째, 치매는 선천적인 것이 아니라 후천적으로 나타나는 현상이다. 치매는 후천적 원인에 의한 뇌손상으로 인지기능이 저하되는 것으로, 선천적으로 인지기능이 낮은 지적장애(mental retardation)와는 구별된다.

셋째, 치매는 주로 노년기에 발병한다. 치매에 관한 연구가 거의 이루어지지 않았던 시기에는 선천성 지적장애나 청소년기의 조현병(schizophrenia)을 치매로 간주하는 경향이 있었다. 노년기에 이르기 전인 중·장년기에 나타나는 조발성(早發性) 치매가 있기는 하지만, 대부분의 치매는 노년기에 발병하는 것으로 밝혀지고 있다.

넷째, 치매의 원인과 증상은 매우 다양하다. 일반적으로 치매에는 기억장애가 수반되지만, 그 원인에 따라 나타나는 증상은 매우 다르다. 즉, 70가지 이상의 원인에 의해 발병하는 치매는 원인에 따라 뇌의 손상 부위가 각기 다르기 때문에 환자가 보이는 증상도 다를 수밖에 없다.

다섯째, 치매는 정신기능뿐만 아니라 삶 전체의 황폐화를 초래한다. 치매 중에는 치료 가능한 치매가 있고 적절한 치료와 간호가 이루어지면 증상 악화를 지연할 수도 있지만, 중증 치매노인의 경우 정신기능은 물론 기본적 일상생활, 대인관계, 사회활동이 불가능해져 전체적인 삶이 황폐화된다.

여섯째, 치매에는 의식장애가 동반되지 않는다. 치매 환자가 아무리 심한 증상을 보이는 경우에도 의식은 또렷하므로 섬망(delirium)과 같은 정신장애와는 구분되어야 한다.

2. 치매의 원인과 유형

1) 치매의 원인

치매는 위암, 폐암, 간암 등을 '악성신생물' 또는 '암(癌)'이라고 부르는 것처럼, 다양한 원인에 의한 뇌손상이나 뇌병변으로 인지기능 저하가 나타나는 정신장애를 통칭하는 용어이다.

치매를 유발하는 원인질환은 내과, 신경과 및 정신과 질환 등 70가지 이상에 이를 정도로 다양한데, 전체 치매의 절반 정도는 그 원인이 정확히 밝혀지지 않고 있다. 그러나 앞으로 치매의 분자생물학적 발생기전이 밝혀지면서 점점 더 그 수가 증가할 것으로 보이는데, 현재까지 밝혀진 치매의 주요 원인은 〈표 5-1〉과 같다.

표 5-1 치매의 원인성 질환

구분	원인질환
퇴행성 뇌질환	알츠하이머병, 픽병, 파킨슨병, 헌팅턴병, 루이소체 치매, 진행성 핵상마비
뇌혈관질환	다발성 뇌경색, 열공성 뇌경색, 빈스방거병, 만성경막하 출혈, 측두 동맥염
뇌염증 및 감염대사장애	AIDS, 크로이츠펠트-야콥병, 헤르페스성 뇌염, 뇌막염 후유증, 신경매독, 뇌종양, 경막하혈종, 정상압뇌수종
내분비장애	간성 뇌병증, 만성신부전, 저혈당, 저산소증, 갑상선 기능 항진 및 저하증
결핍성 장애	비타민B12 결핍, 엽산 결핍
중독성 장애	약물 중독, 알코올 중독, 중금속 중독(납, 망간, 수은 등), 유기용매 중독

2) 치매의 유형

치매의 유형분류는 신경병리학적 소견에 따른 분류, 원인에 따른 분류, 병변의 진행에 따른 분류가 있다. 국제질병분류 제11판(ICD-11)에서는 치매를 정신, 행동 또는 신경발달장애(Mental, behavioural or neurodevelopmental disorders) 중에서 신경인지장애(neurocognitive disorders)로 분류하고, 그 세부 유형으로 '알츠하이머형 치매, 혈관성 치매, 루이소체 치매, 전측두엽 치매, 항정신약물에 기인한 치매, 다른 곳에 분류된 질병에 의한 치매, 행동 또는 정신장애를 특징으로 하는 치매, 불분명한 치매"라는 여덟 가지로 분류하고 있다(WHO, 2024). 그리고 미국정신의학협회(APA, 2022)의 『정신질환의 진단 및 통계 편람(제5판 수정판)(DSM-5-TR)』에서는 치매를 주요 신경인지장애(major cognitive disorder)로 규정하고, 병인

(病因)에 따라 '알츠하이머병, 전측두엽 퇴화, 루이소체병, 혈관성 질환, 외상성 두뇌 손상, 물질·약물 유발형, 인간면역결핍 바이러스(HIV) 감염, 프리온병, 파킨슨병, 헌팅턴병, 다른 의학적 상태, 다양한 병인, 불특정형'으로 세부 유형을 분류하고 있다.

이러한 분류 이외에 치료 가능성에 따라서 치료 가능한 치매와 치료 불가능한 치매로 분류되기도 하는데, 전자는 가역성 치매(可逆性 癡呆), 후자는 비가역성 치매라고 부른다. 현재까지 부분적 호전까지를 포함하여 치료가 가능한 치매는 전체 치매의 10~15% 정도로 알려져 있다(권중돈, 2024b). 치료 가능한 치매로는, ① 약물 중독, 중금속 중독, 알코올 중독 등의 중독성 장애, ② 심혈관계 질환 및 호흡기질환, 만성간질환, 만성신장질환, 전해질장애, 저혈당 및 고혈당, 갑상선 기능항진 및 저하증 등의 대사장애, ③ 비타민B12 결핍, 엽산 결핍 등의 결핍성 장애, 그리고 ④ 신경매독, 결핵성 수막염, 뇌종양, 진균성 뇌염, 정상압수두증 등의 감염성 질환에 의한 치매가 있다. 그리고 연령에 따라 초로성 치매(presenile dementia) 또는 조발성 치매와 노인성 치매(senile dementia) 또는 만발성 치매로 구분하는데, 역연령에 따른 노인의 정의에 근거하여 65세를 기준으로 두 가지 장애를 구분하고 있다.

3) 주요 치매

우리나라 65세 이상 노인의 치매유병률은 2025년 10.3%에서 2050년에는 15.9%에 이르고, 치매노인 수는 302만 명에 이를 것으로 예측된다(보건복지부, 2020. 9.). 다양한 원인에 의해 발생하는 뇌병변이나 손상에 의해 발생하는 치매 중에서 알츠하이머형 치매가 전체 치매의 74% 정도를 차지하고 혈관성 치매가 11%를 차지하며, 나머지는 기타 원인에 의한 치매이다(보건복지부, 중앙치매센터, 2021). 이러한 치매 중에서 주요 치매의 원인과 증상, 임상적 경과 등에 대해 간략히 살펴보면 다음과 같다(권중돈, 2024b).

(1) 알츠하이머형 치매

알츠하이머형 치매는 1911년 독일의 Alois Alzheimer 박사가 처음으로 보고한 대표적인 치매의 유형이다. 이 치매는 정상적인 기능을 수행하던 뇌세포가 특정한 원인 없이 서서히 죽어 감으로써 개인의 인지기능이 점진적으로 감퇴하며 성격 변화, 대인관계 위축, 사회활동의 제한은 물론 기본 일상생활조차 어렵게 만드는 퇴행성 치매이다. 발병 초기 단계에서는 일상생활의 수행능력이 좀 늦거나, 대화 중에 얘기의 초점을 잊어버리는 정도여서 노년기의 건망증 정도로 잘못 판단할 수 있다. 그러므로 가족이 노인이 이상하다고 생각하여 병원에 갔을 때에는 이미 2~3년 정도 경과된 경우가 많다. 치매가 진행되면서 실언, 지남력 장애, 배회, 야간착란 증상, 환상이나 망상 등의 증상이 뚜렷하게 나타나고 말기에는 고도의 인지장애가 수반되어 자신의 이름이나 가까운 가족도 알아보지 못하며, 자기 자신을 전혀 돌보지 못할 정도로 황폐화된다.

(2) 혈관성 치매

혈관성 치매란 뇌출혈, 뇌경색 등 뇌혈관질환이 그 원인이며, 치매 중에서 두 번째로 흔한 유형이다. 혈관성 치매는 뇌혈관질환이 누적되어 나타나는 치매를 말하는데, 고혈압, 당뇨병, 고지혈증, 심장병, 흡연, 비만 등이 있는 사람에게서 잘 나타난다. 정상적으로는 부드럽고 탄력 있는 뇌혈관이 지속되는 고혈압이나 당뇨병 등에 의해 딱딱해지고 두꺼워지며, 혈관이 좁아지거나 막히거나 터져서, 뇌의 원활한 혈액순환이 되지 않아 뇌 활동에 필요한 산소와 영양분이 공급되지 않게 됨으로써 나타난다. 뇌혈관 중 큰 혈관이 막히게 되면 운동장애나 언어장애가 바로 나타나고 치매가 곧바로 진행되지만, 작은 혈관이 막히는 경우 처음에는 특별한 증상을 보이지 않지만 누적되면 다발성 경색치매가 된다.

(3) 파킨슨병에 의한 치매

파킨슨병은 신경전달물질 중 도파민이 부족하여 운동신경망이 원활하게 작동하지 못하여 생기는 운동신경장애이다. 이 병은 원래 신체떨림이나 손·발·관절의 마비, 언어장애, 신체를 움직이는 데 어려움을 보이며, 말기에는 치매로 발전되는 경우가 있다. 약물을 복용함으로써 운동장애 증상을 완화하여 줄 수 있지만 부작용으로 환각, 망상, 일시적인 혼란상태나 비정상적인 움직임을 보일 수 있다.

(4) 픽병에 의한 치매

픽병은 수십 년에 걸쳐 인간의 능력을 점진적으로 퇴화시켜 무능력한 상태에 이르게 한다. 픽병은 뇌의 전두엽에서 발생하며, 일반적으로 40~65세 사이에 발생한다. 주된 증상은 성격장애, 행동장애, 언어장애, 기억장애이지만 초기에는 다른 장애가 일어나기 전에 기억장애가 더 심하게 나타난다.

(5) 헌팅턴병에 의한 치매

헌팅턴병은 유전성이며 신체와 정신에 영향을 주는 뇌의 퇴행으로 생기는 병이다. 일반적으로 30~50세 사이에 발병하며, 주된 증상은 지적장애, 손발과 얼굴 근육의 불규칙적이고 불수의적인 움직임이다. 그 밖에 성격 변화, 기억장애, 말더듬, 판단력이나 정신적인 문제 등의 다른 증상도 동반된다. 헌팅턴병은 진행을 막을 수 있는 치료법이 아직 개발되지 않았지만 약물을 복용함으로써 신체 움직임과 정신 증상은 조절할 수 있다.

(6) 알코올성 치매(코르사코프 증후군)

술을 마시지 않거나 적절한 수준에서 마시면 알코올성 치매에 걸리지 않는다. 그러나 술을 지속적으로 많이 마시면 비타민B1의 결핍으로 뇌손상을 일으키게 된다. 이 병은 기억력이 손상되고, 그 밖에 계획을 세우고 조직하고 판단하거나 대인관계기술과 균형을 담당하는 뇌 부위가 가장 많이 손상된다. 술을 끊으면 알코올성 치매 증상이 좋아질 수 있으며, 비타민B1을 섭취하는 것도 예방에 도움이 되고 증상을 호전할 수 있다.

(7) 크로이츠펠트–야콥병에 의한 치매

크로이츠펠트–야콥병(CJD)은 100만 명 중 한 명 정도가 걸릴 정도로 매우 희귀한 병이다. 초기 단계에서는 기억력에 이상이 생기거나 행동이 변하고 균형감각이 부족해진다. 이 병이 진행되면 정신 증상이 나타나고, 마음대로 몸을 움직이지 못하고 실명을 할 수도 있으며, 손과 다리가 약화되어 사용할 수 없게 되다가 마지막에는 의식불명이 된다.

(8) 루이소체 치매

루이소체(Lewy body)병은 호산성 세포질 봉입체인 루이소체가 대뇌세포에 넓게 퍼져서 야기되는 뇌의 퇴행성 병변에 의해 일어나는 질환이다. 임상적으로 파킨슨병에서 잘 나타나는 경직과 같은 운동장애가 나타나고, 섬망이나 환시와 같은 정신 증상이 잘 일어난다. 또한 항정신병 약물에 대한 부작용이 잘 나타나, 치료 시 고전적인 항정신병 약물의 사용을 어렵게 한다.

(9) AIDS에 의한 치매

AIDS 환자의 반 이상에서 치매 증상이 나타난다. 임상 증상은 서서히 시작되며 무감동, 건망증, 집중곤란, 정신 증상, 보행실조, 근육경련 등을 보인다. 신경병리학적 소견으로는 전반적인 대뇌 위축이 일어나며 백질 부위에 수초탈락, 산란성 공포와 다핵성 거대세포 등이 나타난다.

(10) 중금속과 화학물질에 의한 중독성 치매

여러 가지 종류의 독성물질이 중추신경계에 각종 장애를 일으키며, 심한 경우 뇌손상을 일으켜 치매상태에 이르게 한다. 구리와 납 등의 중금속과 살충제, 가스, 화학물질 등이 원인이 된다.

(11) 정상압 뇌수종에 의한 치매

정상압 뇌수종은 치매, 보행장애, 요실금 등의 증상을 특징으로 한다. 뇌실질은 확장되어 있으나, 뇌압상승은 없는 경우를 말한다. 신경외과적 수술에 의해 치매가 호전될 수 있기 때문에 조기 발견이 중요하다.

(12) 두부 외상

두부 외상(head trauma) 후의 치매는 극심한 상태인 식물상태에서부터 경미한 인지기능장애까지 다양하다. 교통사고와 같은 단발성 원인과 권투선수와 같이 만성적인 두부 외상이 있으며 주의력 결핍, 만성적 피로감, 기억장애와 언어장애, 정신기능의 둔화 등을 호소한다.

(13) 대사성 장애에 따른 치매

저산소증, 저혈당, 요독증, 갑상선 기능저하증, 비타민 부족(티아민, B12, 엽산 등) 등에 의해 치매가 발생할 수 있다. 특히 갑상선 기능저하증과 비타민B12 부족에 의한 치매는 노년기에 비교적 많이 발생하는 것으로 알려져 있으므로, 이에 대한 철저한 검사가 필요하다.

3. 치매의 증상과 경과

1) 치매환자의 증상과 문제행동

치매노인은 기억력, 추상적 사고능력, 판단력 및 충동통제능력, 언어기능 등의 저하와 성격 변화, 신체적 기능의 변화로 인하여 직업, 사회활동, 대인관계 등에 상당한 제한을 받게 된다. 그러나 치매의 초기 증상은 매우 모호하여 정상적 노화과정으로 잘못 알고 있는 경우가 많이 있고, 치매라고 하여 다 같은 증상을 보이는 것도 아니며, 원인에 따라 나타나는 증상이나 문제행동 역시 다양하다. 이러한 치매의 주요 증상과 문제행동을, ① 인지장애, ② 정신장애, ③ 언어장애, ④ 행동장애, ⑤ 일상생활 수행장애, ⑥ 신체장애의 범주로 나누어, 그 특징적인 증상과 행동을 정리하여 제시하면 〈표 5-2〉에서 〈표 5-7〉과 같다(권중돈, 2024b).

표 5-2 인지장애

구분	특징적 증상과 행동	
기억장애	• 방금 했던 말을 기억하지 못한다. • 남의 말을 잘 전하지 못한다. • 자기 물건을 놓아 둔 곳을 잊어버린다. • 자기 나이를 모른다. • 고인이 살아 있는 것처럼 이야기한다.	• 새로운 것을 기억하지 못한다. • 많은 걸 물어보면 어쩔 줄 모른다. • 자기 집 주소를 모른다. • 가족의 이름을 모른다. • 과거를 현재처럼 이야기한다.
지남력장애	• 가족이나 친지를 잘 모른다. • 며느리에게 아주머니라고 한다. • 계절에 맞지 않는 옷을 입는다. • 지금 몇 시인지 모른다. • 길을 잃어 헤맨다.	• 아들을 남편이라고 한다. • 오늘 날짜를 모른다. • 현재 계절을 모른다. • 자신이 있는 곳을 모른다. • 남의 집 초인종을 누른다.
판단장애	• 내 것과 남의 것을 구별하지 못한다. • 더러워진 옷을 벗지 않는다. • 시장에 혼자 가지 못한다. • 상황에 맞지 않는 행동을 한다. • 사회적인 일에 무관심하다. • 발병 전 취미에 흥미가 없다. • 내 집을 남의 집으로 생각한다.	• 급하게 서두르면 혼란해한다. • 자신이 잘못한 것을 모른다. • 일을 신속하게 처리하지 못한다. • 이웃사람과 친하게 지내지 못한다. • 반상회 같은 것에 관심이 없다. • 관혼상제 의식을 제대로 모른다. • TV 내용을 현실로 착각한다.
계산능력 장애	• 돈관리를 하지 못한다. • 간단한 계산이 안 된다.	• 물건을 구매하지 못한다.

표 5-3 정신장애

구분	특징적 증상과 행동	
망상	• 주위 사람을 의심한다. • 자기 재산, 돈을 가져갔다고 주장한다. • 가족에게서 피해를 받는다고 생각한다. • 약을 주면 죽이려 한다며 먹지 않으려 한다. • 물건을 도둑맞았다고 소동을 피운다.	• 먹는 음식에 독을 넣었다고 한다. • 가족이 자신을 버릴 것이라고 생각한다. • TV 속의 인물을 집에서 찾는다. • 배우자나 며느리가 바람을 피운다고 주장한다.
불안	• 어쩔 줄 몰라 서성댄다. • 불안해서 아무 일도 하지 못한다. • 수시로 집에 가야 한다고 말한다. • 몸이 떨린다고 말한다. • 집 밖을 무서워하여 아무도 나가지 못하도록 한다.	• 정서가 불안정하다. • 식사할 때 안정하지 못한다. • 보따리를 싸서 가지고 다닌다. • 항상 지나치게 긴장되어 있다. • 신경이 예민해서 숨이 차고 가슴이 두근거리거나, 속이 불편하다고 한다.

구분	특징적 증상과 행동	
우울	• 늘 잠만 자려 한다. • 죽겠다(자살하겠다)고 이야기한다. • 몸이 아프다고 항상 호소한다. • 낯선 사람 만나기를 거부한다.	• 무엇이든 하려는 의욕이 없다. • 자신이 쓸데없는 사람이라고 생각한다. • 낮에 멍하게 있다.
조증	• 지나치게 기분이 좋아 보인다. • 유치해 보일 정도의 장난을 친다.	• 재미 없어 보이는 것도 재미있어 한다.
환각	• 아무 소리도 안 들리는데, 사람의 목소리나 소리가 들린다고 한다. • 귀신이 붙었다며 물건을 밖으로 던진다. • 아무 냄새도 나지 않는데, 냄새가 난다고 한다.	• 보이지 않는 사람, 동물 등이 보인다. • 누가 왔다 갔다고 이야기한다. • 피부에 뭔가 기어다닌다고 말한다. • 야간에 헛것을 본다.
성적 이상행동	• 집 안에서 옷을 벗은 채 다닌다. • 성기를 노출하거나 보호자에게 만지라고 한다. • 목욕하는 것을 훔쳐본다.	• 자위행위를 한다. • 배우자가 아닌 이성의 몸을 만지거나 성행위를 하자고 한다.
무감동	• 대화를 먼저 시작하지 않는다. • 감정 표현이 매우 부족하다. • 예전에 비해 다정다감한 면이 준다.	• 친구나 가족 등 친밀한 것에 관심이 전혀 없다.

표 5-4 언어장애

구분	특징적 증상과 행동	
동어 반복	• 반복해서 같은 말을 물어본다.	• 계속 먹을 것을 달라고 이야기한다.
작화증 (作話症)	• 없는 말을 만들어 한다. • 가족이 밥을 주지 않는다고 얘기하고 다닌다.	• 다른 사람에게 가족이 자신을 학대한다고 말한다.
혼잣말	• 앞뒤가 맞지 않는 무의미한 말을 혼자 중얼거린다.	
폭력적 언어	• 가족에게 욕설을 한다. • 고함을 지르며 악을 쓴다.	• 특정한 사람을 험담한다.
실어증	• 말의 의미를 이해하지 못하고 엉뚱한 대답을 한다. • 단어를 잊어버려 말을 하지 못하고 소리만 낸다.	• 전하고 싶은 말을 제대로 표현하지 못한다. • 말하는 것이 두서가 없다.

표 5-5 행동장애

구분	특징적 증상과 행동	
배회	• 돌보는 사람이 없으면 밖에 나가 배회한다. • 하루 종일 서성인다.	• 옛날 집을 찾아가겠다며 나가서 길을 잃는다.
수면장애	• 밤에 일어나 무슨 일을 하려고 한다. • 밤과 낮이 바뀐다. • 깊이 잠들지 않고 잠깐씩 깜빡깜빡 존다. • 밤중에 몇 번이고 눈을 뜬다.	• 밤에 일어나 가족을 깨우고 소란하게 한다. • 좀처럼 잠들지 못한다. • 며칠씩 잠을 자지 않는다.
흥분폭력	• 문을 세게 닫고 물건을 집어던진다. • 참을성이 없다. • 칼이나 예리한 물건을 휘두른다.	• 타인에게 폭력을 휘두른다. • 가족에게 폭력을 쓴다. • 돌보는 사람을 꼬집고 깨문다.
수집벽	• 밖에서 쓰레기를 주워 온다. • 먹을 것을 구석에 숨긴다.	• 집 안의 물건을 자기 방에 감춰 둔다. • 돈만 보면 숨긴다.
반복행동	• 하루 종일 스위치를 켰다 껐다 한다. • 손을 가만히 두지 않고 뭔가 계속 만진다.	• 수시로 화장실에 들락거린다. • 옷을 자르고 꿰매기를 반복한다.
거부행동	• 돌보는 사람에게 화를 낸다. • 병원 가기를 거부한다. • 목욕하기를 거부한다.	• 돌보는 사람을 의심한다. • 약 복용을 거부한다.

표 5-6 신체장애

구분	특징적 증상과 행동	
보행	• 구부정한 자세로 종종걸음을 친다. • 걷기보다는 기어 다닌다. • 걸을 때 중심을 잡지 못하고 한쪽으로 기 울어진다.	• 하체에 힘이 없어 팔로 짚고 엉덩이로 밀고 다닌다. • 걸을 때 무엇이건 잡고 의지하려 한다. • 대부분 누워 지낸다.
시력	• 백내장이 있을 수 있다.	• 녹내장이 있을 수 있다.
청력	• 청력 이상 증상으로 들리지 않는 소리를 들었다고 한다. • 상대방의 말을 잘 알아듣지 못하고 자기 마음대로 판단하여 반응한다.	• 청력이 약하다. • 청력이 약하여 말을 할 때 매우 큰 소리 로 한다.
편마비	• 한쪽 손발의 사용이 불편하다.	• 보행이나 이동 시 도움이 필요하다.

표 5-7 일상생활 수행장애

구분	특징적 증상과 행동	
세탁	• 이불을 펴지 못한다. • 세탁기 사용방법을 모른다. • 마른 빨래를 구별하지 못한다.	• 빨래를 널지 못한다. • 세탁을 하지 못한다. • 다리미를 사용하지 못한다.
옷 입기	• 옷을 혼자 입지 못한다. • 아침이 되어도 잠옷을 벗지 않으려 한다.	• 잘 때 잠옷으로 갈아입지 않는다. • 옷의 안과 밖을 구별하지 못한다.
세수·목욕·용모단장	• 더러워도 씻으려 하지 않는다. • 혼자 목욕을 하지 못한다. • 머리를 혼자 감지 못한다.	• 세수를 하지 못한다. • 혼자서 목욕할 때 일부만 씻는다. • 기본적인 용모단장을 하지 못한다.
청소	• 걸레를 잘 짜지 못한다. • 방 정리정돈을 하지 못한다.	• 방청소를 하지 못한다.
수단적 일상생활 동작능력	• 문을 잠그고 열지 못한다. • 글씨를 쓰지 못한다. • 전화를 잘 받지 못한다. • 손자를 돌보지 못한다.	• 버스나 전철을 혼자 타지 못한다. • 교통신호를 분간하지 못한다. • 필요한 물건을 구매하지 못한다.
식사	• 늘 먹을 것만 찾는다. • 먹어서는 안 될 물건을 먹는다. • 편식을 한다. • 삼키는 데 어려움이 있다. • 식사할 때 도움이 필요하다.	• 수시로 부엌을 드나들고 냉장고문을 연다. • 변을 먹는다. • 음식을 먹지 않으려 한다. • 남의 그릇에 손을 넣는다. • 음식을 손으로 집어먹는다.
조리	• 가스레인지를 끄지 않고 켜 놓는다. • 식기를 닦지 못한다. • 밥을 짓지 못한다.	• 수돗물을 쓰고 잠그지 않는다. • 조리도구 사용방법을 모른다.
화장실 이용	• 배변 후 휴지를 사용하지 않는다. • 배변 후 물을 내리지 않는다. • 화장실 이외의 장소에서 배설한다. • 화장실에서 사용했던 휴지를 아무데나 버린다.	• 속옷을 벗지 않고 배설한다. • 대변과 소변을 구별하지 못한다. • 화장실을 모른다. • 화장실에 도달하기 전에 배설한다.

2) 치매의 진행 단계와 예후

치매가 언제 시작하여 어떠한 경과를 거쳐 사망에 이르게 되는지 그 진행과정을 정확하게 파악한다는 것은 쉬운 일이 아니다. 그 이유는 치매 증상을 보이기 이전에 뇌세포의 병리적 변화가 일어나는 시점을 정확히 알 수 있는 방법이 없기 때문이다. 치매의 경과와 예후는

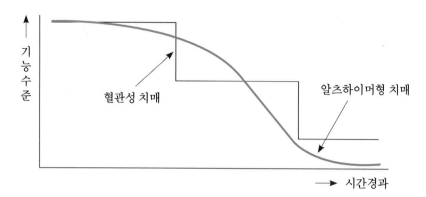

[그림 5-2] 혈관성 치매와 알츠하이머형 치매의 진행과정

환자의 성, 교육수준, 인생사, 성격, 건강상태, 치매의 원인질환, 발병시기, 발병 시 임상 양상, 다른 정신 증상과 신경계 증상의 유무 등에 따라 달라질 수 있다. 즉, 치매의 주된 증상이라고 할 수 있는 인지기능, 행동증상, 일상생활기능 등이 악화되는 양상이 서로 다르게 나타난다. 특히 [그림 5-2]에서 보는 바와 같이 알츠하이머형 치매의 경우에는 점진적 악화 과정을 거치는 반면, 혈관성 치매의 경우에는 단계적 악화 과정을 거치는 차이가 있다.

그러나 치매는 대개 다음과 같이 3단계로 진행되는 것이 일반적이다. 각 단계에 따라 나타나는 증상은 병의 경과와 간호계획을 수립하는 데 아주 중요한 자료가 되지만 진행 단계는 개인에 따라 다를 수 있으며, 꼭 순서대로 진행되는 것은 아니다.

(1) 초기 단계

첫 번째 단계는 흔히 전문가, 친척, 친구 등 주위 사람이 '나이가 들어서'라고 말하면서 무심코 지나치는 경우가 많은 단계이다. 알츠하이머형 치매는 매우 천천히 진행되기 때문에 언제, 어떻게 시작되었는지 그 발병시기를 확실하게 알 수 없다. 초기 단계에서는 언어장애, 단기기억의 상실, 시간지남력의 장애, 판단력장애, 의욕 상실, 우울증이나 공격적 행동, 취미활동에 대한 흥미 상실 등의 증상을 나타낸다.

(2) 중간 단계

치매가 점차 심해지면서 문제의 증상이 눈에 띄게 나타나며 심하면 일상생활을 할 수 없게 된다. 중간 단계에 이르면, ① 금방 일어났던 일이나 사람의 이름을 기억하지 못하며, ② 혼자서 살 수 없을 정도로 일상생활에 어려움을 겪고, ③ 청소, 요리, 장보기 등을 할 수 없으며, ④ 타인에 대한 의존적인 경향이 상당히 강해지고, ⑤ 기본 위생관리도 타인의 도움을 받아야만 하며, ⑥ 조리 있게 말하는 것이 더욱 힘들어지고, ⑦ 배회하고 비정상적 행동을 나타내며, ⑧ 집 안이나 밖에서 길을 잃어버리고, ⑨ 일부는 환각을 경험하기도 한다.

(3) 말기 단계

완전히 의존상태가 되고, 기억이 완전히 상실되며, 병의 증상이 신체적으로도 뚜렷하게 나타난다. 즉, ① 음식을 먹는 데 어려움을 겪고, ② 가족, 형제, 친척, 친구, 자신이 아끼던 물건 등을 알아보지 못하며, ③ 상황에 대한 이해나 분석능력이 전혀 없고, ④ 집 안에서도 방향을 찾지 못하며, ⑤ 대소변을 가리지 못하게 되고, ⑥ 사람들 앞에서 이상한 행동을 하며, ⑦ 휠체어를 사용하거나 침대에 누워서 지내는 와상상태에 이르게 된다.

알츠하이머형 치매의 경우 발병 후 사망하기까지의 생존기간이 평균 10.3년으로 알려져 있으나, 환자에 따라 몇 개월에서 20여 년에 이르기까지 매우 다양하다. 치매 진단 후 평균 생존기간은 65~80세까지의 치매노인은 약 7.7년, 80세 이상의 노인은 3.8년으로 보고되고 있다. 일반적으로 치매노인의 사망률은 일반인에 비해 높은 편이며, 알츠하이머형 치매노인의 진단 후 1년 이내 사망률은 병의 정도에 따라 7~37%로 보고되고 있다. 성별에 따라서는 여성이 남성보다 좀 더 오래 생존하고 원인질환에 따라서는 알츠하이머형 치매노인이 혈관성 치매노인보다 좀 더 오래 살며, 일찍 치매가 발병한 경우 인지기능의 악화가 더욱 빨리 진행되는 것으로 알려져 있다(권중돈, 2024b; 이상일, 1999).

4. 치매의 예방, 진단 및 치료

1) 치매의 예방

치매의 원인이 매우 다양하고 아직까지 정확한 원인이 밝혀지지 않은 치매가 절반 이상을 차지하고 있기 때문에 확실한 치매 예방법은 찾기 어렵다. 그렇지만 다음과 같은 예방 조치를 꾸준히 실행하게 되면 일부 치매는 예방이 가능하며, 그렇지 않은 경우에는 치매의 발병을 최대한 지연할 수 있다. 치매의 예방에 도움이 되는 방법을 제시하면 다음과 같다(권중돈, 2002c).

- 나이가 들수록 책을 읽고 쓰고 이야기하는 등 머리를 많이 쓰고 적극적으로 살아간다.
- 항상 새로운 정보를 접하고 무언가를 배운다.
- 지나친 음주나 흡연을 삼간다.
- 젊어서부터 꾸준히 운동을 하고 적정 체중을 유지한다.

- 우울증은 치료받고, 많이 웃으며 밝게 살도록 노력한다.
- 기억장애, 언어장애가 있을 때는 빨리 검사를 받는다.
- 매일 일기를 쓰는 것이 큰 도움이 된다.
- 스포츠와 같이 신체적·정신적 긴장과 이완이 반복되는 취미생활을 즐긴다.
- 혼자 지내기보다는 친구를 많이 만들고 자주 만나서 즐겁게 지낸다.
- 고혈압, 당뇨병, 동맥경화증, 고지혈증, 심장질환, 갑상선 기능저하증 등 성인병을 사전에 관리하고 적극적으로 치료한다.
- 어떤 일을 할 때 주의를 집중해서 하는 습관을 들이고 반복해서 기억하도록 한다.
- 중요한 약속이나 일은 메모하거나 기록해 둔다.
- 걷거나 손을 많이 쓰는 일은 뇌를 자극하여 뇌의 위축을 방지하는 효과가 있다.
- 소리를 내서 노래를 부르거나, 다른 사람과 대화를 하는 것이 좋다.
- 균형 있는 영양 섭취와 노화방지에 도움이 되는 음식을 섭취하되, 먹을 수 있는 양의 80% 정도만 섭취하고 충분한 수분을 섭취하는 것이 도움이 된다.
- 추운 겨울이나 새벽에 하는 운동, 환절기 등 급격한 기온 변화는 가능하면 피한다.
- 깊게 심호흡을 하여 폐활량을 늘리는 것은 심신의 안정에 도움을 준다.
- 안전운전과 방어운전을 하며, 공사장 등에서의 안전사고에 유의한다.
- 실내공해나 환경오염지역 등에서 독성물질에 장시간 노출되지 않아야 한다.
- 여성일 경우 폐경기 이후 필요하다면 호르몬 치료를 받는 것도 도움이 된다.
- 적당량의 비타민제, 은행잎 추출제와 아스피린을 복용하는 것이 도움이 될 수 있다.
- 여러 가지 약을 동시에 복용하는 것은 피한다.
- 알루미늄, 아연, 구리 등 금속이 많이 들어 있는 음식이나 공기 등을 장기간 섭취·흡입하지 않는 것이 좋다.
- 노후대책을 미리 세워 놓고 노인이 되어서는 외부 활동에 적극적으로 참여한다.

여기서 열거한 사항은 일반적인 노화 예방과 치매 예방을 위한 방법에 불과하다. 치매는 오랜 기간의 삶의 이력과 깊은 관계가 있기 때문에 열거한 사항을 젊었을 때부터 주의하고 꾸준히 생활에서 실천하는 것이 무엇보다도 중요하다.

2) 치매의 조기 발견과 진단

치매를 예방할 수 있다면 그것만큼 좋은 것은 없을 것이다. 그러나 현재로서는 치매를 예방할 수 있는 확실한 방법이 제시되지 않고 있기 때문에 무엇보다도 조기에 발견하여 적절한 치료와 조치를 취하는 것이 노인은 물론 가족에게도 가장 바람직한 치매 대응방법이라 할 수 있다. 치매의 정확한 진단을 위해서는 치매전문의를 찾아가 필요한 검사를 받는 것이 가장 좋은 방법이지만, 우선 가정에서 자가진단을 해 보는 것이 도움이 된다. 치매안심센터의 국가치매검진사업에서 활용하는 인지선별검사(Cognitive Impairment Screening Test) 또는 한국판 간이정신상태검사(MMSE-K), 하세가와 치매척도, 삼성치매척도 등은 병원에서 치매의 진단에 실제 사용되고 있거나 가정에서 활용할 수 있는 치매 조기 진단 체크리스트이다. 그렇지만 이 척도만으로 치매를 정확하게 진단하거나 발견해 낼 수는 없으므로 참고자료로만 활용하여야 하며, 정확한 진단을 위해서는 뇌자기공명영상(MRI)과 같은 다양한 의학적 검사를 받아야 한다.

치매에 대한 정확한 진단은 환자의 적절한 치료와 간호의 선행조건이다. 그러므로 치매의 초기 단계에 치매전문의에게 정확한 진단을 받아야 한다. 즉, 치매에 대한 의학적 진단을 통하여 치료 가능성 여부를 판단하고 어떻게 치료하고 간호하는 것이 환자와 가족의 행복한 삶에 가장 도움이 되는지를 결정해야 한다. 치매의 진단과정은 크게 두 단계로 나눌 수 있다. 첫째는 '진짜 치매가 있는가'를 판단하는 과정이고, 둘째는 '치매라고 한다면 그 원인이 무엇인가'를 밝히는 것이다. 치매 진단에서 가장 우선적으로 이루어져야 할 것은 치매노인 본인, 가족, 가까운 친구나 친척이 가능한 한 자세하게 치매를 의심하게 된 시점과 주된 증상, 진행과정 등과 같은 병의 내력을 상세하게 설명하는 것이다. 즉, 언제 처음 어떤 사건으로 환자가 이상하다고 느꼈는지를 기억해서 자세하게 얘기하고 그러한 증상이 어떻게 전개되었는지, 그리고 현재는 어떠한지를 자세하게 얘기해야 한다. 가능하다면 구체적 사건의 예를 들어 설명하는 것이 좋으며 과거의 질병, 직업, 가족력에 관한 내용을 설명하는 것도 도움이 된다.

다음으로는 신체검진을 받는 것이 좋다. 그 이유는 다른 원인을 배제하고 치매와 유사하여 혼돈을 일으킬 수 있는 다른 질병(예: 시력장애, 청력장애 등)이 있는지를 파악하는 것이 중요하기 때문이다. 그다음으로는 기억력, 계산력, 추리력, 집중력, 시공간 지각력, 지남력 등의 인지기능을 부분별로 측정하여 어떤 부분에 어느 정도 장애가 있는가를 평가하는 신경심리검사를 받아야 한다.

치매가 있는 것으로 판단되거나 의심이 되는 경우에는 원인을 알아보기 위한 다양한 검사를 받아야 한다. 의심되는 원인질환을 밝혀내기 위하여 필요한 검사를 시행하게 되는데, 필요에 따라 혈액검사, 소변검사, X선검사, 신경전도검사와 근전도검사, 컴퓨터 단층촬영(CT), 뇌자기공명영상(MRI), 뇌파검사, 뇌혈관 조영술, 자기공명 혈관조영술(MRA), 뇌척수액검사, 단일 광전자방출 전산화 단층촬영검사(SPECT), 양전자 단층촬영(PET) 등을 실시한다. 치매의 원인질환이 매우 다양하여 경우에 따라서는 몇 단계에 걸쳐 검사를 받을 필요도

표 5-8 인지선별검사(Cognitive Impairment Screening Test: CIST)

지남력	시간	1. 오늘 날짜를 말씀해주세요.		
		(1) 올해는 몇 년도입니까?	0	1
		(2) 지금은 몇 월입니까?	0	1
		(3) 오늘은 며칠입니까?	0	1
		(4) 오늘은 무슨 요일입니까?	0	1
	장소	2. 지금 _____님이 계신 여기는 어디인가요? 이 장소가 어디인지 말씀해 주세요.	0	1
기억력	기억등록	3. 지금부터 외우셔야 하는 문장 하나를 불러드리겠습니다. 끝까지 잘 듣고 따라 해 보세요.	점수 없음 (단, 순서 상관없이 대상자가 말한 단어 에 ○표)	
		(1차 시행) 민수는/자전거를 타고/공원에 가서/11시부터/야구를 했다		
		잘 하셨습니다. 제가 다시 한번 불러드리겠습니다.		
		이번에도 다시 여쭈어 볼테니 잘 듣고 따라 해 보세요.		
		(2차 시행) 민수는/자전거를 타고/공원에 가서/11시부터/야구를 했다		
		제가 이 문장을 나중에 여쭤보겠습니다. 잘 기억하세요.		
주의력	숫자 바로 따라 말하기	4. 제가 불러드리는 숫자를 그대로 따라 해 주세요. (대상자가 잘 이해하지 못하는 경우) 제가 1-2-3 하고 부르면, 똑같이 1-2-3 이렇게 말씀해 주세요.	0	1
		(1) 6-9-7-3		
		(2) 5-7-2-8-4	0	1
	거꾸로 말하기	5. 제가 불러드리는 말을 끝에서부터 거꾸로 따라 해 주세요. (대상자가 잘 이해하지 못하는 경우) ○○○님(대상자 이름) 이름을 거꾸로 하면 ○○○ 이렇게 되지요? 마찬가지로 제가 부르는 말을 거꾸로 말씀해 주세요.		
		금수강산	0	1
시공간 기능	도형모사	6. (그림을 가리키며) 여기 점을 연결하여 그린 그림이 있습니다. 이 그림과 똑같이 되도록 (아래 반응 공간을 가리키며) 같은 위치에 그려 보세요. 점을 연결해서 그리시면 됩니다.	0 1 2	
집행 기능	시각추론1	7. 여기 모양들이 정해진 순서로 나옵니다. 모양들을 보면서 어떤 순서로 나오는지 생각해 보세요. 자(도형을 왼쪽부터 하나씩 가리키며), 네모, 동그라미, 세모, 네모, 빈칸, 세모. 그렇다면 여기 빈칸에는 무엇이 들어가야 할까요? ■⇒●⇒▲⇒■⇒□⇒▲	0	1
	시각추론2	8. (맨 앞 그림을 가리키며) 여기 네 칸 중의 한 칸에 별이 하나 있습니다. (두 번째 그림을 가리키며) 별이 이렇게 다른 위치로 이동합니다. 어떤 식으로 이동하는지 잘 생각해 보십시오. (마지막 반응 칸을 가리키며) 여기서는 네 칸 중에 별이 어디에 위치하게 될까요?	0	1

	언어추론	9. 카드에 숫자와 계절이 하나씩 적혀 있습니다. '1−봄−2−여름∼' 이렇게 연결되어 나갑니다. (화살 표시된 빈칸을 가리키며) 여기는 무엇이 들어갈 차례일까요? `1` `봄` `2` `여름` `3` `가을` `▼` `겨울` `5` `봄` `6` `▼`	0 1 2
기억력	기억회상/ 재인	10. 제가 조금 전에 외우라고 불러드렸던 문장을 다시 한번 말씀해 주세요. [조금 전에 외우라고 불러드렸던 문장(한 문장의 이야기)을 말씀해 보세요.]	

	기억회상 (각 2점)	재인 (기억회상 과제에서 회상하지 못한 항목만 시행. 각 1점)	
	민수 [ ]	제가 아까 어떤 사람의 이름을 말했는데 누구일까요? 영수 [ ] 민수 [ ] 진수 [ ]	0 1 2
	자전거 [ ]	무엇을 타고 갔습니까? 버스 [ ] 오토바이 [ ] 자전거 [ ]	0 1 2
	공원 [ ]	어디에 갔습니까? 공원 [ ] 놀이터 [ ] 운동장 [ ]	0 1 2
	11시 [ ]	몇 시부터 했습니까? 10시 [ ] 11시 [ ] 12시 [ ]	0 1 2
	야구 [ ]	무엇을 했습니까? 농구 [ ] 축구 [ ] 야구 [ ]	0 1 2

언어 기능	이름대기	11. 여기 있는 이 그림의 이름을 말씀해 주세요. 이것은 무엇입니까?	
		(1) 칫솔 [대상자 반응:]	0 1
		(2) 그네 [대상자 반응:]	0 1
		(3) 주사위 [대상자 반응:]	0 1
	이해력	12. 제가 말씀드리는 대로 행동으로 그대로 보여 주십시오. 박수를 두 번 치고, 주먹을 쥐세요.	0 1
집행 기능	유창성	13. 지금부터 제가 그만이라고 말할 때까지 과일이나 채소를 최대한 많이 이야기해 주세요. 준비되셨지요? 자, 과일이나 채소 이름을 말씀해 주세요. 시작!	＿＿개
		[반응기록/제한 시간 1분] 0∼8개: 0점/9∼14개: 1점/15개 이상: 2점	0 1 2

결과요약표

인지영역	지남력	주의력	시공간기능	집행기능	기억력	언어기능	총점
점수	/5	/3	/2	/6	/10	/4	/30
판정	□ 정상				□ 인지저하 의심		

진단검사 의뢰점수						
연령	교육년수					
	비문해	무학/문해 ~5년	초졸 6~8년	중졸 9~11년	고졸 12~15년	대졸 이상 16년~
50~59세	–	–	22	24	26	27
60~69세	–	16	21	23	25	26
70~79세	13	14	19	22	22	25
80~89세	10	11	16	18	20	22

※ 이 표에 제시된 점수의 미만일 경우 진단검사로 의뢰함.

생기게 되므로 중간에 검사를 중단하는 것은 바람직하지 않다.

치매를 정확히 진단받기 위해서는 신경전문의, 노인전문의, 정신건강 전문의를 찾는 것이 좋다. 그러나 어떤 환자는 의사에게 진단을 받는다는 것 자체를 꺼리거나 거부하는 경우가 있다. 이러한 문제점을 극복할 수 있는 가장 효과적인 방법은 두통이나 시력감퇴와 같이 환자가 병원에 가는 데 쉽게 동의할 수 있는 질병이나 장애를 들어 건강진단을 받아야 한다고 설득해 보는 것이다. 혹은 심장검사, 혈액검사, 당뇨검사 또는 다른 신체 질병을 구실로 삼아 병원에 가는 것도 좋은 방법이 된다. 하지만 무엇보다도 중요한 것은 치매로 의심되는 사람을 안심시키고 차분하고 사려 깊은 태도로 환자의 걱정과 두려움을 덜어 주는 것이다.

3) 치매의 치료

일반인은 '치매에 걸리면 치료할 수 없다.'라는 잘못된 생각 때문에 치매에 대해 적극적 치료를 하지 않는 경향이 있다. 그러나 치매의 10~15%는 치료가 가능하며, 조기에 치료하면 지연 가능한 혈관성 치매를 비롯하여 통제 가능한 치매를 합해 최대 25%까지는 효과를 거둘 수 있다. 그러나 뇌세포는 일단 손상되면 재생이 되지 않으므로, 치료 가능한 원인을 발견하였을 경우 근본적인 질환을 치료하는 것이 우선이며, 가정에서 보호한다고 하더라도 조기 치료가 매우 중요하다. 대표적인 치매인 알츠하이머형 치매는 지금까지 완치할 수 있는 방법이 알려져 있지 않다. 그렇다고 하더라도 조기에 뇌세포의 혈액순환을 원활하게 하고 기억력을 향상할 수 있는 약물 또는 영양소를 공급하여 치매의 진행을 늦추도록 노력하고, 마지막까지 자신의 힘으로 최소한의 생활을 영위할 수 있도록 도와야 한다.

(1) 약물치료

치매노인에 대한 약물치료는 대체로 인지기능에 관한 약물과 정신 증상을 완화하는 약물치료로 구분할 수 있다. 현재 치매를 근본적으로 치료할 수 있는 약물은 개발되어 있지 않지만 치매의 발병을 늦추거나, 증상을 완화하거나, 증상의 진행을 늦추거나, 치매의 부차적 증상인 정신 증상을 완화할 수 있는 약물이 사용되고 있다.

현재까지 아리셉트(Aricept), 엑셀론(Exlon) 등의 약물이 인지기능 개선을 위한 치료제로 사용되고 있으며, 이들 약물은 치매 초기와 중기에 효과가 있는 것으로 알려져 있으나, 아직 치매에 확실한 효과가 있다는 정확한 연구는 없는 상태이다. 그 외에 비타민E와 셀레질린(Selegiline) 등의 황산화제, 항소염제, 여성호르몬제제 등이 효과가 있는 것으로 알려져 있지만, 이 역시 효과가 확실히 입증되기 위해서는 좀 더 시험이 이루어져야 한다.

치매가족이 환자의 간호에서 어려움을 겪는 이유는 인지기능의 쇠퇴도 문제이지만 망상, 환각, 배회, 공격성, 수면장애, 정동장애와 같은 정신 증상이나 문제행동 때문이다. 이러한 정신 증상이나 문제행동의 많은 부분이 항정신성 약물로 조절될 수 있다. 정신 증상과 문제행동을 조절할 수 있는 약물로는 항정신성 약물, 항불안제, 항우울제, 수면제 등이 있다. 그러나 필요 이상의 항정신성 약물을 투여할 경우 근경직, 근경련, 좌불안석, 목 마름(口渴), 배뇨곤란, 변비, 섬망, 기립성 저혈압과 같은 부작용이 나타날 수도 있다.

치매노인에게서 흔히 나타나는 우울 증상의 치료는 일반적인 노년기 우울증 치료와 크게 다르지 않다. 우울 증상이 심하지 않을 때에는 생활환경을 바꾸거나 오락, 게임 등을 활용하는 자극 중심의 행동치료를 실시하면 보통 좋아진다. 그러나 우울 증상이 오랜 기간 심하게 지속되는 경우 항우울제를 사용하거나 약물치료의 효과가 없을 때에는 전기충격치료를 시행해야 한다. 고전적인 삼환계 항우울제가 노인이 감당하기 어려운 여러 가지 부작용, 즉 항콜린성 부작용 등이 많은 반면, 최근 개발된 세로토닌 재흡수 억제제 계통의 약물은 이러한 부작용이 적어 1차 선택약으로 사용된다.

(2) 정신사회적 치료

치매노인은 자신의 인지기능장애가 진행되면서 이전에는 별다른 어려움이 없이 해 오던 일을 이제는 더 이상 하기 어렵다는 것을 느끼게 되어 자아존중감과 자아정체성에 심한 타격을 받게 된다. 때로는 이러한 정서적인 문제가 심각하여 뇌손상 환자에게 나타나는 파국적 반응, 즉 심한 정서적 공황상태가 나타나기도 한다.

정신치료는 환자의 부정이나 투사 등을 통한 심리적 적응과정을 적절하게 도와주는 것이라고 할 수 있으며, 다음과 같은 몇 가지 중요한 원칙이 강조되고 있다. 첫째, 자아존중감을 잘 유지할 수 있도록 도와준다. 둘째, 특징적인 방어기제를 평가하여 그것을 건설적으로 사용할 수 있도록 한다. 셋째, 지남력장애를 극복하기 위하여 달력을 가까이 두도록 하거나, 기억장애에 따른 불편을 줄이기 위해 기록을 하게 하고 일일계획표를 짜게 하는 등 인지기능의 한계성을 보완하는 방법을 찾아 준다. 넷째, 부정적인 관계를 줄임으로써 환자의 자아 존중감을 지지해 주는 새로운 방식의 관계를 형성하도록 가족을 도와준다.

정신사회적 치료는 행동지향적 치료, 감정지향적 치료, 인지지향적 치료, 자극지향적 치료로 구분하며, 치매노인의 기능을 극대화하고 삶의 질을 개선하는 데 목표를 둔다. 행동지향적 치료는 문제행동이 언제, 어디서, 어떻게 일어났는지를 정확하게 기술하여 그 행동의 유발요인과 결과를 평가하고 이에 따른 치료적 개입을 결정한다. 즉, 환자의 능력에 맞추어 적절한 조치를 하거나 환경을 변화시킨다. 감정지향적 치료에는 지지적 정신치료, 회상치료, 조정치료, 감각통합치료 등이 포함된다. 회상치료는 환자의 과거 기억과 정서를 자극하여 인지기능을 개선한다. 조정치료는 과거에 대한 감정적 매듭을 조정함으로써 자신의 가치를 회복하고, 모의존재치료는 사회적 고립감과 연관된 문제행동을 줄이는 데 도움을 준다. 인지지향적 치료는 현실지남력과 기술훈련을 포함하며, 인지적 결손을 교정하는 데 목적이 있다. 자극지향적 치료는 오락치료와 예술치료를 통하여 문제행동을 줄이고 감정을 개선하는 치료이다.

(3) 치매 증상의 단계별 치료전략

치매노인의 증상을 치료하고자 할 때 약물치료와 정신사회적 행동치료 등의 병합 치료가 필요하며, 주기적인 증상의 평가가 있어야 한다. 새로운 증상이 나타나거나 증상의 변화가 있는지 평가하고 이에 따라 치료방법을 바꾸기도 해야 하기 때문이다. 치매노인의 치료는 증상의 경과에 따라 다양하게 이루어진다. 대부분의 치매 증상은 치매의 전체 단계에 두루 나타나지만, 어떤 특정한 증상은 특정한 단계에서 잘 나타나기 때문에 이에 맞추어 치료전략을 세우는 것이 환자나 가족 모두에게 도움이 된다.

치매의 초기에는 환자와 가족 모두 치매 증상에 대처하는 방법에 대해 관심을 가지고 있다. 경도의 치매노인이 효율적으로 생활에 적응하기 위해서는 어떠한 능력에 장애가 있고 어떤 능력이 아직 잘 유지되고 있는지 파악하는 것이 중요하다. 이 시기에 중요한 것은 아직 인지기능의 장애가 심하지 않을 때 환자 스스로 처리해야 하는 것, 즉 재산상의 문제, 상속, 유언 등과 같은 일을 미리 준비할 수 있도록 한다. 치료에서는 이 시기에 아리셉트와 같은 콜린에스테라제 억제제를 사용하는 것이 좋으며, 비타민E와 셀레젤린의 단독 투여 또는 콜린에스테라제 억제제와의 병합 투여를 고려해야 한다. 또한 이 시기에는 환자의 능력 상실로 인해 우울증이 잘 동반되므로 이에 대한 철저한 검사와 치료를 해야 한다.

중등도의 치매에서는 우선 환자의 안전과 사고의 가능성을 염두에 두어야 한다. 즉, 가스를 잠그는 것을 잊어버린다든가 집 밖에 나가 배회하는 일이 발생한다. 특히 운전은 삼가도록 해야 하므로 자동차 열쇠를 잘 관리하도록 한다. 이 시기에는 가족도 신체적 · 심리적 부담이 증가하므로 주위의 도움을 적절히 활용하도록 하고 노인요양시설에 입소하는 문제를 고려하도록 한다. 중등도의 치매노인에게 콜린에스테라제 억제제를 비롯하여 비타민E와 셀레젤린 등과 같은 약물의 적극적인 사용을 권장하고 있다. 또한 이 시기에는 망상과 환각 등의 정신 증상이 잘 나타나므로 이에 대한 적절한 진단과 치료가 이루어져야 하며, 우울증 또한 나타날 수 있으므로 주의한다.

　고도의 치매노인은 다른 사람에게 전적으로 의존하게 되어 기본 생활, 즉 식사, 목욕, 옷 입기 등에서도 도움이 필요하게 된다. 환자 가족은 이 시기에 심한 심리적 부담과 상실감 을 겪게 되므로 원망하는 마음이나 죄책감 등을 솔직하게 털어놓을 수 있도록 하는 것이 중 요하다. 인지기능 치료를 위해 콜린에스테라제 억제제, 비타민E, 셀레젤린 등을 사용하는 것은 아직 충분한 연구결과가 없고 또 올바른 지침이 없는 상태이다. 따라서 사용 중인 약 을 중단하여 볼 수도 있고, 현재 효과가 있다고 생각하면 그대로 유지하여 사용하기도 한 다. 이 시기에는 우울증은 그다지 흔하지 않으며, 정신 증상과 행동 증상은 간혹 나타나므 로 항정신병 약물의 투여가 필요할 수도 있다. 또한 이 시기에 임종에 따른 문제와 임종간호 (hospice care)를 고려해야 한다.

5. 치매노인의 간호방법

1) 치매노인 간호의 원칙

　치매노인을 간호할 때는 일상생활의 변화, 신체적 질병으로 인한 긴장, 피로, 부적절한 자 극, 그리고 과다하고 불필요한 요구라는 다섯 가지 기본 자극요인을 제거해 주는 것이 원칙 이다(권중돈, 2004c). 치매노인을 실제 간호할 때 간호자가 따라야 하는 구체적인 행동원칙 을 살펴보면 다음과 같다.

① 치매노인의 증상과 이에 대한 간호방법을 배워 치매노인의 요구에 적절히 대응한다.
② 치매노인의 잔존기능을 활용하여 혼자서 할 수 있는 것은 혼자 하게 하며, 상실 또는 약화된 기능만을 보완해 준다.
③ 치매노인의 자존심과 감정을 상하게 해서는 안 되며, 환자의 언행을 있는 그대로 수용 한다.
④ 치매노인의 신체적 질병과 그 질병을 호소하는 행동표현방법에 대해 익힌다.
⑤ 치매노인과 원활하게 대화할 수 있는 방법을 익힌다.

⑥ 보호적이고 안정된 생활환경을 조성하고 환경 변화를 최소화한다.

⑦ 규칙적 일상생활을 유지하게 배려한다.

⑧ 사람들과 친밀한 관계를 맺을 수 있는 기회를 자주 부여한다.

⑨ 안전사고를 미연에 방지한다.

⑩ 정신 증상이 있을 경우에는 정신과 진료를 받도록 한다.

⑪ 혼자서 힘든 간호를 전담하기보다는 가족이나 친척, 이웃, 복지기관의 도움을 받는다.

⑫ 치매노인에 대한 조언이나 대립관계를 피하고 항상 유머감각을 갖고 생활한다.

⑬ 치매노인의 간호자가 충분한 휴식을 취할 수 있게 가족이 간호에 협조하도록 한다.

⑭ 가족이 환자의 간호와 관리에 대한 책임을 분담하여 스트레스를 줄인다.

⑮ 해결하기 어려운 문제가 생기면 전문의나 간호사, 사회복지사와 상담하여 해결한다.

2) 치매노인과의 의사소통방법

치매노인은 인지기능의 저하뿐 아니라 언어장애까지 동반하므로 일반인과는 다른 의사소통방법을 활용해야 한다. 이러한 치매노인과의 의사소통방법을 소개하면 다음과 같다(권중돈, 2002c, 2024b).

① 대화를 하기 전에 먼저 주의를 집중시킨다.

② 환자의 말을 경청하고 존중한다.

③ 환자가 혼자 있게 내버려 두지 말고 자주 대화를 나누되, 환자의 페이스에 맞춘다.

④ 소란하거나 산만한 분위기에서 대화를 하지 않는다.

⑤ 얼굴을 마주 보고 시선 접촉을 유지하며, 언어 이외에 문자, 그림, 사진 등의 상징을 이용하거나 스킨십을 통하여 의사를 전달한다.

⑥ 발병 이전에 환자가 자주 사용하던 용어를 사용하고, 환자가 쉽게 알아들을 수 있는 말을 사용한다.

⑦ 공격성이 없는 경우에는 1m 이내의 가까운 거리에서 대화를 한다.

⑧ 자신을 소개하고 치매노인의 이름이나 존칭을 부르는 것으로 대화를 시작하며 "저를 알겠어요?"라는 식의 기억력 테스트를 하는 듯한 대화는 피한다.

⑨ 과거를 회상하도록 하되, 시간, 장소 등 기본적인 현실 상황을 인식시킨다.

⑩ 배고픔, 배변이나 배뇨 욕구 등 기본 일상생활상의 욕구가 충족되지 않아 불안해하는지를 잘 관찰하고 이를 충족해 준다.

⑪ 짧고 분명하며 익숙한 단어를 사용하고, 정보는 간단한 문장으로 전달하고 천천히 그

리고 낮은 목소리로 부드럽게 얘기하며, 명령조로 얘기하지 않는다.

⑫ 환자와 대립하기보다는 먼저 인정하고 받아들인다. 즉, 환자가 어떤 실수나 문제행동을 했을 때 화를 내거나 말다툼을 하기보다는 가벼운 웃음으로 넘긴다.

⑬ 환자가 위축되어 있거나 초조한 징후를 보이면 대화를 중단한다.

⑭ 한 번에 한 가지씩 질문하거나 지시하며, 환자에게 질문을 한 경우에는 대답을 기다리고, 반응이 없을 경우에 다시 반복하여 질문한다.

⑮ 천천히 움직이고, 환자의 주의를 집중시키기 위하여 얼굴표정이나 손동작을 활용한다.

⑯ 환자에게 얘기할 수 있는 충분한 시간을 주고, 환자와 간호자가 교대로 얘기한다.

⑰ 환자가 적합한 단어를 생각해 내지 못하는 경우에는 비슷한 말을 하거나 관련된 단서를 제공한다.

⑱ 언어적 칭찬과 같은 즉각적인 보상을 해 주거나 재확인한다.

⑲ 환자의 말이 사실과 다르더라도 환자가 표현한 감정을 수용하고 중시한다.

⑳ 환자와의 약속은 꼭 지키며, 지키지 못했거나 잊어버렸을 경우에는 정중하게 사과한다.

3) 치매노인의 일상생활 간호

치매의 정도가 심해질수록 일상생활 수행능력이 감퇴하여 타인의 원조가 필요한 정도가 점차 높아진다. 치매가 중증에 이르면 치매노인은 타인의 도움 없이는 일상생활이 불가능한 상태에 이르게 된다. 이처럼 치매노인의 감소하는 일상생활 동작능력을 간호자가 적절히 보완·대체하기 위해서는 다음과 같은 원조방법에 대해 미리 알고 있어야 한다(권중돈, 2024b).

(1) 목욕

치매노인은 실금, 불결행위 등으로 인하여 목욕이 필수적이지만 환자 중에는 목욕하는 것을 잊어버리거나 필요성을 느끼지 못하는 경우도 있으며, 목욕을 수치스러워하거나 거부하기도 한다. 이러한 치매노인의 목욕을 원활하게 실시하기 위해서는 다음과 같은 방법이 있다.

① 평소에 세수나 목욕을 자주 할 수 있도록 유도하고, 목욕하는 것이 즐거운 일이라는 것을 알려 준다.

② 몸상태가 좋고 정서가 안정된 날 목욕을 시도하고, 목욕하는 과정을 간단히 설명한다.

③ 환자가 목욕하는 것을 싫어하면 기분이 좋아졌을 때 다시 한번 시도해 본다.

④ 세면기나 물에서 갖고 놀 수 있는 장난감을 주어서 목욕 자체를 즐길 수 있도록 유도한다.

⑤ 옷 벗기나 입욕을 거부하는 경우에는 무리하게 벗기지 말고, 친숙하고 즐거운 분위기가 형성된 후에 옷 벗기 동작을 먼저 보여 주고 욕탕에 같이 들어간다.

⑥ 환자가 혼자서 닦을 수 있는 부분은 스스로 씻을 수 있도록 하며, 주요 부위는 부분적으로 가려 주어 수치심을 느끼지 않도록 한다.

⑦ 문의 잠금장치는 바깥에서 열 수 있도록 해 놓고, 안전손잡이나 미끄럼방지용 매트를 이용하여 안전사고를 예방한다.

⑧ 부양자가 목욕시키는 것을 싫어할 경우, 다른 가족성원이 목욕을 시도해 본다.

⑨ 이식 증상이 있는 경우에는 비누, 샴푸, 치약 등을 손이 닿지 않는 곳에 보관한다.

⑩ 머리카락은 짧게 유지하는 것이 좋으며, 머리 감기는 날짜를 정해 놓고 실시하며, 머리를 감기는 중에도 대화를 통해 안심시킨다.

(2) 화장실 이용 · 용변

치매노인은 화장실에 가야 할 시간을 알지 못하거나, 화장실이 어디에 있는지, 그리고 그곳에서 무엇을 하는지를 몰라서 실금(incontinence)을 하는 경우가 있고, 배변을 가지고 노는 등의 불결행위를 하는 경우도 있다. 이러한 경우에는 다음과 같은 원조방법을 사용할 수 있다.

① 환자의 배설 간격을 알아 두고 이를 시간표로 작성해 두며, 배뇨 또는 배변 의도가 있을 경우에는 변기를 사용하여 배설을 유도한다.

② 화장실 문에 환자가 알아볼 수 있도록 커다란 글씨나 밝은 색상을 사용하여 표시를 해 놓고 방을 화장실과 가까운 곳에 배치하며, 화장실의 문을 잠그지 말고 입고 벗기 편한 옷을 착용시킨다.

③ 변비 예방을 위하여 신선한 야채, 과일, 수분을 충분히 공급하되, 잠들기 전에는 가급적 수분 섭취를 제한한다.

④ 방광, 요도, 장기능장애가 있어 실금하는 경우에는 기저귀를 사용하는 것이 바람직하나 기저귀 착용 이외의 방법이 있는지 다시 한번 확인한다.

⑤ 한두 번 실금했다고 해서 바로 기저귀를 채우지 않는다.

⑥ 혼자서 할 수 있는 경우에는 옷을 벗겨 주거나 지나친 간섭을 하지 않는다.

(3) 요리와 식사

치매노인은 식사를 한 사실을 잊어버리거나 식기를 사용하는 방법을 모르는 경우도 있으며, 말기에 이르면 씹거나 삼키는 데 어려움이 따르므로 도움이 필요하다.

① 환자와 함께 장보기, 조리, 설거지를 함으로써 잔존기능을 보존하되, 요리과정에서의 안전사고 위험에 철저히 대비한다.

② 환자의 식습관을 존중하여 좋아하는 음식을 만들도록 한다.

③ 식사는 영양상 균형을 이루어야 하며, 수분이 부족하기 쉬우므로 수분을 충분히 섭취하도록 돕고, 우유나 보리차를 많이 마시도록 한다.

④ 같은 장소에서 일정한 시간에 규칙적으로 식사하도록 한다.

⑤ 식기는 될 수 있는 대로 환자가 늘 사용하던 것을 사용하는 것이 좋지만, 안전도를 고려한다.

⑥ 수저 사용에 어려움이 있으므로 가까이 앉아서 인내심을 가지고 "오늘은 참 잘 드시네요." 등과 같은 격려의 말을 해 준다. 빨대 달린 컵, 손잡이가 달린 큰 수저, 손목에 걸 수 있는 수저 등이 도움이 된다.

⑦ 치매노인은 온도감각이 무디어져 있으므로 뜨거운 음식은 특히 주의한다.

⑧ 한 번에 조금씩 서두르지 않고 천천히 먹도록 한다.

⑨ 시력이 좋지 않은 경우에는 "6시 방향에 김치가 있어요."와 같이 시계바늘 위치로 안내를 해 주어 스스로 식사할 수 있도록 돕는다.

⑩ 음식을 잘게 썰어 목이 막히지 않도록 하고, 말기에는 음식을 으깨거나 주스로 만들어 준다.

⑪ 금방 식사를 하고도 다시 식사를 요구할 경우에는 과일이나 열량이 높지 않은 음식을 담아 주고 먹도록 한다.

⑫ 간식은 적당한 간격을 두고 주는 것이 좋으며, 아침과 점심 사이에는 과일, 점심과 저녁 사이에는 차나 과자, 저녁부터 취침 전에는 떡이나 사탕을 준비한다.

(4) 옷 갈아입히기

치매노인은 옷을 입는 방법을 잊어버리거나 옷을 갈아입을 필요성을 전혀 느끼지 못하기도 한다. 또한 계절이나 상황에 맞지 않는 옷차림으로 사람들을 당황하게 만들기도 하는데, 이에 대비하기 위해서는 다음과 같은 방법을 사용할 수 있다.

① 의복은 갈아입기 편한 것으로 준비하고, 혼자서 옷을 입을 수 있도록 순서대로 놓아 주

고 시간이 걸려도 혼자서 하도록 한다.

② 옷을 갈아입지 않으려고 하는 경우에는 평소에 좋아하는 색상이나 스타일의 옷을 준비한다.

③ 옷을 억지로 갈아입히려 하지 말고, 옷 갈아입는 의미를 이해시키도록 노력한다.

④ 옷 입는 방법을 반복해서 가르쳐 준다.

⑤ 신발은 잘 미끄러지지 않는 것으로 준비한다.

(5) 운전 · 음주 · 흡연

치매노인은 판단능력과 반사작용이 매우 느리기 때문에 운전을 하는 것은 매우 위험하다. 소량의 술은 별로 상관이 없으나, 약을 복용하는 환자는 금주하는 것이 좋다. 그리고 흡연은 화재를 일으킬 수 있는 위험이 크고 건강을 해칠 수 있으므로 되도록 삼가야 하는데, 이에 대해서는 다음과 같이 원조할 수 있다.

① 환자가 직접 운전하는 것을 피하고 대중교통을 이용하도록 한다.

② 환자가 담배를 피울 때는 화재에 주의하도록 하며, 가능하면 금연을 하도록 유도한다.

③ 환자가 복용하고 있는 약과 술에 대해 의사와 함께 점검해 본다.

(6) 구강위생

치아와 구강의 청결상태를 유지하고, 음식물의 저작(詛嚼)과 소화기능을 증진하기 위해서는 다음과 같은 구강위생 관리방법을 사용할 수 있다.

① 칫솔은 부드러운 것을 사용하여 잇몸과 치아의 출혈을 방지한다.

② 의치는 적어도 하루에 6~8시간 정도는 빼서 잇몸에 무리가 가지 않도록 한다.

③ 대개의 치매약물은 침분비를 줄이므로 껌이나 사탕을 물고 있도록 한다.

④ 세면도구를 순서대로 놓아 둠으로써 혼자서 칫솔질을 할 수 있도록 하며, 옆에서 칫솔질 동작을 보여 준다.

(7) 피부관리

오랫동안 같은 자세로 누워 있으면 뼈가 돌출된 피부 부위가 눌려서 궤양이 형성되는데, 이를 욕창이라고 한다. 몸의 눌리는 압력이 강하거나 습기가 많을 때 더욱 심해지며, 심하면 피부 속 근육까지 손상을 입게 된다. 이불이나 침대보 위에서 미끄러지는 경우에는 혈관이 찢겨 표피 사이에 물집이 생기고 결과적으로 낮은 압력에도 궤양이 생기게 된다. 실금과 같이 습기에 만성적으로 노출되는 것도 피부를 약하게 만드는 원인이 된다. 영양도 중요한 요인이 되는데, 혈중 알부민 수치가 낮거나 비타민, 미네랄 결핍 등도 피부 손상과 관련이 있다. 욕창을 예방하기 위해서는 압력을 덜 받는 매트리스가 도움이 되며, 실금관리를 잘 하여 피부가 축축하지 않도록 하는 것이 중요하다.

① 압력을 제거한 후 30분 이내에 원 상태로 복구되지는 않지만 표피는 상하지 않은 상태인 경우에는 압력을 없애고 마사지를 하면 회복이 가능하다.

② 표피가 부분적으로 딱딱해지고 상처는 축축하며, 분홍색을 띠며 통증을 느끼지만 괴사된 조직이 없을 경우에는 상처 부위를 생리식염수로 씻어 내고 소독약을 발라 준다.

③ 근육과 바로 인접한 피하조직까지 퍼지고 더 딱딱해지며, 피부가 푹 파이고 썩게 된 단계에는 괴사된 조직을 제거해야 하며, 필요하면 외과적 처치를 받도록 한다.

④ 근육과 뼈까지 괴사되어 통증을 전혀 느끼지 못하고 매우 심각한 감염이 동반된 경우에는 괴사조직을 제거하고 전문가의 치료를 받도록 한다.

(8) 보행과 이동

치매노인은 시간이 지나면서 점차로 운동기능에 문제를 나타내며, 관절이 뻣뻣해지고 동작을 취하기 어려워진다. 그리고 앉기도 어렵고 눕기도 어려우며, 구부정한 자세로 곧 쓰러질 듯이 걷기도 한다. 이런 경우에는 간호자가 옆에서 보행과 이동을 보조해 주어야 한다.

① 부축하는 사람은 몸을 앞으로 기울이지 않으며, 앞으로 나아갈 때도 몸을 너무 굽히는 자세를 취하지 않는다.

② 몸을 구부려야 하는 경우가 생기면 무릎을 굽히고, 가능하면 허리를 굽히지 않는다.

③ 환자가 간호자의 팔을 잡고 걸을 수 없는 경우 간호자가 환자의 겨드랑이에 팔을 넣고 떠받치듯 잡지 않도록 주의한다.

④ 간호자가 힘이 들면 무조건 쉬어야 하며, 앞에서 환자를 당기지 않도록 주의한다.

4) 치매노인의 증상과 문제행동에 대한 대처

치매노인이 보이는 기억장애, 정동장애, 배회, 망상, 수집벽, 공격적 행동, 석양증후군, 수면장애, 이상행동, 섭식장애, 반복행동 등의 치매 증상이나 문제행동에 대처할 수 있는 간호방법(권중돈, 2024b)을 살펴보면 다음과 같다.

(1) 기억장애

치매의 대표적인 증상인 기억장애가 더 심해지는 것을 방지하기 위해 다음과 같은 활동이나 프로그램에 참여하게 한다.

① 옛노래 부르기 등을 통하여 과거를 회상할 수 있는 기회를 부여한다. 그러나 이때 '요즈음이라면 ~텐데' 또는 '나라면 이렇게 했을 텐데'라고 말하여 화제를 현재 시점으로 돌리지 않도록 주의해야 하며 '잘하셨어요' 등의 표현을 사용하여 환자의 말에 공감하는 모습을 보여 준다.
② 일상활동 중 잊기 쉬운 행동을 규칙적으로 반복하여 수행하도록 한다.
③ 색칠하기, 물감불기, 종이접기 등의 미술활동을 하도록 한다.
④ 과거에 경험한 일을 회상하여 장기기억을 보존할 수 있도록 한다.
⑤ 퍼즐맞추기, 블록쌓기, 지퍼올리기, 콩고르기 등의 작업치료를 실시하도록 한다.
⑥ 문예치료, 원예치료 등을 실시하도록 한다.
⑦ 달력이나 기타 메모판에 꼭 기억해야 할 것을 표시하도록 한다.
⑧ 대화 중에 항상 현실 상황을 알려 준다. 예를 들면, "7시예요. 일어나시지요." "12시니까 점심 드시지요." 등과 같은 대화를 통해 현실감각을 일깨우도록 한다.

(2) 정동장애

치매 초기에 환자가 기억력 쇠퇴와 기능저하를 자각하면 우울해지는 경우가 있으며, 이로 인하여 일상적인 기능이 더욱 위축되는 경우도 있다. 이러한 경우에는 다음과 같은 간호방법을 사용할 수 있다.

① 치매노인을 위축시키고 슬프게 만드는 상황을 관찰한다.
② 항우울제의 투약 필요성에 대해 의사의 자문을 구한다.
③ 어떤 활동에 참여할 것을 강요하기보다는 환자와 같이 있으면서 인간적 교류를 한다.
④ 환자가 편안하게 느끼는 사람과 접촉할 수 있는 기회를 부여한다.
⑤ 심한 우울증으로 인하여 자살을 시도할 수도 있으므로 위험한 물건을 치우고 자주 관찰한다.
⑥ 과거 기억을 촉진하는 예전에 쓰던 물건을 가져다 놓는다.
⑦ 잔잔한 음악을 틀거나, 환자가 할 수 있는 활동에 참여한다.
⑧ 자아존중감을 회복하는 데 도움을 주기 위해 쉽게 완성할 수 있는 일을 맡겨 성취감을 맛보게 하거나 간단한 집안일을 결정하도록 요청한다.

(3) 배회

어떤 치매노인은 가만히 앉아 있으려 하지 않고 계속 돌아다니며, 피곤해도 쉬지 않는다. 이와 같이 치매노인이 배회하는 것은 현재 환경이 참을 수 없는 것이거나, 현재의 상실감을 보상하기 위하여 익숙한 환경을 찾거나, 과거의 행복했던 보호감을 찾기 위해서이다. 이러한 배회 증상에 대처하기 위해서는 다음과 같은 방법을 사용할 수 있다.

① 배가 고픈지, 배변을 하고 싶은지, 특별히 불편한 사항이 있는지를 점검하여 배회의 물리적 원인을 제거한다.
② 무리하게 대처하기보다는 "차라도 마시고 나가 보시지요."라든가 "식사를 차려 드릴 테니 드시고 나가세요."라고 말하여 나가려고 했던 것을 잊어버리게 한다.
③ 출입문에 소리가 나는 것을 달아 놓음으로써 환자가 나가는 것을 알 수 있도록 하고, 환자의 평상시 모습이 담긴 사진을 미리 준비하여 잃어버렸을 때 즉시 경찰에 신고한다.
④ 환자의 몸에 집 주소, 전화번호 등을 명기한 배회팔찌나 위치추적기를 착용시킨다.
⑤ 환자가 어느 때 집을 나가고 싶어 하는지를 미리 알아 둔다.
⑥ 환자가 집에서 돌아다닐 수 있는 일정한 길을 개발하거나, 스트레스를 주는 혼란스러운 상황을 사전에 방지한다.
⑦ 환자가 어디로 가는지 뒤쫓아 가 본다. 환자가 배회하는 것을 막거나 억지로 집으로 끌고 오는 것은 환자의 공격적 행동을 유발할 수 있으므로 같이 길을 걸으면서 집이 있는 방향으로 유도한다.
⑧ 계속해서 걸으려고 할 때는 쉬자고 말하면서 의자나 앉을 수 있는 자리로 안내한다.

(4) 망상 · 타인 의심

치매노인은 기억력이 약화되어 자신의 물건을 간수하지 못하고, 놓아 둔 곳을 잊어버리는 경우가 많다. 이와 같은 기억장애를 스스로 받아들이지 못하고 그 원인을 외부로 투사함으로써 타인을 의심하거나 도둑망상, 피해망상을 경험하게 된다. 하지만 치매가 진행될수록 이러한 증상은 점차 감소하는데, 망상이나 타인 의심 증상에 대처하기 위해서는 다음과 같은 간호방법을 사용할 수 있다.

① 환자가 잃어버렸다고 하는 물건을 예비로 준비하였다가, 환자가 흥분해 있을 때 내놓는다.
② 잃어버렸다는 말을 일단 받아들이고 같이 찾아보자고 권유하거나, 잃어버려서 유감이라고 말한 후에 다른 일을 하자고 권유하는 등 환자의 관심을 다른 데로 돌린다.

③ 잃어버린 물건을 다시 찾았을 때 환자에게 훈계를 하여서는 안 되며, 불안에 떨고 있는 경우에는 조용히 얘기를 나누거나 부드럽게 환자의 손을 잡아 줌으로써 안심시킨다.

④ 환자를 간호하는 데 지장을 줄 정도로 심할 경우에는 약물투여가 도움이 된다.

⑤ 지나치게 빨리 다가갈 경우 환자는 자신을 공격하는 것으로 오해하기 쉬우므로 환자에게 다가갈 때는 서두르지 않는다.

⑥ 중요한 물건(열쇠, 귀중품 등)은 보이지 않는 곳에 치워 두고, 쓰레기통을 비우기 전에 다시 확인한다.

(5) 수집벽

치매노인은 자신이 무엇인가를 잃어버렸다고 생각하고, 그것을 찾기 위하여 남의 물건을 뒤지거나 훔치거나 자기 것으로 여기고 가져다 쌓아 놓는 경우가 많다. 그리고 자신의 물건과 남의 물건을 구별할 수 있는 판단력이 없기 때문에 자신의 것이라고 우기기도 하며, 다른 사람을 도둑으로 몰기도 한다. 이러한 증상에 대처하기 위해서는 다음과 같은 간호기술을 사용할 수 있다.

① 환자에게 물건이 담긴 서랍을 주고 만지도록 하여 바쁘게 한다.

② 환자의 행동에 대해 훈계를 하거나 합리적 설명을 하려고 하지 말아야 한다.

③ 남의 방에 들어가 있는 경우 환자가 원하는 것을 들게 하고, 산보 등의 외출을 하자고 유도하면서 조용히 그 물건을 되돌려 받아서 제자리에 갖다 놓는다.

④ 환자는 같은 장소에 물건을 숨기거나 쌓아 놓기 때문에 물건을 숨겨 놓는 장소를 미리 알아 둔다.

⑤ 환자가 가져온 물건은 가급적이면 환자 모르게 주인에게 돌려준다.

(6) 공격적 행동

치매노인이 공격적 행동을 하는 데는 다양한 이유가 있지만 가장 주된 이유는 자존심을 상하게 만드는 상황이 야기되었을 때이다. 특히 환자를 무시하는 언행이나 무례하게 환자를 대하였을 때 공격적 행동이 주로 나타난다. 치매노인은 의사표현능력이 제한되므로 상대방의 말이나 행동을 정확히 이해하지 못하고, 자신의 생각을 표현하지 못하므로 공격적 행동이 나타난다. 그 외에도 불만, 공포, 과거의 기억 중에 싫었던 일, 괴로웠던 일이 있었던 상태로 돌아갔을 때 공격적 행동이 나타난다. 이러한 행동에는 다음과 같은 방법으로 대처할 수 있다.

① 겁내거나 놀라지 말고 부드러운 음성으로 얘기를 걸어 환자를 안정시킨다.
② 점진적으로 환자의 주의를 다른 데로 돌려서 환자가 되도록 조용한 일을 할 수 있도록 유도한다.
③ 소음이 적고 넓은 공간을 제공해 준다.
④ 환자가 공격적 행동을 하는 이유를 알아내서 이런 일이 일어나지 않도록 미리 주의한다.

(7) 석양증후군

치매노인은 해질녘이 되면 더욱 혼란해지고 불안정해지며, 요구사항이 많아지고 흥분상태가 되거나 의심 성향이 증가하는 경우가 많다. 이러한 증상은 어두워진 후의 감각적 자극의 결여를 보충하기 위하여 친밀감이나 안정감을 찾으려고 필사적인 노력을 하는 과정에서 야기되는 것으로 다음과 같은 방법으로 대처할 수 있다.

① 오전에 활발하게 움직이게 하고 점심 이후에는 편안히 쉬도록 한다.
② 신체적인 제재를 가하지 않는다.
③ 해질녘에는 간호자가 충분한 시간을 갖고 환자의 곁에 있을 수 있도록 모든 생활일정을 조정한다.
④ 조명을 밝게 하거나 TV를 켜 놓는다.
⑤ 수면을 촉진하기 위해 따뜻한 음료를 마시게 하거나, 샤워를 하거나, 잔잔한 음악을 틀어 주는 것 등의 조치를 취한다.
⑥ 동물인형이나 반려동물과 함께 있게 하거나, 환자가 좋아하는 소일거리를 계속할 수 있도록 한다.

(8) 수면장애

치매노인은 밤에 잠을 자지 않고 가족을 깨우기 때문에 부양자나 가족의 정상적 생활을 방해하는 경우가 많다. 이러한 경우에는 다음과 같은 방법으로 대응할 수 있다.

① 가급적 낮잠을 자지 않도록 한다.
② 낮에 산책을 하거나 육체적인 활동을 하도록 함으로써 야간에 충분한 수면을 취할 수 있도록 한다.
③ 취침 시에는 환자를 가능한 한 편안하게 해 준다.
④ 환자가 밤에 깨어서 외출하려고 할 경우에는 같이 나가서 진정될 때까지 걷도록 한다.
⑤ 치매노인은 뇌손상으로 인하여 수면 양상의 변화가 일어나므로 밤에 자주 깨고, 꿈과

현실을 구별하지 못하는 경우가 많은데, 이러한 상황에서는 환자를 조롱하거나 타이르는 언행은 피한다.

(9) 이상행동

치매노인은 상대방을 모욕하는 언행을 하거나, 음식을 놓고 다투거나, 자신이 학대받는다고 호소하거나, 다른 사람의 뒤를 따라다니거나, 어떤 사람을 하루 종일 기다리거나, 성적 이상행위를 하거나, 이불에 배변을 하고 비벼 대는 등의 행동을 한다. 이러한 경우에는 다음과 같은 방법으로 대응하는 것이 좋다.

① 환자의 모욕적 언행을 귀담아듣지 않는다.
② 간호자가 시야에서 사라지는 것이 두려워서 간호자의 뒤를 계속해서 따라다니는 경우에는 환자의 관심을 끌 수 있는 것을 주거나, 다른 사람이 대신 돌볼 수 있도록 한다.
③ 성적 이상행동을 하는 경우에는 과민반응을 보이기보다는 다른 활동에 집중할 수 있도록 유도하거나, 포옹을 해 주거나, 무엇인가 꼭 껴안을 수 있는 것을 준다.
④ 배변으로 이상행위를 하는 경우에는 환자를 나무라기보다는 깨끗이 씻어 주고 화장품을 발라 준다.
⑤ 환자의 이상행동에 대해 과민반응하기보다는 주변에서 이러한 일이 일어나지 않도록 사전에 예방하는 지혜를 발휘한다.

(10) 섭식장애

치매노인은 식사한 사실을 잊어버리고 다시 음식을 요구하는 과식, 아무것이나 입에 집어넣고 삼키는 이식(異食), 전혀 먹지 않으려고 하는 거식(拒食) 증상을 종종 보인다. 이러한 경우에는 다음과 같이 대응하도록 한다.

① 금방 먹고 나서 다시 먹을 것을 요구하는 경우에는 주의를 다른 데로 돌리거나, 먹고 난 식기를 그대로 놓아 둠으로써 금방 식사를 한 것을 알 수 있게 하거나, 열량이 적은 간식을 준비해 둔다.
② 무엇이든지 입에 집어넣으려고 하는 경우에는 약, 동전, 장난감, 비누, 액체 세척제, 건전지 등 위험물을 가급적 환자의 눈에 띄지 않는 곳에 넣어 둔다.
③ 아무것도 먹으려고 하지 않는 경우에는 식사하기 전에 환자의 기분을 상하게 하지 말아야 하며, 즐겁게 식사할 수 있는 분위기를 만든다.

(11) 반복행동

반복행동은 심한 기억력손상으로 자신이 활동을 끝냈다는 사실을 기억하지 못하거나, 질문에 금방 대답했던 것을 기억하지 못해서 나타날 수 있다. 특정한 사람에 대해 어디에 있느냐고 계속 질문하거나 가족을 계속 따라다니는 경우가 있는데, 이런 경우에는 다음과 같은 방법이 도움이 된다.

① 걱정이 있거나 불안하여 사람을 따라다닐 수 있으므로 이런 감정의 원인을 우선 파악하여 안심시킨다.
② 반복행동이 위험하지 않은 경우 이를 제한하지 말고, 똑같은 질문을 할 때는 짜증 내지 말고 대답해 주되, 원인을 파악하여 안심하도록 도와준다.
③ 과거에 있었던 즐거웠던 일(예: 결혼, 자녀 출생)로 대화를 유도하거나, 단순하게 할 수 있는 일거리(예: 빨랫감 손질하기, 정리정돈)를 주어 반복질문이나 반복행동에서 관심을 다른 것으로 돌린다.

5) 치매노인의 안전관리

치매노인은 사고장애, 판단기능의 손상과 같은 인지장애로 인하여 여러 가지 사고를 당할 위험성이 있으므로 치매노인의 부양자는 환자의 안전관리를 철저히 해야 한다. 예를 들면, 중증의 치매노인은 시각과 감각 기능의 상실로 인하여 부패한 음식을 먹기도 하며, 담뱃불이나 가스불을 제대로 관리하지 못하여 화상을 입거나 화재를 일으키기도 한다. 그리고 종종 길을 잃거나, 탈수 혹은 영양실조에 걸리기도 하며, 낙상하여 골절상을 당하기도 한다. 치매노인의 일상생활습관을 정확히 이해하고 있어야만 이러한 사고에 대비할 수 있으며, 각각의 안전사고를 미연에 방지할 수 있는 방법은 다음과 같다(권중돈, 2024b).

① 환자를 흥분시키는 상황이나 급성질환에 걸리는 것을 사전에 방지한다.
② 환자에게 위험을 초래할 수 있는 물리적 환경(예: 독극물, 각진 모서리, 높은 계단 등)을 제거한다.
③ 환자가 너무 많은 현금이나 보석류를 소지하고 외출하는 것을 방지하여 강도를 당할 수 있는 상황을 사전에 방지한다.
④ 환자가 위험한 행동을 하려고 할 때는 천천히 그리고 조용히 접근하여 관심을 다른 곳으로 돌리도록 한 후 위험한 물건을 제거한다.
⑤ 사고위험이 있는 곳에 경고문구(예: 가스조심, 담뱃불조심 등)를 써서 붙인다.

⑥ 작업치료나 기타 활동을 할 때는 환자가 먹어도 괜찮은 재료를 활용한다.

⑦ 환자가 감시당한다는 느낌이 들지 않도록 하면서 계속해서 관찰한다.

⑧ 환자의 방을 부양자 방에서 가까운 곳에 배치하고, 하루종일 환자 혼자서 지내지 않게 한다.

⑨ 낙상을 방지하기 위해서는 미끄럼방지장치가 된 신발이나 양말을 착용하게 하거나 욕실에 미끄럼방지장치를 하고, 베란다에서의 추락을 방지하기 위해서는 문에 소리 나는 장치를 달아 두거나 문이 열리지 않도록 고정장치를 설치한다.

⑩ 문이 안에서 잠기는 사고를 방지하기 위해서는 미리 열쇠를 준비해 둔다.

⑪ 화재 예방을 위해서는 모든 화기를 환자의 손이 닿지 않는 곳에 두고 경고문구를 써서 붙이며, 담배를 피울 경우에는 옆에서 지켜보고 재떨이에 약간의 물을 담아 두며, 가스불은 수시로 점검한다.

⑫ 수돗물이 넘쳐흐르는 것을 방지하기 위해 경고문구를 써서 붙이거나 수도꼭지를 수시로 점검한다.

⑬ 보온물통, 헤어드라이기 등 수시로 사용하는 전기제품은 가급적 환자의 눈에 띄지 않는 곳에 치워 둔다.

⑭ 칼, 가위, 유리식기 등이 보관된 주방설비는 열쇠로 잠가 둔다.

6. 치매가족의 부양부담과 지원

1) 치매노인 부양자의 부양부담

치매노인을 가정에서 부양하다 보면 이런저런 일로 여러 가지 스트레스를 경험하게 된다. 가족이 환자의 요구에 슬기롭게 대처할 경우에는 가족결속력의 증진, 부양자의 자아존중감 및 유능성 증진과 같은 긍정적 변화가 일어나기도 한다. 그러나 대부분의 경우 치매가족은 여러 가지 부정적 스트레스(distress)를 경험하게 된다. 치매가족, 특히 주부양자가 경험하는 스트레스 또는 부양부담은 크게, ① 사회활동 제한, ② 심리적 부담, ③ 재정 및 경제활동상의 부담, ④ 건강상의 부담, ⑤ 환자-주부양자 관계의 부정적 변화, 그리고 ⑥ 전체 가족관계의 부정적 변화라는 6개 차원으로 구분된다(권중돈, 1994, 1995d).

(1) 사회활동 제한

치매가족은 환자의 개인위생관리를 위한 수발이 늘어나고, 환자의 문제행동을 방지하기 위한 지속적 관찰과 사후처리에 많은 시간을 투입해야 한다. 따라서 부양자는 친구 접촉기회의 제한, 개인 및 가족 외출의 제한 등 사회관계에서 많은 제한을 받게 된다. 부양자는 개인적 시간과 자유를 가질 수가 없고, 친구를 만날 수 있는 시간을 내지 못하며, 치매노인이 의심하는 증상이 있는 경우에는 전화 접촉조차도 불가능하게 된다. 또한 정신질환에 대한 낙인을 두려워하고, 치매노인의 증상이나 문제행동으로 인하여 이웃에 피해를 입힐까 봐 염려하게 됨으로써 자연히 이웃과의 접촉기회도 줄어들게 된다. 그리고 교회활동, 여가활동, 사회모임 참석 등에 많은 제한을 받게 된다.

(2) 심리적 부담

부양자는 치매노인의 부양을 담당한 이후로 아무것도 아닌 일로 다른 사람을 비판하고 신경질을 부리며, 다른 사람에게 친절하게 대하지 못하고, 화가 한 번 나면 자신을 통제할 수 없는 상태에 이르기도 한다. 일에 대한 의욕이 생기지 않고, 생활에 대한 흥미가 없어지고, 자신이 처한 상황이 아무런 희망도 없는 것처럼 느껴지고, 낙담하거나 우울해하는 경우가 많으며, 자신이 쓸모 없는 존재라고 생각하는 등의 우울 증상을 경험한다. 그 외에 불안감, 죄의식, 허무감, 무력감, 좌절감, 구속감, 소외감 등을 경험하게 된다.

(3) 재정부담과 경제활동 제약

치매가족은 많은 돈은 아니라고 하더라도 환자의 치료와 간호비용으로 인해 가계 운영에 압박을 받게 된다. 그리고 경제활동에 참여하는 부양자는 부양과 경제활동에 따르는 요구를 동시에 충족하여야 하기 때문에 역할긴장을 경험하며, 부양으로 인하여 경제활동시간의 단축, 재교육 및 훈련기회 상실, 잦은 결근과 외출, 부양에 대한 염려로 인한 업무방해, 경제활동의 중단, 승진기회 상실 등의 부담을 겪게 된다.

(4) 건강의 부정적 변화

치매노인 부양자의 경우 절반 이상이 치매노인을 부양한 이후 신체 및 정신 질환에 걸린 것으로 나타났다(이성희, 권중돈, 1993). 특히 신경정신과 질환, 심장질환, 요통, 고혈압, 관절염, 소화기질환 등이 많았다. 그리고 질병에는 걸리지 않는다 할지라도 대부분의 부양자가 신체 피로를 경험하고 수면 방해, 건강 유지 및 증진 활동을 위한 시간 부족, 건강에 대한 불안 등을 경험하게 된다.

(5) 치매노인과의 갈등

치매노인의 경우에는 가족에게 의존하게 됨으로써 자신이 쓸모없는 존재가 되었고, 할 수 있는 일이 없다는 등의 부정적 감정을 갖게 되고, 가족이나 부양자에 대해서는 죄의식, 배신감 등의 부정적 감정을 경험하는 경향이 있다. 부양자 역시 치매노인의 과도한 보호욕구에 직면하였을 때 부정적 감정을 경험할 가능성이 높아지므로 양자 간의 관계가 악화될 가능성이 높아진다. 그 결과 부양자는 환자를 대할 때 긴장감, 분노감, 조작당하는 느낌과 같은 부정적 감정을 경험하고, 환자의 지나친 요구와 의존성으로 인하여 불편을 경험하는 등의 부정적 관계 변화를 겪게 된다. 그리고 환자를 부양할 때 화가 나고, 신경이 예민해지거나 우울해지고, 환자가 원망스럽고, 환자와 같이 있다는 사실이 즐겁지가 않고, 부양에 대해 감사할 줄 모르는 태도에 불만을 느끼며, 환자에게 조작당하는 느낌을 받는 등의 부정적 관계 변화를 경험하게 된다.

(6) 전체 가족 간의 갈등

부양자는 가족이 자신의 어려움을 이해해 주지 않고 자신의 부양 노력을 이해해 주지 못할 경우 화가 나며, 다른 가족이 환자를 돌볼 수 있는데도 아무것도 하지 않는 것에 대해 분노를 느끼기도 한다. 이러한 부정적 감정이 쌓여 있음에도 환자 간호, 가사, 자녀 양육 및 교육, 직업활동에 따르는 역할, 배우자나 부모로서의 역할 등을 동시에 수행해야 하지만, 모두 잘할 수는 없으므로 이로 인해 다른 가족성원과 갈등을 겪게 된다. 그리고 가족 간의 대화시간이 줄어들게 됨에 따라 상호 간에 이해의 폭이 좁아지고, 작은 의견 차이에도 갈등을 일으킨다. 특히 가족이 부양자의 간호 방법과 태도에 대해 비난하게 되면 전체 가족 간에 갈등이 일어나기도 한다. 더 나아가서는 별거가족과의 관계에서도 갈등이 발생한다.

2) 치매가족의 부양부담 경감을 위한 지원방안

치매가족의 부양부담을 경감할 수 있는 방법은 여러 가지가 있을 수 있으나, 가장 일차적인 방법은 부양자를 대상으로 한 직접 개입방법이다. 현재 치매안심센터 등의 관련 기관에서는 치매가족의 부양부담을 경감하기 위하여 교육·지지집단 프로그램, 치매가족 상담과 치료, 휴식서비스, 치매가족 자조모임 등 다양한 직접 개입 프로그램을 실시하고 있다(권중돈, 2004c; 보건복지부, 2020. 9.).

(1) 치매가족을 위한 교육·지지집단 프로그램

치매노인을 부양하는 가족의 부양부담을 경감하기 위한 집단 중심의 개입방법으로는 교육집단, 지지집단, 교육·지지집단, 자조집단 프로그램 등의 다양한 형태의 개입방법이 있다. 가족 중심적 개입방법으로는 가족에 대한 심리교육적 접근(psycho-educational approach), 가족자문(family consultation), 가족워크숍(family workshop)이 있다. 그러나 이러한 집단 프로그램과 가족 프로그램은 명칭을 달리할 뿐 치매가족에 대한 교육과 지지의 제공이라는 공통의 목적을 추구한다. 따라서 어떤 용어를 사용하여도 그 의미는 동일하므로 다음에서는 '치매가족 교육·지지집단 프로그램'이라는 용어를 사용하여 구체적인 지원방안을 논의해 보고자 한다.

치매가족 교육·지지집단을 구성하기 위해서는 먼저 가족의 부양부담 차원과 수준, 치매노인의 치매 유형과 정도, 그리고 부양자의 일반적 특성을 고려하여 가능한 한 동질적 집단(homogeneous group)을 구성하는 것이 바람직하다. 그 이유는 동질성이 높은 집단일수록 집단성원 간의 정서적 결속력이 높고 더욱 활발한 상호작용과 상호지지가 이루어지기 때문이다. 교육·지지집단에서 다루어져야 할 주요 의제(agenda)로는, ① 치매와 치매노인의 기능 변화에 대한 의학적 이해, ② 치매 증상별 대처방법과 간호방법(증상관리, 영양관리, 신체질병 관리, 일상간호 등), ③ 치매노인을 위한 각종 치료방법(인지치료, 작업치료, 미술치료, 음악치료, 문예치료, 원예치료, 회상치료, 운동요법 등), ④ 가족생활환경의 정비 및 효과적 가족관계 형성방법, ⑤ 부양자의 건강 및 스트레스 관리기법, ⑥ 시설 및 재가서비스에 대한 정보 제공 및 자원 연결, ⑦ 치매가족 자조모임의 조직화 등이 있다. 이러한 목적을 달성하기 위해서는 단일 분야의 전문가로는 어려우며 의사, 간호사, 각종 치료사, 영양사 등의 보건의료전문직, 사회복지사, 치매노인 부양 경험이 있는 가족, 요양보호사, 그리고 기타의 전문가로 팀을 구성하여 진행하도록 한다.

집단성원에 대한 교육과 정보 제공에 초점을 둔 의제를 다루는 회합은 전문강사를 초빙하므로 한 명의 지도자가 진행하는 것이 좋다. 하지만 부양부담의 공유와 정서적 지지에 초점을 둔 회합에서는 두 명의 지도자가 참여하는 공동지도력을 활용하는 것이 효과적이다. 그 이유는 부양부담에 관한 정서적 감정을 공유하는 과정에서 특정 성원이 과도한 감정표현을 할 경우, 한 명의 지도자가 그 성원의 감정처리를 위한 개입을 하고 나머지 한 명의 지도자가 다른 성원과 집단을 이끌고 나갈 수 있다는 장점이 있기 때문이다. 그리고 집단종결 이후에 자조집단(mutual-aid group)인 치매가족 자조모임의 형성을 원조하기 위해 집단 내에 존재하는 자생적 지도력(indigenous leadership)을 개발해야 한다.

치매가족 교육·지지집단에서는 소집단과 대집단을 모두 활용할 수 있지만 성원 간의 정서적 지지와 상호지지라는 목적을 달성하기 위해서는 폐쇄형의 소집단(closed small group)이 더욱 적절하다. 그리고 교육과 정보 제공의 목적을 달성하기 위해서는 구조화된 지도자 중심의 집단이 적절한 반면 집단성원 간의 정서적 공유와 상호지지의 목적을 달성하기 위해서는 비구조화된 성원 중심의 집단이 적절하다.

치매노인 부양자의 경우 환자 간호, 가사 등으로 인하여 개인시간을 충분히 갖지 못하므로 장시간 동안 회합을 진행하는 것은 집단 참여뿐만 아니라 부양자의 부양역할 수행에도 부정적 영향을 미칠 수 있다. 따라서 집단회합의 시간은 1~2시간 내외로 제한한다. 만약 교육·지지집단 프로그램을 실시하는 기관에서 치매노인을 위한 주간보호서비스를 제공하는 경우에는 집단회합의 시간은 좀 더 연장하여도 무방하다. 그리고 앞서 제시한 주요 의제를 모두 다루기 위해서는 전체 회합의 횟수가 최소 8회 정도는 되어야 하며, 회합빈도는 집단 성원의 시간 편의를 최대한 고려하여 결정하여야 한다. 회합장소는 집단의 크기에 따라 달라지며, 회합의 목적이 교육과 정보 제공일 경우에는 강당이나 회의실도 무방하지만 정서적 공유와 지지에 초점을 둔 회합이라면 특별한 물리적 환경을 갖춘 작은 회합실에서 하도록 한다.

(2) 치매가족 상담과 치료

1 전화상담

전화상담은 치매와 관련된 상담유형 중에서 가장 활용도가 높다. 그 이유는 정신장애에 대한 낙인을 피할 수 있을 뿐만 아니라 사회활동에 제한을 받는 부양자의 상담 접근성이 높기 때문이다. 즉, 치매가족 부양자의 경우 상담을 목적으로 한 외출이 불가능하여 전화로 심리적 문제, 치매간호방법, 시설입소상담 등을 요청해 오는 경우가 많으므로 전화상담원은 전화상담, 치매간호기술 등에 대한 전문교육을 이수하도록 한다. 특히 전화상담에서는 질문에 즉각적이고 정확한 응답을 하는 것이 곧 상담원의 전문성을 결정하고 상담내용의 신뢰성을 결정하는 중요한 요소이기 때문에, 전화상담원은 치매에 대한 임상적 지식뿐만 아니라 간호방법, 전국 치매전문시설에 대한 정확한 자료를 갖고 있어야 한다. 특히 치매시설 입소에 관한 전화상담이 많으므로 전국 치매전문 의료기관과 시설의 입소자격, 월 입소비 및 비급여항목, 입원비, 제공 서비스에 대한 아주 구체적인 자료를 확보하고 있어야 한다.

2 인터넷을 이용한 상담

정보화시대의 도래로 인하여 치매 관련 인터넷 웹사이트가 수백 개에 이를 정도로 치매 관련 상담과 정보를 제공하는 인터넷 사이트가 급격하게 늘어나고 있다. 인터넷을 이용한 상담은 약간의 시간 간격을 두고 상담에 응할 수 있으므로 이점이 있지만, 이 역시 빠르게 답변을 제공하는 것이 좋다. 그리고 인터넷을 이용한 실시간 정보 제공과 온라인 비대면 치매간호교육이 가능하며, 전국 치매전문시설에 대한 정보서비스가 가능하다. 그러나 이러한 인터넷 사이트 중에는 정확하지 않은 치매 관련 정보를 올려놓은 곳도 많으므로 치매전문기관은 이들 사이트에 자료수정 요구를 지속적으로 해야 한다.

③ 가족상담과 가족치료

가족성원 중 한 명이 치매 증상을 보이는 것은 전체 가족의 적응과 가족관계의 재조정이 필요한 위기 상황이다. 가족이 이러한 위기 상황에 효과적으로 적응하였을 경우에는 가족 결속력 증진, 부양자의 자기존중감 및 유능성 증진과 같은 긍정적 결과를 낳는 경우도 있다. 그러나 이러한 위기 상황에 적절히 대처하거나 가족관계를 재조정하지 못하여 갈등적인 가족관계에 직면하는 경우가 많다. 현재까지 치매 관련 기관에서는 치매가족의 문제 해결을 지원하기 위하여 심리교육적 접근방법을 주로 활용하고 있지만, 전통적 가족치료 접근이 불필요하거나 불가능하다는 의미는 아니다. 치매가족에 대한 가족치료 개입의 주된 대상은 현재 드러난 환자(identified patient)인 치매노인보다는 나머지 가족성원이 되어야 하며, 그중에서도 치매노인의 부양을 주로 담당하고 있는 주부양자가 되는 것이 타당하다. 그리고 가족치료의 표적문제는 치매 증상의 개선이 아니라 부양자의 끝없이 이어지는 부양과업(unfinished business)과 이로 인한 부양부담, 역기능적 가족상호작용 유형이 되어야 하며, 치료목표는 부양자의 부양부담 경감과 역기능적 가족상호작용 유형의 변화와 가족성원 간의 역할재조정을 통한 협력적 가족부양체계의 구축이 되어야 한다.

치매가족의 부정적 가족관계 변화를 일으키는 선행요인은 치매노인의 인지장애 및 문제행동, 일상생활 동작능력 저하, 부정적 성격 변화 및 대인관계 변화이다. 따라서 어떤 가족치료 접근방법을 선택하든 치료자는 치매노인의 기능 저하가 가족에게 미치는 영향을 충분히 이해하고 있어야 하며, 치매에 대한 임상적 이해와 간호방법에 대한 지식과 기술을 갖추고 있어야 한다. 치매가족을 대상으로 한 전통적 의미의 가족치료적 접근에서의 표적문제 중의 하나는 Haley의 전략적 가족치료에서와 같이 역기능적 가족상호작용의 연쇄과정이 되어야 한다(권중돈, 1996). 치료자는 치료 상황에서 전개되는 노인 부양과 관련된 가족상호작용의 연쇄과정을 면밀히 분석하여, [그림 5-3]에서 보는 바와 같은 역기능적 가족상호작용의 연쇄과정 중 일부 단계를 차단하여야 한다. 역기능적 가족상호작용의 연쇄과정 중에서도 가장 변화가 용이한 것은 가족갈등으로 전이되기 이전의 단계, 즉 '가족성원 또는 가족 외부의 무지원과 비협조, 부양자의 역할 가중도 심화 및 역할 수행능력 저하, 동·별거가족이 부양자의 부양방법과 태도에 대한 비난'이라는 세 가지 단계가 연결되지 못하도록 개입하는 것이다.

이들 단계에 개입하기 위하여 활용할 수 있는 개입기법으로는 Minuchin의 상호작용 실연기법, Milan Group의 순환 질문과 긍정적 의미부여기법, Haley의 지시적 기법 등이 있을 수 있다. 즉, 가족치료자는 먼저 가족 내에서 치매노인의 부양과 관련하여 이루어지는 가족의 상호작용 유형을 재연하도록 요구한 후, 순환 질문을 통하여 각 성원이 가족상호작용이나 다른 성원에 대한 생각이나 감정을 표현하게 하여 가족성원 간의 상호작용에 대한 인식 차

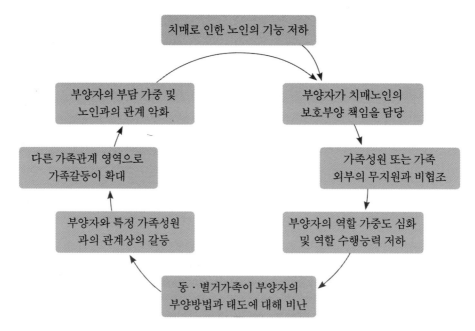

[그림 5-3] 치매가족의 역기능적 상호작용 연쇄과정

이를 드러내고, 부양부담이 많고 자아존중감이 낮은 부양자의 부양방법과 태도를 긍정적으로 재해석해 주어야 한다(권중돈, 1995b).

또 다른 개입 표적문제는 부양자의 역할 가중과 부양태도에 대한 인식 차이가 되어야 한다. 이를 개선하기 위해서는 가족에 대한 치매교육을 통하여 환자의 상태와 부양자의 어려움을 이해하게 하고, 부양자의 일상적 부양과업 수행능력을 증진하고, 가족생활시간 관리기법을 활용하여 부양자의 생활시간을 관리하고 전체 가족성원의 역할을 분석하여 이를 재조정해야 한다. 그리고 가족 내에 지지자원이 없는 경우에 치료자는 외부의 지지자원이나 서비스와 연결해 주는 중개자 역할을 수행하여야 한다. 이러한 외부 자원의 동원도 불가능할 경우에는 부양자를 대상으로 하여 간호기술, 부양부담 관리기법, 효과적 가족관계 형성기법에 대한 훈련과 교육 프로그램을 실시하여 부양역할 수행능력과 부양부담 관리능력을 증진하는 방안도 고려하여야 한다.

(3) 휴식서비스

치매노인 부양자는 개인시간이 부족하고 치매노인을 간호하는 일 이외에 가사활동, 가족부양 등으로 인하여 과중한 역할부담을 경험하는 경우가 많다. 따라서 치매노인 가족을 위한 교육 · 훈련서비스와 병행하여 실시되어야 할 보완적 가족서비스는 휴식서비스(respite service)이다. 휴식서비스는 치매노인에게 일상생활 원조와 같은 구체적인 서비스를 제공함과 동시에 부양자에게는 부양책임에서 벗어나 자신만의 시간을 가질 수 있게 해 줌으로써 부양자의 부양부담과 역할부담을 경감함은 물론 신체 및 정신건강과 사기를 증진하며, 지속적인 부양역할 수행에 대한 확신을 증진하여 주는 효과가 있다.

가장 직접적인 휴식서비스로는 요양보호사나 방문 간호사를 치매가족에 파견하여 서비스를 제공하는 것이다. 하지만 치매노인을 간호하는 데는 특별한 간호기술이 요구되므로 방문요양서비스를 확대하고자 하는 경우에는 치매에 관한 특별 교육을 받은 요양보호사나 치매노인을 부양한 경험이 있는 자원봉사자를 활용하는 것이 적절하다. 또 다른 치매가족을 위한 휴식서비스로는 부양자를 대상으로 한 문화기행이나 다양한 형태의 여가서비스가 있을 수 있다.

치매노인의 재활을 원조함과 동시에 가족에게 부양책임에서 벗어나 휴식을 취할 수 있도록 원조하는 두 가지 목적을 성취할 수 있는 휴식서비스로는 부양(간호)휴가제도, 치매노인 주간보호 · 야간보호 · 단기보호 등이 있다. 치매노인이 주간보호 프로그램에 참여하는 동안에 부양자는 휴식을 취하거나 개인 용무를 볼 수 있다. 주간보호 프로그램에 공동으로 참여하여 부양책임을 다른 가족과 분담하고, 가정에서 실시할 수 있는 여러 가지 재활훈련방법을 학습할 수 있는 기회를 가질 수 있다. 이 외에 부양자에 대한 건강지원서비스(건강검진, 운동요법 등), 아동 및 청소년 자녀 교육지원서비스(무료 보충학습지도, 독서실 운영 등)도 동시에 이루어져야 할 것이다.

(4) 치매가족 자조집단

치매가족으로 구성된 자조집단(mutual-aid group)은 정서적 지지는 물론 자신들에게 필요한 자원과 정보를 상호교환할 수 있는 이점을 지닌다. 치매국가책임제가 시행되고, 치매안심센터 등의 전문기관이 확대설치되고, 치매 프로그램의 다양화와 전문화가 이루어져 치매 관련 서비스가 확대되고 있을지라도 치매노인의 가족부양기능을 강화하고 가족의 부양부담을 경감하기 위해서는 이러한 형태의 자조집단을 활성화할 필요가 있다.

자조집단은 구성방법에 따라 성원이 자발적으로 구성한 집단과 전문가가 개입하여 조직한 집단으로 그 유형을 구분할 수 있다. 우리나라의 경우 가족문제는 가족 내에서 스스로 해결하려는 의식이 강하고, 부양자의 대부분이 시간 제한을 받기 때문에 이들이 자발적으로 자조집단을 구성하기는 쉽지 않다. 따라서 우리나라의 현실 상황에서는 전문가가 개입하여 집단을 구성하고, 초기 단계에서는 집단 운영절차 등에 대해 자문을 제공하되, 점차로 지도력을 성원에게 이양하는 형태의 자조집단이 바람직하다.

치매가족의 경우 대리부양자가 없어 자조집단모임에 참여하기가 어려운 경우가 많기 때문에 집단모임을 계획할 때에는 치매가족의 편의를 최대한 고려하여 시간과 장소를 결정하여야 한다. 자조집단모임의 운영방식과 관련하여 교육이나 구체적 사업에 대한 논의는 구조화된 집단 운영절차가 적절하지만, 치매에 관한 정보 공유나 정서적 지지를 목적으로 한 모임은 비구조화된 집단 운영절차가 더욱 적절하다.

　현재 치매안심센터와 주야간보호센터 등에서 실시되고 있는 치매가족 자조모임은 주로 치매간호방법에 대한 교육과 가족 간의 정보교류와 정서적 지지를 주된 목적으로 하고 있다. 그러나 앞으로 이러한 치매가족 자조모임의 조직화와 연계 강화를 통하여 치매가족의 권익옹호사업을 적극적으로 전개해 나가야 할 것이다. 즉, 이해당사자인 치매가족과 관련 단체에서 치매노인 특별부양수당 지급, 치매노인의료비 경감 등과 같은 복지권 회복운동을 적극적으로 전개해 나아감으로써 장기적인 측면에서의 치매정책의 내실화를 기대할 수 있을 것이다.

생각해 보아야 할 문제

1. 이웃, 병원이나 노인복지시설에서 치매노인이 보이는 증상이 얼마나 다양한지 관찰해 보시오.

2. 조부모나 부모 또는 본인이 나이가 들어 치매에 걸렸다고 가정했을 때, 개인 또는 가족 내에서 발생할 수 있는 문제에 대해 예측해 보고, 그 문제의 해결방안을 모색해 보시오.

3. 치매에 대한 사전교육을 받은 뒤, 노인요양시설에서의 실습이나 봉사활동을 통하여 이 책에서 제시한 치매노인의 간호기술이 어느 정도의 적합성을 지니는지 직접 체험해 보시오.

4. 치매노인을 가정에서 모시는 것이 좋은지, 아니면 노인요양시설에 모시는 것이 좋은지를 현대 적인 효의 개념과 관련하여 논의해 보시오.

5. 치매노인을 부양하는 가족과의 면담을 통하여 가족이 경험하는 스트레스나 부양부담을 파악 하고, 이를 경감할 수 있는 구체적인 방안을 모색해 보시오.

제**6**장

노년기의 여가생활과 교육

학습목표 💡

● 노년기 여가활동의 의의, 여가활동 유형의 변화와 현상을 이해한다.

● 노년기 여가활동의 문제를 이해하고 여가활동 참여 촉진방안을 모색해 본다.

● 노인 자원봉사활동의 특성과 봉사자 관리기술을 습득한다.

● 노인교육의 현상을 이해하고, 노인교육 프로그램 기획능력을 함양한다.

1. 노년기 여가활동의 의의

1) 여가활동의 개념과 특성

서구사회에서 여가라는 개념은 1800년대 후반부터 사용되기 시작하여 1930년대에 일반화되었다. 이때 여가(leisure)라고 하는 용어는 '여유가 있는'의 뜻을 가진 라틴어 'licere'에 기원을 두고 있다. 그리고 그리스어로 정지, 중지, 평화 및 평온을 의미하는 'scole'에서 유래되었는데, 이 경우의 여가는 자기의 교양을 높이기 위한 적극적 행위를 의미한다. 이에 반해 로마어로는 '아무것도 하지 않는 소극적인 상태'를 의미하는 'otium'에서 유래되었으며, 이때 여가는 휴식이나 기분전환, 이완과 같은 소극적 행위를 의미한다(김광득, 1997). 이와 같이 여가라는 용어는 소극적 활동과 적극적 활동의 두 가지 의미를 동시에 지닌다.

여가는 의무적이고 시간제약적인 노동과 대비되는 개념으로, 강제성과 의무성이 희박한 선택적 행위이며, 문화 가치에 위배되지 않는 정신 및 정서적 자유와 휴식, 즐거움을 추구하는 자유활동으로서 활동 자체가 목적인 활동이라고 정의할 수 있다(Kaplan, 1960).

여가의 개념을 조작적으로 정의할 때는 시간, 활동의 내용, 활동의 질이라는 세 가지 차원에서 정의할 수 있다(Kelly, 1996a). 첫째, 시간을 기준으로 한 정의로서 생활 총 시간, 즉 24 시간에서 노동시간, 수면이나 식사 등의 기본욕구 충족에 필요한 생리적 필수시간, 그리고 개인에게 의미 있는 기타의 활동을 하는 데 소요되는 시간을 제외한 나머지의 시간을 의미 한다(Murphey, 1975; Parker, 1976). 둘째, 활동의 내용을 기준으로 한 정의로서 휴식, 기분전 환, 사회적 성취 및 개인적 발전을 위한 활동을 여가활동으로 규정한다(Wylon, 1980). 셋째, 활동의 질을 기준으로 하여 주관적 판단에서 자유롭고 평화로움을 느끼는 활동을 여가활동 으로 규정한다(McGuire et al., 1996). 이러한 여가에 관한 조작적 정의에서 시간을 중심으로 할 때는 여가시간으로, 그리고 활동의 내용과 질을 중심으로 할 때는 여가활동이라는 용어 를 사용하는 것이 일반적이다.

Kaplan(1960)은 활동(activity)의 속성에 따른 분류에 근거하여, 여가활동의 기본 속성을, ① 원칙적으로 경제적 기능을 하는 노동과 반대되는 활동, ② 즐거울 것으로 기대되거나 즐 거운 일로 회상될 수 있는 활동, ③ 의무성이 최소한도인 활동, ④ 심리적 자유를 느낄 수 있 는 활동, ⑤ 문화 가치에 위배되지 않는 활동, ⑥ 중요성과 심각성의 정도가 다양한 활동, ⑦ 반드시는 아니지만 가끔 놀이의 요소를 포함한 활동이라고 규정하고 있다.

이러한 여가의 개념과 유사한 개념이 놀이(play)와 소일(past time)이다. Kelly(1987)는 여 가(leisure)를, ① 정신 및 정서적 자유와 휴식, 즐거움을 추구하는 선택적 자유활동으로 재창 조의 의미가 강한 여가활동(recreation)과 ② 단순한 쾌락을 추구하는 활동인 놀이로 구분하 고 있다. 그리고 소일은 단순한 휴식이나 의미 없이 여가시간을 보내는 행위를 의미한다.

2) 노년기 여가활동의 중요성과 효과

기대수명의 연장, 퇴직, 자녀의 독립 등으로 인하여 노년기에는 중요한 사회적 역할이나 책임에서 벗어나서 자유롭게 활용할 수 있는 여가시간이 증가하게 된다. 특히 우리나라의 경우 강제퇴직제도로 인하여 일하고 싶어도 일하지 못하고 강제로 은퇴할 수밖에 없는 상 황이므로, 노년기의 여가시간은 자발적 선택이라기보다는 어느 정도 강제적으로 부여된 여 가시간의 성격이 강하다. 그리고 가족 내에서도 전통적인 웃어른으로서의 지위를 상실하고 가족성원으로서 적절한 역할을 갖지 못하는 경우가 많아지고 있다. 즉, 오늘날의 노인은 자 발적 여가생활을 향유하는 것이 아니라 '역할 없는 역할(roless role)'을 강요당한 채 무위무용 (無爲無用) 상태의 불가피형 여가를 보내는 경우가 많다(나항진, 2004; 원영희, 2000).

특히 현재의 노인세대는 생계와 자녀교육에 모든 것을 헌신한 세대로서 여가에 대한 예 비사회화가 거의 이루어지지 못했기 때문에 여가시간이 주어져도 활용할 수 있는 능력이 제 한되어 있어, 여가시간을 효과적으로 활용하지 못한 채 소일하는 경우가 많다(나항진, 2004).

여가시간을 효과적으로 이용하는 것은 노년기의 적응과 삶의 만족도를 결정하는 매우 중요한 요인이지만, 특별히 하는 일 없이 무료하게 시간을 보내게 됨으로써 노인은 고독, 소외, 만성적 무료함, 더 나아가 인생에 대한 불행감을 느낄 가능성이 높다.

노년기에 여가활동에 적극적으로 참여하게 될 경우 노후생활의 적응에 많은 긍정적 효과를 기대할 수 있다(나항진, 2004; 모선희, 2004; 원영희, 2000; Kleiber et al., 2011). 첫째, 여가활동에 참여하게 됨으로써 직장동료관계, 가족관계 등의 위축된 사회관계망을 보완·유지 또는 확대할 수 있는 기회를 갖게 되므로, 고독과 소외감을 경감할 수 있다. 둘째, 여가활동을 통해서 무엇이든 의미 있는 활동을 할 수 있는 거리를 마련하게 되므로, 무위상태에서 벗어나고 자기유용감과 자아개념이 긍정적으로 변화된다. 셋째, 직장이나 가정에 대한 책임으로 인하여 지금까지 발휘하지 못했던 자신의 잠재적 재능을 확인하고 이를 표현함으로써 자기실현의 기회를 가질 수 있게 된다. 넷째, 여가활동의 참여를 통하여 신체 및 정신건강을 유지 또는 향상할 수 있게 된다. 다섯째, 후세대에 삶의 지혜와 문화를 전수하고 더 나아가서는 사회발전에 기여할 수 있는 기회를 갖게 된다. 여섯째, 여가활동을 통하여 삶의 활력을 되찾을 수 있으며, 사기(morale)와 삶의 만족도가 높아진다. 일곱째, 여가활동에 참여하는 과정에서 자신의 삶을 자율적으로 결정할 수 있는 기술과 능력이 증진되어 삶에 대한 통제력이 높아지게 된다.

2. 노년기 여가활동 유형의 변화

1) 여가활동의 유형 분류

노인의 여가활동은 활동장소, 관계범위, 활동목적 등에 따라 다양한 유형으로 분류될 수 있다. 먼저 활동장소에 따라, ① 가족 내에서의 활동, 자녀와의 대화 등과 같은 가족 중심형 여가활동과 ② 가족 외부에서의 취미, 오락, 학습, 단체활동 등에 참여하는 가족외 활동 중심형으로 분류할 수 있다(박재간, 1997).

여가활동에 참여하는 사회관계의 범위에 따라서는, ① 혼자서 미술, 음악 감상, 서예, 사진, 수집, 독서 등의 활동을 하는 단독충실형, ② 친구들과 어울려 회식, 대화를 나누고 관혼상제에 적극 참여하는 우인교류형, ③ 가족단위의 외식, 소풍 또는 집안의 정원손질, 미화, 집수리활동 등에 적극 참여하는 가족충실형, 그리고 ④ 지역봉사활동, 동창회, 향우회, 친목회, 정치단체활동에 참여하는 사회참여형으로 구분할 수 있다(김태현, 김양호, 임선영, 2011).

활동목적과 표현적 관여 정도에 따라서는, ① 휴식, 수면 등의 긴장해소활동, ② TV 시청, 독서, 영화·스포츠 관람 등의 기분전환활동, ③ 학습, 심미활동, 여행, 사회단체 참여 등의 발전적 활동, ④ 요리, 집수리, 토의, 창작활동 등의 창의적 활동, ⑤ 게임, 사냥, 운동, 춤과 술 등의 감각쾌락활동으로 구분할 수 있다(최성재, 장인협, 2010).

그리고 여가활동의 목적과 관계범위라는 두 가지 기준을 복합적으로 활용하여, ① TV 시청, 놀이, 장기, 화투, 바둑, 쇼핑, 차나 술 등의 소일형, ② 수집, 서예 등의 취미활동, 영화나 전시회, 음악회 등의 문화활동, 등산, 골프, 낚시 등의 운동을 포함하는 취미·문화·운동형, ③ 가족, 친구, 이웃과의 만남이나 방문, 경로당, 노인복지관 참여 등의 우인교류형, ④ 교양 강좌 수강 등의 학습활동, 교회, 사찰, 성당 등에서의 종교활동, 그리고 사회봉사활동을 포함하는 사회단체활동형으로 구분할 수도 있다(모선희, 2004).

2) 노년기 여가활동의 변화

노년기 여가활동 유형의 변화에 관한 Gorden 등(1976)의 연구에 따르면, 노년기가 되면서 여가시간은 연장되지만 여가활동의 범위와 참여도는 오히려 축소되어, 70대 노인의 경우 20대의 여가활동 참여도의 1/4 정도 수준으로 낮아지는 것으로 나타나고 있다. 그리고 노년기에는 신체 움직임이 많은 활동보다는 앉아서 할 수 있는 정적인 여가활동이 많아지며, 가족 외부 활동보다는 가족 내부 활동이 증가하는 것으로 나타나고 있다.

연령 증가에 따른 여가활동에 대한 흥미 변화를 살펴보면, 연령이 증가함에 따라 흥미가 증가하는 활동은 운동경기 관람, 사회적 이슈거리 토론, 단체활동 참여, 집안장식 등이다. 연령이 증가함에 따라 흥미가 감소하는 여가활동은 춤, 술, 영화, 스포츠, 옥외활동, 여행, 예술활동, 독서 등이다. 이에 비해 친구방문, 요리, TV 시청, 가족 관련 활동 등은 연령이 증가하더라도 흥미에 있어서 큰 변화가 없는 것으로 알려져 있다(최성재, 장인협, 2010; Kelly, 1996b).

노년기의 여가활동 참여도를 여가활동 목적에 따른 여가활동 유형별로 비교하여 보면, 긴장해소활동은 노년기가 되면서 남녀 모두 참여도가 증가하는 반면, 기분전환활동은 연령 증가와 함께 감소하는 것으로 나타나고 있다. 그리고 발전적 활동은 남녀 모두 소폭 감소하며, 창의적 활동은 노년기가 되면서 성에 관계없이 줄어드는 것으로 나타났다. 다만, 여성의 경우에는 이웃노인이나 친구와의 사회적 이슈와 관련된 토론의 기회가 많아지면서 오히려 증가하는 경향을 보이고 있다. 그리고 감각적 쾌락활동은 연령이 증가함에 따라 남녀 모두 급격히 감소하는 것으로 나타나고 있다(Gorden et al., 1976).

그러나 Kelly(1996b)는 연령 자체가 여가활동의 범위나 종류, 그리고 참여도를 결정하는 중요한 요인은 아니라고 지적하면서 가족관계, 건강상태나 일상생활 동작능력, 경제상태, 사회관계망의 축소 등이 여가활동의 중요한 결정요인이 된다고 하였다. 이러한 노년기의 여가활동 참여에 영향을 미치는 요인을 좀 더 구체적으로 살펴보면, 자녀가 성장하여 독립한 경우, 건강상태와 경제사정이 좋을수록, 생활목표가 다양할수록, 성인기 이후에 여가활동에 대한 예비사회화가 잘되어 있을수록, 사회 지위가 높을수록 여가활동 참여도가 높아지는 것으로 나타났다. 또한 노인이 거주하는 지역에 비슷한 연령대의 이웃노인이나 친구가 많고, 노인이 이용할 수 있는 노인여가시설이 많을수록 여가활동 참여도는 증가하는 것이 일반적이다. 그러나 퇴직을 하게 될 경우 여가시간이 증가함으로써 여가활동 참여도가 높아질 것이라고 예상하지만, 실제로는 노인의 건강, 경제, 여가에 대한 예비사회화 정도 등에 따라서 여가활동 참여도가 높아지는 경우와 오히려 낮아지는 경우가 모두 나타나고 있다. 따라서 퇴직이 곧 여가활동 참여도를 높여 주는 여가참여 촉진요인이 된다는 인식은 잘못된 것이라 할 수 있다.

3. 여가활동 참여실태와 촉진방안

1) 여가활동 참여실태

노인의 여가활동 참여실태를 파악하기 위해서는 노인의 주된 하루 일과, 여가활동 참여현황, 그리고 사회단체 참여도 등을 전체적으로 평가해야 하므로 다음에서는 이 세 가지 부분에 대해 살펴본다.

(1) 하루 일과와 생활시간

노년기에는 가정 내부에서 활동하는 시간이 늘어나고 여가시간이 증가한다. 따라서 다른 발달 단계에 속한 사람들과는 하루 일과와 생활시간의 배분이 달라지게 된다. 통계청(2020. 10.)의 생활시간조사에 따르면, 65세 이상 노인은 수면, 식사 및 건강관리와 개인위생활동에 12시간 10분을 사용하고 있었으며, 일, 학습, 가사노동, 이동 등에 4시간 59분, 교제와 참여, 문화 및 관광, 미디어 이용, 스포츠 및 레포츠 등에 6시간 51분을 사용하고 있는 것으로 나타났다. 이를 19세 이상 성인의 생활시간과 비교해 보면, 노인은 필수시간과 여가시간이 더 긴 반면 의무시간이 상대적으로 적은 것으로 나타났다. 특히 노인의 경우에는 성인에 비해 수면, 식사 및 간식, 건강관리 및 개인위생, 가사노동, 교제 및 참여, 미디어 사용에 상대적으로 많은 시간을 사용하는 반면 일과 학습에는 더 적은 시간을 사용하고 있었다. 노인이 하는

표 6-1 노인인구의 생활시간   (단위: 시간/분)

활동구분		전체	성		연령			
			남성	여성	65~69세	70~74세	75~79세	80세 이상
□ 필수시간		12:10	12:10	12:10	11:46	11:59	12:19	12:53
	수면	8:28	8:28	8:28	8:05	8:17	8:36	9:08
	식사 및 간식	2:01	2:05	1:57	2:04	2:00	1:58	1:57
	건강관리 및 개인위생	1:42	1:37	1:45	1:36	1:41	1:44	1:48
□ 의무시간		4:59	4:34	5:18	6:18	5:08	4:32	3:10
	일(구직활동 포함)	1:28	2:03	1:01	2:17	1:25	1:10	0:31
	학습	0:02	0:02	0:02	0:03	0:02	0:02	0:01
	가사노동[1]	2:17	1:11	3:08	2:30	2:25	2:15	1:50
	이동	1:12	1:18	1:07	1:27	1:17	1:05	0:48
□ 여가시간		6:51	7:16	6:32	5:56	6:53	7:09	7:56
	교제 및 참여	1:23	1:06	1:36	1:15	1:25	1:27	1:29
	문화 및 관광	0:01	0:02	0:01	0:02	0:02	0:01	0:01
	미디어 이용	3:50	4:13	3:32	3:14	3:44	4:02	4:39
	스포츠 및 레포츠	0:47	1:04	0:34	0:47	0:52	0:49	0:39
	기타[2]	0:50	0:52	0:49	0:39	0:51	0:50	1:08

* 주: 1) 가정관리, 가족 및 가구원 돌보기 2) 게임 및 놀이, 취미활동, 자원봉사 등.
자료: 통계청(2020. 10.). 2019 생활시간조사보고서.

활동 중에서 가장 많은 시간을 사용하는 활동은 수면으로서 하루의 1/3 정도의 시간을 사용하고 있으며, 그다음으로는 미디어 이용에 3시간 50분, 가사노동에 2시간 17분, 식사 및 간식에 2시간 1분, 건강관리와 개인위생에 1시간 42분, 일에 1시간 28분, 교제 및 참여에 1시간 23분을 사용하고 있었으며, 학습과 문화관광 활동에 사용하는 시간은 매우 미미한 것으로 나타났다. 남성노인의 경우에는 미디어 이용과 스포츠 등의 여가시간이 상대적으로 많은 반면 여성노인의 경우에는 가사노동 등의 의무시간이 상대적으로 많은 것으로 나타났으며, 연령이 높아질수록 필수시간과 여가시간은 증가하고 의무시간은 줄어드는 것으로 나타나 차이를 보이고 있다.

(2) 여가활동 참여

노인의 생활시간조사(통계청, 2020. 10.)에 따르면, 노인이 교제나 여가활동에 사용하는 시간은 6시간 51분으로 수면시간을 제외한 하루의 45% 정도를 차지할 정도로 높지만, 친구나 가족 등과 교제하는 데 1시간 23분을, TV 등의 미디어를 사용하는 데 3시간 50분을, 그리고 놀이나 취미활동 등에 50분을 소비하는 것으로 나타나, 여가시간의 대부분을 소극적이고 정적인 여가활동에 시간을 소비하고 있는 것으로 나타났다. 문화관광체육부(2023. 12.)의 국민여가활동조사에 따르면, 60대 노인의 평일 여가시간은 3.9시간, 70대 이상은 5.0시간이었으며, 70세 이상 노인은 개인적 즐거움 추구(33.6%), 마음의 안정과 휴식(22.5%), 건강(17.6%) 등을 위하여 여가활동에 참여하고 있으며, 단순히 시간을 보내는 데 목적을 두고 있는 경우도 11% 정도에 이르는 것으로 나타났다.

여가활동 유형별로 노인의 참여 비율을 〈표 6-2〉에서 살펴보면, TV 시청, 산책, 낮잠 등과 같은 '휴식'을 취한다는 비율이 다른 연령대와 마찬가지로 가장 높았으며, 쇼핑 및 외식, 인터넷 검색 및 채팅 등과 같은 '취미오락활동', 종교활동 및 사회봉사활동 등과 같은 '사회 및 기타활동'에 참여하는 비율이 높은 것으로 나타났다. 그러나 연령이 증가할수록 휴식활동에 참여하는 비율은 높아지는 데 반하여 문화예술 관람 및 참여활동, 스포츠 관람 및 참여활동, 취미오락활동, 관광활동에 참여하는 비율은 감소하는 경향을 보이고 있다.

보건복지부와 한국보건사회연구원(2023)에 따르면 95.3%의 노인이 TV 시청 및 라디오 청취를 하고 있었으며, 지난 1년간 국내외 여행을 갔다 온 경우가 27.6%인 것으로 나타났다. TV 시청과 여행을 제외하고 참여도가 높은 여가활동을 살펴보면 휴식활동(산책, 음악감상 등)이 96.5%로 가장 많았고, 다음으로 사회 및 기타활동이 43.2%, 취미오락활동이 39.1%이었다. 세부 항목별로는 산책이 55.9%로 가장 많았고, 낮잠 등의 휴식활동이 32.1%, 가족 및 친지방문과 같은 그 외 사회활동이 26.6%, 종교활동이 10.5% 등의 순이었으며, 나머지

표 6-2 노인의 평일 여가활동 유형별 참여율*　　　　　　　　　　　　　　(단위: %)

여가활동 유형	전 연령	60대	70세 이상
휴식활동	89.4	93.4	96.3
취미오락활동	77.6	73.4	61.0
사회 및 기타 활동	55.9	59.5	66.7
스포츠 관람활동	13.7	13.6	11.0
스포츠 참여활동	30.4	25.3	17.7
관광활동	18.5	17.9	13.0
문화예술 관람활동	13.0	6.3	3.4
문화예술 참여활동	5.1	5.5	5.0

* 주: 가장 많이 참여하는 1~5순위까지의 복수응답 비율임.

자료: 문화체육관광부(2023. 12.). 국민여가활동조사.

여가활동의 참여도는 매우 낮은 것으로 나타났다. 이러한 결과를 근거로 볼 때, 노인은 적극적이고 창조적인 여가활동보다는 소일 또는 정적이고 소극적인 여가활동에 참여하는 경향이 강하다는 것을 알 수 있다.

노인의 여가활동 참여 빈도는 매일 하는 경우가 72% 정도이며, 여가활동에 참여하는 사회관계 범위는 우인교류형 여가활동을 하는 경우가 10%, 가족충실형이 39%, 단독충실형 여가활동을 하는 경우가 49% 등으로 나타났다. 그리고 월평균 10만 6,000원 정도의 여가비용을 지출하고 있으나 10% 정도가 여가비용이 부족하여, 이로 인해 여가활동 만족도가 낮아지는 것으로 나타났다(문화체육관광부, 2023. 12.).

노인의 특성에 따라서는 연령이 높아질수록 여가활동 참여도가 낮아지며, 여성노인의 경우 가정 내부에서의 소극적 여가활동에 참여하는 비율이 높다. 교육수준에 따라서는 교육수준이 증가함에 따라 여가활동에 참여하는 비율은 높아지고, 적극적 여가활동에의 참여율이 높아지는 경향을 보이고 있다. 그리고 결혼상태와 가구형태에 따라서는 독거가구 노인이나 자녀동거가구 노인보다는 부부가구 노인의 여가활동 참여도가 높고, 적극적 여가활동에 참여하는 비율도 상대적으로 높은 것으로 나타났다. 그리고 경제사정이 좋고 건강상태가 양호한 노인의 여가활동 참여도가 높고, 적극적인 여가활동에 참여하는 비율도 높은 것으로 나타났다. 이러한 점을 근거로 해 볼 때, 성, 연령, 교육수준, 결혼상태, 건강 및 경제상태 등이 노년기의 여가활동 참여도와 여가활동 유형을 결정하는 중요한 요인임을 알 수 있다.

이와 같은 노년기의 여가활동과 관련하여 잘못된 사회적 편견이 존재한다. 즉, TV 시청, 화투, 장기, 벚꽃놀이나 단풍여행, 전통 민요나 트로트 음악 등을 노인이 주로 즐기는 '노인층 여가문화(older folks leisure)'로 규정하여, 그 의미와 질적 수준을 폄하하는 경향이 있다(Kelly, 1996b). 그러나 현세대 노인의 경우 농경사회, 교육기회의 제한, 여가보다는 일을 통한 가족 부양에 치중한 삶 등의 시대사회적 배경과 삶의 역정(歷程)으로 인하여 창의적이고 심미적인 여가활동을 학습할 수 있는 기회를 갖기 못했기 때문에 이러한 여가활동에 주로 참여할 수밖에 없게 된 것이다. 즉, 이들이 힘들게 살아오면서 학습한 여가문화가 그것이기 때문에 그 여가문화를 향유하는 것이라 할 수 있다. 따라서 노인 특유의 여가문화나 여가활동을 낡은 것 또는 가치 없는 것으로 평가절하하는 것은 잘못된 사회적 편견이고 신화이다. 이보다는 노인의 여가문화를 존중하면서 좀 더 창의적이고 개인의 발전을 도모할 수 있는 여가문화와 여가활동을 보급해 나가는 것이 바람직하다.

(3) 사회단체 참여

노년기에 각종 사회단체에 참여하여 활동하게 되면 사회관계망의 유지와 사회적 소외감의 예방에 도움이 되며, 자아유용감 등의 심리적 안정까지도 도모할 수 있다. 보건복지부와

표 6-3	사회단체 종류별 참여도		(단위: %)
사회단체	2017년	2020년	2023년
친목단체	45.6	44.1	54.2
동호회	4.4	4.7	6.6
정치사회단체	0.4	1.2	1.3

자료: 보건복지부, 한국보건사회연구(2017, 2020, 2023). 노인실태조사.

한국보건사회연구원(2023)의 노인실태조사에 따르면, 노인의 사회단체 참여율은 낮고 사회단체별 참여율에서는 심한 편차를 보이고 있다. 즉, 친목단체에는 54%의 노인이 참여하는 데 비해 동호회와 정치사회단체의 참여율은 예년에 비해 조금씩 높아지고 있으나 여전히 매우 낮은 것으로 나타났다(〈표 6-3〉 참조). 그리고 사회단체별 참여 정도에서도 많은 차이를 보이는데, 친목단체는 월 1회 참여하는 경우가 41% 정도인 데 비해 동호회는 주 1회 이상 참여하는 경우가 24%, 정치사회단체는 월 1회 이하가 61% 정도로 나타났다.

이러한 결과를 근거로 하여 볼 때, 현재 노인계층은 개인적 교류와 같은 개인적 이익을 목적으로 한 사회단체활동에 대한 참여는 높지만 자기개발이나 성장, 더 나아가 사회의 웃어른으로서 사회발전에 기여할 목적으로 사회단체활동에 참여하는 정도는 매우 낮음을 알 수 있다. 이와 같이 노인의 사회단체 참여가 개인적 목적달성에만 치중되어 있는 이유는 현재 노인의 경우 일을 위주로 생활해 왔고, 여가시간은 곧 또 다른 일을 위한 휴식의 시간(김동배, 1999)으로 간주해 왔으므로, 지역사회에 기여하거나 자신의 잠재력을 개발하고 활용하기 위해 단체에 가입하여 활동한다는 것은 생각하기 어려웠기 때문이라 할 수 있다. 또한 노인이 문화, 봉사, 취미나 운동 등에 참여할 수 있는 시설이 부족한 것이 노인의 사회단체활동 참여를 제한하는 중요한 요인이 되고 있다. 그리고 1960~1980년대까지의 군부독재시절에 사회단체의 결성과 활동을 반사회적 행위로 규정해 왔던 사회 분위기도 현재의 노인이 적극적으로 사회단체에 참여하지 못하게 만든 요인이 될 수 있다. 그러나 노인의 여가활동 유형이 가정 중심의 활동에서 가족 외부 활동으로 점차 변화하고 있고(김익기 외, 1999), 노인의 권리의식이 점차 높아지고 있는 점을 근거로 하여 볼 때, 앞으로 노인의 사회단체 참여도는 점진적으로 높아질 것으로 예측된다.

2) 여가활동 참여상의 문제점

현재 노인계층의 여가활동과 관련된 문제점은 크게 노화의 특성, 노인 개인의 여가에 대한 인식과 준비, 그리고 노인을 위한 여가서비스의 한계로 구분할 수 있다. 먼저 노화의 과정과 결과로서 여가활동에 필요한 건강이 약화되고 소득이 중단될 뿐만 아니라 사회관계망이 위축되기 때문에 노년기의 여가활동 참여는 점진적으로 위축될 가능성이 높아지게 된다.

다음으로 노년기의 여가활용에 대한 낮은 인식과 준비를 들 수 있다. 현재 노인계층의 경우 여가보다는 당장의 생계와 가족 부양이 삶의 우선 과제인 시기를 거쳐 왔기 때문에 여가를 단순한 휴식이나 즐김으로 이해하는 등 여가에 대한 인식수준이 낮고, 여가에 대한 예비 사회화를 할 수 있는 기회를 갖지 못함으로써 노년기의 여가 활용에 대한 준비가 매우 취약하다. 따라서 현재와 같이 가족 차원 또는 우인과의 교류를 통하여 소일 위주의 여가활동에 주로 참여하게 되는 결과를 낳게 되었다고 할 수 있다.

노화와 노인의 여가활용능력뿐만 아니라 여가서비스의 한계가 노인의 여가 활용의 문제를 더욱 심화하고 있다. 최근 들어 노년기의 여가활동에 대한 연구가 증가하고 있기는 하지만, 전체 노년학 연구에서 노년기의 여가 활용과 관련된 연구는 아직 그 비중이 낮다. 이러한 노년기의 여가 활용에 대한 연구의 부족으로 인하여 우리나라 노인의 여가 활용에 적합한 모형이 개발되지 않고 있으며, 이에 따라 노인의 여가활동을 촉진할 수 있는 체계적인 방안이 제시되지 못하고 있다(권중돈, 엄태영, 이은주, 김기수, 2010). 또한 우리나라의 노인복지정책이 아직도 노인의 소득보장과 건강보장에 치중되어 있어, 노인이 이용할 수 있는 여가복지시설이 증설되고 있으나 여전히 부족함은 물론 접근도 또한 낮고, 노인의 여가활동을 지도할 수 있는 전문인력 또한 부족하며, 노인여가복지시설에서 제공하는 여가 프로그램도 노인의 여가욕구를 충족하는 데는 한계가 있는 실정이다.

3) 노인의 여가활동 참여 촉진방안

노년기의 여가시간은 더욱 연장되고 삶의 질에 대한 관심은 점차 높아지고 있는 상황을 고려할 때, 노인의 여가활동 참여를 촉진하는 것은 앞으로 노인복지제도가 해결해야 할 중요한 과제이다. 이러한 과제를 효과적으로 해결하기 위해서는 다음과 같은 노인의 여가활동 참여를 촉진할 수 있는 방안을 마련하여 적극적으로 시행해야 한다.

첫째, 노인의 여가에 대한 인식 증진을 통하여 새로운 노년기 여가문화를 정립해야 한다. 먼저 여가에 대한 인식이 낮고 여가에 대한 사회화가 되어 있지 않은 현재 노인계층을 대상으로 노년기 여가활동의 중요성과 여가활용방법 등에 대한 여가교육을 실시하여, 노인의 여가에 대한 인식을 개선하고 여가활동 참여 의지와 능력을 제고해야 한다. 그러나 여가에 대한 인식이나 사회화는 유아기부터 이루어지는 것이므로, 장기적 관점에서의 개입이 이뤄져야 한다. 즉, 유치원을 포함한 학교교육과 성인기 이후의 평생교육과정에서 체계적인 여가교육이 이루어져야 새로운 여가문화의 형성과 노년기의 적극적 여가활동 참여가 가능해질 것이다.

둘째, 노인이 여가활동에 필요한 기본 자원을 국가와 가족이 제공하여야 한다. 노인이 아무리 여가활동에 참여하고 싶다고 하더라도 생계나 건강상의 문제가 해결되지 않거나 여가활동에 대한 정보가 없다면, 노인의 여가활동 참여는 매우 제한될 수밖에 없다. 따라서 국가에서는 노년기의 안정된 소득과 건강한 노후생활을 지원하기 위한 노인복지제도를 더욱 강화해야 하며, 가족은 노인의 여가활동 참여에 필요한 정보나 경제적 지원과 심리적 지지를 제공해야 한다.

셋째, 노인여가복지시설의 확충과 지원이 확대되어야 한다. 현재 경로당을 제외하면 노인의 여가복지시설에 대한 접근도는 매우 제한되어 있다. 그러므로 여가 활용은 물론 종합서비스를 제공할 수 있는 노인복지관 또는 노인문화센터 등을 지속적으로 확충하되, 소수의 대규모 시설보다는 노인의 접근성을 최대화할 수 있도록 소규모이더라도 양질의 서비스를 제공할 수 있는 노인복지관을 다수 확충하는 것이 필요하다. 이와 함께 노후화된 경로당의 시설 증·개축이 이루어져야 하며, 경로당과 노인복지관에 대한 재정 및 행정적 지원을 강화해야 한다.

넷째, 노인의 여가욕구에 기초한 다양한 여가 프로그램의 개발이 이루어져야 한다. 동일하게 노년기에 속해 있다고 하더라도 지역, 교육, 건강과 경제수준 등에 따라 노인의 여가활동에 대한 욕구는 매우 다르다. 따라서 소일, 교양, 문화, 학습, 건강, 여행, 봉사활동 등 노인이 참여하는 여가활동 전반에 대한 전문 프로그램의 개발이 요구된다. 그리고 신체기능에 제한이 있는 노인, 경제 여유가 없는 노인, 문맹 노인, 농촌지역 노인 등과 같은 소위 여가소외계층 노인을 위한 여가 프로그램을 적극적으로 개발하여 보급해야 한다. 더 나아가서는 손자녀, 성인자녀, 그리고 노인이 공동으로 참여하여 세대 간 통합효과를 얻을 수 있는 여가활동 프로그램 개발 또한 필요하다(권중돈, 2003a).

다섯째, 노인여가활동을 지도할 수 있는 전문인력을 양성해야 한다. 현재 노인복지 현장에서는 요양보호사, 방문간호사, 생활지원사 등 재가서비스나 보건의료서비스를 위한 전문인력에 대한 교육은 실시되고 있으나, 노인의 여가활동을 지도할 수 있는 전문인력의 양성은 매우 미진한 실정이다. 따라서 노인의 여가활동을 지도할 수 있는 전문인력의 양성을 제도화하고 경로당 임원진이나 노인 중에서 특정 분야의 재능을 가진 사람을 노인여가활동 지도자로 육성하는 것도 필요하다(권중돈, 2008a).

여섯째, 민간부문의 경로우대제의 확충과 노인여가산업 참여를 적극적으로 유도해야 한다. 노인의 여가활용을 위한 시설 확충 등을 국가가 전적으로 책임지고 이행하기에는 한계가 있으므로, 개인이나 민간기업의 노인여가산업에 대한 참여를 촉진하여야 한다. 예를 들어, 노인전용 헬스클럽, 노인문화센터, 노인전용 여가센터 등의 노인여가산업에 민간기업이 적극적으로 참여할 수 있도록 재정 및 행정 지원을 강화해야 한다. 또한 국·공립시설에 한정되어 있는 경로우대제를 확충하여 고급 교통편, 식당, 백화점, 호텔, 영화관, 전시관, 평생교육기관 등의 모든 생활부문에서 노인이 할인혜택을 받을 수 있도록 자발적으로 노인 이용자에 대한 할인제도를 실시하는 민간업체에 대해서는 행정 및 재정 지원을 확대해야 한다.

4. 노년기의 자원봉사활동

1) 노인 자원봉사의 개념

우리나라에서 자원봉사에 대한 인식이 상당 부분 개선된 것이 사실이지만, 아직도 불우한 이웃을 돕는 선행이나 구제활동 정도로 생각하는 인식이 상존하고 있다. 이에 반해 서구에서는 자원봉사를 자신이 하고 싶어서 하는 활동이기는 하지만 시민으로서 당연히 해야 하는 일, 즉 시민의 책임이라고 생각하는 경우가 대부분이다. 이와 같이 자원봉사활동을 어떻게 규정하는가에 따라 봉사활동의 내용과 질이 달라질 수 있다.

자원봉사라는 용어는 '의지'라는 뜻을 지닌 라틴어 'volo'에서 유래되었으며, 이것이 다시 '자유의지'라는 'voluntas'라는 용어로 변화되어, 현재는 자원봉사활동(volunteering)으로 사용되고 있다. 그러나 일부(삼성사회봉사단, 1996)에서는 자원봉사의 근원이 자유의지에만 있는 것이 아니라 '그리스도인의 사랑(Christian love)'을 의미하는 자선(charity)에도 그 기원이 있다고 본다. 또한 자원봉사라는 용어가 한문으로는 '스스로 自' '원할 願' '받들 奉'과 '섬길 仕'로 구성되어 있다는 점을 고려할 때, 자원봉사라는 용어가 지닌 의미는 '스스로가 원해서 다른 사람을 사랑으로 받들고 섬기는 행위'라고 할 수 있다.

이러한 의미를 지닌 자원봉사에 대해 미국사회복지사협회(NASW, 1995)에서는 자원봉사를 "개인, 집단, 지역사회에서 발생하는 다양한 문제를 예방·통제·개선하기 위하여 여러 조직이나 기관에서 아무런 보수 없이 자발적으로 수행하는 활동"이라고 규정하고 있다. 그리고 Manser와 Cass(1976)는 "공동 선(common good)의 어떤 요소를 증진 혹은 촉진하기 위하여 자발적으로 참여하는 활동"이라고 하였으며, Darvill과 Munday(1984)는 "자신의 친족이 아닌 사람들을 위하여 자발적으로 무보수로 서비스를 제공하는 활동"이라고 하였다. 그리고 김영호(1994)는 자원봉사가 인간의 공동복지를 향한 가치이념과 동시에 민주적인 방법에 의한 자발적·자율적·창조적·협동적 사랑의 실천 노력이며, 인간의 바람직한 생활 그 자체라는 사실을 강조함으로써, 인간의 공동복지의 가치이념으로서 인간생활 자체로까지 그 개념을 확대하여 적용하고 있다. 이러한 개념 정의를 종합해 볼 때, 자원봉사는 "한 개인이 가지고 있는 직접적 자원이나 능력을 활용하여 자발적으로 타인과 사회의 발전을 위하여 어떠한 보상도 요구하지 않으면서 지속적으로 수행하는 시민의 자발적인 계획적 활동"이라 할 수 있다(권중돈 외, 2008).

노인 자원봉사 역시 이러한 자원봉사의 개념 정의와 그 의미가 크게 다르지 않다. 그러나 노인 자원봉사는 노인이 자원봉사의 대상이 되는 '노인을 위한 봉사'와 노인이 자원봉사의 주체가 되는 '노인에 의한 봉사'로 구분할 수 있다(고양곤 외, 2003). 노인 자원봉사 영역에서는 이 두 가지 개념 모두를 노인 자원봉사로 인정하고, 그 필요성을 모두 높이 평가하고 있다. 그러나 이 책에서는 노인 스스로가 봉사자가 되어 적극적으로 여가시간을 활용하고 개인뿐만 아니라 사회의 성장과 발전에 기여하는 방안이 되는 '노인에 의한 자원봉사'에 대해서만 논의하고자 한다.

2) 노인 자원봉사활동의 특성

일반적으로 자원봉사는 자발성, 공공성 및 사회복지성, 무보수성, 지속성, 창조성, 일상성이라는 여섯 가지 특성을 지닌다(권중돈, 2008). 첫째, 자원봉사활동은 여러 가지 지역사회 문제를 자신의 문제로 받아들여 개개인의 자유로운 의사와 주체성에 의해 자발적으로 참여하는 활동이다. 둘째, 자원봉사활동은 특정 개인이나 단체의 이익, 특정 사상과 신념, 종교, 민족, 목적집단의 이익을 위한 활동이 아니라 모든 사람이나 사회의 보편적 이익을 증진하기 위한 활동이다. 셋째, 자원봉사활동은 시민으로서 당연히 해야 할 의무이며, 무엇보다도 자신의 행복을 추구하기 위한 자발적 행동이므로 어떠한 대가도 바라지 않는 활동이다. 그러나 최근 들어 자원봉사의 무보수성 이념은 근본적인 본질로 전제되면서도 다소 완화되는 경향을 보이고 있으며, 금전적 대가를 얻게 되더라도 참여동기 자체가 이타적 봉사라는 의식에 바탕을 두고 있다면 무보수성이라는 자원봉사의 이념에 크게 구애받을 필요가 없다는 의견이 대두되고 있다. 넷째, 자원봉사활동은 의도적인 계획을 갖고 일정 기간 지속적으로 이루어지는 행위로서, 일정한 주기 및 봉사 횟수를 정하여 특별한 사유가 없는 한 정기적이고 지속적으로 서비스를 제공하는 것이다. 다섯째, 자원봉사는 이미 발생한 사회문제의 해결뿐만 아니라 더욱 적극적으로 사회문제를 제기하고 그 문제의 해결방안을 모색하고 제안하는 등 사회개혁적이고 개척적인 역할을 담당할 수 있어야 한다. 여섯째, 자원봉사는 특별한 행사가 아니라 일상생활처럼 자연스럽게 이루어져야 한다.

이러한 일반적인 자원봉사의 특성에 더하여, 노인 자원봉사활동은 양방향성, 양면성, 치료성, 자조성이라고 하는 네 가지 특성을 지닌다(김동배, 2000; 동경볼룬티어센터, 1999). 첫째, 노인 자원봉사는 자원봉사를 행하는 측과 받는 측의 상하관계로 구분되는 것이 아니라 '줌'

으로써 '받는 것'이며, '하는 것'이 자신의 삶의 보람이나 즐거움으로 이어지므로 노인 자원 봉사는 양방향성의 특성을 지닌다. 둘째, 일생을 살아오면서 사람들은 자원봉사활동을 통 하여 타인에게 도움을 주지만 언젠가는 자신이 도움을 받는 입장에 처할 수 있으므로, 노인 은 젊은 시절에 한 봉사에 대한 보상으로 봉사를 받을 수 있으며, 어떤 사람에게서 봉사를 받지만 또 다른 사람에게는 노인 자신이 봉사를 행할 수 있으므로 양면성을 지닌다. 셋째, 노년기에 타인을 돕거나 사회발전에 기여하는 활동에 참여하게 되면 노인 봉사자는 신체 및 심리적으로 긍정적 보상을 받고 자신이 가진 심신의 문제를 해결할 수 있는 효과가 있으므 로, 노년기의 자원봉사활동은 치료적 특성을 지닌다. 넷째, 같은 문제로 고민하는 노인이 집 단을 구성하여 서로 문제해결을 돕는 경우가 많으므로 노년기의 자원봉사활동은 자조성(自 助性)의 특성을 지닌다.

3) 노인 자원봉사활동의 의의와 효과

노인 자원봉사활동은 노인 자원봉사의 개념에서 보듯이 노인을 위한 자원봉사인가, 아니 면 노인에 의한 자원봉사인가에 따라서 그 필요성이 다르다(고양곤 외, 2003). 먼저, 노인을 위한 자원봉사활동이 필요한 이유는 인구고령화, 가족의 노인부양기능 약화, 그리고 미흡 한 노인복지제도로 인하여 빈곤, 질병, 고독과 소외의 문제를 경험하는 의존성 노인이 증가 하고 있으며, 이들의 문제를 국가의 힘만으로는 해결하는 데 한계가 있기 때문에 일반 시민 의 동참이 필수적이다. 그리고 노인에 의한 자원봉사가 필요한 이유는 노년기에 직면할 수 있는 다양한 문제를 예방함과 함께 노후생활에 대한 적응력을 제고하고, 더 나아가 사회발 전에 기여함으로써 창조적이고 활발한 노후생활을 영위할 수 있는 기회를 마련할 수 있기 때문이다.

이러한 노인 자원봉사활동, 특히 노인에 의한 자원봉사활동은 개인적 수준과 사회적 차 원에서 많은 효과를 지닌다. 노년기에 자원봉사활동에 참여함으로써 노인은 삶의 질적 수 준을 제고함과 아울러 생산적이고 통합적인 노후생활을 영위할 수 있게 된다. 이러한 노인 자원봉사가 지니는 개인적 효과를 좀 더 구체적으로 살펴보면, ① 퇴직 등으로 인하여 상실 한 사회적 지위와 역할을 보충해 주고, ② 자기유용성을 확인하고 긍정적 자아개념을 유지 할 수 있게 해 주며, ③ 노년기의 소외감과 고독을 경감하고, ④ 노후의 삶에 대한 긍정적 태 도를 갖게 해 주며, ⑤ 자아성장과 자아실현의 기회를 부여해 주고, ⑥ 지역사회 속에서 새 로운 인간관계와 사회관계를 형성하게 해 줌으로써 사회관계망을 유지 또는 확대해 주며, ⑦ 신체 및 정신 건강을 유지 또는 향상해 주며, ⑧ 가족이나 후손과 밀접한 유대관계를 형 성하고 이들로부터 어른으로 대접받을 수 있는 기회를 갖게 되는 등의 다양한 효과가 있다

(고양곤 외, 2003; 김동배, 2000; Rein & Salzman, 1995).

이러한 개인적 효과와 함께 노인의 자원봉사활동 참여는 사회적 차원에서도 긍정적 효과를 발휘한다(고양곤 외, 2003; 김동배, 2000; 박재간, 2002; Kelly, 1992). 즉, 노인의 자원봉사활동 참여는 노인에 대한 사회 인식 전환과 노인차별주의 의식의 약화, 유휴 노인인력의 활용, 사회적 생산성 제고, 노인복지비용 절감 및 복지인력의 보완, 그리고 사회연대감과 사회통합의 촉진과 같은 긍정적 효과를 지닌다.

4) 노인 자원봉사활동 참여실태

우리나라에서는 사회 전반적으로 자원봉사활동의 사회적 의미와 중요성이 부각되지 못하였으며, 노인을 자원봉사의 대상으로만 간주하였을 뿐 자원봉사의 주체라는 인식이 미약하여 노인의 자원봉사활동 참여는 매우 소극적이다(조성남 외, 1998). 노인 자원봉사활동에 대한 연구는 1980년대 이후 간헐적으로 진행되어 왔지만, 생산적 복지라는 정책방향의 설정, 그리고 정부와 노인복지현장에서의 노인 자원봉사 활성화를 위한 노력 등이 한데 어우러지면서 최근 들어 노년학 연구의 주요 연구주제이자 노인복지정책의 주요 과제로 부상하고 있다.

지금까지 노인의 자원봉사활동 참여에 관한 연구결과를 보면, 연구대상에 따라 노인의 자원봉사활동 참여율에 큰 차이를 보이고 있다. 보건복지부와 한국보건사회연구원(2023)의 조사에 따르면 지난 1년간 자원봉사활동에 참여한 노인이 2.5%이며, 이들은 월평균 4.6시간 정도 자원봉사활동에 참여하며, 단순 노력봉사를 하는 노인이 89%, 지식과 기술 그리고 전문성을 활용한 봉사를 하는 경우가 11% 정도인 것으로 나타났다. 보다 대표성을 지닌 표본을 대상으로 한 통계청(2024)의 사회조사보고서에 따르면, 지난 1년간 65세 이상 노인인구의 7.4%가 자원봉사활동에 참여하고 있는 것으로 나타났다(〈표 6-4〉 참조). 이러한 노인인구의 자원봉사활동 참여율을 13세 이상 인구의 자원봉사활동 참여율과 비교하여 보면, 다른 어떤 연령층의 참여율보다도 낮고, 노인의 자원봉사활동 참여율이 미미하지만 지속적으로 증가하고 있음을 알 수 있다. 그리고 미국의 65세 이상 노인의 24% 정도가 자원봉사활동에 참여하고 있는 점(U.S. Department of Labor, 2016)에 비추어 보면, 우리나라 노인의 자원봉사활동 참여율은 매우 낮은 실정이다.

그러나 노인의 자원봉사 참여 필요성에 대한 인식은 점차 높아지고 있으며, 노인의 자원봉사활동지원사업과 노인을 위한 사회활동지원사업이 시행됨으로써 노인의 자원봉사활동 참여도는 점차 높아질 것으로 예측되고 있다. 또한 보건복지부에서 노인 자원봉사 활성화를 위한 정책(보건복지부, 2023. 6.)을 강화하고 있고, 광역 또는 기초자치단체의 노인 봉사조

표 6-4 연령별 자원봉사활동 참여율 (단위: %)

연령	2011년	2015년	2017년	2019년	2023년
전체 인구	17.6	18.2	17.8	16.1	10.6
13~19세	77.7	76.6	78.4	76.1	27.2
20~29세	13.2	11.6	11.5	9.9	8.9
30~39세	11.2	10.6	10.7	9.8	6.1
40~49세	17.0	15.6	17.0	15.4	11.1
50~59세	14.6	14.6	14.2	12.6	12.0
65세 이상	7.2	7.8	7.8	8.1	7.4

자료: 통계청(각 연도). 사회조사보고서.

직 결성이 보편화되고 있을 뿐만 아니라 교육부, 대한노인회와 사회복지관, 노인복지관 등의 지역복지기관을 중심으로 노인 봉사조직을 구성하고 이를 효과적으로 관리하기 위한 노력을 경주하고 있다(권중돈, 조학래, 김명수, 2011). Haroontyan(1996)이 이러한 노인 봉사조직의 결성이 노인의 자원봉사활동 참여를 제고하는 데 가장 중요한 요인이라고 한 점을 근거로 하여 볼 때, 앞으로 우리나라 노인의 자원봉사활동 참여는 더욱 증가하고 체계적이고 조직적 전개 양상을 보일 것으로 예측된다. 그리고 노인의 자원봉사활동 영역도 점차 확대되어 갈 것으로 예측되며, 교육수준이 높아지고 다양한 직업 경험을 가진 노인이 증가함에 따라 단순 봉사활동뿐만 아니라 전문 봉사활동에 참여하는 노인의 수도 증가할 것으로 보인다(권중돈, 2008b). 그러나 이러한 긍정적 예측과는 달리 우리나라 노인의 건강이나 경제수준이 아직 남을 도울 만큼 여력이 없다는 점, 그리고 노인의 권위주의 성격, 강한 가족주의, 수동적 성향, 건강과 경제수준의 열악성 등은 노인의 자원봉사활동 참여에 부정적인 영향을 미치는 장애물(이금룡, 2001)이 될 수 있으므로 노인의 자원봉사 참여에 대해 지나치게 긍정적인 예측을 하는 것은 문제가 있을 수 있다.

5) 노인 자원봉사 참여의 촉진과 관리

우리나라 노인 자원봉사활동의 문제점으로는 저조한 참여율, 노인의 봉사에 대한 인식부족, 노인 자원봉사 프로그램의 부족, 노인 자원봉사조직 및 지원체계의 미비, 노인 자원봉사활동에 대한 사회적 보상체계의 미성숙 등을 들 수 있다(고양곤 외, 2003) 이러한 문제점을 개선하고 노인의 자원봉사 참여를 촉진하기 위해서는 노인의 자원봉사 참여의식 제고, 노인을 위한 전문 봉사 프로그램 개발, 노인 자원봉사 지도자 양성, 노인 자원봉사전담 조직 설치, 자원봉사활동에 대한 보상체계 등과 같은 사회지원체계의 확충이 이루어져야 한다(권중돈,

조학래, 김명수, 2011; 김동배, 2000).

노인의 자원봉사활동 참여를 촉진하기 위해서는 이와 같은 거시적이고 정책적인 노력이 반드시 이루어져야 하지만, 이와 함께 노인 자원봉사자에 대한 효과적인 관리 또한 매우 중요하다. 따라서 다음에서는 노인 자원봉사자 활용을 위한 자원봉사 프로그램이 설계된 후에 이루어져야 할 노인 자원봉사자의 모집, 배치, 교육훈련, 활동지도 및 평가에 이르는 노인 자원봉사자 관리방법에 대해 간략히 논의해 본다(고양곤 외, 2003; 권중돈, 2008b; 김영호 외, 2002; 김한구 외, 2000; 노원노인종합복지관, 2003; 정민자 외, 2001).

(1) 모집

노인 자원봉사 프로그램을 실시하려는 자원봉사 지도자가 프로그램을 설계한 이후에 처음으로 해야 할 일은 노인 자원봉사자의 모집이다. 자원봉사자의 모집과정은 자원봉사자의 발굴과 참여 유도를 포괄하는 과정으로, 잠재적 자원봉사자와 자원봉사조직을 연결하는 활동을 말한다. 이러한 자원봉사자의 모집을 위해서는 잠재적 봉사자 선정, 봉사자의 특성과 관심사 및 욕구의 분석, 기관의 철학이나 목표와의 일치성 평가, 홍보 내용과 방법의 개발이 필요하다. 자원봉사자를 모집하기 위해서는 먼저 주민조직, 종교단체, 사회단체, 공공기관, 각종 협회 등 지역사회 내 활용 가능한 모든 조직체와의 접촉뿐만 아니라 개인적인 접촉을 통하여 잠재적 자원봉사자로 참여할 가능성이 있는 인적 자원을 최대한 발굴하여야 한다.

이러한 자원 발굴과 함께 자원봉사조직에서는 봉사자 모집을 위해 관공서의 회보, 홍보 팸플릿이나 전단지, 포스터, 대중매체의 광고에 필요한 홍보문건을 작성하고 타당한 홍보방법을 선택하여 적극적인 홍보를 실시하여야 한다. 실질적인 자원봉사자의 모집방법으로는 다수모집, 표적모집, 동심원 모집, 연계성 모집 등이 있을 수 있다. 다수모집은 특별한 기술이 필요하지 않거나 제한된 시간 안에 많은 자원봉사자를 모집하기 위하여 봉사자의 자격요건을 제한하지 않고 누구나 참여하게 하기 위한 모집방법이다. 표적모집은 봉사활동에 필요한 기술, 시간, 능력 등을 제한하여 이에 적합한 봉사자를 모집하는 방법이다. 동심원 모집은 현재 봉사조직과 관계를 맺고 있는 사람들을 중심으로 그들의 가족, 친구, 이웃 등을 자원봉사자로 끌어들이는 방법이다. 그리고 연계성 모집은 학교, 회사, 전문직업, 종교집단 등 집단결속력이 강하고 상호 간의 연계성이 강한 집단을 봉사자로 끌어들이는 방법이다. 이러한 자원봉사자 모집방법 중에서 기관의 특성, 봉사자의 특성, 그리고 봉사활동의 내용에 적합한 방법을 선택하여야 한다.

(2) 배치

자원봉사자를 적재적소에 배치하기 위해서는 우선 자원봉사 지원자의 봉사활동 참여동기, 관심사, 원하는 활동분야 등에 대한 정보를 수집하여 기관에서 필요한 프로그램에 배치하기 위한 배치상담을 실시해야 한다. 상담을 통하여 자원봉사자가 참여를 확실하게 결정하게 되면, 기관에서는 자원봉사자와의 일대일 면접을 통하여 봉사자의 책임과 권리, 일정과 장소 및 활동내용 등에 대해 협의를 하고, 봉사자의 인구사회적 특성, 기대, 목표, 능력과 기관의 목적을 동시에 고려하여 적절한 봉사업무에 배치하여야 한다. 만약 봉사자가 희망하는 업무가 없을 경우에는 무리하게 배치하기보다는 새로운 봉사업무를 개발한 후에 배치하는 것이 바람직하며, 다른 기관에 봉사자를 의뢰 또는 연계하는 것도 고려할 수 있다. 특히 전문 기술이나 능력을 소지한 자원봉사 지원자의 경우에는 그들의 능력을 최대한 발휘할 수 있는 전문 봉사 영역에 배치하는 것이 봉사자 개인이나 봉사조직 모두에 효과적이다. 그리고 자원봉사자를 특정 봉사업무에 배치한 이후에도 봉사자의 관심사와 흥미가 바뀌거나 봉사조직의 상황 변화에 따라서 활동분야를 재조정하기 위한 재배치상담을 실시하여야 한다.

(3) 교육 · 훈련

자원봉사자를 직접 봉사업무에 투입하기 전에 봉사자로서의 자세와 태도, 그리고 특정 봉사업무에 필요한 지식과 기술을 습득할 수 있도록 봉사교육이나 훈련을 시켜야 한다. 교육 및 훈련은 봉사자의 동기를 강화하고, 봉사업무에 필요한 기술이나 지식의 습득기회를 제공하며, 더 나아가서는 자기 발전과 성장의 기회를 제공하기도 한다. 자원봉사교육을 실시할 때는 봉사자의 학습 능력이나 특성을 고려하는 것이 좋으며, 강의 중심의 이론 교육에 치중하기보다는 이론 교육, 토론, 시청각 교육, 실습과 같은 다양한 교육방법을 선택하는 것이 바람직하다.

자원봉사 교육 및 훈련은 사전훈련, 기본훈련, 현임훈련, 전환훈련으로 구성된다. 사전훈련은 자원봉사활동을 시작하기 전에 자원봉사조직의 목표, 구조, 정책, 봉사대상자, 그리고 자원봉사활동의 과정에 대해 배우는 단계로서 오리엔테이션이라 한다. 기본훈련은 사전훈련을 받고 실제 봉사활동을 시작하려는 시점에 봉사에 필요한 기술이나 지식, 봉사활동과정에서의 의사소통방법을 알려 주고, 봉사활동 참여를 격려할 목적으로 실시한다. 현임훈련은 현재 활동 중인 봉사자의 정보 교류, 봉사의 전문성 제고, 봉사자 간의 상호유대관계 강화, 봉사활동의 애로와 문제점 해결과 지지, 소속감 강화에 목적을 두고 실시되는데, 일정한 주기의 정기 교육이 바람직하다. 전환훈련은 현재 참여하고 있는 봉사활동에서 다른 분야의 봉사활동으로 업무를 변경하고자 할 때 실시하는 교육으로, 새로운 봉사활동분야에 대한 사전훈련, 기본훈련, 현임훈련을 실시하여야 한다.

이러한 자원봉사자 교육을 효율적으로 실시하기 위해서는 동료직원, 교육을 담당할 전문가, 기관의 협조가 필수이지만 교육생인 자원봉사자의 시간과 생활 편의를 우선적으로 고려하여 교육일정을 수립하여야 한다. 또한 교육과목을 적절히 배치하고, 교육교재를 준비하고, 다양한 교수방법을 활용하는 등 교육효과를 극대화하기 위한 노력을 적극적으로 해야 한다. 그리고 교육에 필요한 물리적 환경을 적절히 구축하고, 교육 이후에는 교육효과에 대해 반드시 평가하고 그 결과를 다음 교육에 반영하여야 한다.

(4) 활동 지도 및 평가

자원봉사자가 직접 봉사활동에 참여하는 과정에서는 자원봉사자가 봉사 경험을 통하여 만족감을 느끼고 자원봉사활동에 지속적으로 참여하도록 격려, 인정, 보상하는 것이 중요하다. 자원봉사활동과정에서의 격려나 표창, 기관행사 초대, 회식 및 다과회, 감사카드 발송, 봉사에 소요되는 실비 지급 등과 같은 제반 지원활동을 충실히 전개하여야 하며, 안전사고에 대비한 상해보험 가입도 필수이다.

그리고 봉사활동이 봉사대상자에게 얼마나 효과적인 도움을 제공하였는지, 봉사활동과정에서 겪은 어려움은 무엇인지에 대한 중간 점검과 평가가 이루어져야 한다. 이러한 점검과 평가는 지속적으로 이루어져야 하며, 봉사활동을 수행하는 과정과 종료 시점에 수시로 수행하는 것이 바람직하다. 이를 위해서는 정기 평가모임을 갖는 것이 좋으며 평가회의, 관찰, 개별 면담, 봉사일지 점검, 설문조사 등의 다양한 방법을 활용할 수 있다.

5. 노인교육

1) 노인교육의 의의

현재 노인계층은 주로 빈곤하고 성과 신분에 따른 교육기회의 차별이 극심했던 일제강점기와 광복 직후 또는 한국전쟁 전후에 성장기를 보냈기 때문에 많은 사람이 적절한 공식교육을 받을 수 있는 기회가 제한될 수밖에 없었다. 그 결과 2023년 기준 65세 이상 노인 중에서 공식교육을 전혀 받지 못한 노인이 12.3%를 차지하며, 특히 여성노인의 교육수준이 상대적으로 낮은 것으로 나타나고 있다(보건복지부, 한국보건사회연구원, 2023). 그러나 2014년에 비하여 2023년도에는 교육을 받지 않은 노인의 비율이 18% 포인트 정도 줄어들었을 뿐만 아니라 고등학교 이상의 교육을 받은 노인이 38% 정도에 이를 정도로 교육수준이 전반적으로 향상된 것으로 나타나고 있다(보건복지부, 한국보건사회연구원, 2015, 2017, 2020, 2023). 이러한 노인인구의 교육수준 증가추이와 모든 인구계층의 교육수준이 높아지고 있는 점을 고려할 때, 앞으로 고학력 노인인구가 차지하는 비중이 더욱 높아질 것으로 예측된다.

이처럼 노인의 교육수준이 향상되고 있기는 하지만, 공식 학교교육을 통해 습득한 지식만으로 만족스러운 노후생활을 영위한다는 것은 기대하기 어렵다. 정보지식사회의 도래로 사회 변화가 가속화되면서 세대 간의 지식 격차는 더욱 심화되어, 현 세대의 노인은 정보와 지식, 더 나아가 문화적 소외현상을 더욱 강하게 경험할 수밖에 없는 상황에 처하게 되었다(허정무, 2002). 그리고 기대수명 증가와 노인인구의 양적 증가로 인한 노인의 사회 영향력 증대, 노인 인력자원의 활용에 대한 사회 관심의 증가, 노인의 잠재력과 능력을 인정하는 사회의 노인에 대한 관점 변화, 노인의 자기계발에 대한 욕구 증가, 노인의 자립의식 증가 등으로 인하여 노인교육의 필요성은 더욱 높아지고 있다(한정란, 2015; 허정무, 2002). 하지만 노인이 지닌 성향, 노인이 처한 상황요인, 그리고 노인교육과 관련된 제도요인 등에서 유래되는 다양한 장애요인으로 인하여 노인교육은 아직 활성화되지 못하고 있다. 실제 노인 중에서 지난 1년간 평생교육 프로그램을 이용한 노인은 13% 정도였다(보건복지부, 한국보건사회연구원, 2023). 그러나 앞으로 노인의 평생학습에 대한 의식이 증진되고 사회참여 역량이 강화됨에 따라 노인교육은 점차 활성화될 전망이다.

노인교육에 대한 관심과 참여도가 증가하게 될 경우 노인교육은 노인 개인 차원은 물론 사회 차원에서도 긍정적 이익을 창출하게 될 것이다. 먼저 노인 개인 차원에서는 노인교육기관에서 제공하는 건강, 미술, 음악, 취미, 봉사활동 등과 관련된 노인교육 프로그램에 참여함으로써 자아발전의 기회를 갖게 될 것이며, 가정과 직장, 사회의 변화에 대한 적응에 요구되는 지식과 기술을 습득할 수 있다. 또한 신체기능 저하, 배우자 상실, 직업 상실에서 오는 고독감, 무용감을 극복할 수 있는 기회를 가질 수 있을 것이다. 그리고 자신의 삶에 대한 통제력과 자신의 역량을 강화할 수 있고 위축된 사회관계망을 유지 또는 확대해 나갈 수 있는 기회를 갖게 될 것이다.

사회 차원에서는 아동, 청소년, 청년 그리고 성인 세대에 중요한 노년기의 역할모델을 제시하고 노년기에 대한 부정적 사회인식을 약화할 수 있다. 그리고 노인이 적극적으로 사회활동과 경제활동에 참여하게 됨으로써 유휴 노인인력을 효과적으로 활용할 수 있는 계기를 마련하게 될 것이며, 더 나아가 노인복지비용을 경감하는 효과까지도 거둘 수 있다(허정무, 2002; Butler, 1975; Schultz, 1985).

2) 노인교육의 개념과 하위 영역

노년학 분야에서는 '노인을 위한 교육'에만 주로 관심을 기울여 왔기 때문에 노인교육에 대한 정확한 이해를 갖지 못한 것이 사실이다. 노인교육은 1950년대에 등장한 개념으로 영어로 'educational gerontology, geragogy, eldergogy'라는 용어로 사용되고 있다. 이 중에서 노령 또는 노인을 의미하는 'gera-'와 교육학을 의미하는 '-gogy'의 합성어인 '제라고지 (geragogy)'가 가장 보편적으로 사용되고 있는 용어이다.

　노인교육은 아동 중심의 교육학인 페다고지(pedagogy), 성인 중심의 교육학인 앤드라고 지(andragogy)와 함께 교육학의 3대 체계를 구축하고 있다. 노인교육은 단순히 아동, 성인, 노인이라는 연령에 따른 대상 구분이 아니라 연령, 지위, 성에 관계없이 각자의 관심과 이해 에 따라 여러 세대가 한데 모이고 상호작용함으로써 그 속에서 서로 간에 정보를 교환하고 새로운 지식을 만들어 내는 적극적 과정으로서, 제3의 교육학 또는 초세대적인 교육의 의미 를 갖는 '트라이고지(trigogy)'를 의미한다(한정란, 2015). 이러한 아동교육, 성인교육, 그리고 노인교육의 특성을 비교하여 제시하면 〈표 6-5〉와 같다(한정란, 2015; 허정무, 2002; 松井政明 外, 1997).

　이러한 노인교육을 Peterson(1983)은 "노인을 위한, 그리고 노인과 노화에 관한 교육적 노 력의 실천과 연구"라고 하였으며, Jarvis(1990)는 "노인을 위한 교육, 노인과 노화에 관한 교 육, 그리고 노인과 관련된 직업을 가진 이들을 위한 교육의 세 분야를 포함하는 교육적 노력

표 6-5 아동교육, 성인교육 및 노인교육의 특성 비교

구분	아동교육(pedagogy)	성인교육(andragogy)	노인교육(geragogy)
자아개념	• 타자에 대한 의존성 (교사 중심)	• 자기주도성의 증대 (학습자 중심)	• 자기주도성 내지는 노화 에 따른 타자의존성 증대
경험의 역할	• 학습의 자원	• 학습-직업 생활에서 상호환류됨	• 전문 경험의 축적, 교육ㆍ 문화적 계승 혹은 치매로 인한 경험의 퇴화
학습과제	• 발달 단계와 과학적 연구 에 기초를 둔 학습과제 (교과 중심)	• 사회, 직업, 생활에서 요구되는 과제 (경험 중심, 과제 중심)	• 생활, 삶의 보람, 취미 등 고령화에 대응하는 과제 (생활, 교양 중심)
교육과정	• 공교육으로 법제화된 교 육과정	• 학습과제에 기초를 둔 프로그램	• 학습과제에 기초를 둔 프 로그램
학습결과	• 학력 형성, 직업에 대한 예비사회화	• 즉각적 응용, 경력 재 구성	• 인생의 평온, 내세적 이 해에 응용
학습조직ㆍ방법	• 공적 교육기관 • 단위제 혹은 학년제	• 평생학습기관 • 재교육방식	• 지역사회 평생학습기관 • 평생학습방식
학습동기	• 학문적 성과, 장래에 대한 기대	• 사회적 역할 기대	• 인생의 적응과 통합

자료: 한정란(2015). 노인교육론. 서울: 학지사.

의 연구와 실천"으로 규정하고 있다. 한정란(2015)은 여기에 여러 세대 또는 각기 다른 연령 계층의 집단이 함께 교육적 활동을 하는 세대통합교육을 추가하였다.

먼저 노인에 의한 교육(education by older adults)은 노인의 지혜와 경험을 교육적으로 활용하는 노인교육의 하위 유형으로 교실학습을 통한 실질적인 교육의 제공, 다양한 경험의 제공, 대인관계의 확대, 전통의 전수, 노인의 사회참여를 목적으로 한다. 그리고 교육의 내용은 역사적 증언과 회상, 전통적 가치와 윤리, 전통예절, 전통적 기술과 민속, 전통예술, 전통음식, 기타 전문 주제에 관한 교육, 지역사회 봉사 등과 같은 직접적 교육활동에서부터 간접적인 교육 효과를 가져올 수 있는 모든 영역의 활동에 이르기까지 매우 다양하다. 그리고 교수자 혹은 서비스 제공자인 노인과 학습자 혹은 서비스의 수급자가 되는 젊은 세대 간에는 학습 장면에서의 역할과 지위의 차이 외에도 세대차로 인하여 교수자-학습자의 관계가 주종관계로 전락할 위험이 있으므로, 교육과정에서는 호혜적 관계를 형성하는 것이 중요하다.

노인에 관한 교육(education about older adults and aging)은 어린이에서부터 노인에 이르기까지 어느 연령집단이든지, 그리고 노인과 관련된 직업에 종사하는 사람들, 퇴직을 준비하는 이들과 같이 특정 상황에 놓인 사람을 대상으로 하여 일반적인 노인이해교육과 퇴직준비교육, 노인전문교육을 실시하는 것을 의미한다. 이러한 노인에 관한 교육은 노화와 노인 이해의 확대, 세대 간 이해의 확장, 노화에 대한 준비, 노화에 대한 적응을 도모할 목적으로 실시된다. 교육내용은 노년기의 발달과 적응, 노년기의 생물적·심리적·사회적 변화, 고령사회의 영향, 노화에 대한 준비, 노인과 더불어 살기, 노후생활 설계, 성공적 노화사례 탐구 등으로 구성될 수 있다. 그리고 교육방법은 강의, 노인 자서전 쓰기 등의 방법을 다양하게 활용할 수 있다.

노인을 위한 교육(education for older adults)은 노인 학습자를 대상으로 하는 연구와 실천을 통하여 노인의 역량을 강화하기 위한 교육활동이다. 노인을 위한 교육은 노화에의 적응, 사회적응, 자기계발, 대인관계 확대, 능동적인 삶의 고취, 자립과 사회참여 촉진을 목적으로 하며 건강, 여가, 노후 경제생활 등의 노후생활 전반에 관한 내용, 생존과 일반교양, 취업, 노인복지, 노인권리, 죽음과 영성에 대한 내용을 교육한다. 그리고 자기지향적 학습원리, 의미 있는 학습원리, 융통성의 원리, 상호존중의 원리, 학습자인 노인 중심의 원리 등에 근거하여 노화와 노인의 특성에 적합한 교육방법을 활용한다.

세대공동체교육은 여러 세대 혹은 여러 연령집단이 어떤 교육적인 목적을 위하여 공동체 안에서 함께 활동하는 것으로 세대 간 오해와 편견의 경감, 세대 간 공동체의식의 제고, 인간과 사회에 대한 이해 증진, 세대 상호 간 원조 제공, 연령에 따른 차별의 불식, 서로 다른 세대의 성장 경험과 실질적 원조 등의 효과를 지닌다. 이러한 세대공동체교육은 공식교육에서 노인을 교수자로 활용하거나, 성인교육 프로그램에 노인을 학습자로 참여시키거나,

처음부터 여러 세대가 공동으로 참여하는 세대공동체 학습 프로그램이나 봉사활동 프로그램을 활용하여 교육을 실시할 수 있다.

3) 노인교육의 실태와 과제

(1) 노인의 학습욕구와 능력

노인의 교육활동 참여를 결정하는 가장 중요한 요인은 노인 자신의 교육에 대한 욕구와 능력이라고 할 수 있다. Knowles(1977)는 노인은 자신이 필요로 하는 것을 배우려는 욕구와 함께 자신이 가지고 있는 정보와 지식을 즉각 활용하고자 하는 욕구를 동시에 지니고 있다고 하였다. McClusky(1974)는 노인이 교육에 참가하는 이유와 교육에 대한 욕구를, ① 노년기 문제에 대처하고자 하는 욕구(coping need), ② 고독과 소외에서 벗어나 자신을 표현하고자 하는 욕구(expressive need), ③ 타인과 지역사회에 봉사하고 헌신하고자 하는 욕구(contributive need), ④ 사회 전체의 변화에 영향을 미치고자 하는 욕구(influence need), ⑤ 자기실현 등을 하고자 하는 초월적 욕구(transcendence need)로 나누었다. 그리고 Carp(2000)는, ① 새로운 지식에 대한 욕구, ② 새로운 직업 혹은 학위에 대한 개인적 욕구, ③ 지역사회 문제에 참여하려는 사회적 욕구, ④ 새로운 친구를 사귀고 사회활동에 참여하려는 욕구, ⑤ 내세를 향한 종교적 동기, ⑥ 배워야 한다는 의무감이라는 여섯 가지 욕구와 동기에 의해 노인이 교육에 참여하게 된다고 하였다.

노인의 학습에 대한 욕구는 한 가지 또는 여러 가지가 복합적으로 작용할 수 있다. 실제로 보건복지부와 한국보건사회연구원(2023)에 따르면 노인 중에서 11% 정도가 평생교육을 받고자 하는 욕구를 지니고 있다. 노인이 참여하기를 희망하는 교육분야는 건강관리, 여가·취미, 일반교양, 자원봉사, 노인복지정책, 취업·직업, 경제생활 등으로 매우 다양하다.

노인이 아무리 학습에 대한 욕구가 있다고 하더라도 학습능력이 어느 정도인가에 따라 노인교육 참여도는 달라질 수 있다. 노인의 학습능력 평가에서 가장 중요한 요인은 인지기능수준이라 할 수 있다. 지금까지의 노인의 인지기능에 대한 연구에 따르면, 노년기의 인지기능 저하로 인하여 학습능력을 상실한다는 확실한 근거는 발견되지 않고 있다(권중돈, 2021a). 따라서 '늙은 개에게 새로운 재주를 가르칠 수 없다.' 등의 노년기에 학습이 어렵다는 편견은 잘못된 신화라 할 수 있다. 따라서 '배우지 못할 만큼 늙지는 않았다.'라는 인식을 갖고 적극적이고 지속적으로 학습활동에 참여하게 되면, 노년기에도 충분히 기대한 교육효과를 거둘 수 있다(최신덕, 김종숙, 1983).

이와 같이 노인의 학습능력을 긍정적으로 평가한다고 할지라도 노인의 학습을 방해하는 장애요인 또한 분명히 존재한다. Cross(1979)는 노인의 교육 참여를 방해하는 요인을, ① 학습경비, 교통편, 건강 약화 등과 같은 노인 각자의 개인적 생활사정에 의해 야기되는 상황적 장애요인, ② 노인 스스로 학습활동 자체에 흥미를 느끼지 못하거나 혹은 배우기에는 너무 늙었다고 느끼는 것과 같은 노인 개개인의 성향적 장애요인, 그리고 ③ 교육기관이 노인교육의 필요성과 노인의 노인교육에 대한 욕구를 무시하고 이에 대한 지원을 소홀히 함으로써 나타나는 제도적 장애요인으로 분류하고 있다. 따라서 노인의 교육 참여를 촉진하기 위해서는 이와 같은 장애요인을 정확히 인식하고 노인 당사자, 노인교육 담당자, 가족과 사회가 협력하여 이를 개선하기 위한 노력을 함께 기울여야 한다.

(2) 노인교육실태와 문제점

우리나라의 노인교육은 1972년 10월 개강한 태화관 부설의 서울평생교육원을 시작으로 하여, 1970년대 후반과 1980년대에 노인학교 설립 붐이 일어나 오늘에 이르고 있다. 「노인복지법」상 노인여가복지시설로 분류되어 있는 노인교실은 노인학교, 노인대학, 경로대학 등의 다양한 명칭으로 설립·운영되고 있다. 보건복지부(2024. 6.)에 등록된 노인교실은 2023년 말 기준 1,225개소에 이르며, 노인복지관, 사회복지관, 대학부설 평생교육원, 종교시설의 노인교실 등에서도 노인교육을 실시하고 있으나 정확한 현황이 파악되지 않고 있다. 노인이 평생교육을 받기 위해 이용하는 기관으로는 시군구나 읍면동 행정복지센터를 이용하는 경우가 30% 정도로 가장 많았으며, 그다음으로 노인복지관(28.1%), 온라인매체(26.7%), 경로당(21.0%), 평생교육센터(14.2%), 민간문화교육기관(9.8%), 종교기관(5.0%), 공공문화교육기관(3.9%), 대한노인회(3.8%) 등의 순이었다. 특히 코로나19의 유행 당시 비대면 온라인교육을 받은 경험을 바탕으로, 지속적으로 온라인 매체를 이용하여 교육을 받는 경향이 강화되고 있는 것은 노인교육 매체의 다양화라는 측면에서 큰 의미를 지닌다.

노인교실을 운영하는 기관이 다양한 만큼 노인교실의 운영 상황은 천차만별이다. 노인교실의 절반 정도가 8개 특별시와 광역시에 집중되어 있으며, 그 운영 면에서도 도·농 간의 편차가 매우 크다. 도시지역 노인교실의 경우 교육생의 수가 많고 독자적 능력으로 재정을 확보하여 정기적인 교육이 이루어지는 반면, 농림어촌지역 노인교실의 대부분은 대한노인회에서 운영하는 것으로 정부에 대한 재정의존도가 높고 학생 수가 적을 뿐만 아니라 전문강사의 부족, 짧은 수업기간과 횟수 등으로 인하여 도시지역에 비하여 교육의 질이 매우 낮은 실정이다.

노인교실에서 실시하고 있는 노인교육의 내용은 크게 교양강의와 여가활동으로 나뉘는데, 대부분의 경우 교양강의보다는 취미, 오락 위주의 프로그램에 치중하고 있는 실정이다. 뿐만 아니라 노인교실 운영자의 비전문성, 전문강사진 부족, 운영재원의 부족, 교육시설과 교재 등이 미흡한 교육환경, 교육 프로그램과 방법의 전문성 결여, 지역사회 내 다른 노인교육기관과의 연계성 부족 등의 문제점을 지니고 있다(권중돈, 2002a; 모선희, 2000; 한정란 외, 2008). 노인교실의 연합회는 산하 노인교실의 활동목적, 활동방향, 지도감독 등의 역할을 수행해야 한다. 일부 종교단체의 노인교실연합회는 비교적 조직적인 활동을 하고 있으나, 대한노인회 산하 노인교실은 지역별 연합회 부설로 설치되어 있을 뿐 공식적인 연합회가 존재하지 않고 실질적인 활동도 이루어지지 않고 있어 많은 문제점을 지니고 있다.

이와 같은 노인교실 이외에 노인복지관이나 사회복지관에서 평생교육사업의 일환으로 노인교육을 실시하고 있는 곳이 다수에 이르고 있다. 사회복지관에서 운영하는 노인교육 프로그램은 지역이나 기관에 따라 편차가 매우 크지만 교육대상이 저소득층 노인에 집중되어 있다. 그리고 노인복지관 역시 지역이나 기관에 따라 편차가 크고 특히 대도시에 집중되어 있고 노인의 접근도가 낮다는 문제점이 있지만, 다른 노인교육 담당기관에 비하여 노인교육 인력이나 시설, 교육 프로그램 모두에서 훨씬 나은 조건을 갖추고 있으므로 노인의 교육욕구 충족에 많은 기여를 하고 있다.

고등교육기관인 대학에서도 평생교육원이나 부속기관 등에서 노인을 대상으로 한 평생교육 프로그램을 운영하고 있으며, 노인 정보화교육을 실시하거나, 명예학생제도, 학점은행제, 시간제 등록제, 원격대학 등을 통하여 노인에게 평생교육의 기회를 부여하고 있다. 미국 등 선진국의 대학에서는 방학 중에 노인을 위한 단기교육 프로그램을 실시하였는데, 그것의 호응도가 높아지면서 현재는 독자적 교육 프로그램으로 운영(기영화, 2007)되기에 이르렀다. 노인단기대학(elderhostel)과 같은 질 높은 노인교육 프로그램이 대표적인 예이다. 하지만 아직까지 우리나라의 대학들은 평생교육원의 일부 프로그램으로 노인교육과정을 운영하는 것이 일반적이며, 대학 차원에서는 노인교육을 위한 전면적인 개방 노력이 미흡하고, 체계적인 노인교육을 실시할 수 있는 교육체제를 갖추지 못하고 있다. 그러나 앞으로 대학이 노인교육에 적극적으로 참여할 경우 세대 간 학습과 이해의 증진, 대학생과 노인 학습자 간 공동학습자로서의 역할 교류, 노년기의 역할모델 제시, 지역사회와의 유대관계 형성 등과 같은 긍정적 효과를 거둘 수 있을 것이며, 노인의 경우에도 질 높은 노인교육을 받을 수 있는 기회를 마련할 수 있게 될 것이다.

(3) 노인교육 활성화를 위한 과제

정보지식사회로의 전환과 함께 노인인구가 급증하고 노인의 교육수준, 경제수준, 건강상태가 개선되어 감에 따라 앞으로 노인교육에 대한 수요는 꾸준히 증가할 것으로 보인다. 따라서 노인교육의 문제점을 해결하고 이를 활성화하기 위하여 다음과 같은 정책과제를 적극적으로 추진해야 한다.

첫째, 노인교육기관의 성격에 대한 재규정과 이에 따른 재정 및 행정적 지원을 강화해야 한다. 현재 「노인복지법」상 노인교실은 노인여가복지시설로 규정되어 있으며, 등록요건이 되는 시설만 규정하고 있는 상황이다. 평생교육법에서는 전체 인구를 대상으로 한 평생교육기관의 설립과 운영 등을 규정함으로써 노인교육에 대한 구체적인 사항이 규정되지 못하고 있다. 따라서 「노인복지법」을 개정하여 노인교실을 포함한 다양한 형태의 노인교육기관을 노인교육시설로 규정함으로써 노인교육을 여가 활용이 아닌 평생교육의 성격으로 재규정해야 하며, 평생교육법에서도 노인교육에 관한 세부적인 규정이 요구되고 있다. 이와 함께 노인교육기관의 시설기준, 교육과정 등에 대한 엄격한 제한과 함께 실질적인 지도감독 기능을 강화하고 노인교육기관 데이터베이스 구축, 전문강사의 양성과 지원, 공통 교육과정의 개발, 재정지원의 확대 등의 재정 및 행정적 지원도 대폭 강화해야 한다. 특히 노인교육 기회의 불평등문제를 완화하기 위하여 농림어촌지역 노인교실의 증설과 이에 따른 재정 및 행정 지원이 강화되어야 한다.

둘째, 노인교육의 목표를 정립하고 이에 따른 체계적인 교육과정, 프로그램, 교재 등의 개발이 이루어져야 한다. 현재 노인교육을 운영하는 기관의 성격에 따라 노인교육의 목적이 서로 다르며, 교육과정과 프로그램 등에서의 편차가 매우 크다. 따라서 전체 노인교육기관에 공통으로 해당되는 노인교육에 대한 표준화된 목적을 수립하고, 이를 바탕으로 체계적인 교육과정을 수립하고, 노인의 욕구와 전문가의 의견을 바탕으로 교육 프로그램을 구축하고, 이의 실행에 필요한 교육교재를 개발하여 보급하여야 한다.

셋째, 노인교육 전문인력을 양성하고 노인교육기관에 전문인력의 채용을 의무화하여야 한다. 현재 「평생교육법 시행령」 15조에 의거하여 평생교육 관련 과목 21학점 이상을 취득하고 4주간의 평생교육실습을 이수하여 학위를 취득할 경우 평생교육사 3급 자격증이 부여되고 있다. 하지만 이러한 교육과정을 통해 양성된 노인교육인력의 전문성은 매우 낮고, 이들에 대한 재교육 또한 거의 이루어지지 않고 있다. 따라서 노인교육 전문인력의 이수과목이나 실습에 대한 규정을 상향 조정하고, 이들의 전문성에 대한 공식 평가에 근거하여 자격증을 수여하여야 한다. 그리고 노인교육기관의 전문인력 부족 문제를 해결하고 더욱 질 높은 교육을 제공하기 위해서는 노인교육기관이 노인교육 전문인력을 채용하도록 의무화하여야 한다. 또한 노인교육기관 운영책임자에 대한 정기적인 연수교육을 실시하여야 한다.

넷째, 지역사회 내의 노인교육기능을 수행하는 대학, 종교단체, 복지기관이나 단체, 노인교육 전문가 간의 유기적 협력체계를 구축해야 한다. 대학의 경우 아직 노인교육에 대한 개방 노력이 미흡하지만 노인교육을 실시하는 데 가장 큰 자원을 지닌 기관이므로 앞으로 대학의 노인교육 참여를 조장해 나가야 한다. 그리고 지역사회 내의 종교단체, 사회복지기관 등의 노인교육기관이 지역노인교육협의체를 구성하여 운영하거나, 유기적 협력체계를 구축하여 정보 교환, 업무 조정, 공동 훈련 프로그램 등을 실시하여야 한다.

4) 노인교육과정의 편성과 운영

노인교육과정의 편성과 운영에서 가장 중요하게 고려해야 할 요인은 바로 노인교육의 목적이 무엇인가 하는 점이다. 이러한 노인교육의 일반적인 목적은 세대 간 이해의 증진, 노년기의 창조적인 삶, 젊은 세대의 삶의 경험 확대, 노화에 대한 준비와 적응이라고 할 수 있지만, 노인교육의 하위 영역에 따라 그 목적이 달라질 수 있다(한정란, 2015).

먼저, 노인을 위한 교육의 목표는 노화에의 적응, 사회 적응, 자기계발, 대인관계 확대, 능동적 삶의 고취, 자립과 사회참여라 할 수 있다. 노인에 관한 교육의 목표는 노인에 대한 이해의 확대, 세대 간 이해의 확대, 노화에 대한 준비, 노화에의 적응이다. 그리고 노인에 의한 교육의 목표는 젊은 세대에 대한 실질적 교육 제공, 젊은 세대에게 다양한 경험 제공, 젊은 세대와 노인의 대인관계 확대, 지혜의 전수와 노인의 사회참여 촉진이라고 할 수 있다.

이러한 노인교육의 목적에 따라 교육과정을 편성할 때에는, ① 노인교육에 참여하는 학습자의 교육적 욕구, ② 학습자의 지적 수준과 같은 학습능력, ③ 노인교육 전문가의 의견, 그리고 ④ 노인교육에 대한 사회적 기대를 동시에 고려하여야 한다. 또한 노인교육과정 편

표 6-6 노인교육의 하위 영역별 주요 교육내용

교육 영역	목적	주요 교육내용
노인을 위한 교육	적응	• 건강관리, 여가와 취미, 사회적 변화, 노년기의 심리, 노후 경제생활, 가족관계
	생존	• 일반 교양, 취업, 노인복지
	사회참여	• 사회봉사, 노인의 권리
노인에 관한 교육	의미 재발견	• 죽음, 종교, 삶의 회고
	노화에 관한 지식	• 발달과정 이해, 생물적 노화, 심리적 노화, 사회적 노화
	고령사회	• 노인의 의미, 고령사회의 특성과 준비
	노화에 대한 준비	• 노인의 역할, 노인단체, 생애 설계
	노인의 부양	• 노인과의 관계, 공동체사회, 노인사례 탐구, 노인을 대상으로 한 봉사활동이나 실습
노인에 의한 교육	역사적 증언과 회상	• 직접 경험한 한국 역사
	전통적 가치와 윤리	• 전통윤리, 전통예절
	전통적 기술과 민속	• 전통놀이, 전통예술, 전통음식, 전래문화
	지역사회 봉사	• 아동, 청소년, 노인 등을 위한 가정 및 사회봉사

자료: 한정란(2015). 노인교육론. 서울: 학지사.

성에서는, ① 노인교육 목표에 따라 교과과정을 편성하고, ② 교육 대상자 또는 학습자의 능력, 수준, 흥미 및 욕구에 적합하게 교과과정을 편성하고, ③ 가족이나 사회의 다른 계층의 요구를 폭넓게 반영하고, ④ 노인의 삶의 질을 향상할 수 있는 내용으로 편성하고, ⑤ 지속적인 반복학습을 통한 누적 학습효과가 발생하도록 편성하고, ⑥ 새로운 경험과 내용에 강조점을 두되, 노인의 경험 속에서 교육내용이 연결 · 통합되도록 편성하여야 한다.

이러한 노인교육과정의 편성원칙에 근거하여 노인교육의 교과과정을 편성할 때 일반적으로, ① 교양, 취미 등의 여가활용을 위한 문화 교육 영역, ② 건강관리, 운동 등을 위한 건강 교육 영역, ③ 오락, 레크리에이션 등을 통한 긴장 해소 교육 영역, ④ 지역사회나 단체에의 참여와 발전에 기여하는 사회봉사 교육 영역, ⑤ 노년 세대와 젊은 세대 간의 이해 증진을 위한 갈등 해소 교육 영역, ⑥ 사회적 능력과 기능의 계속적인 함양을 위한 노인 성장 교육 영역과 관련된 다양한 교육내용이 포함되어야 한다. 그러나 이 역시 노인교육의 하위 영역에 따라 교과내용이 달라질 수 있는데, 각각의 노인교육 하위 영역별 주요 교과내용을 살펴보면 〈표 6-6〉과 같다(한정란, 2015).

이러한 노인교육과정에 따라 교육을 실시하는 과정에서는, ① 학습자 중심의 원리, ② 자기주도적 학습의 원리, ③ 상호성의 원리, ④ 다양성의 원리, ⑤ 원격성의 원리에 입각한 교육방법을 선택하여 실시하여야 한다(이해성, 2001). 그리고 노인교육의 형태로는, ① 학습자 개인이 학습목표에 이르기 위해 주로 학습매체를 이용하여 스스로 학습을 계획하고 지속적으로 학습을 전개하는 개인학습, ② 다수의 노인을 대상으로 강의자가 중심이 되어 교육하

표 6-7 노인교육 목적별 적합한 교수방법

학습목표	적합한 교수방법
지식	강의, TV 시청, 토론, 대화, 면담, 심포지엄, 패널집단면담, 회담, 영화, 슬라이드, 필름, 녹음, 책내용 중심 토의, 독서, 비디오
이해	청중으로 참여, 시범, 영화, 극화, 소크라테스식 질의법, 문제해결식 사례연구, 모의게임, 사건을 비판적으로 분석하는 과정, 비디오 시청
인간관계 기술	역할극, 게임, 훈련집단, 참여학습, 무언의 훈련, 기술연습의 실제, 전문인 지도, 엄격한 반복훈련, 모의게임, 인간관계훈련집단
태도	경험담 나누는 토의, 집단토의, 역할극, 사건분석과정, 사례방법, 게임, 참만남집단(감수성 훈련), 무언의 훈련, 모의게임, 집단치료, 상담
가치	TV, 강의(설교), 토론, 대화, 심포지엄, 담화, 영화, 극화, 방향성 있는 토의, 경험 나눔, 역할극, 사건분석과정, 게임, 만남의 집단, 가치명료화 훈련, 전기 읽기
흥미	TV, 시범, 영화, 슬라이드 필름, 극화, 경험 나눔, 전시, 현장 탐방, 비디오 시청

자료: 조은순(2001). 노인교육 프로그램의 시행과 평가. 목원대학교 편. 노인교육전문가 양성과정 교육교재(pp. 127-132).

는 집단학습, 그리고 ③ 일정한 장소에서 강의자의 일방적인 의사전달체제를 갖춘 학습형태인 대집단 집회학습의 방법을 활용할 수 있다. 노인교육에서 지향하는 목표에 따라 〈표 6-7〉과 같은 다양한 교수방법을 단독 또는 혼합하여 사용할 수 있다(조은순, 2001).

이와 같은 교육목적, 교육내용 그리고 교육방법을 활용하여 노인교육 프로그램을 실행할 때 노인의 학습효과를 최대화하기 위해서는, ① 학습자의 욕구에 근거하여 교육과정과 교수방법이 개발되어야 하며, ② 교육내용이나 학습재료는 가능한 한 학습자에게 의미 있고 익숙한 것으로 선택하여야 하며, ③ 교육과정 운영에서 엄격한 시간 제한은 피하고, 될 수 있는 한 학습자가 학습에 필요한 시간을 스스로 조절하도록 하고, 피로감을 느끼지 않도록 자주 휴식시간을 제공하여야 하며, ④ 설명 위주의 강의보다는 토론과 문제해결 중심의 과제수행, 실험과 실습, 견학 등과 같은 교수방법을 사용하여 학습자의 자기주도적 학습을 조장하고, ⑤ 학습공간의 분위기는 따뜻하고 자유로워야 하며, 노인의 지각과 감각적 특성을 고려하여 공간이 구성되어야 한다(조은순, 2001).

노인교육과정을 진행하는 동안에는 지속적인 점검을 통하여 운영상 나타나는 문제점을 수정·보완해 나가야 한다. 또한 교육과정을 마친 이후에는 노인의 학습효과에 대한 평가와 함께 노인교육과정의 효과성과 효율성, 전체 교육과정에 대한 평가를 통하여 향후의 노인교육과정에서 동일한 오류가 나타나는 것을 최소화할 수 있는 방안을 마련해야 한다.

생각해 보아야 할 문제

1. 오늘날의 노인은 자발적으로 여가생활을 향유하는 것이 아니라 사회적으로 강요된 여가생활
   을 하고 있다고 하는데, 그 이유가 무엇인지 탐색해 보시오.

2. 지역 내에 있는 경로당과 노인복지관을 방문하여, 노인여가 프로그램에 어떠한 차이가 있는지
   를 확인하고, 경로당의 여가활동 프로그램을 개선할 수 있는 방안을 모색해 보시오.

3. 각자 앞으로의 삶의 과정에서 노년기의 여가활용을 위한 예비사회화를 어떻게 해 나갈 것인지
   구체적인 계획을 수립하고, 그 내용을 토론해 보시오.

4. 자원봉사자로 활동하고 있는 노인과의 면접을 통하여 노년기 자원봉사활동의 효과를 확인하
   고, 봉사활동에 따르는 애로사항이나 문제점을 해결할 수 있는 방안을 모색해 보시오.

5. 지역사회 내의 종교단체, 사회복지관, 노인복지관, 대한노인회 산하의 노인교실에서 실시하
   고 있는 노인교육 프로그램 실시 현장을 견학해 본 다음, 각 기관의 노인교육과정이 지니는 문
   제점을 진단하고 그 개선방안을 모색해 보시오.

제**7**장

노년기의 주거생활과 고령친화산업

학습목표 🎯

● 노년기 주거환경의 의미와 노인을 위한 주거계획을 이해한다.

● 노인의 주거실태와 문제점을 이해하고 그 개선방안을 모색해 본다.

● 노인복지시설의 유형과 설계, 관리운영 및 평가체계를 이해한다.

● 고령친화산업의 특성과 분야를 이해하고 발전방안을 모색해 본다.

1. 노년기 주거환경의 중요성

주거환경은 인간에게 가장 필수적인 생활환경이며, 삶의 질을 결정하는 중요한 요인이다. 노인에게 주거환경이 갖는 의미는 다른 세대와 기본적으로 다르지 않으나, 노년기에는 생활 영역의 축소, 환경에 대한 적응능력의 약화로 인하여 그 중요성이 더욱 높아진다. 노후에도 자신이 살던 곳에서 계속 거주(aging in place)하려는 욕구가 있으나, 노년기에는 신체 기능과 일상생활 동작능력의 저하로 인하여 독립적 일상생활에 제한을 받는 경우가 많기 때문에 이를 보완할 수 있는 주거환경을 갖출 필요가 있다. 그리고 퇴직 등으로 인하여 사회관계망이 위축되고 이로 인해 심리적 고독감과 사회적 소외를 경험할 가능성이 높기 때문에 이를 유지 또는 보완할 수 있는 주거환경과 지역사회환경의 구축은 더욱 중요하다.

이와 같은 중요성을 지닌 노년기의 주거환경은 노후생활에 다음과 같은 의미를 지닌다(김소희, 2009; 이연숙, 2000). 첫째, 노년기에는 주된 생활 영역이 가정환경으로 축소되는 경향이 있기 때문에 노년기의 주택은 중요한 삶의 터전이 됨과 동시에 노후생활 안정의 가장 중요한 요소가 된다. 둘째, 우리나라와 같이 주택가격이 비싸고 주택연금제도가 실시되는 상황에서는 주택의 소유가 중요한 노후소득보장의 도구가 될 수 있으며, 자가를 소유한 노인은 추가적인 주거비용에 대한 부담이 줄어들게 되므로 안정적 경제생활을 할 수 있다. 셋째, 동일 주택에서 지속적으로 거주할 경우 친구나 이웃 등과 같은 사회관계망을 유지하고, 지역사회 내에서 웃어른으로 대접받는 등 사회적 지위의 유지가 가능해진다. 넷째, 인간으로서의 존엄성을 유지할 수 있는 사생활의 자유를 공간적으로 확보할 수 있다. 다섯째, 이전부터 생활해 온 주택에서 계속해서 살게 될 경우, 일생에 걸친 추억과 경험의 연속성을 유지할 수 있다. 여섯째, 노인의 생활에 적합하도록 계획된 주거공간을 확보함으로써 신체기능 및 일상생활기능 저하를 보완하고 수용하며, 안전생활을 보장하는 물리적 환경의 확보가 가능해진다. 이와 같이 노년기의 주거환경은 노인의 삶의 질과 노후생활 적응을 결정하는 중요한 요인이 되고 있다.

노년기의 주거환경이 중요한 가치를 지님에도 주거문제는 노인 스스로 또는 가족의 힘으로 해결해야 한다는 사회적 인식이 주류를 이루고 있기 때문에 노년기의 주거환경에 대한 학술적 논의나 정책적 대안 마련은 미흡한 상황이다(박순미 외, 2017). 노년기의 주거문제와 주거보장에 대한 관심의 부족과 함께, 노년기의 경제 및 건강수준의 약화, 가족의 동거부양기능 약화, 그리고 높은 주택가격 등으로 인하여 노인은 심각한 주거문제를 경험하고 있다. 즉, 노년기에는 신체기능과 일상생활능력의 약화로 인하여 주거환경의 개선에 대한 욕구는 높아지지만, 경제적 기반이 확고하지 못하여 주택 구입, 증·개축, 수리 등에 필요한 주거비용을 마련하는 데 어려움이 있고, 성인 자녀와 별거하는 경향이 확산되고 있으며, 국가의 미흡한 주거보장제도로 인하여 다양한 주거문제를 경험하고 있다(이경락, 2003; 전현숙, 오민준, 2013).

2. 노년기의 주거 형태와 현실

1) 노인 주거 형태 분류

현재 우리나라 노인의 주거 형태를 연령과 일상생활 동작능력, 의료 및 복지 서비스 욕구, 그리고 입주방법을 기준으로 하여 분류해 보면 [그림 7-1]과 같이 독립 거주, 서비스형 거주, 복지시설 거주, 의료시설 거주, 일시 거주로 구분할 수 있다(김태일, 2000).

첫째, 독립 거주 유형은 가장 일반적인 주거 형태로서 비교적 건강하고 보건의료서비스가 필요하지 않은 노인의 거주 형태이다. 이러한 거주 형태에는 일반주택, 3세대주택, 고령자주택 등의 주택 형태가 포함된다. 우리나라의 경우 일반주택에서 노인이 거주하는 경우가 많지만, 세대 간의 가치관 변화와 생활양식의 다양화로 인하여 [그림 7-2]에서 보는 바와 같은 다양한 형태의 3세대주택이나 가까운 곳에서 살면서 생활을 공유하는 인거형(隣居型)

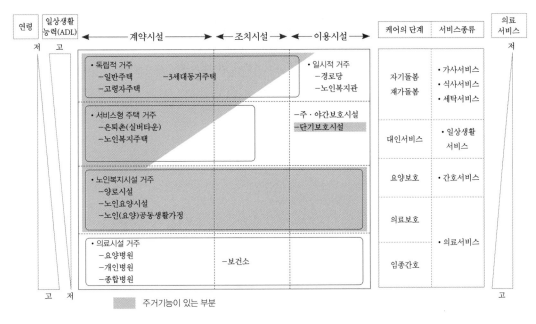

[그림 7-1] 노년기의 주거유형 분류

자료: 김태일(2000). 노인주택모형. 한국노년학회 편. 노년학의 이해. 서울: 도서출판 대영문화사.

거주 형태가 늘어나고 있다. 그리고 노인 독거가구나 부부가구가 증가함에 따라 노인의 제한된 기능을 보완할 수 있도록 특별히 설계된 고령자주택의 필요성은 높아지고 있지만, 실질적인 고령자주택의 보급은 매우 미진한 실정이다.

둘째, 서비스형 거주는 경제적 여유가 있는 동년배의 노인이 입주하여 노인을 위한 건강, 여가 등의 필요한 생활서비스를 이용하는 시설에서 거주하는 형태이다. 이러한 서비스형 거주시설에 입소한 노인은 공동생활을 할지라도 개인생활을 보장받게 되는데, 「노인복지법」의 노인복지주택이 이에 속한다.

셋째, 복지시설 거주는 고령자가 입소하여 보호적인 환경에서 집단생활을 하는 거주형태로서, 「노인복지법」상 노인 주거복지시설인 양로시설, 노인공동생활가정과 노인의료복지시설인 노인요양시설, 노인요양공동생활가정이 이에 해당한다.

넷째, 의료시설 거주는 질병의 치료와 간호를 목적으로 한 의료서비스가 중점 제공되는 시설에 거주하는 형태로서 병·의원, 그리고 요양병원 등이 이에 속한다. 현재 우리나라에서는 작은 병에도 장기입원하고 병원에서 임종을 맞으려는 사회적 입원이 증가하고 있는 실정이다.

다섯째, 일시 거주형은 이용시설에 잠시 머무르면서 숙식이나 기타 필요한 서비스를 받는 주거 형태로서 「노인복지법」상의 단기보호서비스시설이 이에 속한다.

거주형태			현관 · 계단	시설 · 설비 배치
완전동거형		전부 동일 가옥 — 노인전용실		• 주방, 욕실, 화장실, 거실 등 모두를 공용하고 노인전용실이 있다.
준동거공용형		융합지향 — 노인세대 거실 · 욕실공용	현관 공용	• 거실과 욕실만 공용, 그 외는 전용
		분리지향 — 노인세대 거실 · 욕실전용		• 거실 · 욕실 등 각각의 세대가 전용
인거분리형		상하분리 — 노인세대	현관 공용 내부 계단	• 주방, 욕실, 화장실, 거실 등 모두를 분리하고 하나의 건물에서 생활
		좌우분리 — 노인세대	현관 분리 외부 계단	
		연속식 — 노인세대		• 두 세대가 전용의 공간으로 분리되나, 연속된 건물로 위치
완전분리형		자녀세대 노인세대		• 서로 다른 부지 내에 별도의 건물로 생활 또는 자녀세대의 인근에 살면서 왕래

[그림 7-2] 독립 거주 유형의 형태

자료: 이경락(2003). 고령사회에서의 노인주거문제 및 대응방안. 밝은 노후, 통권 제5호, 8-23.

2) 노인 주거실태와 생활환경

2023년 말을 기준으로 주거기능을 갖춘 노인복지시설 6,496개소에서 생활하는 노인은 21만 1,100여 명(보건복지부, 2024. 6.)으로 전체 노인의 2.2%만이 입소하여 생활할 수 있어, 거의 대부분의 노인이 지역사회에서 생활하고 있다. 지역사회에서 생활하고 있는 노인의 26.7%는 성인 자녀 또는 친족과 동거하고 있으며, 지역별로는 도시지역 그리고 성별로는 여성노인이 자녀와 동거하는 비율이 높고, 연령이 높을수록, 배우자가 없고, 일상생활 기능에 제한이 있는 노인이 기혼 자녀와 같은 집에서 생활하는 비율이 높아지는 것으로 나타났다(보건복지부, 한국보건사회연구원, 2023; 통계청, 2022. 7.).

지역사회에서 생활하고 있는 노인의 주택 형태를 보면, 아파트에서 거주하는 경우가

44.8%로 가장 많고 그다음으로 단독주택이 38.6%, 연립주택과 다세대주택이 16.1%, 나머지 0.5% 정도의 노인은 상가주택 또는 기타의 주택에서 생활하고 있는 것으로 나타났다(보건복지부, 한국보건사회연구원, 2023). 그리고 노인의 주택소유 상태를 살펴보면 본인, 배우자 또는 자녀 명의의 자기 집에서 생활하는 노인이 80%, 전세인 경우가 9%, 그리고 월세가 8%, 무상이 3% 정도인 것으로 나타났다(보건복지부, 한국보건사회연구원, 2023).

　노인의 건강유지와 질 높은 삶의 영위를 위해서는 적절한 주거환경이 구축되어야 한다. 국토교통부의 주거실태조사(2023. 4.)에 따르면 지하나 반지하 또는 옥탑방에서 생활하는 노인이 1.4%이며, 30년 이상 된 노후주택에서 생활하는 노인이 36% 정도이며, 주택 면적과 시설 등의 최저 기준에 미달하는 주택에서 생활하는 경우가 2.8%인 것으로 나타났다. 그리고 보건복지부와 한국보건사회연구원(2023)의 노인실태조사에서 노인이 생활하기 불편한 구조를 가진 주택에서 생활하는 경우가 9.4%, 생활이 불편하지는 않지만 노인 배려 시설이 없는 주택에서 생활하는 가구가 62.1%이었으며, 다층주택이어서 승강기가 필요하지만 설치되지 않은 경우가 41.7%인 것으로 나타났다. 이러한 두 조사의 결과를 근거로 해볼 때, 노인의 자가소유율은 높지만, 주거만족도와 주거편의도는 낮다는 것을 알 수 있다. 노인이 현재 거주하는 주택에 만족하지 못하는 경우는 4% 정도이며, 그 이유로는 주택의 편리성에 불만족한 노인이 45.2%로 가장 많았으며, 그다음은 안락성과 쾌적성(25.4%), 주택규모의 적정성(8.5%), 정숙성(7.3%), 경제성(6.2%) 등으로 나타났다. 그리고 노인의 생활안전을 증진하기 위해서 화재 및 가스 감지기(45.1%), 가스안전차단기(44.1%), 낙상방지 기능성 바닥재(41.9%), 화장실이나 욕실의 안전손잡이나 안전바(38.2%) 등의 설치나 개조가 필요하며, 주택 개량이나 개보수를 위한 자금 지원이 필요한 것으로 나타났다(보건복지부, 한국보건사회연구원, 2023, 국토교통부, 2023. 4.). 특히 농촌지역 노인, 여성노인, 연령이 높은 노인, 독거노인, 소득수준이 낮은 노인, 일상생활 기능 제한이 있는 노인의 주거만족도가 상대적으로 낮게 나타났다(보건복지부, 한국보건사회연구원, 2023).

　통계청(2024)의 사회조사보고서에 따르면, 자녀와 동거하기를 바라는 노인이 21.2%로서, 2015년에 비하여 5% 포인트 정도 줄어들었다. 자녀와 동거하지 않고 부부 또는 혼자서

표 7-1 노인의 장래주거계획 (단위: %)

구분	자녀와 동거	부부, 독신거주	노인복지시설입소	기타
2019년	20.7	69.1	10.1	0.1
2021년	22.8	69.7	7.4	0.1
2023년	21.2	70.7	8.0	0.1

자료: 통계청(각 연도). 사회조사보고서.

자신의 집에서 생활하겠다는 노인은 70.7%, 노인복지시설에 입소하겠다는 노인은 8.0%로서 노인복지시설에 입소하고자 하는 비율이 2015년에 비해 2% 포인트 정도 줄어들었다(〈표 7-1〉 참조). 그리고 배우자가 사망하거나 건강이 약화된 경우, 그리고 중증 질환에 걸렸을 경우 노인복지시설에 입소하려는 비율이 7% 정도에 이르고 있다(국토교통부, 2023. 4.).

노년기에는 생활반경이 축소되기 때문에, 보건의료기관, 생활물품 구매시설, 교통편의 등의 지역사회 생활환경의 중요성이 더욱 높아진다. 보건복지부와 한국보건사회연구원(2023)에서 지역사회 생활환경에 대한 노인의 접근도를 조사한 바에 의하면, 노인의 집에서 걸어서 15분 이내에 접근이 가능한 생활시설의 비율은 버스정류장 또는 지하철역이 73.3%, 생활용품 구매 시설이 66.0%, 산책이나 운동을 할 수 있는 공원이 60.5%, 보건의료기관이 40.6%, 행정복지센터가 32.0%, 노인복지관이 21.2%로 나타나, 노인복지관의 접근도가 가장 낮게 나타났다. 이러한 노인의 지역사회 생활시설의 접근도는 노인 개인의 특성보다는 거주지역에 따라서 차이를 보이고 있는데, 도시지역보다는 농림어촌지역의 시설 접근도가 매우 낮게 나타났다. 특히 농림어촌지역 거주노인의 보건의료기관, 노인복지관, 생활용품 구매시설 접근도가 상대적으로 낮게 나타나, 건강관리, 여가생활, 일상생활의 영위에 더 큰 불편을 경험하고 있음을 알 수 있다. 노인이 거주하고 있는 지역사회 생활환경에 대해서 만족하는 비율은 52% 정도이지만, 도시지역 노인보다는 농림어촌지역 노인의 생활환경에 대한 만족도가 상대적으로 낮게 나타났다. 이러한 결과를 근거로 해 볼 때, 앞으로 농림어촌지역 거주노인을 위한 생활환경 접근도를 높여 나가기 위하여 보다 적극적이고 다각적인 노력이 요구된다.

3. 노인을 위한 주거환경의 계획

1) 노인을 위한 주거환경 계획의 원칙

대부분의 노인은 자신이 태어나고 성장하여 오랫동안 생활해 온 지역과 주택에서 계속 생활하려는 성향(aging in place)이 강하다(Lawton, 1985). 하지만 주택의 구조가 생활에 많은 불편을 초래하고 안전사고나 건강을 저해할 우려가 있을 경우 노인이 생활하기에 편리한 주거환경을 구축할 필요가 있다. 즉, 노화로 인한 기능 저하를 보완하면서 노인의 독립적이고 안전한 생활을 보장하고, 사생활을 유지하면서 원만한 사회관계를 맺을 수 있도록 특별히 계획된 주거환경을 갖추어야 한다.

그럼에도 우리나라에서 공급되는 주택의 구조나 시설, 가구 등은 젊은 세대의 기호에 맞추어져 있어 대부분의 노인은 주거생활에 불편을 경험하고 있다. 따라서 노인의 생물적·심리적·사회적 특성을 고려한 주거환경이 계획되어야 한다. 노인의 삶의 질을 고양하기 위한 주거환경을 계획할 때는 다음과 같은 원칙을 따르는 것이 바람직하다(건축자료연구회, 1998; 小室豊允, 1992).

① 이사 등으로 인한 주거환경의 변화를 최소화하여 주거의 연속성을 보장한다.
② 생활의 의존성을 최소화하고 독립성을 조장한다.
③ 일상생활 동작능력에 적합한 생활 수단과 방법을 검토하여 기능적인 환경을 만든다.
④ 안전한 환경을 조성한다.
⑤ 생물적 쾌적성을 유지하고 건강을 지원할 수 있도록 만든다.
⑥ 필요한 동작이나 이동이 편리한 장애가 없는(barrier-free) 물리적 환경을 갖춘다.
⑦ 공간조직과 동선(動線)을 단순화·직선화하고 설비의 혼동이 이루어지지 않게 하여 방향 감각과 이해력을 높인다.
⑧ 사회적 상호작용과 참여를 자극하고 사회서비스에 대한 접근성을 최대화한다.

2) 노인을 위한 주택설계의 지침

국가에서는 인구고령화 등과 같은 사회적 상황변화를 고려하여 노인에게 적절한 주거환경을 확보하고, 장애인과 고령자 등 주거약자용 주택의 최저 주거기준 및 편의시설 설치기준 등을 설정하여 주거약자의 주거안정과 주거복지 향상에 기여할 목적으로 2012년 2월 「장애인·고령자 등 주거약자 지원에 관한 법률」을 제정하였다(www.law.go.kr). 이 법률에서는 장애인과 함께 노인을 주거약자로 규정하고, 이들을 위한 주택을 건설할 경우 〈표 7-2〉에서 규정한 편의시설 설치기준(www.law.go.kr)을 따르도록 규정하고 있다. 이 기준은 노인의 생활편의를 고려한 주택설계 지침으로 유용하게 활용될 수 있을 것이다.

표 7-2 노인 등 주거약자용 주택의 편의시설 설치기준

1. 출입문
   • 출입문의 통과 유효너비는 85cm(욕실 출입문의 너비는 80cm) 이상일 것
   • 출입문 옆에는 60cm 이상의 여유 공간을 확보할 것
2. 출입문 손잡이: 레버형 손잡이 등 잡기 쉽고 조작이 쉬운 것으로 설치할 것

3. 바닥
  - 미끄럼을 방지할 수 있는 마감재를 사용할 것
  - 바닥 높낮이 차는 원칙적으로 없도록 하되, 주택의 구조 등으로 인하여 불가피한 사유가 있는 경우에는 다음의 구분에 따른 높이 이하일 것
    ▷ 출입문에 방풍턱을 설치하는 경우: 1.5cm
    ▷ 현관에 마루귀틀을 설치하는 경우: 3cm
4. 비상연락장치
  - 거실, 욕실 및 침실에 경비실 등 관리실과 연결할 수 있는 비상연락장치를 각각 설치할 것
  - 65세 이상인 주거약자를 대상으로 공급하는 주택의 경우 다음의 장치를 모두 설치할 것
    ▷ 동체감지기 및 그 밖에 입주자의 움직임 여부를 파악할 수 있는 장치. 이 경우 입주자의 선택에 따라 그 작동을 정지할 수 있어야 한다.
    ▷ 앞의 장치를 통하여 일정 기간 움직임이 감지되지 않는 경우 경비실 등 관리실에 자동으로 통보되는 홈네트워크망
5. 현관
  - 동작감지센서가 부착된 등(燈)을 설치할 것
  - 현관 출입구 측면에 바닥면에서 75cm에서 85cm 사이의 높이에 수직·수평 손잡이를 설치할 것
  - 마루귀틀에는 경사로를 설치할 것
6. 거실
  - 바닥면에서 1.2m 내외의 높이에 현관 바깥을 볼 수 있는 비디오폰을 적절한 위치에 설치할 것
  - 거실의 조명 밝기는 600~900럭스(lux)로 하고, 주택 내부에 세대별로 시각경보기를 설치할 것
7. 부엌
  - 좌식 싱크대를 설치할 것
  - 취사용 가스밸브는 바닥면에서 1.2m 높이 내외일 것
8. 침실: 조명 밝기가 300~400럭스(lux)일 것
9. 욕실
  - 주거약자용 주택의 경우
    ▷ 욕실 출입구에 동작감지센서가 부착된 등을 설치할 것
    ▷ 욕조 높이는 욕실 바닥에서 45cm 이하일 것
    ▷ 위·아래로 이동이 가능한 샤워기를 설치할 것
    ▷ 좌변기, 욕조, 세면대 및 샤워 공간 주위의 적절한 위치에 안전손잡이를 설치할 것
    ▷ 욕실 출입문은 밖여닫이, 미닫이(pocket door) 또는 미서기문(sliding door)으로 설치할 것
  - 지체장애인이거나 그 밖에 휠체어를 사용하는 경우
    ▷ 좌변기 옆에 75cm 이상의 여유 공간을 확보할 것
    ▷ 높낮이가 조절되는 세면기를 설치할 것

3) 노인을 위한 계획주거환경의 사례

(1) 국내 사례

우리나라에서 노인을 위한 계획주거환경의 개념이 처음 도입된 것은 1987년에 서울 노원구 상계동에 건축된 상계 19단지 3대 가족형 아파트이며, 이후 노인을 위하여 특별히 설계된 아파트 사례는 찾기 힘들다. 이 아파트는 3대가 각자 사생활을 유지하면서 공동생활이 가능하도록 계획된 주거 형태로, 수평인거형, 수평동거형, 수직동거형이 각각 1/3씩 차지하고 있다. 이후 일부 지방자치단체나 민간건설업체에서 노인전용 공통주택을 건설하였으나, 법적 문제로 분양되지 못하거나 부동산 투기의 현장으로 전락하는 문제가 있었다.

2023년 말 현재 노인가구만을 위한 주택으로는 ① 주택과 사회복지시설이 복합 설치된 공공영구임대 주택인 고령자복지주택, ② 저소득 고령자가 현 생활권에서 거주할 수 있도록 공공에서 기존주택을 매입 후 저렴하게 임대하는 주택인 고령자매입임대주택, 그리고 ③ 장애인 또는 고령자 등의 주거약자에게 지원할 목적으로 건설·개조한 공공임대주택인 주거약자용 주택이 있다. 이들 노인전용주택은 약 3만 호 정도로 노인가구의 0.4%에 불과할 뿐

[그림 7-3] 노인 단독주택의 건축 사례

자료: www.dohngyi.co.kr; news.dongaplus.com

[그림 7-4] 서비스형 거주시설의 예: 삼성 노블카운티의 전경과 내부

자료: www.samsungnc.com

아니라 모두가 저소득 고령자를 위한 임대주택에 국한되어 있는 실정이다(주택산업연구원, 2024. 2. 27.). 따라서 중산층 이상의 노인 중에서 노년생활에 적합한 주택에서 거주하기 위해서는 [그림 7-3]과 [그림 7-4]에서 보듯이 노인이 자신이 살던 집을 개축하거나 도시 인근 지역에 개개인의 기능수준과 욕구에 맞게 주택을 신축하거나, 민간기업이나 개인이 운영하는 노인복지주택, 일명 실버타운에 입소하여 생활할 수밖에 없는 실정이다.

이러한 문제를 완화하기 위하여, 정부와 지방자치단체에서는 주거비용을 낮춘 시니어 주택 공급에 나서고 있다. 서울특별시는 2027년 첫 입주를 목표로 주변 임대료 시세의 20~85% 수준의 어르신 안심주택을 추진 중이며, 정부에서는 2015년 폐지되었던 분양형 실버타운을 전국의 인구감소지역에서 허용하고 건설자금에 대한 융자를 확대할 계획이다. 그리고 지방교육청에서는 '폐교재산 관리 및 활용에 관한 조례'를 개정하여, 폐교를 노인복지주택으로 활용하는 것을 허용하고 있다.

(2) 영국 사례

영국의 대표적인 노인주택은 보호주택(sheltered housing)이다. 보호주택은 지방정부나 주택조합 같은 공공기관에서 주로 공급하지만, 일부는 민간에서 분양용으로 공급하여 구입ㆍ임대로 입주할 수 있다. 보호주택은 단지마다 차이가 있지만, 대체로 방 1~2개와 주방으로 이루어진 소형주택이 평균 20~40호 정도로 단지를 이루는 경우가 많다. 각각의 주택에는 안전손잡이, 미끄럼방지장치 등의 노인편의시설이 설치되어 있으며, 공동시설로 사교실, 세탁실, 손님맞이방 등이 있다(이영환, 2001).

이러한 노인보호주택은 노인을 위해 특별히 설계된 단독주택의 집합단지라는 공통점이 있지만, 노인이 받는 서비스의 정도에 따라 몇 가지 유형으로 구분된다(박신영 외, 1999). 제1범주의 보호주택은 건강하고 활동적인 노인을 위한 주택단지로서 특별한 서비스가 주어지지 않으며, 10~20호 정도로 구성되어 있다. 제2범주의 보호주택은 어느 정도 타인의 원조가 필요한 노인이 입주하여 생활하는 주택으로 관리인(warden) 1인이 25~35호 정도의 보호주택을 관리하면서 긴급호출서비스, 지역의료체계와의 연계 등의 서비스를 제공한다. 제2.5범주의 보호주택은 요보호주택(very sheltered housing)이라고도 하며, 허약한 노인을 위한 주택단지로서 다수의 관리인이 긴급호출서비스, 지역의료체계와의 연계, 식사, 목욕서비스 등의 요양서비스를 제공한다.

(3) 미국 사례

미국의 경우 대다수의 노인은 노인의 특성을 고려하지 않은 일반주택에서 거주하고 있지만 노인을 위하여 특별히 계획된 다양한 형태의 노인주택이 존재한다(최성재, 1995a, 2001).

먼저, 은퇴촌(retirement community)은 우리나라에서 노인촌 또는 실버타운으로 불리는 노인전용 주거단지이다. 은퇴촌은 흔히 선벨트(sun belt)라 불리는 일기조건이 좋은 지역에 조성되는 경우가 많으며, 독립주택이나 서비스 주택이 중심이기는 하지만 가끔 요양시설이 같이 있는 경우도 있다. 은퇴촌에 입소하는 노인은 주로 중·상류층의 은퇴자가 많다. 노인집합주택(congregate housing)은 간호서비스를 받을 정도는 아니지만 일상생활에 약간의 어려움이 있는 노인이 가구단위의 독립된 생활공간을 사용하면서, 공동 주방과 식당을 갖추고 일상생활에 필요한 가사원조, 여가활동, 세차 등의 서비스를 제공받는 주택이다. 부지공유주택(accessory housing)은 친척이 거주하는 단독주택 부지에 기존 주택과 분리된 노인용 주택을 만들어 생활하는 형태로 현관, 주차장 등은 공동으로 사용하지만 침실과 거실 등은 독립적으로 이용하는 주택 유형이다. 공유주택(shared housing)은 경제적 이유나 기타 다른 이유로 집이 필요한 노인이 만나서 한 주택에서 같이 생활하는 형태를 의미한다. 하숙주택(boarding home)은 일반적으로 생활기능이 저하된 저소득 노인이 5~6명 단위로 공동생활을 하면서 식사서비스와 일상생활상의 요양서비스를 제공받는 주택이다. 에코주택(echo housing)은 자녀세대와 부모세대가 같은 울타리 안에서 살도록 계획된 주택으로, 기존의 주택이 위치한 대지에 노인을 위해 지은 작고 이동 가능한 일시적 조립식 주택을 말한다. 즉, 이 주택은 자녀의 집에 조립식 가건물을 세워 자녀와 상호 교류가 가능하도록 하면서 노인과 자녀 세대 모두에게 독립성과 프라이버시, 안전성, 경제성, 거주성을 제공한다.

4. 노인복지시설

1) 노인복지시설의 종류와 현황

노인복지시설이란 노인의 질병이나 장애 또는 주택, 경제, 가족관계 등의 생활조건상의 곤란과 가족의 부양능력의 제한으로 인하여 가정에서 계속 생활할 수 없는 경우에 이러한 문제의 해결을 도모하는 대안적 노인주거 형태로서, 노인이 주거하면서 건전한 노후생활을 계속해서 보장받을 수 있는 시설을 말한다(현외성 외, 2000).

이러한 노인복지시설은 1981년 「노인복지법」 제정과 함께 제도화되었다고 할 수 있는데, 1981년 「노인복지법」에 규정된 노인복지시설은 양로시설, 노인요양시설, 유료 양로시설, 노인복지회관뿐이었다. 이후 1989년 「노인복지법」 전문 개정 시 무료 노인복지시설의 건설만으로 주택문제를 해결하는 데 한계를 인식하여 실비 양로시설, 유료 노인요양시설, 실비 및 유료 노인복지주택이 새롭게 노인복지시설에 포함되었다. 1993년 「노인복지법」 개정 시에는 유료 노인복지시설 등을 국가나 비영리법인에 의해서만 설치·운영하도록 한 규정을 완화하여, 일본이나 미국 등과 같이 민간기업이나 개인도 유료 노인복지시설을 설치·운영할 수 있도록 허용하는 조치가 취해졌다. 특히 1994년「노인복지법」시행령과 시행규칙을 개정하여, 재가목적 노인집합주택 서비스를 규정하는 등 유료 노인주거시설의 건설에 필요한 조치가 입법화되었다. 그리고 1997년「노인복지법」전면 개정을 통해 노인주거복지시설, 노인의료복지시설, 노인여가복지시설, 재가노인복지시설 등으로 세분화하였으며, 2004년「노인복지법」개정을 통하여 노인학대문제의 예방과 해결을 위한 노인보호전문기관이 노인복지시설에 추가되었다. 2008년 8월「노인복지법」을 개정하여 노인장기요양보험제도 실시와 함께 입소비 납부 정도에 따른 시설 유형 분류를 폐지하였으며,「노인장기요양보험법」에서는 시설급여를 제공하는 장기요양기관으로 부르고 있다. 노인복지시설 중에서 주거복지 기능을 갖춘 노인복지시설은 노인주거복지시설, 노인의료복지시설 그리고 재가노인복지시설 중에서 단기보호서비스시설과 학대피해노인 전용쉼터가 있다. 이러한 주거복지기능을 갖춘 노인복지시설의 설치 목적을 제시하면 〈표 7-3〉과 같다.

표 7-3 주거복지기능을 갖춘 노인복지시설의 종류와 설치 목적

종류	시설	설치 목적
노인주거복지시설	양로시설	• 노인을 입소시켜 급식과 그밖에 일상생활에 필요한 편의를 제공
	노인공동생활가정	• 노인에게 가정과 같은 주거 여건과 급식, 그밖에 일상생활에 필요한 편의를 제공
	노인복지주택	• 노인에게 주거시설을 분양 또는 임대 등을 통하여 주거의 편의, 생활지도, 상담 및 안전관리 등 일상생활에 필요한 편의를 제공
노인의료복지시설	노인요양시설	• 치매, 중풍 등 노인성 질환 등으로 심신에 상당한 장애가 발생하여 도움이 필요한 노인을 입소시켜 급식과 요양, 그밖에 일상생활에 필요한 편의를 제공
	노인요양공동생활가정	• 치매, 중풍 등 노인성 질환 등으로 심신에 상당한 장애가 발생하여 도움이 필요한 노인에게 가정과 같은 주거 여건과 급식과 요양, 그밖에 일상생활에 필요한 편의를 제공
재가노인복지시설	단기보호서비스시설	• 부득이한 사유로 가족의 보호를 받을 수 없어 일시적으로 보호가 필요한 심신이 허약한 노인과 장애노인을 보호시설에 단기간 입소시켜 보호
학대피해노인전용쉼터	학대피해노인전용쉼터	• 노인학대로 피해를 입은 노인을 일정기간 보호하고 심신치유 프로그램 제공

자료: 국가법령정보센터(www.law.go.kr).

표 7-4 노인복지시설 운영 현황 (단위: 개소, 명)

구분	계	노인주거복지시설				노인의료복지시설		
		소계	양로시설	노인공동생활가정	노인복지주택	소계	노인요양시설	노인요양공동생활가정
시설 수	6,436	297	175	82	40	6,139	4,525	1,614
입소정원	262,343	19,369	9,653	710	9,006	242,974	228,495	14,479

자료: 보건복지부(2024. 6.) 2023년도 노인복지시설현황.

우리나라 노인복지시설의 기원은 조선시대에 임금이 나이 많고 직위가 높은 문신에게 토지와 노비 등을 주어 이들을 예우했던 기로소(耆老所)에서 찾을 수 있다(박차상 외, 2009). 현대적 의미의 양로시설로는 1921년 서울 동작동에 설치된 천주교양로원이 최초의 시설이며, 1927년 서울 청운동에 설치된 청운양로원이 두 번째이다. 그 이후 광복될 때까지 경북 칠곡의 혜생양로원, 전북 김제의 애린양로원, 부산의 신망애양로원, 경기 의정부의 경기자혜원 등 모두 6개의 시설이 설치 · 운영되었다. 그 후 한국전쟁시기에 전쟁고아를 위한 아동복지시설이 늘어날 때 양로시설도 함께 늘어나, 1956년에는 전국의 양로원 수가 37개소로 증가하였으며, 1960년대와 1970년대에 걸친 경제 성장, 산업화, 도시화의 사회변동기에는 노인복지시설에 크게 변화가 없었다. 1980년까지도 양로시설은 48개소에 불과하였으며, 시설에서 생활하고 있는 노인수도 3,158명으로 1950년대와 큰 차이가 없었다(차흥봉, 2004).

이후 「노인복지법」과 「노인장기요양보험법」의 제정과 개정을 통하여 현재는 〈표 7-4〉에서 보는 바와 같은 노인복지시설이 운영되고 있다. 2023년 말 기준 운영되고 있는 주거복지시설은 297개소이고, 의료복지시설은 노인요양시설 6,139개소, 노인요양공동생활가정이 1,614개소로 총 6,139개소이며, 전체 6,436개소의 노인복지시설에 26만 2,200여 명의 노인을 입소시킬 수 있다. 보건복지부에서는 노인장기요양보험제도의 도입으로 의료복지시설을 확대해 나가고 있어, 주거복지시설의 비중은 줄어드는 반면 의료복지시설은 급격히 늘어나는 추세이다. 2008년 7월 노인장기요양보험제도의 시행과 함께 노인요양시설, 노인요양공동생활가정이 확대 설치되어, 2024년 8월 기준 국민건강보험공단으로부터 장기요양기관으로 지정을 받아 운영되고 있는 노인의료복지시설은 6,312개소, 단기보호서비스시설은 99개소이며, 이 중에서 치매전담형 장기요양기관은 342개소이다(www.longtermcare.or.kr).

2) 노인복지시설의 설계

노인복지시설은 생활노인의 노화로 인한 기능 저하를 보완하면서 노인의 독립적이고 안전한 생활을 보장하고, 사생활은 유지하면서 원만한 사회관계를 맺을 수 있도록 특별히 계획된 주거환경을 갖추어야 한다. 이를 위해서는 이 장의 제3절에서 제시한 노인을 위한 주거환경계획의 원칙을 따르면서, 다음과 같은 노인복지시설 설계의 구체적인 지침과 설계 고려사항을 동시에 따르는 것이 바람직하다.

(1) 노인복지시설 설계의 기본 지침

노인복지시설을 설계할 때 기본적으로 고려해야 할 사항은 자립생활, 사생활과 사회 교류의 균형 유지, 합리적 공간 배치, 안전사고의 예방, 시설의 주류화, 시설종사자의 후생복리 증진을 위한 공간 확보, 충분한 문화 및 여가생활 공간 확보 등이다(권중돈 외, 1999).

첫째, 노인의 자립생활을 지원할 수 있는 장애가 없는 시설을 추구해야 한다. 즉, 시설 건축에 관한 기본계획 단계에서부터 노인의 신체 및 일상생활 동작능력의 저하를 고려한 장애가 없는 시설을 건축하기 위하여 보편적 설계(universal design)의 개념을 따라야 한다. 특히 생활노인의 신체 및 심리사회적 기능이 생활기간이 늘어남에 따라 지속적으로 저하되는 점을 고려하면, 보편적 설계의 필요성은 더욱 높다고 할 수 있다. 그리고 노인의 일상생활 동작능력에 따라 반의존노인에 대해서는 재활시설, 보호장구, 생활보조기구의 확보를 통해 일상생활의 보완 및 잔존기능의 유지를 지원하며, 자립 불가능 노인에 대해서는 24시간 서비스가 가능한 시설과 설비를 확보해야 한다.

둘째, 사생활 보장과 사회 교류를 촉진하기 위해 닫힌 공간과 열린 공간 사이의 연계성을 최대화하여야 한다. 이를 위해서는 기본적으로 생활실을 최대 4인 1실로 설치하되 개인의 사생활을 최대한 보장하고, 반의존 및 완전의존 노인을 위해서는 생활실 외부에 발코니를 설치하여 자연환경이나 사회환경과의 간접적 교류 기회를 부여해야 한다. 그리고 생활노인이 생활실을 나서면 소집단의 사람들과 접촉이 용이하도록 담화실(談話室), 다실(茶室) 등을 충분히 확보하여야 한다.

셋째, 공간의 합리적 배치가 이루어져야 한다. 노인복지시설의 층별로 기능을 분리할 필요가 있는데, 지하층에는 각종 기계실과 영안실, 1층에는 사무공간, 진료 및 치료서비스, 영양 및 위생서비스, 문화 및 여가생활 지원공간을 집중배치하고, 2층과 그 이상의 층에는 생활노인의 생활공간을 집중배치하며, 나머지 시설공간에는 시설장 및 직원숙소, 방문객과 생활노인 가족을 위한 일시적 생활공간을 집중 배치한다. 그리고 공용시설과 서비스시설에의 접근도를 고려하여 특수요양서비스가 필요한 완전의존 노인은 각종 간호 및 보호서비스

공간이 집중 배치된 1층, 반의존 노인은 2층 이상에 배치하도록 한다. 또한 노인의 시설생활에 대한 적응도를 높이기 위해서는 시설의 공간계획과 동선을 단순하게 처리하고, 서비스특성에 따른 공간분리를 통하여 노인의 혼란을 최소화하여야 한다. 그리고 신규 입주노인을 위해 생활적응실을 별도로 운영하여, 새로운 환경에 대한 불안감을 해소하고 변화된 생활환경에 대한 적응력을 제고해야 한다.

넷째, 안전사고 예방을 위한 철저한 배려가 이루어져야 한다. 이를 위해서는 계단과 단차(段差)를 없애고 복도, 화장실 등에는 손잡이 난간을 설치하며, 복도 등의 통로에 돌출 부분이나 날카로운 모서리를 제거해야 한다. 개인욕실, 공동욕실 등에는 미끄럼방지설비를 마련하고, 생활실 및 개인욕실에 긴급호출장치를 설치해야 한다.

다섯째, 친사회적·친환경적 개방공간을 되도록 많이 확보하여 시설의 주류화 또는 정상화를 도모해야 한다. 즉, 생활노인이 사회와 단절된 채 시설 내에서만 생활하는 폐단을 없애기 위해서는 생활노인이 시설 출입구를 나섬과 동시에 만남과 사귐, 운동과 신체활동이 가능하도록 실외에 소정원, 산책로, 연못, 원예공간을 배치하고 자원봉사자, 가족, 방문객과의 사회 교류를 촉진할 수 있는 별도의 시설을 배치해야 한다.

여섯째, 시설종사자의 생활편의를 위한 시설의 확보가 이루어져야 한다. 시설종사자가 노인 간호와 돌봄서비스에 따르는 스트레스나 부담을 경감할 수 있도록 휴식공간을 충분히 확보하고, 출퇴근에 따른 번거로움을 완화하고 종사자의 사회통합을 위해서 종사자 생활실이나 게스트룸을 별도로 확보할 필요가 있다.

일곱째, 문화 및 여가공간을 충분히 확보해야 한다. 공동시설 생활로 인하여 황폐화되기 쉬운 노인의 문화생활기회를 보장하기 위해서 대형 문화행사가 가능한 다목적실, 소형 문화전시실을 확보하고, 소집단 여가활동이 가능한 취미생활실을 충분히 두어야 한다.

(2) 노인복지시설 공간별 설계지침

노인을 위한 주거환경 계획의 원칙, 노인복지시설 설계의 고려사항과 노년기의 생물적·심리적·사회적 특성을 반영하여 노인복지시설의 시설공간을 설계할 때 따라야 할 구체적인 설계지침을 제시하면 〈표 7-5〉와 같다(권중돈 외, 1999).

표 7-5 노인복지시설 공간별 설계지침

시설·설비	설계지침
출입구	• 미닫이문, 손잡이에는 핸드바와 레버핸들 설치 • 단차와 요철을 없애 휠체어 이동이 용이하게 함 • 사생활을 침해하지 않는 범위 내에서 적정 크기의 유리 관찰구 설치

시설 · 설비	설계지침
벽	• 안정감을 주는 색상으로 채색 • 돌출부와 돌출물을 만들지 말 것 • 장비와 기구류는 모두 벽면에 매립할 수 있도록 함
바닥(복도)	• 탄력성 있고 미끄러짐을 방지할 수 있는 재질로 마감 • 단차와 요철이 없어야 함 • 침대가 교행할 수 있도록 2.4m 이상의 폭 확보 • 공간기능별 바닥색 차별화 • 자동감지 보행등 및 난간(높이 75~85cm, 지름 4cm) 설치
승강기	• 문의 개폐시간을 길게 하고, 조작버튼은 양측 벽면에 낮게 설치 • 침대용 승강기(1.5×2.5m) 설치
생활실	• 높이 30~40cm의 침대 및 개인용 붙박이 벽장 설치 • 침대 주변에 개인 수납 공간 배치 • 화장실 및 샤워실 설치(난간 설치) • 누워서도 외부 경관을 볼 수 있도록 창문 설치 • 생활실의 벽, 커튼의 색상은 밝고 안정된 색채 사용 • 침대벽에 조명등, 긴급연락장치, 콘센트, 전화 등을 집합 설치 • 생활실 출입구에 명도 높은 표지판으로 호실 구분 • 채광, 통풍, 흡 · 배기에 대한 철저한 배려 • 각 실 벽면에 최소 한 점 이상의 예술작품 걸어 놓기 • 간접조명 설치 • 다른 공간과 구분되는 벽지 사용
화장실 샤워실 세면실	• 생활실별 좌변기 및 비데 설치 • 난간 및 벽폐달식 버튼 설치 • 안전손잡이를 비스듬하게 설치 • 샤워기는 75cm 정도 높이에 설치 • 수도꼭지는 레버식으로 설치 • 미끄럽지 않고 청소가 용이한 바닥재 사용
담화실 (談話室)	• 노인의 접근이 용이한 이동 통로 주변에 설치 • 출입문이 설치되지 않은 트인 공간으로 가족적 분위기 연출 • 채광을 최대한 높이고 수려한 외부 경관 연출 • 소파, 오락용구, 탁자 및 음료 코너 설치 • 다실(tea room)은 각 층 중정 옆 로비 및 복도 등 개방된 공간에 위치하되, 편안한 소파 · 낮은 탁자, 음료 코너 설치

시설 · 설비	설계지침
목욕실	• 욕조는 바닥보다 낮게 50~60cm로 설치하되 안전턱 설치 • 목욕보조자의 활동공간을 고려한 설계 • 출입 통로는 경사로로 처리하고, 미끄럼방지장치와 난간 설치 • 긴급호출장치 설치 • 특수욕실에는 기계욕장치 및 이동보조장치 설치 • 탈의실은 앉아서 탈의할 수 있는 보조기구 및 보조자의 활동공간을 고려하여 넓게 설계 • 탈의실에는 휴식용 의자, 옷장 및 목욕용품 보관설비 설치
오물처리실 린넨실	• 이동변기, 기저귀, 생활소품 및 청소용구 세정 · 소독 · 보관을 위하여 충분한 공간을 확보하고 입구를 넓게 확보 • 린넨실은 정리실과 물품보관실, 운반차 보관장소를 확보
요양 보호사실	• 노인의 생활실이 모두 보이는 중앙에 설치 • 직무수행 및 생활지원 서비스 관련 기자재 설치 • 긴급호출모니터장치 및 인터폰 설치 • 휴게공간을 후면에 배치
식당	• 음식을 잘 흘리는 것을 고려하여 홈이 파인 식탁을 설치하되, 4인용 낮은 탁자로 배치 • 식당 이용이 불가능한 노인에게는 식사배달서비스를 제공하고, 생활실의 침대 옆에 식사보조 탁자 배치 • 식당 벽면은 외부 경관을 관찰할 수 있도록 유리창으로 처리 • 식당 입구 벽면에 세면기 설치
세탁실	• 대형 세탁물은 외부 세탁소에 용역 의뢰 • 대소의 세탁기, 건조기, 소독기, 오물개수대 등 설치 • 세탁 후 수선, 다리미질, 정리를 위한 작업용품 및 수납공간 설치 • 오물처리실, 린넨실, 수선실 및 정리실 등의 공간 확보
냉난방설비	• 시설 내부 공간 전체의 온도와 습도를 일정하게 유지 • 생활실은 바닥난방으로 설치 • 심야전기난방시스템 채택 • 최상층 및 북향 생활실은 단열재를 두껍게 시공하고 벽면 난방장치 및 냉방장치 추가 설치 • 야간난방은 프로그램 타이머를 이용한 자동 온도조절장치 채택 • 각 생활실에 온도 및 습도계 설치
조명설비	• 밝은 분위기의 조명으로 빛이 눈에 직접 닿지 않는 간접조명시스템 채택 • 전기스위치는 일반인용 스위치보다 낮은 위치에 설치 • 침대에 누워 점등과 소등이 가능하도록 스위치 설치 • 실내 채광과 통풍을 최대한 배려

시설 · 설비	설계지침
중정(中庭)	• 1층에 출입이 가능한 안뜰(소정원) 설치 • 상층 복도에서 1층의 중정 조망이 가능하게 유리창으로 설치
출입현관 정원	• 출입 현관과 연결된 8자형 배회로 설치 • 벤치, 소동물원, 분수대, 화단, 수목원 배치 • 휠체어 이용 노인의 접근성을 높이기 위해 화단 높이는 45cm 이하로 설치 • 화단의 앞쪽은 키가 작은 식물을 심고 가운데는 키가 큰 식물 식재

3) 노인복지시설의 운영과 관리

노인장기요양보험제도가 도입되면서 노인주거복지시설과 노인의료복지시설의 운영은 이원화되었다. 즉, 노인주거복지시설은 예전과 동일하게 국고지원 방식을 유지하고 있으며, 노인의료복지시설은 사회보험 방식에 입각한 운영 방식으로 전환되었다. 따라서 두 종류의 시설 운영과 관리는 매우 큰 차이를 보이지만, 노인의료복지시설이 다수를 점하고 있는 상황을 고려하여 다음에서는 노인의료복지시설을 중심으로 시설 운영과 관리 방안에 대해서 논의하되 필요한 경우 노인주거복지시설에 대해서도 언급한다.

(1) 시설 서비스 제공의 기본 원칙

노인장기요양보험제도하에서 운영되는 노인의료복지시설에서 서비스를 제공할 때 지켜야 할 기본 원칙은 인권보호 등 11개 원칙이다. 이러한 시설 서비스 제공의 기본 원칙은 부당청구 금지와 알선행위 금지라는 원칙을 제외하면 노인주거복지시설에도 그대로 적용될 수 있는데, 각각의 원칙에 대해서 살펴보면 〈표 7-6〉과 같다.

표 7-6 · 노인복지시설 서비스 제공 원칙

원칙	세부 원칙
인권보호	• 성, 연령, 종교, 건강 및 경제상태, 정치적 신념 등을 이유로 서비스 과정에서 수급자를 차별 또는 학대해서는 안 되며, 존엄한 존재로 대해야 함
자기결정	• 입 · 퇴소, 일상생활, 사회참여, 종교생활, 서비스 이용 등 장기요양서비스 이용에 있어 수급자의 자기결정권과 선택권을 최대한 존중해야 함
자립생활	• 수급자의 잔존기능, 장점 및 자원을 평가하여 가능한 한 수급자 스스로 자신의 삶을 영위할 수 있도록 지원하여야 함
재가요양 우선	• 가능한 한 수급자 자신이 살던 가정과 지역사회에서 오랫동안 생활할 수 있도록 함

사례관리	• 수급자의 욕구, 문제, 장점과 자원에 대한 정확한 사정을 바탕으로, 개인별로 차별화된 서비스 계획을 수립하여 수급자의 욕구에 적합한 서비스를 충분히 제공해야 함
비밀보장	• 수급자의 사생활을 존중하고, 업무상 알게 된 개인정보는 철저히 비밀을 보장함
기록 및 공개	• 수급자의 생활과 장기요양서비스에 관한 모든 내용을 상세히 관찰하여 정확히 기록하고, 수급자나 가족이 요구할 경우 기록을 공개하여야 함
사회통합	• 수급자와 가족, 친구 등과의 교류를 강화하고 사회참여를 적극적으로 지원하여 수급자의 사회통합을 촉진하여야 함
전문서비스와 효율성	• 충분한 전문인력과 시설을 확보하여 수급자에게 장기요양서비스를 제공하되, 서비스의 효율성을 제고하기 위해 노력해야 함
부당청구 금지	• 수급자의 욕구와 문제, 기능상태를 고려하여 적정 수준의 서비스를 제공하여야 하며, 과다 서비스 제공과 부당청구를 하여서는 아니됨
알선행위 금지	• 본인부담금의 면제, 할인, 금품 제공 등을 통해 수급자를 소개·알선·유인하는 행위 및 이를 사주하는 행위를 해서는 아니됨

자료: 보건복지부(2024c). 노인보건복지사업안내.

(2) 인력관리

노인복지시설의 효과적인 운영을 위해서는 인력, 재정, 시설 그리고 서비스 프로그램이라는 네 가지 요건이 적정 수준에서 확보되어야 하지만, 그중에서도 가장 중요한 요건은 적정 수준의 전문인력 확보라고 할 수 있다. 현재 노인요양시설과 노인요양공동생활가정, 그리고 양로시설의 인력배치기준은 〈표 7-7〉에서 보는 바와 같다. 다만, 노인요양시설의 경우 사무원과 영양사는 생활노인 50명 이상일 때 배치해야 하고, 생활노인 30명 이상일 때는 사회복지사와 물리치료사 1명을 기본 배치해야 하며, 위생원은 생활노인 100명 초과 시마다 1명을 추가 배치해야 한다. 또한 생활노인 수에 상관없이 간호(조무)사 1명은 기본으로 배치하되, 생활노인이 25명을 넘어서면 '생활노인÷25'로 계산한 값을 반올림한 인원수를 배치하여야 한다. 의사는 1명을 배치하면 되는데, 협약의료기관 제도 도입에 따라 촉탁의나 의사를 두지 않을 수 있다.

생활노인과 대면하여 직접 요양서비스를 제공하는 요양보호사 인력의 질은 시설서비스의 질을 결정하는 매우 중요한 요소가 된다. 요양보호사는 '치매, 중풍 등 노인성 질환으로 독립적인 일상생활을 수행하기 어려운 노인을 위해 노인요양 및 재가시설에서 신체 및 가사 지원 서비스를 제공하는 인력'을 말한다. 요양보호사는 연령, 교육수준에 관계없이 요양보호사교육기관에서 소정의 교육을 이수하고, 시·도지사가 시행하는 자격시험을 통과하여야만 자격취득이 가능하다(보건복지부, 2024f). 신규로 요양보호사 자격을 취득하고자 하는 경우에는 〈표 7-8〉에서 보는 바와 같이 이론 126시간, 실기 114시간, 실습 80시간 등 총

표 7-7 노인 주거 및 의료 복지시설 인력배치 기준

구분		시설장	사무국장	사회복지사	간호(조무)사	물리(작업)치료사	요양보호사	사무원	영양사	조리원	위생원	관리인	의사(계약의사)
노인요양시설	생활노인 30명 이상	1명	1명(50명 이상)	1명(100명 초과당 1명 추가)	노인 25명당 1명	1명(100명 초과당 1명 추가)	노인 2.3명당 1명(치매전담실 2명당 1명)	1명(50명 이상)	1명(50명 이상)	노인 25명당 1명	1명(100명 초과당 1명 추가)	1명(50명 이상)	1명 이상
	생활노인 10~30명 미만	1명	1명		1명		노인 2.3명당 1명			1명			1명
노인요양공동생활가정		1명			1명		생활노인 3명당 1명(치매전담실 2.5명당 1명)						
양로시설 (생활노인 30명 이상)		1명	1명	1명	50명당 1명		12.5명당 1명	1명	1명(50명 이상)	2명(100명 초과당 1명 추가)	50명당 1명	1명	1명

* 주: 노인요양시설, 노인요양공동생활가정은 장기요양기관 지정에 요구되는 인력배치기준, 양로시설은 인건비 지원기준.
자료: 보건복지부(2024c). 노인보건복지사업안내.

320시간의 교육을 받아야 한다. 노인요양시설 및 재가노인복지시설 종사자로서의 경력이 1년 이상(1,200시간 이상)인 자에 대해서는 경력기관의 종류에 따라 실습시간을 차등 감면하여 183~223시간의 교육을 받으면 요양보호사 자격을 취득할 수 있다. 그리고 사회복지사 또는 물리치료사, 작업치료사, 간호조무사 자격 소지자는 50시간, 간호사 자격 소지자는 40시간의 교육을 이수하고 자격시험을 통과하면 요양보호사 자격을 취득할 수 있다. 이와 같이 요양보호사의 역량을 강화하기 위해 노력하고 있지만, 연령이나 교육수준에 관계없이 단기간의 교육만으로 질 높은 전문 요양서비스를 제공하는 요양인력을 양성하는 데는 많은 한계가 있다.

노인복지시설의 인건비 지급기준은 시설 종류에 따라 다르다. 양로시설의 경우에는 사회복지시설 관리안내의 종사자 인건비 세부 기준에 근거하여 인건비가 지급된다. 노인요양시설과 노인요양공동생활가정의 경우에는 종사자 인건비와 관련된 세부 기준이 없으며 시설 경영자가 자율적으로 종사자 인건비 수준을 결정하되「근로기준법」등 관련 기준을 준수

표 7-8 요양보호사 교육과정

과목		교육내용	이론	실기
이론 실기	요양보호와 인권	• 요양보호대상의 이해 • 노인복지와 장기요양제도 • 인권과 직업윤리 • 요양보호사 인권보호와 자기계발	21	11
	노화와 건강증진	• 노화에 따른 변화와 질환 • 치매, 뇌졸중, 파킨슨질환 • 노인의 건강증진 및 질병예방	18	3
	요양보호와 생활지원	• 의사소통과 정서지원 • 요양보호 기록과 업무보고 • 신체활동지원 • 가사 및 일상생활지원	39	59
	상황별 요양보호기술	• 치매요양보호 기술 • 임종 요양보호 • 응급상황 대처 및 감염관리	44	33
		소계	126	114
현장실습	노인요양시설 실습	통합실습 I	40	
	재가노인복지시설 실습	통합실습 II	40	
		소계	80	

자료: 보건복지부(2024f). 요양보호사 양성지침.

하도록 권고하고 있지만, 「노인장기요양보험법」 제38조 6항에서 규정한 장기요양요원의 인건비 지출 비율을 초과해서 지급할 수 없다. 그리고 노인요양시설과 노인요양공동생활가정 등의 장기요양기관에서는 기관의 상황에 맞게 종사자를 채용할 수 있도록 규정하고 있어, 요양보호사의 인력을 대부분 계약직으로 채용하는 경우가 많다. 그 이유는 시설생활인원이 수시로 변동될 수 있고 이에 따라 시설의 재정 상황이 가변적이라는 점 때문이다. 그러나 계약직 채용이 가능하고 정해진 인건비 세부 기준이 없어짐에 따라, 노인장기요양보험제도 이전에 비해 노인복지시설 종사자의 급여수준, 근무환경, 직업안정성은 저하된 것으로 평가되며, 낮은 급여수준으로 인해 요양보호사로 근무하기를 기피하는 경향도 나타나고 있다.

이와 같이 단기교육에 의해 양성된 요양보호사 인력의 질 문제, 종사자의 급여와 직업안정성의 저하와 같은 인력 문제는 결국 노인에 대한 서비스의 질 저하를 유발할 가능성이 매우 농후하다. 따라서 시설 경영자는 시설 종사자에 대한 적정 급여를 지급하며 안정적 고용과 근무환경을 보장함으로써 시설운영과 질 높은 서비스를 제공하는 데 필요한 전문인력을 충분히 확보하여야 한다.

(3) 재정관리

노인주거복지시설의 재정은 조세에 의해 조성된 국고와 지방비, 실비입소자가 납부하는 월 입소비용으로 구성되며, 법인의 자부담 의무는 없다. 노인주거복지시설 생활노인에 대한 생계비 지원은 「국민기초생활보장법」의 기준에 따라 지원되며, 지출 또한 이 기준을 준수하여야 한다. 건물유지비, 수용비 및 수수료, 공공요금, 난방연료비, 일반약품비, 차량유지비, 위생재료비, 화재보험가입, 환경부담금, 교육여비, 제세 공과금 등의 관리운영비는 시설 경영자가 자체 운영계획을 수립하여 사회복지법인 재무ㆍ회계규칙에 의거하여 합리적으로 집행하여야 한다. 2024년에는 기초수급자인 생활노인 1인당 관리운영비로 연간 107만 9,730원과 프로그램 사업비 14만 2,310원이 지원되며 실비 생활노인은 그 반액이 지원된다(보건복지부, 2024a).

노인장기요양보험제도의 적용을 받는 노인요양시설과 노인요양공동생활가정의 재정은 노인장기요양보험의 시설급여액과 입소노인의 본인부담금에 의해 조성되며, 국가의 별도 재정지원은 없다. 노인요양시설의 시설급여는 인두제(人頭制) 방식을 선택하고 있으며, 등급에 따라 차등급여가 지급되는데, 2024년도 노인의료복지시설의 수가는 〈표 7-9〉와 같다.

노인장기요양보험의 시설급여의 총 급여비용은 등급별 1일당 수가에 사용일수를 곱하여 산출하며 이 중 20%는 본인이 부담하고 80%는 국민건강보험공단에서 시설로 지급한다. 2018년 7월부터 건강보험료 순위 50% 이하인 경우에 본인부담금을 40~60% 경감해 주고 있다. 그러나 식사재료비, 1~2인실의 상급 침실 이용 추가비용, 이ㆍ미용비 등은 전액 본인이 부담하여야 하는데, 비급여 항목별 비용은 상한선 이내에서 시설에서 자율 결정하게 되어 있다. 그리고 원거리 외출을 위해 택시나 버스 등의 다른 교통수단을 이용하는 데 드는 비용, 수급자의 요청에 의한 개별적인 물품 및 용역의 구입에 따른 비용, 개인적 희망에 의

표 7-9 노인요양시설 및 노인요양공동생활가정의 요양수가 (단위: 원/일)

구분	1등급	2등급	3~5등급
노인요양시설	84,240	78,150	73,800
노인요양공동생활가정	71,010	65,890	60,740
노인요양시설내 치매전담실	–	83,040~92,250	76,560~85,080
치매전담형 노인요양공동생활가정	–	81,670	75,300

자료: 보건복지부(2024. 7. 1.). 장기요양 급여제공 기준 및 산정방법 등에 관한 고시.

해 외부 서비스제공자가 개인을 대상으로 제공하는 프로그램 및 서비스 이용비용에 대해서는 수급자가 실비를 부담하여야 한다(보건복지부, 2024. 7. 1.).

노인요양시설 및 노인요양공동생활시설의 경영자는 이러한 시설운영 수입을 바탕으로 생계비, 인건비, 운영비 등을 자율적으로 결정하여 투명하게 집행하여야 한다. 이와 같이 시설의 재정관리가 시설 경영자의 자율성을 보장하고 있지만, 시설 종류에 따라 지급받은 장기요양급여비용 중의 일정 비율을 간호(조무)사, 물리(작업)치료사, 사회복지사, 요양보호사의 인건비로 지출하여야 한다. 2024년 현재 노인요양시설의 경우에는 총 급여비용의 61.1%, 노인요양공동생활가정은 65.4%, 단기보호서비스기관은 59.0%를 인건비로 지출하여야 한다(보건복지부, 2024. 7. 1.). 그리고 시설이나 설비 등의 주거환경이 열악할 경우 입소 희망 노인이나 가족의 선택을 받을 수 없기 때문에 시설 경영자는 시설개조나 환경개선을 위하여 총 수입액의 10% 범위 내외에서 감가상각비를 적립할 수밖에 없다. 그리고 노인복지시설의 특성상 난방연료비, 전기세 등의 공공요금에 대한 부담이 높을 수밖에 없고, 상해보험, 영업배상보험 등에 대한 부담도 높아진다. 따라서 시설 운영수입액으로 지출을 감당하기 어려울 경우 여가 등의 서비스 프로그램 진행 경비를 줄이거나, 인력 구조조정을 통하여 인건비를 경감해 나갈 수밖에 없다. 그러나 이런 재정운용 방식을 선택할 경우 결국 시설서비스의 질적 저하를 초래하게 되고, 그 결과 노인과 가족 소비자의 선택을 받지 못하는 자가당착적 상황에 직면하게 될 가능성도 없지 않다. 그러므로 시설운영의 부족한 재원을 확보하기 위한 방안으로 외부 후원금 개발을 위한 노력을 강화하고, 사회복지공동모금회나 민간기업의 사회복지재단이나 공익재단 실시하는 프로그램 공모사업을 적극적으로 활용해 나가야 할 것이다.

(4) 시설관리

노인복지시설이 장기요양기관으로 지정받기 위해서는 〈표 7-10〉의 시설기준에 적합한 시설을 갖추어야 하는데, 「노인복지법 시행규칙」에 정한 바에 따라 양로시설과 노인공동생활가정은 생활노인 1인당 15.9m^2, 노인요양시설은 23.6m^2, 노인요양공동생활시설은 20.5m^{2}에 해당하는 시설면적을 확보하여야 한다. 그러나 장기요양기관으로 지정받기 위한 기본 시설요건을 갖추었다 하여 입소를 희망하는 노인이나 가족의 선택을 받기는 어려우므로, 〈표 7-5〉의 공간별 설계지침에 따라 노인이 생활하기에 편리한 시설환경을 지속적으로 갖추어 나가야 할 것이다.

그리고 생활노인에게 적합한 환경을 조성하기 위하여 냉·난방관리는 겨울철의 시설 내부 온도를 평상시보다 2~3℃ 높게 하되, 전체 시설이 일정한 온도가 유지되도록 해야 한다. 그리고 시설 전체의 습기와 냄새 관리를 철저히 하기 위하여 자연통풍과 강제배기 및 공기

표 7-10 노인복지시설의 시설 기준

구분		침실	사무실	요양보호사실	자원봉사자실	의료, 간호사실	물리(작업)치료실	프로그램실	식당, 조리실	비상재해대피시설	화장실	세면장, 목욕실	세탁장, 세탁물건조장
노인요양시설	생활노인 30명 이상	○	○	○	○	○	○	○	○	○	○	○	○
	생활노인 10~30명 미만	○		○		○	○	○	○	○	○		○
노인요양 공동생활가정		○		○				○	○			○	

자료: 보건복지부(2024c). 노인보건복지사업안내.

청정시스템을 적절히 갖추어야 한다. 그리고 침실과 화장실, 욕실의 청소는 매일 이루어져야 하며, 주 1회 단위로 전체 시설에 대한 청소가 이루어져야 한다. 그리고 전기, 가스 및 냉난방시스템에 대한 1일 안전점검과 연 1~2회의 정기 안전점검을 실시해야 한다. 조명, 생활집기 등의 기본생활설비의 파손, 망실 등에 대해서는 1일 점검과 보수가 이루어져야 한다. 또한 시설 경영자는 시설설비 개조에 필요한 비용을 마련하기 위하여 매년 감가상각비를 지속적으로 적립해 나가야 할 것이다.

(5) 프로그램 관리

노인복지시설에서 생활노인에게 제공하는 서비스의 범주는 크게 기본 생활 돌봄서비스, 보건의료서비스, 그리고 여가 및 사회활동 지원서비스로 구분할 수 있다. 노인복지시설에서는 생활노인에게 〈표 7-11〉에서 예시한 바와 같은 시설생활 일과표에 따라 공통 요양서비스를 제공한다. 그러나 이러한 공통 서비스와 함께 개개인의 일상생활 동작능력에 따라 개별화된 사례관리서비스를 제공해야 한다.

노인의 영양관리를 위해서는 영양사의 과학적 식단에 기초해 균형 있는 영양섭취를 보장해야 하며 설사, 고혈압, 당뇨병 등을 앓고 있는 환자를 위해서는 식이요법이나 개별 식단서비스를 제공해야 한다. 개인위생관리를 위해서는 매일매일의 세면, 양치, 면도 등을 정해진 시간에 할 수 있도록 보조해야 하며, 개인용 침구와 의복의 세탁, 손·발톱 깎기 등의 위생관리 또한 철저히 시행해야 한다. 자원봉사자에 의한 주 1회 정도의 이·미용서비스, 목욕서비스가 이루어져야 한다.

노인요양시설 입소절차를 보면, 국민건강보험공단의 방문조사원이 장기요양 등급 판정

표 7-11 노인복지시설의 일과표 예시: 노인요양시설의 경우

시간	일	월	화	수	목	금	토
03:00	취침 점검, 기저귀 교체						
06:00	기상 · 세면, 배변지도 및 기저귀 교체, 기초건강 체크						
07:00	조식 · 투약, 아침체조와 운동, 종사자 회의						
09:00	개별운동 종교활동	회진, 개인 또는 생활실별 물리치료, 작업치료, 회상치료, 문예치료					
12:00	중식, 개별 케어(양치, 투약)						
13:00	가족면회 외출 자유활동 취미활동	자유활동 · 산책	자유활동 · 산책	자유활동 · 산책	자유활동 · 산책	자유활동 · 산책	가족면회 외출 자유활동 취미활동
14:00	개별운동	개인 · 생활실별 물리치료, 인지치료, 작업치료, 회상치료, 문예치료, 원예치료					
15:00	간식	목욕 · 간식	회진 · 간식	목욕 · 간식	목욕 · 이미용 · 간식	목욕 · 간식	목욕 · 간식
16:00	개별운동	소집단 음악치료, 미술치료, 인지치료, 작업치료, 회상치료, 운동요법					
18:00	석식						
19:00	개별 케어(투약, 양치, 세면 등), 음악 감상, TV 시청 또는 비디오 방영						
20:00	취침 준비(침구정리, 배변지도 및 기저귀 교체), 명상						
20:30	취침						
24:00	취침 점검, 기저귀 교체						

을 신청한 노인의 가정을 방문하여 신체기능 12개 문항, 인지기능 7개 문항, 행동변화 14개 문항, 간호처지욕구 9개 문항, 재활욕구 10개 문항 등 총 52개 문항으로 기능상태를 평가하여 2등급 이상의 판정을 받아야 가능하나, 치매 증상 등의 심신상태 수준이 심각하여 가족이 부양하기 어렵다면 3~5등급 판정을 받은 경우에도 신청을 통해 입소가 가능하다. 이와 같이 노인의 건강상태와 기능상태에 대한 종합평가결과를 바탕으로 하여, 시설에서는 생활노인 개인별 사례관리계획을 수립한 후 그 계획에 따라 철저한 건강관리와 재활치료서비스를 제공해야 한다. 생활노인 및 종사자에 대해서는 연 1회 이상의 종합건강진단, 월 1회의 기본건강진단과 그 결과에 상응하는 치료 조치를 취하는 것이 바람직하며, 생활노인 각 개인별로는 기상과 함께 기초건강 점검을 해야 한다. 간호사의 오전 회진을 통하여 1일 보호계획을 수립하고 이에 따라 필요한 서비스를 제공하여야 한다. 생활노인의 인지기능 및 일상생활 동작능력을 유지하기 위하여 매일 오전과 오후에 각 1회씩 개인 또는 생활실 단위로

물리치료, 작업치료 등의 재활치료 활동이 이루어져야 한다. 개인단위로 수행하기 어려운 음악치료나 미술치료 등의 재활치료 활동은 오후 시간대에 소집단으로 참여하도록 한다. 물론 노인이 참여하는 프로그램의 전문성이 높을수록 치료 효과가 높지만, 그에 못지않게 중요한 것은 얼마나 흥미롭고 지속적으로 활동에 참여하는가 하는 것이므로, 노인이 아무것도 하지 않은 채 방임되는 상황이 발생하지 않도록 최선을 다해야 한다.

급성질환이나 의학 처치가 요구되는 경우에는 인근 종합병원과의 의료 협약을 통하여 원내치료가 불가능한 노인을 이송, 입원치료하여야 한다. 그리고 임종환자의 정서 안정과 통증관리, 죽음에 대한 수용을 원조하기 위하여 호스피스 교육과 훈련을 마친 종사자를 1인 이상 확보하여야 하며, 사망 노인에 대해서는 체계적인 장제서비스를 제공하여야 한다.

기본적인 생활 지원과 보건의료서비스와 함께 생활노인의 여가활동과 사회 교류를 촉진할 수 있는 다양한 프로그램을 개발하여 실시하여야 한다. 그러나 시설 생활노인의 경우 자발적이고 적극적인 여가활동이나 취미활동 참여를 기대하는 것은 쉽지 않다. 따라서 시설에서는 음악, 미술, 문예창작, 운동, 게임, 산책 등 여가와 재활치료 활동이 두 가지 이상 조합된 재활치료 프로그램을 통하여 생활노인의 기능 유지와 회복은 물론 여가활동과 사회 교류를 촉진해야 한다. 또한 외부 문화단체나 사회봉사단을 시설 내 다목적실로 초대하여 최소 월 1회 이상 대규모 또는 소규모의 문화공연을 관람할 수 있는 기회를 제공하거나, 명절이나 기념일에는 시설별로 특별행사를 기획하여 실시하고 봄이나 가을에는 관광이나 여행을 계획할 수도 있다.

생활노인의 사회 교류를 촉진하기 위해서는 생활실 단위의 소집단 활동을 활성화하고 시설 곳곳에 노인이나 종사자, 봉사자가 대화를 나눌 수 있는 담화실 공간을 다수 확보하도록 한다. 그리고 자원봉사자나 시설 종사자의 보조를 받으면서 산책이나 외출, 시장나들이 등을 하는 것도 사회적 소외를 예방할 수 있는 좋은 방법이다. 가족이나 친척과의 연계가 단절되지 않도록 시설에서는 정기적으로 가족이나 친척에게 노인의 생활에 대한 정보나 사진을 제공하도록 한다.

4) 노인복지시설 평가

모든 공공기관과 민간기관이 자체 평가나 외부 평가를 통해 평가받고 그에 따른 객관적인 결과를 공포하는 것을 정례화하는 사회 추세에 부응하여,「사회복지사업법」에 기초해 매 3년 주기로 모든 사회복지시설에 대해 평가를 실시하고 있다. 양로시설 등의 주거복지시설의 평가는 시설 및 환경, 재정 및 조직 운영, 프로그램 및 서비스, 생활인의 권리, 시설운영 전반에 5개 영역 37개 지표로 이루어졌다(중앙사회서비스원, 2022b. 12.).

노인장기요양보험제도의 적용을 받는 노인요양시설과 노인요양공동생활가정은 「노인장기요양보험법」 제54조에 기초해 평가가 이루어진다. 「노인장기요양보험법 시행규칙」 제38조에서는 국민건강보험공단에서, ① 장기요양기관을 이용하는 수급자의 권리와 편의에 대한 만족도, ② 장기요양기관의 급여제공 과정, ③ 장기요양기관의 운영실태, 종사자의 전문성 및 시설환경, ④ 그 밖에 장기요양기관의 운영 개선에 관한 사항에 관하여 정기평가와 수시평가를 실시하고, 그 결과를 홈페이지 등에 공표할 것을 규정하고 있다. 국민건강보험공단에서 노인요양시설과 노인요양공동생활가정을 대상으로 매 3년 주기로 평가하는데, 노인요양시설의 평가지표는 기관운영(12개), 환경 및 안전(12개), 수급자 권리보장(5개), 급여제공과정(15개), 급여제공결과(6개) 등 총 50개이며 노인요양공동생활가정의 경우는 일부 평가지표가 제외된다(보건복지부, 2022. 6. 10.).

5) 노인복지시설의 문제와 과제

현재 노인복지시설의 문제점에 대한 논의를 종합하여 보면, 노인복지시설의 수 및 종류, 재정, 인력, 프로그램 그리고 시설환경 등으로 집약되는데, 이를 좀 더 구체적으로 살펴보면 다음과 같다(강은나, 2021. 3.; 국민건강보험공단, 한국보건사회연구원, 2013; 정상양 외, 2012; 조소영, 2001; 차흥봉, 2004; 한국노인복지시설협회, 2001).

첫째, 노인복지시설의 수 및 편중과 관련된 문제이다. 우리나라의 인구고령화 현상, 가족의 부양기능 약화, 국민연금 급여의 지급 개시, 노인복지시설에 대한 인식 개선, 노인장기요양보험제도의 이용 증가 등을 고려하여 볼 때 현재 노인복지시설이 부족한 상황이므로 노인복지시설을 증설하여야 한다. 또한 노인복지시설의 상당수가 도시지역에 밀집되어 있는 문제점을 개선하기 위해서는 농림어촌지역을 중심으로 시설을 대폭 확충해야 하지만, 취약한 지방정부의 재정자립도가 이를 방해하는 요인으로 작용하고 있어 쉽지 않을 전망이다.

둘째, 노인복지시설의 재정과 관련된 문제이다. 노인장기요양보험제도하에서는 노인복지시설의 수입원이 장기요양보험급여, 본인부담금, 조세라는 세 가지 재원으로 나뉘게 된다. 이와 같이 시설재원이 변화됨에 따라 지역 간 또는 시설 간 빈익빈 부익부 현상이 나타날 수 있다. 즉, 재정자립도가 낮은 지방정부의 경우 시설 지원에 소요되는 재원확보에 어려움을 겪을 가능성이 높으며, 입소정원을 채우지 못한 시설의 경우에는 시설의 수입 감소로 인하여 재정부족 현상에 직면하게 될 것이다. 이와 같이 시설이 재정 부족이나 압박 상황에 직면하더라도 폐쇄하기가 쉽지 않아 한정된 재원 내에서 서비스를 제공하게 되어 생활노인에 대한 전반적인 서비스의 질이 낮아질 것이므로 생활노인이 이로 인한 직접적인 피해를 입을 수 있다. 시설의 재정 부족이나 압박요인으로 인하여 서비스의 질이 저하되는 것을 방지하기 위하여 서비스 최저기준을 설정하고 시설에서 이를 지켜 나갈 수 있도록 지도감독과 평가를 철저히 실시해 나가야 할 것이다.

셋째, 노인복지시설의 인력과 관련된 문제이다. 노인장기요양보험제도 실시 이후 요양보호사 등 종사자의 직업안정성 문제가 야기되고 있다. 노인장기요양보험제도하에서 입소정원 미달 등으로 인하여 시설이 재정압박을 받을 경우 종사인력 구조조정을 통한 인건비 경감을 우선으로 고려할 수밖에 없다. 그리고 용이한 인력 구조조정을 위해서는 신규인력을 계약직으로 채용할 가능성이 높기 때문에, 종사자의 비정규직화 문제가 야기될 수 있으므로 이에 대한 대비가 마련되어야 한다. 이러한 종사자의 직업안정성 확보문제와 아울러 고려해야 할 요인은 종사자의 질적 수준 제고이다. 이를 위해서는 사회복지 대학교육의 내실화와 함께 노인복지 인력에 대한 의무 보수교육을 강화하고, 요양보호사 양성교육과정을 장기교육과정으로 개선해야 한다. 그리고 시설 종사자의 급여기준 상향 조정과 노동환경 개선을 위한 정부의 적극적 개입이 이루어져야 할 것이다.

넷째, 시설에서 제공하는 서비스와 프로그램과 관련된 문제이다. 노인복지시설에서 제공하는 서비스의 수준은 점진적으로 높아지고 있으나, 노인의 개인적 욕구나 문제를 바탕으로 한 사례관리나 개별화된 서비스의 제공에서는 여전히 한계를 보이고 있다. 또한 노인복지시설에서의 프로그램의 양적 부족과 질적 저하의 문제를 야기하는 주된 요인은 프로그램의 필요성에 대한 인식 부족, 전문성을 갖춘 종사자나 강사 확보의 어려움, 프로그램의 운영에 필요한 소요경비의 부족, 프로그램의 다양성 부족, 프로그램 실시를 위한 공간의 부족 등 매우 다양하다. 이러한 노인복지시설 프로그램의 개선을 위해서는 시설 운영자의 프로그램에 대한 인식 개선, 종사자의 전문성 제고를 위한 교육 강화, 프로그램 운영경비의 확보, 다양한 프로그램 활동공간과 장비의 보강 등이 이루어져야 한다.

다섯째, 시설환경과 설비와 관련된 문제이다. 노인복지시설의 시설환경은 꾸준히 개선되어 가고 있으나 아직 노인의 생활편의를 고려하여 특별히 설계된 시설은 많지 않으며, 시설의 장비나 설비는 유사 기관이나 시설에 비하여 미흡한 수준에 머물러 있다. 이를 개선하기 위해서는 정부가 노인복지시설의 설치기준을 노인의 생활편의나 기능상태를 기준으로 더욱 체계화하고, 시설환경 개선을 위해 더욱 적극적으로 나서야 한다.

5. 고령친화산업

1) 고령친화산업의 개념

우리나라에서는 1980년대 중반부터 고령자를 대상으로 시장원리에 입각하여 상품이나 서비스를 제공하는 산업분야를 실버산업이라는 용어로 지칭하여 왔으나, 2006년 「고령친화 산업 진흥법」의 제정과 함께 '고령친화산업'으로 용어를 바꾸어 부르고 있다. 실버산업을 말하는 'silver industry'라는 용어는 영어권 국가에서는 은광산업(銀鑛産業)을 의미하므로 적절한 용어라고 할 수 없다. 일본의 경우에는 실버서비스(silver service), 실버비즈니스(silver business)라는 용어를 사용하며, 영어권 국가에서는 다양한 용어가 사용되고 있으나, 노인시장(elderly market) 또는 성인시장(mature market)이 가장 흔히 사용된다(최성재, 2000). 이러한 점을 근거로 해 볼 때 'elderly market' 또는 'mature market'이 우리가 사용하는 고령친화산업의 의미에 가장 가까운 용어라고 할 수 있다.

일본 후생성에서는 고령친화산업을 "60세 이상의 노인을 대상으로 민간기업이 시장원리에 입각하여 상품이나 서비스의 공급을 행하는 산업"이라 규정하고 있다(福祉士養成講座編集委員會, 2001). 한국보건사회연구원(1996)에서는 "중산층 이상의 노인을 대상으로 수익자 부담에 의하여 노후생활에 적합한 상품과 서비스를 공급하는 산업"이라 규정하고 있다. 그리고 최성재(1995b, 2000)는 "노인을 대상으로 한 상품과 서비스 또는 노년기에 그 효력을 발생하게 되는 상품과 서비스를 시장경제의 원칙에 입각하여 생산하고 공급하는 활동"이라 규정하고 있다. 「고령친화산업 진흥법」에서는 "노인요양서비스 등과 같은 고령친화제품 등을 연구, 개발, 제조, 건축, 제공, 유통 또는 판매하는 산업"이라 규정하고 있다.

이같은 고령친화산업에 대한 개념 정의에서 발견되는 공통적인 특성(현외성 외, 2000)을 정리하여 보면, 고령친화산업의 대상은 노인이나 혹은 노후를 대비하는 고령자이고, 공급 주체는 민간기업이 중심이 되고 있으며, 서비스의 원칙은 시장경제원리를 따르고, 분야는 노인의 욕구나 노년기의 문제를 해결하는 데 필요한 상품이나 서비스라고 할 수 있다.

하지만 고령친화산업에 단순히 시장경제의 원리만 적용되는 것은 아니다. 물론 경제력이 있는 개인과 가족은 경제시장에서 필요한 재화와 서비스를 구입하므로, 시장공급체계는 가장 일상적이고 보편적인 공급체계이다. 그러나 경제력이 제한된 개인과 가족은 경제시장의 구조적 모순으로 불평등을 경험하게 되고 필요한 재화나 서비스를 공급받지 못하게 된다. 그러므로 국가나 정부가 경제능력, 자유경쟁, 이윤 추구를 중시하는 경제시장의 원칙이 아닌 생활욕구 충족, 결과의 평등성, 이타성 등과 같은 사회시장의 원칙에 의거하여 재화나 서비스가 배분될 수 있도록 관여하여야 한다. 이러한 점을 인식하여 서구복지국가에서는 복지국가위기론의 등장에 따른 서비스의 민영화(privatization) 과정에서 복지의 주된 공급체계를 정부, 비영리 자원조직, 영리조직, 비공식조직으로 확대하는 복지다원주의를 채택하여 사회복지분야도 사회시장과 경제시장이 혼재하는 혼합경제(mixed economy)의 원리를 적용하게 되었다.

고령친화산업에 의해 생산된 상품이나 서비스는 이윤을 중시하는 경제시장원리의 지배를 받는 순수 민간재(民間財)도, 공익을 중시하는 사회시장 원리의 지배를 받는 순수 공공재(公共財)도 아닌 혼합재(混合財, mixed goods)의 성격을 지닌다. 이러한 고령친화산업의 특성을 근거로 하여 볼 때, 고령친화산업이란 '현재 노인층과 중·장년층을 대상으로 하여 그들에게 필요한 상품이나 서비스를 시장경제의 원칙에 입각하여 생산·공급하되, 공익 증진에도 기여하는 산업'이라고 정의할 수 있다.

2) 고령친화산업의 등장과 발전

고령친화산업이 등장하게 된 배경요인은 노인인구의 증가, 노인의 경제력 향상, 노인의 복지서비스에 대한 인식 변화, 가족기능의 변화, 국가의 노인복지 책임 이행의 한계, 고령친화산업에 대한 학문적 연구의 성과 등이다.

첫째, 고령친화산업이 등장하게 된 주된 배경요인은 노인인구의 증가에서 찾을 수 있다. 노인인구가 증가한다는 것은 노후생활에 필요한 소비재나 서비스에 대한 욕구를 지닌 인구가 많아진다는 의미로, 소비자 중에서 차지하는 비중이 높아짐을 의미한다. 이와 같이 소비자시장에서 노인 소비자의 절대수가 증가하고 젊은 세대와는 차별화된 제품이나 서비스에 대한 요구가 증가하게 됨으로써 영리 추구를 목적으로 하는 기업에서는 노인 소비자를 위한 제품 생산과 마케팅에 관심을 가질 수밖에 없게 되었다(이의훈, 1998).

둘째, 노인인구의 경제력 향상이 주요한 고령친화산업 등장의 배경요인이다. 노인인구의 증가는 경제적 의존성이 강한 노인뿐만 아니라 경제적으로 여유 있는 노인인구도 동시에 증가하며, 사회보장제도의 구축과 개인적인 노후소득보장을 위한 준비 등으로 노인의 경제력은 이전보다 향상되게 되었다. 그리고 본격적인 국민연금 급여와 함께 경제적 여유가 있는 노인인구는 더욱 늘어날 것이며, 이에 따라 구매력이 충분한 노인이 증가하게 됨으로써 고령친화시장의 규모는 더욱 확대될 전망이다. 노인의 경제력은 높아지지만 노년기에는 자녀교육이나 주택구입 등에 따른 지출이 줄어들게 됨으로써 노인은 마음대로 쓸 수 있는 여유자금이 많아져, 고령친화시장에서의 구매력이 더욱 향상될 것이다. 이와 같이 노인 소비자의 구매력 증가는 소비시장에서 노인이 주요 소비계층으로 등장한다는 것을 의미하며, 수요가 있는 곳에 공급이 따르는 시장경제의 원리에 따라 고령친화산업이 등장하게 되었다.

셋째, 노인의 복지서비스에 대한 인식 변화는 또 다른 배경요인이다. 노인의 경제력이 향상되면서 무료로 제공되는 기존 노인복지서비스는 이들의 욕구를 충족하는 데 한계가 발생함에 따라 부가적인 서비스에 대한 욕구가 발생하게 되고, 다소 비용지출을 하더라도 수준 높은 제품이나 서비스를 이용하고자 하는 인식의 변화가 나타나게 되었다. 그리고 동일한 노인계층이라 할지라도 생활방식에 따라 고령친화시장에 대한 욕구는 더욱 세분화되고 있다(이의훈, 신주영, 2004). 이러한 노인복지서비스에 대한 인식 변화는 고품격 서비스에 대한 요구로서 공공부문에서 충족하는 데 한계가 있으므로 민간부문, 특히 영리기업의 참여를 요구할 수밖에 없었고 이로 인해 고령친화산업이 등장하게 되었다.

넷째, 가족의 구조적 변화와 노인부양기능 약화가 고령친화산업 등장의 또 다른 배경요인이다. 우리나라의 가족은 본격적인 산업화 과정을 거치면서 핵가족화, 소가족화가 이루어짐으로써 가족 내 노인부양인력의 부족 현상이 야기되고 노인부양기능이 약화되었다. 또한 노인을 가족 내에서 동거부양하는 비율은 점차 낮아지고 성인자녀와 별거하는 노인인구가 증가하게 되었다. 이에 따라 가족을 대신하여 노인을 부양해 줄 수 있는 노인복지시설이나 독거가구 혹은 부부가구 노인의 제한된 일상생활기능을 보완해 줄 수 있는 서비스에 대한 요구가 높아지게 됨으로써 이에 필요한 사회 장치를 마련하는 과정에서 고령친화산업이 등장하게 되었다.

다섯째, 국가의 복지책임 이행의 한계와 민영화 추진은 고령친화산업 등장의 주요 배경요인이다. 서구 선진국의 경우 1970년대 경제위기 상황에서 국민의 복지를 국가가 전적으로 책임지는 데 한계를 느끼면서 신보수주의적 정책기조를 채택하게 되었다. 이에 따라 영리추구를 목적으로 한 민간기업과 비영리단체를 복지의 주요 공급주체 또는 책임주체로 규정하는 복지민영화정책을 강력하게 추진하게 되었다. 이러한 복지서비스의 민영화정책은 영리기업체의 복지서비스 참여에 대한 각종 규제의 완화와 지원 강화로 이어지게 되면서, 고령친화산업의 발전에 필요한 기본 토대가 구축되었다.

여섯째, 고령친화산업에 대한 학술적 연구가 고령친화산업의 등장을 뒷받침하고 있다. 서구국가의 경우 민간기업은 노인 소비자에 대한 특별한 정보나 지식이 없는 상태에서 새로운 소비계층으로 부각되는 노인을 위한 제품과 서비스를 의욕적으로 생산·공급하였지만, 많은 기업이 비싼 대가를 치르고 실패하는 사례가 발생하게 되었다. 이에 고령친화산업에 진출하고자 하는 많은 민간기업은 노인 소비자의 욕구 파악과 정보 수집, 그리고 그에 적합한 생산 및 마케팅 전략을 수립하기 위한 체계적인 연구가 필요하게 되었다. 따라서 노인복지뿐만 아니라 의학, 간호학, 건축학, 경제학 등의 다양한 학문분야에서 이루어진 노인 소비자의 욕구와 고령친화시장의 변화에 대한 연구결과는 고령친화산업의 성공적 연착륙을 뒷받침하게 되었고, 이로 인해 고령친화산업의 발전은 더욱 촉진되었다.

이와 같은 배경요인에 의해 등장한 고령친화산업은 미국의 경우 1950년대 초반부터 시작되었지만 1970년대의 복지민영화정책에 의해 더욱 활성화되었다. 그리고 일본의 경우에는 1970년대부터 본격적으로 민간기업이 실버타운 건설에 참여하면서 시작되었다고 할 수 있다. 우리나라에서는 1989년 경기도 수원에 유료 양로시설인 유당마을이 설립되고 1993년 「노인복지법」 개정을 통해 민간기업이나 개인의 유료 노인복지시설 설립 · 운영을 허용하면서부터 시작되었으며, 2006년 「고령친화산업 진흥법」이 제정되어 발전을 위한 기틀이 마련되었다(정상양 외, 2012; 최성재, 2000; 한국노인문제연구소, 1994).

현재 노년층은 물론 중 · 장년층까지도 고령친화산업의 필요성을 높게 평가하고 있으며, 실질적인 수요 또한 상당하게 존재하고 있지만 활성화되지는 못하고 있다. 그 이유는 관련 산업의 여건이 취약하여 연구개발이나 투자가 부진하며, 국가의 고령친화산업 투자유인제도 역시 미흡한 상황이기 때문이다. 이러한 고령친화산업의 기본 토대가 취약할 뿐만 아니라 고령친화산업의 발전에 따른 부정적 효과가 고령친화산업의 발전을 억제하는 요인이 되고 있다. 즉, 고령친화산업의 발전에 따라 노인복지수준의 격차가 심화됨으로써 사회불평등이 심화될 가능성이 있을 뿐 아니라 지금까지 우리나라의 노인복지를 주로 책임져 온 가족의 노인부양기능이 더욱 약화될 가능성이 있기 때문에 국가에서는 적극적으로 고령친화산업의 활성화를 추진하지 못하고 있다.

하지만 노인 소비자 시장 규모가 급격하게 증가하고 노인장기요양보험제도가 시행되고 국민연금 또한 본격적으로 지급됨에 따라, 노인의 소비력과 서비스에 대한 욕구가 급증함으로써 고령친화산업은 더욱 다변화되고 시장 규모는 더욱 확대될 것이다. 즉, 인구고령화의 진행에 따라 경제력, 건강, 여유 시간을 가진 고령자가 급속히 증가함에 따라 고령친화산업의 시장규모가 2022년 82조 7,000억 원에 이르고 있으며(보건복지부, 한국보건산업진흥원, 2022), 앞으로 지속적으로 확대할 것으로 전망되고 있다. 특히 적극적 소비활동을 하는 베이비붐 세대(1955~1963년생)가 본격 은퇴함으로써 고령친화산업의 시장규모는 더욱 확대될 전망이다. 그리고 노인의 의료수요 증가, 노인생활 욕구의 다양화 등으로 인하여 더욱 다양한 고령친화산업분야가 발전하게 될 것이다.

3) 고령친화산업의 분야

고령친화산업의 분야와 유형은 공급주체, 소비자의 특성과 욕구, 공급방식 그리고 사업내용에 따라 구분할 수 있지만(현외성 외, 2000), 사업내용에 따라 분류하는 것이 일반적이다. 그러나 이러한 사업내용에 따른 분류 역시 학자에 따라 매우 다양한데, 한국주택협회

표 7-12 고령친화산업의 분야

산업분야	세부 산업 및 서비스
요양산업	• 시설요양서비스, 재가요양서비스, 예방지원서비스
의약품산업	• 신경계용 약품, 대사성의약품, 순환계용 약품, 해열 · 진통 · 소염제, 안과용제, 전립선치료제, 종양치료제
식품산업	• 식품(특수 의료용도 식품, 전통발효 식품 등), 건강기능식품
화장품산업	• 기초화장품류, 색조화장품류, 바디화장품류, 헤어케어 제품류
의료기기분야	• 치과분야, 재활분야, 진단분야, 치료분야
용품산업	• 개인건강 · 의료용품, 기능저하예방운동, 이동기기, 목욕용품, 배변용품, 침구용품, 가사용품, 주거설비용품, 정보통신기기, 여가용품
금융산업	• 장수리스크(개인연금, 주택연금, 퇴직연금 등), 건강리스크(암보험, 상해보험, 간병보험 등), 재무리스크(자산관리서비스)
주거산업	• 주택개보수, 고령자 적합주택
여가산업	• 스포츠, 문화(방송, 영화, 음악, 게임, 웹사이트), 관광 · 레저
기타 산업	• 농업, 교통산업, 교육산업, 장묘산업

자료: 보건복지부, 한국보건산업진흥원(2011). 고령친화산업 실태조사 및 산업분석.

(1993)에서는 주거 관련 사업, 의료 관련 사업, 복지기기 및 생활용품 사업, 금융 관련 사업, 여가서비스 등의 서비스산업으로 분류하고 있다. 그리고 김현주와 박재룡(1992)은 주거, 의료, 여가활동, 금융, 생활 관련 분야로 구분하고 있으며, 川村匡由(1987)은 노동, 주택, 식품, 의료 · 개호, 금융, 건강관리, 교양 · 레저라는 일곱 가지로 구분하고 있다. 高極高宣(1987)은 주거, 케어 서비스, 복지용품 및 기기, 금융, 여가활동 관련 분야로 구분하고 있다. 그리고 최성재(2000)는 더욱 세분화하여 14개 분야로 구분하고 있다. 보건복지부와 한국보건산업 진흥원(2011)은 〈표 7-12〉와 같이 크게 10개 분야로 구분하고 있다.

4) 고령친화산업의 현황

우리나라의 고령친화산업은 실버타운 또는 유료 노인복지시설로 불리는 주거 관련 분야를 중심으로 발전해 왔다. 우리나라 최초의 유료 시설인 유당마을을 필두로 하여 대기업과 콘도, 레저업계, 건설업계와 금융기관, 사회복지법인, 종교단체, 그리고 개인과 민간기업도 활발하게 주거 관련 고령친화산업분야에 참여하고 있다. 최근 들어 노인복지시설의 설치 경향을 보면, 설치 지역이 서울 등 수도권지역에 밀집되어 있고, 대형화 · 고급화되는 경향과 함께 정반대의 양상도 나타나고 있다. 대기업이 주도하는 노인복지시설은 대형화, 고급화되는 반면, 개인이 설치·운영하는 시설은 소형화되는 양극화 현상을 보이고 있고 이용 비용도 천차만별이다. 대표적인 실버타운인 삼성노블카운티(www.samsungnc.com)의 요양센터(nursing home) 입소보증금은 최소 5,000만 원에서 최고 1억여 원이며, 월 입소비용은 최소 476만 원에서 최고 854만 원으로 일반 노인이 부담하기에는 지나치게 높게 책정되어 있다.

실버타운은 현재 접근성이 높은 서울 등 수도권에 위치해 있고, 또 질 높은 서비스를 제공하는 실버타운에 대한 수요가 높아짐에 따라 성공 가능성이 높은 산업으로 평가되고 있다. 하지만 이러한 시설은 고소득층이 아니면 이용하기 어려우므로 중산층 정도의 경제력을 갖춘 노인은 개인이 운영하는 중소규모 시설을 이용할 수밖에 없는데, 저소득계층은 이마저도 이용 비용 부담으로 인하여 유료시설에 입소하고 싶어도 할 수 없는 실정이다. 이와 같은 주거 관련 고령친화산업분야의 발전은 노인장기요양보험제도 실시 이후에도 계층 간 위화감을 조성하고 소득수준에 따른 복지불평등이라는 문제를 일으킬 소지를 가지고 있다.

건강, 의료, 돌봄 분야와 관련하여 공공부문과 민간부문에서 요양병원이나 호스피스 병동 등을 설치함에 따라 노인환자에 대한 서비스가 더욱 전문화되고 있으며, 방문요양서비스기관, 주·야간보호시설, 단기보호시설, 치매전담형 장기요양기관이 급격히 확대·설치되고 있다. 그 외에 간병인이나 방문간호사업이 민간부문과 공공부문에서 동시에 확대되어 가고 있으며, 노인장기요양보험제도의 도입 이후 이들 재가복지서비스 분야는 급속도로 성장하고 있다. 또한 노인용품 업체에서 기저귀, 이동식 변기, 보행보조기, 전동휠체어, 전동침대, 욕창방지매트, 저주파 치료기, 당뇨 측정기, 인공지능 돌봄로봇이나 지능형 제품 등 노인의 돌봄서비스에 필요한 다양한 복지용품과 기기를 생산 또는 수입 판매하고 있다. 노인장기요양보험에서 복지용구 구입과 임대 비용이 지원됨에 따라 복지용구 관련산업의 발전이 가속화되고 있다.

금융 관련 분야에서도 최근 들어 고령친화상품이 급성장하고 있다. 은행, 보험회사, 투자신탁회사 등 금융업계에서는 노후생활 연금신탁, 보장성 연금보험, 각종 건강보험 등의 상품을 개발하여 중·장년층과 노년층을 공략하고 있다. 특히 최근 들어 주택이나 농지를 담보로 월 생활비를 지급하는 주택연금과 농지연금 상품이 개발되어 가입자 수가 꾸준히 증가하고 있다.

여가·교육 관련 분야에서도 노인 자서전 쓰기, 노인을 위한 웹사이트 운영, 노인을 대상으로 한 운동·취미클럽 운영 등의 여가, 교육, 정보 제공을 목적으로 한 고령친화서비스가 확대되고 있다. 그리고 노인을 위한 여행상품은 해외여행, 테마여행, 골프 등의 레포츠여행 등으로 다양화되어 가고 있으며, 관광업계에서는 노인 소비자에 많은 관심을 기울이고 있다.

| 보행보조기(실버카) | 욕창방지매트 | 수치료기 | 인공지능(AI) 돌봄 로봇 |

[그림 7-5] 노인환자를 위한 케어용품의 예

생활편의서비스와 관련하여 노인의 건강 유지를 위한 다양한 건강보조식품이 판매되고 있으며, 당뇨식 등의 특별식의 판매와 배달서비스가 이루어지고 있다. 그리고 노인의 체형에 맞게 디자인된 옷을 판매하는 노인 전용 의류가게나 백화점 매장이 운영되고 있다. 그리고 외출이 어려운 노인을 위한 각종 생활물품을 배달하는 서비스도 확산되고 있는 추세이다.

5) 고령친화산업의 과제

고령친화산업에 대한 수요는 현재 높지 않지만, 앞으로 그 수요는 급격히 높아질 것으로 예상된다. 민간기업을 중심으로 고령친화산업에 진출하고자 하는 의욕을 갖고 있거나 실제 준비를 하고 있는 기업이 많은 것으로 알려지면서 실버마케팅에 대한 관심이 급격히 증가하고 있다. 이와 같이 민간기업에서는 고령친화산업분야에 관심을 갖고 있기는 하지만 여러 가지 장애요인으로 인하여 현재로서는 적극 참여보다는 관망하면서 준비하는 단계에 머물러 있는 경우가 많다. 따라서 앞으로 고령친화산업을 활성화하기 위해서는 다음과 같은 과제의 이행이 요구된다(정상양 외, 2012; 보건복지부, 한국보건산업진흥원, 2011; 이인수, 2003; 최성재, 2000; 한국보건사회연구원, 1996; 산업연구원, 2024. 8.; 현외성 외, 2000).

첫째, 고령친화산업의 활성화를 도모하기 이전에 공공부문에서의 복지재정 확대를 통하여 국민의 최저생활을 보장해야 한다. 우리나라의 경우 국가가 국민의 복지를 책임지는 복지국가의 단계를 거치지 않은 채 서구의 복지민영화의 조류에 편승하여 복지에 대한 책임을 개인과 가족, 시장에 전가하고 있다. 그 결과 저소득층에 대한 최저수준의 삶을 보장하는데 한계를 보이고 있으며 노인, 장애인 등 사회보호가 필요한 사회 약자에게 필요한 서비스를 적절히 제공하지 못하고 있다. 이러한 상황에서 중산층 이상의 계층을 위한 고령친화산업이 활성화될 경우 계층에 따른 복지불평등은 심화될 것이며, 이는 사회통합이라는 목적을 달성하는 데 많은 문제점을 야기할 것이다. 따라서 영리를 추구하는 민간기업 중심의 고령친화산업을 활성화하기 이전에 공공부문의 복지재정 확대에 의한 복지수준 제고가 선행되어야 한다.

둘째, 고령친화산업의 육성과 지원을 위해 국가가 적극적으로 개입해야 한다. 2006년 12월 고령친화산업의 연구개발, 육성 및 지원을 목적으로 한「고령친화산업 진흥법」이 제정되어 고령친화산업 발전을 위한 법적·제도적 기반이 구축되었다. 「고령친화산업 진흥법」에서는 고령친화산업 전문인력 양성, 연구개발 장려, 고령친화산업 표준화, 해외시장 진출 촉진, 고령친화산업지원센터 설립·지정, 우수제품 지정, 금융지원 등과 관련된 조항을 마련하여 고령친화산업의 기반 구축과 지원을 위한 법적 근거를 명시하고 있다. 그러나 고령친화산업 육성과 지원을 위한 법적 및 제도적 기반이 구축된 기간이 길지 않은 관계로 아직 그 효과가 가시적으로 나타나지 않고 있으며, 국가의 정책 의지도 강하지 않다(산업연구원, 2024. 8.). 그러므로「고령친화산업 진흥법」의 적극적 시행과 국가의 제도적 노력을 더욱 강화하고 고령친화산업 수요기반 강화, 고령친화산업 전략산업 집중 육성, 내수시장 활성화뿐 아니라 글로벌 시장 개척 역량강화를 도모해야 할 것이다.

셋째, 고령친화산업에 대한 적절한 규제장치를 마련하여야 한다. 고령친화산업은 영리성과 공공성이라는 두 가지 특성을 동시에 지니고 있다. 고령친화상품이나 서비스를 생산·공급하는 민간기업체는 영리를 목적으로 하는 조직이므로 상품이나 서비스의 질, 가격 등을 포함한 유통과정에 규제가 없을 경우, 노인 소비자 사기사건이나 악덕상술 등과 같은 피해사례가 속출할 가능성이 높다. 따라서 노인복지용품이나 서비스에 대한 표준규격제도를 도입하고 실버서비스 윤리강령, 고령친화우수제품 지정 제도와 같은 고령친화산업 지도·감독을 위한 장치를 엄격히 시행해야 할 것이다.

넷째, 고령친화서비스 소비자의 권리의식이 증진되어야 한다. 고령친화산업의 성공 여부에는 국가와 민간기업뿐만 아니라 소비자의 역할 또한 매우 중요하게 작용한다. 고령친화산업의 소비자인 노인과 중·장년, 그리고 가족은 소비자로서의 권리의식을 확고히 하고 고령친화산업의 질적 저하를 견제하는 역할을 수행해야 한다. 이를 위해서는 노인복지기관이나 단체, 소비자단체, 시민단체 등이 상호 협력하여 사회운동 차원에서 고령친화산업의 개선·보완을 요구하는 적극적 옹호활동을 전개해 나가야 할 것이다.

생각해 보아야 할 문제

1. 단칸 월세방에서 생활하는 노인 또는 노인 자신이나 배우자 명의의 일반 주택에서 생활하는 노인의 가정을 방문하여 불편을 느끼는 주거공간을 파악하고, 노인을 위한 계획주거의 관점에서 주거환경 개선방안을 모색해 보시오.

2. 부모가 노년기가 되었을 때 동거할 것인지, 아니면 별거할 것인지를 생각해 보고, 각각의 경우에 나타날 수 있는 장단점을 토론해 보시오.

3. 노인요양시설과 대형 실버타운 1개소씩을 방문 관찰한 후, 두 시설 사이의 주거환경과 서비스의 격차를 확인하고 이를 개선할 수 있는 방안에 대해 토론해 보시오.

4. 노인복지시설의 문제점과 개선방안에 대한 1990년대 초반의 연구와 2000년대 초반의 연구, 그리고 2008년 노인장기요양보험제도 도입 이후의 연구논문을 한 편씩 읽고, 노인복지시설의 문제와 개선방안이 어떻게 달라졌는지 확인해 보시오.

5. 향후 우리나라의 고령친화산업의 전망에 대해 토론해 보시오.

제 **8**장

노년기의 사회관계망

1. 사회관계망과 사회적 지지

1) 사회관계망과 사회적 지지의 개념

현대사회에서 아무리 자아와 자립을 중요시한다고 하더라도 사회적 동물인 인간은 요람에서 무덤에 이르기까지 타인과 관계를 맺지 않고 살아갈 수는 없다. 또한 개인의 사회관계의 범위와 질은 삶의 질을 결정하는 매우 중요한 요인이다. 즉, 한 개인이 결속력이 높은 폭넓은 사회관계를 유지하고 그로부터 다양한 지지를 받을수록, 개인은 스트레스에 더욱 효과적으로 대처하고 건강수준이 높으며, 전반적인 삶의 질 또한 더욱 높아진다.

이와 같이 개인의 삶에 중요한 영향을 미치는 사회관계망과 사회적 지지라는 개념은 1980년대부터 노년학계에서 많은 관심을 받아 왔다. 사회관계망(社會關係網, social network)이란 각 개인이 사회적 정체성을 유지하고, 다양한 자원과 서비스를 주고받을 수 있는 사회관계의 범위를 말한다(Antonucci et al., 1996). 즉, 개인이 사회생활을 하면서 맺고 있는 관계의 그물(網)이다. 이러한 개인의 사회관계망을 파악하기 위해서는, ① 관계망의 크기, 범위와 구성, 구성원과의 친밀성, 시간 및 공간적 분리 정도와 같은 구조적 특성, ② 역할관계, 사회적 교환의 내용, 교환의 방향, 관계 유지 기간, 관계의 빈도와 강도 등과 같은 상호작용 특성, 그리고 ③ 물질적 지지, 도구적 지지, 정서적 지지와 같은 지지적 특성을 동시에 고려해야 한다(Moxley, 1989).

각 개인의 사회관계망이 지니는 구조나 상호작용의 특성은 서로 다르지만 사회관계망의 구성원과 상호작용하는 과정에서 다양한 사회적 교환이나 도움을 주고받는 것은 분명하다. 이와 같이 사회관계망의 구성원과 상호작용하는 과정에서 자원, 재화 또는 서비스 등의 물질적, 도구적 또는 정서적 지지를 주고받는 행위를 사회적 지지라고 한다.

개인은 사회관계망 속에서 사회적 지지를 교환하는 과정에서 어떤 지지가 필요할 때, 특정 관계망에 도움을 요청하는 경향(Crohan & Antonucci, 1989)이 있다. 사회적 지지를 요청할 때 일반적으로 [그림 8-1]에서 보는 바와 같이 위계적 보상 속성(hierarchical compensation)이 작동하게 된다. 즉, 개인이 스트레스나 문제 상황 또는 충족되지 않은 욕구가 있는 경우, 가족과 친척을 포함한 1차 비공식 관계망에 가장 먼저 지지를 요청하게 된다. 그렇지만 동일하게 1차 비공식 관계망에 속해 있다고 하더라도 배우자, 자녀, 손자녀, 친척 등의 순으로 도움을 요청하게 된다. 1차 비공식 관계망에서 필요한 지지를 받지 못하는 경우에는 친구나 지인, 이웃으로 구성된 2차 비공식 관계망에 지지를 요청하며 이 역시 친구, 지인, 이웃의 순으로 지지를 요청하게 된다. 2차 비공식 관계망에서도 지지를 얻지 못할 경우에는 지역 내의 종교단체, 지역모임, 우체부, 경비원 등과 같은 비공식 관계망과 공식 관계망의 속성 모

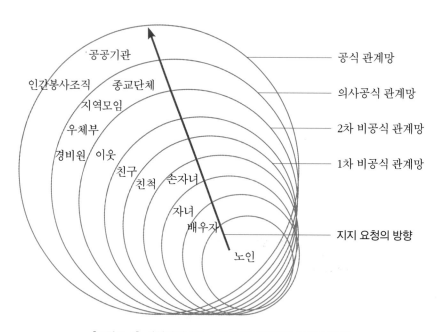

[그림 8-1] 사회관계망의 수준과 사회적 지지 요청의 방향

두를 지니지만 어느 한쪽의 속성을 온전히 갖추지 못한 의사공식 관계망에 지지를 요청하게 된다. 그래도 지지를 받지 못하게 되면, 노인복지관 등의 인간봉사조직, 공공기관, 정부 등이 속한 공식 관계망에 지지를 요청하게 된다.

비공식 관계망의 지지와 구분하기 위하여, 공식 관계망에서 제공하는 물질적, 도구적 또는 심리사회적 지지를 사회적 보호(social care)라고 부른다. 그러나 최근 들어서는 사회적 보호라는 용어의 의미를 공식 관계망에서 주어지는 지지나 서비스뿐만 아니라 비공식 관계망에서 주어지는 지지나 서비스까지 모두 포함하는 개념으로 사용하는 경우도 자주 나타나고 있다.

2) 노년기의 사회관계망과 사회적 지지의 변화

노년기의 사회관계망의 구조나 상호작용적 특성, 사회적 지지의 양과 질은 노인의 사회적 적응과 통합, 삶의 만족도에 중요한 영향을 미친다. 하지만 노년기가 되면 퇴직, 건강 약화, 배우자나 친구의 상실 등으로 인하여 사회관계망은 전반적으로 축소되고 그에 따라 비공식적인 사회적 지지 또한 줄어들게 된다. 즉, 사회적 지지가 가장 필요한 시기에 오히려 사회관계망과 사회적 지지가 축소되는 상황이 발생한다(김기태 외, 2002).

노년기에는 전반적으로 사회관계망이 축소되기 때문에 비공식 관계망의 지지는 매우 중요하다. 특히 현재 노인계층은 국가나 인간봉사조직의 도움을 받기보다는 가족이나 이웃이라는 비공식 관계망 내에서 삶의 욕구와 문제를 해결해 왔기 때문에 비공식 관계망의 지지는 더욱 중요성을 지닌다. 비공식 관계망 중에서도 현재 노인계층이 '유일한 삶의 안식처'로 규정해 왔던 가족(권명아, 2000)은 노년기의 가장 중요한 사회지지망이다. 하지만 현대화 과정을 거치면서 부모와 자녀 간의 지리적·심리사회적 분리, 가족 간의 유대관계 약화, 노인 부양기능 저하 등으로 인하여 현재의 가족은 노인에게 필요한 사회적 지지를 제공하는 데 한계가 있다. 그리고 "먼 사촌보다 가까운 이웃이 낫다."라는 말이 있듯이 이웃을 마치 자신의 혈육처럼 여기며 상호 의존해 왔던 공동체사회가 붕괴되고, 친구조차도 사망하거나 이사하여 관계가 단절됨으로써 노인의 비공식 관계망은 더욱 축소되고 있다.

이러한 비공식 관계망의 지지 축소로 인하여 노인은 삶에 필요한 물질적·도구적 자원의 부족, 스트레스의 증가와 건강의 약화, 심리사회적 고독과 소외가 더욱 심화되고, 적응적 노후생활을 영위하는 데 어려움을 겪을 가능성이 높다. 그러므로 노인의 제한된 비공식 관계망의 지지를 보완해 주거나 사전에 필요한 지지를 제공해 줄 수 있는 사회안전망이 필요하지만, 아직 우리 사회의 사회안전망은 취약한 상태이다. 특히 가장 대표적인 공식 지지망이자 1차적 안전망의 기능을 수행해야 할 노인복지제도는 빠르게 발전하고 있기는 하지만 여러 가지 측면에서 한계를 지니고 있다.

현재 노인의 경우 비공식 관계망과 공식 관계망의 취약한 지지 기능으로 인하여 삶의 과정에서 미충족 욕구나 문제를 경험할 가능성이 높다. 따라서 노인복지분야에 종사하는 사회복지사는 노년기의 사회관계망과 지지가 갖는 의의를 정확히 인식하고, 공식 및 비공식 관계망의 노인에 대한 지지 수준과 능력을 정확히 평가하고, 이를 강화 또는 보완할 수 있는 구체적인 실천방안을 모색하여 노인에게 실제 필요한 지지를 적시에 제공할 수 있도록 도와야 한다.

2. 노인가족의 구조와 기능

1) 노인가족의 개념과 유형

모든 인간이 그러하지만, 특히 노년기에는 심리사회적 지지와 도움을 제공하는 사람과의 교류, 안정감, 유대감, 소속감이 제공되는 생활환경의 필요성이 더욱 높아진다. 가족은 노인에게 이러한 생활환경을 제공해 주는 사회 기본 단위로서 은퇴로 인해 2차 집단과의 유대관계가 감소하고 1차 집단이 관계의 중심축이 되는 노년기에는 주된 생활의 장을 제공하게 된다. 동·서양을 막론하고 가족은 삶에 필요한 물질적·도구적·정서적 지지를 제공하고 자아정체감을 유지할 수 있는 기반과 사회통합의 통로를 제공하며, 노후생활 적응과 삶의 만족도에 중요한 영향을 미친다. 그리고 가족은 노인의 사회관계의 중심축이 되며, 가장 중요한 부양체계로서의 역할을 담당하게 된다.

일반적으로 가족(family)이라 하면 '결혼, 혈연 또는 입양에 의해 결합되고 동거동재(同居同財)하며, 가족성원이 각자에게 부여된 사회적 역할을 수행하는 과정에서 상호작용과 의사소통을 하며, 공통의 문화를 창출·유지하고, 영구적 관계를 유지하는 1차적 사회집단'이라고 규정할 수 있다. 이에 비해 가구(家口, household) 또는 일본식 표현으로 세대(世帶)는 '1인 또는 2인 이상이 함께 모여 취사, 취침 및 생계를 같이 하는 집단'이라고 규정할 수 있다(권중돈, 2021a). 따라서 노년기의 가족에 관한 논의는 혈연공동체의 속성을 지닌 가족의 개념을 활용하여야 하지만, 가족과 가구 사이의 일치성이 높고 가족에 대한 객관적인 자료를 확보하기 어렵기 때문에 정책이나 행정적 편의를 위하여 주거생활 공동체인 가구의 개념을 활용하는 경우가 많다. 따라서 이 책에서는 노인가족과 관련된 객관적 통계자료를 제시할 때는 '65세 이상 노인 1인 이상이 거주하는 가구'를 노인가족을 대치하는 개념으로 간주할 것이며, 그밖에 가족성원 간의 관계 등을 설명할 때는 혈연공동체인 가족의 개념을 그대로 활용하고자 한다.

가족학 연구에서는 가족생활주기와 가족성원의 결합범위를 기준으로 하여 가족의 유형을 분류하는 것이 일반적이다(이광규, 1982; 최재석, 1982). 이러한 기준에 입각하여 노인가족의 유형을 분류하여 보면 〈표 8-1〉과 같다. 즉, 노인 혼자서 생활하는 경우에는 혈연관계가 형성되지 않으므로 '독거가구'로 분류하며, 노부부끼리 또는 노부부와 미혼자녀가 동거하는 경우는 노인부부가족으로 분류한다. 홀로 된 노인이나 노부부가 기혼 아들이나 손자녀와 동거하는 경우에는 직계가족(直系家族), 기혼 딸과 동거하는 경우는 방계가족(傍系家族)으로 분류하며, 기혼 아들과 기혼 딸이 동시에 노인과 동거할 경우에는 복합가족(複合家族)으로 분류한다. 하지만 최근 들어서는 노년기 형제끼리 동거하는 과도기 가족(過渡期家族), 혈연관계가 전혀 없는 비혈연끼리 동거하는 집단가구, 중간세대인 기혼자녀가 사망하여 노인과 손자녀가 동거하는 중간세대결여형 가족, 즉 조손가족 등 다양한 형태의 비정형 가족(非定型家族)이 증가하고 있다. 또한 가족생활주기와 가족성원의 결합범위에 따른 가족 유형의 구분보다는 개인의 삶에 어느 정도 도움이 되는지를 근거로 하여 규범적 가족과 실질가족(實質家族)으로 구분하는 것이 옳다는 주장까지 제기되는 상황이어서, 노인가족의 유형을 획일적으로 구분한다는 것은 매우 어렵다(권중돈, 1995c).

그렇지만 현대화와 함께 나타난 한국 가족의 급격한 변화로 인하여 노인가족의 유형 역시 커다란 변화를 경험하고 있다. 현대화 이전의 전통사회에서는 직계가족 그것도 장남, 장손으로 이어지는 직계가족이 가장 보편적인 노인가족의 유형이었다. 그러나 현대화 이후 장남이 아닌 차남 이하의 기혼 아들과 동거하는 차남형 또는 삼남형 직계가족이 늘어나고 있음에도 직계가족의 유형은 급속하게 줄고 있다. 방계가족과 복합가족의 유형은 소폭 증가하는 반면 '빈둥지(empty nest)'로 불리는 노인 독거가구와 부부가족은 급속히 늘어나고 있으며, 앞으로도 지속적으로 증가할 것으로 예측되고 있다(보건복지부, 한국보건사회연구원,

표 8-1 노인가족의 유형분류

유형	가족 구성
독거가구	• 독신 노인
부부가족	• 노부부 • 노부부+미혼자녀
직계가족	• 노인(부부)+기혼 아들+(미혼자녀) • 노인(부부)+기혼 아들+(미혼자녀)+손자녀
방계가족	• 노인(부부)+기혼 딸+(미혼자녀) • 노인(부부)+기혼 딸+(미혼자녀)+손자녀
복합가족	• 노인(부부)+기혼 아들+기혼 딸+(미혼자녀)+(손자녀)

2023). 또한 노인과 동거는 하지 않지만 '수프가 식지 않는 가까운 거리'에 거주하면서 노부모에게 심리사회적 지지를 제공하고 높은 유대관계를 유지하는 수정확대가족 또는 인거형 가족(隣居型家族)이 증가하고 있다(최성재, 장인협, 2010; 홍숙자, 2010).

2) 노인가족의 구조

한국 가족은, ① 산업화, 도시화, 여성의 사회적 지위 변화와 같은 사회적 요인, ② 기대수명의 연장, 출산율 저하, 남녀 간 사망률 격차, 초혼(初婚)연령의 상승 등과 같은 인구적 요인, 그리고 ③ 결혼가치관, 자녀가치관, 부부관계 가치관, 부모 부양에 대한 가치관 등 가족가치관 요인이 복합적으로 작용하여 가족구조, 가족관계, 가족기능, 가족생활주기에서 커다란 변화가 일어났다(한국보건사회연구원, 2015).

이러한 한국 가족의 변화 중에서 구조적 측면의 변화는 핵가족화, 소가족화로 요약되는데, 노인가족에서도 이러한 변화는 동일하게 나타나고 있다. 먼저 노인과 성인자녀의 동거 여부를 기준으로 하여 노인가족 형태의 변화추이를 살펴보면, 2010년 자녀(친족) 별거 노인가구는 53.6%에서 2025년에는 73.3%로 나타난 반면, 자녀(친족) 동거가구는 2010년 46.4%에서 2025년 26.7%로 감소하여 노인에 대한 자녀 또는 친족과의 동거부양 비율은 15년 사이에 19.7% 포인트 줄어들었으며(통계청, 2022. 7.), 이러한 추세는 앞으로도 계속되어 자녀가 노인을 동거부양하는 경향은 지속적으로 약화될 것으로 추계되고 있다(통계청, 2022. 7.). 그리고 자녀(친족) 동거가구 중 노인이 미혼자녀와 동거하는 경우는 사실상 노인이 자녀를 부양하고 있는 경우가 대부분이므로, 기혼자녀로부터 동거부양을 받는 노인의 비율은 더욱 낮아질 것이 분명하다.

이러한 노인가구 형태의 변화를 좀 더 구체적으로 살펴보면, 1인 독거노인가구와 노부부만으로 구성된 부부가구는 빠르게 증가하는 반면, '노인+기혼자녀+손자녀'로 구성된 3세대 노인가구는 급격히 줄어드는 것으로 나타나고 있다. 〈표 8-2〉에서 보는 바와 같이 노인 혼자서 생활하는 독거노인가구의 비율은 1990년에 19만 3,000명에 불과했지만 2030년에는

표 8-2 1인 독거노인가구의 증가추이

구분	2010	2015	2025	2030	2040	2050
혼자 사는 노인인구(천 명)	1,058	1,203	2,448	2,861	4,023	4,671
노인인구에서 차지하는 비율(%)	19.4	18.4	23.2	22.0	23.5	24.7

자료: 통계청(2011, 2016). 인구주택 총조사보고서; 통계청(2022. 7.). 장래가구추계(2020~2050); 통계청(2024. 2.). 장래인구 추계.

표 8-3 연도별 노인가구 형태 변화추이   (단위: %)

가구 형태		2010(A)	2015(B)	2020(C)	2025(D)	증감(D-A)
자녀(친족) 별거가구	독거가구	26.1	32.9	34.2	36.6	10.5
	부부가구	27.1	34.0	34.0	35.5	8.4
	비혈연가구	0.4	0.6	0.8	1.2	0.8
	소계	53.6	67.5	69.0	73.3	19.7
자녀(친족) 동거가구	노인+(미혼)자녀	25.7	26.2	24.4	14.8	-10.9
	노인+기혼자녀+ 손자녀+(증손자녀)	20.7	6.3	6.6	2.9	-17.8
	기타 친족	–	–	–	9.1	9.1
	소계	46.4	32.5	31.0	26.7	-19.7

자료: 통계청(2005, 2011, 2021). 인구주택 총조사보고서; 통계청(2022. 7.). 장래가구추계(2020~2050).

286만여 명으로 증가하고, 2050년에는 467만 명을 넘어서 노인인구의 25% 정도 그리고 노인가구의 41% 정도에 이르는 것으로 예측되고 있다. 이러한 노인가구의 전반적인 변화추이를 근거로 하여 볼 때, 가까운 거리에서 노인과 성인자녀가 별거하면서 경제적·심리적·신체적 부양을 하는 수정확대가족의 비율도 함께 증가할 것으로 예측된다.

노인가구의 세대(世代) 구성의 변화를 〈표 8-3〉에 근거하여 살펴보면, 노인 혼자 거주하여 세대를 산정할 수 없는 노인가구가 36.6%, 노부부끼리 거주하는 1세대 가구가 35.5%, 노인과 성인자녀로 구성된 2세대 가구가 14.8%, 그리고 3세대 이상의 노인가구가 2.9%로 나타나, 노인가구가 다세대가구를 형성하는 경향은 점점 희박해지고 있다. 이러한 노인가구의 세대축소현상은 가족규모의 축소로 이어지게 된다. 통계청(2022. 7.)과 보건복지부와 한국보건사회연구원(2020)에 따르면 2020년 현재 노인가구의 평균 가구원수는 2.0명으로 비노인가구의 2.3명에 비해 0.3명이 더 적은 것으로 나타나, 노인가구가 다인수가구(多人數家口)라는 등식은 무너지고 오히려 소인수가구(少人數家口)의 특성이 더욱 강해지고 있음을 알 수 있다.

3) 노인가족의 기능

가족체계가 수행하는 기능에 대한 학자들의 주장을 종합하여 보면 성적 욕구 충족, 자녀 출산 및 양육, 사회화 교육, 경제적 협력, 정서적 지지, 보호부양기능이 대표적인 가족기능이라 할 수 있다(송성자, 2002). 이러한 가족기능 중에서 가족생활주기상 노년기에 속한 가족의 경우에는 경제적 협력, 정서적 지지, 보호부양기능이 가장 주된 기능이라 할 수 있다. 그러나 노년학 연구에서는 노인가족의 기능을 부양이라는 개념으로 대치하여 사용하는 경우가 많으며, 가족의 경제적 협력기능은 경제적 부양, 정서적 지지기능은 정서적 부양, 그리고 보호부양 기능, 즉 간병과 도구적 지지기능은 신체적 부양이라는 개념으로 대치하여 사용하는 것이 일반적이다.

노인에 대한 경제, 신체 및 심리적 부양의 실태를 통계청(2023)의 사회조사보고서를 근거로 하여 살펴보면, 세 가지 부양 영역 모두에서 다른 인구계층에 비해 도움을 받을 수 있는 부양자가 있는 비율이 상대적으로 낮고, 부양자의 수도 상대적으로 적은 것으로 나타나, 노년기에 이르면 사회관계망의 부양기능이 약화된다는 것을 알 수 있다.

보건복지부와 한국보건사회연구원(2023)의 조사를 근거로 하여 가족의 부양기능을 살펴보면, 대부분의 노인이 동거 또는 별거자녀로부터 경제적 지원을 받고 있으며 현금지원을 받는 노인은 68~77%, 가사지원을 받는 비율은 33~76%, 간병이나 수발 등의 돌봄을 받는 경우는 33~63%, 정서적 부양을 받는 경우는 82~91% 정도로 나타났으며, 배우자로부터 신체 또는 정서적 부양을 받는 경우는 58~89% 정도였다. 이를 볼 때, 배우자가 노인의 중요한 사회적 지지원임을 알 수 있다. 자녀와의 동별거 형태별로 살펴보면, 경제적 부양과 가사지원과 돌봄, 정서적 부양 모두 동거자녀로부터 받는 비율이 높게 나타났다. 그러나 노인이 단순히 지원을 받기만 하는 것은 아니며, 배우자, 동거 및 별거자녀에게 지원을 하는 비율도 높게 나타나, 상호지원의 특성이 강하게 나타난다.

이러한 노인실태조사와 통계청의 사회조사보고서에 기초해 볼 때, 배우자가 노인의 주된 부양자로서의 기능을 담당하는 경향이 강해지고 있는 반면, 성인자녀의 부양기능은 점진적으로 약화되고 있음을 알 수 있다. 따라서 노인의 경제, 신체 및 심리적 기능이 저하될 경우 노인 부양에 필요한 대처자원이나 부양능력이 부족한 배우자와 성인자녀 부양자는 다양한

표 8-4 부양 영역별 부양수혜율 (단위: %)

구분	경제적 부양[1]		신체적 부양[2]		정서적 부양
	현금지원	현물지원	가사지원	돌봄	
배우자	–	–	75.6	58.1	88.9
동거자녀	77.0	71.2	75.8	63.2	91.0
별거자녀	68.2	68.3	35.1	33.9	82.7

* 주: 1) 배우자간의 경제적 교환은 조사에 포함되지 않았으며, 자녀로부터 '받는 편' 또는 '매우 많이 받음'이라고 응답한 비율.
    2) 청소, 세탁 등의 가사지원은 도구적 지원, 돌봄은 간병과 수발이라고도 함.
자료: 보건복지부, 한국보건사회연구원(2023). 2023년도 노인실태조사.

부양부담과 스트레스에 직면할 가능성이 점차 높아지고 있다.

4) 노인가족의 생활주기

가족은 결혼에 의해 형성되고 부부의 사망으로 해체될 때까지 수직적 스트레스와 수평적 스트레스를 경험하면서 지속적으로 변화하는 일련의 발달 단계를 거치게 되는데, 이를 가족생활주기라고 한다. 한국보건사회연구원(2000)에서는 가족생활주기를 6단계로 구분하고 있다. 가족형성기는 결혼부터 시작하여 첫 자녀를 출생하기까지의 기간이며, 가족확대기는 첫 자녀의 출생부터 막내 자녀의 출생까지를 말하며, 가족확대완료기는 막내 자녀의 출산부터 자녀의 첫 번째 결혼까지의 기간을 의미한다. 그리고 가족축소기는 자녀의 첫 결혼 시점부터 모든 자녀를 결혼시키는 시점까지의 기간을, 가족축소완료기는 자녀를 모두 떠나보내고 노부부만 남는 빈둥지 시기이며, 가족해체기는 배우자 사망 이후 혼자서 살아가는 시기라고 규정하고 있다.

이러한 가족생활주기상 노년기는 만혼(晩婚)의 경우에는 가족축소기부터, 그렇지 않으면 가족축소완료기부터 시작되지만, 자녀양육의 책임을 완료하고 노부부 또는 노인 혼자서 생활하는 노년기 가족생활주기가 갈수록 연장되는 경향이 강해지고 있다. 한국보건사회연구원(2015)에서 10년 단위로 결혼 동년배집단(cohort)을 분류하여 가족생활주기상의 각 단계별 소요기간을 분석한 결과는 〈표 8-5〉와 같다. 즉, 1980년대 이전에 결혼하여 현재 노년기에 속해 있는 부부의 경우 노인이 되었을 때 노부부로 생활하는 기간이 16년 8개월 정도, 그리고 배우자 사별 후 독신으로 생활해야 하는 기간이 2년 정도로서 총 19년 정도 노부부 또는 독신노인으로 생활해야 하는 것으로 나타났다. 이에 반해 1990년대에 결혼하여 현재 장년층에 속해 있는 부부의 경우에는 노부부로 24년, 사별한 후 독신으로 3년 10개월 정도 생활해야 하는 것으로 나타나, 노부부끼리의 생활기간과 사별 후 독신노인으로 생활해야 하

표 8-5 결혼 동년배집단별 가족생활주기 변화 　　　　　　　　　　　　　　　　　(단위: 년)

결혼 동년배집단	평균 초혼연령	신혼부부 기간	자녀양육 기간	노년기 생활		
				소계	노부부생활	독신생활
1979년 이전	21.61	1.53	34.33	18.63	16.67	1.96
1980~1989년	23.42	1.42	35.17	28.14	25.18	2.96
1990~1999년	25.00	1.57	34.94	27.87	24.05	3.82
2000~2012년	27.24	1.46	35.20	26.72	22.02	4.70

자료: 한국보건사회연구원(2015). 2015년 전국 출산력 및 가족보건 · 복지실태조사.

는 기간이 늘어남을 알 수 있다.

이와 같이 노년기에 부부끼리 또는 혼자서 생활해야 하는 기간이 연장됨에 따라 노후소
득보장과 건강 유지, 사회관계망의 유지가 더욱 중요해지고 있지만, 현재 노인계층의 경우
에는 이러한 준비가 제대로 되어 있지 않은 경우가 많다. 실제로 사별한 고령 여성 독거노
인은 남성노인에 비하여 빈곤, 질병, 고독과 소외 등의 주요 노인문제를 더욱 심각하게 겪고
있는 것으로 나타나고 있다. 따라서 노인, 특히 여성노인의 경우 기대수명의 차이 때문에 남
편 사별 후 2~15년 정도 혼자 생활해야 하므로 철저한 노후준비가 필요하다.

3. 노년기의 가족관계

가족관계는 가족성원 간의 인간관계로서 비타산적이고 무조건적이고 비합리적 속성을
지닌다. 이러한 가족관계는 사회문화적 배경, 경제적 조건, 가족생활주기, 개인의 발달주기
등에 따라 상호작용 유형에 의미 있는 차이가 있다(송성자, 2002). 특히 노년기에는 퇴직 등
으로 인하여 2차 집단과의 관계가 축소되면서 노인의 관심은 가족이나 자녀에게로 집중된
다. 노년기의 가족관계는 중요한 사회적 지지를 제공해 주고 안정감, 유대감, 소속감을 제공
해 주는 가장 중요한 사회관계망이기 때문에 더욱 중요하다. 가족구조 내에는 다양한 가족
관계선이 존재하는데, 다음에서는 부부관계, 부모-자녀관계, 조부모-손자녀관계, 형제관
계, 친족관계를 중심으로 노년기의 가족관계 변화에 대해 논의해 본다.

1) 부부관계

전통사회에서는 부부관계가 주변적 가족관계였으므로 중요성을 지니지 못했지만 현대사
회에서는 핵심적 가족관계로 자리 잡게 되었다. 최근 들어 소자녀 가치관, 기대수명의 연장
으로 노부부가 함께 지내는 자녀양육 후 기간 또는 빈둥지 기간이 연장됨에 따라 노년기의
부부관계는 삶의 만족도를 결정하는 중요한 요인으로 자리 잡게 되었다.

(1) 노부부의 결혼만족도

부부관계는 친밀감, 상호의존성 그리고 소속감을 제공한다. 즉, 부부관계에서는 상호 간
의 애정, 관심, 신뢰를 바탕으로 하여 친밀한 정서적 관계와 성적 친밀감을 형성하고 가사활
동, 가족성원의 양육과 부양, 경제적 협력 등을 통하여 상호 의존하며, 개인적 정체감을 유
지하면서 상호소속감을 느끼게 해 준다.

이러한 부부관계의 질은 생활주기에 따라서 변화하는데, 부부간의 결혼만족도에 관한 기존 연구결과는 결혼기간과 반비례하는 방식으로 낮아진다는 경우와 U자형 만족도를 보인다는 경우로 서로 상반되고 있다(권중돈, 2021b; 서병숙, 2000). 하지만 최근에는 부부간의 결혼만족도는 대체로 U자형 만족도를 보인다는 데 어느 정도 합의를 하고 있다. 성인 초기, 즉 신혼부부기에 결혼만족도는 높지만 자녀의 출산이나 양육에 대한 부담으로 인하여 중년기까지는 결혼만족도가 점차로 감소하고, 자녀를 모두 출가시킨 이후에는 다시 높아지는 것으로 나타나고 있다(White et al., 1986).

노년기에도 대부분 만족스럽고 행복한 부부관계를 유지하는 것으로 나타나고 있지만, 12% 정도는 부부관계에서 지난 1년간 갈등을 겪는 것으로 나타나고 있다(보건복지부, 한국보건사회연구원, 2023). 노부부간의 결혼만족도를 결정하는 요인은 자녀양육 책임, 중년기까지의 결혼만족도, 가사분담 정도, 은퇴에 대한 지지, 경제적 사정과 건강, 현재의 상호작용의 양과 질 등이다(Atchley & Barusch, 2004). 첫째, 자녀양육이나 교육에 대한 책임을 모두 이행한 노부부의 경우, 둘만의 시간을 가질 수 있는 여유가 생기고 재정 부담도 줄어들기 때문에 부부간의 결혼만족도가 높아지는 경향이 있다. 둘째, 노년기에 접어들기 전까지 원만한 부부관계를 유지해 왔으며, 중년기로의 전환에 특별한 어려움이 없었던 노인의 경우에는 노년기가 되어서도 만족스러운 부부관계를 유지할 가능성이 높아진다. 셋째, 부부간에 융통성 있게 가족 내 역할을 분담하고, 노부부 모두 양성적 역할을 수행할 경우에 부부간의 결혼만족도는 높아지는 경향이 있다. 넷째, 은퇴한 남편이 긍정적 자아개념을 유지할 수 있도록 부인이 지지하고 동반자 관계를 형성하게 될 경우 노년기의 결혼만족도는 높아진다. 다섯째, 경제적 사정이 좋고 건강상태가 좋을수록 노부부는 원만한 부부관계를 맺을 가능성이 높아진다. 여섯째, 노부부가 충분한 대화를 나누고, 함께 하는 시간이 많고, 평등한 관계를 유지

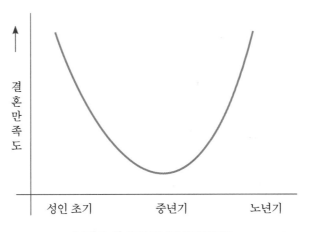

[그림 8-2] 발달 단계별 결혼만족도

하는 경우에 노년기의 결혼만족도는 높아지는 것으로 나타나고 있다(Alford-Cooper, 1998; Atchley & Miller, 1983).

(2) 노년기의 역할전환과 부부관계의 적응

노년기로의 전환과 함께 나타나는 역할상의 변화 중에서 노년기의 부부관계에 중요한 영향을 미치는 요인은 자녀의 진수(launching)와 본인 또는 배우자의 은퇴이다. 먼저 소자녀 가치관, 기대수명의 연장 등으로 인하여 노년기의 자녀양육 후 기간 또는 빈둥지 기간이 연장됨으로써 노부부는 부부관계를 재조정하여 적응해 나가야 한다. 자녀가 결혼이나 취업 등으로 인하여 모두 진수한 이후의 빈둥지 기간(empty nest period)은 자녀양육에 대한 의무에서 벗어나서 부부간의 응집력과 애정을 강화할 수 있는 기회가 되며, 자녀양육에 따른 재정지출의 감소로 여유 있는 부부생활의 향유가 가능해지는 시기이다. 또한 자녀성장에 따른 부모로서의 성취감을 향유할 수 있으며, 활발한 사회활동 참여 기반과 기회를 가질 수 있는 이점이 있다. 하지만 노부부가 자녀의 결혼, 직업 등으로 인한 진수를 수용하지 못하게 되면 불행을 경험하게 될 가능성이 높다.

노년기 부부관계의 또 다른 적응과제는 은퇴이다. 가장으로서의 역할을 수행한 남편은 은퇴로 인하여 사회관계가 축소되고 소극적이고 의존적이 되며, 생소한 환경인 가정 내에서 생활하는 시간이 늘어나지만, 표현적 역할 수행에 익숙하지 못하므로 고독과 소외를 경험할 가능성이 높아지게 된다. 이에 반해 부인은 노년기에 접어들면서 사회친화력이 증가하여 사회관계가 확대되고 적극적이며, 자립생활이 가능한 경우가 많다.

이러한 노년기의 역할전환에 따라 나타나는 부부관계의 변화에 성공적으로 적응하기 위해서는 다음과 같은 적응과업을 수행해야 한다(홍숙자, 2010).

① 노화에 의한 생물적·심리적·사회적 기능의 약화를 있는 그대로 수용할 수 있어야 한다.
② 은퇴 전 부부간의 역할배분 유형을 수정하여 서로 협력하고 책임한계를 재설정하는 등의 역할재조정이 요구되며, 양성적 역할의 학습과 수행이 필요하다.
③ 상대 배우자에게 도구적 역할을 요구하기보다는 정서적 친밀감과 애정을 적극적으로 표현하고, 동반자로 인정하고 충분한 대화를 한다.
④ 부부가 함께 즐길 수 있는 활동에 참여하고, 집안일을 공동으로 처리하는 등 공유하는 시간을 많이 갖되, 때로는 개인 취미활동의 기회를 보장한다.
⑤ 노화로 인한 성적 변화를 수용하고, 정서적 만족을 얻을 수 있는 성적 적응이 요구된다.
⑥ 자원배분 및 의사결정과 관련된 권력을 재배분하여야 한다.

⑦ 적정 수준의 경제력을 유지하고 건강관리를 위해 노력해야 한다.

(3) 노년기의 이혼과 재혼

우리나라의 이혼율은 다른 OECD 국가와 비교했을 때 두드러지게 높거나 낮지 않지만, 소위 일본에서 '나리타의 이별'이라고 불리는 황혼이혼(December divorce)의 증가추이는 빠른 것으로 알려져 있다. 황혼이혼이란 결혼생활을 20년 이상 지속해 온 부부가 혼인관계를 해소하는 경우를 의미하지만, 노년학 분야에서는 65세 이상 노부부가 이혼하는 경우를 말한다. 통계청(2024. 4.)의 인구동태 조사에 따르면 남편의 연령을 기준으로 할 때 60세 이상의 노부부가 이혼한 건수는 2005년 5,900건에서 2023년 1만 8,855건으로 3.2배 이상 증가한 것으로 나타났다.

우리나라에서 황혼이혼에 관심을 기울이게 된 것은 1990년대 후반부터의 일이지만, 황혼이혼은 세계적인 추세로 자리 잡고 있다. 일본의 경우 황혼이혼은 흔한 일로서 은퇴 후 이혼을 당하고 홀로 사는 남성노인의 문제가 사회적 이슈로 제기될 정도이다. 영국과 미국 역시 황혼이혼이 빠르게 증가하고 있다. 우리나라도 황혼이혼 건수가 급격히 증가하고 있는데 2023년을 기준으로 20년 이상 결혼생활을 하다 이혼하는 황혼이혼 건수는 전체 이혼 건수의 35.6%로 나타나 최근 들어 그 비율이 빠르게 증가하고 있다(통계청, 2024. 4.).

이와 같이 황혼이혼이 크게 증가하게 된 원인을 살펴보면, 일부종사(一夫從事)의 유교적 결혼관과 가부장적 가족위계구조의 약화, 여성의 권리에 대한 인식 개선으로 인하여 '늙어서까지 부당한 대우를 받으며 참고 살기보다는 이혼하여 편히 내 인생을 살고 싶다.'라는 의식이 형성되었기 때문이다. 이러한 의식 변화가 황혼이혼의 주된 이유가 되고 있다는 것은 여성노인이 먼저 이혼을 제기하는 경우가 대다수라는 점을 통해서도 증명되고 있다. 또 다른 원인으로는 경제력을 갖춘 여성노인이 증가하고, 가족 관련법 개정으로 재산분할 등 여성이 이혼 후 경제적 자립을 할 수 있는 가능성이 더욱 높아진 것을 들 수 있다. 그러나 황혼이혼을 '억눌려 살아온 노처(老妻)의 권리 찾기'로만 이해하려는 사회 분위기로 인하여 이혼의 가장 주된 사유인 부부간의 불화, 경제적 문제, 가족갈등 등과 같은 부부 또는 가족관계상의 요인을 간과할 수 있다는 점을 고려하면, 노부부가 노년기의 역할이나 권력관계의 변화에 원만하게 적응하지 못하는 것 또한 황혼이혼의 주요 원인이라 할 수 있다.

어떤 이유에서든 노년기에 이혼을 하게 될 경우, 이혼으로 인하여 얻게 되는 것도 있지만 잃는 것 또한 많다. 평생 동안 억압받고 불평등한 대우를 받았던 여성노인의 경우 황혼이혼으로 잃어버린 자아를 찾고 심리사회적으로 독립적인 생활을 영위함으로써 삶의 만족도가 높아질 수 있다. 이와는 반대로 황혼이혼으로 인해 부부관계는 물론 자녀나 이웃주민과의 관계가 단절됨으로써 사회적 소외나 고독을 경험할 가능성이 높으며, 경제적 어려움에 직면할 가능성 또한 높아지게 된다.

황혼이혼 못지않게 사회적 관심의 대상이 되고 있는 것이 노년기의 재혼이다. 노년기의 재혼을 '고독한 세계에서의 탈출이자, 잃어버렸던 인간관계의 회복'이라고 보는 시각이 있을 정도로 우리 사회에서는 노년기의 재혼에 대해 좀 더 수용적 태도를 보이고 있다. 실제로 노인의 16% 정도는 노년기 재혼에 대해 긍정적 태도를 보이고 있다(통계청, 2022). 이러한 노년기의 재혼에 대한 의식 변화를 반영하듯이, 2000년 1,002건이던 65세 이상 남성의 재혼 건수가 2023년에는 3,662건으로 늘었고, 65세 이상 여성의 재혼 건수도 2000년 209건에서 2023년 2,112건으로 늘어났다(통계청, 2024. 4.). 그리고 실제 재혼을 하지는 않더라도 배우자와 사별하여 홀로 된 이후에 이성교제와 재혼에 대한 태도가 긍정적으로 변화되고 있다(강희남, 2013; 서혜경, 2004).

이와 같이 노년기에 재혼을 고려하는 이유를 보면, 심리적 고독감의 해소, 자녀에 대한 부담 경감, 그리고 질병 시 간호해 줄 사람이 없는 문제의 해결 등을 들 수 있다. 그러나 이러한 현실적 이유 이외에 재혼을 통해 인생의 동반자 찾기, 친밀감 유지와 사랑에 대한 욕구, 성적 욕구 충족, 자기 표현의 욕구, 재정 및 경제적 안정, 자녀와의 불편한 관계 해소 및 독립과 같은 심리사회적 욕구를 충족하고자 하는 동기도 있는 것으로 나타나고 있다(홍숙자, 2010).

노년기의 재혼은 젊은이의 결혼과는 다른 특성을 지닌다. 첫째, 결혼에 대한 동의와 관련하여, 젊은이는 스스로 배우자를 선택하여 부모의 동의를 구하지만, 노인은 자신이 선택한 재혼 상대에 대해 자녀의 동의를 얻는 특성이 있다. 둘째, 젊은이의 결혼이 연애혼이 많은데 비하여 노인의 재혼에서는 중매혼이 주류를 이룬다. 셋째, 재혼을 원하는 남성노인은 사별하고 자녀가 없는 여성을 선호하는 다소 이기적인 성향이 있다. 넷째, 재산문제로 인한 가족갈등을 피하기 위하여 정식 결혼보다는 동거를 택하거나 일부 유산을 사전에 배분하는 변형된 계약결혼을 선택하는 경우도 있다.

이러한 특성을 지닌 노년기의 재혼이 성공에 이르기 위해서는 많은 노력이 필요하다. 노년기 재혼의 가장 중요한 장애요인으로 지적되는 자녀의 반대를 사전에 막고 줄이기 위해서는 재산상속문제를 사전에 해결하고, 자녀에게 부담을 주지 않고 독립적으로 생활할 수 있도록 연금과 금융자산 등으로 독자적인 경제력을 확보해야 하며, 새로운 가족관계에 적응하기 위한 노력을 소홀히 해서는 안 된다. 그리고 시간을 갖고 자신에게 어울리는 재혼 상대자를 찾는 노력을 기울이고, 오랜 교제기간을 가짐으로써 서로를 충분히 이해하고, 상대방에게 전적으로 의존하기보다는 상호의존적인 생활을 영위하고자 하는 의지가 있어야 한다. 또한 주변의 반대를 이겨 낼 수 있는 재혼에 대한 확고한 신념이 있어야 한다.

2) 부모-자녀관계

"아무리 자녀의 효성이 지극하여도 악처만 못하다(孝子不如惡妻)."라는 말이 있다. 그러나 자녀는 노인이 필요로 하는 중요한 물질적 · 도구적 · 정서적 지지를 제공해 주기 때문에 자녀와의 관계 역시 노년기의 삶의 질을 결정하는 주요한 요인이 된다.

(1) 노부모와 성인자녀의 유대관계

부모와 자녀 사이의 유대관계는 크게 객관적 유대관계와 주관적 유대관계로 구분할 수 있다. 객관적 유대관계는 연락 및 접촉빈도, 물리적 거리, 자원교환이라는 양적 교류에 의해 형성되며, 주관적 유대관계는 애정, 친밀감, 감정의 교환이라는 질적 교류에 의해 형성된다. 이러한 두 가지 유형의 유대관계 중에서 노부모는 질적 교류를 중시하는 반면, 자녀는 양적 교류를 중시하는 경향이 있다. 자녀의 경우 양적 교류를 통하여 자식으로서의 책임을 다한다고 생각하는 경향이 강하기 때문에 대개 의례적인 교류에 그칠 가능성이 높다. 따라서 노인과 자녀 간의 양적 교류가 많아진다고 해서 반드시 둘 사이의 주관적 유대관계가 깊어지는 것은 아니며, 노부모의 삶의 질이 높아지는 것도 아니다(홍숙자, 2010). 노년기에 자녀와의 유대관계를 강화하기 위해서는 자녀의 도구적 · 경제적 지원보다는 애정적 · 정서적 지원이 더욱 중요하며, 일방적인 의존관계보다는 상호 지원하는 호혜적 관계를 형성하는 것이 더욱 바람직하다.

노부모와 자녀 간의 유대관계는 가치나 관심사의 유사성, 노년기 이전의 유대관계, 노인의 경제 및 건강 상태, 노인의 성, 자녀에 대한 부양기대 등에 따라 좌우되는 경우가 많다. 먼저 노부모와 성인자녀 사이에 서로 비슷한 가치관과 관심사를 갖고 있는 경우, 서로 간에 기대하는 바가 일치되는 경우가 많고 대화가 원활하게 이루어지며 상호이해의 폭이 넓어지게 됨으로써 유대관계가 강화된다. 그리고 노년기 이전까지의 부모-자녀관계에서 어느 정도의 친밀성과 애정적 관계를 유지했느냐가 노년기의 부모-자녀관계에 영향을 미치게 되는데, 이전에 친밀하고 애정적인 관계를 유지했을수록 긍정적 유대관계가 강화될 가능성이 높다. 또한 노부모의 경제적 상황이 좋고 건강상태가 양호할수록 자녀에 대한 의존성이 낮아지고 자녀의 부양부담이 낮아지므로, 양자 간의 정서적 유대관계가 좀 더 강화될 수 있다. 성에 따라서는 남성노인보다는 자녀에게 도구적 · 정서적 지지를 더 많이 해 주는 여성노인과 자녀의 유대가 강하며, 여성노인과 딸의 유대관계가 특히 강하다. 그리고 노부모가 자녀에게 지나치게 높은 부양기대를 하거나, 자녀가 부모를 공경하지는 않으면서 자녀로서의 의무만을 이행할 경우에는 양자 간의 유대관계는 약화될 가능성이 높다.

보건복지부와 한국보건사회연구원(2023)에 따르면 우리나라의 노부모는 별거자녀와 월

1회 이상 연락하는 비율이 92% 정도에 이르고 있고, 월 1회 이상 접촉하는 경우가 73%에 이르는 등 활발한 양적 교류를 하고 있다. 뿐만 아니라 대다수의 노인이 자녀와의 관계에서 만족하고 있어, 주관적 교류 측면에서도 만족하고 있는 것으로 나타나고 있다. 하지만 현재 세대의 노인은 가족주의 의식이 매우 강하다는 점과 노인의 경우 설문조사에서 다소 긍정적 응답을 하는 경향이 강하다는 점을 고려해 볼 때, 노인과 성인자녀와의 관계가 매우 긍정적이라고 평가하는 데는 한계가 있다.

　노부모를 동거부양하는 비율이 줄어들고 자녀와의 연락이나 접촉빈도 역시 이전에 비해 감소하고 있으며, 노인의 가족 내 지위와 권한이 낮아지는 경향이 있다. 특히 부모가 전통적인 효의 윤리에 근거하여 가부장적 권위를 보일 경우 성인자녀와의 관계에서 갈등이 유발될 가능성이 높다. 우리 문화는 '전통성과 근대성이 혼재하는 문화적 이중구조' 또는 '비동시대적인 것의 동시적 공존 현상'으로 인한 문화갈등이 세대갈등으로 전환될 가능성이 매우 높다는 점(임희섭, 1995)을 고려하면, 겉으로 드러나지 않은 내재된 노부모와 성인자녀의 갈등이 무시 못할 수준에 이르렀다고 할 수 있다(홍숙자, 2010). 실제로 노인의 3% 정도는 동거문제, 돌봄문제, 경제적 문제, 자녀 장래문제 등으로 인하여 성인자녀와 갈등을 겪고 있으며(보건복지부, 한국보건사회연구원, 2023), 고부간의 불화나 갈등, 부모의 부양과 관련된 갈등, 노부모에 대한 학대 등이 증가하고 있는 것이 이러한 노부모-자녀 사이의 갈등이 확산되고 있음을 입증해 준다.

(2) 노부모-자녀의 동·별거와 지지

　1990년대 초반만 해도 70% 초반이었던 노부모와 성인자녀의 동거율은 2025년 27% 수준으로 감소한 것으로 나타났다(통계청, 2022. 7.). 노인이 가족의 동거부양을 받는 비율은 30년도 안 되는 기간 동안 40% 포인트 이상 줄어들 정도로 이제는 자녀와 동거하는 노부모가 소수가 되었다. 그리고 통크족(Two Only No Kids: TONK)이 증가하면서 자녀의 부양에 의존하지 않고 노부부끼리 노년기를 자유롭게 향유하고자 하는 의식이 높아짐에 따라, 노인과 성인자녀의 별거 경향은 더욱 가속화될 전망이다.

　이러한 노부모와 자녀의 동·별거율은 앞의 노인가족의 구조에 관한 논의에서 자세히 설명하였으므로, 다음에서는 기존 연구를 종합하여 노인과 성인자녀의 동·별거를 결정하는 요인에 대해서만 논의하고자 한다. 기존 연구(Atchley & Barusch, 2004)에 따르면 노부모의 질병과 신체적 의존성이 높고, 노부모나 성인자녀의 경제사정이 나쁘며, 노부모나 자녀가 전통적 경로효친의 가치관을 유지하고, 동거함으로써 상호 간에 이득이 있으며, 사회서비스의 수준이 낮고 동거부양에 대한 사회적 유인이 높을수록 노부모와 성인자녀가 동거할 가능성이 높아지는 것으로 나타났다.

표 8-6	노부모와 성인자녀의 동·별거 결정요인

관련 요인	동거 선호	별거 선호
노부모의 건강상태	질병과 신체 의존	건강하고 독립적 생활 유지
노부모와 자녀의 경제상태	노부모의 경제사정이 나쁨	노인과 자녀 모두 경제적 문제 없음
노부모-자녀의 가치관	양자 모두 전통적 가치관 유지	일방이 독립성, 사생활, 합리성 강조
노부모-자녀의 상호교환	상호 간에 이득	어느 일방이라도 손해
사회서비스의 수준	서비스 부족	서비스 충분
동거부양에 대한 사회적 유인	혜택이 많음	혜택이 거의 없음

　노부모와 성인자녀 간의 지지의 방향은 전통적 효의 원리에 입각한 자녀의 일방적 의무관계에서 벗어나 쌍방적 원조관계로 효의 원리가 변형됨에 따라 상호 교환관계로 바뀌어 가고 있다. 앞서 노년기의 건강과 돌봄, 경제생활과 가족의 기능에 관한 논의에서 살펴보았듯이 가족, 그중에서도 성인자녀는 경제적 부양, 신체적 부양, 정서적 부양 등에서 중요한 부양자 역할을 담당하고 있는 것으로 나타났다. 그러나 예전처럼 노인이 일방적으로 자녀에게서 부양을 받기보다는 노부모와 성인자녀가 서로 주고받는 호혜적 관계를 맺고 있는 경향이 강하다(Morgan et al., 1991). 보건복지부와 한국보건사회연구원(2023)에서 동거 여부에 관계없이 노인과 자녀가 지원을 주고받는 방향을 조사한 바에 따르면, 노부모와 자녀가 상호 간에 도움을 주고받는 경우가 다수인 것으로 나타났다. 연령별로는 연령이 낮을수록 상호 지원형이 많은 반면 연령이 높아질수록 자녀에게 도움을 주는 비율은 줄어들고 도움을 받기만 하는 비율은 높아지는 경향을 보이고 있어, 노년기 초기와 후기에 노부모와 자녀 간의 도움을 주고받는 방향에 변화가 일어난다는 것을 알 수 있다. 그리고 노인과 자녀 상호 간에 지원을 주고받는 경우가 도움을 주거나 받기만 하는 경우보다 자녀와의 관계에 대한 만족도뿐 아니라 삶의 만족도 또한 높은 것이 일반적이다.

　이와 같은 노인과 성인자녀 간의 지지의 내용과 방향은 노인과 자녀의 특성에 따라 달라진다. 먼저 노인의 성에 따라서는 여성노인이 자녀에게 더 많은 사회서비스를 제공하므로 남성노인의 소외 가능성이 높으며, 배우자가 있는 노인이 사별한 노인에 비하여 자녀에게 더 많은 서비스를 제공하는 것으로 나타나고 있다. 그리고 노부모가 수입이 많은 중산층 이상일 경우 자녀에게 더 많은 지원을 제공하는 반면, 빈곤층인 경우에는 자녀로부터 지원을 받는 경우가 많아지는 것으로 나타났다. 노인이 질병을 앓거나 일상생활 동작능력이 저하된 경우에는 자녀의 지지를 받는 경우가 많아지는 것으로 나타났다(Seelbach, 1977). 자녀의 특성에 따라서는 맞벌이 자녀의 경우 노부모로부터 육아나 가사지원과 관련된 지원을 더 많이 받는 경향이 있으며, 자녀가 노인에게 경제적 지원을 제공하는 경우에 부모로부터 심리사회적 지원을 받는 비율이 높아지는 것으로 나타나고 있다(보건복지부, 한국보건사회연구원, 2023; 홍숙자, 2010).

(3) 고부관계

고부관계는 노부모와 성인자녀의 관계 중에서 시어머니와 며느리 사이의 관계를 의미한다. 이러한 고부관계는 산업화 이후의 사회 변화와 함께 그 관계 유형이 급격하게 변화하고 있다. 산업화 이전의 전통사회에서 며느리의 지위는 아들의 부인이라기보다는 시부모 부양과 가계 계승과 집안일의 책임자로서의 지위가 더욱 강하였으며, 며느리는 시댁의 가풍에 무조건 복종해야 하는 예속적 지위 또는 국외자로서의 지위를 갖고 있었다. 부자관계가 가족관계의 중심축인 상황에서 고부관계는 부차적 가족관계의 영역에 머물 수밖에 없었고, 시어머니와 며느리 모두 삼종지도(三從之道)의 유교적 원리를 따라야 했다. 시어머니와 며느리 관계는 지배-피지배의 수직적 관계 속성을 지니고 있어서, 시어머니의 요구나 간섭, 학대 등에 며느리는 절대적으로 복종하고 인내하는 것이 미덕으로 간주되었다. 따라서 전통사회에서는 고부갈등이 내재화되고 외현화되지 않았다.

이에 비해 현대사회에서는 자녀세대의 경제적 독립으로 인하여 며느리가 가계관리권을 지니게 되고, 고부의 학력 차이 등으로 며느리의 지위 상승이 이루어짐으로써 시어머니의 절대적 권위는 상대적으로 약화되었다. 그리고 서구적 가치관을 지닌 며느리와 전통적 가치관을 지닌 시어머니 사이의 가치갈등이 유발될 가능성이 높아지게 되었다(유영주, 1986; 한남제, 1994). 고부간의 갈등이 발생할 경우 가족 내에 내재되어 있기보다는 가족 외부로 외현화되는 경향이 강해지고 있으며, 표면적으로는 원만하고 고부간에 서로 배려와 인내를 하고 있는 것처럼 행동하면서도 내심으로는 원망을 하고 있는 고부간이 많이 있다(서병숙, 2000). 그리고 고부갈등이 고부관계에만 국한되는 것이 아니라 동거가족은 물론 더 나아가 친족 간의 불화로 확대되기도 한다. 이러한 현대가족에서의 고부갈등은 당사자의 삶, 부부관계의 만족도 저하뿐 아니라 전체 가족의 안녕상태에도 영향을 미치게 되므로 세대 간의 갈등으로 이해하여야 할 것이다.

고부갈등을 일으키는 원인에 대하여 시어머니는 며느리가 친척 간의 우애에 소홀하고, 시부모의 의견을 무시하고, 시부모 일에 대해 간섭하거나, 이기적 행동을 하기 때문이라고 지적하고 있다. 반면 며느리는 시어머니의 다른 며느리와 비교하는 태도, 이기적 태도, 시어머니와의 대화 부족, 가족관습의 차이, 손자녀 양육상의 갈등이라고 지적하고 있다. 이와 같은 고부 양측의 주장을 종합하여 보면 고부갈등의 원인은 가족권력구조, 역할기대와 수행에 대한 의견 차이, 애정구조, 세대 차이에서 발생하는 것으로 볼 수 있다(홍숙자, 2010). 먼저,

가족권력구조와 관련하여 가사 운영권에 관한 주도권 싸움의 양상으로 현대는 며느리가 주도하고 시어머니가 의존하고 협력하는 관계로 변모하고 있다. 그리고 며느리는 과학적이고 합리적인 가사 처리를 강조하는 데 비해 시어머니는 경험과 전통을 중시함으로써 역할기대와 수행에 대한 의견 차이로 인해 갈등을 빚는 경우가 많아졌다. 시어머니는 자신을 희생해서라도 아들의 성공을 기대하고 심리적으로 집착하는 독점욕으로 인하여 며느리를 질투하는 모습을 보이기도 한다. 그리고 시어머니와 며느리 세대의 가치관, 의식구조의 차이로 인하여 고부가 가정생활 전반에 걸쳐 갈등과 대립을 하는 경우가 많아지게 되었다.

　이러한 고부갈등을 예방하고 해결하기 위해서는 시어머니와 며느리 모두 자기통제력, 의사소통과 갈등해결능력을 향상하기 위한 노력을 해야 하며, 갈등의 원인을 상대방이나 외부 요인에 투사하기보다는 자신의 행동 탓으로 지각하는 것이 바람직하다. 그리고 사회지지망으로부터 정보적 지지, 정서적 지지, 경제 및 도구적 지지를 포함한 다양한 지원을 활용할 필요가 있으나, 간혹 제3자의 개입이 오히려 갈등을 악화시키는 경우도 있다. 그러나 무엇보다도 시어머니와 며느리가 상대방의 입장을 이해하기 위한 노력을 기울여야 하며, 아들이자 남편의 교량 역할이 매우 중요하게 작용한다.

　이러한 고부관계와 연관된 3자, 즉 시어머니, 며느리, 아들(남편)이 적응적인 고부관계를

표 8-7 적응적 고부관계 형성을 위한 행동지침

관련자	세부 행동지침
며느리	시모의 가정에 대한 업적 인정, 시댁 친척과의 호의적 관계, 시부모의 성격 · 생활습관 · 식성과 기호 존중, 시부모의 친구 가정 초대, 시모와 일처리 방법 사전 논의, 시댁의 가족행사 기억, 시부모 앞에서 남편을 존중, 시부모의 경제사정에 관심을 기울이고 용돈을 정기적으로 드림
아들 (남편)	시댁 식구로부터 지혜롭게 아내의 방패막이 역할 수행, 처가에 효도하고 애경사 기억, 부모 앞에서 아내와 처가 비난하지 않기 및 아내 존중, 부모-아내 사이에서 방황하지 않기, 아내의 시댁 불평을 인내를 갖고 듣기, 부모 앞에서 부부싸움 않기, 부모의 불만을 경청하고 이해, 시댁에 봉사하는 아내 칭찬, 반찬 투정 등으로 아내와 어머니의 공동의 적이 되어 고부 단합 유도, 시모와 아내 갈등 시 한쪽 편을 들지 않고 중립적 입장 견지하되 융통성 있게 반응
시어머니	다른 며느리와 비교하지 않기, 일마다 간섭하지 않기, 집안 대소사를 며느리와 의논, 편의에 따른 가사분담, 며느리의 성격을 존중하고 애정적 관계 수립, 며느리와 속마음을 터놓을 수 있는 기회 마련, 적정 시기에 며느리에게 가사운영권을 이양하고 개인 취미생활에 전념, 아들 내외의 사생활 침해하지 않기, 손자녀 양육을 아들 부부에게 맡기고 필요한 경우만 조언, 독립적 생활 영역의 확보

자료: 홍숙자(2010). 노년학 개론. 서울: 도서출판 하우.

유지하고 고부갈등을 예방·해결하기 위해 따라야 하는 구체적인 행동지침을 제시해 보면 〈표 8-7〉과 같다.

3) 조부모-손자녀관계

기대수명의 연장으로 인하여 대다수의 노인은 조부모가 되고, 조부모로서의 지위와 역할을 수행하는 기간이 연장되어 길게는 40년 가까이 조부모 역할을 담당하는 경우도 있다. 하지만 현대사회에서 조부모로서의 역할 유형에 대한 명확한 가치규범이 설정되어 있지 않아 조부모는 많은 혼란을 경험하고, 조부모-손자녀관계는 주변적 가족관계로 전락하는 현상까지 일어나게 되었다.

노년기의 조부모-손자녀관계가 조부모의 입장에서 보면, ① 손자녀를 통해 젊음과 정열을 재경험하고 생의 연속성을 느끼며, ② 인생의 경험과 지혜를 제공함으로써 생산성과 성취감을 경험하며, ③ 손자녀의 성장과 사회적 성취를 통하여 대리만족을 얻는다(Neugarten & Weinstein, 1964). 이에 비해 손자녀는 조부모와의 관계를 통하여 문화적 연속성을 획득하며, 노년기에 직면할 심리사회적 긴장을 사전에 경험함으로써 전 생애에 걸친 건전한 심리적 발달을 할 수 있게 된다. 그리고 가족의 입장에서는 조부모-손자녀관계를 통하여 가족의 결속력을 증진하고 가족역사를 계승하며, 가족에 대한 소속감을 강화하여 가족성원의 정체감 형성에 기여할 수 있다는 이점이 있다(홍숙자, 2010). 하지만 조부모-손자녀관계가 반드시 긍정적 의의만 있는 것은 아니며, 성인자녀와의 양육방식에 대한 의견 차이로 인하여 세대 간 갈등이 유발될 수도 있다. 또한 손자녀가 조부모를 싫어하거나 노인 자신이 손자녀에게 도움이 되지 못한다는 인식 때문에 자기무용감과 소원한 관계를 형성하게 될 가능성이 있으며, 50대 후반 등 지나치게 이른 나이에 조부모의 지위와 역할을 획득하는 것에 대해 부담감을 느끼기도 하는 등 가족관계에서 문제를 야기할 수도 있다.

우리나라에서는 이와 같은 조부모-손자녀관계에서 조부모가 어떤 역할을 수행하고 있는지에 대한 연구는 거의 이루어지고 있지 않지만(임미혜, 이승연, 2014), 서구에서는 이에 대한 연구가 활발하게 이루어지고 있다. 서구의 연구에서 발견된 조부모의 역할을 나열해 보면, ① 부모를 대신하여 손자녀를 양육하는 대리모, ② 가족의 역사를 계승해 주는 역사가, ③ 손자녀에 대한 훈계와 성역할 정체감 형성을 지원하는 훈육자, ④ 노화, 미래의 가족관계와 조부모 역할을 미리 보여 주는 역할모델, ⑤ 옛이야기를 통하여 손자녀의 상상력을 촉진하는 마술사 및 정서적 지지자, ⑥ 물질 제공자, ⑦ 가족가치의 지속성을 유지하고 가족관계의 친밀성을 유지해 주는 가족관계 유지자(family watch dog) 등 매우 다양하다(홍숙자, 2010; Atchley & Barusch, 2004).

표 8-8 조부모 역할 유형

조부모 역할 유형		조부모-손자녀관계의 특성
Benokraitis (1993)	소원한 유형	• 가끔씩 접촉하고 의식적이고 상징적 관계 유지
	동료적 유형	• 조부모, 손자녀가 같이 여가활동을 즐기는 재미추구형
	적극 참여하는 유형	• 자발적으로 손자녀양육에 적극 개입하고 실질적 권위 행사
	조언하는 유형	• 손자녀의 조언자로 지혜의 저장소 역할
	대리부모유형	• 부모의 불가피한 사정으로 자녀를 대리양육
Neugarten & Weinstein (1964)	공식적 유형	• 양육에 관여하지 않고 주어진 조부모 역할만 수행
	재미추구형	• 손자녀와 즐거운 여가시간을 가지며 접촉
	대리부모유형	• 부모를 대신하여 손자녀를 양육
	지혜원천유형	• 가족 내 최고 권위를 유지하고 가정의 지혜의 원천이 됨
	원거리형	• 별거하며, 공식 가족모임 외에는 별다른 관여를 하지 않음

이와 같은 조부모의 다양한 역할을 Benokraitis(1993)는 조부모의 연령, 물리적 접근성, 성인자녀와의 관계 등을 고려하여 〈표 8-8〉에서 보는 바와 같이 5개 유형으로 구분하고 있다. Neugarten과 Weinstein(1964)은 조부모와 손자녀 관계에서의 적극성을 기준으로 하여 5개 유형으로 구분하고 있다.

이와 같은 조부모의 역할 유형을 근거로 하여 현재 우리나라에서 나타나는 조부모 역할 유형을 살펴보면, 전체적으로 원거리형 또는 소원한 유형과 재미추구형 또는 동료적 유형이 증가 추세에 있다. 반면 조언하는 유형, 지혜원천 유형 등은 줄어들고 있으며, 대리부모 유형은 점차 줄어들고는 있지만 여전히 일정 수준 유지되고 있다. 보건복지부와 한국보건사회연구원(2023)에 따르면 조부모와 손자녀가 월 1회 미만의 접촉을 하는 경우가 53%에 이르는 것으로 나타났는데, 이는 이러한 조부모 역할 유형의 변화를 뒷받침해 준다.

이와 같이 조부모-손자녀의 관계가 위축될 경우, 노인은 가정에서조차 소외감을 경험하게 되고 손자녀는 가족의 역사나 문화에 대한 경험을 획득할 수 있는 기회를 상실하여 가족결속력이 저하되면서 빈껍질 가족(empty shell)으로 전락할 가능성이 있다. 따라서 조부모-손자녀관계를 더욱 강화하기 위해 손자녀와 조부모가 자주 접촉하고 세대 공동의 활동이나 대화의 기회를 자주 갖는 것이 바람직하며, 조부모와의 잦은 접촉이 어려운 상황이라면 이웃 노인과의 접촉이나 세대 공동활동에 참여할 수 있는 기회를 부여해야 한다(권중돈, 2003a).

4) 형제 및 친척 관계

소자녀 가치관, 친족의식의 약화, 가족의 노인부양기능 저하로 인하여 노년기의 형제간 동료애와 심리적 교류 및 지원은 매우 중요해질 전망이다. 특히 노년기의 형제관계는, ① 가장 평등하고 세대 내 결속력이 있으므로 감정이입이 잘 되고, ② 고정적이고 영구적이며 지속적 관계이며, ③ 가족정체감을 공유하고 있으므로 긴밀한 유대와 상호 의존이 가능하며, ④ 연령 증가에 따라 경쟁적이고 부정적 관계는 감소하고 친밀성, 일치감, 정서적 지원은 강화되며, ⑤ 규범, 가치의 판단기준을 제시하고 올바른 행동 유형을 제시하게 되므로 유용한 사회화 모델이자 안내자의 역할을 해 주며, ⑥ 간병, 부양, 교통편의 제공 등의 도구적 지원자가 될 수 있기에 더욱 중요한 의미를 갖는다(홍숙자, 2010).

보건복지부와 한국보건사회연구원(2023)에 따르면 형제자매를 포함한 친인척과 월 1회 이상 연락하는 경우가 45%, 월 1회 이상 접촉하는 경우가 21%에 이르는 것으로 나타났다. 이러한 형제자매를 포함한 친인척과의 연락 및 접촉 빈도는 노인과 별거자녀 사이에 월 1회 이상 연락하는 경우가 92%, 접촉하는 경우가 73% 정도인 점에 비하면 매우 제한되어 있다고 할 수 있다. 이러한 형제자매와의 연락이나 접촉 빈도는 형제자매 수에 따라서는 큰 변화가 없지만 노인의 경제상태, 건강상태 그리고 일상생활 동작능력이 좋을수록 연락과 접촉을 하는 빈도가 많아지는 것으로 나타나, 노년기의 경제 및 건강 상태가 형제자매와의 교류를 결정하는 주요 요인임을 알 수 있다.

우리나라에서는 노년기의 형제관계에 대한 심도 깊은 연구가 이루어지지 않아(임선영, 김미혜, 1994), 노년기 형제관계의 유형을 정확하게 파악할 수 없다. 서구국가의 경우도 노인과 다른 가족성원과의 관계에 관한 연구보다 노년기 형제관계에 관한 연구가 부족한 편이지만, Gold(1989)는 노인과 형제 사이의 친밀감 수준을 기준으로 하여 〈표 8-9〉에서 보는 바와

표 8-9 노년기의 형제관계 유형

관계 유형	관계의 특성
친밀형	• 자주 접촉하고 무엇이든 서로 도우려 하며, 절친한 친구처럼 생각함
일치형	• 가깝게는 느끼지만 감정이입은 부족하고, 매주 또는 매월 접촉을 하며 필요한 도움을 제공하기도 하지만 배우자, 자녀가 반대할 경우 지원하지 않음
규범형	• 애정이나 소속감보다는 같은 가족이라는 소속감이 더 중요하며, 가족규범에 따른 공식 관계 형성
무관심형	• 애정, 소속감, 상호 의존감이 없으며, 강한 적대감도 없고 서로에 대해 무관심함
적대형	• 원한, 분노, 증오의 감정이 강하고 서로 피하며 갈등관계를 형성

같이 5개 유형으로 분류하고 있다.

미국의 노인 중에서 친밀형 형제관계를 맺고 있는 경우는 14~20%, 일치형은 20~30%, 규범형은 35~55%, 무관심형은 2~10%, 그리고 적대형은 3~10% 정도인 것으로 나타났으며, 형제간보다는 자매간의 관계가 더욱 정서적 결속력이 높은 것으로 나타났다(Gold, 1990). 현재 우리나라에서는 이러한 노년기의 형제관계에 대한 연구가 이루어지지 않고 있어 정확한 예측은 불가능하지만, 미국 노인에 비해 가족주의 의식이 더욱 강하다는 점을 고려할 때 다수의 노인이 형제와 정서적 친밀감과 애정이 기반이 되는 긍정적 관계를 형성하고 있을 가능성이 높을 것으로 예측된다.

친척관계는 법률용어로는 친족관계가 정확한 표현이지만, 일반적으로 친척관계라는 용어를 사용한다. 친척관계는 혼인과 혈연을 기초로 한 혈족관계로서 「민법」 제777조에 의한 친척의 범위는, ① 8촌 이내의 혈족(血族), ② 4촌 이내의 인척(姻戚), ③ 배우자로 되어 있다 (www.law.go.kr). 그러나 공간 및 시간적 거리, 능률적 업무 처리를 중시하는 현대사회의 분위기로 인하여 친척관계는 매우 위축되어, 실제 생활에서는 3~4촌 정도에 머물고 있으며, 혼례나 장례 등 집안의 특별한 행사가 있는 경우에만 전통적 의미의 친척관계가 유지되고 있다.

이와 같이 친척과의 교류가 약화되고 있기는 하지만, 친척관계망은 가족행사나 가족위기 시에 도구적 지원이나 정서적 지원망으로서의 기능을 담당하므로 노년기의 주요한 사회지지망이다. 그러나 전통사회에서 주로 친가 친척이 주된 지지망 역할을 감당했던 것과는 달리 현대사회에서는 친가보다는 처가 친척과의 접촉이 더 많아지고 있으며, 처가 친척의 지지를 받는 경우가 늘어나고 있다(송성자, 2002). 하지만 유교적 가치관이 강한 현재 노인세대의 경우에는 젊은 세대에 비해 아직 친가 친척과의 교류가 많고 지지의 교환도 더 많은 것이 일반적이다.

4. 노년기의 친구 및 이웃 관계

자녀가 독립하여 떠나고 직장에서 은퇴한 노년기에 원만하고 폭넓은 친구 및 이웃과의 관계는 매우 중요하며 생활만족도에도 큰 영향을 미친다. 노년기에 가장 중요한 일차적 관계가 가족관계이기는 하지만, 가족과의 분리현상이 가속화되고 있는 상황에서는 친구관계가 가족관계보다 더욱 중요한 사회관계로 작용하기도 한다. 특히 노인이 직장인, 주부 등 대부분의 사회 또는 가족 내 역할을 상실하더라도 친구로서의 역할만은 사망할 때까지 지속되며, 인생의 동반자이고 반려자인 배우자를 상실한 이후에는 친구가 인생의 동반자가 되기 때문에 노년기에서의 친구관계는 가족관계보다도 삶의 만족도에 더 중요한 영향을 미친다 (Burgio, 1987). 이처럼 노년기의 친구관계는 은퇴와 상실, 사회관계망 축소를 보완하는 심리 사회적 지지체계로서뿐만 아니라 새로운 역할의 학습과 사회화에 유용한 자원이 되며, 자아 유용감과 자아의 지지 기반을 제공해 준다. 또한 불만족스러운 가족관계를 대치해 줄 수 있 으며, 일상생활에서의 사기(morale)를 증진하여 주기 때문에 매우 중요하다.

노년기 친구관계 변화에 대해 논의하기 전에 친구 또는 우정이 무엇인지를 살펴볼 필요 가 있다. 일반적으로 친구라고 하면, 나이가 비슷하고 친하게 지내는 사람을 의미한다. 그 러나 친구 중에는 '속마음까지 터놓고 얘기할 수 있을 정도로 가까운 사람'이 있는가 하면 '서로를 잘 이해하고 관심사가 비슷하며, 자주 만나 대화를 나누는 사람'이거나 '이름만 알 고 일상적인 접촉만 하는 사람'도 있을 수 있다. 이처럼 친구란 앞의 세 가지 경우 모두를 의 미하지만 흉금을 터놓을 수 있을 정도로 가까운 친구를 절친한 친구 또는 복심(腹心)의 친구 (confidant), 관심사가 비슷하고 자주 만나서 친밀한 대화를 나누는 사람을 친구(friend), 이름 정도만 알고 가끔 만나서 대화를 나누는 사람을 지인(acquaintance)이라고 한다.

노년기에는 새로운 친구를 사귀기가 어렵고 이전의 친구관계를 지속적으로 유지하기도 어렵다. 그 이유는 일단 신체기능이 저하됨에 따라 지리적으로 이동하기가 힘들고 친구와 의 교제에 소요되는 경비에 대한 부담이 따르며, 질병이나 장애에 이르거나 사망할 가능성 이 높기 때문이다. 노년기에 이르면 친구를 선택할 때 젊은 성인에 비하여 상당히 폐쇄적인 태도를 보이는 경향이 강하다. 노년기의 친구 선택 기준을 보면, ① 동성일수록, ② 결혼상 태가 같을수록, ③ 경제적 여건이나 현재 하고 있는 일이 비슷할수록, ④ 비슷한 경험을 가 진 사람일수록, ⑤ 흥미나 취미가 비슷한 사람일수록 친구로 선택될 가능성이 높다.

노년기의 친구관계에서 나타나는 특성을 살펴보면, ① 연령이 증가함에 따라 친구 수는 줄어들고 새로운 친구를 사귈 수 있는 기회는 더욱 제한되고, ② 친구와 이웃노인이 중복되 는 경우가 많고, ③ 중년기 이후에 사귄 친구가 대부분이고, ④ 여성이 남성보다 친구가 더 많고, ⑤ 배우자가 있는 경우가 없는 경우보다 친구 수도 많고 상호작용도 활발하고, ⑥ 건 강하고 경제적 여유가 있는 경우에 친구가 더 많고, ⑦ 종교단체나 사교단체 등의 사회단체 활동에 적극적으로 참여하는 사교적인 성격을 지닌 사람이 친구가 더 많고, ⑧ 도시지역보 다는 농어촌지역에 거주하는 노인이 친구가 더 많고, ⑨ 이웃에 노인이 많을수록 친구 수가 많고, ⑩ 한곳에서 오래 산 노인이 친구가 더 많으며, ⑪ 젊은 시절에 친구가 많았던 사람이 노년기에도 친구가 더 많은 것이 일반적이다(최성재, 장인협, 2010; Atchley & Barusch, 2004).

보건복지부와 한국보건사회연구원(2023)에 따르면 '마음을 터놓을 수 있는 절친한 친구나 이웃'이 있는 노인이 89.4%이며, 평균 3.7명 정도의 절친한 친구나 이웃이 있는 것으로 나타 났다. 이러한 결과에 따르면, 현재 노인은 일상적인 접촉을 하는 친구나 이웃은 많지만 자신

접촉빈도	전체	도시	농어촌	남	여
주 4회 이상	14.4	10.2	25.3	10.3	17.6
주 2~3회 정도	25.8	24.5	29.2	21.7	28.9
주 1회 정도	19.5	19.8	18.8	18.6	20.2
월 2~3회 정도	17.1	19.3	11.3	20.5	14.6
월 1회	12.8	14.7	7.6	16.5	9.9
월 1회 미만	9.7	10.7	6.9	11.6	8.2
만나지 않음	0.7	0.9	0.2	0.8	0.6

표 8-10 거주지역·성별 노인과 친구·이웃의 접촉빈도   (단위: %)

자료: 보건복지부, 한국보건사회연구원(2023). 2023년도 노인실태조사.

의 속마음이나 문제, 걱정거리를 흉허물 없이 터놓고 이야기할 수 있는 친구나 이웃의 수는 많지 않다는 것을 알 수 있다.

노년기의 2차적 비공식 관계망에 속하는 이웃과의 관계는 대개 친구와 중복되는 경우가 많기 때문에 친구관계에 관한 논의에 이웃관계를 포함하는 경우가 많다(최성재, 장인협, 2010). 노년기가 되면 성별에 관계없이 이웃과의 접촉빈도가 중년기보다 늘어나지만 여성노인이 남성노인보다 이웃과 더 잦은 접촉을 하며, 도시지역에 거주하는 경우보다는 농어촌지역에 거주하는 노인의 이웃 접촉빈도가 더 높다. 보건복지부와 한국보건사회연구원(2023)에 따르면 〈표 8-10〉에서 보는 바와 같이 여성노인이 남성노인보다 친구나 이웃과의 접촉빈도가 높고, 도시지역 노인 중에서 친구나 이웃을 거의 매일 만나는 경우는 10% 정도이지만 농어촌지역 노인은 25% 이상으로 나타나고 있다.

이와 같이 여성노인이 남성노인보다 친하게 지내는 친구나 이웃의 수가 많고 접촉빈도가 높게 나타난 이유는 남성은 퇴직 전까지 직장생활에 더 많은 비중을 두므로 친구나 이웃의 중요성을 크게 인식하지 못하는 데 비해 여성은 사회관계의 유지를 더욱 중시하므로 친구와 이웃관계의 범위가 넓기 때문이다. 그리고 남성은 직접 만나서 교류를 하는 성향이 강하고 여성은 직접적 만남이 아니더라도 전화나 서신 등을 통하여 친구나 이웃과의 관계를 유지하는 경향이 있으므로, 신체적 기능 저하로 인한 이동성과 접근성이 제한되는 노년기에도 여성이 친구나 이웃과의 관계를 지속적으로 유지할 가능성이 더 높기 때문이다. 또한 농어촌지역 노인의 친구와 이웃관계의 범위가 넓고 접촉빈도가 높게 나타나는 것은 농어촌지역 노인이 동일 지역사회에서 거주하는 기간이 더 길고, 도시지역의 경우 폐쇄사회의 성격이 강한 데 비해 농어촌지역은 아직도 전통적인 공동체사회의 속성이 강하게 남아 있기 때문이라고 할 수 있다.

생각해 보아야 할 문제

1. 노년기의 사회관계망 축소로 인하여 나타날 수 있는 문제점을 토론해 보고, 사회관계망에 지지를 요청할 때 나타나는 위계적 보상 속성의 구체적인 예를 제시해 보시오.

2. 노부모가 성인자녀와 동거할 때와 별거할 때 나타날 수 있는 장단점을 비교해 보고, 자녀별거 노인가구가 증가함에 따라 나타날 수 있는 사회적 파장에 대해 토론해 보시오.

3. 현대사회에서는 부부관계가 가족관계의 핵심적 관계축이라고 한다. 조부모나 이웃 노인과의 면접을 통하여, 현재 노인세대가 부부관계와 자녀와의 관계 중 어떤 관계를 실제로 중시하고 있는지와 그 이유를 알아보시오.

4. 황혼이혼에 관한 법적 판례를 조사해 보고, 남편에게서 부당한 대우를 받으면서 생활해 온 여성노인의 경우 황혼이혼을 하게 될 경우 얻게 되는 점과 잃게 되는 점에 대해 토론해 보시오.

5. 노부모-자녀관계에서 이루어지는 '현대적 의미의 효'가 무엇인지에 대해 토론해 보고, 이를 자신의 가족관계에서 직접 실천해 보시오.

6. 자신의 가족이나 친척의 가정에서 나타나는 조부모와 손자녀 사이의 관계를 직접 관찰해 보고, 관찰된 조부모-손자녀관계가 어떤 유형에 속하는지 토론해 보시오.

7. 우리 속담에 "친구 따라 강남 간다."라는 말이 있다. 노년기에 '친구가 있는 곳에 계속 거주하는 것'이 좋은지 아니면 '친구는 없어도 자녀와 가까이 사는 것'이 좋은지에 대해 토론해 보시오.

제**9**장

노년기 삶의 이면

1. 죽음

인간은 누구나 죽지만, 노년기만큼 죽음의 문제가 일상의 삶과 직접적으로 연관된 시기는 없다. 그러므로 노년기에는 인생에 대한 재평가와 함께 죽음에 대한 대비를 해야 하며, 죽음에 대한 태도와 대처방안은 노년기의 삶 전체를 좌우할 수 있는 중요한 요인이다. 그럼에도 인간은 죽음의 문제를 회피하고 죽음에 대해서는 생각하기조차 싫어하는 경향이 있으며, 죽음의 문제는 사회적으로 '반금기 영역(semi-taboo)'으로 간주되고 있다. 특히 효의식이 강한 우리나라에서는 노인의 죽음문제를 언급하는 것 자체가 불경(不敬)으로 간주되어 왔으므로, 죽음에 대한 연구는 물론 노년기의 죽음문제의 해결을 지원하기 위한 사회복지 개입활동은 활성화되지 못하고 있다. 이에 다음에서는 노년기에 직면하게 되는 자신 또는 가족성원의 죽음의 문제에 대해 논의해 본다.

1) 죽음과 임종의 개념

죽는다는 것의 의미는 문화와 연령, 건강, 인지능력, 개인의 발달 특성과 생활 상황 등에 따라 달라질 수 있기 때문에 죽음을 한마디로 정의하는 것은 쉬운 일이 아니다. 기존의 연구에 나타난 죽음의 정의를 종합해 보면, 죽음(death)은 살아 있는 상태의 종결을 의미하는 것으로 죽어 가는 과정(dying)이 끝나는 것을 의미한다(Kastenbaum, 1996). 이때 죽어 가는 과정, 즉 임종이란 광의로는 출생의 순간부터 시작되는 것으로서 삶의 과정 전체와 동일한 과정이라 할 수 있으며, 협의로는 다시 삶을 회복할 수 있는 가능성이 희박한 상황에 놓인 상태를 의미하지만 주로 협의의 개념을 사용한다. 실제로「호스피스 · 완화의료 및 임종과정에 있는 환자의 연명의료결정에 관한 법률」(약칭: 연명의료결정법)에서는 임종과정을 '회생의 가능성이 없고, 치료에도 불구하고 회복되지 아니하며, 급속도로 증상이 악화되어 사망에 임박한 상태'라고 정의하고 있다(www.law.go.kr).

이러한 임종과정이 종결되어 죽은 상태로 전환하는 것을 죽음이라고 한다. 즉, 죽음은 유기체가 생존능력을 상실해 가는 임종과정이 종결되어 죽은 상태로 전환되는 전이과정의 결과물로서, 소생할 수 없는 삶의 영원한 종말이라 할 수 있다(이영균, 1992; Kass, 1971). 하지만 이러한 죽음의 개념은 다양한 유형의 죽음을 모두 포괄하는 데 한계가 있으므로, 좀 더 세분화하여 살펴볼 필요가 있다. 죽음의 유형에는 생물학적 죽음, 의학적 죽음, 사회적 죽음, 법적 죽음이 있다(노유자, 2000; 이동명, 1997).

먼저, 생물학적 죽음이란 호흡과 심장과 같은 인간 장기의 기능이 정지되어 움직이지 않게 되는 상태를 의미하는 것으로 호흡정지, 심장정지, 동공확대를 죽음의 판단기준으로 하는 이른바 삼증후설(三症候説)에 근거한 것이다. 하지만 뇌세포가 사멸하여 뇌기능이 완전히 정지된 상태를 의미하는 뇌사를 생물학적 죽음으로 인정할 것인가에 대해서는 오랫동안 논란이 제기되어 왔으나(김영진, 1992; 이영균, 1997), 2000년부터「장기 등 이식에 관한 법률」이 시행됨에 따라 뇌사를 공식으로 인정하게 되었다. 의학에서의 생물학적 죽음은 세포사, 즉 모든 체세포의 기능 상실로 생체가 기능하는 데 필요한 화학적, 물리적 또는 전기 · 생리적 활동을 잃게 되어 인체의 세포가 불가역적인 상태로 변화한 것을 의미한다(문국진, 1980). 법적 죽음은 의사가 죽음을 판정한 후 이를 기초로 죽음을 법적으로 인정한 경우를 말한다. 사회적 죽음이란 생명은 유지되고 있지만 인간으로서의 기능을 전혀 할 수 없는 상태로서, 살아 있으면서도 사회적으로는 죽은 자로 취급되는 경우이다. 가장 대표적인 사회적 죽음의 형태는 이른바 지속적인 식물인간 상태를 들 수 있다(노유자, 2000). 하지만 사회적 죽음의 판정은 자의적이어서는 안 되며, 반드시 의학적 또는 법적 죽음이 전제되어야 한다.

죽음의 개념과 관련하여 존엄사와 안락사를 구분해서 알아 둘 필요가 있다. 회생 가능성이 없는 환자에 대한 연명치료를 중단하여 자연스럽게 죽음을 맞이하게 하는 존엄사(death with dignity)와 달리 안락사(euthanasia)는 불치의 중병 등의 이유로 치료 및 생명 유지가 무의미하다고 판단되는 사람 등에 대하여 직접 또는 간접적 방법으로 고통 없이 죽음에 이르게 만드는 행위를 말한다(ko.wikipedia.org). 안락사는, ① 환자의 회생 가능성과는 무관하게 환자나 가족의 의도적 요청에 따라 생명유지에 필요한 영양공급, 약물투여를 중단해 죽음에 이르게 하는 소극적 안락사와 ② 불치병의 환자, 아주 심한 고통을 겪는 환자, 의식이 없는 환자의 삶을 단축시킬 의도로 치사량의 약물이나 독극물 주입 등의 구체적인 행위를 행하여 죽음에 이르게 하는 적극적 안락사로 구분된다. 이때 소극적 안락사와 존엄사는 분명하게 구분될 필요가 있는데, 존엄사는 치료가 불가능한 환자의 자연적인 죽음이지만, 소극적 안락사는 의도된 죽음이라는 중요한 차이가 있다.

2) 죽음의 의미와 태도

노년기는 죽음에 직면해 있는 시기로서 죽음의 의미를 직시함으로써 죽음과 관련하여 나타나는 변화에 적극적으로 대처할 수 있다. 죽음에 대해 한국인은 대체로 다음과 같은 의미를 부여하고 있다(김열규, 2001; 김태현, 1994; 이지영, 이가옥, 2004; 전영기, 2000).

① 죽음은 시간의 제약 또는 종말이다.
② 죽음은 현세에서의 존재 소멸이며, 무(無)의 상태가 되는 것이다.
③ 죽음은 삶의 연장, 즉 또 다른 새로운 세계나 윤회나 환생, 영생을 의미한다.
④ 죽음은 삶의 경험, 가족 등과 같은 소중한 것의 상실이다.
⑤ 죽음은 형벌이다.
⑥ 죽음은 힘든 삶에서의 해방이고 쉼이다.
⑦ 죽음은 섬뜩한 저승사자 또는 부드러운 성령(gentle comforter)이다.
⑧ 죽음을 통하여 차별성을 극복하고 잘못된 관계를 개선하는 계기가 되며, 사랑했던 사람과의 재결합을 이룬다.
⑨ 죽음은 자연스러운 현상이다.

이러한 의미를 지닌 죽음에 대한 반응양식은 수용에서부터 거부에 이르기까지 개인에 따라 매우 다르다. 그러나 일반적으로 사람들은 죽음의 보편성은 인정하면서도 의식·무의식적으로 자신의 죽음만은 회피 또는 부정하려는 전략을 사용하여 이를 초월해 보려는 상반된 태도를 보인다(Weisman, 1972). 이러한 역설적 태도 중에서 어떤 성향이 더욱 강하게 나타나는가 하는 것은 죽음이 지니는 의미, 사회문화적 배경, 종교, 개인의 생활 경험 등의 요인에 따라 각기 다르다(Butler & Lewis, 1973). 보건복지부와 한국보건사회연구원(2023)에 따르면 우리나라의 노인들은 임종 전후의 상황을 스스로 정리한 후에 임종을 맞이하는 것이 좋은 죽음이라고 생각하고 있으며, 장례준비(수의, 묘지, 상조회 가입), 상속 관련 논의 및 유서 작성, 사전연명의료 의향서 작성, 장기기증 서약, 죽음준비교육 수강 등을 통하여 좋은 죽음 (well-dying)을 위한 준비를 스스로 하고 있는 것으로 나타났다. 그리고 말기 암환자의 40% 는 종교에 의존하는 반면, 37%는 과학을 신봉하며, 23%는 죽음에 대해 냉소적인 태도를 취하는 것으로 나타났다(윤은자, 김홍규, 1998).

죽음에 대한 태도는 문화와 종교의 영향을 강하게 받는데, 동양사회에서는 효사상과 조상의 음덕이라는 사자(死者)의 은혜를 믿는 사상의 영향으로 죽음을 앞둔 노인에 대해 비교적 긍정적 태도를 보이는 경우가 많다. 또한 종교마다 죽음에 대한 관점이 각기 다르기 때문에 어떤 종교를 갖고 있느냐에 따라 죽음에 대해 서로 다른 태도를 보이게 된다. 먼저 기독교에서는 죽음은 삶의 끝이 아니며, 오히려 새로운 생명, 즉 영생을 위한 출발이자 한 과정이라고 규정하기 때문에 죽음에 대해 긍정적 태도를 보인다. 가톨릭에서도 죽음을 통하여 연옥에서 고통받고 있는 영혼을 위해서 대신 보석하고 하느님과 영광을 함께하는 것이므로, 죽음은 삶의 끝이 아니고 하늘나라에서의 새로운 삶으로 옮아가는 것이라고 믿기 때문에 죽음에 대해 긍정적 태도를 보인다. 그리고 불교에서는 죽음이란 호흡[壽], 체온[慢], 의식[識]

표 9-1 죽음불안에 영향을 미치는 요인

요인	죽음불안의 수준
인구사회적 특성	• 여성: 죽음에 따르는 신체심리적 고통에 대한 불안수준이 높음 • 남성: 인생계획과 목표를 실행하지 못한 것에 대해 불안해함 • 연령: 정적 또는 부적 관계가 있다는 상반된 연구결과 • 결혼상태: 이혼 또는 별거 노인의 불안수준이 더 높음 • 교육수준: 교육수준이 낮을수록 죽음불안수준이 높음 • 종교: 종교가 있는 노인의 죽음불안수준이 낮지만, 종교 유무보다는 신앙심과 내세에 대한 믿음 정도가 더 중요한 요소임
건강상태	• 질병이 있고 건강 평가가 부정적일수록 죽음불안수준이 높음
심리 특성	• 분노, 불평, 불만수준이 높을수록 죽음불안수준이 높음 • 고독수준이 높을수록 죽음불안수준 높음 • 자아통합수준이 낮고 부정적 자아개념을 가지고 있을수록 불안수준이 높음 • 삶의 만족도가 낮을수록 죽음에 대해 거부적 태도를 보임
가족환경	• 가구형태: 독거노인의 죽음불안수준이 가장 높음 • 가족수입: 상반된 결과 • 가족관계: 가족 간의 유대관계와는 의미 있는 관련성이 없음
사회적 지지	• 사회관계망이 위축되고 사회적 지지수준이 낮을수록 불안수준이 높음

등 세 요소가 몸을 떠난 상태로서 삶[生]과 언제나 더불어 함께 있는 것이며, 후세에 다른 존재로 환생한다고 보고 죽음의 문제가 곧 마음의 문제로 귀결된다고 본다. 그러므로 불교 신자는 어떤 마음상태에 있는가에 따라 죽음에 대해 각기 다른 태도를 보이게 된다.

이러한 문화적 요인과 종교적 요인 이외에 개인의 인구사회적 특성, 가족환경, 건강상태, 심리 특성 그리고 사회적 지지요인이 죽음에 관한 태도에 의미 있는 영향을 미친다. 이러한 죽음에 대한 태도에 영향을 미치는 요인을 죽음에 대해 부정적 태도를 갖게 되었을 때 나타나는 죽음불안을 야기하는 요인을 중심으로 하여 살펴보면 〈표 9-1〉과 같다(전영기, 2000).

이러한 죽음에 대한 불안을 줄이고 노인이 죽음을 사전에 준비하고 아름답게 생애를 마감할 수 있도록 도와주는 일은 중요하다. 최근 들어 노인복지관에서는 노인을 대상으로 죽음준비교육 프로그램을 운영하는 사례가 늘어나고 있다. 그중에서 노원노인종합복지관의 죽음준비학교 프로그램을 소개하면 다음과 같다. '아름다운 생애 마감을 위한 시니어 죽음준비학교 프로그램(happy ending, happy restart)'이라는 명칭으로 실시된 이 프로그램은 노인의 죽음에 대한 두려움과 공포를 경감하고 일상의 삶 속에서 어떻게 죽음을 맞이할 것인지 생각해 봄으로써, 삶을 더욱 의미 있게 변화시키고 풍요로운 삶을 모색하는 데 이바지하며 생을 아름답게 마무리하는 데 목적을 두고 있다. 이 프로그램은 '자서전 쓰기, 나의 죽음 준비, 존엄한 죽음'으로 구성되어 있으며 16주 프로그램이다. 자서전 쓰기는 '나는 누구인가? 인생연대기 그리기, 가족과 사랑, 인간관계, 고난과 역경'이라는 총 5회기로 실시한다. 나의 죽음 준비는 '서로 손잡고 마음 열기, 한마음 캠프, well-ending way, 미디어와 함께하는 well-ending, 내 인생의 마무리는 내 손으로, 감사의 조건, 유언장 작성'이라는 8회기로 구성되어 있다. 존엄한 죽음은 '나의 장례와 장묘, 사랑의 장기기능, happy together'라는 3회기로 구성되어 있다(노원노인종합복지관, 2006; 유경, 2008).

3) 임종과 죽음의 단계

죽음에 직면한 사람들은 매우 복잡한 심리반응을 보이므로, 이들을 원조하기 위해서는 임종이나 죽음의 단계에 환자가 어떻게 반응하고 어떤 단계를 거쳐 적응해 가는지 정확히 이해해야 한다.

Pattison(1977)은 임종(dying)의 과정을 급성위기 단계, 만성적 삶-임종 단계, 임종 말기 단계로 구분하고 있다. 급성위기 단계에서 말기 환자와 가족은 강한 불안을 느끼게 되며 충격, 부정, 타협, 우울과 같은 반응을 보인다. 만성적 삶-임종 단계에서는 죽어 가는 것 같다가도 살 것같이 느끼기도 하지만 결국 삶에서 죽음으로 초점이 이동하게 된다. 이때 환자는 삶과 죽음에 대한 불확실성으로 인하여 두려움, 외로움, 슬픔, 자아통제감 상실 등을 느끼게

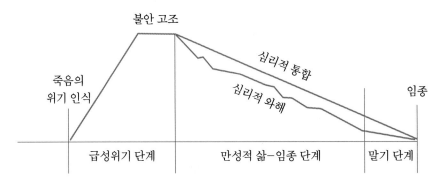

[그림 9-1] Pattison의 임종의 단계

자료: Pattison, E. M.(1977). *The Experiencing of Dying*. Englewood Cliffs, NJ: Prentice Hall.

된다. 그리고 가족 역시 삶과 죽음이 엇갈리는 것을 지켜보면서 슬픔, 위축감 등을 경험하게 된다. 임종 말기 단계에서 환자는 매우 위축되고, 혼돈된 심리 갈등을 보이는 반면 불안은 감소되며, 무감동한 특성을 보인다.

　Kübler-Ross(1969)는 중년의 말기 암환자를 대상으로 한 연구에서 죽음에 대한 적응 단계를 부정 · 고립 단계, 분노 단계, 협상 · 타협 단계, 우울 단계, 수용 단계로 구분하고 있는데, 각각의 단계에서 환자가 보이는 반응은 〈표 9-2〉와 같다. 그러나 Kübler-Ross의 죽음에 대한 적응 단계는 중년의 말기 암환자를 대상으로 한 연구결과이므로, 다른 질병을 앓는 환자나 노인환자에게 그대로 적용하는 데는 한계가 있다. 즉, 노인은 배우자나 친구 등의 상실을 경험하고, 질병으로 인하여 오랫동안 죽음을 생각해 왔으며, 노년기에 다양한 역할 상실을

표 9-2 Kübler-Ross의 죽음에 대한 적응 단계

단계	반응
부정 · 고립 단계	• 죽음을 거부하고 부정하며, 고립상태에 빠져드는 단계 • '아니야, 그럴 리 없어.' 등으로 죽음이라는 현실을 거부하고 오진(誤診)이라 생각하고 다른 병원을 찾아다님 • 부정을 통해 죽음과 관련된 심각한 감정에서 자신을 보호하려 함 • 이 단계의 마지막에는 사랑하는 사람이나 전문가에게 죽음에 관해 조금씩 표현하려는 징조를 보임
분노 단계	• 죽음을 더 이상 부정할 수 없게 되고 감정은 분노와 원망으로 변함 • '왜 하필 내가 죽어야 하나?'라고 하면서 주위 사람이나 신에게 원망, 시기, 질투, 화, 분노의 감정을 표현함 • 분노는 임종과정의 자연스러운 반응이므로, 주위 사람은 환자의 표현을 비판하지 말고 감정을 표출하도록 도와주어야 함

협상·타협 단계	• 절박하게 다가온 죽음을 초인적 능력이나 의학 또는 신과의 타협을 통하여 잠시 동안 연기하려고 함 • '내가 죽어 가고 있구나. 그러나…'라고 하며, 선행을 전제조건으로 신과 생명을 타협하며, 의사의 지시를 잘 따르고 열심히 기도한다면 아마도 신이 죽음을 연기해 줄 것이라고 믿음
우울 단계	• 체념, 절망과 비탄의 감정상태에 빠져드는 시기로서, 죽음을 더 이상 부정하지 않고 우울상태로 접어들게 됨 • 가족, 친지와 이별하기 위하여 사전에 자신을 분리할 준비를 함 • 과거나 현재의 상실에 대해 우울해하며, 미래의 상실에 대한 예비적 우울감을 경험함 • 이 두 가지 우울은 필요 불가결한 것이며, 이 단계를 거쳐야 체념하고 평온하게 죽음을 맞이할 수 있음
수용 단계	• 우울감도 분노감도 느끼지 않으며, 거의 아무런 감정도 갖지 않게 됨 • 행복의 단계는 아니며, 아무 감정이 없는 단계로서 침착함과 평온함을 보이고 '이제 떠날 시간이다.'라는 태도를 보임 • 대부분의 환자가 병원보다 집에서 임종하기를 원함

경험하면서 인생을 정리할 기회를 가질 수 있었으므로, 죽음을 자연스러운 인생의 과정으로 받아들이고 이에 순응하는 경향이 있어 Kübler-Ross가 제시한 단계를 그대로 거치지 않는 경우가 많다.

4) 노년기의 자살

자살은 일반적으로 자발적이고 의도적으로 자신의 생명을 끊는 행위를 말하지만, 자살생각(suicidal ideation), 자살시도(attempted suicide), 자살행동(suicide behavior)을 포함하는 개념이다. 자살생각은 생활 속에서 자살에 대해 심각하게 고려해 본 것을 의미하며, 자살시도는 자신을 해할 목적을 가지고 의도적으로 자신에게 상처를 입히는 행위이지만 죽음이 발생하지 않은 경우이며, 자살행동은 자살을 통해 죽음에 이르게 되는 것(completed suicide)을 뜻한다(Beck, Kovacs, & Weissman, 1979). 자살행동은 자살시도 결과 사망에 이르게 되는 완성된 자살이기 때문에 연구나 실천의 대상이 되기에는 많은 어려움이 있어, 노년학 연구와 실천에서는 노인 자살을 "스스로가 삶을 마치려는 자발적 의도를 가지고 자신의 신체에 다양한 방법으로 해를 끼쳤으나 사망으로까지는 이어지지 않은 행위"로 규정하는 것이 일반적이다(권중돈, 김유진 외, 2010).

구분	2010년		2015년		2020년		2023년	
	사망자 수	사망률	사망자 수	사망률	사망자 수	사망률	사망자 수	사망률
전체 인구	15,566	31.2	13,513	26.5	13,195	25.7	13,978	27.3
65세 이상	4,378	81.9	3,837	58.6	3,392	41.7	3,838	40.4

표 9-3 노인인구의 자살 사망자 수와 사망률 (단위: 명, 10만 명당)

자료: 통계청(2024. 10.). 사망원인 통계.

보건복지부와 한국보건사회연구원(2023)에 따르면 노인 중 1.0%는 경제적 어려움, 외로움, 가족갈등, 신체 건강과 돌봄 부담 문제 등의 이유로 자살을 생각해 본 적이 있는 것으로 나타났다. 노인인구의 자살에 의한 사망자 수는 1990년 314명에서 2000년 1,161명, 그리고 2023년에는 3,838명으로 2000년을 기준으로 하였을 때 2023년 노인 자살 사망자 수는 3.3배 증가하였으며, 전체 인구의 자살 사망자 중 27.4%를 차지하여 노인인구 비율에 비하면 그 비율이 매우 높다. 노인인구 10만 명당 사망률은 2000년 35.5명에서 2023년 40.4명으로 1.13배 증가한 것으로 나타났으며, 전체 인구 사망률의 1.47배에 이르고 있다(통계청, 2024. 10.). 이러한 우리나라의 노인 10만 명당 자살 사망률은 OECD 회원국 중에서 다른 어떤 나라보다도 높은 것으로 나타났다(WHO, 2024).

노인 자살의 위험요인, 즉 노인 자살의 원인을 설명할 수 있는 이론으로는 사회통합이론, 교환이론 등의 사회학적 관점, 우울증을 중심으로 한 심리학적 관점, 사회정신의학적 관점, 생태체계적 관점, 사회문화적 관점 등으로 매우 다양하다. 이들 관점을 종합해 볼 때, 노인학대와 마찬가지로 노인 자살의 위험요인 역시, ① 인구사회적 요인, ② 노인의 기능적 요인, ③ 가족 및 사회관계망 요인, ④ 사회문화적 요인이라는 네 가지 요인으로 나눌 수 있는데, 이를 좀 더 세부적으로 살펴보면 다음과 같다(권중돈, 김유진 외, 2010).

노인 자살 위험요인으로서의 인구사회적 요인에는 성별, 연령, 종교, 교육수준, 결혼 상태 등이 있다. 성별로는 남성노인이 여성노인보다 자살을 할 가능성이 높고(배지연, 2004; 통계청, 2024. 10.), 연령별로는 연령이 증가할수록 자살률이 증가하는 경향을 보인다(신영전, 2006). 종교적 믿음은 자살의 억제요인으로 작용하는 것으로 알려져 있으나, 단순히 종교의 유무보다는 종교적 믿음의 수준이나 종교적 통합 정도가 자살에 의미 있는 영향을 미친다. 노인 자살과 교육수준 사이에는 일관된 상관관계를 보이지 않으며, 노년기의 배우자 부재나 배우자를 상실한 사별노인의 자살률은 그 반대의 경우보다 매우 높은데, 특히 사별하고 홀로 거주하는 남성노인에게서 자살률이 상대적으로 더 높은 것으로 알려져 있다(이소정, 이수형, 2009).

노화로 인한 생물적·심리적·사회적 기능의 저하는 자살의 위험요인으로 작용한다. 노년기의 만성질환은 노인의 건강상태를 약화하고, 이로 인한 경제적 부담과 심리적 부담감을 유발하므로 노인의 자살위험을 증가시키며, 말기질환, 통증, 여러 질병의 누적 또한 노인의 자살률을 높이는 위험요인이다(김형수, 2006; 김효창, 2010; 박재황 외, 2001; 보건복지부·한국보건사회연구원, 2023; 서동우, 2005). 퇴직이나 은퇴 후의 수입 감소와 빈곤문제는 자살의 중요한 위험요인으로 알려져 있으며(김진혁, 2004; 보건복지부, 한국보건사회연구원, 2023; 서화정, 2005). 노인의 심리적 요인 특히 우울증은 자살을 예측하는 주요변인인 것으로 나타났다. 노인의 우울증은 죽음에 대한 두려움을 포함하는 심리적 반응의 한 형태로, 다른 연령층에 비하여 예후가 나쁜 편이며, 우울은 자살의 위험성을 높여 사망률 증가와 많은 연관을 가진다(허준수, 유수현, 2002). 노인 자살에 있어서 우울증은 단일요인으로는 가장 결정적인 위험요인으로 노인 자살 사건 중 50~70%를 차지할 만큼 중요한 요인으로 작용하는 것으로 나타났다(한국자살예방협회, 2008). 그리고 가족관계와 건강, 경제문제와 같은 개인의 일상생활에서의 불만족과 대처자원의 부족으로 경험하게 되는 스트레스 역시 자살 생각이나 충동, 기도 등의 문제에 영향을 미친다(이신숙, 이경주, 2002; 한삼성 외, 2009).

가족 중 자살 경험이 있는 경우나 약물의존 또는 우울증, 정신장애를 겪은 가족이 있는 경우에 자살률이 높으며, 어린 시절 마음의 상처가 있는 경우에 자살 가능성이 높아진다. 또한 노부부간의 불화, 자녀와의 갈등 등의 가족갈등요인이 노인 자살의 주요 동기가 되는 것으로 나타났다(서대문노인종합복지관, 2008). 그리고 가족지원체계와 사회지원체계가 결여되었을 경우, 노인은 문제해결의 마지막 대안으로 자살을 선택할 가능성이 높아진다(김형수, 2006). 특히 독거노인, 최근에 주거를 이동한 노인, 가족·친구·이웃과의 통합과 사회적 지지가 부족한 경우 자살에 이를 가능성이 높다. 즉, 지리적으로나 사회적으로 그리고 정서적으로 고립되어 사회관계망이 축소된 노인일수록 자살에 이르게 될 가능성이 높다(한국자살예방협회, 2008).

노인의 자살에 영향을 미치는 사회문화적 요인으로 사회적 소외를 거론한다. 노년기에는 사회관계망이 점차 축소되고 사회적 결속력이 약화됨으로써 고립감, 무망감 등과 같은 부정적 심리적 상태를 유발할 수 있으며, 이에 대한 반응으로 일부는 자살을 시도하기도 한다. 즉, 사회적으로 통합된 노인보다 사회적으로 고립되고 소외된 위치에 있는 노인이 자살행위에 이를 위험성이 보다 높다(권중돈, 김유진 외, 2010; 엄태완, 2007). 노인의 강한 가족주의 의식 또한 자살의 위험요인으로 간주된다. 많은 노인 자살자 중에서 '가족에게 폐를 끼치고 싶지 않다.'라는 언어적 표현을 자주 하고 자신의 질병으로 인한 가족의 부양부담에 대한 걱정을 많이 했던 것은 바로 이러한 노인의 가족주의 의식을 대변하고 있는 것이다. 그 외에 노인에 대한 냉소적 태도와 사회 차별, 유명인의 자살에 대한 대중매체의 보도, 경기침체 및 실업률의 증가 등도 노인의 자살을 촉진하는 요인인 것으로 알려져 있다.

이와 같은 원인에 의해 발생하는 노인 자살을 예방하기 위해서는 다양한 수준에서 개입을 해야 한다. 먼저, 1차적 수준의 개입 또는 보편적 예방 전략은 건강하며 활동적인 노후생활을 영위하고 있는 노인을 대상으로 이들의 문제를 사전에 예방하는 데 목적을 둔다. 이 수준에서의 노인 자살을 예방하기 위한 노인복지실천은 생물적·심리적·사회적 건강상태를 가능한 한 유지하고 이들의 복리를 증진하는 것이다. 이러한 예방적 개입은 지역사회에서 대부분 이루어지며, 노인의 현재 기능수준을 유지하기 위하여 생계지원, 건강증진 프로그램, 여가 및 사회참여, 스트레스 대처 방안에 관한 교육, 주택, 법적 지원, 교통편의서비스 등을 제공한다. 또한 노인의 현재 기능수준에 영향을 미칠 수 있는 위험에서 노인을 보호하거나, 의존적 욕구를 사전에 충족하여 문제발생을 최소화하는 서비스 프로그램도 1차적 수준의 개입에 속한다. 따라서 사회복지사는 문제가 발생하기 전에 문제 발생의 원인을 사전에 차단하기 위하여 노인에게 건강과 관련된 정보를 제공하고 그것을 실천할 수 있도록 교육이나 자문활동, 그리고 노인의 생활에 적합한 환경을 확보하고 유지할 수 있도록 중개자 또는 옹호자의 역할을 수행하여야 한다.

2차적 수준의 개입 또는 선택적 예방전략은 문제의 징후를 보이기 시작하는 초기에 문제가 더 이상 심화되는 것을 막기 위하여 조기 진단과 적절한 치료를 제공하고, 문제 상황에 대처하는 능력을 고양하는 개입이다. 2차적 수준의 노인복지실천의 주요 대상은 생물적·심리적·사회적 노화로 인하여 위기 상황에 처해 있거나 만성질환과 일상생활 동작능력의 저하로 인하여 어느 정도 의존성을 지닌 노인이다. 2차적 수준의 개입 역시 지역사회를 중심으로 이루어져야 하며, 개인 및 가족상담, 재가노인복지서비스, 그리고 서비스나 프로그램 이용에서 제외된 노인 내담자의 발굴 등과 같은 치료적이고 문제해결 중심적인 서비스를 제공한다. 이러한 서비스를 제공하기 위하여 사회복지사는 개인, 가족, 소집단 수준에서 개입해야 하며, 조력자(enabler)로서 노인의 태도, 감정, 행동의 변화를 촉진하고, 정보 제공, 위기개입, 상담 및 치료 등의 전략을 활용하는 치료자 또는 임상가로서의 역할을 주로 수행하여야 한다.

3차적 수준의 개입 또는 집중적 예방전략은 심한 기능상의 문제나 행동문제, 또는 자살기도와 학대 경험과 같은 파국적 상황에 노출된 노인과 그 부양가족을 대상으로 이들의 역기능을 최소화하고 잔존능력을 유지하며 다시 기능을 회복하고, 파국적 상황에 다시 노출되는 것을 막는 데 목적이 있다. 따라서 3차적 수준의 개입에서는 회복이나 완치가 아니라 장애를 줄이고 재활을 도모하는 장기요양서비스(long-term care)와 지속적 사례관리서비스가 제공되어야 한다. 3차적 수준의 개입을 함에 있어서 사회복지사는 사례 발굴자, 사례관리자, 자원동원가(mobilizer)로서의 역할을 주로 수행하게 된다.

이와 같이 노인 자살 예방을 위한 노인복지실천은 노인과 가족의 특성, 기능수준, 사회환경적 특성을 고려하여 1차적 수준의 개입과 3차적 수준의 개입을 양극단으로 하는 연속 선상의 특정 실천모델과 전략을 선택적으로 활용하여, 노인 자살의 발생을 사전에 예방하여야 한다. 또한 자살을 기도한 경우에는 생명이나 생활에 치명적인 부정적 영향을 최소화하는 데 목적을 둔 개입을 해야 한다.

5) 고독사

인간이면 누구나 가족이나 지인 등이 지켜보는 가운데서 죽음을 맞이하고 싶은 소망이 있을 것이다. 그러나 개인주의 가치관의 확산, 인구고령화 등으로 인하여 혼자 생활하는 사람이 급증하는 '나홀로 사회'로 전환되어 가는 과정에서, 홀로 살다가 홀로 죽어서 오랫동안 시신이 방치되는 외로운 죽음, 즉 고독사(孤獨死) 사례가 증가하고 있다. 심지어 고독사를 했음에도 불구하고 가족 간의 의견대립, 종교문제, 가치관의 차이 등으로 인하여 가족이 있어도 시체 인수를 거부하는 사례도 증가하고 있다.

고독사(孤獨死)는 혼자서 임종을 맞이하고 시신이 사망 시점으로부터 일정 시간이 경과한 후에 발견되는 죽음의 사례라고 개념화할 수 있으며, 타살은 고독사에 포함시키지 않으며, 혈연, 지연 등의 사회적 관계망이 단절된 상황에서 죽음을 맞이한다는 의미로 일본에서는 무연사(無緣死)라는 용어로 부르기도 한다(권중돈, 2010). 2021년 4월 제정된 「고독사 예방 및 관리에 관한 법률」(약칭 고독사 예방법)에 의하면, 고독사는 '가족, 친척 등 주변 사람들과 단절된 채 사회적 고립상태로 생활하던 사람이 자살 · 병사 등으로 혼자 임종하는 것'으로 정의하고 있다(www.law.go.kr).

고독사의 유형으로는, ① 가족, 친척, 지인이나 그 외 의지할 만한 사람이 없는 경우, ② 독거생활을 한 경우, ③ 독거생활 중 급성질환이나 건강악화로 인하여 사망한 경우, ④ 병원 등에서 독실 입원 등을 했던 경우, ⑤ 우울증 등의 정신장애로 자살하는 극단적인 선택을 한 경우, ⑥ 바깥에서 혼자 있거나 다니던 중 사고 등으로 급사 및 객사한 경우, ⑦ 혼자 있던 중 갑작스러운 실내 사고 등으로 인한 경우, ⑧ 가족은 있지만 본인 이외에 부재중일 때 갑작스럽게 절명하게 된 경우 등이 있으며, 이러한 죽음에도 불구하고 시신이 바로 수습되지 못하고 일정 기간 이상 방치된 경우를 말한다.

우리나라의 경우 통계청의 사망원인통계에서는 사망 당시의 상황적 정보에 대한 고려가 이루어지지 않으므로 고독사에 관한 통계자료가 생산되지 않고 있으며, 경찰청에서도 고독사 통계를 따로 작성하지 않는다. 이런 상황에서 고독사 사례는 무연고 시신 처리현황을 근거로 유추하고 있는 수준인데, 무연고 사망자 수는 매년 증가하고 있다. 보건복지부와 한국보건사회연구원(2023. 2.)에서 처음으로 실시한 '고독사 예방 실태조사'에서 경찰청

변사자 현장 감식자료를 활용하여 분석한 고독사 실태는 다음과 같다. 고독사 사망자 수는 2017년에 2,412명, 2018년에 3,048명, 2019년에 2,949명, 2020년에 3,279명, 그리고 2021년에 3,378명인 것으로 나타나, 5년간 연평균 8.8%의 증가율을 보이고 있으며 60대 노인의 경우에는 18.5% 그리고 80대 이상에서는 14.1%의 증가율을 보이는 것으로 나타났다. 2021년을 기준으로 인구 10만 명당 6.6명이 고독사로 사망한 것으로 나타났으며, 연령별로는 50대(1,001명, 29.6%), 60대(981명, 29.0%), 40대(526명, 15.6%)의 순이었으며, 60세 이상 고독사 사망자 수는 1,605명이었고 인구 10만 명당 고독사 사망률은 60대가 14.3명으로 가장 높았다. 고독사 발생 장소는 주택이 50.3%, 아파트가 22.3%를 차지하지만, 1인 가구가 거주하는 원룸(13.0%), 고시원(2.3%)에서도 고독사가 빈번히 발생하며, 여관·모텔에서 장기 투숙할 때도 3.6%를 차지하고 있다. 고독사 최초 발견(신고)자는 형제·자매(22.4%), 임대인(21.9%), 이웃 주민(16.6%), 지인(13.6%) 등의 순이었으며, 그 밖에도 택배기사, 경비원, 직장동료, 요양보호사 등에 의해 발견 또는 신고되는 일도 있었다. 고독사 사망자가 보유하고 있는 질환으로는 순환기계 질환이 25.5%로 가장 많았으며, 그다음으로 근골격계 및 결합조직의 질환이 23.7%, 소화기계의 질환 22.2%, 정신 및 행동장애 19.6% 등의 순이었으며, 자살로 인한 고독사가 16.9%를 차지하는 것으로 나타났다. 국민기초생활보장제도의 생계급여 수급자가 44.3%로 나타나 절대빈곤계층의 비중이 매우 높게 나타났으며, 고독사 사망 전 1년간 사회보장서비스를 이용하지 않은 경우는 13.7%인 것으로 나타났다. 이러한 고독사 또는 무연고 사망자의 수는 미혼 독신가구의 증가, 이혼의 증가, 교육이나 사업상의 이유로 일시적 별거를 선택한 주말부부나 기러기 가족, 경제 악화로 인한 가족의 별거나 해체 현상 등으로 인하여 연령에 관계없이 꾸준히 증가할 것으로 예측된다.

고독사 문제를 근본적으로 예방하기 위해서는 공동체 사회의 와해, 일명 '나홀로 사회'로의 전환을 지연시킬 수 있는 종합적 대책이 마련되어야 할 것이며, 노인복지제도의 강화와 아울러 사회복지의 사각지대에 놓여 있다고 해도 과언이 아닌 중장년층을 위한 정책대안 또한 마련되어야 할 것이다. 현재 보건복지부에서는 독거노인의 고독사 예방을 위하여 노인맞춤돌봄서비스, 무연고 장례지원서비스 등을 제공하고 있으며, 서울특별시와 대구광역시 등의 지방자치단체에서도 고독사 예방과 관리를 위한 다양한 서비스를 개발하여 실시하고 있으며, 무연고자 장례지원서비스를 제공하는 비영리단체와 무연고 사망자의 유류품을 정리해 주는 민간사업체 등이 고독사 관련 서비스에 참여하고 있다. 「고독사 예방 및 관리에 관한 법률」에서 고독사 실태조사를 실시하고 이를 바탕으로 매 5년마다 고독사 예방 기본계획을 수립하여 추진하도록 규정하고 있으며, 고독사위험자 지원대책 수립 추진, 고독사 예방을 위한 홍보·교육상담의 실시, 고독사 예방협의회의 구성과 운영을 규정함에 따라 앞으로 고독사 관련 복지대책들이 보다 다양화되고 체계화되어 갈 것으로 기대되고 있다.

6) 사별과 애도과정

죽음은 두 가지 측면을 지니는데, 죽은 자와 살아남은 자가 바로 그들이다. 이때 살아남은 자는 죽은 자와 사별하는 경험을 하게 된다. 사별(bereavement)이란 '망치다, 훔치다, 잔인하게 박탈하다'는 의미를 지니며, 죽음으로 인하여 사랑하는 사람과 이별하는 과정을 말한다(Corr et al., 1997).

노년기에 사별을 하게 되면 슬픔, 죄의식, 후회감, 혼돈감, 목적 상실, 동기나 흥미의 상실 등과 같은 다양한 정서 반응을 보이게 되며, 애도(mourning)의 과정을 거치게 된다. Rando(1993)는 이러한 애도과정이 6R의 과정을 거쳐서 이루어진다고 하였다. 즉, ① 죽음을 인식하고 이해하며(Recognize), ② 분리와 상실에 대해 정서적으로 반응하며(React), ③ 죽은 사람과의 관계를 회상하고 재경험하며(Recollect), ④ 죽은 사람과의 오래된 애착관계를 포기하며(Relinquish), ⑤ 죽은 사람을 잊지 않고 있지만 새로운 세계에 적응하기 위하여 자신을 재조정하며(Readjust), ⑥ 다시 삶에 에너지를 투입(Reinvest)하게 된다. 이에 비해 애착이론가로 알려진 Bowlby(1961)는 이러한 애도의 과정을 〈표 9-4〉에서 보는 바와 같이 4단계로 구분하고 있다.

이러한 단계를 거쳐 이루어지는 애도의 과정은 죽음의 형태나 살아남은 자의 특성이나 환경에 따라 다르지만, 평균 6개월~2년 정도 걸리는 것으로 알려져 있다(홍숙자, 2010). 그러나 우리나라의 경우 3년상(三年喪)을 치렀던 전통에 비추어 볼 때, 전체 애도기간은 3년 정도 소요된다고 할 수 있다. 이러한 애도기간 동안 살아남은 자가 경험하는 정서적 고통은

표 9-4 Bowlby의 애도의 단계

단계	반응
무감각의 단계	• 죽음을 목격한 자는 멍하고 어리둥절해하며, 예기치 못한 죽음인 경우에는 며칠 동안 계속되기도 함 • 메스꺼움이나 가슴, 목이 조여 오는 듯한 신체반응이 수반되기도 함
그리움의 단계	• 고인을 되찾으려고 고인을 보았거나 사랑했던 사람을 찾아다님 • 좌절감, 분노, 죄의식을 느끼고 격렬한 슬픔을 경험하거나, 통제할 수 없을 정도로 울거나 식욕부진, 불면증을 경험
혼란과 절망의 단계	• 사랑하는 사람의 죽음을 수용하지만 무력감, 절망, 우울감이 동반됨 • 절망, 혼란의 단계를 지나면서 극도의 피로를 경험, 수면시간 증가
재조정 단계	• 가정이나 직장에서 정상 생활을 회복 • 우울증이 사라지고 수면 습관을 회복하고 에너지 증가 • 고인에 대한 생각으로 슬퍼지기도 하지만 이 생각에 사로잡히지는 않음

변화하는데, Wortman과 Silver(1989)는 애도기간과 정서적 고통에 관한 기존 연구 4편을 종합하여 애도의 유형을 네 가지로 구분하고 있다. 첫째, 정상적 애도 유형은 사별 직후에 높은 수준의 정서적 고통을 경험하지만 1~2년 정도의 시간이 흐른 뒤에는 그 고통의 수준이 낮아지는 유형으로, 전체 애도 유형의 9~41% 정도를 차지한다. 둘째, 만성적 애도 유형으로 사별 직후나 시간이 흐른 후에나 모두 높은 수준의 정서적 고통을 경험하는 유형으로, 전체의 8~26% 정도를 차지한다. 셋째, 유예된 애도 유형은 사별 직후에는 정서적 고통의 수준이 낮지만 시간이 흐른 후에 그 고통이 더 강해지는 유형으로, 전체의 1~5% 정도를 차지한다. 그리고 결여된 애도 유형은 사별 직후뿐만 아니라 시간이 흐른 뒤에도 낮은 수준의 정서적 고통을 경험하는 유형으로, 전체의 30~78% 정도를 차지한다.

이와 같이 애도의 유형이 각기 다르긴 하지만 일반적으로 사별한 이후에는 상대적으로 높은 수준의 정서적 고통을 경험하며, 질병에 걸릴 위험이 높아지고, 생활만족도가 낮아진다. 특히 배우자와 사별한 경우에는 남녀 모두 슬픔, 걱정, 불행감, 두려움 등의 부정적 정서 경험을 하고 사망률이나 자살률이 높아진다. 그러나 남성이 여성보다 더 높은 수준의 고독감을 경험하고 사기는 더 많이 저하되며, 젊은 나이에 사별한 경우일수록 사별에 적응하는 데 더 큰 어려움을 겪는 것으로 나타났다. 그리고 유산이 남아 있지 않은 경우 경제적 의존성이 상대적으로 높은 여성노인이 더 큰 어려움을 겪는 것으로 알려져 있다.

가족은 사별 이후에 죽음을 인정하고 긍정적인 자세로 물리적·정신적 준비를 해야 하며, 죽음에 의해 변화된 상황에 적응하기 위한 노력을 기울여야 한다. 가족성원이 죽음 이후의 변화에 적응하기 위해서 수행해야 할 과제는 다음과 같다(홍숙자, 2010).

① 임종을 맞이한 자에게 죽음에 대한 공포를 없애고 삶을 정리할 기회를 준다.
② 장례식의 계획과 비용에 대해 상의한다.
③ 가족 전원이 하나가 되어 미망인을 격려하고 위로하는 데 힘쓴다.
④ 미망인과 가족의 재정적 측면에 대한 대비책을 수립한다.
⑤ 사망자로 인해 발생한 역할을 보완하기 위해 가족성원의 역할을 재조정한다.
⑥ 새로운 취미나 역할을 시도하고 즐긴다.
⑦ 친구, 친지, 자녀와의 유대관계를 강화하여 사회적 소외를 극복한다.
⑧ 재혼도 사별에 적응하는 한 가지 방법이 될 수 있으므로 검토한다.
⑨ 신앙을 통하여 영생에 대한 희망과 심리적 위로를 얻는다.

2. 호스피스

인간은 누구나 마지막 순간까지 존엄성을 유지할 수 있어야 한다. 그러나 현대사회에서는 인간 존엄성의 경시, 노인 소외, 임종자에 대한 소홀과 같은 바람직하지 않은 현상이 확산되고 있다. 이와 같은 사회병리 현상과 더불어 임종을 앞둔 사람들의 고통을 경감하고 욕구 충족을 지원하기 위하여 호스피스가 등장하게 되었다. 호스피스의 유래, 개념, 목적, 유형, 대상과 임종 간호팀의 구성, 그리고 간호 프로그램 등에 대해 살펴보면 다음과 같다.

1) 호스피스의 개념과 발달

호스피스(hospice)라는 용어는 '손님과 접대하는 사람'이라는 의미를 지닌 라틴어 'hospes'와 '따뜻한 마음을 표현하고 접대하는 장소'라는 의미를 지닌 'hospitum'의 합성어로서, 오랜 여행 중에 지치거나 약해진 여행자나 손님을 맞이하여 따뜻하게 접대함을 의미한다. 이러한 의미를 지닌 호스피스는 중세시대에 성지순례자나 여행자에게 휴식처를 제공하던 것에서 시작하여, 아픈 사람과 죽어 가는 사람을 위한 간호를 제공하는 것으로 발달하게 되었다.

현대적 의미의 호스피스는 1967년 Cicely Saunders가 런던 교외에 성 크리스토퍼 호스피스(St. Christopher Hospice)를 설립하여 임종환자를 간호하면서 시작되었으며, 미국에서는 1971년 코네티컷에서 가정 호스피스로 처음 시작되었다. 한국에서는 1965년 강원도 강릉의 '마리아의 작은 자매회' 수녀들이 '갈바리의원'에서 호스피스를 처음 소개하였다. 이후 가톨릭병원, 세브란스병원 등 종합병원이나 대학병원, 그리고 민간단체에서 호스피스 시설을 설립하여 운영하고 있으며, 호스피스 병원과 병동의 설립은 꾸준히 증가하고 있다. 특히 2016년 「호스피스·완화의료 및 임종과정에 있는 환자의 연명의료결정에 관한 법률」(약칭: 연명의료결정법)이 제정된 이후 호스피스 기관이 지속적으로 증가하였다. 2024년 말 기준 입원형이 100개소(1,737 병상), 요양병원형이 6개소(64 병상), 가정형이 39개소, 자문형이 42개소, 소아청소년 완화의료기관이 12개소이며, 두 가지 유형 이상을 운영하는 기관이 있어 총 199개 기관에 이르고 있다(hospice.go.kr: 8,444).

호스피스는 장소, 케어, 태도, 철학 또는 프로그램으로 다양하게 정의된다. 현대적 호스피스의 창시자인 Saunders(1990)는 "회복의 가능성이 없는 질환과 투병하는 환자 및 가족에게 여생의 삶의 질을 높여 주는 데 관여하는 팀이나 공동체"라고 호스피스를 정의한다. 미국호스피스협회(NHPCO)에서는 "불치의 말기 환자에게 가능한 한 편안하고 충만한 삶을 영위하도록 지지와 돌봄을 제공하는 프로그램"이라고 정의하고 있다(www.nhpco.org). 연명의료

결정법에서는 호스피스를 "말기환자 또는 임종과정에 있는 환자와 그 가족에게 통증과 증상의 완화 등을 포함한 신체적 · 심리사회적 · 영적 영역에 대한 종합적인 평가와 치료를 목적으로 하는 의료"라고 정의하고 있다(www.law.go.kr). 중앙호스피스센터에서는 호스피스를 "생명을 위협하는 질환을 가진 환자의 신체적 증상을 적극적으로 조절하고 환자와 가족의 심리 사회적, 영적 어려움을 돕기 위해, 의사, 간호사, 사회복지사 등으로 이루어진 호스피스 · 완화의료 전문가가 팀을 이루어 환자와 가족의 고통을 경감시켜 삶의 질을 향상시키는 것을 목표로 하는 의료 서비스"라고 규정하고 있다(hospice.go.kr: 8444). 그리고 호스피스를 단순한 시설이나 장소, 돌봄을 의미하는 것이 아니라 생명의 가치를 중시하는 인간성 회복운동으로 이해하는 경우도 있으며, 환자나 가족에게 제공하는 서비스 프로그램으로 규정하기도 한다. 이와 같은 호스피스에 관한 기존의 정의를 종합하여 볼 때 "죽음을 앞둔 말기환자와 그 가족을 사랑으로 돌보는 행위로서, 환자가 남은 생애를 고통 없이 인간답게 삶의 질을 유지하면서 생을 정리하고 가족의 고통과 슬픔을 경감할 수 있도록 돕는 총체적인 돌봄(care) 활동"이라고 정의할 수 있다(노유자, 2000).

2) 호스피스의 철학과 목적

호스피스 운동은, ① 부분으로서의 인간이 아닌 생물적 · 심리적 · 사회적 · 영적 부분의 단순 합 이상으로서 인간을 이해하는 총체주의(holism)와 ② 인간 이해와 존중, 자기결정권과 창의성을 소중히 여기는 인본주의 사상에 철학적 기반을 두고 있다(노유자 외, 1994). 이러한 호스피스의 철학과 기본 원칙은 다음과 같이 열 가지로 요약할 수 있다(Corr et al., 1997).

① 호스피스는 말기 환자를 보호하는 시설이 아니라 철학이다.
② 호스피스는 죽음의 문제를 다루는 것이 아니라 삶의 문제를 다루는 것이다.
③ 호스피스는 남은 생의 삶의 질을 증진하기 위한 노력이다.
④ 호스피스는 말기 환자와 그 가족을 기본 단위로 하여 서비스를 제공한다.
⑤ 호스피스는 생물적 · 심리적 · 영적 욕구를 충족하기 위한 총체적 돌봄(holistic care)이다.
⑥ 호스피스는 환자가 사망한 후에 유가족에 대한 지속적 돌봄과 지지를 제공한다.
⑦ 호스피스는 다분야의 팀 접근법을 활용하여, 전문 기술과 인간의 존엄성 유지를 위한 노력을 동시에 기울인다.
⑧ 호스피스 프로그램은 연중무휴의 24시간 서비스를 제공한다.
⑨ 호스피스 프로그램에서는 환자나 가족뿐 아니라 팀 구성원과 자원봉사자에게도 지지

를 제공한다.

⑩ 호스피스는 환자와 가족의 특성을 고려하여 개별화된 서비스를 제공한다.

이러한 철학에 기초하여 제공되는 호스피스의 목적은 질병치료 자체가 아니라 환자를 좀더 편안하게 하고, 여생을 좀더 의미 있게 보낼 수 있도록 하는 데 있다. 이를 좀 더 구체적으로 살펴보면, 호스피스는 ① 질병에 따르는 고통과 통증을 완화 내지 해결해 주고, ② 여생을 충만하게 해 주고 죽음을 수용하여 편안하게 죽음을 맞이하도록 하며, ③ 환자와 가족에게 필요한 자원이나 정보를 제공하고, ④ 환자의 죽음 후에는 사별한 가족의 적응을 돕는 것을 세부 목표로 한다(노유자, 2000).

3) 호스피스의 유형, 대상 및 프로그램

호스피스의 유형은 호스피스를 제공하는 장소와 주체에 따라 몇 가지로 분류된다(Hayslip, 1996). 먼저, 말기 환자의 대부분이 가정에서 임종을 하기를 원하기 때문에 가장 일반적인 호스피스 유형은 가정(방문)형이라 할 수 있다. 가정(방문)형 호스피스는 방문간호사나 자원봉사자가 정기적으로 환자의 가정을 방문하여 상담하고 간단한 진료와 함께 호스피스 돌봄을 제공하는 유형이다. 다음으로 별도의 시설과 건물에서 호스피스 돌봄만 제공하는 독립형·시설형, 일반 병원 내에 별도의 독립된 호스피스 병동을 설치하여 운영하는 병동형, 그리고 별도의 호스피스 병동을 설치하지 않고 다른 환자와 같은 병실에 입원시키고 호스피스 돌봄을 제공하는 산재형이 있다.

연명의료결정법에서는 호스피스의 대상을 암환자, AIDS 환자, 만성폐쇄성 호흡기질환자, 만성간경화 환자로 규정하고 있으나, 호스피스의 대상은 프로그램마다 다소 차이가 있고, 대체로 다음과 같은 환자가 해당한다(노유자, 2000; 이설희, 2002).

① 불치병으로 진단받은 자로 호스피스 돌봄이 필요한 환자
② 예상 기대여명 3~6개월 이내로 예견되는 환자
③ 통증 완화 및 증상 관리를 주목적으로 하는 환자
④ 주치의나 호스피스 담당자가 추천한 자로서, 의사소통이 가능하고 의식이 명료한 환자
⑤ 수술, 항암치료, 방사선 치료로 더 이상의 치료 효과를 기대하기 어려운 환자
⑥ 가족이나 친지가 없어 호스피스의 도움이 필요하다고 선정된 환자

호스피스의 주요 내용은 직접 서비스와 간접 서비스로 나누어진다. 직접 서비스는 말기

표 9-5 호스피스 유형별 주요 서비스

영역	서비스 내용		
	입원형	가정형	자문형
대상자	• 암	• 암 • 후천성면역결핍증 • 만성폐쇄성호흡기질환 • 만성간경화 • 만성호흡부전	• 암 • 후천성면역결핍증 • 만성폐쇄성호흡기질환 • 만성간경화 • 만성호흡부전
등록과 입원	• 말기환자 진단 및 말기 통보(말기환자 담당 의료인) • 호스피스 설명 및 의뢰(말기환자 담당 의료인) • 연명의료계획서 확인 및 작성 • 호스피스 신청 및 동의서 작성		
초기평가	• 질병 상태 평가 • 신체적 평가 • 심리적 평가 • 사회적 평가 • 영적 평가 • 가족 평가 • 돌봄의 목표 평가		
돌봄 계획 및 팀회의	• 환자 및 가족 평가에 기반한 돌봄 목표 확인 • 돌봄 팀회의를 통해 돌봄의 목표와 계획 수립 – 돌봄 목표(환자 및 가족이 희망하는 돌봄) – 돌봄 계획(증상 조절, 간호중재 등) – 주 1회 이상 팀회의(직종별 1명 이상 참여)		
주기적 재평가	• 돌봄계획 수정 • 제공된 돌봄의 결과 및 효과 재평가		
심리적 돌봄	• 상담 및 표현 장려 • 가족과 환자의 의사소통 및 화해 촉진 • 필요 시 전문가 의뢰 • 요법 프로그램 운영 • 돌봄 행사 지원(소원 들어주기, 생일파티 등)		
사회적 돌봄	• 경제적 지원, 지역사회 자원, 제도적 자원 연계 • 기타 사회 경제적 자원 연계		
영적돌봄	• 영적(실존적/종교적)선호 표현 장려 • 해당 종교 영적(실존적/종교적)돌봄 의뢰 • 종교의식 지원 • 삶의 의미와 가치를 찾도록 도움		
사별관리	• 사별 가족의 위험도 평가 • 사별 가족 돌봄계획 수립 • 사별 가족 돌봄 제공 • 사별 가족 전화상담 및 우편물 발송 • 사별 가족 상담 및 모임 참여 장려 *가정형: 약품 및 장비 수거(마약성 진통제 포함)		

자료: 보건복지부(2024g). 호스피스 · 완화의료 사업안내.

환자의 사정, 투약 및 처치, 신체 돌봄, 정서적 돌봄, 영적 돌봄, 상담 및 교육, 가족관리 등으로 구성되어 있다. 간접 서비스는 환자 주변의 시설 및 환경 관리, 환자에게 필요한 도구 제공, 의뢰 및 사례회의, 사업인력 관리 및 교육, 기록 및 보고 등 호스피스 대상자 관리를 위해 수반되는 업무로 구성되어 있다(한국보건사회연구원, 1995). 이러한 호스피스의 주요 내용을 유형별로 살펴보면 〈표 9-5〉와 같다.

4) 호스피스 팀의 구성과 역할

호스피스는 다분야의 전문가와 비전문가가 참여하는 팀 접근방법을 사용한다. 이러한 호스피스 팀은 전문가인 호스피스 조정자(hospice coordinator), 의사, 간호사, 가정간호사, 사회복지사, 임상사목(chaplains), 약사, 영양사, 임상심리사, 물리치료사, 언어치료사, 작업치료사, 미술치료사, 음악치료사 등과 비전문가인 환자 가족, 자원봉사자로 구성된다(노유자, 2000; Connor, 1998). 보건복지부(2024h)의 호스피스ㆍ완화의료 사업안내에 따르면, 입원형 호스피스 전문기관의 경우 의사 또는 한의사를 병상 20개당 1명 이상, 간호사를 병상 10개당 1명, 사회복지사(1급)를 병동당 1명 이상 두도록 규정하고 있다. 가정형 호스피스 전문기관은 의사 또는 한의사 1명 이상, 호스피스 전문간호사와 사회복지사(1급) 각 1명 이상을 두어야 하며, 자문형 호스피스 전문기관은 의사 또는 한의사, 호스피스 전문간호사, 사회복지사(1급) 각 1명 이상을 두도록 규정되어 있다.

호스피스 조정자는 환자의 돌봄 계획을 수립하고, 돌봄서비스를 실행하고 평가하는 과정에서 팀을 지도ㆍ감독ㆍ조정하고, 팀 성원이 자신의 역할을 제대로 수행할 수 있도록 중재하고, 팀을 통합하는 역할을 한다. 의사는 질병의 치료보다는 적극적이고 지지적인 돌봄을 통하여 통증을 완화하기 위한 계획을 수립하고 팀 성원에게 적절한 의료적 정보를 제공한다. 간호사는 환자와 가족에게 기본적인 신체적 간호를 제공하고 통증과 증상을 조절하고, 가족에게 환자를 가정에서 돌볼 수 있도록 지도하며 정보 제공과 상담을 한다. 임상사목은 영적 간호의 조정자로서 임종 환자와 그 가족에 대한 영적 상담과 예배 등의 종교서비스를 제공한다.

입원형 및 가정형 호스피스 팀에서 사회복지사가 담당해야 하는 역할은, ① 말기환자와 가족 대상 심리ㆍ사회적 평가 및 돌봄 계획 수립, ② 돌봄 계획에 근거한 환자와 가족의 심리ㆍ사회ㆍ영적 지지 및 상담, ③ 지역사회 자원 발굴 및 연계, ④ 자원봉사자 관리, ⑤ 각종 요법 및 돌봄 행사 등 프로그램 관리와 운영, ⑥ 환자에 대한 임종 돌봄, ⑦ 사별 가족 관리이다(보건복지부, 2023h). 임상심리사는 환자와 가족에게 필요한 교육과 정보를 제공할 뿐 아니라 정서적 지지서비스를 제공한다. 물리치료사 등의 치료사는 환자의 제한된 신체, 의사소통, 심리사회적 기능을 최대한 유지할 수 있도록 재활치료를 실시한다. 영양사는 환자의 영양에 대한 요구와 식이요법과 관련된 업무를 담당하고, 약사는 환자의 증상이나 통증을 완화하기 위한 약물처방을 담당한다. 자원봉사자는 환자에게 필요한 돌봄 서비스, 환자와의 대화, 영적 지지와 더불어 사별가족을 지원하기 위한 활동을 한다.

3. 노년기의 성생활

오랫동안 우리 사회는 성에 관한 논의 자체를 금기시해 왔지만, 1990년대에 이르러서는 성에 대한 담론이 본격화되기 시작하였다. 그러나 우리 사회의 성담론(性談論)은 과학적 근거에 기초한 성 관련 내용이 아니라 단지 세인의 관심을 끄는 자극적인 성적 사건을 중심으로 논의되어 왔다.

노인의 성에 대한 논의 역시 금기 영역으로 남아 있었지만, 발기부전치료제인 비아그라(Viagra)의 판매와 2002년 개봉된 〈죽어도 좋아〉라는 영화를 통하여, 노년기의 성에 대한 금기 영역이 서서히 무너지게 되었으며, 이후 노인의 성생활에 관한 몇 편의 연구가 발표되었다. 하지만 아직까지 노년기의 성에 대한 학문적 연구성과는 미미하며, 노인의 성생활에 대해서는 사회적 편견이 강하게 자리 잡고 있다. 이러한 문제와 함께 기대수명의 연장, 건강수준의 향상, 노인인구의 증가 등으로 인하여 노년기의 성에 대한 과학적 연구와 공론화의 필요성이 증가하고 있다.

1) 노년기의 성에 대한 편견

우리 사회뿐만 아니라 서구사회에도 노년기의 성에 대한 잘못된 신화와 편견은 뿌리 깊게 자리 잡고 있다. 이러한 노년기의 성과 관련된 사회적 편견을 종합하여 보면 다음과 같다(오진주, 2001; Weg, 1996).

① 노인에게 성은 중요하지 않다.
② 노인이 성적 활동에 관심을 갖는 것은 비정상적이다.
③ 성적 관심을 표현하는 노인은 음란한 노인이다.
④ 노인은 성적 욕구가 없으며, 무성적(無性的)이다.
⑤ 노인이 성적 욕구가 있다고 하더라도 실제 성행위를 하기에는 허약하다.

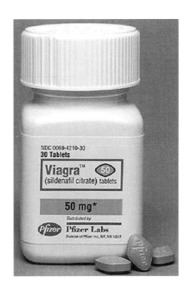

[그림 9-2] 노인의 성: 영화와 약품

자료: www.ijoajoa.co.kr; www.pfizerkorea.co.kr.

이러한 노년기의 성생활에 대한 편견은 일반인뿐만 아니라 노인복지 전문가나 현장 종사자 사이에도 폭넓게 자리 잡고 있으며, 이로 인하여 노인의 성에 대한 부정적인 사회적 태도가 형성되어 있다(오진주, 신은영, 1998).

2) 노년기의 성적 변화

일반적으로 성(性)이라 하면 해부학적 · 생리적 · 유전적 측면에서의 신체 및 생식기적 성(sex)과 성교, 성관계 등의 구체적 성행동을 포함한다. 그리고 사회적인 성적 관습까지를 포함하는 성성(sexuality)과 출생 이후 사회적 · 문화적 · 심리적 환경에 의해 학습된 후천적 성(gender)까지 모두 포함한다. 따라서 성은 성교와 같은 성행위에만 국한된 것이 아니라 사상, 접촉, 공유, 정서적 즐거움, 흥분 등을 포함하는 성적인 모든 관계를 포괄하는 개념이다. 하지만 노년기의 성에 대한 관심, 성적 기능, 성행위 등을 논의할 때 성성(sexuality)이 가장 적합한 개념이므로 다음에서는 이를 중심으로 노년기의 성적 기능 변화에 대해 살펴본다.

노년기의 성적 변화는 생물적 측면, 심리적 측면, 사회문화적 측면과 밀접한 관련성을 지닌다. 먼저, 노년기의 성기능은 생물적 노화로 인한 내분비계의 변화와 신체적 질병과 관련이 있다. 여성의 경우 30~40대에 성충동이 절정에 이르지만, 폐경과 함께 질의 축소와 탄력의 손실, 질 분비물의 감소 등으로 인하여 성관계 시 통증을 유발할 수 있으며, 성적 감응도 줄어들게 된다. 남성의 경우에는 15~25세 사이에 성적 충동이 최고점에 이르지만, 발기와 사정에서 많은 변화가 일어나게 된다. 즉, 노년기에는 음경 크기의 감소, 음경 강직도(强直度)의 저하, 발기 각도의 저하로 인한 불완전한 발기문제가 발생할 수 있다. 그리고 심장병 등의 만성질환으로 성기능에 문제가 생기면 성생활을 의도적으로 억제하기도 하는데, 이때 성적 표현의 대안방법을 모색하면 만성질환이 성기능에 미치는 부정적 영향은 통제가 가능한 부분이 많다. 이러한 생물적 노화에 의해 노년기의 성적 기능이 변화하기는 하지만 성생활이 불가능한 신체연령은 없으며, 적절한 성적 자극이 주어진다면 남녀 모두 성적 표현과 행위가 가능해진다.

노인의 심리상태는 성기능에 많은 영향을 미치게 되는데 불안, 우울, 긴장감 등과 성행위 자체에 대한 불안과 실패 공포 등이 성기능을 저하하는 주된 요인이다. 그 외에 스트레스, 죄의식, 우울, 만성적 무료함, 분노, 지나친 음주 등은 노년기의 성적 관심과 활동에 부정적 영향을 미치게 된다. 실제로 성기능장애의 대부분이 심리적 원인이 있는 것으로 보고되고 있을 정도로, 노년기의 성기능은 심리적 요인에 의해 좌우된다고 할 수 있다(홍숙자, 2010).

노년기의 사회적 노화와 성기능과의 관계를 살펴보면, 성적 파트너인 배우자와의 사별, 자녀의 재혼 반대 등으로 인하여 성적 관심을 표현할 수 있는 통로가 제약되며, 노년기의 성생활에 대한 사회 편견과 문화적 또는 종교적인 이유로 인하여 성적 표현 기회를 상실하거나, 성적 표현이 억제된다. 이러한 사회 편견으로 인하여 어떤 노인은 노년기에 성적 충동을 느끼는 것 자체에 대해서 죄의식과 수치심을 느끼기도 한다(김형수 외, 2023).

3) 노년기의 성생활실태

우리나라에서 노년기의 성에 대한 연구는 1980년대 초반에 처음 이루어졌으나(이윤숙, 1983), 본격적인 연구가 이루어지지 시작한 것은 1990년대 후반부터라고 할 수 있다. 하지만 노인의 성에 대한 기존의 연구들이 표본추출, 조사 지역과 대상, 성생활 범위 등과 관련된 문제를 지니고 있기 때문에 연구결과를 일반화하는 데는 한계가 있다(김형수 외, 2023). 이러한 한계를 지니기는 하지만 기존 연구결과를 종합하여 보면, 연령 증가에 따라 성기능이 저하되지만 대부분은 연령에 관계없이 성에 대한 꾸준한 관심과 욕구를 지니고 있으며, 건강하고 성적 파트너가 존재하는 한 성생활을 계속 유지하고 있는 것으로 나타난다.

먼저, 노인의 노후 성생활에 대한 인식을 살펴보면, 절반 이상의 노인이 노후생활에서 성생활은 중요하다고 인식하고 있다. 특히 남성노인, 연령이 적은 노인, 교육수준과 소득수준이 높은 노인, 건강하고 경제활동에 참여하는 노인이 노후의 성생활을 더욱 중요하게 생각하고 있는 것으로 나타났다(보건복지부, 한국보건사회연구원, 2017). 사랑의 전화(2004)에 따르면, 성적 욕구가 생겼을 때 이를 해결하는 방법은 '참는다'가 41.2%, '성관계를 통해 해결한다'가 29.2%, '접촉, 애무 등 대안 성행위를 한다'가 10.8% 순인 것으로 나타났다.

노인의 성생활 유지 여부는 조사에 따라 다르게 나타나고 있다. 경기도가족여성연구원(2011)에 의하면, 배우자가 있는 여성노인의 61% 정도와 남성노인의 70% 정도가 성생활을 하고 있으며, 배우자가 없는 여성노인의 7% 정도, 남성노인의 26% 정도가 성생활을 하고 있는 것으로 나타났다. 또한 보건복지부와 인구보건복지협회(2012)에 따르면 66.2%가 성생활을 하고 있는 것으로 나타났다. 이러한 성생활 유지나 성행위빈도에 관한 대부분의 조사는 성행위 유형 가운데 성교만을 기준으로 삼고 있으므로, 대안 성행위인 짙은 포옹, 애무, 키스, 자위행위를 포함하면 성생활을 유지하는 비율과 성행위의 빈도는 더욱 높아진다(박광성, 정호성, 2019). 노인이 성생활을 하지 않는 이유를 살펴보면, 남성노인은 주로 발기부전과 성욕감소가 그 이유로 나타났고, 여성노인은 배우자가 없거나 배우자가 발기부전이 있기 때문이라고 하였다(박광성, 정호성, 2019). 이 중에서 발기부전의 문제를 해결하기 위해 성생활을 하는 노인의 절반 정도가 발기부전 치료제를 구입한 경험이 있으며, 1/5 정도는 성인용품을 구입한 경험이 있는 것으로 나타났다(보건복지부, 인구보건복지협회, 2012). 그리고 성적 어려움이 있을 때 친구(36%), 배우자(18.4%), 전문상담기관(10%)과 상담을 하는 것으로 나타났으며, 58% 정도의 노인은 성에 대한 교육이나 상담의 필요성을 느끼고 있는 것으로 나타났다.

4) 노년기 성문제의 해결을 위한 과제

노년기의 성생활은 결혼만족도뿐만 아니라 노년기의 삶의 질과 노후생활 적응에도 중요한 영향을 미친다. 이러한 노년기의 성생활을 증진하고 성문제 해결을 위하여 추진해야 할 과제는 다음과 같다(김형수 외, 2023; 보건복지부, 인구보건복지협회, 2012; 홍숙자, 2010).

첫째, 노인 스스로 노년기의 성생활에 대한 태도를 변화시켜야 한다. 성, 재혼, 이성교제 등을 금기시하기보다는 적극적이고 긍정적인 자세를 가져야 한다. 그리고 노년기의 신체기능 저하와 질병을 적절히 관리하고, 노화로 인하여 나타나는 생식기 변화를 정확히 인식하고, 이를 극복하기 위하여 적절한 치료방법이나 성보조용품을 사용할 필요가 있다. 그리고 실제 성행위를 하지는 않더라도 언어적 애정표현, 스킨십 등을 통하여 상호 간 애정과 성적 관심을 표현함으로써 정서적 지지를 주고받을 필요가 있다. 또한 성관계 시에 반드시 오르가슴에 도달해야 한다거나 상대방을 성적으로 만족시켜야 한다는 목표의식을 버리는 것이 바람직하다.

둘째, 노년기 성에 대한 교육을 실시하여야 한다. 일반인, 노인, 노인복지 종사자의 노년기 성에 대한 잘못된 신화나 편견은 노년기 성에 대한 몰이해에서 비롯된다고 할 수 있으므로, 이들을 대상으로 한 노년기 성교육 프로그램을 개발·실시함으로써 노년기의 성생활에 대한 긍정적인 인식을 갖게 해야 한다. 특히 노인복지 종사자는 노인의 성에 대한 개인적 편견을 극복하고 노인의 성과 관련된 전문교육을 이수하여, 노년기의 성적 문제에 대한 전문적 원조를 할 수 있는 능력을 갖추어야 한다.

셋째, 노인 대상의 전문상담기관을 확대하여 노년기의 재혼, 이성교제, 성과 관련된 상담과 정보를 제공해야 한다. 노인이 자주 이용하는 노인복지관이나 사회복지관에서 노년기의 성에 대한 교육과 상담을 할 수 있도록 제도적 장치를 마련해야 하며, 집단생활을 하는 노인복지시설에서도 노인의 성문제 해결을 위한 상담과 정보 제공 서비스를 강화해야 한다. 그리고 성생활을 하는 노인 중에서 성병감염 경험이 있는 경우가 있는 점(박미자, 김윤정, 2006)을 고려하여 성병 치료의뢰와 정보 제공이 필요하며, 노인의 이성교제와 재혼을 지원하는 사별한 노인을 위한 클럽, '장수미팅' 등의 다양한 프로그램을 실시할 필요가 있다.

넷째, 노년기의 성생활에 대한 과학적이고 체계적인 연구가 이루어져야 한다. 현재까지 이루어진 노년기의 성에 관한 연구들은 주로 성에 대한 관심과 흥미, 성행위 지속 및 빈도 등 노년기의 성에 대한 기본 실태를 파악하는 데 머물러 있었다고 할 수 있다. 따라서 앞으로 의학, 간호학, 사회복지학 등 더 다양한 학문분야에서 노년기의 성과 관련된 과학적 연구가 이루어져야 하며, 이를 바탕으로 노년기의 성문제를 예방·해결할 수 있는 체계적인 개입전략이 모색되어야 한다.

4. 노인인권과 노인학대

조선 말엽의 선교사 Gale이 『조선의 풍경(*Korean Sketches*)』(1898)에서 "조선은 노인의 천국이다. 내가 다시 태어난다면, 조선에서 노인으로 태어나 노인으로 살다 죽고 싶다."라고 말할 정도로, 산업화 이전에는 예기(禮記)에서 말한 존친(尊親), 능양(能養), 불욕(不辱)이라는 '효유삼(孝有參)'의 윤리에 입각하여 노인의 인권이 높은 수준에서 보장되었다. 그러나 산업화 이후 노인차별주의(ageism)가 팽배해짐에 따라 이제는 'Corea는 노인 지옥'이라고 해도 과언이 아닐 만큼 노인 공경의식은 땅에 떨어져 있다(이규태, 2001). 상황이 이러하다 보니 가정과 사회에서 차별받고 자유권과 사회권 등의 인간적 권리가 침해당하고, 학대받는 노인의 사례가 급증하고 있다. 이에 다음에서는 노인의 인권, 노인차별, 노인권익운동, 성년후견제도와 노인복지 옴부즈맨 제도, 노인학대에 대해 살펴본다.

1) 노인인권

인권(human rights)이라는 개념은 봉건사회의 몰락과 근대 자본주의 사회의 형성이라는 역사적 측면과 17~18세기 유럽의 자유주의 정치사상에 입각한 자연법 사상에서 비롯되었다. 인권이라는 용어 중에서 권리(right)는 '옳다(rectitude)'는 뜻과 '어떤 것을 요구할 수 있는 자격(entitlement)'이라는 뜻을 동시에 가지므로, 인권이란 "옳고 정당한 어떤 것을 요구할 수 있는 자격"을 말한다(류은숙, 2009).

이러한 인권에는 모든 개인에게 보편적으로 적용되는 생명, 인간 존엄성, 자유, 평등, 정의, 사회적 책임과 연대, 평화, 자연과의 조화 등과 같은 가치가 내포되어 있지만, 인권을 바라보는 관점에 따라 다양하게 정의될 수 있다(염형국, 2004). 인권의 사전적 의미는 "사람이 사람답게 살기 위해 필요한 것으로서 당연히 인정된 기본 권리" 또는 "인간이 자연인으로 누려야 할 당연한 권리"를 의미한다. 그러나 세계인권선언에서는 인간이 존엄한 존재가 되기 위해 가져야 할 당연한 권리로 보고, "인간이 누구이고 무엇을 하든지 하나의 존엄한 존재로서 존중받을 권리"라고 규정하고 있다(국가인권위원회, 2004). UN 인권센터에서는 "인간의 타고난 천성에 내재되어 있는 것으로, 이것 없이는 인간으로 살 수 없는 권리"라고 정의하고 있다(UN Center for Human Rights, 2005). 이와 같은 인권에 대한 정의에 기초해 볼 때, 인권이란 "인간이기에 갖는 본질적이고 선천적인 권리로서, 인간이 그 자체로서 존엄성을 인정받고 인간답게 살아가는 데 필요한 모든 권리"라고 정의할 수 있다(권중돈, 2012). 이러한 인권은 발달 단계에 따라, 시민적·정치적 권리, 즉 자유권을 의미하는 1세대 인권, 경제적·사회적·문화적 권리, 즉 사회권을 의미하는 2세대 인권, 그리고 지구촌 시대의 경제개발에 따른 혜택을 공유할 권리, 환경보호의 권리 등을 포괄하는 권리, 즉 집단권 또는 연대권을 의미하는 3세대 인권으로 구분할 수 있다(Ife, 2000). Galtung(1994)은 인권을 색채에 비유하여, 1세대 인권을 청색인권(The Blue), 2세대 인권을 적색인권(The Red), 그리고 3세대 인권을 녹색인권(The Green)이라 부르고 있다.

노년기라는 특정 연령대에 속해 있는 노인은 다른 연령집단과 다름없이 인간이 누릴 수 있는 모든 권리를 향유할 수 있는 인권의 주체이다. 노인의 인권은 노인의 인간존엄성 보장을 위한 기본 전제이며, 노인이 "인간답게 노후생활을 영위할 수 있는 권리"(박수천, 2005; 이석준, 2001)이다. 그러나 인간다운 생활을 할 수 있는 권리라는 노인인권에 대한 개념 정의는 매우 추상적이며, 노인의 특성과 사회환경을 충분히 반영하지 못하고 있다. 그뿐만 아니라 국제연합(UN) 인권이사회에서 '유엔 노인권리협약'의 제정에 관한 논의가 이루어지고 있지만, 아직 국제적으로 합의된 노인권리협약이 제정되지는 않은 관계(국가인권위원회, 2022. 7.)로 노인인권의 개념과 영역을 명확하게 정의할 수 없는 상황이다. 따라서 노인인권의 개

넘과 영역을 구체화하기 위해서는 국내외 노인인권에 대한 정책 및 학술적 논의를 좀 더 살펴보아야 한다.

1969년 백악관 노인회의에서 채택된 미국의 노인헌장에서는 노인의 권리를 아홉 가지로 명기하고 있다. 미국 노인헌장에서는 노인이, ① 인간으로서의 역할을 수행할 수 있는 권리, ② 각자의 능력에 따라 취업을 할 수 있는 권리, ③ 노후생활의 궁핍을 면할 수 있는 권리, ④ 여가 · 교육 및 의료에 대한 지역사회의 자원을 공평하게 향유할 수 있는 권리, ⑤ 노후의 필요를 충족할 수 있는 주거에 거주할 수 있는 권리, ⑥ 가족의 최선의 이익에 반하지 않는 한 정신적 · 경제적 원조를 받을 수 있는 권리, ⑦ 본인이 원하는 경우에는 독립하여 생활할 수 있는 권리, ⑧ 생존이나 사망 시까지도 인간으로서의 존엄성을 잃지 않을 권리, ⑨ 노후를 풍부하게 보내는 데 필요한 모든 지식에 접근할 수 있는 권리를 지닌다고 규정하고 있다 (권중돈, 2006a).

우리나라의 「노인복지법」 제2조에서는 노인은 존경받으며 건전하고 안정된 생활을 할 권리와 능력에 따른 경제활동 및 사회활동 참여 권리를 지님과 동시에 심신의 건강유지와 사회발전에 기여할 의무를 규정하고 있다. 국가인권위원회(2006)의 국가인권정책기본계획에서는 노인의 주거권, 건강권, 사회복지권이라는 세 가지 권리 보장을 노인인권 증진의 목표로 규정하고 있다. 국가인권위원회(2018)는 노인인권실태조사에서 노인인권을, ① 건강 · 돌봄, ② 기본생활(의식주), ③ 소득, ④ 고용 · 노동, ⑤ 사회참여 · 통합, ⑥ 존엄 · 안전이라는 6개 영역으로 구분하고 있다. 밝은 노후(2004)는 권리의 주체로서의 노인, 자기결정의 원칙, 잔존능력의 존중과 활용, 노인의 가치와 존엄의 확보라는 인권사상을 기반으로 하여, 노인의 권리 영역을 주거권, 고용보장의 권리, 건강권, 교육권, 소득보장권, 기타의 권리라는 6개 영역으로 구분하였다. 김미혜(1999)는 노인인권에, ① 의식주 등을 보장받을 권리, ② 수발을 요구하고 받을 권리(수발청구권), ③ 적절하고 충분한 의료를 보장받을 권리, ④ 적절한 노동과 이에 상응하는 소득을 보장받을 권리, ⑤ 재산상의 관리, 보호를 보장받을 권리, ⑥ 정치 및 정책에 참여할 권리, ⑦ 문화적 생활을 누릴 권리, ⑧ 권리구제를 요구할 권리라는 여덟 가지를 노인인권의 영역으로 규정하고 있다. 서혜경(2001)은 노인이 갖는 복지권에, ① 의식주 보장의 권리, ② 수발청구권, ③ 적절하고 충분한 의료보장의 권리, ④ 노동과 적당한 소득보장의 권리, ⑤ 재산상의 권리 보호를 받을 권리, ⑥ 정치 및 정책에 참여할 권리, ⑦ 권리구제를 요구할 권리가 포함된다고 보고 있다.

이와 같은 노인인권에 관한 국제원칙, 법률, 선행연구에서 제시한 노인인권의 영역과 내용이 각기 상이하기는 하지만, 노인의 인권 역시 존엄권, 자유권, 사회권, 그리고 절차적 권리를 포함하는 것으로 볼 수 있다. 이에 이 책에서도 노인인권의 영역을, ① 행복추구권과 평등권 등의 존엄권, ② 신체적 자유권과 사생활에 관한 자유권, 정치 · 문화 · 종교활동의

표 9-6 노인인권의 영역과 세부 권리

영역	인권 항목	세부 권리
존엄권	행복추구권과 평등권	• 천부적 자유와 존엄, 생명권, 신체의 자유와 안전, 강제노동과 노예제도의 금지, 고문금지, 법 앞에서의 평등, 차별과 학대의 금지
자유권	신체자유권	• 불법 체포 및 구속에서의 자유, 불법강제 노역에서의 자유
	사생활자유권	• 사생활의 비밀과 자유, 주거의 불가침, 거주 및 이전의 자유, 통신의 자유
	정신적 자유권	• 양심의 자유, 종교의 자유, 학문과 예술의 자유, 개인 및 집단적 표현의 자유
	경제적 자유권	• 재산권의 보장, 직업선택의 자유
	정치적 자유권	• 정보접근권, 정치활동의 자유, 참정권
사회권	경제권	• 연금수급권, 기초생활보장권, 노후경제생활 교육받을 권리 등
	노동권	• 은퇴준비 교육권, 경제활동 참여권(기업체 취업, 창업, 노인일자리사업), 적정 보수를 받을 권리, 적정 노동환경 요구권(산재보험 등) 등
	주거권	• 주거환경보장권(주택소유, 주거환경 개선, 임대보증금 지원 등)
	건강권	• 건강증진권(건강교육, 건강상담, 건강교실 등) • 위생 및 영양권[이·미용, 목욕, 세탁서비스, 경로식당(중식서비스), 밑반찬·도시락배달, 푸드뱅크 등] • 건강급여권(의료 이용, 건강보험과 의료급여 등) • 재활서비스 이용권[양·한방진료, 재활문제해결(물리치료, 작업치료, 운동재활, ADL 훈련 등)] • 요양보호권(방문요양, 노인맞춤돌봄서비스, 주간·야간·단기보호, 장제서비스), 시설입소권(노인요양시설 등) 등
	평생교육권	• 노인교실, 노인복지관 등의 교육 프로그램 참여권(한글교실, 외국어교실, 교양교실, 정보화교육, 역사교실, 예능교실, 전통문화교실 등)
사회권	문화생활권	• 경로당, 노인복지관 등의 여가문화 프로그램 참여권(음악, 미술, 원예교실, 다도교실, 문화교실, 운동, 바둑·장기 등)
	사회참여권	• 자원봉사활동 참여권, 동아리·클럽 활동 참여권, 교통편의서비스 이용권 등
	가족유지권	• 가족과의 교류, 가족의 부양을 받을 권리 등
	소통권	• 가족, 이웃, 친구, 비노인층 등 관계망과의 교류권
절차적 권리		• 청원권, 재판의 청구권, 형사보상 청구권, 국가배상 청구권, 범죄피해자의 구조 청구권

자유권 등의 자유권, ③ 건강권, 주거권, 소득보장권, 교육문화권, 노동기본권, 복지수급권 등의 사회권, ④ 청원권, 국가배상 청구권 등의 절차적 권리로 규정한다. 이러한 노인의 인권 영역을 좀 더 세부적으로 제시하면 〈표 9-6〉과 같다(권중돈, 2012).

지역사회에 거주하는 노인과는 달리 노인복지시설 생활노인의 인권 영역과 항목은 다소 다르게 구분될 수 있다. 보건복지부에서 2006년 5월 공포한 노인복지시설 인권보호 및 안전관리 지침에서는 〈표 9-7〉에서 보는 바와 같이 '시설생활노인 권리선언'을 통하여 노인복지시설 생활노인이 갖는 권리를 열세 가지로 명시하고 있다.

그리고 국가인권위원회(2008. 8.)에서 발간한 『노인분야 인권교육 교재』에서는 노인복지시설 생활노인의 권리를 건강권, 주거권, 생활안전권, 경제권, 문화생활권, 교류 및 소통권, 자기결정 및 선택권이라는 일곱 가지 인권 영역으로 구분하였다. 그리고 한국노인복지시설협회(2009. 10.)에서는 노인복지시설의 서비스 단계를 입소이전 단계, 입소초기 단계, 입소생활 단계, 퇴소 단계로 나누고 시설 서비스의 영역을 22개로 구분한 후, 각각의 서비스 영역에서 보호해야 할 생활노인의 인권 항목을 모두 64개로 상세하게 분류하여 제시하고, 인권관점에 기초한 노인복지실천(rights-based approach)의 기본 원칙을 제시하고 있다. 국가인권위원회에서 발간한 『노인 인권 길라잡이』(권중돈 외, 2014)에서는 노인복지시설을 노인주거·의료복지시설, 재가노인복지시설, 노인여가복지시설, 노인보호전문기관으로 구분하고 서비스 과정을 서비스 이용(입소) 이전 단계, 서비스 이용(입소) 초기 단계, 서비스 제공(입소생활) 단계, 서비스 종결(퇴소) 단계로 구분하여 각각의 시설 종류와 서비스 단계별로 노인이 갖는 인권의 영역과 세부적 권리를 제시하고 이를 뒷받침하는 인권기준과 인권관점 실천원칙을 제시하였다.

이러한 노인인권의 보장은 적극적 의미로는 자유권, 사회권 등의 노인인권 영역 전체의 보호를 의미하지만, 실제로는 노인차별이나 노인학대와 자유권 침해로부터의 보호라는 소극적 의미에서 이루어지고 있다. 1981년 「노인복지법」 제정 이후 지금까지의 노인복지제도는 최저한도 이상의 생활을 보장하는 생존권을 충족하고, 사회 불이익이나 침해로부터 자유권을 방어하는 데 매우 소극적이었다(박수천, 2005). 노인복지정책이나 실천 영역뿐 아니라 학술연구 부문에서도 노인인권의 '보장'보다는 노인인권의 '침해'가 중심 주제가 되고 있다.

노인의 인권을 보장하기 위한 사회적 노력이 바로 노인복지제도이다. 「노인복지법」이 제정된 이후 다양한 노인복지발전계획이 추진되면서 노인의 사회권 보호수준은 점진적으로 높아지고 있다. 그럼에도 현행 노인복지정책과 국가인권정책은 노인의 인권을 적극적으로 보장하는 데 많은 한계를 보이고 있다(조영황, 2005; 법무부, 2024. 3.). 이러한 문제점을 인식하고 노인차별이나 학대와 같은 인권침해문제의 해결보다는 노인인권을 보호하기 위한 국가의 좀 더 적극적 개입을 요구하는 목소리가 높아지고 있다. 이에 반응하여 국가인권위원

표 9-7 노인복지시설 생활노인 권리선언

　　노인복지시설 생활노인은 대한민국 국민으로서 그리고 후손의 양육과 국가 및 사회의 발전에 기여하여 온 자로서 헌법과 법률에 정한 권리와 존엄한 노후생활의 보장을 받을 권리를 지니고 있다. 노인복지시설 생활노인은 다음과 같은 기본적 권리를 가지며 어떠한 이유로도 권리의 침해를 받아서는 안 되며, 국가와 시설은 생활노인의 인권을 보호하고 삶의 질을 향상시키기 위하여 최선의 노력을 기울여야 한다.

- 시설 운영 및 생활 관련 정보를 제공 받고 입소를 선택할 수 있는 권리
- 개인적 욕구에 상응하는 서비스를 제공받고 선택할 수 있는 권리
- 안락한 가정과 같은 환경과 안전한 주거환경에서 생활할 권리
- 개인적 사생활과 비밀보장에 대한 권리
- 존경과 존엄한 존재로 대우받고, 차별 및 노인학대를 받지 않을 권리
- 부당한 신체구속을 받지 않을 권리
- 건강한 생활을 위한 서비스를 제공 받을 권리
- 시설 내ㆍ외부 활동 및 사회적(종교, 정치 등) 관계에 참여할 권리
- 개인 소유의 재산과 소유물을 스스로 관리할 권리
- 이성교재, 성생활, 기호품 사용에 관한 자기 결정의 권리
- 고충의 표현과 해결을 요구할 권리
- 퇴소를 결정하고 퇴소 후 거주지를 선택할 권리
- 시설 종사자와 동료 노인의 인권을 보호해야 할 권리

자료: 보건복지부(2024c). 노인보건복지사업안내.

회에서는 노인인권 보장을 주요 정책과제 중의 하나로 선정하였으며, 보건복지부에서는 노인복지시설 생활노인의 인권보호를 위한 지침을 마련하고, 노인복지시설 종사자에 대한 인권교육을 법제화하는 등 노인인권 보호를 위한 진일보한 대책을 제시하고 있다. 하지만 우리 사회 전반에 걸쳐 노인인권에 대한 관심과 인식 수준이 낮고, 국가가 더욱 적극적 의미의 노인인권 보호대책을 제시한 것은 최근의 일이므로 구체적이고 실질적인 효과는 나타나지 않고 있다.

　　이와 같은 노인의 인권을 더욱 적극적으로 보장하기 위해서는, ① 노인인권에 대한 체계적 연구와 논의의 활성화, ② 노인, 시민, 노인복지종사자를 대상으로 한 노인인권에 대한 교육과 홍보의 강화, ③ 성년후견제의 활성화, 차별금지법의 입법, 노인복지 옴부즈맨 제도 도입 등을 통한 법적ㆍ제도적 기반의 구축, ④ 문제 또는 욕구 중심의 관점에서 벗어나 인권 관점(right-based perspective)에 근거하여 노인문제와 노인복지정책, 노인복지실천을 재조명ㆍ재설계, ⑤ 노인의 참여와 자기결정을 기반으로 한 역량강화 실천의 확대, ⑥ 노인권익

옹호사업의 강화와 인권 네트워크의 구축과 같은 다양한 대응 방안이 모색되어야 할 것이다 (권중돈, 2012).

2) 노인차별

노인은 각기 다른 사회경제적 지위를 지니고 있음에도 '노인은 모두 가난하고 쇠약하며, 사회에 의존하고 원조를 받지 않으면 안 된다.'라는 사회 고정관념에 의해 차별 대우를 받는 경우가 많다. 즉, 노인은 자신의 의지와는 상관없이 노인에 대한 사회 편견과 차별의 희생양 이 되게 하는 특징으로 인하여 사회 내에서 종속적 지위를 부여받는다.

이러한 노인에 대한 차별과 관련된 용어로는 노인에 대한 고정관념(stereotype), 편견 (prejudice), 차별(discrimination), 연령차별주의(ageism)가 있다. 이러한 용어 중에서 편견은 특정 집단에 대한 부정적 느낌의 정서적 · 평가적 요소를 말하며, 인지적 요소는 고정관념, 그리고 행동적 요소는 차별이라고 할 수 있다(원영희, 2004; Freeman et al., 1981). 이 중에서 연령차별주의라는 용어는 Butler가 1969년 처음 사용한 것으로, 특정 연령층에 대해 일방적 편견을 갖거나 이에 상응하는 차별적 행위를 의미한다(McGowan, 1996). 따라서 연령차별주 의는 연령에 따른 사회차별 또는 사회불평등, 억압의 한 형태(김욱, 2002; Atchley & Barusch, 2004; Kite & Wagner, 2002)이지만, 대체로 노인을 대상으로 한 차별이 보편적이므로 노인차 별주의라고 부르는 경우가 많다.

이와 같은 노인차별은 현대화이론, 하위문화이론, 사회와해이론, 활동이론, 분리이론, 정 치경제적 관점, 교환이론, 사회학습이론 등의 다양한 이론적 관점에서 그 원인을 분석할 수 있다(고양곤, 2002; McGwan, 1996). 이러한 이론에 대해서는 제2장의 노화와 관련된 논의에 서 이미 언급하였으므로, 노인차별의 원인적 요소를 사회적 · 문화적 · 이념적 · 심리적 측 면으로 구분하여 살펴보고자 한다. 노인차별을 야기하는 사회요인으로는 급속한 산업화와 경제성장과정에서 교육기회의 제한으로 인한 지식과 기술이 낙후되어 생산성이 낮은 고령 자를 노동시장에서 분리하고, 이러한 분리와 함께 부(富)의 분배에서도 주변 지위로 밀려나 게 된 점을 들 수 있다. 문화적 또는 이념적 측면에서는 젊은이 중심의 문화가 확산되고 개 인의 자율성을 중시하며, 사회경제적 경쟁과 생산성을 중시함에 따라 노인이 갖고 있는 보 수적 가치관과 문화는 현대사회의 가치지향이나 문화와는 일치하지 않게 됨으로써 노인 에 대한 차별이 심화되었다. 심리적 측면에서 보면 완고성, 경직성, 우울 성향의 증가, 과거 에 대한 회상의 증가와 같은 심리적 노화로 인하여 노인이 지닌 단점은 부각되는 반면, 노인 이 지닌 장점은 무시되고 이로 인해 노인에 대한 고정관념과 편견은 더욱 강화되었다. 특히 TV, 신문 등의 언론매체에서 노인을 부정적으로 묘사하는 것이 사회의 노인에 대한 편견이나 차별을 더욱 고착화하는 경향이 있다.

현재 우리나라의 노인차별에 관한 연구는 주로 노인에 대한 태도, 노인에 대한 고정관념과 편견, 노인에 대한 이미지 등에 국한되어 있어(원영희, 2004), 노인차별이 어느 정도 수준에 이르고 있는지를 정확히 파악하기는 어렵다. 원영희(2004)는 청소년~중장년층을 대상으로 한 연구에서 전반적인 노인편견 점수가 4점을 기준으로 할 때 영역에 따라 1.7~2.4점으로 나타나 노인에 대한 편견수준이 높지 않다고 하였다. 하지만 김욱(2002)의 연구에 따르면 우리 사회는 노인차별 현상이 광범위하게 나타나고 있어, 대다수의 노인이 사회생활과 일상생활에서 노인차별을 지각하거나 경험하고 있으며, 차별의 유형은 다를지라도 전체적인 차별 정도는 미국이나 캐나다 등의 서구 국가와 크게 다를 바가 없다고 하였다. 그리고 고양곤(2002)은 경제활동 분야에서 노인은 신규 채용 시의 연령 제한, 정년제에 의한 차별, 고용직종과 임금수준의 격차 등과 같은 다양한 차별을 경험하고 있다고 하였다. 또한 한동희(2002)는 노인복지정책 형성과정에서의 노인 배제, 의료기관의 불친절이나 부적절한 처치, 각종 공공부조제도에서의 차별, 고용기회의 차별, 여가장소의 부족, 교통수단 이용에서의 차별, 노인문화에 대한 경멸적 태도, 노인교육 기회에서의 차별 등과 같은 공공부문에서의 다양한 노인차별이 존재한다고 지적하였다. 실제로 노인의 4~14% 정도는 공공과 민간부문의 서비스를 이용하면서 연령차별을 경험한 것으로 나타났다(보건복지부, 한국보건사회연구원, 2023). 국가인권위원회(2020)의 조사에 따르면 장애인, 여성에 대한 차별 다음으로 노인에 대한 차별이 심한 것으로 나타나, 우리 사회의 노인차별주의 의식이 보편화되고 더욱 심화되고 있음을 알 수 있다. 그러나 노인은 이러한 차별에 대응하여 자신들의 권리를 요구하기보다는 스스로도 '노인이니까, 노인이면 누구나'와 같은 차별적 사고에 젖어 사회불평등과 사회차별에 적응되어 있는 양상을 보이는 것으로 나타났다.

이러한 노인차별의 예방, 완화 및 해결을 위해서는 노인 스스로의 적극적 노력과 함께 이의 해결을 위한 사회적 관심과 지지가 요구된다. 좀 더 구체적으로는 노인 자신의 활기찬 노후생활(active aging) 영위를 위한 노력을 지원할 수 있는 프로그램과 서비스의 개발, 노인복지정책의 강화, 유아교육에서 고등교육 더 나아가 평생교육의 과정에서 지속적인 노화와 노인에 관한 교육의 실시, 여러 세대가 동시에 참여하는 세대통합 프로그램의 실시, 노인에 대한 차별을 예방하는 법 및 제도적 장치의 마련, 노인차별 현상에 대한 더욱 심층적이고 실험적인 연구의 강화 등이 이루어져야 한다.

3) 노인권익운동

현 세대의 노인계층은 일제에 의한 강점, 한국전쟁, 4·19와 5·16 등의 정치 변혁을 거치는 과정에서 자신들의 안녕보다는 국가의 번영과 가족의 안녕을 위해 살아온 세대이다. 하지만 노인복지제도는 일정한 한계를 지니고 있고, 가족의 부양기능은 급격히 저하됨에 따라 현 세대의 노인에 대한 사회적 처우는 어렵게 살아온 삶의 역정에 대한 보상으로는 매우 미흡한 점이 많다. 우리 사회의 약자인 노동자, 장애인, 여성 등은 자신의 권리를 찾기 위하여 나름의 사회운동 또는 권익운동을 전개해 왔고 그에 상응하는 성과도 거두었다. 그러나 노인은 양보를 미덕으로 알고 자신의 권리를 주장하는 데 매우 소극적이었다. 심지어는 노인의 욕구와 권리가 노인복지정책에 충분히 반영되지 못함으로써 노인의 소외와 고통은 심화되고 있다. 이러한 상황을 고려할 때, 노인은 자신의 복지에 대한 권리를 요구하기 위한 권익운동에 적극적으로 참여하여야 한다.

(1) 노인권익운동의 개념

우리가 꿈꾸는 이상사회(utopia)가 아니고서는 현실 사회에서 모든 인간이 인간으로서의 존엄성을 보장받고 자유롭고 평등한 삶을 영위한다는 것은 불가능하다. 민주주의 이념을 바탕으로 한 현대사회에서는 이념적으로는 인간의 존엄, 평등, 자유 등을 주장하고 있지만 노동자, 장애인, 여성, 노인 등과 같은 사회 약자는 삶의 과정에서 다양한 불평등과 차별, 인간존엄성을 침해당하고 생존을 위협받고 있는 것이 현실이다. 이러한 상황을 극복하고 인간다운 생활, 즉 건강하고 문화적인 삶을 누리기 위해서는 사회 약자, 더 나아가서는 전 국민이 국가에 적극적인 관여와 배려, 급여와 서비스를 요구할 수 있는 권리를 적극적으로 제기할 필요가 있다(박왕호, 2001).

노인권익운동은 노인의 인권을 보장받기 위한 사회운동이다. 즉, 노인권익운동이란 노인의 안정된 삶과 복리증진에 방해가 되는 기존의 사회관계를 변화시키려는 집합적 노력이라고 정의할 수 있다. 이러한 노인의 인권을 찾기 위한 노력을 지칭하는 용어로 노인권익운동, 노인복지운동, 노인권익옹호운동, 심지어는 '노인의 제 밥그릇 찾기'운동이라는 용어가 사용되고 있으나, 개념 차이는 거의 없다고 할 수 있다.

이러한 노인권익운동은 사회운동의 한 영역으로서 사회운동이 갖는 구성요소를 갖추고 있다. 첫째, 노인권익운동은 어느 정도 조직을 갖고 일정한 방식으로 상호 의사소통하는 다수의 사람으로 구성되어야 한다. 둘째, 노인권익운동을 추진하는 조직의 규모는 비교적 커야 한다. 셋째, 노인권익운동은 목표 달성을 위해 제도화되지 않았거나 사회적으로 수용되지 않는 수단을 활용하는 경우가 일반적이다. 넷째, 노인권익운동은 구성원 개인의 목적달성이 아니라 사회의 변화에 궁극적 목적을 두어야 한다. 다섯째, 노인권익운동은 의식적이고 계획적이며 목표지향적 노력이어야 한다(고양곤, 2000).

(2) 노인권익운동의 가능성과 현실

노인권익운동이 활성화되고 소기의 목적을 달성하기 위해서는 정치적 기회구조, 내적 리더십, 조직의 역량과 응집력이라는 조건을 갖추어야 한다(고양곤, 2000). 첫째, 노인권익운동이 성공하기 위해서는 정치기관의 개방성과 이들 기관과의 안정적 정치 제휴가 필요하다. 현재 우리 사회의 정치체계는 매우 폐쇄적이고 권위적인 권력구조를 지니고 있어 노인권익단체는 정치권과의 교류에서 제약을 받고 있고, 각종 선거에서 공청회 정도를 하는 데 그치고 있다. 또한 노인의 정치적 결집성 미약으로 인하여 정치적 기회구조를 적절히 갖추지 못하고 있는 상황이며, 태극기부대와 같은 편향된 정치이념 집단의 과격한 행동으로 인해 노인의 정치참여와 영향력 행사에 부정적 사회 분위기가 형성되고 있는 실정이다. 둘째, 노인권익운동단체 내부의 탁월한 내적 리더십이 요구되지만, 우리 사회에서는 노인권익단체 내부의 토착적 지도자나 외부의 탁월한 리더십을 보유하지 못하고 있는 실정이다. 셋째, 노인권익단체의 강한 역량과 응집력이 요구되지만, 현재 우리나라 노인권익단체의 인적 구성과 자금 동원력은 매우 취약하다. 특히 현 세대 노인의 경우 사회의 어른으로서의 체통 중시, 유교적 가치관, 노화에 따른 생물적·심리적·사회적 기능의 약화 등으로 인하여 결사체 또는 연합체로서의 응집력을 갖지 못하고 있는 상황이다.

노인권익운동은 정치압력단체로 활동하거나 직접 현실정치에 참여하는 방법이 있다. 그러나 아직 노인의 권익을 옹호하는 단체의 역량은 매우 취약하고, 정치적 기회구조는 매우 제한되어 있다. 따라서 앞으로 노인권익단체는, ① 다른 시민단체와의 연합, 대국민 직접 홍보, 언론을 이용한 홍보 등을 통해 여론을 유도하고, ② 전문 기술과 관련 단체의 이익계산을 바탕으로 선거에서의 표를 무기로 정치권과 노인복지정책을 협상하고, ③ 정책협의회와 자문위원회의 참여, 정책 건의, 법 집행이나 공무집행과정에의 참여와 평가 등을 통하여 노인복지정책의 형성과 집행에 적극적으로 관여하고, ④ 노인에게 불리한 평결을 내릴 수 있는 법관에 대한 배척, 불신임운동 등을 전개하는 방법으로 정치압력단체로서의 역량을 강화해야 한다.

현재 우리나라에서 노인권익을 옹호하는 노인권익단체로는 대한노인회, 한국노인단체연합회, 대한은퇴자협회와 직종별 퇴직자단체(예: 체신동우회, 보사동우회, 철우회, 서울시시우회 등), 한국노년학회 등의 노년학 관련 학회 등이 있다. 대표적인 노인권익단체인 대한노인회는 재정의 대부분을 국고에 의존하고 있다는 점과 리더십의 취약성, 조직의 취약한 인적 구성 및 응집력으로 인하여 노인권익단체로서의 기능에 한계를 지닌다(백세시대, 2024. 5. 27.). 그 외에 대한은퇴자협회나 직종별 퇴직자단체, 각종 학회 등의 노인권익옹호활동은 매우 취약한 상황이다.

이에 비해 서구국가에서는 노인권익운동이 매우 활성화되어 있다. 즉, 노인권익증진을

위한 다양한 비정부기구(NGO)가 노인복지정책 개발은 물론이고 고령유권자조직, 노인정보
화교육, 폭력예방사업 등 실질적인 서비스를 제공하고 있으며, 노인단체 간의 연계활동을
적극 추진하고 있다(박영란, 2001). 미국의 은퇴자협회(AARP)는 정치압력단체로서의 기능을
수행하여 노인의 권익을 보호하는 활동에 앞장서고 있다. 유럽 국가들의 노인권익 활동은
두 가지 차원에서 이루어지고 있다. 하나는 지역에 살고 있는 노인의 서비스 욕구가 아래로
부터 위로 정책결정자에게 정치압력으로 나타나는 것이고, 다른 하나는 지방정부, 중앙정
부, 유럽연합정부의 정책결정자에 의한 자발적인 노인단체 지원과 노인인구의 정치세력화
에 대한 지지이다. 일본의 대표적인 노인권익단체인 전국노인클럽연합회의 간부 상당수가
각 지방자치단체 산하 심의회 위원으로 활동하며, 정치적 영향력을 발휘하고 있다.

(3) 노인권익운동의 문제점과 과제

우리나라의 노인권익운동은 아직 초보 단계를 벗어나지 못하고 있으며, 이 분야에 대한
연구도 제한적이지만, 그 문제점을 정리하여 보면 다음과 같다(고양곤, 2000; 서혜경, 2001).

① 노인의 권리에 대한 의식수준이 낮고 응집력이 낮다.
② 노인의 정치적 결속력이 취약하다.
③ 폐쇄적 정치구조로 인하여 정치적 기회가 매우 취약하며, 노인의 정치 참여 또한 매우
   부진하다.
④ 대부분의 노인권익단체가 인적 및 재정적 역량의 한계로 인하여, 정치압력단체로서의
   기능을 수행하지 못하고 있다.
⑤ 노인권익단체의 취약한 리더십으로 인하여 대정부 로비력과 추진력이 미약하다.
⑥ 노인권익단체가 새로운 정책대안을 제시하는 데 한계를 지닌다.
⑦ 노인권익단체는 내부 구성원에 대한 교육과 정보 제공 기능에 한계를 지닌다.
⑧ 노인권익단체의 폐쇄성으로 인하여 다른 시민단체와의 연대활동에 매우 소극적이다.

이러한 문제를 해결하고 노인권익운동을 더욱 활성화하기 위해서는 시간이 약이라고 하
는 주장이 있다. 즉, 앞으로 권리의식이 강한 베이비붐 세대가 노인이 되면 자연스럽게 노인
권익운동이 활성화될 것이라고 보는 주장이다. 그러나 이러한 소극적인 접근방법으로는 급
격히 진행되고 있는 인구고령화로 인해 파생되는 노인문제를 해결하고 노인의 복지 증진을
도모하는 데는 한계가 있으므로, 지금부터 다음과 같은 적극적인 노력을 기울여야 한다(고
양곤, 2000; 서혜경, 2001; HelpAge International, 2007; Heumann et al., 2001).

① 노인 대중의 권리의식을 제고하기 위한 교육과 홍보를 적극적으로 실시해야 한다.

② 노인의 권익보장을 위한 다양한 노인복지정책을 개발하고 이들 정책대안이 제도화될 수 있도록 입법부, 행정부에 지속적으로 건의 · 청원하여야 한다.

③ 노인복지 관련 법과 제도의 개선을 위하여 국내외 노인단체 또는 다른 시민단체와의 연대활동을 강화해야 한다.

④ 노인권익단체의 자발적 내부역량강화를 위한 노력, 즉 회원 확보를 통한 조직 확대와 조직성원에 대한 의식화 교육을 통한 조직 내적 응집력 강화, 안정적 재정 확보를 위해 노력해야 한다.

⑤ 노인대표, 노인복지 전문가는 노인복지 관련 위원회에 적극적으로 참여하여야 한다.

⑥ 노인의 정치적 결속력을 강화하기 위한 노력과 함께 정치적 기회구조의 확대를 위한 노력을 기울여야 한다.

⑦ 노인권익단체 또는 노인 대표의 입법기관 진출을 적극적으로 도모해야 한다.

⑧ 언론매체를 이용한 지속적 이슈 제기와 노인권익운동의 타당성에 대한 홍보를 강화해야 한다.

이러한 노인권익운동 활성화를 위한 과제를 추진하는 데 있어서 많은 현실적 어려움에 직면하게 될 것이다. 그 이유는 우리나라의 노인권익운동은 "이제 노인권익운동이라는 배(船)를 만들자고 의견을 모으고 있는 단계"(고양곤, 2000) 또는 "노인권익운동의 첫발을 떼어 놓은 상황"이라는 표현이 어울리듯이, 아직은 노인권익운동의 토대를 견고히 하기 위한 초보적 노력을 기울이고 있는 상황이기 때문이다. 따라서 현재보다는 가까운 미래의 노인권익운동 활성화를 위해서 지금부터 꾸준한 노력을 해야 한다.

4) 성년후견제도와 노인복지 옴부즈맨 제도

노인의 인권과 노인계층의 이익을 보호하고 옹호하기 위한 대표적인 인권관점 실천방안은 성년후견제도와 옴부즈맨 제도가 있다. 이에 다음에서는 성년후견제도와 노인복지 옴부즈맨 제도에 대해 간략히 살펴본다(권중돈, 2012a; 권중돈 외, 2014).

(1) 성년후견제도

성년후견제도는 '질병, 장애, 노령 또는 그 밖의 사유로 인하여 판단능력이 상실되었거나 또는 불완전한 상태인 사람이 후견인의 도움을 받아 본인의 잔존능력을 이용하여 스스로 일상생활을 유지할 수 있도록 사회복지서비스 및 재산관리와 같은 사무처리를 지원하는 제도'

로서 개인의 인권을 보호하고 잔존능력에 기반한 자립적 삶을 지원하기 위한 제도이다. 성
년후견제도는 자기결정권의 존중, 잔존능력의 활용, 정상화의 원리, 자립생활 지원이라는
이념에 기반하여 운용된다(변용찬 외, 2009). 즉, 정신적 제약 등으로 인하여 판단능력이 부
족한 사람도 외부의 간섭 없이 자신의 삶과 관련된 결정을 자유롭게 내리고 그에 따라 행동
하며, 남아 있는 능력을 최대한 존중받아야 하며, 사회성원으로서의 권리를 누리며 지역사
회 내에서 통상적 생활을 영위할 수 있어야 하며, 자신의 삶과 관련된 의사결정 과정에 참여
하고 자신이 가진 능력을 최대한 활용하여 스스로 살아갈 수 있도록 도와야 한다.

성년후견제도의 도움을 받기 위한 피후견인이 되기 위해서는 가정법원의 심판을 받아야
한다. 피후견인은 질병, 장애, 노령, 그 밖의 사유로 인하여 자신의 행위의 의미나 결과를 정
상적인 인식력과 예기력을 바탕으로 합리적으로 판단할 수 있는 정신적 능력 내지는 지능이
결여되어 단독으로 유효한 법률행위를 할 수 있는 능력이 없는 행위무능력자, 즉 보호를 필
요로 하는 성인이다. 피후견인이 되기 위해서는 본인, 배우자, 4촌 이내의 친족, 후견인, 후
견감독인, 검사 또는 지방자치단체의 장이 가정법원에 후견 신청을 하여 성년후견 심판을
받음으로써 피후견인의 자격을 얻게 된다.

성년후견인이란 성년후견제도에서 피성년후견인에게 1차적인 후견 사무를 하는 사람들
을 통칭하는 용어이다. 법정후견제도에서 가정법원이 피후견인의 복리를 위하여 후견인을
직권으로 선임하지만, 이때에도 피후견인의 의사를 존중하고 건강, 생활관계, 재산상황, 성
년후견인이 될 사람의 직업과 경험, 피후견인과의 이해관계의 유무 등의 사정을 고려하여
선임한다. 후견인이 될 수 있는 사람은 근친의 가족 이외에 법률전문가, 사회복지전문가, 법
인 등 제3자가 후견인으로 참여할 수 있는데, 근친 가운데 후견인이 될 만한 사람이 없거나
부적당한 경우에는 제3자가 후견인으로서의 역할을 맡을 수 있다. 그리고 피후견인의 신상
과 재산에 관한 제반 사정을 고려하여 복수의 후견인을 선임할 수도 있으며, 자연인뿐 아니
라 법인도 후견인이 될 수도 있다. 그러나 ① 미성년자, ② 피후견인, ③ 회생절차 개시결정
또는 파산선고를 받은 자, ④ 자격정지 이상의 형의 선고를 받고 그 형기(刑期) 중에 있는 사
람, ⑤ 법원에서 해임된 법정대리인, ⑥ 법원에서 해임된 후견인과 그 감독인, ⑦ 행방이 불
분명한 사람, ⑧ 피후견인을 상대로 소송을 하였거나 하고 있는 자 또는 그 배우자와 직계혈
족은 성년후견인이 될 수 없다. 후견인은 정당한 사유가 있는 경우에는 가정법원의 허가를
받아 사임할 수 있고, 가정법원은 피후견인의 복리를 위하여 후견인을 변경할 필요가 있다
고 인정하면 직권으로 또는 피후견인, 친족, 후견감독인, 검사, 지방자치단체장의 청구에 의
하여 후견인을 변경할 수 있다.

피후견인이 이용 가능한 성년후견제도는 크게 법정후견제도와 임의후견제도로 나뉜다.
법정후견제도는 법으로 미리 후견인의 역할과 권한 그리고 의무, 책임에 대해 미리 정해 두

고, 가정법원이 피후견인의 판단능력의 정도에 따라 성년후견, 한정후견, 특정후견을 판정하는 제도를 말한다. 임의후견제도는 본인이 온전한 판단능력을 갖고 있을 때 후견인이 될 사람을 미리 지정하여 그 의사를 물어 선임하고, 추후 예상되는 후견의 내용에 관한 사항을 공정증서로 작성하여 등기를 하고, 후견개시의 필요가 발생할 경우 법원에 신청하여 임의후견감독인을 선임하면 효력이 발생하는 제도이다. 성년후견인의 유형을 비교해 보면 〈표 9-8〉과 같다.

표 9-8　후견인의 유형별 비교

구분	법정후견인			임의후견인
	성년후견인	한정후견인	특정후견인	
후견인 선임 요건 (정신 제약 정도)	• 사무처리 능력의 지속적 결여	• 사무처리 능력이 부족	• 일시적 혹은 특정한 사무에 관한 후원 필요	• 사무처리 능력이 부족하거나 부족하게 될 상황에 대비
후견심판 청구권자	• 본인, 배우자·4촌 이내 혈족, 후견인(감독인), 검사, 지방자치단체장	• 좌동	• 성년/한정 후견인 (감독인)은 청구권자에서 제외	• 본인, 배우자·4촌 이내 혈족, 임의후견인, 검사, 지방자치단체장(후견감독인 선임청구)
후견인 결격사유	• 파산자, 법원이 해임한 후견인(감독인), 피후견인 대상 소송 경험 또는 진행 중인 자 (그 가족) 등	• 좌동	• 좌동	• 성년/한정/특정후견 인 결격사유 외에 현저한 비행, 후견계약에 정한 임무에 적합하지 않은 경우도 배제
후견인의 선임	• 법원이 선임, 추가·변경 가능	• 좌동	• 좌동	• 공정증서로 작성된 후견계약에 의함 • 법원의 감독인 선임으로 효력발생
후견인 선임의 효과	• 피성년후견인의 행위는 취소 가능 • 일상생활에 필요하고 대가가 과도하지 않은 경우 취소 불가 • 법원이 취소할 수 없는 본인의 법률 행위 설정 가능	• 후견인의 동의를 받아야 하는 행위를 단독으로 한 경우 취소 가능 • 일상생활에 필요하고 대가가 과도하지 않은 경우 취소 불가	• 피특정후견인의 행위능력을 제한하는 규정은 없음 • 특정후견인의 대리권이 인정되는 범위라도 피특정후견인 단독행위 가능	• 피임의후견인의 행위능력을 제한하는 규정은 없음

구분	법정후견인			임의후견인
	성년후견인	한정후견인	특정후견인	
후견의 종료	• 후견인의 사임신청 → 가정법원 허가 • 가정법원이 해임 · 신후견인 선임 • 후견사유의 해소	• 좌동	• 좌동 • 후견기간의 만료	• 임의후견인 결격사유 발생 시 가정법원이 해임 • 후견감독인 선임 전에는 언제나, 선임 후에는 법원 허가로 후견계약 철회(쌍방)
후견인의 권한	• 법정대리권 • 재산관리권 • 신상결정 동의권(법원이 권한 부여한 경우) • 신분행위동의권	• 법원에 의하여 위임된 범위 내에서 대리권 보유 • 신상 결정 동의권(법원이 권한 부여한 경우) • 신분행위동의는 원칙적으로 불가	• 법원에서 결정된 특정기간 및 특정사안에 대해서만 대리권 보유 • 피후견인의 사무처리의 지원	• 후견계약에 의함
후견 감독인	• 성년후견감독인(임의)	• 한정후견감독인(임의)	• 특정후견감독인(임의)	• 임의후견감독인(필수)
가정 법원의 권한	• 피후견인 재산상황조사권, 특정처분 명령권 • 중요한 신상결정 등에 대한 허가권	• 피후견인 재산상황조사권, 특정처분 명령권 • 중요한 신상결정 등에 대한 허가권	• 피후견인 재산상황조사권, 특정처분 명령권	• 임의후견감독인의 보고를 받고 보고 요구 가능 • (임의후견감독인에 대한) 임의후견인 사무 및 피후견인 재산상황 조사명령권, 필요한 처분 명령권

자료: 보건복지부(2024e), 발달장애인 지원 사업안내(제VIII권).

(2) 노인복지 옴부즈맨 제도[1]

성년후견제도와 아울러 도입을 긍정적으로 검토할 필요가 있는 제도는 노인복지 옴부즈맨(ombudsman) 제도이다. 현재 노인복지분야에서 질 높은 서비스를 담보해 내고 부당서비스를 방지할 수 있는 장치는 사회복지시설 평가와 공공부문의 감사, 행정지도감독과 현장점

---

1) 이 제도는 현재 국내에서 시행되지 않고 있지만, 향후 노인복지서비스 이용에 관한 노인의 권리의식이 높아질 경우 도입할 필요성이 매우 높은 제도이므로 미리 소개하고자 한다. 더 상세한 정보는 '권중돈(2012). 인권과 노인복지실천. 서울: 학지사'를 참조하기 바란다.

검 등이 전부이다. 이러한 제도는 서비스 공급자에 대한 감독·감시체계로서, 서비스 소비자인 노인이 경험하는 부당서비스, 불법서비스, 차별적 서비스 등을 찾아내는 데 한계를 지니고 있으며, 공무원이 직접 노인복지현장을 자주 방문하여 점검, 감독한다는 것도 현실적으로 한계가 있다. 이러한 문제를 보완하고 노인의 인권 침해를 예방하면서, 발생한 인권침해 사례에 대해서 공정한 구제활동을 전개할 수 있는 노인복지 옴부즈맨 제도의 도입은 그 필요성이 매우 높다.

우리 역사에서는 왕이 암행어사라는 옴부즈맨을 통하여 지방행정을 감독하는 행정 옴부즈맨 제도(administrative ombudsman)가 조선시대 중종 4년(1509년)부터 존재했다. 하지만 전 세계적으로 통용되는 현대적 의미의 옴부즈맨 제도는 1908년 스웨덴 의회에서 임명한 의회 옴부즈맨(parliamentary ombudsman)에서 유래되었다고 보는 것이 일반적이다.

옴부즈맨(ombudsman)이란 용어는 고대 스웨덴어인 'ombusmann'에서 유래되었으며, 원래 의미는 대표(representative) 또는 대리인(agent)이라는 뜻을 지니고 있다. 하지만 세계 각국에서 'ombudsman'이라는 영어식 표현을 기본 용어로 채택하면서, 옴부즈맨은 '주로 정부나 의회에서 시민의 고충(complaints)을 접수하고 조사하여 공공의 이익을 대변하는 임무를 맡은 고위 공무원'을 의미하는 용어로 사용되고 있으며, 일종의 민원조사관이다.

옴부즈맨은 시민의 이익을 위하여 정부활동을 점검하고 부적절한 정부활동으로 인해 발생한 시민의 불만, 불평, 고충, 인권침해 사례(이하 '고충 등'으로 표기함)를 조사하고 보고하며, 고충의 해결을 돕는 법적 신분이 보장되는 공무원인 경우가 대부분이다. 최초의 옴부즈맨이었던 스웨덴의 의회 옴부즈맨은 의회에 의해 임명되었지만 의회의 간섭을 받지 않고 특정 사건을 다루며 정부와 개인 사이에서 독립적이고도 공정한 중재자이었으며, 다른 서구국가들에서도 유사한 업무를 담당하고 있다. 미국옴부즈맨협회(USOA, 2004)의 「주정부 옴부즈맨 모범법안(model law)」에서는 옴부즈맨을 "정부기관에 대한 고충이나 불만을 접수하고, 고충이 정당하다면 조사를 한 후 고충해결에 대한 권고(recommendation)를 하는 독립적 공무원"이라고 정의하고 있다. 그리고 미국옴부즈맨협회(USOA, 2003)에서는 정부 옴부즈맨(governmental ombudsman)을 "정부의 조치사항에 대한 고충을 접수, 조사 또는 비공식적으로 제기하고, 적절한 시기에 조사 결과와 권고를 하고, 보고서를 제출할 수 있는 권위와 책임을 지닌 독립적이고 공정한 공무원"으로 정의하고 있다. 이와 유사하게 미국변호사협회(American Bar Association)에서도 "고통을 받는 개인이 정부기관이나 공무원에 대항하여 제기한 고충을 접수하고, 조사하고, 고충이 정당하다면 고충을 해결할 수 있는 권고를 하는 독립적 공무원"이라고 정의하고 있다(Gottehrer & Hostina, 1998).

이와 같은 공공부문의 옴부즈맨 제도와 함께 민간기업, 대학, 비정부기관(NGO) 또는 비영리기구(NPO) 등의 민간조직에서도 옴부즈맨 제도를 도입하여 활용하는 사례가 늘어나고 있는데, 이들은 공공부문의 정부 옴부즈맨과는 달리 '조직 옴부즈맨(organizational ombudsman)'으로 불린다. 민간조직, 특히 기업의 옴부즈맨은 조직에서 지위가 높으나 조직 경영에는 관여하지 않는 중립부서에 배치되어 일을 하며, 내부 고발자나 윤리적 의식을 가진 종사자에게 다양한 선택권을 부여하고, 갈등을 중재하며, 문제 영역을 추적하여 조직의 정책이나 절차의 변화를 권고하는 역할을 한다.

노인복지분야 옴부즈맨은 노인의 고충 등을 직접 나서서 해결해 주는 문제해결자 (problem solver)가 아니며, 심지어 입법가도, 사회개혁가도, 정부나 민간조직에 도전하여 이길 수 있는 빛나는 무기로 무장한 기사(knights)는 더욱더 아니다(USOA, 2003). 노인복지 옴부즈맨은 노인권익을 보호하고 권익침해를 사전 예방하는 파수꾼(watchdog)이며, 정부, 의회, 기업, 또는 민간복지조직 등의 제도적 권력에 의해 노인이 겪게 되는 고충 등을 발견하고, 노인이 자신의 고충을 조직에 표현할 수 있는 창구역할을 한다. 그리고 노인의 불평, 불만, 고충, 차별, 인권침해 등의 사례를 발견하고, 노인이 제기한 고충이 타당성을 지니고 있다면 이에 대해 조사를 진행하고, 고충처리과정에 대한 상세한 정보를 제공하고, 적절한 고충해결책을 발견하여 해당 조직에 개선을 권고하는 대리인(agent) 또는 노인이 고충을 토로할 수 있는 중간 창구 또는 마지막 의뢰자(recourse)의 역할을 담당한다. 즉, 노인복지 옴부즈맨은 지역의 유력인사이거나 권력자일 필요는 없으며, 거대한 조직의 권력에 대항할 수 없는 무능력한 노인이 고충을 제기할 수 있는 창구로서의 역할을 충실히 이행하면 된다. 이러한 역할을 수행함으로써 궁극적으로 노인복지 옴부즈맨은 노인이 제도적 권력으로부터 부적절한 처우를 받지 않도록 하고, 노인의 권리와 이익, 즉 권익(權益)을 보호하고 증진시키며, 정부와 민간복지조직 등 노인복지 관련 조직의 서비스 질을 향상시키는 데 기여할 수 있다.

노인복지분야 옴부즈맨은 지역사회 내에 숨겨진 노인의 고충 등을 직접 발견하거나, 진정서나 고발장 등의 형태나 상담을 통하여 노인이 제기하여 접수한 고충 등에 대해 조사를 실시한다. 조사과정에서 노인이 자신의 고충 등을 정확하고 분명하게 표현하지 못하는 경우에 노인복지 옴부즈맨은 노인에게 고충 등의 내용을 분명히 설명해 달라고 질문하거나, 고충 등을 알기 쉽게 설명할 수 있도록 도와주기도 한다. 그리고 고충 등이 너무 오랜 시간이 지났거나, 노인복지 옴부즈맨을 통하지 않고 공공기관의 민원센터나 경찰 등의 다른 통로를 통하여 해결될 수 있는 경우에는 이들 고충처리 통로에 대한 상세한 정보를 충분히 제공한다.

노인복지 옴부즈맨이 노인의 고충 등을 조사한 결과, 고충 등이 기관이나 조직의 잘못에 기인된 것으로 판단되면 해당 기관이나 조직에 고충 등의 내용을 상세하게 기록하고 나름의 해결책이 마련된다면 이것을 포함하여 문서 형태로 통지하여, 기관이나 조직이 고충 등에 대한 해명이나 해결을 권고한다. 그러나 노인복지 옴부즈맨의 권고는 기관이나 조직의 자발적 변화를 요구하는 것이며 사법적 권한을 갖지 못하므로 기관이나 조직에 권고를 이행하도록 강제할 수는 없다(USOA, 2004). 그러나 노인이 경험한 고충 등이 법, 절차, 규칙 등을 고려해 볼 때 기관이나 조직의 잘못에 기인한 것이 분명한데도 권고를 수용하지 않은 경우에는 일반 대중에게 이 사실을 공개하여 대중적 비판에 직면하게 할 수 있다.

일반적으로 대부분의 고충 사례는 공공기관이나 민간조직에서 법, 규정, 절차, 재량권 등의 범위 안에서 적절한 조치가 취해진 경우가 많다. 이 경우에 노인복지 옴부즈맨은 기관의 해명자료 또는 공문서를 바탕으로 고충제기자인 노인에게 어떤 근거에서 기관이나 조직의 조치나 서비스가 타당한 행위이었는지를 직접 설명해 줄 수 있어야 한다. 그 외에도 노인복지 옴부즈맨은 노인과 지역주민에게 노인이 누려야 할 권리와 이익을 홍보하고, 공공기관과 민간기관의 노인복지 업무와 서비스를 감시하는 역할도 담당하여야 한다.

노인복지분야 옴부즈맨이 옴부즈맨으로서의 역할을 수행할 때 갖는 권리를 미국옴부즈맨협회(USOA, 2004)와 미국변호사협회(Gottehrer & Hostina, 1998)에서 제시한 정부 옴부즈맨의 권한을 기초로 하여 살펴보면 다음과 같다.

① 고충을 발견하고 조사할 권리를 갖는다.
② 모든 공공 또는 민간조직과 단체를 비판하고, 변화를 권고할 권리를 지닌다.
③ 기관이나 조직에 질의를 하고, 기관의 기록에 접근하여 검토하고, 필요한 경우 사전 통지를 하지 않고 출입하여 점검(inspection)할 수 있는 권리가 있다.
④ 고충 등의 조사과정에서 관련된 사항에 대한 기록이나 증거, 증언을 해 줄 사람을 소환할 권리가 있다.
⑤ 노인복지 옴부즈맨은 소속기관이나 조직, 다른 제도적 권력이나 타인의 통제로부터 자유로우며 독립적 활동을 할 수 있다.
⑥ 고충 등을 야기한 기관이나 조직이 명백한 귀책사유에도 불구하고 권고를 이행하지 않은 경우에 대중에게 그 내용을 공개할 것인가를 결정할 수 있는 재량권을 갖는다.
⑦ 노인복지 옴부즈맨은 활동에 필요한 비용을 받을 권리가 있다.

노인복지분야 옴부즈맨이 옴부즈맨의 직무를 수행할 때 갖는 의무를 미국옴부즈맨협회(USOA, 2004)와 미국변호사협회(Gottehrer & Hostina, 1998)에서 제시한 정부 옴부즈맨의 의무를 기초로 하여 살펴보면 다음과 같다.

① 노인복지 옴부즈맨은 공익(公益) 증진을 우선하여 공평하고도 적절하게 그 직무를 수

행하여야 하며, 사익(私益)을 얻거나 정치적 목적으로 그 지위를 이용해서는 안 된다.

② 노인복지 옴부즈맨은 고충을 제기한 노인 또는 이해당사자로부터 일체의 금품이나 비용을 수수해서는 안 된다.

③ 노인복지 옴부즈맨은 고충제기자인 노인의 인적 사항 등의 사생활 정보나 고충이나 조사와 관련된 정보와 자료에 대한 비밀을 철저히 보장해야 한다.

④ 노인복지 옴부즈맨은 고충제기자를 보호해야 할 의무뿐만 아니라 이해당사자인 기관의 이익을 보호할 의무가 있다.

⑤ 노인복지 옴부즈맨으로서의 직무를 수행하는 과정에서 소속기관과 유기적인 협조관계를 맺고 원활한 직무수행이 이루어질 수 있도록 노력해야 한다.

노인복지 옴부즈맨은 노인의 고충 등을 객관적으로 조사하고, 공정하게 판단하여 합리적으로 고충 등을 해결할 수 있는 방안을 권고하는 역할을 수행해야 한다. 따라서 노인복지 옴부즈맨은 해당 분야의 법률, 행정, 공공정책 등의 문제를 분석할 수 있는 전문적 지식과 풍부한 실무경험을 갖추어야 하며, 합리적 판단력, 객관성, 통합성을 갖추어 일반 대중의 신뢰를 받을 수 있어야 한다. 그러므로 정치적 편향성이 있는 자, 임명직 또는 선출직 공무원이거나 이 직에 입후보한 자, 옴부즈맨 활동을 방해하는 특정 직업이나 전문직 종사자, 불공정 또는 편파적 행위를 할 수 있는 특정 업무를 맡고 있는 자 등은 옴부즈맨이 될 수 없다(USOA, 2004).

이와 같은 노인복지 옴부즈맨의 결격사유에 해당되지 않는다고 하여 모든 노인복지 옴부즈맨이 효과적인 옴부즈맨 활동을 할 수 있는 것은 아니다. 그러므로 노인복지 옴부즈맨은 옴부즈맨으로 활동하면서 독립성, 중립성과 공정성, 비밀보장, 신뢰성과 비공식성이라는 행동원칙을 철저히 준수하여야 한다(IOA, 2009a, 2009b; USOA, 2003).

노인복지 옴부즈맨이 노인이 경험하는 고충 등을 발견 또는 접수하고, 이에 대한 조사를 실시하고, 고충 등의 해결방안을 모색하여 권고를 하는 일련의 고충처리과정은 분야마다 다르지만, 일반적 고충처리절차는 [그림 9-3]에서 보는 바와 같다.

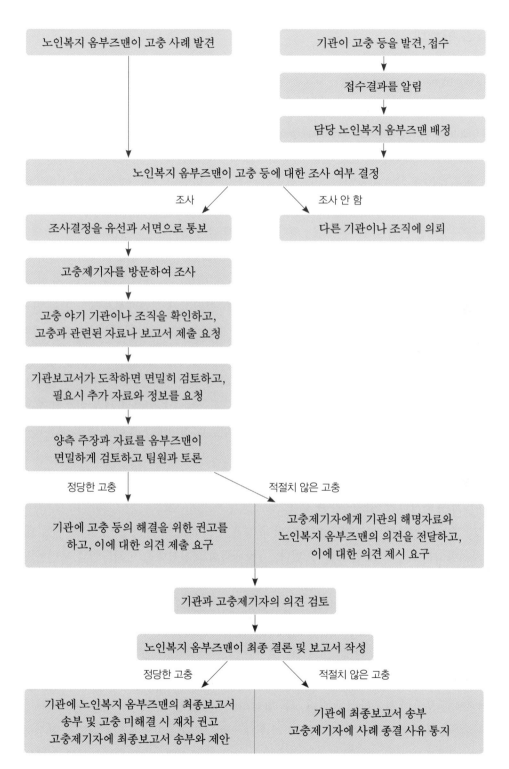

[그림 9-3] 노인복지 옴부즈맨의 고충처리절차 흐름도

자료: How your complaint is processed(www.ombudsmen.parliament.nz) 일부 수정.

5) 노인학대

(1) 노인학대의 개념과 유형

노인학대를 의미하는 용어로는 학대(abuse), 유기(abandonment), 방임(neglect), 부적절한 처우(maltreatment), 착취(exploitation) 등이 사용되고 있다. 그러나 '상위 개념으로서의 학대'와 '하위 개념으로서의 학대'를 반복 사용함으로써 초래되는 혼란을 방지하기 위하여 '부적절한 처우'라는 용어를 사용하는 것을 선호하는 학자도 있다(우국희, 2000). 그러나 아직까지는 상위 개념의 학대는 '노인학대'라는 용어로, 그리고 하위 개념으로서의 학대는 특정 학대유형을 지칭하는 말과 함께 사용되는 경향이 강하게 남아 있다.

노인학대를 정의하는 기준은 사회문화적 차이로 인하여 국가와 학자에 따라 다양하게 정의되고 있으며, 통일된 정의는 내려지지 않고 있다. 노인학대의 개념은 단순히 누군가가 의도적으로 노인에게 위해(危害)를 가하는 소극적이고 협의적인 개념에서부터 노인의 인권보호를 전제로 하는 적극적이고 광의의 개념에 이르기까지 매우 다양하다. 이와 같이 현재까지 노인학대에 대한 학자 간의 개념적 합의가 이루어지지 않고 있지만, 광의의 개념을 따르는 것이 시대적 추세가 되고 있다(권중돈, 2012). 따라서 노인학대를 '노인 자신, 노인의 가정이나 전문노인시설의 모든 관계에서 발생하는 노인에게 해가 되거나 장애를 일으킬 수 있는 일회성이거나 반복적 행동 또는 적절한 행동의 부족'으로 정의하는 것이 바람직하다.

노인학대의 개념을 광의 또는 협의로 규정하는가에 따라 노인학대에 포함되는 하위 유형은 달라질 수 있는데, 노인학대에 관한 국내외의 기존 연구에 나타난 노인학대의 하위 유형을 정리하여 제시하면 〈표 9-9〉와 같다.

학대 발생의 장소에 따라서 노인학대의 유형을 구분하여 보면 가정 내 학대, 시설 내 학대, 자기방임의 세 가지로 분류할 수 있다. 가정에서의 노인학대는 피해노인과 특별한 관계에 있는 성인 자녀, 배우자, 친지, 친구 등의 부양자가 행하는 학대로서 우리나라 노인학대의 대부분을 차지한다. 시설에서의 노인학대는 국가 보조나 노인 부담으로 전문 서비스를 제공하는 의료기관, 장기요양기관, 노인복지시설이나 기관 등에서 이루어지는 노인에 대한 부적절한 처우라고 할 수 있다.

이러한 기존의 연구결과를 바탕으로 해 볼 때, 노인학대의 개념을 협의의 개념과 광의의 개념으로 구분하여 활용하여야 한다. 즉, 협의의 개념으로는 대부분의 기존 연구에서 노인학대로 간주하고 있는 신체적 학대, 심리적 학대(언어적 학대 포함), 재정적 학대로 한정하고, 광의의 개념으로는 협의의 학대에 적극적 또는 소극적 방임과 자기방임, 유기를 추가로 포함한다. 물론 이렇게 노인학대의 범위를 규정한다고 할지라도 모두가 동의하는 노인학대의 개념으로 받아들여지기는 어려울 것이다. 그러나 연구목적에 맞게 노인학대를 개념 규

표 9-9 노인학대의 개념과 유형

학대 유형	개념	학대 행위의 예시
신체적 학대 (physical abuse)	신체의 상해, 손상, 고통, 장애를 유발할 수 있는 물리적 힘에 의한 폭력적 행위	때리기, 치기, 밀기, 차기, 화상, 신체의 구속, 상처나 멍, 타박상, 골절, 탈구 등을 가하는 것
정서적·심리적 학대 (emotional/psychological abuse)	정신적 또는 정서적인 고통을 주는 것	모멸, 겁주기, 자존심에 상처 입히기, 위협, 협박, 굴욕, 어린애 취급하기, 의도적인 무시, 멸시, 비웃기, 대답 안 하기, 고립시키기, 짓궂게 굴기, 감정적으로 상처 입히기 등
언어적 학대 (verbal abuse)	언어로 정신적인 고통을 주는 것(정서적 학대에 포함)	욕설, 모욕, 협박, 질책, 비난, 놀림, 악의적인 놀림 등
성적 학대 (sexual abuse)	노인의 동의가 없는 모든 형태의 성적 접촉 또는 강제적 성행위를 하는 것	노인의 동의 없이 옷을 벗기거나, 기타 성적 행위를 하는 것
재정적·물질적 학대 (financial/material exploitation)	자금, 재산, 자원의 불법적 사용 또는 부당한 착취, 오용 및 필요한 생활비 등을 주지 않는 것	재산이나 돈의 악용, 훔치기, 경제적으로 의존하기, 함부로 사용, 무단으로 사용, 허가 없이 또는 속이고 자기 명의로 변경하는 것, 무단으로 신용카드나 소유물을 사용하는 것, 연금 등의 현금을 주지 않거나 가로채서 사용하거나, 노인 소유의 부동산을 무단으로 처리하는 것, 경제적으로 곤란한 노인에게 생활비, 용돈 등을 주지 않는 것
방임 적극적 방임 (active neglect)	의도적으로 서비스나 수발을 제공하지 않는 것 또는 보호의무의 거부, 불이행	일상생활에 필요한 것(식사, 약, 접촉, 목욕 등) 주지 않기, 생활자원 주지 않기, 신체적인 수발이 필요한 사람 수발 안 하기, 보호가 필요한 사람 보호 안 하기, 의도적으로 필요한 보건·복지·의료서비스의 이용을 거부하거나, 노인에게 필요한 의치, 안경을 빼앗거나, 복용해야 할 약을 복용시키지 않기
방임 소극적 방임 (passive neglect)	비의도적으로 서비스나 수발을 제공하지 않는 것 또는 보호의무의 거부, 불이행	노인을 혼자 있게 하기, 고립시키기, 존재조차 잊어버리기, 수발자가 비의도적으로 적절한 보호를 하지 않거나 방치한 결과 신체적·정신적 고통이나 건강의 악화가 일어난 것. 예컨대, 수발자의 쇠약 또는 체력 부족, 역량 부족, 지식 부족으로 적절한 수발과 보호가 이루어지지 않았거나, 보건·복지·의료서비스에 대한 인식 부족으로 서비스를 이용하지 않아서 케어가 제공되지 않은 경우도 여기에 해당됨

학대 유형		개념	학대 행위의 예시
자기방임	적극적 자기방임 (active self-neglect)	본래 자기가 해야 할 신변의 청결, 건강관리, 가사 등을 본인이 할 수 있는 능력이 있어도 스스로 포기하여 하지 않은 결과, 심신의 건강상의 문제가 생기는 것	스스로 의식적으로 식사와 수분을 섭취하지 않거나, 질병으로 인한 식사제한을 지키지 않거나, 필요한 치료와 약 복용을 중지한 결과 건강상태가 악화된 경우 등도 여기에 포함됨
	소극적 자기방임 (passive self-neglect)	기본적인 일상생활을 본인의 체력·지식·기능 부족 또는 어떤 사정으로 인해 본인도 모르는 사이에 하지 못하게 된 결과 신체 및 심리적 기능에 문제가 발생하는 것	자신의 체력, 지식, 능력의 부족 또는 기타의 사정으로 자신도 모르게 신변의 청결, 건강관리, 가사 등을 수행하지 못함으로써 심신의 건강상의 문제가 일어나는 것
유기(abandonment)		비독립적 노인을 격리하거나 방치하는 행위	공공장소나 시설 등에 버리고 연락두절, 집에서 내쫓기, 격리, 감금, 외부와의 교류차단

자료: www.elderabuse.or.kr; www.ageconcern.org.uk; www.castle.net; www.geocities.com.

정하고 그 세부 기준을 자세히 제시하는 것이 유일한 해결책이라는 주장(우국희, 2002; Carp, 2000)에 근거해 볼 때, 노인학대의 개념 규정과 범위 설정에 있어서 하나의 대안으로 충분한 가치가 있을 것이다.

(2) 노인학대의 위험요인

노인학대의 위험요인, 즉 학대의 원인을 설명할 수 있는 이론으로는 상황적 모델, 사회교환이론, 상징적 상호작용이론, 여권주의모델, 생태학적 모델 등이 있으나, 학대와 관련된 개인이나 사회구조적 특성을 기준으로 분류하기도 한다(McDonald, 1996). 노인학대에 관한 선행연구를 종합하여 보면, 노인학대의 위험요인은 크게, ① 노인의 인구사회적 특성 요인, ② 노인의 경제 및 건강, 심리사회적 기능 요인, ③ 가족 상황적 요인, ④ 사회관계망 요인, 그리고 ⑤ 사회문화적 요인으로 구분된다. 이러한 노인학대 위험요인에 관한 기존 연구의 결과를 살펴보면 다음과 같다.

1 노인의 인구사회적 특성

노인의 성에 따라서는 남성노인이 학대를 받는 빈도가 증가하고 있다는 연구(Pillemer & Finkelhor, 1988)와 학대의 하위 유형에 따라서는 남녀 간의 학대빈도가 유사하다는 연구(이인수, 이용환, 2001)가 있다. 그러나 일반적으로 남성노인에 비하여 여성노인이 학대를 더 많이 받는 것으로 나타나고 있다(김미혜, 2001; 성향숙, 1997; 한은주, 김태현, 2000; Kosberg, 1988).

연령과 교육수준에 따라서는 교육수준이 낮고 연령이 높을수록 학대에 노출될 위험이 더 많은 것으로 나타나고 있다. 이는 노인의 교육수준이 낮고 연령이 높을수록 경제적 상황, 대처자원의 인지능력 등이 상대적으로 낮기 때문이다(이성희, 한은주, 1998; 한은주, 김태현, 2000; Kosberg, 1988). 결혼상태에 따라서는 배우자 없이 성인 자녀와 동거하는 노인이 학대를 받을 위험이 더 높은 것으로 나타난다(한은주, 2000; Wiehe, 1998; Wolf & Li, 1999).

2 노인의 건강, 경제, 심리적 기능 요인

대부분의 연구에서 노인의 건강이 나쁘거나 일상생활에서의 의존성이 높을수록 노인학대의 가능성이 더 높은 것으로 나타났다. 많은 연구(권중돈, 2002b; 이성희, 한은주, 1998; 한동희, 1996)에서 신체 질병, 일상생활 동작능력의 제한, 치매 등의 인지기능장애로 인하여 노인의 의존성이 높아지고, 간호에 대한 부담이 증가하면 학대에 노출될 가능성이 높다고 지적한다. 이러한 노인의 의존성 증가는 독립적으로 노인학대를 유발하는 요인이 되기도 하지만, 대개 부양자의 스트레스나 과중한 부양부담을 촉발하는 요인으로 작용하고, 그 결과 노인학대로 이어지는 경우가 많다. 노인의 경제수준에 따라서는 경제적으로 여유가 없는 노인이 경제적 여유가 있는 노인보다 학대를 받는 비율이 상대적으로 높은 것으로 나타난다.

노인의 심리적 특성도 노인학대의 위험요인이 될 수 있다. 노인이 학습된 무기력(learned helplessness)에 익숙해질수록, 문제해결을 위한 노력을 기울이지 않게 됨으로써 학대에 노출될 가능성이 높다. 자신의 일생을 실패로 규정하고 그 실패의 책임을 타인에게 돌리고 불평을 하게 될 경우, 타인의 분노나 학대 행위를 유발하게 된다(Kosberg, 1988; Quinn & Tomita, 1986). 그리고 자아존중감이 낮은 노인은 가정 내에서 심각한 문제를 일으키거나 무기력해질 가능성이 높기 때문에 이로 인해 학대받을 가능성이 높은 것으로 나타났다(권중돈, 2002b; 한동희, 김정옥, 1995; 한은주, 김태현, 2000).

3 가족 상황적 요인

노인학대의 원인으로 작용할 수 있는 가족 상황은 동거부양 여부, 부양자의 특성 변인, 자녀와의 관계 변인 등이 있다. 부양자와 동거하는 경우에는 신체적 학대와 심리적 학대에 노출될 가능성이 상대적으로 높은 반면, 별거할 경우에는 방임이나 유기라는 학대 유형에 노출될 가능성이 높은 것으로 알려져 있다.

부양자의 인구사회적 특성과 관련하여 남성 부양자는 신체적 학대를 하는 경우가 많은 반면, 여성 부양자는 방임 행위를 하는 경우가 많은 것으로 나타난다(한은주, 2000). 부양자의 연령에 따라서는 연령이 낮을수록, 경제적 사정에 따라서는 경제적으로 여유가 없고 어려움을 겪는 부양자일수록 노인을 학대할 가능성이 높은 것으로 나타난다(이성희, 한은주, 1998; 한은주, 2000). 부양자의 성격 또한 노인학대의 유발요인이 될 수 있다. 무절제하고 충동적인 성격일 경우 노인을 학대할 가능성이 높으며 알코올중독과 마약중독 등의 물질중독, 정서장애, 정신장애의 문제가 있을 경우 노인을 학대할 가능성이 높다(Kosberg, 1988).

부양자의 부양부담과 스트레스는 노인학대와 직접적으로 연결된 변인으로 나타나고 있다(이성희, 한은주, 1999; 한동희, 김정옥, 1995; Pillemer & Finkelhor, 1989). 또한 노인의 지나친 부양기대는 자녀에게 부양부담을 유발할 뿐만 아니라 자녀와의 기대수준의 불일치를 가져와 상대적인 학대 경험을 높게 하고, 노인의 심리건강에 부정적인 영향을 미치는 것으로 나타났다(전길양, 송현애, 1997). 학대받는 노인과 학대 행위자는 오랫동안 감정적 대립관계가 축적되어 있는 경우가 많으며(한동희, 1996), 과거에 좋지 못했던 세대 간의 관계는 현재의 친밀한 가족유대를 어렵게 하고, 이러한 낮은 관계의 질이 미래의 잠재적인 학대문제의 지표가 될 수 있다. 그리고 노인은 자녀와 접촉하는 양이 많을수록 학대 경험이 낮은 것으로 나타났다(전길양, 송현애, 1997). 즉, 별거자녀와의 잦은 접촉은 노인에게도 도움이 되지만, 부양자에게 부양에 따른 부담감을 해소해 주는 자원이 될 수도 있기에 학대 경험을 좀 더 낮추어 주는 것으로 해석될 수 있다. 그러나 별거자녀와 부양자 사이의 관계가 나쁠 경우에는 별거자녀와의 잦은 접촉이 노인학대를 유발할 가능성을 높이는 요인이 될 수도 있다.

가족성원 간의 결속력과 지지도가 낮을수록 노인학대 발생률이 높은 것으로 나타난다. 그리고 가족폭력의 경우 한 명의 성원에게만 국한되기보다는 동시에 여러 명에게 폭력이 가해지는 점을 고려할 때, 가족 내 다른 폭력이 존재할 경우 노인학대가 일어날 가능성이 높다. 그리고 사회학습이론에 따르면, 부양자가 이전에 노인에게서 학대를 당한 경험이 있는 경우에 노인을 학대할 가능성이 높다고 본다(McDonald, 1996).

④ 사회관계망 요인

노인과 부양자가 사회적으로 고립될 경우 노인학대가 발생할 확률이 높아진다. 그 이유는 노인이나 부양자가 이웃, 친구, 친척 또는 전문가의 도움이 필요한 상황에서도 활용할 수 있는 사회지지망이 없을 경우, 노인은 의존적 욕구의 충족에 실패하게 되고 부양자의 부양부담 수준이 높아져 비효과적인 부양을 하게 만들거나 학대를 일으키는 원인이 된다(한국형사정책연구원, 1995; 한은주, 2000). 그리고 노인의 비공식 관계망 중에서 친척이나 이웃과의 관계가 좋을수록 학대 발생비율이 줄어드는 것으로 나타났다(한은주, 김태현, 2000).

5 **사회문화적 요인**

다른 사회문제와 마찬가지로 노인학대 역시 사회문화적 변인과의 상관성이 높다. 노인학대를 유발하는 사회문화적 변인으로는 사회서비스 체계의 인지 및 이용, 노인차별주의, 가족주의를 들 수 있다(한은주, 김태현, 2000). 노인학대를 예방하거나 학대문제를 해결할 수 있도록 지원하는 사회서비스 체계의 발전은 노인학대를 경감하는 주요 대처자원이 될 수 있다.

우리 사회는 노인공경의식이 낮아지고 노인차별주의가 확산되어 가고 있어, 노인은 사회적으로 열등한 지위에 처하게 되고 부적절한 처우를 당할 가능성이 높아지고 있다(한동희, 김정옥, 1994). 실제로 김한곤(1998)의 연구에 따르면 노인학대의 원인이 학대 행위자나 사회보다는 자신에게 있다고 생각하는 경향이 높기는 하지만, 조사대상자의 1/5 정도가 사회풍조를 노인학대의 원인으로 생각하고 있는 것으로 나타나 노인차별주의가 노인학대의 주요 원인이 되고 있다는 점을 뒷받침해 준다.

강한 가족주의 의식이 노인학대의 은폐와 반복적 발생을 촉진하는 요인이 될 수 있다(권중돈, 2004b). 가족주의 의식이 강하게 남아 있는 상황에서는 학대 자체가 은폐될 가능성이 높기 때문에 학대 행위자가 학대를 하여도 사회적으로 비난을 받지 않을 가능성이 높아지고, 그로 인해 노인이 잠재적 학대 상황에 지속적으로 노출되는 결과를 초래하게 된다. 이와 같이 가족주의 의식이 강한 우리의 문화적인 특성으로 인하여 노인학대의 위험이 지속적으로 높아지게 된다.

(3) 노인학대의 실태

노인학대 예방과 해결을 주된 업무로 하고 있는 노인보호전문기관의 학대 상담 결과를 살펴보면, 노인학대 발생 및 개입 건수가 지속적으로 늘어나고 있다(보건복지부, 중앙노인보호전문기관, 2024. 6.). 보건복지부와 한국보건사회연구원(2023)의 노인실태조사의 결과에 따르면 5.9%의 노인이 학대를 당한 경험이 있는 것으로 나타났으며, 학대종류별 경험률은 정서적 학대가 4.4%, 방임이 0.9%, 성적 학대가 0.5%, 신체적 학대가 0.4%, 경제적 학대가 0.4%인 것으로 나타났다. 학대 경험자의 특성을 살펴보면, 도시지역, 여성, 배우자가 없는 경우, 연령이 높을수록, 소득수준이 높고, 그리고 일상생활 동작능력에 제한이 있는 노인이 노인학대를 많이 경험한 것으로 나타났다.

보건복지부와 중앙노인보호전문기관(2024. 6.)의 노인학대 현황보고서에 따르면, 2023년 노인보호전문기관에 접수된 노인학대 사례는 7,025건으로, 2020년에 비해 1.12배 증가하였다. 이들 노인학대 사례를 학대유형별로 살펴보면, 중복학대를 당한 경우가 69% 정도에 이르는 것으로 나타나 학대피해노인 대다수가 여러 가지 학대를 당하고 있는 것으로 나타났으며, 단일학대를 당한 노인의 비율은 신체적 학대, 정서적 학대, 방임, 성적 학대, 자기 방임

표 9-10 노인학대 판정사례의 유형별 구성비율(2020년)

구분	신체적 학대	정서적 학대	성적 학대	경제적 학대	방임	자기 방임	유기	중복 학대	계
학대피해노인	909	751	125	51	279	81	13	4,816	7,025
백분율	12.9	10.7	1.8	0.7	4.0	1.2	0.2	68.6	100.0

자료: 보건복지부, 중앙노인보호전문기관(2024. 6.). 2023 노인학대 현황보고서.

등의 순으로 등의 순으로 그 비율이 높게 나타났다. 그리고 노인학대 사례 중에서 다시 학대를 당하여 신고접수된 사례는 759건으로 전체 노인학대 사례의 10.8%를 차지하고 있다.

노인학대 행위자의 특성을 살펴보면, 노인학대 행위자가 한 명이 아닌 두 명 이상인 경우도 존재하며, 성별로는 남성이 69% 정도, 연령별로는 70세 이상이 33% 정도이며, 노인이 노인을 학대하는 경우가 42% 정도에 이르며, 노인과 친족 관계에 있는 학대행위자가 75% 정도를 차지하고 있는 것으로 나타났다. 노인과 학대행위자의 관계를 살펴보면, 배우자가 36% 정도, 아들이 26% 정도, 딸이 8% 정도 등인 것을 나타났으며, 노인 관련 기관이나 시설의 종사자가 20% 정도, 그리고 학대행위자가 피해자 본인인 경우도 2% 정도에 이르고 있다(보건복지부, 중앙노인보호전문기관, 2024. 6.).

(4) 노인학대에 대한 대응방안

노인학대는 여러 요인의 복합적이고 역동적인 상호작용으로 발생하므로 피학대 노인 측면, 학대 행위자 측면, 피해자와 학대 행위자의 상호작용 측면, 가정환경요인 측면, 사회문화요인 측면 등에 대한 다면적인 접근을 통해 문제를 조명하고 원인을 파악해서 종합적인 개입과 대책을 강구하는 시각이 필요하다(권중돈, 2002b, 2004b, 2012a; 보건복지부, 중앙노인보호전문기관, 2024. 6.; 서윤, 2001).

① 노인 개인 차원의 대응방안

노인학대를 유발하는 노인의 특성과 관련된 요인 중에서 인구사회적 변인은 통제가 불가능하므로 실제로 노인학대의 예방과 경감을 목적으로 하여 개입 가능한 부분은 노인의 의존성이다. 따라서 노인 스스로 의존성을 줄이고 자립능력을 제고하기 위한 노력이 이루어져야 하며, 노인 스스로 존경받을 수 있도록 행동하고, 가족이나 사회활동에 적극적으로 참여하여야 한다. 그리고 노인학대에 대한 교육을 통하여 노인학대를 정확히 이해하고, 가족의 부당한 처우를 당연시하고 은폐하기보다는 이를 외부에 노출하여 적극적인 원조요청을 할 수 있도록 노인의 인식을 변화시키는 노력이 필요하다.

2 가족 차원의 대응방안

가족 차원에서는 학교교육이나 사회교육 프로그램을 통해서 노인과 동거하는 가족이 노년기 특성 및 노인의 심리적 특성에 대해 이해할 수 있는 기회를 부여해야 하며, 이를 통하여 사회 전반의 노인차별주의 의식도 줄일 수 있을 것이다. 또 학대 행위자의 개인적 특성으로 인하여 노인학대가 일어나는 경우에 대한 대책으로는, 개인적인 성격이나 스트레스가 원인이라면 이에 대한 상담이나 치료 프로그램을 통해서 수정하고 경감할 수 있게 하고, 직업이 없거나 경제적 곤란에 대해서는 이에 대한 서비스를 모색해 주는 접근방법이 필요하다.

학대 행위자는 주로 배우자, 아들과 며느리, 딸 등이며, 부양자인 동시에 학대 행위자인 이들은 부양 스트레스를 경험하고 이러한 스트레스를 견뎌 내기 힘든 상황에서 학대를 하는 것으로 나타난다. 따라서 이들 부양자의 부양부담 경감을 위한 노인장기요양보험제도와 재가노인복지서비스의 강화와 같은 가족지원서비스가 강화되어야 한다.

3 사회적 차원의 대응방안

노인학대에 대한 적극적인 사회적 대응방안이 강구되지 않고 있는 이유 중의 하나는 노인학대에 대한 일반인의 의식이 매우 낮다는 것이다. 따라서 노인학대의 문제가 단순히 개인이나 가족의 문제가 아니라 사회 전체의 문제로 인식될 수 있는 사회의식의 강화가 이루어져야 한다. 이를 위해서는 우선 복지, 의료 등의 노인 관련 전문가에 대한 노인 인권 및 학대에 대한 교육과 홍보를 강화해야 하며, 다음으로는 신문, 방송 등의 대중매체를 통한 사회교육과 사회 이슈화 작업이 필요하다.

우리나라에서는 2004년 1월 「노인복지법」개정을 통하여 노인학대의 금지, 노인학대 예방을 위한 긴급전화의 설치, 노인보호전문기관의 설치, 노인학대 신고 및 응급조치 의무, 보조인의 선임 등의 노인학대 관련 조항을 신설하였다. 그러나 노인학대 방지를 위한 법 조항이 존재하는 것만으로는 실질적인 노인학대의 문제를 예방 또는 해결할 수 없다. 따라서 노인학대에 대한 정기적인 전국 실태조사 결과를 바탕으로 하여 노인학대 관련 정책을 수립하되, 현재 운영되고 있는 노인보호전문기관 등과 같은 노인학대 전문기관을 활성화하기 위하여 행·재정적 지원을 강화해야 한다.

또한 학대의 결과로 신체 및 정신 증상을 호소하는 노인에 대한 보건의료서비스를 강화하고, 상담과 심리치료, 일시보호서비스 등을 통하여 심리적 안정을 도모하는 것이 필요하다. 그리고 자녀에게서 방임된 노인을 지원하기 위해서는 부양비 구상권제도를 적극적으로 시행해야 한다. 이러한 피학대 노인에 대한 서비스와 치료뿐만 아니라 학대 행위자에 대한 개입도 이루어져야 한다. 일반적으로 학대 행위자를 패륜아 또는 극악무도한 범죄자로 규정하는 사회 분위기로 인하여 처벌 위주의 대책이 주로 제시되고 있다. 그러나 범법행위에 해당하는 경우에만 처벌을 하고 나머지는 스스로 태도 변화를 할 수 있도록 의무적 소양교육, 사회봉사명령, 보호관찰제도를 실시하거나, 정신병리를 가진 학대 행위자는 치료 프로그램에 참여할 수 있도록 해야 한다. 이와 같은 노인학대 관련자에 대한 보호서비스가 성공하기 위해서는 사례에 따른 개별화된 개입계획의 수립과 시행이 이루어져야 하며, 이를 위해서는 다분야의 전문가 팀으로 구성된 지역별 노인학대 판정 및 대책 위원회의 활성화가 요구된다. 그리고 지역 내 노인학대 관련 기관 간의 유기적인 네트워크를 강화해야 한다.

우리 사회에서는 노인학대 사건을 은폐하는 경향이 강하기 때문에 학대받는 노인 사례를 조기에 발견하여 적극적으로 개입할 수 있는 방안을 마련하지 못하고 있다. 따라서 노인과 일상적으로 접하는 지역사회의 통·반장이나 사회복지 전담 공무원, 노인복지기관과 시설의 종사자, 의사, 간호사, 치료사 및 약사 등의 의료인력, 계량기 검침원이나 아파트 관리인, 경찰관 등을 노인학대 옴부즈맨(ombudsman)으로 위촉하여, 이들이 노인학대 사례를 조기발견하고 전문기관에 서비스를 의뢰할 수 있는 제도를 마련해야 한다. 특히 생활지원사, 요양보호사, 방문간호사는 수시로 노인 가정을 방문하여 재가서비스를 제공하기 때문에 노인학대나 방임, 심지어는 자기방임까지도 가장 빠르게 인지할 수 있으므로, 이들을 노인학대의 파수꾼으로 활용하는 방안을 적극적으로 검토해야 한다.

5. 정보화와 노년공학

정보기술의 혁신과 새로운 정보유통 매체의 활용인구가 증가함에 따라 지식정보사회로의 이행이 더욱 가속화되고 있다. 지식정보사회로 전환되면서 산업사회에서의 경제적 부의 불평등은 지식과 정보의 불평등으로 바뀌게 되었다. 특히 노인의 경우에는 정보소외계층으로 전락하게 됨으로써 사회통합에 어려움을 겪을 뿐 아니라 새로운 형태의 사회차별을 경험하고 있다. 이러한 문제점을 인식하고 노인을 위한 정보화 교육을 강화하기 위한 다각적 노력이 전개되고 있으며, 첨단기술을 응용한 다양한 고령친화 상품과 서비스가 개발되고 있다. 이에 다음에서는 노인의 정보화 실태와 노년공학의 발전에 대해 논의해 보고자 한다.

1) 노인의 정보화

현재 노인세대는 경제활동 기회의 제한, 빈곤, 정보화 교육 기회의 부재 등으로 인하여, 급속히 진행되는 정보지식사회에 효과적으로 적응하는 데 어려움을 경험하고 있다. 그럼에도 노년학 관련 분야에서 노인의 정보화에 대한 연구는 소수에 불과할 정도로 미진한 실정이다(고대식, 권중돈, 2014). 하지만 노인의 정보화에 대한 욕구나 문제를 파악하기 위해 아직까지는 이들 소수의 연구에 의존할 수밖에 없는 상황이므로, 다음에서는 이를 바탕으로 노인의 정보화에 대해 논의해 본다.

노인의 정보화에 대한 연구에 따르면 점차 노인의 정보화에 대한 인식, 정보활용능력, 정보접근성이 향상되고 있다. 노인가구의 컴퓨터 보급률과 인터넷 가입률은 외국과 비교하여 볼 때 결코 뒤지지 않으며, 노인의 정보화 욕구는 매우 높은 것으로 나타난다.

과학기술정보통신부와 한국지능정보사회진흥원(2024. 4.)의 인터넷이용실태조사에 의하면, 2023년 기준 60대 노인의 56% 정도 그리고 70대 이상 노인의 15% 정도가 최근 1개월 이내에 컴퓨터를 이용하고 있으며, 노인인구의 인터넷 이용률은 지속적으로 증가하고 있는 것으로 나타났다. 보건복지부와 한국보건사회연구원(2023)의 노인실태조사에 의하면, 컴퓨터를 보유한 노인이 21% 정도이고 사용하는 노인이 13% 정도이며, 주거지 내에서 인터넷 사용이 가능한 노인이 46% 정도이며, 스마트폰을 보유한 노인이 77% 정도이며 이용하는 노인이 68% 정도인 것으로 나타났다. 스마트 기기를 활용하여 메시지를 주고받는 노인이 75% 정도이며, 그 외에 사진·동영상 촬영(52.7%), 정보검색 및 조회(51.1%), 동영상 보기(44.2%), 영상통화(44.2%), 음악 듣기(26.7%), 금융거래(20.2%), 키오스크 활용 주문 및 접수(17.9%), 게임(15.0%), 애플리케이션 검색 및 설치(13.4%), 전자상거래(12.0%), 사회관계망 서비스(SNS) 이용(8.6%) 등의 다양한 활동을 하고 있었다. 하지만 노인의 67% 정도는 정보화 사회의 적응에 어려움을 느끼고 있는 것으로 나타났다.

이러한 결과를 종합해 볼 때 이전에 비해 노인의 정보화 역량이 강화되고 있는 것은 사실이지만, 노인 집단내부의 정보화 역량의 격차는 크게 개선되지 않고 있음을 알 수 있다. 최근 들어 인터넷 공간에서 상업용 실버 포털 사이트, 커뮤니티 운영 사이트, 노인 인터넷 교육 사이트, 노인생활 정보 제공 사이트, 노인이 주체적으로 참여하는 카페, 온라인 창업 등 다양한 노인 사이트가 등장하고 있는 것은 고무적인 현상이지만, 이 역시 상업적 목적을 띤 것이 대부분을 차지한다는 문제점이 있다.

이러한 노인의 정보화 관련 문제점을 인식하여 정부에서는 2000년 12월에 정보격차 해소를 위한 법률을 제정하여 다각적 노력을 기울이고 있다. 그러나 더욱 효과적인 대책을 수립하기 위해서는 노인의 정보접근성, 정보활용도, 정보화 교육욕구 등 노인의 정보화와 관련된 문제와 그 대안을 모색하는 과학적이고 체계적인 연구가 지속적으로 이루어져야 한다.

2) 노년공학

현대인의 생활은 기술(technology) 없이는 기본 생활조차도 불가능할 정도로 인간과 기술은 밀접한 관련성을 지닌다. 이러한 첨단기술은 노인문제의 발생 및 해결과도 밀접한 관계가 있으며, 노년기의 심신기능 약화나 상실을 대체 또는 보완하고, 부양자의 부담 경감에도 기여할 수 있다. 하지만 우리나라의 사회복지제도는 국민의 기초생활 문제해결에 주력하고 있고, 사회의 지배적인 기술결정론적 시각(technological determinism) 때문에 '인간 본위가 아닌 기술 본위'를 추구하고 있으며, 경제적 이윤이 창출되는 부문에서의 첨단기술 개발과 활용에 치중하고 있는 실정(고대식, 권중돈, 2014)이어서 노인을 위한 첨단기술의 활용은 아직 미미한 수준에 머물러 있다.

그러나 기대수명의 연장에 따라 노인인구가 급격히 증가하면서 기능장애를 가진 노인인구가 증가하고 있으며, 가족의 노인부양기능 또한 약화 또는 상실되고 있다. 그리고 노인의 주거환경 및 시설환경이 부적합하고 노인의 첨단기술 활용능력과 이용률이 저조한 점을 볼 때, 앞으로 노년공학의 필요성은 더욱 증가할 것으로 보인다. 이에 다음에서는 노년공학의 개념과 기능, 노년공학의 관심 분야, 실제로 노년공학을 응용한 시스템 개발 사례에 대해 살펴본다.

(1) 노년공학의 개념과 발달

노년공학(gerontechnology)은 노화 그리고 노인과 그 가족의 욕구에 근거하여 기술과 상품을 개발하는 노년학의 한 분야로서, 인간공학의 하위 분야이다. 먼저, 인간공학(human engineering)이란 인간의 생리적 또는 심리적 기능상태를 파악하여 인간이 사용하기에 가장 적합한 시설, 장비, 도구 등을 제작하고 이를 손쉽고 안전하게 사용할 수 있도록 배열함으로써 생활환경을 최적화하려는 실천과학으로, 인간-기계-환경 간의 최적화를 추구하는 학문분야이다(안병준, 2000). 따라서 노년공학은 노인의 일상생활에서 일어나는 여러 신체적·정신적·기능적 문제를 공학기술을 이용하여 해결함으로써 노인과 노인 부양자의 최적생활을 추구하는 응용과학이라 할 수 있다.

이러한 노년공학은, ① 노화과정을 연구하는 데 필요한 기술 제공, ② 노화로 인한 심신기능 저하의 예방, ③ 은퇴 후 새로운 역할 개발과 수행, ④ 신체 및 인지 기능 약화의 보완 또는 대체, 그리고 ⑤ 부양자의 부양활동 원조라고 하는 다섯 가지 기능을 수행한다(Vercruyssen et al., 1996).

노년공학의 발전에 기여한 초기 선구자로는 1980년대에 인간공학기술을 노화문제에 적용하려 했던 Fozard와 McFarland, Small 등을 들 수 있지만, 노년공학이라는 용어는 1989년 네덜란드의 Graffmans와 Browers가 처음 소개하였다(Vercruyssen et al., 1996). 이후 1991년에 국제노년공학회가 처음으로 개최된 데 이어, 1993년에는 아인트호벤 대학교에 노년공학 석사과정이 처음으로 개설되었다. 이후 서구국가에서는 고령친화산업의 활성화와 함께 노년공학의 기술과 제품 개발을 강화하기 위하여 적극적 노력을 기울이고 있다.

(2) 노년공학의 관심 분야와 실제

노년공학의 관심 분야는 교통, 경제활동, 주택, 기술, 정보통신, 건강 및 가정간호기술, 노년공학교육 등 그 범위가 매우 광범위하다. 그리고 앞으로 노년공학 분야에서는 노화에 따른 기능 저하를 예방하는 기술, 활발한 노후활동을 지원하는 기술, 심신기능의 저하를 보상하는 기술, 부양자를 지원하는 기술, 그리고 노화와 노인에 관한 연구를 지원하는 기술의 개발에 주력함으로써 노년공학의 분야는 더욱 확대될 것으로 보인다(황진수, 2000).

우리나라의 사회복지분야, 특히 영유아, 노인, 장애인 등에 대한 직접 서비스는 주로 사회복지 종사자나 가족의 육체 및 정서 노동에 의존하며, 첨단 정보통신기술을 활용한 복지용품, 시스템 또는 프로그램의 개발은 미흡한 실정이다. 하지만 첨단기술을 이용하여 개발가능한 복지설비, 용품, 프로그램은 매우 다양하며, 앞으로 개발 가능성은 매우 높다. 이 중에서 저자와 벤처기업인 (주)알파인터넷이 정보통신부의 지원으로 개발한 '치매노인·장애인을 위한 간호·치료용 전문가 시스템'은 ① 대소변 원격모니터링시스템, ② 치매환자 치료를 위한 리마인드시스템, ③ 웹원격동영상시스템으로 구성되어 있다. 그중에서 대소변 원격모니터링시스템은 노인이나 장애인이 착용하고 있는 기저귀의 습도를 센서로 감지하여 송신기, 수신기를 통해 실금환자에 대한 정보를 간호사실로 전달하여, 시설 전체 환자의 실금상태와 기저귀 교환 시기를 판단하게 해 주는 시스템이다. 이 시스템을 활용할 경우 노인환자나 장애인 등의 위생관리서비스의 질을 제고하고 종사자의 노동량을 경감할 수 있다.

첨단기술을 이용한 노년공학시스템을 노인복지정책에서 활용하고 있는 사례로는 독거노인·장애인 응급안전안심서비스를 들 수 있다. 이 시스템은 [그림 9-4]에서 보는 바와 같이 온라인의 첨단 정보통신기술과 오프라인의 생활지원사, 소방서 등을 연계하여 독거노인에 대한 365일 안전확인 및 응급구조서비스를 제공하는 시스템이다. 이 시스템에는 응급호출기, 화재감지기, 활동량감지기(심박·호흡), 조도·습도·온도감지센서 및 태블릿 PC 기반의 통신단말장치(게이트웨이) 등의 ICT(Information & Communications Technology) 기술을 활용하고 있다. 그리고 노인맞춤돌봄서비스의 생활지원사와 통화가 가능하며, 자녀와의 말벗기능, 치매예방운동, 각종 교육동영상, 날씨정보, 노래 컨텐츠, 음성인식기능 등의 부가기능도 제공된다. 이를 통해 가정에서 홀로 생활하는 노인이 스스로 응급전화를 하기 어렵더라도 장비의 다양한 감지기가 24시간 서비스 대상자의 댁내활동, 심박·호흡, 수면시간 등을 확인하고 화재, 낙상 등 응급상황에서 119 구호조치가 가능하도록 자동연결되므로, 독거노인의 안전확인과 응급구호서비스가 제공된다(보건복지부, 2024d). 최근에는 인공지능(AI), 사물인터넷(IoT), 로봇 등을 이용한 노인돌봄기술의 유용성, 윤리적 딜레마 등에 대한 논의

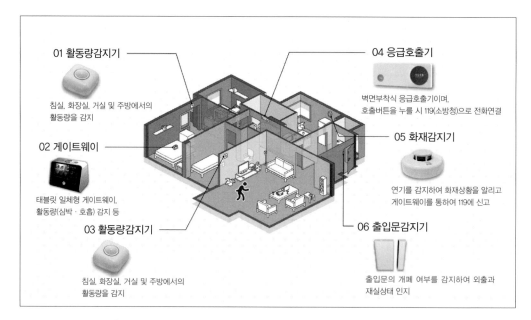

[그림 9-4] 독거노인 · 장애인 응급안전안심서비스 댁내 장비 구성도
자료: 보건복지부(2024d). 독거노인 · 장애인 응급안전안심서비스 사업안내.

가 증가하고 있다(Sharkey & Sharkey, 2012).

6. 노인의 안전과 범죄

급속한 인구고령화에 대응하여 노인 개인, 가족, 국가 모두가 노인의 삶의 질 향상과 노후 생활 적응을 위한 노력을 기울이고 있다. 하지만 노인의 사고, 노인에 의한 범죄와 범죄에 의한 노인의 피해에 대해서는 아직 이렇다 할 만한 대응방안을 강구하지 못하고 있다. 이에 다음에서는 노인이 당하는 사고, 특히 안전 및 교통사고와 노인범죄와 범죄피해의 실태에 대해 간략히 논의해 본다.

1) 노인 안전사고와 교통사고

노년기에는 노화에 따른 신체, 심리, 사회적 기능의 저하와 노후생활에 부적절한 사회환경으로 인하여 사고의 위험성이 높아진다. 보행자 및 운전자 교통사고를 경험한 노인이 각각 1.5%이며, 자연재해를 당한 노인이 1.1%, 그리고 노인이 집안에서 화재 · 가스 · 누수 등의 안전사고를 당한 노인이 0.5%인 것으로 나타났다. 그리고 지난 1년간 낙상을 경험한 노인은 5.6%로서 미끄러짐(28.1%)과 하지근력 약화(20.2%)가 주된 낙상의 원인인 것으로 나타 났다(보건복지부, 한국보건사회연구원, 2023). 그리고 독거노인의 고독사에 대한 불안 또한 증 가함으로써 이에 대한 사회적 대응에 관한 관심이 높아지고 있다(권중돈, 2010; 보건복지부, 한국보건사회연구원, 2023. 2.).

노인의 사회활동 참여가 활성화되고 자가운전을 하는 노인인구가 증가하고 있어 교통 사고를 내거나 당할 가능성이 점진적으로 높아지고 있다. 현재 자가운전을 하고 있는 노인 은 26.2%이며, 시력과 판단력, 속도감, 반응속도 등의 저하로 운전에 어려움을 겪고 있었다 (보건복지부, 한국보건사회연구원, 2023). 경찰청(2024)의 교통사고 현황분석 자료에 따르면, 65세 이상 노인 교통사고 발생 건수는 3만 8,960건으로 2020년에 비해 2천 건 정도 줄었으 나 전체 교통사고 발생 건수의 19.6%를 차지하며, 교통사고로 사망한 노인은 1,240명, 그리 고 부상자는 4만 3,005명으로 나타났다. 앞으로 노인 자가운전자가 늘어나면서 교통사고 발 생 건수는 더욱 증가할 것으로 예측된다.

이러한 노인 교통사고의 예방을 위해서는 노인 스스로가 복잡한 교통환경에 적용하기 위 한 노력을 기울여야 하며, 고령자의 교통안전을 위한 범국민적 홍보교육이 필요하다. 그리 고 고령자의 통행이 빈번한 횡단보도의 보행 신호 시간의 연장, 고령운전자나 보행자에 대 한 통행우선권 부여, 전반적인 교통안전시스템의 구축 등이 필요하다. 노인 교통안전 대책 의 일환으로 저출산 · 고령사회 기본계획에서는, ① 고령자를 배려한 대중교통 이용 및 보행 환경 개선, ② 고령 운전자에 적합한 교통기반 마련, ③ 노인 교통사고 줄이기 운동 추진 등 을 포함한 고령친화적 교통환경 조성계획을 제시하고 있다. 그리고 보건복지부에서는 노인 이 주로 이용하는 노인복지관이나 노인복지시설 주변을 노인보호구역(silver zone)으로 지정 하여 과속방지턱 등 교통안전 시설물과 표지판을 설치하여 차량이 30km 이하의 속도로 서 행하도록 하고, 횡단보도 신호 시간을 연장하여 노인교통안전을 도모하고 있다. 또한 운전 면허증을 반납한 노인에게 지방자치단체에서 일정액의 교통카드나 지역상품권을 제공하고 있다.

2) 노인범죄

노인인구의 증가와 함께 노인에 의한 범죄와 노인을 대상으로 한 범죄가 꾸준히 증가하 고 있다. 서구국가에서는 이미 오래전부터 노인범죄 및 피해 실태와 방지책 등이 강구되어 왔으나, 우리나라에서는 노인범죄와 범죄피해에 대한 사회적 관심이 낮은 편이다.

노인은 범죄의 가해자인 동시에 피해자가 될 수 있다. 그러므로 노인범죄의 실태를 정확 히 파악하기 위해서는 노인에 의한 범죄와 노인을 대상으로 한 범죄 피해 모두를 파악하여

표 9-11	주요 범죄군별 노인범죄자율 추이								(단위: 10만 명당 명)
		2014	2015	2016	2017	2018	2019	2020	2021	2022
전체		1,517.0	1,647.3	1,749.6	1,722.0	1,749.2	1,891.9	1,821.2	1,589.9	1,521.7
형법범죄		761.7	823.7	872.0	888.6	947.0	1,045.1	1,021.0	900.6	948.4
주요 형법 범죄	살인	1.3	1.2	1.3	1.2	1.3	1.3	1.1	1.0	1.0
	강도	0.5	0.4	0.5	0.4	0.3	0.3	0.4	0.3	0.3
	성폭력	17.4	19.5	21.5	25.3	24.7	27.6	24.6	22.8	25.0
	폭행·상해	208.0	229.1	238.7	231.8	239.6	245.8	231.1	205.7	214.5
	절도	87.4	110.9	141.3	162.6	165.4	197.0	203.3	214.7	241.6
특별법범죄		755.3	823.6	877.6	833.4	802.2	846.8	800.2	689.3	573.3

주: 노인범죄자율＝65세 이상 노인범죄자 수÷65세 이상 노인인구×100,000
자료: 대검찰청(2023). 2023 범죄분석.

야 한다. 그러나 우리나라에는 노인에 의한 범죄 관련 연구가 몇 편 있을 뿐이며, 노인의 범죄피해에 대해서는 언론매체를 통한 보도가 거의 전부이다.

2022년 65세 이상 노인범죄자 수는 136,663명이며, 형법 범죄자가 85,174명(재산범죄 44,141명, 강력범죄(흉악) 2,489명, 강력범죄(폭력) 22,022명 등)이고 특별법 범죄자가 51,489명으로, 노인 인구 10만 명당 범죄율은 1,521명으로 나타났다(대검찰청, 2023). 이러한 노인범죄는 범죄의 종류에 따라 다르긴 하지만, 2010년부터 2020년까지 55~194%대의 증가율을 보이다가, 코로나19가 유행한 특수성이 있는 2021~2022년 사이에는 감소추세로 전환(대검찰청, 2023)되었지만, 2023년부터는 다시 증가추세로 반전될 가능성이 내재해 있다.

범죄피해자의 측면에서 보면 노인은 신체에 관한 피해보다는 주거나 재산에 관한 피해를 당하기가 더 쉽다(지광준, 2002). 실제로 보건복지부와 한국보건사회연구원(2023)에 따르면, 사기성 물건구매 피해를 당한 노인이 4.4%, 보이스피싱 금전피해가 2.1%, 재산범죄 피해가 0.5%, 폭력 및 강력 범죄피해가 0.3%로 나타났다. 대검찰청(2023)에 따르면 60세 이상 노인 범죄피해는 10만 7,182건이며, 형법범죄 피해를 입은 노인이 88,387명인 것으로 나타났다. 특히 최근에는 노인을 대상으로 한 보이스피싱과 사기상술이 기승을 부리고 있는데, 이러한 사기상술의 유형은 사은품제공상술, 효도관광상술, 강연회상술, 경로잔치 또는 제품설명회상술, 공공기관 사칭상술, 당첨상술, 종교행사빙자상술, 신용카드 도용 등 매우 다양하다. 노인 특성에 따른 피해 상황을 보면 여성보다는 남성, 고학력보다는 저학력자가 더 많은 피해 경험을 가지며, 상대적으로 치안 상태가 양호한 아파트 거주자보다는 단독주택 거주자의 피해가 더 큰 것으로 알려져 있다(이종원, 2004).

앞에서 살펴본 노인에 의한 범죄와 범죄피해에 관한 기존 연구를 근거로 하여 노인범죄의 예방과 노인범죄자에 대한 처우 개선, 노인의 범죄피해 예방을 위한 과제를 살펴보면 다음과 같다. 먼저 노인에 의한 범죄를 줄이기 위해서는 노후생활에 필요한 기초소득의 보장과 아울러 노인 일자리 창출, 소외감과 고독감을 해소해 줄 수 있는 여가활동의 장을 마련해 주는 것이 매우 중요하다. 그리고 노인범죄자에 대한 형의 집행유예 요건 완화, 갱생보호시설의 확충, 노인의 특성에 맞는 개별화된 처우, 노인복지시설에서의 사회봉사명령제 도입 등의 조치가 이루어져야 한다.

노인의 범죄피해는 신고기피 및 구제방법에 대한 무지 등으로 잘 드러나지 않으며, 드러나는 경우에도 피해 상황에 대한 설명 부족 등으로 제대로 구제받기 어렵다. 따라서 노인의 범죄피해 방지를 위해서는 경찰이나 노인복지기관에서 노인을 대상으로 한 노인 소비자 교육, 노인범죄피해 대처방법에 대한 교육을 강화해야 하며, 피해 노인을 위한 조사 절차 및 방법 개선과 함께 무료법률상담의 기회를 확대하여야 한다.

🏛 생각해 보아야 할 문제

1. 노인과의 면접을 통하여 노인의 죽음에 대한 태도와 노인이 죽음을 두려워하는 원인이 무엇인지 파악해 보시오.

2. 인터넷이나 신문에서 노인의 자살 사례를 검색해 보고 자살의 동기와 원인을 분석한 후 이를 예방할 수 있는 방안을 모색해 보시오.

3. 임종의 장소로 가정, 병원, 호스피스 시설 중에서 어느 곳이 가장 적합하며, 그렇게 판단한 이유는 무엇인지에 대해 토론해 보시오.

4. 〈죽어도 좋아〉 또는 〈죽여주는 여자〉라는 영화를 보고 그 소감을 토론해 보시오.

5. 인터넷이나 신문에서 노인학대 사례를 검색하여 노인학대의 원인과 실태를 분석해 보고 노인학대를 예방 또는 해결할 수 있는 방안을 모색해 보시오.

6. 노인의 인권보호와 권익증진을 위하여 자신이 현재 시점에서 할 수 있는 구체적인 행동을 생각해 보시오.

7. 노인복지시설 생활노인의 인권을 증진하기 위한 구체적인 행동전략에 대해 토론해 보시오.

8. 노인이 운영하는 인터넷 카페나 홈페이지에 접속하여 가상공간에 나타난 노인의 문제가 무엇인지를 파악해 보시오.

9. 사회복지와 자연과학, 공학 분야의 연계 촉진 방안에 대해 토론해 보시오.

10. 인터넷이나 신문에서 노인 안전 및 사고, 노인에 의한 범죄, 노인이 당하는 범죄피해 사례를 수집하여 이를 예방 또는 경감할 수 있는 방안을 모색해 보시오.

제**3**부

노인복지 정책 및 실천

제**10**장

노인복지와 노인복지정책

● 노인복지의 개념, 목적, 원칙을 이해한다.

● 노인복지의 구성체계와 노인복지제도의 발달과정을 이해한다.

● 노인복지정책의 개념, 구성요소 등을 이해한다.

● 현행 노인복지정책의 기본 방향과 특성을 이해한다.

1. 노인복지의 의의

이 책의 제2부에서 살펴보았듯이 많은 노인이 소득, 일, 건강, 주거, 여가, 교육, 가족생활 등 모든 삶의 영역에서 혼자 또는 가족의 힘으로는 해결하기 어려운 미충족 욕구나 문제를 경험하고 있다. 전통사회에서는 가족이 노인을 동거부양하면서 노인의 삶의 장면에서 야기되는 욕구나 문제를 해결해 왔으며, 노인의 복지에 대해 전적인 책임을 수행해 왔다. 그러나 현대화 이후 가족의 노인부양기능 또는 복지기능이 약화되고, 노인이나 가족의 결함보다는 사회구조적 모순에 의해 야기되는 노인문제가 급속히 확산됨으로써 국가가 노인의 복지 증진을 위해 적극적으로 개입해야 한다는 것은 당연한 사실로 받아들여지게 되었다.

서구 국가의 경우 개인과 가족, 시장 그리고 국가라는 세 복지주체가 노인복지에 대한 책임을 분담하는 복지다원주의가 강화되고 있기는 하지만, 여전히 국가가 노인복지의 책임주체로서의 기능을 성실히 수행하고 있으며, 노인의 욕구 충족과 문제해결을 위한 질 높은 다양한 급여와 서비스를 제공하고 있다.

우리나라에서도 1981년 「노인복지법」 제정 이후부터 국가의 노인복지정책은 매우 빠르게 확대되어 왔으며, 초고령사회에 대비한 중장기계획에 근거하여 지속적으로 노인복지를 확충해 왔다. 그러나 국가가 노인복지 증진의 일차적 책임주체로서의 기능을 이행하는 데는 아직은 소홀한 부분이 있기 때문에 현재의 노인복지제도는 노인의 욕구 충족이나 문제해결에 한계를 지니고 있어, 노인의 삶은 크게 개선되지 않고 가족과 생산연령인구의 부양부담은 증가하고 있다. 따라서 급격한 인구고령화에 의해 야기되는 문제에 효과적으로 대응하기 위해서는 국가의 노인복지 증진을 위한 노력이 더욱 강화되어야 하며, 이를 위해 현행 노인복지제도의 현상과 장단점에 대한 철저한 평가가 이루어져야 한다. 이 절에서는 현행 노인복지제도의 현상과 문제를 평가하고 앞으로의 개선방안을 모색하는 데 기본적인 토대를 제공해 주는 노인복지의 개념, 목적, 원칙 등에 대해 살펴보고자 한다.

1) 노인복지의 개념

노인복지는 노인의 생활안정과 복리(well-being)를 증진하기 위한 사회적 노력으로 사회복지의 한 분야이다. 그러므로 복지가 지닌 의미를 먼저 고찰하는 것이 노인복지의 개념을 정의하는 데 도움이 된다. 한문으로 복지(福祉)는 '물질적으로 풍요롭고 정신적으로 안정된 생활을 할 수 있도록 기원한다.'라는 의미를 지닌다. 그리고 영어의 'welfare'는 '불만이 없는 상태, 안락하고 만족한 상태 또는 이를 달성해 가는 과정'이라는 의미를 내포한다. 따라서 사회복지는 모든 인간이 사회관계를 유지하면서 만족스러운 삶을 영위할 수 있도록 지원하는 개인 및 제도적인 차원의 활동을 의미한다(권중돈 외, 2024).

사회복지의 한 분야인 노인복지에 관한 정의는 대상만 다를 뿐 사회복지의 정의와 크게 다르지 않다. 기존의 노인복지에 대한 여러 정의를 종합해 보면, 노인복지가 추구하는 목적은 인간다운 생활, 사회 적응과 통합, 노인의 욕구 충족과 문제의 예방 · 해결 등이며, 노인복지를 실시하는 주체는 공공부문과 민간부문이라는 점에 대부분이 동의하고 있다(권중돈 외, 2024; 정상양 외, 2012; 최성재, 장인협, 2010; 현외성 외, 2000). 이러한 사회복지와 노인복지에 대한 기존 정의를 종합하여 볼 때, 노인복지는 '모든 노인이 최저 수준 이상 또는 적정 수준의 생활을 유지하고 사회욕구 충족과 생활상의 문제를 예방 · 해결하며, 노후생활에 대한 적응과 사회통합을 이루는 데 필요한 급여와 서비스를 제공하는 공공부문과 민간부문의 조직적이고 전문적인 제반 활동'(권중돈 외, 2024)이라고 정의할 수 있다.

이러한 정의를 바탕으로 노인복지가 지닌 특성을 대상과 주체, 목표, 수단, 방법으로 구분하여 살펴보면 다음과 같다. 첫째, 노인복지의 대상은 Wilensky와 Lebeaux(1965)가 말하는 선별적 복지와 보편적 복지 중 어느 것을 선택하는가에 따라 달라질 수 있으나, 최근의 노인복지에서는 사회보호가 필요한 의존성 노인(dependent elderly)을 대상으로 하기보다는 일정 연령 이상의 모든 노인을 노인복지의 대상으로 규정하는 것이 일반적이다. 둘째, 노인복지의 주체는 민간부문에 속하는 개인과 가족, 시장 그리고 공공부문에 속하는 중앙정부와 지방정부 모두가 노인복지의 주체가 된다. 셋째, 노인복지의 목표는 최저 수준 이상 또는 적정 수준의 생활 유지, 사회욕구 충족과 생활문제의 예방과 해결, 사회 적응과 통합의 성취라고 할 수 있다. 넷째, 노인복지의 수단은 현금 또는 현물 급여와 비물질적 서비스라고 할 수 있다. 다섯째, 노인복지의 방법은 조직적이고 전문적인 제반 활동으로 사회복지의 두 가지 접근방법인 거시적 접근(노인복지정책)과 미시적 접근(노인복지실천)으로 나뉜다.

2) 노인복지의 목적

대한민국 「헌법」 제34조에 따르면 모든 국민은 인간다운 생활을 할 권리를 지니며, 국가는 국민의 복지 향상을 위한 정책을 실시할 의무를 지닌다고 규정되어 있다. 그리고 「노인복지법」 제2조에서는 노인의 안정된 생활, 자기실현을 위한 욕구의 충족과 사회통합의 유지라고 하는 노인복지의 기본 이념을 제시하고 있다.

이러한 「헌법」과 「노인복지법」에서 명시한 권리와 기본 이념에서 노인복지의 목적과 목표를 도출해 낼 수 있다. 먼저 노인복지의 목적은 「헌법」에 명시된 바와 같이 노인의 권리인 인간다운 노후생활의 영위를 지원하는 것이다. 노인복지의 목적인 인간다운 생활이란 생물적 · 심리적 · 사회적으로 편안하고 안락한 상태의 삶, 즉 의식주라는 기본욕구를 충족하고 건강하고 문화적인 삶을 영위하는 것이라 할 수 있다. 구체적으로는 생물적 · 심리적 · 사회적 욕구나 문제를 예방 또는 해결하고 창조적인 문화생활을 영위하는 것을 의미한다. 이러한 목적을 달성하기 위한 목표는 「노인복지법」의 기본 이념에 명시된 안정된 생활 유지, 자기실현을 위한 욕구 충족, 사회통합의 유지라고 할 수 있다.

노인복지의 첫 번째 목표인 노인의 안정된 생활 유지는 국민적 최저수준 이상 또는 적정수준의 경제생활 보장을 의미한다. 이때, 국민적 최저수준은 한 국가의 경제수준, 정치 상황 등 다양한 요인에 따라 달라질 수 있으며, 최저생계비를 책정하는 기준이나 방법에 대해 논란이 없는 것은 아니지만 일반적으로는 최저생계비를 기준으로 한 빈곤선(poverty line)을 의미하는 경우가 대부분이다. 국가에서 공식적으로 활용하고 있는 최저생계비기준을 바탕으로 한 우리나라의 빈곤선은 지나치게 낮게 책정되어 있어, 인간다운 삶을 보장하는 데 많은 한계가 있다. 따라서 노인의 인간다운 삶을 보장하려는 노인복지의 목표는 '국민적 최저수준 이상'이라는 소극적 생활 보장의 기준보다는 '적정 수준의 생활' 보장이라는 보다 적극적인 생활 보장의 기준을 따르는 것이 바람직하다.

노인복지의 두 번째 목표는 자기실현의 욕구 충족이다. Maslow에 따르면 자기실현의 욕구는 생리적 욕구, 안전의 욕구, 소속과 애정에 대한 욕구, 자존감의 욕구라고 하는 인간 생존에 필수적인 기본욕구보다 높은 수준의 욕구로서 성장욕구에 해당한다(권중돈, 2021b). 따라서 노인복지가 노인의 자기실현의 욕구 충족이라는 목적을 달성하기 위해서는 의식주라는 기본적인 생리적 욕구의 충족뿐만 아니라 안전, 소속, 사랑, 자존감 등과 같은 심리사회적 욕구 충족을 전제로 하며, 노년기의 생물적 · 심리적 · 사회적 발달과업을 성취하여 노후생활에 성공적으로 적응할 수 있도록 충분한 지원이 전제되어야 한다. 이런 점에서 볼 때 노인복지는 노인이 지닌 기본적인 사회욕구의 충족뿐만 아니라 성장에 대한 욕구 충족을 지원하고, 다양한 생활 영역에서 야기되는 노인과 그 가족의 문제를 예방 · 해결하는 것을 목표로 한다.

노인복지의 세 번째 목표는 사회통합의 유지이다. 사회통합은 가족, 집단, 조직, 지역사회 및 국가에 이르기까지 자신이 속한 사회체계에 심리사회적으로 유대감을 갖고 적응하는 것을 말한다. 노년기에는 주요한 사회적 지위와 역할 상실로 인하여 고독과 사회적 소외를 경험하며, 주류사회(mainstream society)의 주변인으로 전락할 가능성이 높아진다. 따라서 노인복지는 노인의 사회적 소외를 완화하고, 주류사회의 구성원으로서의 지위와 역할을 부여하여, 노인이 사회활동에 적극적으로 참여함과 동시에 평생 동안 쌓아 온 지혜와 경험을 바탕으로 국가와 사회발전에 기여할 수 있는 기회를 부여할 수 있어야 한다.

3) 노인복지의 원칙

노인복지의 목표를 달성하기 위해서 지켜야 할 바람직한 원칙을 최성재와 장인협(2010)은 사회복지의 기본 가치에 근거하여, ① 인간 존엄성 및 개인 존중, ② 개별화, ③ 자기결정, ④ 권리와 책임, ⑤ 보편성과 선별성, ⑥ 개발적 기능, ⑦ 전체성, ⑧ 전문성, 그리고 ⑨ 노인의 시대적 욕구 반영 등 아홉 가지로 제시하고 있다. 물론 이들이 제시한 노인복지의 원칙은 매우 타당하지만, 노인복지의 원칙은 국제연합(UN)이 1991년 유엔총회에서 채택한 노인을 위한 유엔원칙(United Nations Principles for Older Persons)에 가장 잘 반영되어 있다. 이 원칙에 따르면 국가는 노인복지사업을 추진함에 있어서 독립(independence), 참여(participation), 보호(care), 자기실현(self-fulfillment), 존엄(dignity)이라는 원칙을 반영하여야 한다(보건복지부, 2000). 이를 세부적으로 살펴보면 다음과 같다.

(1) 독립
① 소득, 가족과 지역사회의 지원 및 자조(自助)를 통하여 적절한 식량, 물, 주거, 의복 및 건강보호에 접근할 수 있어야 한다.
② 일을 할 수 있는 기회를 제공받거나 다른 소득을 얻을 수 있는 기회에 접근할 수 있어

야 한다.

③ 직장에서 언제 어떻게 그만둘 것인지에 대한 결정에 참여할 수 있어야 한다.

④ 적절한 교육과 훈련 프로그램에 접근할 수 있어야 한다.

⑤ 개인의 선호와 변화하는 능력에 맞추어 안전하고 적응할 수 있는 환경에서 살 수 있어야 한다.

⑥ 가능한 한 오랫동안 가정에서 살 수 있어야 한다.

(2) 참여

① 사회에 통합되어야 하며, 노인의 복지에 직접 영향을 미치는 정책의 형성과 실행에 적극적으로 참여하고, 노인의 지식과 기술을 젊은 세대와 함께 공유하여야 한다.

② 지역사회 봉사를 위한 기회를 찾고 개발하여야 하며, 노인의 흥미와 능력에 알맞은 자원봉사자로서 봉사할 수 있어야 한다.

③ 노인을 위한 사회운동과 단체를 조직할 수 있어야 한다.

(3) 보호

① 각 사회의 문화가치체계에 따라 가족과 지역사회의 보살핌과 보호를 받아야 한다.

② 신체적 · 정신적 · 정서적 안녕의 최적 수준을 유지하거나 되찾도록 도와주고, 질병을 예방하거나 그 시작을 지연하는 건강보호에 접근할 수 있어야 한다.

③ 노인의 자율과 보호를 고양하는 사회적 · 법률적 서비스에 접근할 수 있어야 한다.

④ 인간적이고 안전한 환경에서 보호, 재활, 사회적 · 정신적 격려를 제공하는 적정 수준의 시설보호를 이용할 수 있어야 한다.

⑤ 노인이 보호시설이나 치료시설에 거주할 때도 존엄, 신념, 욕구와 사생활을 존중받으며, 자신의 건강보호와 삶의 질을 결정하는 권리의 존중을 포함하는 인간의 권리와 기본적인 자유를 향유할 수 있어야 한다.

(4) 자기실현

① 노인의 잠재력을 완전히 개발하기 위한 기회를 추구하여야 한다.

② 사회의 교육적 · 문화적 · 정신적 자원, 여가에 관한 자원에 접근할 수 있어야 한다.

(5) 존엄

① 존엄과 안전 속에서 살 수 있어야 하며 착취와 신체적 · 정신적 학대에서 자유로워야 한다.

② 나이, 성, 인종이나 민족적인 배경, 장애나 여타 지위에 상관없이 공정하게 대우받아야
하며, 노인의 경제적인 기여와 관계없이 평가되어야 한다.

국제연합(UN)에서는 이러한 원칙을 재확인하고 전 세계적으로 진행되고 있는 인구고령
화에 더욱 효과적으로 대처하기 위하여 2002년 4월에 스페인의 마드리드에서 제2차 세계고
령화회의를 개최하고 '마드리드 고령화국제행동계획(Madrid International Plan of Action on
Ageing)'을 채택하여 더욱 구체적인 과제와 세부 목표 및 행동지침을 제시하였다. 이 국제행
동계획에서는 '노인과 발전, 노년기까지의 건강과 안녕 증진, 역량을 강화하고 지원하는 환
경의 확보'라는 세 가지 방향을 설정하고, 그 아래 18개 분야의 과제를 선정하여 분야별 세
부 목표와 행동지침을 제시하고 세계 전 국가에 이를 권고하고 있다(보건복지부, 2002. 8.).

2. 노인복지의 구성체계

노인복지는 사회복지의 한 분야로서 사회복지의 구성체계와 동일하다. 따라서 노인복지
의 구성체계를 파악하기 위해서는 사회복지의 구성체계를 살펴보아야 한다. 사회복지의 구
성체계는, ① 사회복지의 목적과 가치, 원칙, ② 사회복지의 대상체계, ③ 사회복지의 주체,
④ 법, 행정, 시설, 재정, 인력을 포함하는 사회복지의 제도체계, ⑤ 사회복지의 방법체계로
구분할 수 있다(김만두, 한혜경, 1994).

이러한 노인복지의 구성체계 중에서 노인복지의 대상체계는 노인이며, 이들의 삶의 과정
과 욕구, 문제에 대해서는 이 책의 제2부에서 살펴보았다. 노인복지의 목적과 원칙, 주체에
대해서는 이 장의 제1절에서 이미 논의하였다. 따라서 이 절에서는 노인복지제도의 구성체
계 중 제도체계에 해당하는 법, 전달체계, 재정에 대하여 살펴본다. 그리고 노인복지의 방법
체계 중에서 간접 방법론에 해당하는 노인복지정책에 대해서는 이 장의 4절과 제11장에서,
그리고 노인복지정책을 실천으로 전환해 주는 노인복지 프로그램에 대해서는 제12장, 직접
방법론에 해당하는 노인복지실천에 대해서는 제13장에서 논의한다.

1) 노인복지의 법적 기반

모든 노인복지정책이나 실천은 노인복지 관련 법에 근거하여 이루어지므로 노인복지 관
련 법에 대한 고찰은 필수적이다. 현재 우리나라의 노인복지 관련 법은 「저출산・고령사회
기본법」「노인복지법」, 각종 연금보험법, 「고용상 연령차별금지 및 고령자고용촉진에 관한

법률」,「국민기초생활 보장법」,「국민건강보험법」,「치매관리법」,「주택법」,「주거급여법」,「고령
친화산업 진흥법」,「기초연금법」,「노인장기요양보험법」,「평생교육법」,「농어업인의 삶의 질
향상 및 농어촌지역 개발 촉진에 관한 특별법」,「효행 장려 및 지원에 관한 법률」,「대한노인
회 지원에 관한 법률」,「고독사 예방 및 관리에 관한 법률」 등 매우 다양하지만,「노인복지법」
이 기본법(基本法) 또는 모법(母法)으로서의 지위를 가진다. 이러한 다양한 노인복지 관련 법
에 관한 논의는 이 책의 범위를 넘어서기 때문에 여기에서는「노인복지법」에 대해서만 논의
하기로 하고, 나머지 노인복지 관련 법에 대해서는 노인문제를 해결하기 위해 고안된 다양
한 보장체계에 대한 논의에서 주요 내용만을 간략히 다룬다.

「노인복지법」은 노인복지정책이나 사업의 내용과 형태를 규정하는 노인복지의 기본법으
로서, 현재 노인세대뿐만 아니라 국민 모두가 행복한 노후생활을 영위할 수 있도록 유도하
고 지원하는 법률이다.「노인복지법」은 공법(公法), 사법(私法), 사회법(社會法) 중에서 사회
법에 속하며 노인의 건강 유지, 노후생활 안정을 통하여 노인의 보건복지 증진에 기여할 목
적(제1조)으로 제정된 법률이다.

「노인복지법」은 1969년 처음으로 입법이 시도된 이후 민간부문에서 제시한「노인복지법」
제정을 위한 각종 법안이 입법결정과정에서 폐기 또는 상당한 변화를 겪었으며, 1980년 보
건사회부에서 마련한「노인복지법」초안을 기반으로 1981년 6월 5일 제정되었다.「노인복
지법」은 노인인구 증가와 사회 변화로 인하여 사회문제화된 노인문제에 대처하고, 전통가
족제도에 근거한 경로효친의 가치를 유지하며, 노인복지시책을 더욱 효과적으로 추진하기
위해 제정되었다. 제정「노인복지법」에 포함된 주요 노인복지사업은, ① 경로주간 설정 및
경로사상 앙양, ② 시·군·구에 노인복지상담원 배치, ③ 노인복지시설(양로, 노인요양, 유
료 양로 및 노인복지센터) 인가와 운영 지원, ④ 건강진단 또는 보건교육 실시, ⑤ 경로우대제
도 등이다. 제정「노인복지법」은 노인복지 증진의 당위성을 제시하였다는 점에서는 큰 의의
를 지니지만, 노인복지를 노인의 권리로 규정하기보다는 국가의 자선적 시혜로 보는 시각이
강하며, 복지보다는 경제 성장을 더욱 우선시하고, 국가 개입을 최소로 줄이는 대신 노인 개
인이나 가족의 책임을 더욱 중시한 문제점을 지닌다(현외성, 2001).

「노인복지법」제정 이후부터 2024년 10월에 이르기까지「노인복지법」은 2회의 전문 개정
을 포함하여 모두 72회 개정되었는데, 그 주요 개정 내용은 〈표 10-1〉과 같다. 이러한「노
인복지법」개정 중에서 1차, 4차, 6~9차, 14차, 16차, 18~21차, 26~27차, 29차, 33차, 37차,
52차, 65차 개정은 관련 법률의 제정이나 개정에 따라 개정이 불가피한「노인복지법」의 일
부 조항을 개정한 것으로서 노인복지정책 환경의 큰 변화를 반영한 것은 아니므로, 노인복
지 급여나 서비스의 변화를 가져오지는 않았다.

「노인복지법」제정 이후 국가경제의 발전과 인구의 급격한 고령화에 따라「노인복지법」

표 10-1 「노인복지법」 개정의 주요 내용

구분	개정의 주요 내용
2차 전문 개정 (1989. 12. 30.)	• 노인복지대책위원회 설치, 노령수당, 노인복지시설의 범위 확대(실비 양로시설, 유료 노인요양시설 및 노인복지주택 추가), 재가노인을 위한 가정봉사사업 등의 실시 · 지원, 노인여가시설을 경로당 · 노인교실 · 노인휴양소로 분류, 제조 담배 소매인 및 홍삼류 판매인의 지정 등
3차 일부 개정 (1993. 12. 27.)	• 민간기업체나 개인의 유료 노인복지시설 설치 · 운영 허용, 재가복지사업의 종류를 가정봉사원 파견사업, 주간보호사업, 단기보호사업으로 구분
5차 전문 개정 (1997. 8. 22.)	• 노인의 날(10월 2일)과 경로의 달(10월) 제정 • 노령수당을 경로연금으로 변경 • 노인의 취업과 사회참여 지원을 위하여 노인 지역봉사기관, 노인취업알선기관 지원 근거 마련 • 치매노인에 대한 연구, 사업 및 노인재활요양사업의 실시 • 노인복지시설의 종류에 치매 · 중풍 등 중증질환 노인의 보호를 위한 노인전문요양시설, 유료 노인전문요양시설 및 노인전문병원을 추가 • 부양의무가 없는 제3자가 노인을 보호할 경우 그 부양의무자에게 보호비용의 전부 또는 일부를 청구할 수 있도록 함 • 노인복지시설의 건물, 토지 등에 대한 조세 기타 공과금 감면 허용 • 단독주택 또는 공동주택에도 재가노인복지시설 설치 허용
10차 일부 개정 (2004. 1. 29.)	• 노인학대의 방지와 학대받는 노인의 보호를 위한 긴급전화 및 노인보호전문기관의 설치, 노인학대에 대한 신고의무와 조치사항 규정
12차 일부 개정 (2005. 7. 13.)	• 노인의 능력과 적성에 맞는 일자리의 개발 · 보급과 교육훈련을 전담하는 노인 일자리전담기관의 설치 · 운영
13차 일부 개정 (2007. 1. 3.)	• 노인실태조사(3년 주기) 실시, 치매극복의 날(9월 21일) 지정, 치매상담센터 설치 등의 조항 신설
15차 일부 개정 (2007. 4. 25.)	• 기초노령연금법(2007. 4. 25.) 제정으로 경로연금 조항 삭제
17차 일부 개정 (2007. 8. 3.)	• 노인장기요양보험법(2007. 4. 2.) 제정으로 노인복지시설의 무료 · 실비 · 유료 구분 삭제, 노인주거복지시설 · 노인의료복지시설 · 재가노인복지시설의 명칭 변경, 요양보호사 자격제도 신설, 실종노인에 대한 신고 의무 조항의 신설, 노인복지관 명칭 변경
22차 일부 개정 (2010. 1. 25.)	• 요양보호사 자격시험 제도 도입, 요양보호사 결격사유 및 자격취소 조항 신설, 요양보호사교육기관 설립을 신고제에서 지정제로 변경
24차 일부 개정 (2010. 4. 7.)	• 노인일자리전담기관을 노인인력개발기관, 노인일자리지원기관 및 노인취업알선기관으로 상세 분류

구분	개정의 주요 내용
25차 일부 개정 (2011. 6. 7.)	• 노인학대 신고의무자 범위 확대 및 신변보호 조치 강화, 노인학대 현장조사 거부·방해에 대한 과태료 부과, 중앙 및 지역 노인보호전문기관 설치 구분, 노인의료복지시설 중 노인전문병원을 요양병원으로 전환하고 노인복지시설에서 삭제, 노인휴양소를 노인여가복지시설에서 삭제, 실종노인 신고·수색 등에 관한 조치 강화, 경로당 지역 및 기능별 표준모델 및 프로그램 개발 보급
28차 일부 개정 (2012. 2. 1.)	• 경로당 활성화를 위하여 국가 또는 지자체의 경로당 양곡구입비 보조 및 공과금 감면
35차 일부 개정 (2015. 1. 28.)	• 노인복지주택의 분양형 폐지, 노인학대 현장 출동 시 사법기관 동행조사, 건강진단 및 보건교육 강화
제36차 일부 개정 (2015. 12. 29.)	• 6월 15일을 노인학대 예방의 날로 지정, 노인학대 신고의무자 범위 확대, 노인보호전문기관 종사자 인권보호 조치 강화
제38차 일부 개정 (2016. 12. 2.)	• 노인에 대한 금지행위 조항에 정서적 학대 추가 및 노인보호전문기관 종사자 업무방해 행위에 대한 형량조정 • 실종노인 미신고 보호자에 대한 형량과 벌금 조정
제39차 일부 개정 (2017. 3. 14.)	• 학대피해노인 전용쉼터를 노인복지시설로 규정하고, 설치운영 사항 규정 • 학대행위자에 대한 상담, 교육 및 심리치료의 강화
제40차 일부 개정 (2017. 10. 24.)	• 노인학대 예방과 노인인권 증진을 위한 인권교육 실시 • 독거노인종합지원센터의 설치 운영 • 노인성 질환의 예방, 조기발견, 치료 등의 지원
제41차 일부 개정 (2018. 3. 13.)	• 공공시설에 청소, 주차관리 등의 사업 위탁 시 노인을 20% 이상 채용한 사업체 우선적 반영 • 노인학대 신고의무자 직종 확대 및 노인학대에 대한 사후서비스 강화 • 노인복지시설 설치, 폐지 등의 신고 수리 절차와 요양보호사 결격사유 정비
제42차 일부 개정 (2018. 4. 25.)	• 노인복지시설 운영자 및 종사자, 이용자에 대한 인권교육 실시
제45차 일부 개정 (2018. 12. 11.)	• 노인 안전사고 예방 조치 강화, 노인학대 관련 범죄자 취업제한 조치 강화
제62차 일부 개정 (2021. 6. 30.)	• 노인보호전문기관 교육, 상담, 사후관리 기피 및 방해에 대한 처벌 강화, 무연고 사망자 잔여재산 처리절차 간소화
제67차 일부 개정 (2023. 10. 31.)	• 「노인 일자리 및 사회활동 지원에 관한 법률(2023. 10. 31. 제정)」에 따른 노인 일자리 및 사회활동 참여 지원에 관한 조항 개정
제69차 일부 개정 (2024. 1. 23.)	• 국가와 지방자치단체의 고령친화도시 조성 노력과 지원에 관한 규정
제71차 일부개정 (2024. 10. 22.)	• 노인의 무인정보단말기 및 유·무선 정보통신 접근 및 이용에 따르는 편의 제공 규정

자료: 법제처 국가법령정보센터(www.law.go.kr).

개정에 대한 논의가 계속되고, 노인문제의 해결과 노인복지 증진을 위한 제도 개선의 필요성이 인정되어, 1989년에 제정 「노인복지법」에 대한 전문 개정이 이루어짐으로써 「노인복지법」은 제2의 탄생을 하게 되었다. 이 개정 법률에서는 국가의 노인복지에 대한 책임을 좀 더 강조하고 있으며 노후소득보장, 고용보장, 재가노인복지사업, 여가 증진, 노인복지시설 범위의 확대 등과 같은 더욱 적극적인 복지 조치가 이루어질 수 있는 토대를 마련하였다.

1993년에 이루어진 3차 개정은 2차 개정의 이념을 그대로 답습하기는 했지만, 민간기업이나 개인이 유료 노인복지시설을 설립·운영할 수 있도록 함으로써 고령친화산업의 발전을 위한 계기를 마련하였다는 점에서 큰 의의를 지닌다. 그러나 노인복지에 대한 국가의 적극적 개입이 이루어진 적이 없는 상황에서 민간부문으로 그 책임을 전가한다는 비판과 함께 계층 간 노인복지수준의 불평등을 심화할 위험성을 내포한 잘못된 개정이라는 비판도 받았다(권중돈, 1995a). 3차 개정의 또 다른 의의는 가정봉사원파견사업에 국한되어 있던 재가노인복지사업의 범위를 주간보호, 단기보호로 확대함으로써 재가노인복지사업의 활성화를 위한 기반을 구축하였다는 점이다.

1997년 8월의 5차 개정에서는 시대적으로 IMF 관리체제 상황을 맞이하면서 노인문제에 대한 더욱 근본적인 대책이 요구됨에 따라, 국민연금의 적용을 받지 못하는 빈곤노인에게 지급되던 노령수당을 경로연금으로 개정하였다. 그리고 치매 및 중증질환 노인을 보호할 수 있는 시설의 운영 지원, 노인의 고용 증진을 위한 노인취업알선기관 지원, 부양구상권제도, 그리고 재가복지시설 설치에 관한 규제 완화 등의 새로운 법조항을 신설하는 등 전면적인 법 개정이 이루어졌다.

2004년 1월에 있었던 10차 개정에서는 노인학대의 예방과 학대받는 노인의 보호를 위한 긴급전화, 노인보호전문기관의 설치 등에 관한 조항을 신설함으로써 심화되고 있는 노인학대문제의 예방과 해결을 위한 법적 근거를 마련하였다. 2005년 3월의 11차 개정에서는 노인의료복지시설의 설치와 폐지 등의 신고와 관련된 업무를 기초자치단체장에게 위임하여, 노인복지시설의 설치 절차를 간소화하였다. 2005년 7월의 12차 개정에서는 노인의 능력과 적성에 맞는 일자리 사업을 개발·보급하고 노인인력에 대한 교육훈련을 담당하는 노인일자리전담기관의 설치·운영을 명문화함으로써 노인 일자리 창출사업의 활성화를 위한 토대를 마련하였다. 2007년 1월의 13차 개정에서는 노인의 생활실태와 복지욕구를 파악할 수 있는 노인실태조사를 3년 주기로 실시하도록 하였으며, 치매극복의 날(9월 21일)을 지정하고 보건소에 치매상담센터를 설치할 것을 명시함으로써 치매에 관한 대책을 강화하였다. 그러나 2011년 8월 「치매관리법」 제정으로 모든 치매 관련 조항은 「노인복지법」에서 삭제되어 치매 관련 정책은 이 법률에 의거하여 실행되고 있다. 2007년 4월의 15차 개정에서는 「기초노령연금법」의 제정과 함께 경로연금제도를 폐지하였으며, 2014년 5월 「기초연금법」 제정으로 기초연금으로 전환되었다. 2007년 8월의 17차 개정에서는 홀로 사는 노인에 관한 지원, 실종노인에 대한 신고 의무제도가 신설되었으며, 「노인장기요양보험법」의 제정(2007. 4. 2.)과 시행(2008. 7. 1.)에 대응하여 요양보호사 자격제도가 도입되고, 노인주거복지시설(양로시설, 노인공동생활가정, 노인복지주택), 노인의료복지시설(노인요양시설, 노인요양공동생활가정, 노인전문병원), 재가노인복지시설(방문요양서비스, 주야간보호서비스, 방문목욕서비스, 그 밖의 서비스)의 무료·실비·유료의 구분을 폐지하고 시설 종류를 단순화하였다. 그리고 노인여가복지시설의 노인복지회관은 노인복지관으로 명칭이 변경되었다.

2010년 1월의 22차 개정은 요양보호사 자격시험 제도를 도입하고, 요양보호사 교육기관의 설립을 신고제에서 지정제로 변경하여 요양보호사 인력 양성 및 자격을 더욱 강화하였다. 2010년 3월의 23차 개정은 노인복지주택 소유자의 재산권 행사를 보장하고 노인복지주택의 활성화를 위해 입소자격을 완화하는 특례조치를 마련하였다. 2010년 4월의 24차 개정 및 2011년 6월의 25차 개정에서는 노인일자리사업 및 권익보호를 위한 조치를 강화함과 아울러 노인복지시설의 내실화를 위한 법률 개정이 이루어졌다. 즉, 노인일자리전담기관과 노인보호전문기관의 종류를 상세하게 구분하였으며, 노인학대 신고의무자 범위 확대 및 신분보호조치를 강화하고 노인학대 현장조사 거부 및 방해 행위에 대한 처벌 조항을 신설하였으며, 노인전문병원, 노인휴양소를 노인복지시설의 종류에서 삭제하고, 경로당의 표준 모델과 프로그램 개발 보급에 관한 사항을 규정하였다. 2012년 2월의 28차 개정에서는 경로당 활성화를 위한 경로당 양곡구입비 보조 및 공과금 감면에 대한 조항이 신설되었다. 35차와 36차 개정에서는 노인학대 관련 조치의 강화와 노인복지주택 운영 및 입소와 관련된 조항이 개정되었다. 38~62차 개정에서는 노인 인권 및 학대, 독거노인 지원사업, 노인고용 우수기업 우대, 노인일자리기관 생산품 우선 구매, 노인복지시설 설치운영, 실종노인 보호 등에 관한 조항이 개정되었다. 2022년 3월과 5월 그리고 2023년 6월의 제63~65차 개정에서는 노인학대 신고의무자 확대와 학대행위자에 대한 취업제한 조항이 강화되었으며, 2024년 1월의 제68~69차 개정에서는 노인복지주택 입소자 자격기준 완화 및 고령친화도시 조성 그리고 노인복지상담원 배치에 관한 조항이 명시되었으며, 2024년 10월의 제71차 및 72차 개정에서는 노인의 무인정보단말기 등의 이용에 따르는 편의 제공과 요양보호사 결격사유에 관한 내용이 수정되었다.

이러한 「노인복지법」의 개정과 아울러 다양한 노인복지 관련 법이 제정·시행되었다. 농촌지역의 고령화문제를 완화하고 농촌 노인의 삶의 질을 향상하는 데 기여할 목적으로 농어촌지역에 거주하는 노인의 복지 증진을 위하여 복합노인복지시설의 설치, 요양지원 등을 주요 내용으로 하는 「농어촌지역 주민의 보건복지 증진을 위한 특별법」이 2004년 1월 29일 제정되었다. 또한 2005년 5월 자녀의 출산 및 양육이 원활하게 이루어지고 노인이 중요한 사회적 행위자로서 건강하고 활력 있는 사회생활을 영위할 수 있도록 저출산·고령사회정책의 기본 방향과 추진체계에 관한 사항 등을 규정한 「저출산·고령사회기본법」이 제정되었다. 이 법률의 제정으로 저출산·고령사회에 직면할 수 있는 노인문제의 해결을 위한 보건복지, 인구, 고용, 교육, 금융, 문화, 산업 등 노인복지 전반에 관한 종합 대책 수립이 의무화되고 국가의 노인복지 책임이 더욱 강화되었다. 그리고 2006년 12월 「고령친화산업 진흥법」이 제정되어 급증하는 노인인구의 다양한 상품 및 서비스 수요를 충족할 수 있는 고령친화산업의 기반을 조성하고 고령친화 제품 및 서비스의 품질 향상 등 고령친화산업을 체계적으로 육성할 수 있는 법적 기반이 마련되었다. 그리고 「노인장기요양보험법」(2007. 4.), 「치매관리법」(2011. 8.), 「기초연금법」(2014. 5.)이라는 세 개의 관련 법률 제정으로 노인복지정책에 획기적 변화가 일어났다. 2023년 10월에는 노인 일자리와 사회활동 지원을 통하여 생산적인 노후생활을 영위할 수 있도록 지원할 목적으로 「노인 일자리 및 사회활동 지원에 관한 법률」이 제정되어 2024년 11월부터 시행됨에 따라, 노인 일자리 및 사회활동 참여와 관련된 보다 체계적인 정책 추진의 기반이 마련되었다.

앞에서 살펴본 바와 같이 「노인복지법」은 제정 이후 오늘에 이르기까지의 개정을 통하여 인구고령화와 이에 따른 정치, 경제, 사회적 환경의 변화와 노인의 욕구와 문제가 지니는 특성의 변화를 어느 정도 반영하였다. 이 과정에서 「노인복지법」 및 관련 법률들은 노인의 기초적 욕구 충족의 지원에서 점차 부차적인 욕구에 관심을 갖는 방향으로, 미분화된 조치에서 점차 분화된 조치로, 그리고 더욱 다양한 문제해결방법을 활용하는 방향으로 변해 오고 있다. 그러나 이러한 개정 노력에도 불구하고 현행 「노인복지법」은, ① 성공적 노화를 촉진하고 인권관점의 노인복지실천을 강조하는 최근의 노인복지동향을 적절히 반영하고 있지 못하며, ② 서비스 수급자 중심주의가 아닌 공급자 중심주의에 근거한 법체계를 지니고 있어 노인의 생활 영역별로 발생하는 욕구나 문제의 해결을 위한 조치 사항들을 충분히 포괄하지 못하고 있으며, ③ 「치매관리법」 「노인장기요양보험법」 「기초연금법」 등의 타법 제정으로 인하여 관련 조문들이 삭제됨으로써 노인복지제도의 기본법으로서의 성격을 갖추지 못하고 있으며, ④ 현재 시행되고 있는 노인복지사업을 충분히 담지 못하고, 새롭게 등장한 노인문제에 대한 선제적 대응방안을 마련할 수 있는 근거조항들이 미비하며, ⑤ 관련 조문이 산재(散在)되어 있고 특정 장(章)은 조문 전체가 삭제되어 있는 등 「노인복지법」의 구성체계가 미비한 한계점을 지니고 있다(권중돈 외, 2018. 10.).

그러므로 앞으로, ① 병리적 노화와 함께 성공적 노화를 중시하고 노인을 복지의 객체이자 주체로 이해하고 노인복지를 권리의 개념으로 바라보는 인권관점 정책과 실천이라는 노인복지 동향을 충실히 반영하고, ② 소득, 건강, 주거 등 노후생활의 주요 영역별로 법령 편제를 변경하여 노인 생활밀착형 또는 수급자 중심주의를 강화하고, ③ 시설보호보다는 노인이 가능한 지역사회에서 오래 생활할 수 있도록 지역사회 돌봄(community care)을 중시하는 정책 기본 방향을 제시하고, ④ 현행 노인복지 급여와 서비스의 법적 기반을 적절히 확보하고, ⑤ 혼란한 법령체계를 정비하고, ⑥ 노인복지제도의 기본법(基本法)으로서의 성격을 강화하는 방향으로「노인복지법」의 전문 개정이 요구되고 있다(권중돈 외, 2018. 10.). 이런 내용의「노인복지법」전문개정(안)이 2019년 20대 국회에서 제안되었으나 정치적 이유로 심의조차 이루어지지 못한 채 폐기되었으며, 2020년 7월 21대 국회에 다시 제출되었으나 이 역시 4년 동안 국회 보건복지위원회의 심의가 이루어지지 않아 폐기되었다(likms.assembly.go.kr.).

2) 노인복지 전달체계

노인복지 전달체계는 노인복지 급여와 서비스가 전달되는 데 관련되는 조직적인 체계로서 중앙정부와 지방정부, 노인복지기관 및 시설을 포함하는 모든 공공 및 민간 조직의 서비스 전달을 위한 망(網)이라 할 수 있다(Friedlander & Apte, 1980). 공공 및 민간 조직에 의한 노인복지 전달체계 중에서도 노인복지에 대한 국가의 책임성이 강조되는 상황에서 공적 노인복지 전달체계의 중요성은 더욱 높아지고 있다.

현행 공적 노인복지 전달체계는 행정조직체계에 의한 전달체계를 말하는데, 다시 중앙행정체계와 지방행정체계로 나뉜다. 중앙정부의 전달체계는 [그림 10-1]과 같다. 중앙정부 부처 중에서 노인복지업무의 주무부처는 보건복지부이며, 노인복지업무를 관장하는 부서는 인구·사회서비스정책실이다. 이 인구·사회서비스정책실 노인정책관 산하의 노인정책과, 노인지원과, 요양보험제도과, 요양보험운영과, 노인건강과가 노인복지업무의 담당부서이다. 이들 노인복지 담당부서 간의 업무분장을 살펴보면 〈표 10-2〉와 같다.

지방정부의 노인복지 전달체계는 중앙의 보건복지부의 해당 부처의 지도·감독을 받아서 시행되고 있는데, 노인복지 관련 업무가 자치단체별로 전달체계가 다르고 각 업무마다 담당부서가 다르다. 지방정부의 경우에도 광역자치단체와 기초자치단체에 따라 노인복지업무의 담당부서 명칭은 각기 다른데, 광역자치단체의 노인복지담당 부서는 〈표 10-3〉과 같다. 광역자치단체의 노인복지업무를 담당하는 조직은 주로 복지, 보건, 여성, 가족업무를 담당하는 부서와 같은 국(局) 내에 설치되어 있으며 노인복지과, 어르신복지과, 노인정책과 등의 다양한 명칭을 지닌 부서에서 담당하고 있는 것으로 나타났다. 17개 광역자치단체 중에서 노인복지과를 단독으로 설치·운영하는 곳은 14개 시·도에 이르고 있어, 노인복지과를 독립부서로 신설하는 시·도가 늘어나고 있다.

기초자치단체의 경우에도 보건, 복지 업무를 담당하는 국(局) 내에 설치된 사회복지 담당

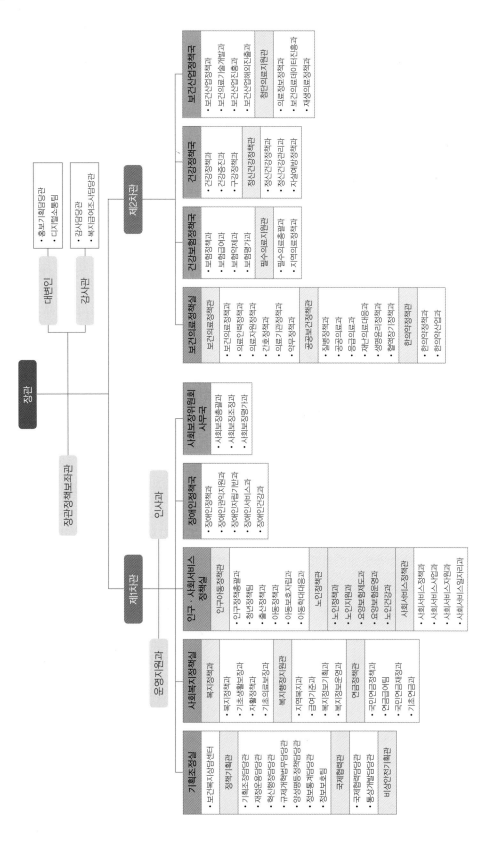

[그림 10-1] 보건복지부 조직도

자료: 보건복지부(www.mohw.go.kr).

표 10-2 보건복지부 노인복지 담당부서(인구·사회서비스정책실 노인정책관)의 업무분장

부서	주요 담당 업무
노인정책과	1. 노인보건복지에 관한 종합계획의 수립·조정 및 조사·연구 2. 노인보건복지 관련 법령에 관한 사항 3. 노인실태조사에 관한 사항 4. 경로우대제에 관한 사항 5. 노인의 안전 및 권익향상에 관한 사항 6. 노인보건복지 관련 국제협력에 관한 사항 7. 독거노인 보호 및 노인 돌봄서비스사업에 관한 사항 8. 노인학대 예방에 관한 사항 9. 고령친화산업과 관련된 종합계획의 수립·조정 10. 고령친화산업 관련 규제완화를 위한 관련 법령 정비의 총괄·조정 11. 고령친화산업 관련 전문인력 양성의 총괄·조정 12. 고령친화산업의 개발·지원 13. 고령소비자의 안전 및 보호기준에 관한 사항 14. 노인주거복지시설의 지원 및 육성에 관한 사항 15. 노인주거복지시설 관련 법령의 제·개정에 관한 사항 16. 영주귀국 사할린 한인동포 지원에 관한 사항 17. 지역사회 통합돌봄서비스 사업에 관한 사항 18. 지역사회 통합돌봄의 제도적 기반 조성을 위한 사항
노인지원과	1. 노인 일자리 및 사회활동 지원에 관한 사항 2. 노인 자원봉사 활성화 지원에 관한 사항 3. 매장·화장·묘지 등 장사에 관한 다음 각 목의 사항 　가. 장사정책 관련 종합계획 수립 및 조정 　나. 장사 관련 법령에 관한 사항 　다. 장사시설 확충 및 지원에 관한 사항 　라. 국립망향의동산관리원 및 장사관련 법인 지도·감독에 관한 사항 　마. 장사정보시스템의 구축 및 운영 　바. 묘지실태조사에 관한 사항 4. 노인일자리 종합계획 수립에 관한 사항 5. 한국노인인력개발원 운영 지원 및 관리에 관한 사항 6. 경로효친사상 고취에 관한 사항 7. 노인 관련 법인·단체의 지원 및 육성 8. 노인 여가·교육 등 사회참여 활성화에 관한 사항 9. 노인주간 및 노인의 날 행사 지원

부서	주요 담당 업무
요양보험 제도과	1. 노인장기요양보험에 관한 종합계획의 수립·조정 및 장기요양사업 관리기관의 관리·감독에 관한 사항 2. 노인장기요양보험 관련 법령에 관한 사항 3. 노인요양보장제도의 외국 동향분석 및 국제협력 4. 장기요양위원회의 운영에 관한 사항 5. 노인장기요양보험 재정의 운영 및 정책에 관한 사항 6. 노인장기요양보험의 가입자 관리 및 지원정책의 수립 및 조정 7. 노인장기요양보험 대상자 선정기준 및 등급판정에 관한 사항 8. 노인장기요양보험과 지역보건복지서비스 연계에 관한 사항 9. 노인장기요양보험에 관한 조사·연구·홍보 및 통계관리에 관한 사항 10. 장기요양급여 관련 이용지원에 관한 사항 11. 장기요양급여 비용의 본인일부부담 기준 수립 12. 노인장기요양보험 관련 전문인력 제도에 관한 사항 13. 장기요양급여의 개발, 급여기준 및 급여비용의 산정에 관한 사항 14. 장기요양급여의 청구, 심사 및 지불체계에 관한 사항 15. 장기요양심판위원회의 운영 및 권리구제에 관한 사항 16. 장기요양기관 현지조사에 관한 계획의 수립·시행 및 행정처분에 관한 사항 17. 장기요양기관의 평가에 관한 사항 18. 장기요양급여의 사후관리에 관한 사항
요양보험 운영과	1. 장기요양기관 확충계획의 수립 및 시행에 관한 사항 2. 장기요양기관의 지정·변경·지정취소 및 운영 지원에 관한 사항 3. 노인의료복지시설 및 재가노인복지시설의 지원 및 육성에 관한 사항 4. 노인의료복지시설 및 재가노인복지시설 관련 법령 제정·개정에 관한 사항 5. 노인복지시설, 장기요양기관의 통계 생성 및 관리에 관한 사항 6. 장기요양기관의 관리·감독 및 관련 계획 수립·시행에 관한 사항 7. 노인장기요양보험 관련 전문인력의 양성 8. 요양보호사교육기관의 평가·관리에 관한 사항
노인건강과	1. 치매 종합대책의 수립·조정에 관한 사항 2. 치매노인 실태조사에 관한 사항 3. 치매 등 노인건강 관련 법령에 관한 사항 4. 치매환자 및 그 가족 지원에 관한 사항 5. 치매의 예방 및 관리 등 노인건강증진에 관한 사항 6. 치매관리를 위한 전달체계의 구축 및 운영에 관한 사항 7. 공립치매병원의 확충 및 지원에 관한 사항 8. 치매상담전화센터의 운영 및 관리에 관한 사항 9. 치매극복의 날 행사 지원 10. 치매 등 노인건강 관련 연구·조사 및 교육·홍보에 관한 사항 11. 노인 건강·돌봄 연계 기획에 관한 사항

자료: 보건복지부(www.mohw.go.kr)

표 10-3 광역자치단체의 노인복지 담당부서

지역	담당국	담당과
서울특별시	복지실 돌봄고독정책관	어르신복지과
부산광역시	사회복지국	노인복지과
대구광역시	보건복지국	어르신복지과
인천광역시	여성가족국	노인정책과
광주광역시	복지건강국	고령사회정책과
대전광역시	복지국	노인복지과
울산광역시	복지보훈여성국	보훈노인과
세종특별자치시	보건복지국	노인장애인과
경기도	복지국	노인복지과
강원특별자치도	보건복지국	노인복지과
충청북도	보건복지국	노인복지과
충청남도	보건복지국	경로보훈과
전북특별자치도	복지여성보건국	고령친화정책과
전라남도	보건복지국	노인복지과
경상북도	보건건강국	어르신복지과
경상남도	복지여성국	노인정책과
제주특별자치도	보건가족국	노인복지과

자료: 각 시·도청 홈페이지.

과에서 노인복지업무를 담당하거나, 국(局) 없이 바로 사회복지 담당과에서 노인복지업무를 담당하고 있는 자치단체가 있다. 최일선의 공적 노인복지 전달체계인 읍·면·동 행정복지센터에서는 사회복지 전담공무원이 노인복지업무를 담당하고 있으나, 주로 기초생활보장의 생계급여 업무에 주력하고 있어 노인에 대한 직접 서비스를 제공하는 데는 많은 한계를 보이고 있다.

민간 노인복지 전달체계에는 모든 노인복지시설과 기관, 관련 단체가 속하지만 대표적인 전달체계는 노인복지시설과 노인복지관이라 할 수 있다. 노인복지시설은 원장, 사무국장, 사회복지사 각 1인에 다수의 요양보호사 등이 노인에게 직접 서비스를 제공하고 있으며 간호팀, 요양보호팀 등 업무 영역별 담당체제로 운영하는 경우가 대부분이다. 노인복지관은 기관에 따라 부서와 인적 구성이 다른데, 이용회원이 많은 한 노인복지관의 전달체계를 예시하면 [그림 10-2]와 같다.

노인복지 전달체계는 일반적으로, ① 서비스 전달의 공평성, ② 서비스 접근의 용이성, ③ 서비스 자체의 적절성, ④ 서비스의 계속성, ⑤ 서비스의 포괄성 등의 기준에 적합하도

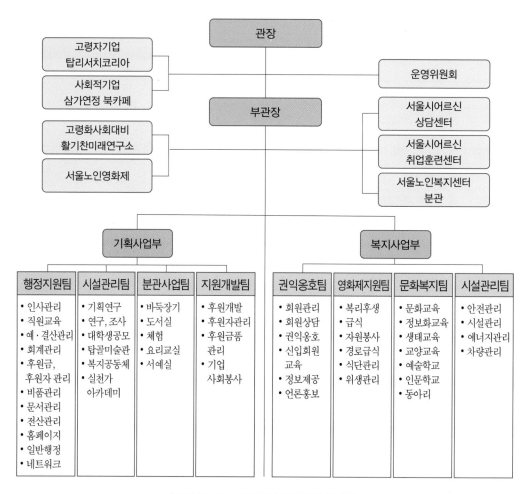

[그림 10-2] 노인복지관의 전달체계(예시)

자료: 서울노인복지센터(www.seoulnoin.or.kr).

록 체계화되어야 하지만 이러한 기준에 미치지 못하는 부분이 많이 남아 있다. 공적 노인복지 전달체계가 지니고 있는 문제점을 살펴보면, 사회복지행정의 독자적인 전달체계를 갖추지 못하고 행정안전부의 지방행정 전달체계를 통해 전달됨으로써 중앙부처와 지방자치단체, 지방자치단체의 상하 기관 간의 전달체계가 상이하여 일관성 있는 노인복지행정이 이루어지지 않고 있다는 점이다. 둘째, 중앙부처의 노인복지 관련 업무가 국토교통부, 교육부 등 여러 부처에 분산되어 있으며, 부처이기주의로 인하여 업무협력이 원만히 이루어지지 않는다는 문제점이 있다. 셋째, 노인은 복지욕구와 보건의료욕구를 동시에 지니고 있으나, 노인복지 전달체계는 통합되지 못하고 분리되어 있어 통합적이고 포괄적인 서비스 제공에 어려움이 있다. 넷째, 공적 노인복지 전달체계인 읍·면·동 행정복지센터 사회복지 전담공무원의 업무과다로 인하여 노인복지업무에 전념하는 데 한계가 있고, 대인적 사회서비스는 소홀히 할 수밖에 없는 실정이다.

3) 노인복지재정

우리나라의 총 사회복지지출은 2000년 국내총생산(GDP)의 5.5%에서 2022년 14.8%로 증가하였지만 프랑스의 30.9%, 핀란드의 29.1%, 덴마크의 28.3%에 비해 그 수준이 매우 낮은 실정이다(www.oecd.org). 이처럼 전반적으로 사회복지 지출수준이 아직은 낮지만 노인복지예산은 매우 큰 폭으로 증액되어 왔다. 〈표 10-4〉와 같이 「노인복지법」 제정 이후 첫해인 1982년 당시 노인복지예산액은 7억여 원에 불과하였으나, 1990년 378억여 원, 2000년 2,808억여 원, 2010년에는 3조 4,991억여 원, 2020년에는 16조 4,003억여 원 그리고 2024년에는 25조 6,483억여 원으로 지난 40여 년 동안 매우 큰 폭으로 증가하고 있다. 노인복지예산의 상대 비중은 1982년 정부예산의 0.01%에 불과하던 것이 2004년에는 0.42%로 크게 증가하였으나, 2005년부터 노인복지사업의 일부가 지방정부로 이양됨에 따라 중앙정부의 노인복지예산액과 비중이 줄어들었다. 그러나 2008년 기초노령연금제도와 노인장기요양보험제도가 시행됨에 따라 노인복지예산은 급속도로 팽창하였으며, 2014년 기초연금제도의 도입으로 더욱 증가하여 2015년에는 정부예산의 3.4%, 2024년에는 5.7%에 이르고 있다.

중앙정부의 노인복지예산의 항목별 구성을 보면, 2024년 노인복지 예산 중에서 기초연금 지급예산이 20조 2,015억여 원(예산의 78.7%)에 이르며, 노인장기요양보험 지원예산이 2조 4,976억여 원(예산의 9.7%)이 투입되어, 이 두 가지 사업에만 88.4%의 예산이 투입되고 있

표 10-4 노인복지예산의 증가추이

연도	정부예산 (A)(백만 원)	복지부예산 (B)(백만 원)	노인복지예산 (C)(백만 원)	C/B(%)	C/A(%)
1982	9,313,725	232,521	702	0.03	0.01
1990	27,455,733	1,151,823	37,861	3.29	0.14
1995	51,881,113	1,983,896	61,807	3.11	0.12
2000	86,474,007	5,310,021	280,867	5.29	0.32
2005	195,841,243	9,473,082	330,095	3.48	0.16
2010	201,283,456	19,816,635	3,499,161	17.7	1.7
2015	258,585,647	33,086,411	8,851,172	26.7	3.4
2020	334,659,835	51,231,123	16,400,353	32.0	4.9
2024	449,526,707	72,628,824	25,648,300	35.3	5.7

자료: 기획재정부(각 연도). 나라살림 예산 개요.

표 10-5 중앙정부의 노인복지예산 세부내역 (단위: 백만 원, %)

구분	2023예산 (A)	2024예산 (B)	증감 (B-A)	증감 (%)
총계	23,252,999	25,684,024	2,431,085	10.6
[일반회계]	22,419,329	24,841,776	2,422,447	10.8
• 기초연금	18,530,400	20,201,500	1,671,100	9.0
• 노인장기요양보험 사업운영	2,244,640	2,497,648	253,008	11.3
• 노인일자리 및 사회활동 지원	1,540,016	2,026,370	486,354	31.6
• 노인보호전문기관	11,919	12,354	435	3.6
• 노인단체 지원	79,468	88,418	8,950	11.3
• 지역사회 보건·복지 연계 재가서비스 체계 구축	4,240	6,880	2,640	62.3
• 영주귀국사할린 한인 정착비 및 시설 운영비 지원	8,162	8,122	−40	−0.5
• 강진문화종합타운(BTL)	484	484	−	−
[국가균형발전특별회계]	637,209	641,926	4,717	0.7
• 노인맞춤돌봄서비스	501,981	546,105	44,124	8.8
• 장사시설설치	51,949	44,843	−7,106	−13.7
• 노인요양시설 확충	54,765	21,711	−33,054	−60.4
• 독거노인·중증장애인 응급안전안심 서비스	28,514	29,267	753	2.6
[국민건강증진기금]	196,461	200,322	3,861	2.0
• 치매관리체계 구축	189,753	191,989	2,236	1.2
• 노인건강관리	6,708	8,333	1,625	24.2

자료: 보건복지부(2024a. 1.). 2024년 보건복지부 소관 예산 및 기금 운영계획 개요; 보건복지부(2024c). 노인보건복지 사업안내.

다. 그 외에 노인 일자리 지원예산이 2조 263억여 원으로 7.9%를 차지하며, 노인맞춤돌봄서비스 예산이 5,461억여 원으로 2.1%를 차지한다. 이와 같이 중앙정부의 노인복지예산은 기초생계보장과 장기요양서비스에 거의 대부분이 투자되며, 노인돌봄, 사회참여, 여가문화, 평생교육 등을 포함한 사회서비스에 투입되는 예산의 비중은 매우 낮다.

노인복지예산은 중앙정부와 지방정부가 서로 분담하여 조달하고 있는데, 참여정부의 지방분권화정책에 따라 2005년도부터 노인복지사업의 일부를 지방정부로 이양하거나 포괄보조사업으로 전환되었다. 2005년부터 지방정부로 이양된 노인복지사업은 경로당 운영혁신사업, 경로식당 무료급식, 저소득 재가노인 식사배달, 건강진단, 시니어클럽, 노인복지관 신축 및 운영 등이다. 이와 같이 노인복지분야의 지방분권화정책은 지역노인복지의 강화를 도모할 수 있는 이점이 있지만 노인복지예산 증액의 애로, 지역별 노인복지의 편차, 지방정부의 지역노인복지계획 수립과 추진능력의 취약성, 지방정부에 대한 주민의 감시·평가기능 취약 등으로 인하여 많은 문제가 파생되고 있다(안영진, 2014).

3. 노인복지의 발달

우리나라 사회복지의 근원은 삼국시대, 고려시대 그리고 조선시대까지 약 2000년에 걸친 왕의 인자한 정치(仁政)에 의한 민생구휼(民生救恤)에서 찾아볼 수 있다(하상락, 1989). 이와 같이 장구한 사회복지의 역사를 지니고 있는 우리나라 노인복지제도를 삼국시대에서 조선시대까지의 왕조시대, 일제강점기에서 1950년대까지, 「노인복지법」 제정 이전인 1960~1970년대, 그리고 1980년대, 1990년대, 2000년대와 2010년대 이후로 구분하여 그 발달 특징을 살펴보면 다음과 같다(권오구, 2000; 권중돈, 2015, 2018; 김만두, 한혜경, 1995; 정상양 외, 2012; 보건복지부, 2024c; 하상락, 1989; www.mohw.go.kr; www.law.go.kr).

1) 삼국시대에서 조선시대까지의 왕조시대

삼국시대부터 조선시대에 이르기까지의 왕조시대에는 왕의 인자함과 의로움[仁義]에 의한 자선적이고 선별적이면서도 권위적인 구제와 구휼이 주류를 이룬다. 삼국시대에는 사궁(四窮), 즉 부양해 줄 사람이 없는 노인[獨], 홀아비[鰥], 홀어미[寡], 고아[孤]가 왕조의 주된 구호대상이었다(권중돈, 2019). 삼국시대에는 효와 경로(敬老)를 중시하여 왕이 양로연(養老宴)을 베풀거나 효자에 대해 표창을 하는 정도에 머물렀을 뿐 국가 차원의 제도적인 노인복지 개입은 전혀 없었다.

고려시대에는 불교의 자비사상이 노인 구제 등의 보호사업에 영향을 미쳤다. 태조 11년(928)에는 오늘날 방문요양보호사와 같은 대정(待丁)을 두어 노인에게 봉사하게 하였으며, 현종 2년(1010)에는 노인에게 의복과 식량을 지급하고, 11년(1019)에는 70세 이상 노인 관리가 병이 들 경우 20~200일간의 휴가를 주기도 했다. 문종 3년(1048)에는 부양할 자식이나 친척이 없는 노인을 동서대비원(東西大悲院)에서 의료구제를 실시하였다.

조선시대에는 경로효친의 유교사상에 의거하여 어느 정도 노인복지가 제도화되었으나,

대상은 부양자가 없는 노인과 양반계급의 관리자에게만 선별적으로 적용되었다. 태조 3년 (1394)에는 70세 이상의 정 2품 이상 문신(文臣)에게 토지와 노비 등을 주어 이들을 예우했던 기로소(耆老所)를 설치 · 운영하였다. 태종 3년(1403)에는 부양자 없는 노인을 보호하는 양민원(養民院)을 설치 · 운영하였으며, 세종 8년(1425)에는 오늘날의 노인복지시설 운영 관련 법령에 해당하는 양로법(養老法)을 제정하였다. 문종 2년(1451)에는 공직자가 나이가 많아 물러날 때 급여를 지급하는 치사제도(致仕制度)를 실시하였는데, 이는 오늘날의 정년퇴직제도와 유사한 것이다.

2) 일제강점기에서 1950년대

일제강점기부터 한국전쟁 전후까지의 노인복지사업은 요보호노인을 위한 구호사업이 주류를 이룬다. 특히 일제강점기에는 식민통치에 대한 반발을 무마하기 위한 자선적 단순 구호사업이 주류를 이룬다. 1916년의 은사진휼자금(恩賜賑恤資金)에 의거해 빈민 구제를 규정하였고, 1921년에는 총독부 내무국 내의 사회과에서 노인보호업무를 관장하였으며, 1929년에는 조선귀족보호시설로서 재단법인 창복회를 설립하였다. 1921년 서울 동자동에 최초의 현대적 의미의 양로시설인 천주교양로원이 설립되었고, 그 이후 서울 청운동의 청운양로원, 경북 칠곡의 혜생양로원, 전북 김제의 애린양로원, 부산의 신망애양로원, 경기 의정부의 경기자혜원의 모두 6개의 양로시설이 설립 · 운영되었으며, 1933년 당시 이들 시설에서 58명의 노인이 보호를 받았다. 1944년에는 조선구호령의 공포로 65세 이상 극빈 및 무의탁 노인에게 생활부조, 의료부조 서비스를 제공하기도 하였다.

광복 이후 1950년대까지는 전쟁복구사업과 전쟁고아, 피난민 등에 대한 응급구호사업에 주력할 수밖에 없었으므로 노인복지는 상대적으로 위축되었다. 그러나 1948년 정부 수립과 함께 제정된 「헌법」에 노인의 생존권 보장이 명시되었으며, 1949년 12개소이던 양로시설이 1956년에는 37개소, 1959년에는 41개소로 증가하였다.

3) 1960~1970년대

1960년대는 제1차 경제개발 5개년 계획이 수립되면서 본격적으로 경제개발정책을 추진하기 시작한 시기이다. 이 시기에는 노인복지와 관련된 사회복지법률의 제정이 이루어졌는데, 제3공화국 「헌법」에서는 "모든 국민의 인간다운 생활을 할 권리"를 명시하였으며, 1961년 「생활보호법」, 1962년 「공무원연금법」 「재해구호법」, 1963년 「군인연금법」 「산업재해보상보험법」 「의료보험법」 「사회보장에 관한 법률」이 제정됨으로써 미비하기는 하지만 사회보장의 기틀을 마련했다고 할 수 있다. 그러나 노인복지제도의 기반은 매우 취약했으며,「생활보호법」(현행「국민기초생활보장법」)에 의거하여 무의무탁(無依無託) 노인을 위한 단순 구빈 차원의 보호사업을 전개하였다. 1968년 사회보장심의위원회의 '사회개발 기본 구상'과 1969년의 '사회개발 장기전망'에서「노인복지법」제정, 연금제도 마련, 진료시설 확충, 노인복지센터 건립, 노인 취로기회의 제공, 퇴직연한의 연장, 경로일의 제정 등을 제시하였다. 그러나 이들 제안은 경제발전 논리와 노인복지 재정투자를 소비적 투자로 간주하는 정치사회적 분위기 때문에 모두 외면당하고 말았다. 그리고 1963년 친목단체로 시작한 경로당이 1969년 대한노인회 지부로 전환하는 등 노인단체가 등장하기 시작하였다.

1970년대에 들어서면서 노인문제가 사회문제로 대두되었으나, 노인복지의 제도적 기반이 구축되지는 못하였다. 1970년대 초반 일간신문에서 노인이 가족에게서 부양을 받지 못하는 등의 문제를 경험한다는 기사를 게재하면서 노인문제가 사회적으로 관심을 끌기 시작하였다. 그러나 국가에서는 노인문제에 대해 관심을 보이지 않았으며, 노인을 위한 서비스나 급여는「생활보호법」에 의한 생계보호 정도에 국한되어 있었다. 1973년부터는 어머니의 날을 어버이의 날로 명칭을 변경하여 경로효친사상을 앙양함으로써 가족에 의한 노인 부양을 유도하려 하였다. 1976~1978년부터「노인복지법」제정을 위한 국회청원이 이어졌으며, 1980년에 보건사회부의「노인복지법」초안이 마련되어「노인복지법」제정의 기틀을 마련하였다.

4) 1980년대

1980년대는 국가에 의한 노인부양의식이 증가함에 따라 노인복지제도의 기반이 확충된 시기라고 할 수 있다. 군사정권으로서 정권의 정당성에 문제가 야기된 제5공화국은 출범 당시 '복지사회 건설'을 국정지표 중의 하나로 내걸었다. 1981년 6월 5일에「노인복지법」이 제정되고, 이듬해에 시행령과 시행규칙이 제정되었으며, 1981년 11월에는 보건사회부 가정복지과에 노인복지계가 신설되어 노인복지가 제도화되었다. 하지만 제정「노인복지법」은 앞서 살펴본 바와 같이 국가의 노인복지 책임을 최소화하려는 의도를 담고 있었으며, 의무적 복지 규정이 아니라 거의 선언적, 임의적인 것으로 실현 가능성이 매우 낮았다. 이러한「노인복지법」은 1989년 12월 전문 개정을 통하여 다양한 노인복지 시책이 추진될 수 있는 근거를 마련하였으나, 여전히 임의 조항이 많고 노인복지사업에 대한 구체적인 방안이 제시되지 않은데다「생활보호법」「의료보호법」등과 중복되는 조항을 다수 포함하고 있었다.

「노인복지법」의 제정 및 개정 노력과 함께 가족이나 사회의 경로효친사상을 유지하기 위한 노력은 꾸준히 전개되었다. 1980년 5월에는 70세 이상 노인을 대상으로 철도, 목욕, 이

발 등 8개 업종에 대한 경로우대제를 도입하고, 1982년에는 경로헌장을 제정하였으며, 지역별로 경로주간에 다양한 경로잔치를 베풀었다. 그러나 1989년 민영 경로우대제도는 업체의 일방적 철회로 폐지되었다. 1980년대에 처음 실시된 노인복지사업으로는 노인능력은행(1981), 무료노인건강진단제도(1983), 노인공동작업장(1986) 등이 있다.

5) 1990년대

1990년대는 1980년대에 확립된 노인복지제도가 확대된 시기라고 할 수 있다. 먼저 법제도의 변화를 살펴보면, 1993년 유료 노인복지사업에 민간기업과 개인의 참여를 허용함으로써 고령친화산업 발전의 단초를 마련하였으며, 재가노인복지사업의 확대를 위한 기반을 구축하였다. 그리고 1997년에 「노인복지법」 전면 개정을 통하여 노인복지 책임주체를 다양화하고, 노인복지과(1990)와 노인보건과(1999)를 신설하여 노인복지 전달체계를 확대개편하였으며, 소득보장, 건강보장, 주거보장, 사회서비스와 같은 노인복지의 기본 체계를 구비하였다.

1990년대에 새롭게 시작된 노인복지사업을 보면 노인승차권제도(1990, 이후 1996년에 교통수당으로 전환), 노령수당 지급(1991, 이후 1998년 경로연금제로 전환), 경로식당(1991), 주간보호 및 단기보호사업(1991), 노인의 집(1995), 치매요양시설(1995), 가정봉사원 양성사업(1996), 노인의 날 제정(1997), 치매상담신고센터(1998), 경로당 활성화 사업(1999) 등 노인복지사업이 매우 다양화되었다. 그리고 1990년대, 특히 후반부의 노인복지제도는 노인복지-보건의료의 통합 연계 추진, 지역·재가 복지서비스의 강화, 노인복지서비스 공급주체의 다양화, 사전 예방기능의 강화 등을 주요 정책방향으로 설정하였으나, 노인복지 급여나 서비스는 이러한 정책방향과는 다소간 거리가 있었다. 1990년대에는 노인복지 증진을 위한 장·단기 발전계획이 수립되기 시작하였는데, 1996년에는 삶의 질 세계화를 위한 노인복지종합대책, 1999년에는 노인복지장기발전계획이 수립되어 정권이 바뀔 때마다 새로운 계획을 추진함으로써 노인복지정책의 개선이 이루어지기도 하였지만, 질적 개선보다는 양적 확대에 치중하는 경향이 강하였다.

6) 2000년대

2000년대는 노인복지제도의 변혁과 발전이 동시에 이루어진 시기라 할 수 있다. 먼저 2000년대에 새롭게 「저출산·고령사회기본법」(2005. 5.), 「고령친화산업 진흥법」(2006. 12.), 「농어업인 삶의 질 향상 및 농어촌지역 개발촉진에 관한 특별법」(2004. 3.), 「노인장기요양보험법」(2007. 4.), 「효행 장려 및 지원에 관한 법률」(2007. 8.)이 제정되어 노인복지 장기발전계획이 수립되고 새로운 노인복지 급여와 서비스가 확대되었다.

2000년대에 새롭게 실시된 노인복지사업을 살펴보면, 거동불편 저소득 재가노인 식사배달사업(2000), 시니어클럽 운영(2001), 노인 안검진 및 개안수술 지원(2002), 노인보호전문기관 운영(2004), 노인복지사업 지방 이양(13개 사업)(2004), 노인일자리전담기관 설치·운영(2005), 소규모 요양시설 및 가정형 노인공동시설 지원(2006), 노인복지시설 인권보호 및 안전관리지침 제정(2006), 노인돌보미 바우처 사업 및 독거노인생활관리사 파견사업(2007, 이후 2021년에 노인맞춤돌봄서비스로 통합), 치매극복의 날 제정(2007), 노인자원봉사 대축제(2007), 실종노인보호사업(2007), 기초노령연금제도(2008, 2014년 기초연금제도로 전환), 노인장기요양보험제도(2008) 등이 있다. 뿐만 아니라 지방정부 차원에서도 독자적인 노인복지 급여와 서비스를 개발하여 시행하고 있다.

2000년 이후 시행된 신규 급여와 사업 중에서 노인복지제도에 가장 획기적인 변화를 가져온 것은 기초연금제도와 노인장기요양보험제도의 도입이다. 기초연금제도는 국가의 노후소득보장체계의 사각지대에 놓여 있던 노인에게 적은 액수이기는 하지만 본격적인 소득보장을 위한 공공부조식 연금급여를 지급한다는 점에서 큰 의의를 지닌다. 노인장기요양보험제도는 가족의 노인부양기능을 보완 또는 대체하고 장기요양 욕구를 지닌 의존성 노인을 국가와 사회가 보호할 수 있는 체계를 구축하였다는 점에서 큰 의미를 지닌다.

7) 2010년대 이후

2010년대는 노인복지제도의 변혁과 발전이 더욱 확대되고, 새로운 노인문제와 노인복지 실천에 대한 관심이 증가한 시기이다. 2010년 이후 새롭게 제정된 노인복지 관련 법률을 살펴보면, 「자살예방 및 생명존중문화 조성을 위한 법률」(2011. 3.), 「대한노인회 지원에 관한 법률」(2011. 3.), 「치매관리법」(2011. 8.), 「기초연금법」(2014. 5.), 「고독사 예방 및 관리에 관한 법률」(2020년), 「노인 일자리 및 사회활동 지원에 관한 법률」(2023년) 등이 새롭게 제정되었으며, 기존의 각종 노인복지 관련 법률의 개정을 통하여 노인복지 급여와 서비스의 확대에 필요한 법적 기반이 확충되었다. 그리고 제3~4차 저출산·고령사회 기본계획(2015년, 2020년), 제3~4차 치매관리종합계획(2015년, 2020년)과 치매 국가책임제 추진계획(2017년), 제2~3차 장기요양 기본계획(2018년, 2023년), 제2~3차 노인 일자리 및 사회활동 종합계획(2018년, 2023년), 제4~5기 지역사회보장계획(2018년, 2023년) 등의 다양한 노인복지분야의 중장기 발전계획이 발표됨에 따라 기존의 노인복지사업이 확대·심화되었다. 그리고 노인복지재정은 2000년에 3조 4,991억 원이던 것에서 2024년 중앙정부 예산이 25조 6,483억 원

규모로 대폭 확충되었으며, 중앙 및 지방 정부의 노인복지 전달체계 역시 확대 개편되어 변혁과 발전을 거듭하고 있는 노인복지제도를 뒷받침하고 있다. 뿐만 아니라 지방정부에서도 조례 제정 등을 통하여 지역 특성에 맞는 독자적인 노인복지정책을 개발하여 추진할 수 있는 여건이 조성되어 있다. 특히 2010년대에는 치매 국가책임제의 시행으로 치매 관련 시설이 대폭 확충되고 치매노인과 가족을 위한 급여와 서비스가 확대되었으며, 성년후견제도의 시행과 노인인권 교육 시행 그리고 노인학대 예방 대책 등의 강화로 노인인권보호를 위한 노력이 경주되고 있다. 그리고 독거노인 등을 위한 노인맞춤돌봄서비스와 자살 및 고독사 위험집단에 대한 개입이 강화되고, 노인장기요양보험제도와 기초연금제도의 급여가 확대되었으며, 노인 일자리 및 사회참여를 조장하여 생산적이고 활기찬 노화를 촉진하고, 시설보다는 가정과 지역사회에서 생활하면서 필요한 도움을 받을 수 있는 지역사회 돌봄체계를 구축하기 위한 정책을 확대 강화해 나가고 있다. 이와 같이 급격한 변화와 발전을 거듭하고 있음에도 불구하고, 초고령사회에 효과적으로 대응하기 위해서는 노인복지제도에 소요되는 재정, 인력, 시설 등을 확충하고 급여와 서비스의 양과 질을 제고할 수 있는 방안을 모색해야 하는 것이 노인복지제도의 주요 과제로 남아 있다.

4. 노인복지정책

노인복지제도는 노인문제를 예방하고 해결하기 위한 공공부문과 민간부문의 조직적 체계라 할 수 있다. 한 나라의 노인복지제도가 그 목적을 달성하기 위해서는 노인복지사업을 추진할 수 있는 전문적인 접근방법을 갖추어야 한다. 일반적으로 노인복지의 두 가지 접근방법은 노인에게 직접 서비스를 제공하는 노인복지실천과 간접 서비스를 제공하는 노인복지정책으로 구분할 수 있다. 이에 다음에서는 노인복지정책의 이해에 필요한 기본 내용을 다룬 후 현행 노인복지정책의 방향과 주요 보장체계에 대해 개략적으로 논의한다. 세부적인 정책내용에 대해서는 제11장에서 좀 더 상세히 다룬다.

1) 노인복지정책의 기본 이해

세부적인 노인복지정책의 내용을 이해하기 전에 노인복지정책에 대한 기본 이해가 선행되어야 하므로 노인복지정책의 개념, 구성요소와 정책과정, 가치 선택 차원에 대해 우선 살펴본다.

(1) 노인복지정책의 개념

노인복지정책을 논의하기 위해서는 정책(policy)의 개념에 대해 먼저 살펴보아야 한다. Titmuss(1974)는 정책이란 "특정 목적을 달성하기 위해 필요한 행동에 관한 원칙, 지침, 일정한 계획 혹은 조직화된 노력"이라 정의하였으며, Marshall(1970)은 "시민에게 서비스와 소득을 제공함으로써 그들의 복지에 직접적인 영향을 주는 정부의 시책"이라고 정의하였다. Gilbert와 Terrell(2013)은 "공사(公私)의 기관에서 행동의 방향이나 계획의 기반이 되는 제반 결정과 선택"이라 하였으며, Dinitto와 Dye(1983)는 "정부가 하는 일이나 하지 않기로 결정한 모든 것"을 정책이라 정의하였다.

이같은 정책에 관한 정의에 근거해 보면, 정책은 다음과 같은 특성을 지닌다. 첫째, 주로 국가와 공공단체가 정책 결정의 주체가 된다. 둘째, 공공의 선(善) 또는 국민의 복지 증진에 기여한다는 가치지향적 목표를 지닌다. 셋째, 정책은 정치적 과정을 거쳐 내려진 공적 결정으로 강제성을 지닌다. 넷째, 정책은 문제해결을 위한 대안 중에서 적절하고 효율적인 대안에 대한 선택이다. 이러한 정책에 대한 기존 정의와 특성을 종합해 보면, 정책이란 '특정한 목적달성을 위하여 국가나 공공기관이 선택한 행동원칙이나 계획'이라고 정의할 수 있다.

Gilbert와 Terrell(2013)은 정책내용의 범위에 따라 가장 광범위한 개념이 공공정책이고 그다음이 사회정책이며, 가장 좁은 개념이 사회복지정책이라 하였다. 이러한 정책 유형 구분과 사회복지의 목적을 동시에 고려하여 보면, 사회복지정책은 '국민의 특정한 사회적 욕구 충족과 문제해결을 위한 정부나 공공기관의 행동 원칙과 계획'이라 할 수 있으며, 노인복지정책은 '노인의 사회적 욕구 충족과 문제해결을 위해 정부나 공공기관이 채택한 행동 원칙과 계획'으로 정의할 수 있다.

(2) 노인복지정책의 구성요소와 형성과정

정책은 일반적으로, ① 정책을 통하여 이루고자 하는 바람직한 상태, 즉 정책목표, ② 정책목표 달성을 위한 정책수단, ③ 정책 이행에 소요되는 비용을 부담하는 정책주체와 정책에 의거하여 제공하는 재화나 서비스를 받는 정책대상, 그리고 ④ 정책의 결과, 즉 정책효과로 구성된다. 노인복지정책의 정책목표는 앞서 언급한 노인복지의 목표와 동일하다고 할 수 있으며, 정책수단에는 정책목표 달성을 위한 세부 계획, 법령, 인적 및 물적 그리고 기술적 자원이 포함된다. 그리고 노인복지정책의 주체는 주로 정부나 공공기관이며, 일정 연령 이상의 모든 노인 또는 제한된 범위의 노인이 정책 대상으로 선정될 수 있으며, 노인복지정책에서 목표한 바가 정책수단을 통해 집행되는 중간 또는 정책이 종결되면 정책대상인 노인의 삶에 변화가 나타나는 정책효과가 발생하게 된다.

노인복지정책은 노인의 욕구 충족이나 문제해결을 위한 최선의 합리적인 선택이기는 하

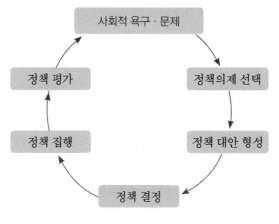

[그림 10-3] 정책 형성의 과정

지만 동시에 정치적 조정과 타협의 산물이며, 제한된 사회자원으로 인하여 정책에 따르는 기회비용(opportunity cost)을 고려하지 않을 수 없으므로, 정책형성과정에서 얼마든지 변형될 수 있다. 따라서 노인복지정책의 형성과정을 살펴볼 필요가 있는데, 일반적으로 정책형성과정은 [그림 10-3]에서 보는 바와 같이, ① 정책의제 선택, ② 정책 대안 형성, ③ 정책 결정, ④ 정책 집행, 그리고 ⑤ 정책 평가로 이루어진다(남기민, 2010; 송근원, 김태성, 1995).

어떤 사회적 욕구나 문제에 대한 해결이나 개입의 필요성이 사회적으로 제기된다고 하여 모든 욕구나 문제를 해결할 수는 없다. 따라서 다양한 사회적 욕구와 문제 중에서 한정된 몇 가지 욕구나 문제를 선택하여 정책에서 다루게 되는데, 이때 어떤 욕구와 문제를 다루어야 하는가를 선택하는 과정을 정책의제 선택 단계라 한다. 일단 정책의제가 선택되면 정책대안 형성과정으로 이행하게 된다.

정책대안의 형성이란 정책문제와 문제를 둘러싼 상황을 파악하고, 정책목표를 수립하고, 그 목표를 달성할 수 있는 다양한 정책대안을 탐색하고 개발하여, 어떤 정책대안이 가장 바람직한 것인가를 비교분석하는 과정이다. 정책대안을 마련하기 위해서는 먼저 정책문제화된 사회문제와 그 문제의 원인, 중요성, 관련 당사자, 상황, 해결에 소요되는 자원 등을 면밀히 분석하여야 한다. 정책문제에 대한 분석이 이루어지면, 정책의 목적과 목표 그리고 하위목표를 결정하고, 이 목표를 달성할 수 있는 정책수단으로서의 해결방법, 즉 정책대안을 모색해야 한다. 정책대안을 모색함에 있어서는 과거 정책이나 현존 정책 또는 외국 사례 등을 비교 · 검토하여 아이디어를 얻고, 사회복지학, 경제학, 사회학 등의 다양한 사회과학적 지식이나 이론에서 대안을 추론해야 한다. 정책대안이 만들어지면 여러 대안 중에서 실현가능성, 정책결과, 비용-효율성 등을 중심으로 본격적으로 검토할 대안을 선별하고, 선별된 대안에 대해서 장단점, 비용, 효과 등을 자세히 분석한다.

정책 결정이란 정부나 공공기관이 정책목표를 달성하기 위하여 2개 이상의 가능한 대안 중에서 하나의 대안을 선택하는 과정이다(Dror, 1983). 이러한 정책 결정은 달성해야 할 정책목표를 설정하고, 이 목표를 달성하기 위한 다양한 대안을 고안해 내고, 각각의 대안을 비교·검토하여 최적의 대안을 선택하는 일련의 단계를 거쳐 이루어진다. 이러한 정책 결정 과정에서 결정된 대안은 '가장 합리적인 대안'이 아니라 '가장 적절한 대안'일 수밖에 없는데, 이는 정치구조와 사회자원의 희소성이라고 하는 제약요인이 존재하기 때문이다.

정책 집행은 정책의 구체화와 집행이라고 하는 두 가지 의미를 지닌다. 즉, 정책 집행이란 효율적이고 효과적인 정책의 결과를 얻기 위하여 프로그램이나 서비스를 개발하고, 이에 필요한 인적 및 물적 그리고 기술적 자원의 동원과 조직화, 동기부여과정을 통하여 정책을 더욱 구체화한 후, 이를 대상 집단이나 사회 상황에 집행함으로써 정책이 의도한 결과를 낳게 하는 과정 모두를 포함하는 것이다.

정책 평가는 정책이 원래 의도한 정책목표를 어느 정도 성취하였는지, 정책의제 설정에서부터 정책집행 단계에 이르기까지의 과정은 잘 진행되었는지, 정책결과나 정책의 과정에 문제가 있다면 그 원인은 무엇이고 이를 개선할 수 있는 방안은 무엇이 있는지를 평가하는 과정이다. 이러한 정책 평가에 입각하여 정책을 확대, 수정, 변경 또는 종결할지를 결정하고 새로운 정책의 개발에 필요한 기초자료를 제공하게 된다.

(3) 노인복지정책의 가치 선택 차원

노인복지정책을 '무엇이 되어야 하는가?'라는 당위성이나 가치, 목적, 행동원칙이라고 한다면, 이러한 정책이 정책대상인 노인에게 전달되기 위해서는 정책집행 단계에서 프로그램이나 서비스로 변형되어야 한다. 이와 같이 정책을 구체적인 프로그램이나 서비스로 전환할 때는 몇 가지 가치 선택이 필요하다. Gilbert와 Terrell(2013)은 정책을 프로그램이나 서비스로 전환하기 위해서는 배분(allocation), 급여(benefit), 전달(delivery), 재정(finance)이라는 네 가지 영역과 관련된 가치의 선택이 필요하다고 하였다.

1 배분

배분은 급여나 서비스를 받을 수 있는 자격요건을 결정할 때 작동하는 가치 선택의 영역이다. 이러한 가치 선택을 할 때는, ① 노인이 지닌 공통적인 욕구의 내용과 수준, ② 연금보험료 납부와 같은 사회 공헌도나 실직 등과 같은 사회적으로 부당한 손해에 대한 보상수준, ③ 심신의 상태에 대한 전문가의 판단, ④ 개인 또는 가족의 자산상태라고 하는 네 가지 대안을 고려해야 한다.

급여나 서비스를 받을 수 있는 자격기준을 정할 때에는 평등 대 공평, 선별주의 대 보편주의, 비용효과성 대 사회적 효과성이라는 가치 중에서 어떤 가치를 더 중시할 것인지를 판단하고 결정하여야 한다. 즉, 65세 이상의 노인인구 모두에게 급여나 서비스를 제공하는 보편주의를 선택할지 아니면 개인의 욕구나 자산상태를 평가하여 일부 노인인구에게만 자격요건을 주는 선별주의를 선택할 것인지, 급여나 서비스가 필요한 사람에게 제공하여 비용효과를 높일 것인지, 아니면 특정 인구집단 전체에 동등한 급여나 서비스를 제공하여 사회적 효과를 제고할 것인지를 결정하여야 한다.

② 급여

급여는 급여 대상에게 어떤 형태의 급여를 줄 것인가와 관련된 가치 선택의 영역이다. 자격기준을 갖춘 대상에게 제공할 수 있는 급여의 형태는 기회, 권력, 사회서비스, 현금, 현물, 물품교환권 등이 있다. 이러한 급여의 형태 중에서 어떤 급여를 제공할 것인가는, ① 수급권자에게 선택의 자유를 부여할 것인가 아니면 사회통제의 목적을 달성할 것인가, ② 급여의 적정 수준을 어떤 수준으로 정할 것인가, ③ 모든 사람에게 동일한 급여를 할 것인가, 아니면 능력이나 기여도에 따라 각기 다른 수준의 급여를 할 것인가와 관련된 가치 선택에 의해 결정된다. 일반적으로 수급권자의 선택의 자유라는 가치를 중시할수록 현금을, 사회통제의 목적을 중시할수록 현물 형태의 급여를 제공할 가능성이 높다.

③ 전달

전달은 급여나 서비스를 어떤 방법으로 노인 수급권자에게 전달한 것인가와 관련된 가치 선택 영역이다. 급여나 서비스의 전달방법과 관련하여 선택할 수 있는 대안으로는, ① 권력의 집중(중앙집권-지방분권), ② 급여나 서비스의 수, ③ 급여 제공 장소, ④ 급여 제공자의 전문성, ⑤ 서비스 전달체계 간의 협력수준, ⑥ 공공부문과 민간부문의 역할분담 등 매우 다양하다. 이와 같은 급여나 서비스 전달방법은 중앙집권-지방분권, 관 주도 또는 민간 주도라는 가치 중에서 어느 쪽 가치를 선택하는가에 따라 달라지게 된다. 일반적으로 전국적 통일성을 요하는 공공부조에 의한 급여는 중앙집권적이고 관 주도적 성격이 강한 전달체계를 활용하는 데 비해, 개인이나 지역적 특수성을 반영하는 사회서비스는 지방분권적인 민간참여형 전달체계를 활용하는 경향이 강하다.

④ 재정

재정은 급여나 서비스를 제공하는 데 필요한 재원을 어떻게 마련할 것인가와 관련된 가치 선택 영역이다. 재정마련 방법으로 선택할 수 있는 대안으로는, ① 수급자 부담, ② 민간모금, ③ 사회보험료, ④ 조세 등이 있으며, 하나 또는 그 이상의 방법을 동시에 활용할 수 있다. 이러한 재정마련 방법을 선택할 때에는 평등 대 공평, 적절성, 중앙집권 대 지방분권의 가치가 게재되며, 어떤 가치를 더 중시하는가에 따라 실질적인 재정의 원천이나 부담률이 결정된다. 일반적으로 공공부조는 조세, 연금보험은 사회보험료, 사회서비스는 조세, 수급자 부담금과 민간모금액이라는 재정 원천을 활용한다.

2) 현행 노인복지정책의 방향과 특성

노인복지정책의 접근방법은 노인인구를 특수한 인구집단으로 따로 분리하여 접근하는 방법과 노인이 지닌 문제를 중심으로 접근하는 방법이 있다(최성재, 장인협, 2010). 이러한 두 가지 접근방법은 상반되기보다는 상호 보완적인 개념이다. 먼저, 우리나라의 노인인구중심 접근방법에서는 「노인복지법」에 근거하여 노인만을 대상으로 한 급여와 서비스를 제공하고 있으며, 문제 중심별 접근방법은 노년기의 4고(四苦)라 일컬어지는 빈곤, 질병, 고독과 소외, 무위(無爲)의 문제를 중심으로 급여와 서비스를 공급하고 있다. 현재 우리나라의 노인복지정책에서는, ① 의식주 등 기본생계를 해결하는 데 어려움이 있는 빈곤문제는 소득보장과 주거보장, ② 질병과 보호부양의 애로 등과 같은 건강문제는 건강보장, ③ 고독과 소외, 무위의 문제는 고용보장과 사회서비스를 통하여 해결하려 하고 있다. 이러한 노인복지제도의 각종 보장제도와 서비스에 대해서는 제11장에서 상세하게 논의한다.

1981년 「노인복지법」이 제정된 이후 국가에서는 노인인구 중심 및 문제 중심의 노인복지 접근방법을 활용하여 다양한 종류의 급여와 서비스를 노인에게 제공해 왔으며, 40여 년의 짧은 시간 동안 노인복지사업과 재정, 전달체계가 매우 빠르게 정비되고 확충되어 왔다. 특히 1990년대 후반부터 2000년대 중반까지 노인복지사업은 매우 빠르게 확충되었는데, 2000년대 초반 노인복지정책의 기본 방향은, ① 건강하고 보람 있는 노후생활 패턴 정립, ② 저소득 노인 생활안정 기반 조성, ③ 노인의 특성을 고려한 건강보장 대책 마련, ④ 보건복지서비스 기반 확충을 통하여 고령사회에 효과적으로 대응할 수 있는 사회기반을 조성하는 것이었다. 즉, 정부에서는 노인복지의 대상을 빈곤노인에서 전체 노인으로 확대하고, 노인복지사업의 내용 또한 시설보호 중심에서 지역·가정 중심의 복지체계로 전환하고, 노인을 서비스의 수혜대상으로 간주하기보다는 노인복지 주체로서 적극적으로 사회에 참여할 수 있는 여건을 조성하기 위하여 노력해 왔다. 그리고 보건의료와 복지서비스의 통합을 위한 노력을 기울여 왔으며, 노인복지정책 추진에서 정부와 민간의 적절한 역할분담과 상호협조체계를 구축하고자 하였다. 이러한 노력을 했음에도 2000년대 초반까지 노인복지정책에는 여전히 사후 중심적 서비스가 남아 있고, 국가의 적극적 노인복지 책임 이행 의지가 아직 낮은 수준에 머물러 있으며, '최소의 대상에게 최소의 비용으로 최저의 서비스'를 제공하는 삼저복지(三低福祉)의 속성을 지니고 있었다.

이와 같은 노인복지정책의 문제를 보완·개선하고, 저출산·고령사회에 나타날 것으로 예상되는 노인복지 수요와 복지환경의 변화에 대응하기 위하여 2005년 5월 제정된 「저출산·고령사회기본법」 제4조에 의거하여 소위 새로마지플랜 2010으로 불리는 '제1차 저출산·고령사회 기본계획'이 수립되었다.

제1차 저출산·고령사회 기본계획(새로마지플랜 2010)은 2004년 1월의 저출산·고령사회 대응을 위한 국가실천전략을 기반으로 하여 2006년 8월 수립되었으며, 2008년 12월 수정 보완되었다. 제1차 저출산·고령사회 기본계획(보완판)에서 노인복지와 직접적으로 연관된 정책목표는 '고령사회 삶의 질 향상 기반 구축'이며, 이를 달성하기 위하여, ① 노후소득보장체계 강화, ② 건강하고 보호받는 노후생활 보장, ③ 노후준비와 사회참여 기반 조성, ④ 고령친화 생활환경 조성이며, 이를 위한 세부 실천과제를 제시하였다(대한민국 정부, 2008. 12.).

이와 같은 제1차 새로마지플랜의 시행으로 안정적 노후생활을 위한 제도적 기반이 확충되었으나, 고령화로 인한 사회변화에 본격적으로 대응하는 데 미흡한 부분이 있다는 점을 고려하여 제2차 저출산·고령사회 기본계획(새로마지플랜 2015)을 수립하였다. 새로마지플랜 2015 보완판에서는 '정부·지역사회·민간이 함께 준비하는 활기찬 고령사회 구축'이라는 비전하에 2011~2015년까지 '고령사회 대응체계 확립'을 정책목표로 설정하였다. 새로마지플랜 2015의 노인복지분야 관련 정책목표는 '고령사회 삶의 질 향상 기반 구축'으로 설정하고, 세부 추진목표는 ① 안정된 노후소득보장, ② 건강수명 연장, ③ 적극적 노년의 삶, ④ 안전하고 편리한 생활로 설정하고, 소득, 건강, 사회참여, 주거교통, 노후설계라는 5대 분야의 62개 핵심과제를 추진한 바 있다(대한민국 정부, 2012. 10.).

브릿지 플랜(bridge plan) 2020으로 불리는 제3차 저출산·고령사회 기본계획(2016~2020년)은 '모든 세대가 함께 행복한 지속발전사회 구현'이라는 비전하에 고령사회 대책의 목표를 '생산적이고 활기찬 고령사회'로 설정하고 있다. 이러한 정책목표를 달성하기 위해 ① 노후소득보장을 강화하고, ② 활기차고 안전한 노후를 실현하며, ③ 여성·중고령자·외국인력 활용을 확대하고, ④ 고령친화 경제로의 전환을 추진하는 데 중점을 두고 있다(대한민국 정부, 2015). 제3차 저출산·고령사회 기본계획은 고령사회에 대응하기 위하여 노후소득보장 및 건강보장제도의 사각지대 해소와 급여수준 제고에 중점을 두고 있으나, 고령사회 전환에 따른 생산연령인구 감소 등의 사회적 변화에 대응할 수 있도록 고용 및 산업부문의 구조개편을 동시에 추진하였다. 3차 계획은 노인복지제도의 강화에 초점을 두었던 1~2차 계획과는 달리 노인복지제도의 강화뿐 아니라 고령사회의 진입에 따라 나타날 복지, 고용, 산업, 교육, 경제 등 사회 전 분야의 대응체계를 구축하기 위한 대책을 포괄하고 있는 특성이 있다.

이와 같이 지난 15년 동안 세 차례에 걸친 저출산·고령사회 기본계획을 수립·시행하였지만, 노인빈곤율은 OECD 최고수준이고 노후소득보장 사각지대가 존재하며 공적 연금을 통한 최저 노후생활 보장이 미흡한 실정이며, 만성질환을 앓는 노인들에 대한 지역사회 내 돌봄과 의료서비스의 통합적 제공체계가 완비되지 못하고, 퇴직 고령자들의 경제활동 참여 기회가 제한되고 이들 인력을 활용할 수 있는 시스템이 마련되어 있지 않고, 고령층의 주거 복지제도에 많은 한계가 존재하고 있다.

이에 정부에는 '제4차 저출산 · 고령사회 기본계획(2021~2025): 함께 일하고 함께 돌보는 사회'에서 '모든 세대가 함께 행복한 지속 가능 사회'라는 비전을 설정하고, 개인의 삶의 질 향상, 성평등하고 공정한 사회, 인구변화 대응 사회혁신이라는 목표를 수립하고 그 달성을 위하여, ① 함께 일하고 함께 돌보는 사회 조성, ② 건강하고 능동적인 고령사회 구축, ③ 모두의 역량이 고루 발휘되는 사회, ④ 인구구조 변화에 대한 적응이라는 네 가지 추진전략을 제시하고 있다.

이러한 추진전략 중에서 '건강하고 능동적인 고령사회 구축'은 노인복지 부문의 정책목표이다. 이러한 정책목표를 달성하기 위하여, ① 소득공백 없는 노후생활보장체계, ② 예방적 보건의료서비스 확충, ③ 지역사회 계속 거주를 위한 통합적 돌봄, ④ 고령친화적 주거환

비전	모든 세대가 함께 행복한 지속 가능 사회
목표	건강하고 능동적인 고령사회 구축

핵심과제	세부 추진과제
소득공백 없는 노후생활보장체계	• 노인 빈곤 완화를 위한 국가책임 강화 • 공 · 사적연금의 다층노후소득보장 강화 • 고령친화 금융환경 구축
예방적 보건 · 의료서비스 확충	• 사전 예방적 건강관리 • 방문형 건강관리 · 의료서비스 활성화 • 치매노인 종합적 관리 · 지원
지역사회 계속 거주를 위한 통합적 돌봄	• 지역사회 통합돌봄체계 구축 및 지역사회 복귀 지원 • 노인장기요양보험 보장성 강화 및 서비스 질 제고 • 의료-요양 기능 조정 및 적정이용 유도
고령친화적 주거환경 조성	• 고령친화적 주택 공급 및 교통복지기반 구축 • 고령친화커뮤니티 확산
존엄한 삶의 마무리 지원	• 질 높은 호스피스 · 완화의료 제공 • 생애말기 자기결정권 강화를 위한 지원체계 정비

[그림 10-4] 제4차 저출산 · 고령사회 기본계획의 고령사회 부문 정책목표와 과제

자료: 대한민국 정부(2020). 제4차 저출산 · 고령사회 기본계획.

경 조성, ⑤ 존엄한 삶의 마무리 지원이라는 다섯 가지 핵심과제를 제시하고 있다. 소득 공백 없는 노후생활보장체계를 구축하기 위해서 노인빈곤 완화를 위한 국가책임 강화. 공적 및 사적 연금의 다층노후소득보장 강화, 고령친화 금융환경 구축이라는 세부 정책과제를 제시하고 있으며, 예방적 보건의료서비스 확충을 위해서는 사전 예방적 건강관리, 방문형 건강관리 의료서비스 활성화, 치매노인 종합적 관리 지원이라는 과제를 제시하고 있다. 그리고 지역사회 계속 거주를 위한 통합적 돌봄체계를 구축하기 위해서는 지역사회 통합돌봄체계 구축 및 지역사회 복귀 지원, 노인장기요양보험 보장성 강화 및 서비스 질 제고, 의료−요양 기능 조정 및 적정 이용 유도라는 세부 과제를, 고령친화적 주거환경 조성을 위해서는 고령친화적 주택공급 및 교통복지기반 구축과 고령친화커뮤니티 확산이라는 세부 과제를, 존엄한 삶의 마무리 지원을 위해서는 질 높은 호스피스 · 완화의료 제공, 생애말기 자기결정권 강화를 위한 지원체계 정비라는 세부 과제를 추진하려는 계획을 제시하고 있다(대한민국 정부, 2020).

일반적으로 저출산 · 고령사회 기본계획 추진 기간에 정권이 교체되면 그 계획을 수정 · 보완하여 추진하지만, 2022년 출범한 윤석열 정부에서는 2024년 말 현재까지 제4차 계획의 수정 · 보완을 추진하지 않고 있어 문재인 정부에서 발표한 제4차 계획이 그대로 유지되고 있다. 2026년부터 새롭게 추진될 제5차 저출산 · 고령사회 기본계획은 저출산고령사회위원회의 누리집(betterfuture.go.kr/)에서 그 세부 내용을 찾아볼 수 있다.

💻 생각해 보아야 할 문제 　　　　　　　　　　　　　　　　　　　　　　　# # •

1. 개인과 가족, 시장, 국가라는 노인복지의 세 주체 간의 적절한 복지책임 배분 방식에 대해 토론해 보시오.

2. 현재 우리 사회의 경제수준을 고려할 때, 노인복지의 목표를 최저수준 이상과 적정 수준의 경제생활 보장 중 어느 수준을 선택하는 것이 바람직한지 토론해 보시오.

3. 「노인복지법」 이외의 노인복지 관련 법률에 대해 알아보시오.

4. 노인복지 재정의 증가가 국가의 지속 가능한 발전을 위협한다는 주장을 비판해 보시오.

5. 노인복지정책이 선별주의와 보편주의 중 어떤 배분노선을 선택하는 것이 바람직한지 토론해 보시오.

6. 최근의 저출산 · 고령사회 기본계획의 세부 정책과제를 알아보고, 그 적절성과 실현 가능성을 토론해 보시오.

제**11**장

현행 노인복지 정책 및 서비스

1. 소득보장

1) 소득보장의 이해

'평온한 삶을 보장한다.' 또는 '타인의 보호를 받지 않고 살아간다.'라는 의미를 지닌 사회보장이 좁은 의미로는 소득보장만을 의미할 정도로, 소득보장은 사회보장의 가장 핵심적인 영역이다. 소득보장이란 빈곤문제의 예방과 해결을 위한 사회보장제도의 일부로서 사회보험, 공공부조 혹은 사회수당 등과 같은 국가의 직접 소득이전 프로그램을 통하여 최저한도 이상의 소득을 보장해 주려는 사회적 노력을 의미한다.

소득보장제도는 노인의 생활을 보장하는 유일한 제도나 빈곤대책의 전부가 아니고 다른 사회복지 영역과 상호 보완 관계를 맺고 있으며 임금정책, 조세정책, 노동정책, 산업복지정책과 역동적인 관계가 있다. 그러나 일반적으로 소득보장체계를 논의할 때 3층 구조이론을 주로 활용하는데, 3층 구조이론의 첫 번째 단계는 공공부조, 두 번째 단계는 공적 연금제도로 국민연금과 특수직역연금, 그리고 세 번째 단계는 개인연금, 퇴직연금, 개인저축 등이 속한다(현외성 외, 2000). 그러나 최순남(1999), 최성재와 장인협(2010)은 데모그란트

(demograur), 사회보험, 공공부조, 퇴직연금제도, 세금감면이나 할인혜택, 노인고용 등으로 분류하고 있다. 이러한 노후소득보장 방법 중에서 데모그란트는 개인이나 가족의 고용상태 또는 경제적 수준과 관계없이 국민 전체 또는 일정 부류에 속하는 사람 모두에게 국가가 일정한 액수의 금품 또는 서비스를 제공하는 것으로, 사회수당의 개념과 유사하다.

노후소득보장 방식을 현금 급여의 지급 여부에 따라서 직접 소득보장제도와 간접 소득보장제도로 나누기도 한다. 직접 소득보장제도에는, ① 국민연금과 특수직역연금, 기초연금의 사회보험, ② 국민기초생활보장제도로 시행되는 공공부조, ③ 퇴직연금, 개인연금 등과 같은 사적 보장체계가 속한다. 그리고 간접 소득보장제도에는, ① 경로우대제 등의 비용할인, ② 노인 일자리 및 사회활동 지원사업, 취업알선기관과 시니어클럽 등의 취업증진 프로그램, ③ 매점 또는 자동판매기 설치 우선지원, ④ 상속세, 소득세 공제 등의 세제감면 혜택이 포함된다.

이러한 노후소득보장체계의 분류방식에 입각하여 이 책에서는 사회보험, 공공부조, 사회수당, 사적 소득보장, 기타 간접보조 방식으로 분류하고, 노인의 고용촉진에 의한 간접 소득보장 방식은 고용보장으로 별도로 분류하여 논의한다. 이러한 노후소득보장 방법 중에서 공적 소득보장체계의 기본 개념을 정리하면 〈표 11-1〉과 같다.

표 11-1 주요 소득보장 방식의 특성

종류	세부 내용
사회보험	• 피보험자의 기여, 즉 보험료를 기준으로 급여를 지급하는 공적 연금제도 • 재정은 3자(본인, 고용주, 국가) 기여방식을 채택하며 관리는 국가가 담당 • 원칙: 자조성, 사회성, 보험성, 부양성, 강제성 • 기초연금은 공공부조식 공적 연금이지만 조세를 기본 재원으로 한다는 점에서 공공부조의 성격을 동시에 지님
공공부조	• 기준 중위소득 이하의 개인(가족)에게 최저생활 보장에 필요한 수입을 국가가 조세로 보조하는 방법 • 원칙: 최저생활 보장, 보충급여, 자립지원, 개별성 등 • 자산조사에 의한 개인 욕구의 측정과 확인을 통해 급여기준 설정 • 전체 국민이 최저한도 이상의 인간다운 생활 보장을 받을 권리보장
사회수당	• 일정 범주에 속한 모든 국민에게 조세에 의하여 일정액의 현금이나 서비스를 제공하는 방법으로 일부 지방자치단체에서 조례에 근거하여 실시함 • 경제 효과보다는 사회통합 효과 추구

2) 현행 소득보장체계

현재 우리나라에서 실시되고 있는 노후소득보장제도에는 크게 연금제도, 공공부조, 퇴직연금제도, 경로우대제도, 세금감면제도가 있는데, 이에 대해 살펴보면 다음과 같다.

(1) 연금제도[1]

공적 연금은 소득 감소 또는 상실을 초래하는 여러 가지 사회위험 중 노령, 장애, 사망으로 발생하는 경제적 어려움에 대응하기 위한 사회대책이다(이인재 외, 2022). 현재 우리나라에서 실시되고 있는 공적 연금제도는 국민연금과 공무원연금, 군인연금, 사립학교교직원연금이라는 특수직역연금제도로 구분되며, 이들과는 성격을 달리하는 공공부조식 공적 연금제도인 기초연금제도가 있다.

이 중에서 가장 대표적인 노후소득보장체계는 1988년 도입된 국민연금제도로서, 2008년부터 본격적인 노령연금 급여가 이루어지고 있는데 국민연금 급여의 종류와 수준을 제시하면 〈표 11-2〉와 같다. 보험료는 보수월액의 9.0%이며, 사업장 가입자의 경우 본인과 사업장의 사업주가 반반씩 부담하고, 지역가입자와 임의(계속)가입자는 본인이 전액 납부하여야 하며, 다만 농어업인의 경우는 소득금액에 따라 일정액을 국고로 지원받을 수 있다.

이러한 보험료를 20년 이상 납부하고 출생 연도별 지급개시연령(1953~1956년생은 61세, 1957~1960년생은 62세, 1961~1964년생은 63세, 1965~1968년생은 64세, 1969년생 이후는 65세)에 도달한 경우에 기본 연금액의 100%에 해당하는 노령연금을 받을 수 있으며, 10년 이상 가입하고 출생 연도별 지급개시연령에 도달하였으나 소득이 있는 업무에 종사하는 경우에는 재직자 노령연금을, 10년 이상 가입하고 출생 연도별 지급개시연령 이상인 경우에는 조기노령연금을 받을 수 있다. 가입 중 장애 발생 시 장애연금, 노령연금이나 장애연금 수급자 그리고 10년 이상 가입한 자 및 사망 5년 전부터 3년 이상 연금보험료를 납부한 자가 사망한 경우에는 유족연금이 지급된다. 그리고 60세에 도달하거나 사망, 국외이주 등으로 더 이상 국민연금에 가입할 수 없게 되었으나 연금 수급요건을 충족하지 못한 경우에는 반환일시금을 지급받을 수 있다. 개인별 국민연금 가입내역과 예상 연금액은 국민연금공단 전자민원서비스(minwon.nps.or.kr)에서 확인 가능하다.

---

1) 공적 연금제도에 대한 좀 더 상세한 학술적 논의나 제도의 세부 사항에 대한 논의는 이 책의 범위를 넘어서기 때문에 여기서는 개괄적인 내용만을 소개한다. 따라서 좀 더 상세한 정보와 자료가 필요한 경우에는 국민연금공단(www. nps.or.kr), 국방부 군인연금(www.mps.mil.kr), 공무원연금공단(www.geps.or.kr), 사립학교교직원연금공단(www.tp.or.kr), 기초연금(basicpension.mohw.go.kr)의 홈페이지를 참고하도록 한다.

표 11-2 국민연금의 종류별 급여 요건과 수준

종류	급여 요건	급여 수준
노령 연금	• 완전노령연금: 가입기간 20년 이상, 60세에 도달한 자	• 기본연금액(100%)+부양가족연금액
	• 재직자 노령연금: 완전노령연금 수급권자가 소득이 있는 업무에 종사하는 경우	• 소득구간별로 노령연금액의 일정액을 감액 지급
	• 조기 노령연금: 가입기간 10년 이상, 출생연도별 지급개시연령 이상인 자가 소득 있는 업무에 종사하지 아니하고, 60세 도달 전에 청구한 경우	• 58세는 기본연금액의 70%, 60세는 82%, 62세는 94% 지급
	• 분할연금: 가입기간 중 혼인기간이 5년 이상인 노령연금 수급권자의 배우자가 출생연도별 지급개시연령 이상이 되거나 노령연금 수급자이거나, 배우자와 이혼한 경우	• 배우자였던 자의 노령연금액 중 혼인기간에 해당하는 연금액을 균등하게 나눈 금액
장애 연금	• 가입자 또는 가입자였던 자가 발생한 질병 또는 부상으로 완치 후에도 장애(1~4급)가 있는 자	• 장애 정도에 따라 기본연금액의 60~100%+부양가족 연금액(단, 장애 4급은 일시보상금)
유족 연금	• 노령연금 수급권자, 가입기간 10년 이상인 가입자였던 자, 장애등급 2급 이상의 장애연금 수급권자, 보험료 납부기간이 가입대상 기간의 1/3 이상인 가입자, 사망일 5년 전부터 3년 이상 보험료 납부자	• 가입기간에 따라 기본연금액의 40~60%+부양가족 연금액
반환 일시금	• 60세 도달이나 사망, 국외이주 등으로 국민연금에 더 이상 가입할 수 없게 되었으나 연금 수급 요건을 채우지 못한 경우	• 납부 보험료에 일정 이자를 가산하여 일시금으로 지급

자료: 국민연금공단(www.nps.or.kr).

공무원연금, 사립학교교직원연금, 군인연금은 오래 전부터 본격적인 급여가 이루어지고 있으며, 국민연금은 2008년부터 본격적 급여가 시작되었다. 2023년 말 기준 65세 이상 노인인구 중에서 국민연금, 공무원연금, 사립학교교직원연금, 군인연금의 공적 연금 수급자는 총 632만 4,593명이며, 국민연금 수급자가 554만 3,769명, 공무원연금 수급자가 57만 5,473명, 사립학교교직원연금 수급자가 10만 1,286명, 군인연금 수급자가 10만 4,065명(국민연금공단, 2024; 국방부, 2024; 공무원연금공단, 2024; 사립학교직원연금공단, 2024)으로서, 65세 이상 노인의 67.0%가 공적 연금을 받고 있다. 이와 같이 해가 갈수록 공적 연금 수급자 비율은 높아지고 있지만, 연금 수급액이 많지 않은 관계로 공적 연금제도가 안정적 노후소득보장기제로

서의 기능을 수행하는 데 많은 한계가 있는 것이 사실이다. 실례로 국민연금 노령연금 수급자의 월평균 연금 수급액이 56만 5,300원으로 노인가구의 월평균 소비지출액 162만 3천 원(보건복지부, 한국보건사회연구원, 2023)의 35% 정도에 불과하며, 국민연금의 노령연금을 받는다고 하더라도 다른 수입원의 소득으로 부족한 금액을 채우지 못한다면 적자가계 운영은 물론 경제적으로 어려운 상황에 직면하게 될 것이 분명하다.

기초연금제도는 1991년 도입된 노령수당제도를 기초로 하여 1998년부터 경로연금제도 그리고 2008년부터 기초노령연금제도로 변경되었다가 2014년 7월부터 시행되었다. 이 제도는 국민연금제도 가입이 어려운 저소득 노인 및 기초생활보장 대상 노인의 소득보장 지원으로 노후생활의 안정도모를 위해 도입한 공공부조식 공적 연금제도이다.

2024년 기초연금 수급자 선정기준은 만 65세 이상이면서 가구의 소득인정액이 소득 하위 70% 이하, 즉 단독가구 연 213만 원, 부부가구 연 340만 8천 원 이하이며, 공무원연금, 사립학교교직원연금, 군인연금, 별정우체국연금 수급권자 및 그 배우자는 원칙적으로 기초연금 수급대상에서 제외된다. 그러나 ① 직역(공무원·사립학교교직원·군인·별정우체국직원) 재직기간이 10년 미만인 국민연금과 연계한 연계퇴직연금 또는 연계퇴직유족연금 수급권자 및 그 배우자, ② 장해보상금, 유족연금일시금, 유족일시금(유족연금 대신 받은 경우)을 받은 이후 5년이 경과한 수급권자 및 그 배우자, ③ 2014년 6월 말 당시 기초노령연금을 받은 자, ④ 기초연금법 시행 당시 장애인연금 특례수급자였던 자가 나중에 만 65세에 도달하여 기초연금 특례대상자로 전환된 경우에는 기초연금을 지급하되, 소득재산 수준이 상대적으로 높거나 부부 모두 기초연금을 받을 경우에는 급여액이 감액될 수 있다.

2024년 기초연금제도의 기준연금액은 334,810원이며, 개인별 기초연금액은 '(기준연금액-2/3×소득재분배급여금액(A급여))+부가연금액'이라는 산식에 의해 차등 지급되며, 국민연금 등의 연금 수급자는 '기준연금액의 250%-국민연금 급여액 등'이라는 산식에 의해 차등 지급된다. 2024년 최저연금액은 33,480원이며, 부가연금액은 167,400원으로서, 어떠한 연금도 받지 않거나 국민연금 월 급여액이 45만 원 이하 또는 유족연금이나 장애연금을 받는 경우 그리고 국민기초생활보장 수급권자인 경우에는 기준연금액을 전액 지급한다. 다만, 부부가 모두 기초연금을 받는 경우에는 각각 기초연금액의 20%를 감액하며, 기초연금을 받는 사람과 못 받는 사람 간의 소득역전을 최소화하기 위해 소득인정액과 기초연금액(부부 2인 수급 가구는 부부감액 이후)을 합한 금액과 선정기준액의 차이 만큼 감액하는데, 1인 가구, 부부 1인 수급 가구는 기준연금액의 10%, 부부 2인 수급 가구는 기준연금액의 20%를 지급한다. 보건복지부와 한국보건사회연구원(2023)에 따르면 노인의 74.0%가 현재 기초연금을 받고 있는 것으로 나타났다.

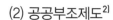

(2) 공공부조제도[2]

공공부조는 국민의 건강하고 문화적인 최저생활 보장을 목적으로 하며, 생활능력을 상실한 자와 일정한 생활수준에 미달한 자에 대하여 국가가 그들의 최저생활과 자립 촉진을 목적으로 수립한 가장 직접적이며 최종적인 경제적 보호제도이다(최일섭, 이인재, 1996). 우리나라의 경우 1944년 조선구호령의 제정으로 형식적인 공공부조의 형태를 갖춘 후 1961년 생활보호법이 제정되면서 공공부조의 기틀을 마련하였으며, 2000년 10월에는 생활보호제도를 대폭 수정하여 국민기초생활보장제도로 전환되었으며, 2015년 7월부터 맞춤형 급여체계로 개편하여 빈곤예방과 탈수급 유인기능을 강화하였다.

국민기초생활보장제도는 생활이 어려운 자에게 필요한 급여를 행하여 이들의 최저생활을 보장하고 자활을 조성하는 것을 목적으로 하는 공공부조제도이다. 저소득층, 실업자, 노인 등을 지원하여 빈곤문제에 대한 사회안전망의 기초를 강화하는 한편, 빈곤가구별로 생계, 의료, 주거, 교육, 자활 등의 맞춤형 급여를 통해 최저생활을 보장하고, 빈곤예방과 자립을 지원하는 데 목적이 있다. 이러한 국민기초생활보장제도의 주요 내용을 요약하여 정리하면 〈표 11−3〉과 같다.

표 11−3 국민기초생활보장제도의 개요(2021년 기준)

구분		세부 내용
수급자 선정	기준 중위소득	• 1인 222.8만 원, 2인 368.2만 원, 3인 471.4만 원, 4인 572.9만 원, 5인 669.5만 원, 6인 761.8만 원, 7인 851.4만 원
	급여별 선정소득 기준	• 소득인정액=소득평가액(실제소득−가구특성별 지출비용−근로소득공제)+재산의 소득환산액[(재산−기본재산액−부채)×소득환산율] • 생계급여: 소득인정액이 기준 중위소득의 32% 이하 • 의료급여: 소득인정액이 기준 중위소득의 40% 이하 • 주거급여: 소득인정액이 기준 중위소득의 48% 이하 • 교육급여: 소득인정액이 기준 중위소득의 50% 이하
	부양 의무자 기준	• 생계급여(21년 10월), 주거급여, 교육급여는 부양의무자 기준 적용 폐지 • 단, 부모나 자녀 가구가 연 1억 원 이상의 소득 또는 9억 원 이상의 재산을 소유한 경우 생계급여 대상 제외 또는 중지

---

[2] 국민기초생활보장제도에 대한 상세한 논의는 이 책의 범위를 넘어서기 때문에 여기서는 개괄적인 내용만을 소개하며, 상세한 정보와 자료가 필요한 경우에는 보건복지부(www.mohw.go.kr)의 기초생활보장 메뉴를 참조하도록 한다.

구분	세부 내용
급여	• 생계급여: 기준 중위소득에서 가구 소득인정액을 감액한 금액을 지원하며, 2024년도에는 기준 중위소득의 32%에 해당하는 금액 지급(1인 가구 71.3만 원, 2인 가구 117.8만 원, 3인 가구 150.8만 원, 4인 가구 183.3만 원, 5인 가구 214.2만 원, 6인 가구 243.7만 원, 7인 가구 272.4만 원 지급) • 주거급여: 임차가구의 경우 지역특성과 가구원 수에 따른 기준임대료를 상한으로 실제임대료를 지원, 자가가구의 경우 주택개량의 경우 주택 보수범위별 수선비용 지원 • 장제급여: 수급자 사망 시 80만 원을 장제를 실제 행하는 자에게 지급

자료: 보건복지부(2024a). 국민기초생활보장 사업안내.

표 11-4 국민기초생활보장 수급 노인 수 및 비율   (단위: 명, %)

연도	65세 이상 노인인구(A)	기초생활보장 수급 노인 수(B)	비율(B/A)
2001	3,579,213	334,272	9.3
2005	4,366,642	367,658	8.4
2009	5,267,708	387,847	7.4
2010	5,452,490	391,241	8.6
2020	8,125,432	725,514	8.5
2023	9,435,816	1,015,379	10.7

자료: 보건복지부(2024. 7.). 2023년도 국민기초생활보장 수급자 현황.

국민기초생활보장제도에 의한 급여를 받는 65세 이상 노인은 〈표 11-4〉에서 보는 바와 같이, 2023년 101만 5,379명으로, 2020년도보다 28만여 명이 증가한 것으로 나타났다. 그리고 국민기초생활보장제도의 수급노인은 65세 이상 전체 노인의 10.7%로 전체 국민기초생활 수급자의 41.3%를 차지하여 국민기초생활보장제도의 급여를 수급하는 노인인구는 증가 추세인 것으로 나타났다.

(3) 사회수당

사회수당은 국가가 조세로서 일정한 액수의 현금 또는 서비스를 제공하는 제도이다. 특정 인구집단(예: 65세 이상 또는 18세 미만)을 대상으로 보편주의적 기본 원칙에 따라 급여를 지급하며, 경제비용 효과보다는 사회통합 효과를 중시하는 공공부조제도의 일부이다. 우리나라의 노인복지제도에서 실시되었던 사회수당은 만 65세 이상의 노인에게 지급되는 노인교통수당뿐이며, 이조차도 2008년 기초연금제도 시행으로 폐지되어, 현재 중앙정부 차원에서 전국적으로 시행하는 노인을 위한 사회수당은 존재하지 않는다. 다만, 지방정부 차원에서 조례를 제정하여 일정 연령 이상의 노인을 대상으로 한 장수수당이나 효도수당, 경로수당 등의 명목으로 수당을 지급하는 경우가 있다.

(4) 사적 소득보장체계

소득보장체계의 3층 구조이론에 따르면 개인연금이나 퇴직연금, 개인저축 등의 사적 노후소득보장방법은 세 번째 단계에 해당한다. 현재 금융권에서는 노후생활자금을 목적으로 한 다양한 개인연금이나 개인저축상품을 판매하고 있으나, 구체적인 가입 현황은 파악되지 않고 있다. 그러나 노후생활을 위한 준비를 사전에 하는 중·장년층의 비율이 높지 않다는 점을 고려하면 가입비율은 크게 높지 않을 것으로 예측된다.

1953년부터 도입되어 시행되던 퇴직금제도의 경우 기업도산 시 퇴직금 수급권을 보호받지 못하는 문제점을 지니고 있었다. 이러한 문제점을 개선하기 위하여 퇴직금제도는 「근로자 퇴직급여보장법」(2005. 10.)의 제정에 따라 2005년 12월부터 퇴직연금제도로 변경되었다. 퇴직연금제도는 기업이 근로자의 노후소득보장과 생활안정을 위해 근로자 재직기간 중 퇴직금 지급재원을 외부의 금융기관에 적립하고, 이를 사용자(기업) 또는 근로자가 운용하여 근로자 퇴직 시 연금 또는 일시금으로 지급하도록 하는 일종의 기업복지제도이다.

퇴직연금제도(http://moel.go.kr/pension/)의 종류로는 확정급여형 퇴직연금제도(defined benefit), 확정기여형 퇴직연금제도(defined contribution), 기업형 퇴직계좌 그리고 개인퇴직계좌(individual retirement pension)가 있다. 확정급여형 퇴직연금제도는 근로자가 퇴직 시에 수령할 퇴직급여액을 미리 정한 뒤 사업주가 책임지고 연금을 적립·운용하는 유형이다. 확정기여형 퇴직연금제도는 사용자가 매년 근로자 연간 임금의 1/12 이상을 부담금으로 납부하고, 근로자가 적립금을 운용하는 유형으로 근로자의 적립금 운영성과에 따라 퇴직 후의 연금 수령액이 증가 또는 감소하게 된다. 기업형 퇴직계좌는 10인 미만 기업에 적용하는 특례로서 확정기여형 퇴직연금제도와 유사하다. 개인퇴직계좌는 근로자가 퇴직하거나 직장을 옮길 때 받은 퇴직금을 자기 명의의 퇴직계좌에 적립하여 연금 등 노후자금으로 활용할 수 있게 하는 유형으로, 퇴직연금수령 개시연령에 도달하지 않더라도 그 전에 받은 퇴직일시금을 개인퇴직계좌를 통해 계속해서 적립·운용하는 것이 가능하다.

통계청(2023. 12.)에 따르면, 2022년 12월 말까지 퇴직연금에 가입한 기업은 43만 6,348개소로서 전체 사업체의 26.8%이며, 가입자는 694만 8,108명인 것으로 나타나, 전체 상용근로자의 53.2%에 이르고 있다. 연금 종류별 적립금을 보면, 확정급여형이 170조 9,130억 원으로 전체 적립금의 58% 정도를 차지하며, 확정기여형은 75조 2,959억 원(25.6%), 개인형과 기업형 퇴직계좌는 47조 1,990억 원(16.0%)으로 총 294조 5,161억 원이 적립되어 있는 것으로 나타났다. 퇴직연금 가입 사업체, 가입자 및 적립금은 매우 **빠르게** 증가하고 있으며, 앞으로도 급격하게 증가할 것으로 전망되어 은행, 증권회사 등 금융권의 퇴직연금 가입을 유치하기 위한 경쟁이 치열한 상황이다.

(5) 경로우대제도 및 각종 감면혜택

경로우대제도는 노인의 지출을 경감하여 노인의 소득을 보전해 주는 제도로서, 「노인복지법」이 제정되기 이전인 1980년 5월부터 공공부문과 민간부문을 포함한 8개 업종에서 70세 이상을 대상으로 실시하였다. 그러나 시행 10년이 채 안 된 1989년 6월에 민간부문의 경로우대제도는 폐지되고 현재는 공공부문의 경로우대제도만 실시되고 있으며, 민간부문의 경로우대제도는 업종이나 업체의 자발적 참여에 따르고 있다.

이러한 공영 경로우대제도의 주요 내용을 살펴보면, 철도의 경우 통근열차는 50%, 무궁화호, 새마을호, KTX(토·일요일, 공휴일 제외)는 요금의 30%를 할인해 주고 있다. 수도권 전철과 도시철도의 운임, 고궁, 능원(陵園), 국·공립박물관, 국·공립공원 및 국·공립 미술관의 입장료는 100% 할인되며, 국·공립국악원의 입장료는 50% 이상 할인된다. 민간부문의 경로우대제를 살펴보면, 국내 항공기 운임의 10%, 국내 여객선 운임의 20%를 할인해 주고 있으며, 목욕이나 이발 등 관련 업체에서는 자율적으로 경로우대제를 실시하고 있다(보건복지부, 2024c).

노인을 부양하는 가족의 세금부담을 경감함으로써 간접 소득보장 효과를 갖게 되는 세금감면제도를 살펴보면, 「상속세 및 증여세법」 제20조에 의거하여 65세 이상의 자에 대하여 1인당 5,000만 원씩 상속세를 공제해 주고 있다. 「소득세법」 제50조에 의거하여 직계존속 노인 1인당 부양가족공제는 연간 150만 원, 70세 이상의 노인과 생계를 같이하는 자에 대해서는 노인 1인당 연간 100만 원의 추가 공제를 해 주는 등의 소득세 공제제도를 실시하고 있다. 그리고 부모와 자녀가 각각 주택을 소유하고 따로 살다가 세대를 합친 경우 그리고 65세 이상 세대주의 과세표준 9억 원까지 주택양도세를 면제해 주고 있으며, 「조세특례제한법」에 의거하여 65세 이상 노인 1인당 5,000만 원 이하의 생계형 저축에 대한 이자소득 또는 배당소득에 대해 비과세하는 혜택을 부여하고 있다.

이 외에 노인복지시설에 입소하여 생활하고 있는 노인과 지역사회주민, 기업체, 공공단체 및 각종 사회단체 등과 결연을 맺어 후원금 지원, 초청, 방문, 위문 등 노인에게 정서적 안정을 주고 경로사상을 고취하기 위한 목적으로 노인결연사업을 실시하고 있다. 후원금은 1계좌 1만 원을 기준으로 하고, 한국노인복지중앙회(구 한국노인복지시설협회)에서 사업을 담당하고 있으며, 후원금액은 전액 노인에게 지급된다.

3) 노후소득보장의 문제와 과제

지금까지 현재 실시되고 있는 노후소득보장제도에 대해서 살펴보았지만, 현재의 제도로는 안정된 노후 경제생활을 보장하는 데 한계가 있다. 이와 같은 현행 노후소득보장제도의 문제점과 개선 과제를 제시해 보면 다음과 같다.

첫째, 공적 노후소득보장의 역할이 미흡하다. 국민연금제도의 미성숙으로 인하여 사회보험이나 공공부조제도를 통하여 노후소득 지원을 받는 노인은 기초연금 수급자를 제외하면 2/3 정도이며, 퇴직연금이나 개인연금 등을 통해 노후소득보장을 준비하는 경우가 늘고 있으나 노후준비가 전혀 되지 않은 채 노년기로 진입하는 경우도 많다. 이러한 문제를 해결하기 위해서는 조세 방식의 기초연금제도의 수급자 범위와 급여액을 더욱 확대하여 다층체계의 노후소득보장체계의 기반을 튼튼하게 해야 하며, 공공부조제도를 확충해 나가되, 개인의 자발적인 사적 노후소득보장 노력 또한 병행하여야 한다.

둘째, 국민연금제도의 지속 가능성과 안정적 노후소득보장 가능성과 관련된 문제점이다. 현재 국민연금과 관련된 문제점이 언론을 통하여 지속적으로 제기되고 있으나, 가장 큰 문제점은 국민연금재정의 불안이라 할 수 있다. 현행의 저부담-고급여체계의 국민연금제도가 지속될 경우, 2050년대 중·후반에는 기금이 고갈될 것으로 예측되고 있어, 국민연금의 지속 가능성에 의문이 제기되고 있다. 이를 고려하여 고부담-저급여로의 연금제도 개편을 추진하고 있으나, 계속 실패하고 있어 문제는 더욱 심화되고 있다. 그리고 국민연금에 지속적으로 가입하더라도 노령연금 급여액이 적정 수준의 노후 생계비를 보장하는 데는 한계가 있는 상황이다. 이러한 문제를 해결하기 위해서는 연금의 지속 가능성과 안정적 노후소득보장이라는 두 가지 과제를 동시에 풀어야 하지만 현실적인 대안을 찾기 어려운 실정이다. 따라서 현행 국민연금제도의 연금 급여율을 점진적으로 낮추어 가면서 보험료는 점진적으로 인상하는 제도 개혁이 이루어져야 가장 기본적인 노후소득보장제도인 국민연금제도의 유지가 가능해질 것이다.

셋째, 국민기초생활보장제도의 급여 대상과 수준이 제한된 문제점이 있다. 2015년부터 국민기초생활보장제도의 수급자 선정기준을 최저생계비에서 기준 중위소득으로 전환하고 수급자의 욕구에 따른 맞춤형 급여지급 방식으로 변경되었다. 그러나 생계급여의 선정소득 기준액이 다른 급여유형에 비해 상대적으로 낮게 책정되어 있어 생계급여 대상에서 제외되어 기초생계 유지에 어려움을 겪는 노인이 다수 존재할 것으로 예상되고 있으며, 부동산시장의 불안정성으로 인해 주거급여의 경우 실제 임대료를 적절히 반영하지 못하는 문제점이 있다. 이러한 문제점을 해결하기 위해서는 급여유형별로 합리적인 기준 중위소득 인정비율을 설정하여야 할 것이며, 빈곤노인의 기초생활 또는 주거나 의료적 욕구를 반영한 적정 수준의 급여를 지급하여야 한다.

넷째, 간접 소득보장제도의 보조 수준이 취약하다. 현재 실시되고 있는 경로우대제도는 고급 문화활동에 대한 할인제도가 없고 할인을 받을 수 있는 업종이 매우 제한되어 있다. 그리고 상속세, 양도세, 소득세 감면혜택은 실질적인 노후소득보장제도로서의 기능이 매우 미약하다. 따라서 앞으로 경로우대제도의 할인업종과 할인율을 더욱 높이고 각종 세제감면 혜택의 폭을 확대해야 하며, 자가운전 노인층이 증가할 것에 대비하여 각종 자동차비용 감면제도를 노인복지제도에서 실시할 필요가 있다.

다섯째, 사적 노후소득보장을 위한 노력이 미흡하다. 공적 노후소득보장제도가 제 역할을 하지 못함에도 개인적인 차원에서 노후 경제생활을 사전에 준비하고 있는 중·장년층이 많지 않아 노후 경제생활의 어려움은 더욱 가중될 것으로 전망된다. 이러한 문제점을 해결하기 위해서는 기업복지 차원에서 퇴직연금제도의 확대 및 강화, 노후 대비 개인연금이나 개인저축을 활성화할 수 있는 방안을 적극적으로 모색해야 한다.

2. 고용보장

1) 고용보장의 이해

노인복지분야에서 고용보장(employment security)의 문제는 간접 노후소득보장 방법으로 간주되면서 상대적으로 소홀하게 다루어져 왔다. 그러나 베이비붐 세대(baby boomer)의 본격적 은퇴와 노인인구의 증가에 따라 노인의 경제활동 참여는 지속적으로 늘어날 것이므로 앞으로 노인을 위한 고용보장체계의 강화가 요구된다.

고용보장이란 "국가가 고용에 관한 정책을 종합적으로 수립·시행함으로써 국민 개개인이 그 능력을 최대한 개발·발휘할 수 있도록 하고, 노동시장의 효율성 제고와 인력의 수급균형을 도모하여 고용의 안정, 근로자의 경제적·사회적 지위의 향상을 도모하는 보장제도"라 할 수 있다(이희성, 2002). 이러한 고용보장은 국가의 적극적인 고용보장정책을 통하여 실현될 수 있기 때문에 노동시장에 대한 국가의 개입이 불가피하며, 근로자의 자유권 및 생존권을 보장하기 위한 노력을 기울여야 한다. 특히 국가는 고령자, 장애인 및 기타 노동시장의 통상적인 조건에서 취직이 어려운 자의 고용을 촉진하기 위하여 정년연장, 고령자고용지원금제도의 확충, 취직에 적합한 직종의 개발, 직업능력 개발 기회의 확대, 고용정보의 제공 등 기타 필요한 조치를 하여야 한다.

「고용정책기본법」을 기준으로 현재 우리나라에서 실시되고 있는 고용보장정책을 살펴보

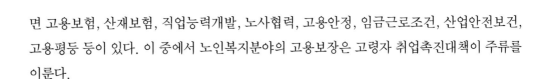

면 고용보험, 산재보험, 직업능력개발, 노사협력, 고용안정, 임금근로조건, 산업안전보건, 고용평등 등이 있다. 이 중에서 노인복지분야의 고용보장은 고령자 취업촉진대책이 주류를 이룬다.

2) 현행 고용보장체계

현행 고령자의 고용보장을 위한 체계에는 「고용상 연령차별 금지 및 고령자고용촉진에 관한 법률」(이하 고령자고용촉진법)에 의거한 고용노동부의 장년고용서비스와 「노인 일자리 및 사회활동 지원에 관한 법률」에 의거하여 실시되는 노인 일자리 및 사회활동 지원사업이 있다. 다음에서는 이 두 가지 고용보장체계를 구분하여 살펴본다.

(1) 「고령자고용촉진법」에 의한 장년고용서비스
「고령자고용촉진법」은 55세 이상의 고령자, 그리고 50~55세 미만의 준고령자에 대한, ① 고용연장, ② 일자리 지원, ③ 정년과 연령차별금지와 관련된 부분으로 구성되어 있다. 이 법에 입각하여 고용노동부는 베이비붐 세대의 대량퇴직과 중장기적으로 출산율 감소와 인구고령화로 인한 인구구조의 변화에 대응하고 고령자가 좋은 일자리에서 오랫동안 일할 수 있는 기반을 조성하기 위하여 2021년에 고령자 고용 활성화 대책을 수립하여 추진하고 있다.

이 계획에서는 '일할 의지ㆍ능력이 있는 고령자가 희망 은퇴연령까지 노동시장에 적극적으로 참여할 수 있는 환경 조성'이라는 비전하에서, ① 주된 일자리 계속고용 확대, ② 노동이동 촉진 등 재취업 지원 활성화, ③ 기술창업 지원 확대, ④ 직무역량 및 고용안전망 강화, ⑤ 고령자 고용인프라 확충이라는 다섯 가지 정책과제와 16개 세부과제를 중점적으로 추진하고 있다.

고용노동부에서는 '일자리 기회는 확대하고 일터 문화는 혁신'이라는 기본 고용정책 방향에 입각하여 5060세대, 즉 중장년과 노인의 고용보장의 방향을 '노동시장에서 더 오래 일할 수 있도록 지원'하는 것으로 설정하고 있다. 고용노동부에서 실시하고 있는 중장년 고용지원정책은 크게 재직 근로자의 고용안정, 고령자의 재취업 그리고 퇴직 후 일자리지원사업으로 나뉘는데, 이에 대해 살펴보면 다음과 같다(www.moel.go.kr)

먼저, 현재 기업에 고용되어 있는 재직 근로자의 고용안정을 목적으로 실시되는 고령자 계속고용장려금은 정년을 연장 또는 폐지하거나 정년에 도달한 근로자를 정년 이후 1년 이상의 근로계약을 체결하여 근로자를 재고용하는 등 계속 고용하는 제도를 운영하는 사업주에게 비용의 일부를 지원하는 제도이다. 계속 고용된 근로자 30명 한도 내에서 1인당 월 30만 원씩 최대 3년간을 지원하는 제도이다.

　고령자의 재취업을 지원하기 위한 정책사업으로는 중장년내일센터, 생애경력설계서비스, 고령자인재은행이 있다. 중장년내일센터는 40세 이상 중장년층을 대상으로 생애경력설계, 재취업 및 창업, 사회참여 기회 등의 고용지원서비스를 제공하여 중장년층의 고용안정 및 취업촉진을 도모하는 데 목적을 두고 있다. 이 센터에서는 재직자를 대상으로 개인상담, 심리안정·변화관리 등 전직교육과 역량진단, 취·창업 정보 제공 등 전직 또는 경력개발을 위한 컨설팅을 제공하고 있으며, 구직자를 위해서는 개인상담, 취업알선, 재취업지원교육, 취·창업 정보 제공, 동아리 운영 등의 재취업지원서비스를 제공하고 있다. 특히 신중년 적합직무 고용장려금 제도와 연계하여 양질의 일자리 발굴과 구인구직 상담 등의 취업알선을 지원하는 다양한 서비스를 제공하고 있으며, 2024년 기준 전국에 35개소의 센터를 지정 운영하고 있다.

　생애경력설계서비스는 40세 이상 중장년층의 생애경력설계를 통해 미래를 위한 경력관리·능력개발 등을 지원하고 사회참여 기회를 확대하여 장기적으로 경제적 안정을 추구하는 데 목적을 둔 서비스이다. 만 50세 이상 신중년을 대상으로 생애경력설계를 토대로 경력자산 발견과 미래경력설계를 통해 맞춤형 고용지원서비스를 제공하는 신중년 인생 3모작 패키지가 대표적이다. 고령자인재은행은 고령자의 고용촉진 및 취업기회 확대를 위해 민간의 무료직업소개사업을 수행하는 비영리법인 또는 공익단체를 고령자인재은행으로 지정하여 고령자 고용안정 및 인력수급 활성화에 기여하는 데 목적을 두고 있다. 이 기관에서는 만 50세 이상의 장년을 대상으로, 구인·구직등록, 직업지도 및 취업알선, 취업희망 고령자의 직업상담 및 정년퇴직자의 재취업상담, 구직등록자 중 취업능력을 제고할 필요가 있는 사람에 대해 일정기간(50시간 이상) 취업의욕 고취 및 직무능력향상교육 등의 사업을 실시하고 있다. 2021년 기준 고령자인재은행으로 지정된 기관은 모두 21개 기관이다.

　퇴직 후 일자리 지원을 목적으로 한 정책사업으로는 신중년 경력형 일자리사업, 신중년 적합직무 고용장려금제도가 있다. 신중년 경력형 일자리지원사업은 신중년의 경력을 활용하는 지역서비스 일자리를 제공함으로써 신중년의 지역 사회 역할 강화 및 민간 일자리로의 재취업을 지원할 목적으로 실시하는 사업이다. 50~70세 미만 퇴직전문인력 중 해당 분야 경력 3년 이상 또는 전문 자격 소지자를 대상으로, 비영리 단체·기관, 사회적 기업, 공공기관 등에서 사회적 경제기업 경영개선 지원, 산림, 건축 등 도시안전시스템 점검 및 관리 지원 등의 활동에 주 15~40시간 범위 내에서 참여할 경우, 최저임금 이상의 급여 및 4대 사회보험, 주휴수당 등 각종 수당을 지원한다. 신중년 적합직무 고용장려금 제도는 만 50세 이상 구직자를 신중년 적합직무에 정규직 또는 무기계약직으로 채용하여 3개월 이상 고용을 유지하는 사업주에게 인건비를 지원하는 제도로서, 사업장의 고용보험 피보험자 수의 30% 한도 내에서 근로자 1인당 최저임금 이상의 임금을 지원하고 있다.

　중장년만을 대상으로 한 고용지원사업은 아니지만, 중장년층은 고용촉진장려금, 재취업 지원서비스의 대상에 포함된다. 먼저, 고용촉진장려금은 고령자인재은행이나 중장년일자 리희망센터 또는 지방자치단체에서 운영하는 취업지원 프로그램 등을 이수하고 고용센터 (워크넷) 등에 구직 등록한 실업자를 고용하여 1년 이상 고용을 유지한 사업주에게 고령자 수 1인당 분기 30만 원을 최대 30명 한도 내에서 2년간 장려금을 지급하는 제도이다. 그리 고 재취업지원서비스의 의무화에 따라, 고용보험 피보험자 300명 이상 사업체의 사업주는 정년 등 비자발적 사유로 이직하는 50세 이상의 근로자에게 진로설계, 취업알선, 취창업교 육 등 재취업지원서비스를 의무적으로 제공해야 한다.

(2) 「노인일자리법」에 의한 고용보장

　2023년 10월 노인복지법의 노인의 취업과 사회참여 활성화와 관련된 조항들이 삭제되고, 새롭게 「노인 일자리 및 사회활동 지원에 관한 법률(약칭: 노인일자리법)」이 제정되어 2024년 11월부터 시행되고 있다. 「노인일자리법」의 주요 내용을 살펴보면, ① 노인 일자리 및 사회 활동 지원 기본계획(5년 주기) 및 연도별 시도 시행계획 수립 및 추진, ② 노인의 구인·구직 정보 제공, 상담, 교육, 현장실습 훈련 등의 지원, ③ 일정 수 이상의 노인을 채용하는 기업의 창업에 필요한 재정지원, 상담 및 교육, 정보 제공 등의 지원. ④ 노인의 상품 생산 및 판매, 서비스 제공 등을 목적으로 하는 공동체사업단 설립을 위한 재정지원, ⑤ 노인친화기업· 기관 지정과 지원, ⑥ 노인공익활동사업 및 노인역량활용사업 실시, ⑦ 노인 생산품의 판매 촉진 및 우선구매, ⑧ 노인 일자리 및 사회활동 지원사업 참여자 등의 교육과 대국민 홍보활 동, ⑨ 노인 일자리 및 사회활동 정보시스템 구축·운영, ⑩ 노인 일자리 및 사회활동 전담 기관으로 한국노인인력개발원의 설립 운영 등이다. 이와 같이 새롭게 노인 일자리법이 제 정되고 본격 시행됨에 따라 앞으로 노인 고용보장을 위한 사업이나 서비스가 더욱 확대될 것으로 기대되지만, 아직 시행 초기인 관계로 다음에서는 노인일자리법 제9조에 규정된 노 인일자리전담기관인 노인취업알선기관과 노인인력개발기관과 노인일자리지원기관 그리 고 노인 일자리 및 사회활동 지원사업에 대해서만 살펴보고자 한다.

① 노인취업알선기관

　「노인일자리법」에서 정한 대표적인 노인취업알선기관은 대한노인회에 설치된 취업지 원본부이다. 대한노인회의 취업지원본부는 노인인력의 일자리 알선 및 상담, 지속적인 인 력관리 및 구인처 발굴, 직업교육, 사회참여 활동 연계, 경로당 공동작업장 운영 등을 통하 여 노인의 고용을 촉진하고 더 나아가 소득기회 확대 및 여가활동 참여를 촉진하는 데 목적을 두고 있다. 이 본부에서는, ① 노인인력에 대한 취업상담과 알선, 사후 관리, ② 지역 내 노인인력 수요업체의 발굴과 관리, ③ 지역 내 노인인력지원기관, 고령자인재은행, 지방노 동사무소 등 노인취업 관련 기관과 상시 연계체계 확립 등을 통하여 노인의 취업을 알선하 고 있다. 이 본부의 운영주체는 대한노인회 시·도 연합회 및 시·군·구 지회이며, 대한노 인회 연합회 및 지회에 설치된 센터에서는 센터장, 부장 및 직원 등 최소 1인 이상의 전담인 력을 배치하여야 한다. 대한노인회 본부와 연합회, 지회에 설치된 191개 취업지원본부에서 2022년도에 60세 이상 노인 4만 6,537명을 취업시킨 것으로 나타났다.

취업지원본부에서 운영하는 경로당 공동작업장은 노인의 능력과 경험을 활용할 수 있도 록 적정한 작업내용과 작업량을 확보하여 노인이 공동으로 생산활동에 종사하게 함으로써 노후소득과 여가활동 기회를 보장하기 위한 것으로, 1986년 3월부터 운영되기 시작하였다. 이러한 노인공동작업장에서 하고 있는 공동작업 직종은 액세서리, 포장상자 접기, 제품 포 장 및 정리, 봉제완구, 지역특산물 생산, 상여품 등 제작, 원예, 버섯 재배, 마늘 까기 등이 주 류를 이룬다. 그리고 이러한 공동작업으로 발생한 수익금은 실제 경비(전기, 수도료 등)를 제 외한 전액을 작업에 참여하는 노인에게 배당하도록 규정하고 있다.

2 노인인력개발기관과 노인일자리지원기관

노인인력개발기관은 '노인 일자리 개발·보급사업, 조사사업, 교육·홍보 및 협력사업, 프로그램 인증·평가사업 등을 지원하는 기관'으로, 한국노인인력개발원이 여기에 해당한 다. 이 기관은 노인일자리사업을 총괄 관리하는 중앙노인일자리전담기관으로, 노인 일자리 및 사회활동의 개발 및 보급, 조사 연구, 상담 및 정보 제공 및 법률적 지원, 참여자 교육·훈 련과 안전사고 예방 및 보상, 공동체사업단의 설립 및 운영, 노인일자리전담기관 종사자의 양성과 연수, 노인 일자리 정보시스템 운영 및 정보시스템 및 노인인력 데이터베이스 구축 운영과 그 외의 다양한 지원 사업과 평가업무를 담당한다. 이 기관은 경영기획본부, 공공일 자리본부, 민간일자리본부, 사업지원실, 정책지원실로 구성되어 있으며 각 본부와 실 산하 에 2개 부서씩을 두고 있으며, 지역사업본부 12개소로 구성되어 있다(www.kordi.or.kr).

노인일자리지원기관은 '지역사회 등에서 노인 일자리의 개발·지원, 창업·육성 및 노인 에 의한 재화의 생산·판매 등을 직접 담당하는 기관'으로 대표 기관은 시니어클럽(senior club)이다. 시니어클럽은 지역사회 내에서 일정한 시설과 전문인력을 갖추고 지역의 자원을 활용하여 노인의 사회 경험과 지식을 활용할 수 있는 다양한 일자리를 창출하고 제공하는 사업을 추진하고 있다. 이 기관은 2001년 노인일자리전담기관 지역사회시니어클럽(CSC)이 라는 명칭으로 시작되어, 2004년 노인인력지원기관으로 명칭이 변경되었다가 2005년 분권 교부세 지원사업으로 지방자치단체로 이양되면서 다시 시니어클럽이라는 명칭으로 변경되었다. 이 기관은 지역사회 노인에 맞는 일자리의 개발·보급과 관리의 체계적 수행을 통하여 노인의 경제·사회활동 기회를 확대하고 노인인력의 창조적 활용을 통하여 국가의 생산성 제고에 기여함을 목적으로 한다. 이 기관은 참여, 자율, 협동, 연대의 원칙하에서 운영하며, 사업단별로 자체 운영 규정을 마련하여 사업을 추진하되 65세 이상 노인을 원칙적인 사업대상으로 한다.

이 기관에서 실시해야 할 사업내용은, ① 지역 특성에 맞는 시장형 노인일자리사업 전문 수행, ② 노인인력에 대한 일자리 교육·훈련 및 사후관리, ③ 지역사회 유관기관과 사업의 연계·조정 등이다. 노인 일자리 및 사회활동 지원사업 중에서 시니어클럽은 창업활동, 취업활동 등 민간분야 일자리사업에 집중하도록 규정하고 있다. 시니어클럽의 조직은 상근 또는 비상근 관장을 포함하여 6인 이상의 종사자를 두도록 되어 있다. 시니어클럽은 2024년 6월 말 기준으로 200개 기관에서 5,384개의 사업단이 활동하고 있으며, 국가 및 지방자치단체의 보조금, 사업수익금 등으로 운영경비를 충당하고 있다.

③ 노인 일자리 및 사회활동 지원사업

노인 일자리 및 사회활동 지원사업은 「저출산·고령사회기본법」 제11조와 제14조 그리고 「노인일자리법」에 의거하여 추진되는 노인고용촉진사업이다. 노인 일자리 및 사회활동 지원사업은 일자리(취업·창업 등), 공익활동, 사회서비스 등을 통한 적극적 사회참여, 소득보충 및 건강증진 등으로 노인문제 예방 및 노인복지 증진을 목적으로 한다. 이 사업은 보건복지부, 광역자치단체, 기초자치단체, 한국노인인력개발원, 사업수행기관이 역할을 분담한다. 보건복지부는 노인 일자리 및 사회활동 지원사업 정책 결정 및 종합계획 수립, 노인 일자리 및 사회활동 지원사업에 대한 법령 및 제도 운영, 지자체 및 사업수행기관의 노인 일자리 및 사회활동 지원사업 지원을 담당한다. 광역자치단체는 시·도 노인 일자리 및 사회활동 지원사업 추진계획 수립 및 재정 지원, 시·도 노인 일자리 및 사회활동 지원사업 수행 전반에 관한 총괄·조정·심사, 노인 일자리 및 사회활동 지원 모니터링사업 총괄 운영 등을 담당한다. 기초자치단체는 시·군·구 노인 일자리 및 사회활동 지원사업 추진계획 수립, 시·군·구 노인 일자리 및 사회활동 지원사업 수행 전반에 관한 총괄·조정·심사, 사업수행기관 선정 및 수행기관 사업운영에 대한 관리·감독, 노인 일자리 및 사회활동 지원 관련 사업수행기관에 대한 재정·행정 지원 등을 담당한다. 한국노인인력개발원은 노인 일자리 및 사회활동 지원사업 추진 지원 총괄, 지역의 노인 일자리 및 사회활동 지원사업 수행기관 간 네트워크 구축, 노인 일자리 및 사회활동 지원 개발·보급 및 심사, 노인 일자리 및 사회활동 지원사업에 대한 평가, 노인 일자리 및 사회활동 지원 관계자 교육·훈련, 노인 일자리 및 사회활동 지원사업에 관한 조사·연구, 민간분야 기반조성(취·창업활동) 사업 추진 등을 담당한다. 사업수행기관은 노인 일자리 및 사회활동 지원사업 실행계획 수립·시행, 노인 일자리 및 사회활동 지원사업 참여자 모집·등록·선발·교육·현장투입 등 일자리 관련 제반 업무 수행, 활동비 지급·활동상황·업무확인 등 참여자 관리 등을 담당한다. 이러한 사업수행체계에 의해 추진되는 노인 일자리 및 사회활동 지원사업의 주요 내용은 〈표 11-5〉에서 보는 바와 같다.

　이러한 노인 일자리 및 사회활동 지원사업에 참여하는 사업대상은 65세 이상의 신청자 중에서 연령, 건강상태, 세대구성, 소득인정액, 기초연금 수급 여부, 노인일자리사업 참여 경력, 자격증 등을 기준으로 하여 고득점자 순으로 선발한다. 그러나 국민기초생활보장법에 의한 생계급여, 의료급여 수급자(2종 수급자는 시장형사업단 참여 가능), 국민건강보험 직장

표 11-5 노인 일자리 및 사회활동 지원사업의 유형과 사업내용

유형		세부 사업내용
공익형	노노케어	• 독거노인, 조-손 가정 노인, 거동불편 노인, 경증치매 노인 등 취약노인 가정을 방문하여 일상생활을 안정적으로 유지할 수 있도록 안부 확인, 말벗 및 생활 안전 점검 등 필요한 서비스를 제공하는 활동
	취약계층 지원	• 장애인, 다문화 가정, 한부모 가족 아동 등 취약계층을 대상으로 상담·교육 및 정서적 지원 등 필요한 서비스를 제공하는 활동
	공공시설 봉사	• 복지시설, 공공업무시설, 교육(보육)시설, 지역 내 주거환경 및 생태환경 정화 등 지역사회 내 필요한 공익 서비스를 제공하기 위해 필요한 각종 사항을 지원하는 활동
	경륜전수 활동	• 노인이 평소 가지고 있는 경험과 지식, 삶의 지혜를 동세대, 아동·청소년 세대 등 지역공동체 구성원들과 공유하는 활동
사회 서비스형	가정 및 세대 간 서비스	• 보육교사 보조, 돌봄서비스 이용 아동 등·하교 및 귀가지원, 급식 지원 등 • 한부모 가족의 아동보호 및 교육지원 등 • 새터민 등 정서지원을 통한 정착지원 등
	취약계층 전문서비스	• 실버장애인돌봄 서포터즈, 장애인 보호시설 등 대상자 보조 및 지원, 장애인 이동보조 및 활동보조 등 • 시설이용 노인 서비스 지원 및 환경정비 지원 등 • 노인맞춤돌봄서비스 업무보조 등 • 시니어 금융업무지원, 소비피해예방, 취약계층 교육지원, 시니어 학대피해 아동 지킴이, 노인돌봄전달체계 개편 시범사업, 나눔자원관리, 취약계층 돌봄서비스, 시니어 푸드뱅크 매니저, 어르신 건강리더 등

유형		세부 사업내용
사회 서비스형	공공 전문서비스	• 시니어 안전 모니터링, 시니어 가스안전관리원, 스마트 시설안전관리 매니저, 시니어 승강기안전단, 시니어 소방안전지원, 바다안전순찰대, 시니어 안전보건 가이드, 시니어 치안지킴이, 시니어 산림복지서비스 안전지기, 에너지 품질안전 파수꾼 • 시니어 취업상담, 동행면접, 정보제공 및 기업 일자리 발굴 등 • 산재신청 안내, 공항 출입국 관리, 도서 대여, 공공정보 수집 및 구축지원, 우체국 행정업무지원, 사전연명의료의향서 상담사 운영지원, 국립공원 관광객 안내 지원(시니어 탐방 플러스), 시니어연금가이드, 에너지 품질안전 파수꾼, 시니어 자살예방 상담원, 노인일자리 방역행정지원, 맑은물 지킴이, 시니어 공공의료·복지 서비스 가이드, 시니어 119안전센터 서포터, 농업정책가이드 등 • 미디어 전문서비스, 디지털 헬스케어 매니저, 보행로 정보수집 전문가, 시니어 교통안전데이터 조사단
	노인일자리 및 노인사회활동 지원	• 노인일자리 담당자 업무지원
	기타	• 기타 지역 내 취약시설 또는 사회적 공헌유형 지원 등
시장형 사업단	식품제조 및 판매	• 식재료를 활용하여 식품 등을 제조하여 판매
	공산품 제작 및 판매	• 일정한 시설을 갖추고 규격에 맞춘 공산품을 제작하여 판매
	매장운영	• 소규모 매장 및 점포를 운영
	지역영농	• 유·휴경지를 활용하여 농산물 등을 공동으로 경작하고 판매
	운송	• 아파트단지 내 택배물품을 배송·집하 • 지하철 이용 각종 수하물 및 서류 등 배달
	기타	• 사업 수익을 통해 향후 발전 가능성이 있는 재화·서비스 제공
취업알선형		• 수요처의 요구에 따라 일정 교육을 수료하거나 관련된 업무능력이 있는 자(60세 이상)를 해당 수요처로 연계하여 근무기간에 대한 일정 임금을 지급받을 수 있는 일자리
시니어 인턴십	일반형 / 인턴 지원금	• 입사일로부터 3개월간 1인당 월 급여의 50% 지원 *월 최대 40만 원 한도 내, 최대 3개월, 1인 최대 240만 원 지원
	채용 지원금	• 인턴종료 후 6개월 이상 계속고용계약 체결 시 • 3개월간 1인당 월 급여의 50% 지원 *월 최대 40만 원 한도 내, 최대 3개월

유형			세부 사업내용
시니어 인턴십	세대 통합형	채용 지원금	• 숙련기술 보유 퇴직자를 청년 멘토로 최소 6개월 이상 고용한 기업에 1인당 300만 원 지원(일시금) *참여자의 누적 급여총액이 보조금 이상 지급된 시점 이후 지원
	장기 취업 유지형	장기 취업 유지 지원금	• 인턴십 사업으로 일정기간 이상 고용한 경우, 18개월 80만 원, 24개월 80만 원, 30개월 60만 원, 36개월 60만 원 지원(4회) *지원기준일(18 · 24 · 30 · 36개월 경과 시점) 이후 3개월 이내 신청기업에 한해 지원
고령친화기업			• 고령자가 경쟁력을 가질 수 있는 적합한 직종에서 다수의 60세 이상 고령자를 고용하여 운영할 기업을 지원(개소당 최대 3억 원, 참여노인 1인당 500만 원 등)

자료: 보건복지부(2024c). 노인보건복지사업안내.

가입자(인력파견형사업단 참여 불가), 장기요양보험 등급판정자(1~5등급, 인지지원등급)는 제외한다. 사업에 참여하는 노인에 대한 교육은 일자리 유형에 따라 다른데, 공익활동형의 경우에는 안전교육 6시간 이상을 포함하여 연간 12시간 이상 실시해야 하며, 사회서비스형의 경우 소양교육 5시간 이상, 안전교육 6시간(필수) 이상, 직무교육 6시간 이상을 실시해야 한다.
　노인 일자리 및 사회활동 지원사업 참여자의 활동조건과 보수 등의 지원기준은 〈표

표 11-6 노인일자리 및 사회활동 지원사업 유형별 지원내용

구분		활동비	부대경비*	참여기간	합계**
공공형(공익활동)		월 290천 원	연 180천 원	평균 11개월	연 3,370천 원
사회서비스형		월 634천 원	연 2,124천 원	10개월	연 8,464천 원
민간형	시장형사업단	2,670천 원		연중	연 2,670천 원
	취업알선형	–	(지자체보조)150천 원	연중	연 150천 원
시니어인턴십		• 일반형: 월 최대 40만 원 한도 내, 최대 3개월, 1인 최대 240만 원 지원 • 장기취업유지형: 18개월 80만 원, 24개월 80만 원, 30개월 60만 원, 36개월 60만 원 지원			
고령친화기업		개소당 최대 3억 원 지원(참여노인 1인당 500만 원 등)			

주: * 시장형사업단, 취업알선형의 경우 사업비로 활용.
　** 공공형, 사회서비스형과 민간형의 국고보조율은 50%(서울 30%).
자료: 보건복지부(2024c). 노인보건복지사업안내.

11-6〉에서 보는 바와 같다. 공익활동형은 평균 11개월 동안 활동하고 활동비로 월 29만 원 그리고 부대경비로 연간 18만 원을 지급받는다. 사회서비스형은 10개월 동안 활동을 하고 월 63만 4천 원의 보수와 연간 부대경비 212만 4천 원을 지급받는다. 시장형사업단, 인력파견형사업단은 사업단이나 기업과의 근로계약에 따라 근로시간과 보수가 달라지며 사업비의 명목으로 연간 15~240만 원의 부대경비를 지원받는다. 고령친화기업, 시니어인턴십 그리고 기업연계형 일자리 사업 참여자 역시 기업과의 근로계약에 따라 근로시간과 보수가 달라진다. 그리고 사업수행기관의 전담인력의 연간 인건비를 별도로 지원한다. 노인 일자리 및 사회활동 참여자에게 지급하는 활동비(또는 인건비)와 부대경비에 소요되는 예산은 국고보조 70%(단, 서울은 50%)와 지방비 30%로 구성된다.

3) 고용보장의 문제점과 과제

이 책의 제3장과 이 절에서 현재 실시되고 있는 노인고용보장제도에 대해 살펴보았지만, 노인의 고용기회 확대와 능력 개발을 위한 현재의 고용보장제도는 한계를 지닌다. 이러한 노인고용보장제도의 문제점과 개선을 위한 과제를 제시하면 다음과 같다.

첫째, 노인에 대한 고용차별이 심화되고 있다. 경제침체기에는 기업의 구조조정과정에서 고령 근로자가 우선적인 구조조정의 대상이 되며, 중·장년기에 퇴직하는 근로자의 비율이 늘어나고 퇴직 후 재고용제도가 활성화되어 있지 않아 노년기의 재취업은 매우 제한된 직종에 한해서만 이루어지고 있다. 이러한 문제점을 개선하기 위해서는 정년 연장, 직종, 직급 및 성별 차등제도의 개선, 부분적 정년제도의 도입, 퇴직 후 재고용제도의 다양화, 퇴직자의 생활 보장을 위한 대비책 등이 마련되어야 한다.

둘째, 「고령자고용촉진법」이 지닌 문제점이다. 「고령자고용촉진법」에서는 고령자를 55세 이상, 준고령자를 50~55세 미만으로 규정하여 고용상 연령차별을 금지하고 있음에도 대부분의 기업체가 50대의 중·장년층 근로자를 집중적으로 고용하고 65세 이상 노인 근로자의 고용은 기피하고 있다. 따라서 「고령자고용촉진법」의 연령차별 금지조항을 엄격히 적용하고 연령별 고용기준을 추가 설정함으로써 노인의 고용을 촉진할 수 있는 근거를 마련하며, 고령자 고용기업체에 대한 지원기준을 완화하고 지원수준은 강화해야 한다.

셋째, 노인에 대한 고용보장이 고용기회의 확대에만 초점이 맞추어져 있다. 현재 노인의 경제활동 참여율이 낮으므로 노인의 고용기회를 확대하기 위한 정책을 추진하는 것은 당연시되고 있다. 하지만 정부에서는 노인의 고용기회 확대에만 초점을 두고 있고 노인의 노동환경 개선이나 적정 수준의 임금보전, 산업안전, 고용 및 산재보험 등 노인 근로자의 노동조건 개선과 복지 증진을 위한 노력은 거의 하지 않고 있다. 따라서 앞으로 고령자 고용촉진

기본계획에서 제시한 바에 따라 노인의 고용기회 확대뿐만 아니라 노동조건 개선과 복지 증진을 위한 다양한 정책을 적극 추진해 나가야 할 것이다.

넷째, 노인취업지원기관 및 노인 일자리 및 사회활동 지원사업 참여자에 대한 지원수준이 낮다. 노인취업알선기관에 지원되는 운영비나 설치비로는 노인취업지원사업을 효과적으로 수행하는 데 한계가 있다. 그리고 노인 일자리 및 사회활동 지원사업은 근무시간과 사업참여 기간에 제한을 두고 있고, 최저임금에도 미치지 못하는 비정상적 일자리를 양산하는 반사회적 고용조건의 문제점을 야기하고 있다. 따라서 노인취업알선기관에 대한 운영비 지원을 확대하고, 노인 일자리 및 사회활동 지원사업에서는 사업 참여기간의 확대, 보수기준의 인상, 전문적이고 안정적 일자리의 지속적 개발보급이 이루어져야 할 것이다.

다섯째, 노인의 고용정보 제한과 직업능력개발 프로그램에 대한 접근도가 낮다. 노인의 경우 현재의 노인일자리전담기관에 대한 접근도가 낮기 때문에 노인 취업과 관련된 정보가 제한되어 있으며, 공공직업훈련기관조차도 고령자의 직업능력훈련을 기피하고 있어, 노인은 직업능력개발 프로그램에 참여할 기회를 갖지 못하고 있는 실정이다. 따라서 노인 취업과 관련된 정보센터를 노인이 접근하기 쉬운 노인복지관이나 읍·면·동 행정복지센터에 확대·설치하는 방안이 적극 검토되어야 한다.

3. 주거보장

1) 주거보장의 이해

노년기의 주거환경은 삶의 질을 결정하는 주요 요인이므로, 노인을 위하여 특별히 계획된 질 높은 주거환경을 구축해야 한다. 이 중에서 주거공간의 확보는 주택보장이며, 질 높은 주거환경의 구축은 주거보장과 관련되어 있다. 주택보장(住宅保障)은 개인 자신의 독립성을 유지하면서 안전하고 안락한 일상생활의 공간을 확보하고 유지하도록 주택의 건설과 공급, 그리고 이에 관련된 서비스를 통하여 지원하는 제반 사회적 노력을 의미한다. 이에 비해 주거보장(住居保障)은 주택보장을 전제로 그 주택에서 생활하는 노인에게 적합한 주거환경을 조성하기 위한 지원 노력, 즉 노인을 위한 계획주거를 통하여 주택의 복지기능 증진을 위한 노력을 의미한다. 이러한 노인을 위한 주거보장은, ① 정주권(定住權)의 보장, ② 최소거주면적의 확보, ③ 거주 기회의 평등 보장, ④ 정상화(normalization)의 실현을 목적으로 한다(이경락, 2003).

주거보장의 방법은 크게 재가목적 주거보장과 시설보호목적 주거보장으로 구분된다(최성재, 장인협, 2010). 재가목적 주거보장으로는, ① 주택수당, ② 주택임대료 보조 및 할인, ③ 주택수리 및 개조비 융자, ④ 임대료 및 재산세 변제, ⑤ 공영주택입주권 우선 부여 등이 있다. 그리고 시설보호목적의 주거보장에는 「노인복지법」상의 노인주거복지시설과 노인의 료복지시설 설립과 운영 지원이 포함된다. 살던 곳에서 계속 거주(aging in place)할 수 있도록 지원하는 노인복지제도를 구축하는 것이 전 세계적인 노인복지의 동향이라는 점에서 재가목적 주거보장의 중요성이 더욱 커지고 있다. 이에 다음에서는 재가목적 주거보장을 위주로 논의하며, 시설보호 목적의 주거보장은 이 책의 제7장 제4절의 논의로 가름한다.

2) 현행 주거보장체계

「주택법」 제3조에 따르면 국가는, ① 국민의 쾌적하고 살기 좋은 주거생활이 가능하도록 하며, ② 주택시장의 원활한 기능 발휘와 주택산업의 건전한 발전을 기하며, ③ 주택이 공평하고 효율적으로 공급되며, 쾌적하고 안전하게 관리되도록 하며, ④ 저소득자 및 무주택자 등 주거복지 차원에서 지원이 필요한 계층에게는 국민주택 규모의 주택이 우선으로 공급되도록 규정하고 있다(www.law.go.kr). 하지만 노인을 위한 주거보장은 저소득 무주택 재가 노인을 위한 극히 제한된 수의 주거보장정책만을 추진하고 있을 뿐이며, 대부분의 노인 주거보장사업은 「노인복지법」 제8조 노인전용주거시설 조항과 제4장 노인복지시설의 설치 운영과 관련된 조항에 근거한 노인복지시설 설립과 운영 지원에 의해 이루어지고 있다.

현재 우리나라의 노인 주거보장 관련 정책은 주택보장에 치중하고 있는데다 그 종류와 수준 또한 매우 미흡한 상황이며, 주거보장 관련 업무를 국토교통부에서 전담하고 있어 노인복지분야에서 깊이 있는 연구나 논의가 이루어지지 못하고 있는 실정이다. 이러한 주거보장에 대한 관심 부족으로 노인가구의 3.4%는 최저기준에 미달하는 주택에서 생활하고 있다(국토교통부, 2020)

재가목적 주거보장 관련 정책 중에서는 우선 저소득 노인을 위한 공공임대주택인 고령자복지주택이 있다. 이 주택은 주거와 복지서비스를 동시에 제공하는 데 목적을 두고 있으므로, 주택시설과 설비는 무장애(barrier free) 설계를 반영하고 있으며, 안전손잡이, 좌식 주방 씽크대, 높낮이 조절 세면대 등의 생활편의 설비를 갖추고 있다. 고령자복지주택 입주 자격은 1순위가 생계급여와 의료급여 수급자, 2순위가 국가유공자 등으로 주로 저소득 노인이 그 대상이며, 26m²를 기준으로 기초수급자의 경우 보증금 230만 원에 월평균 4만 6천 원의 임대료를 납부해야 한다. 2017년 정부의 「사회통합형 주거사다리 구축을 위한 주거복지 로드맵」에 따르면 2022년까지 5만 호를 공급할 계획(관계부처 합동, 2017. 11.)이었지만, 2024년 현재 전국에 7,500호 정도 공급되어 정부의 미약한 정책 추진 의지를 보여 주고 있다.

1995년부터 운영되고 있는 노인공동생활가정(group home)은 1개 주택에 3~7명의 노인이 함께 생활하면서 공동난방, 공동취사에 따른 경비 절감과 월세부담을 해소하고 노인의 소외와 고독감을 완화하기 위한 주거보장정책이다. 노인공동생활가정은 2023년을 기준으로 107개소가 운영되고 있으며, 432명이 생활하고 있어, 점차 시설 수와 생활노인 수가 줄어들고 있다(보건복지부, 2024. 6.). 다만, 2008년 노인장기요양보험제도 시행과 함께 노인요양공동생활가정이 크게 늘어나, 2023년에는 1,614개소에 1만 2,631명이 생활하고 있다(보건복지부, 2024. 6.).

국민기초생활보장제도의 주거급여 수급 노인이 거주하는 가구를 대상으로 하여 노인의 건강상태와 주택유형 등을 고려하여 기존 주택 맞춤형 개보수 지원사업을 실시(www.korea.kr)하고 있으나, 사업대상은 제한적인 것으로 보인다. 2014년 1월 「주거급여법」이 제정되어 부양의무자가 없거나 부양의무자가 있어도 부양능력이 없거나 부양을 받을 수 없는 사람으로서 소득인정액이 일정 수준 이하(2024년 기준 중간소득의 48% 이하)인 사람에게 주거급여를 지급하고 있다. 임차가구인 경우에는 소득수준, 임차료 부담 등에 따라 기준임대료를 상한하여 임차료를 지급하고, 자가가구의 경우에는 주택노후도에 따른 보수범위와 주기에 따라 457만 원에서 1,241만 원 범위 내에서 수선유지급여를 지급하고 있다. 최근의 전월세가격 상승을 고려하여 2024년 기준 1급지(서울)의 기준임대료는 1인 가구 34만 원, 3인 가구는 45만 5천 원 그리고 4급지(서울, 경기, 인천 및 광역시 이외의 지역) 5인 가구는 28만 7천 원으로 조정(국토교통부, 2024)하였으나, 여전히 실제 임대료와의 격차는 매우 큰 실정으로서 주거급여의 본래 목적을 달성하는 데는 많은 한계가 있다.

지역자활센터 그리고 노인 일자리 및 사회활동 지원사업과 연계한 노인 주거개선사업단을 활용하여 도배, 장판, 수도, 보일러, 전기, 가스, 가전제품 수리 등의 노인주거 개선을 지원하고 있는데, 이 사업은 지역자활센터, 대한노인회, 노인복지관 등의 노인 일자리 및 사회활동 지원사업 수행기관이 담당하고 있다. 사업단의 규모는 자활사업단과 노인 일자리 및 사회활동 지원사업에 참여하는 노인 중 목공, 미장, 도배, 전기, 수도, 난방 수리 능력을 갖춘 노인 10명 내외로 구성되며, 이들에 대한 인건비는 자활사업비와 노인 일자리 및 사회활동 지원사업에서 지원하고 있다. 따라서 수요자인 노인은 인건비에 대한 부담 없이 실비 수준의 재료비를 부담함으로써 불편한 주거환경을 개선할 수 있는 기회를 가질 수 있다.

이러한 노인을 대상으로 한 주택공급 또는 주거개선사업 이외에 노인 본인 또는 배우자의 직계존속과 2년 이상 동거하고 있는 세대주의 주택 신축, 매입, 개량자금을 융자해 주는 주택자금할증제도, 그리고 무주택자녀가 50세 이상 직계존속을 부양할 경우에 주택청약자격을 부여하는 주택분양 우선권 부여제도 등이 실시되고 있다. 하지만 노인의 자녀에 대한 소득공제나 주택자금지원제도는 자녀의 노인 동거부양을 촉진하기 위한 목적으로 실시되는 정책으로, 적절한 노인 주거보장정책이라고 하기에는 무리가 있다.

노인이 소유한 주택을 담보로 연금을 지급받을 수 있는 주택연금제도가 2007년부터 시행되고 있다. 주택연금이란 주택을 소유하고 있지만 소득이 부족한 고령자가 매달 안정적 수입을 얻을 수 있도록 소유 주택을 담보로 금융기관에서 노후생활자금을 매달 연금형태로 지급하는 제도로서, 역모기지론(reverse mortgage loan)으로 불리기도 한다. 가입대상은 만 55세 이상의 자로서 부부를 기준으로 1주택만을 소유한 경우에 한하며, 공시가격 12억 원 이하의 주택으로 저당권, 전세권, 임대차 계약이 없는 주택이어야 한다. 연금수령 방식은, ① 종신지급방식(인출한도 설정없이 월지급금을 종신토록 지급받는 방식), ② 종신혼합방식(대출한도의 50% 이내로 인출한도를 설정 후 나머지 부분을 월지급금으로 종신토록 지급받는 방식), ③ 확정기간방식(고객이 선택한 일정 기간 동안만 월지급금을 지급받는 방식), ④ 확정기간혼합방식(수시 인출한도 설정 후 나머지 부분을 월지급금으로 일정 기간 동안만 지급받는 방식), ⑤ 대출상환방식(주택담보대출 상환용으로 대출한도의 50% 초과 90% 이내 범위 안에서 일시에 찾아 쓰고 나머지 부분을 월지급금으로 종신토록 지급받는 방식), ⑥ 우대방식(주택소유자 또는 배우자가 기초연금 수급자이고 부부기준 1.5억 원 미만 1주택 보유 시 종신방식보다 월지급금을 최대 약 20% 우대하여 지급받는 방식) 등이 있다. 주택연금의 수령액은 연령과 집값에 따라 결정되는데, 연령과 집값이 높을수록 많아지며, 부부의 경우 나이가 적은 쪽을 기준으로 연금액이 결정되는데, 2024년 10월 기준 월 연금액은 〈표 11-7〉과 같다. 연금지급이 종료되는 사유는 부부가 모두 사망하였거나, 주택소유권을 상실하였거나 1년 이상 미 거주 시, 그리고 저당권 추가 설정을 이행하지 않은 경우이며, 대출금의 상환은 가입자의 의사에 따라 언제든지 전부 또는 일부를 직접 상환할 수 있다. 그리고 사망 후 상속인 등이 상환하지 않으면 주택을 처분한 금액으로 대출금을 상환하고 나머지 금액은 상속인에게 지급한다.

주택연금이 주택을 담보로 한 연금제도라면, 농지를 담보로 한 연금제도도 있다. 농지연

| 표 11-7 | 주택연금의 월지급액(2024년) | | | (단위: 천 원) |

주택 가격	60세	65세	70세	75세	80세
1억 원	204	246	300	373	476
3억 원	614	739	901	1,120	1,427
6억 원	1,228	1,478	1,803	2,240	2,855
9억 원	1,638	2,217	2,855	2,855	3,972
12억 원	2,475	2,957	3,315	3,573	3,972

* 주: 일반주택 종신지급 방식, 정액형을 기준으로 함.
자료: 한국주택금융공사(www.hf.go.kr).

금은 「한국농어촌공사 및 농지관리기금법」 제10조 및 제24조의 5에 의거하여 시행되는 역모기지론으로서, 만 60세 이상 고령농업인이 소유한 농지를 담보로 노후생활 안정자금을 매월 연금형식으로 지급받는 제도이다. 농지연금을 신청할 수 있는 자격은 농업인인 농지소유자 본인이 60세 이상이면서 전체 영농경력기간이 5년 이상이고 밭이나 논, 과수원으로 실제 영농에 이용 중인 농지를 소유하고 있어야 한다. 농지연금 지급방식은 가입자(배우자) 사망 시까지 매월 일정한 금액을 지급하는 정액종신형 방식과 가입자가 선택한 일정 기간 동안 매월 일정한 금액을 지급하는 기간정액형 방식 등 다섯 가지 유형이 있다. 매월 지급받는 농지연금액은 공시지가와 농지면적, 가입자와 배우자의 연령, 연금지급 방식에 따라 달라지는데, 개인당 최대 300만 원까지 받을 수 있다(농지은행 농지연금 포털, www.fbo.or.kr). 농지연금은 한국농어촌공사 및 지역본부와 지사 어디서나 신청이 가능하며, 수급자가 사망하면 농지연금채권을 회수하고 잔액이 있을 경우 상속자에게 돌려주는데, 수급기간 중에라도 채무를 상환하면 언제든지 해지할 수 있다.

3) 주거보장의 문제점과 과제

이 책의 제7장과 이 절에서 현재 실시되고 있는 노인 주거보장제도에 대해서 살펴보았지만, 현재의 제도로는 노인의 주거안정과 주거환경의 질을 확보하는 데는 많은 한계가 있다. 이러한 노인 주거보장제도의 문제점과 그 개선을 위한 과제를 제시해 보면 다음과 같다.

첫째, 주거보장보다는 주택보장에 치중하고 있기 때문에 노인이 생활하기에 적합한 고령자 적합주택의 공급이 이루어지지 못하고 있다. 우리나라의 노인을 위한 주거보장은 주로 노인에게 주택을 공급하고 자녀에 의한 노인 동거부양을 촉진하는 데 초점을 두고 있어 노인의 신체 및 경제적 특성을 고려한 노인 계획주거의 개념에 대한 인식이 미흡하고, 이로 인하여 고령자 적합주택의 건설과 공급이 거의 이루어지지 않고 있다. 따라서 경제 및 건강 특성에서 큰 편차를 보이는 노인층의 주거수요에 부응할 수 있는 다양한 유형의 고령자 적합주택을 개발하고 공급해야 한다. 그리고 현재 거주하고 있는 주택을 노인의 신체 특성을 고려하여 개조·수리할 경우 그 비용의 일부를 지원하는 주거급여제도의 수급 자격을 완화해야 한다.

둘째, 무주택 노인을 위한 주거지원정책이 매우 제한적이다. 현재 저소득 노인에 대한 고령자복지주택 공급, 노인공동생활가정을 운영하는 것을 제외하면 주거급여 수급자가 아닌 일반 무주택 노인을 위한 임대료 지원대책은 실시되지 않고 있어 노년기의 주거불안정을 고착화하는 요인이 되고 있다. 따라서 앞으로 주거급여 대상자 이외의 무주택 노인을 대상으로 한 주택임대료 보조 및 할인, 임대료 및 재산세 감면 등과 같은 다양한 주거 지원대책을 마련하여야 한다.

셋째, 노인의 특성을 고려한 노인전용 주거시설의 공급이 제한되어 있다. 현재 운영되고 있는 노인복지 주택이나 시설은 고소득층 노인이나 중증질환자가 주로 입소해 있으며, 노인장기요양보험제도가 실시됨에 따라 요양필요도가 높은 중증환자만이 노인요양시설에 입소할 수 있다. 따라서 앞으로 건강하고 경제적 여유가 있는 노인이 입소할 수 있는 노인복지시설과 노인적합주택, 그리고 인구감소지역뿐 아니라 수요가 높은 도심지역에도 분양형 노인복지주택(실버타운)의 공급을 확대해 나가야 한다.

넷째, 노인복지시설과 관련된 문제이다. 노인복지시설과 관련된 문제는 이 책의 제7장에서 이미 논의한 바와 같으며, 노인장기요양보험제도 도입 이후 나타나고 있는 종사자의 노동안정성 문제, 기본생활지원서비스 중심의 서비스 내용과 질의 문제, 시설의 폐업과 도산 등과 같은 문제를 예방할 수 있는 방안이 적극 모색되어야 한다.

다섯째, 노인 주거보장에 관한 연구와 관련된 문제이다. 현재 노인의 주거 실태를 파악하고 이를 개선하는 데 필요한 노인 주거보장에 관한 연구가 건축학 등의 관련 분야에서 산발적으로 이루어지고 있으나, 매우 부족한 실정이다. 따라서 노인을 위한 주거보장체계의 개선을 지원할 수 있는 좀 더 구체적이고 다양한 다학제적 연구가 활성화되어야 한다.

4. 건강보장

1) 건강보장의 이해[3]

일반적으로 노인의 건강상의 문제를 예방 또는 해결하기 위한 사회적 노력은 의료보장(medical care)이라는 용어로 불려 왔다. 하지만 의료보장이라는 용어를 사용할 경우 노인의 질병, 부상 등에 대한 치료와 의료적 처치로 그 의미가 제한될 수 있으므로, 질병의 치료뿐만 아니라 건강 증진과 관리, 요양이나 돌봄서비스 등의 더욱 폭넓은 의미를 지닌 건강보장(health care)이라는 용어를 사용하는 것이 더욱 적합하다.

건강보장은 국민이 질병, 부상, 분만, 사망 등의 요인으로 인한 생활상의 불안을 예방하거나, 이미 발생한 질병을 치료하여 신체 및 정신적으로 건강한 생활을 유지할 수 있도록 국가

---

3) 건강보장제도에 대한 더욱 상세한 학술적 논의나 제도의 세부 사항에 대한 논의는 이 책의 범위를 넘어서기 때문에 여기서는 개괄적인 내용만을 소개한다. 따라서 좀 더 상세한 정보와 자료가 필요한 경우에는 사회보장 관련 전공서적이나 국민건강보험공단(www.nhis.or.kr)과 건강보험심사평가원(www.hira.or.kr) 홈페이지를 참고하도록 한다.

가 개입하여 보장해 주는 제도이다(이인재 외, 2022). 건강보장은 별도의 비용을 수납하지 않고 국가가 조세에 의해 재원을 조달하는 공공부조방식과 서비스 이용자가 일정액의 보험료를 납부하고 일부 금액을 본인이 부담하는 국민건강보험과 노인장기요양보험이라고 하는 두 가지 형태가 있다. 우리나라의 경우에는 두 가지 건강보장 방식을 모두 채택하고 있는데, 공공부조방식의 건강보장체계는 전 국민을 대상으로 보편적 서비스를 제공하는 유럽국가와 달리 저소득층 노인이라는 일부 계층만을 대상으로 하는 잔여적 성격이 강하다.

2) 현행 건강보장체계

우리나라의 노인 건강보장체계는 국민건강보험, 의료급여, 노인건강지원서비스, 치매국가책임제, 노인장기요양보험제도, 그리고 장사서비스로 구성되어 있다. 이 중에서 노인장기요양보험제도는 노인복지제도에서 차지하는 비중을 고려하여 별도로 구분하여 살펴본다.

(1) 국민건강보험

국민건강보험은 질병, 상해, 분만 등으로 말미암아 드는 비용이나 수입 감소에 대한 보상을 목적으로 하는 사회보험제도로서 우리나라의 건강보장체계의 중핵을 이룬다. 1977년에 공무원사립학교 의료보험, 직장의료보험이 실시되고, 1981년에 지역의료보험이 실시됨으로써 전 국민 의료보험시대가 개막되었으며, 2000년 7월 이러한 세 가지 의료보험을 통합하여 국민건강보험제도로 전환하면서 오늘에 이르고 있다. 국민건강보험제도의 개요를 살펴보면 〈표 11-8〉과 같다.

노인의 건강보험 이용 현황을 보면, 2022년 1인당 진료비는 510만 원 정도로 64세 이하 일반 의료비에 비해 2.6배 정도 높은 편이고, 수진율, 건당 진료일수와 진료비, 내원일수 등 모든 건강보험의 노인의료비 관련 주요 지표가 지속적으로 증가하는 것으로 나타났다(국

표 11-8 | 국민건강보험제도의 주요 내용

구분	세부 내용
보험료	• 직장: 표준보수월액 보험료율 6.86%(사용자 3.43%, 가입자 3.43%) • 지역(연소득 1,000만 원 초과 세대): [소득 점수(97등급, 이자소득, 배당소득, 사업소득, 근로소득, 연금소득, 기타소득) + 재산 점수(60등급, 주택, 건물, 토지, 선박, 항공기, 전월세) + 자동차 점수(11등급)] × 적용점수당 금액(201.5원)
급여범위	• 진찰, 검사, 약제, 치료 재료의 지급, 처치, 수술 및 기타 치료행위, 예방, 재활, 입원, 간호, 이송

구분	세부 내용
본인부담	• 입원: 총진료비의 20%(식대는 50%) • 외래 　-상급종합병원: 진찰료 100%+요양급여비용의 60% 　-종합병원: 요양급여비용 총액의 50% 　-병원: 요양급여비용 총액의 35(읍면지역)~40%(동지역) 　-의원, 한의원, 보건의료원, 치과의원: 요양급여비용 총액에 따라 10~30%(65세 이상 1만 5,000원 이하는 1,500원) 　-보건소: 요양급여 총액(12,000원 이상)의 30% 　-약국: 요양급여 비용 총액의 30%(65세 이상 1만 원 이하는 1,000원)

자료: 국민건강보험공단(www.nhis.or.kr); 건강보험심사평가원(www.hira.or.kr).

민건강보험공단, 2021. 6.). 그리고 65세 이상 노인의료비는 2005년 7조 3,159억 원이었으나, 2022년에는 전체 진료비의 42.2%를 차지하는 44조 6,406억 원에 이르고 있다(건강보험심사평가원, 국민건강보험공단, 2023. 11.).

(2) 의료급여

의료급여란 생활유지능력이 없거나 생활이 어려운 저소득 국민에 대하여 국가 및 지방자치단체 재정으로 의료문제해결을 보장하는 제도이다. 이 제도는 1979년 의료보호제도로 시작하여 2001년 10월 의료급여제도로 변경되었다.

이러한 의료급여제도의 이용 실태를 보면, 1997~2007년까지 의료급여 진료비는 연평균 30%씩 증가하였다. 이와 같이 의료급여 진료비가 급증함에 따라 외래진료의 본인부담금 부과, 병원선택권의 일부 제한 등을 주요 내용으로 하는 의료급여 제도 개선안이 2007년 시행되었다. 2024년 의료급여 1종 수급권자의 외래 진료 본인부담금은 의원은 1,000원, 약국은 500원, 2~3차 병원급은 1,500~2,500원 정도이다. 입원 진료시 본인부담금은 1종 수급자는 본인부담금이 없으며, 2종 수급자는 급여청구분의 10%이다(보건복지부, 2024b. 1.). 그러나 외래진료 본인부담금제도는 의료비용 경감을 위하여 저소득층의 의료 이용을 제한함으로써 건강권을 침해할 우려가 높다는 비판의 소리 또한 적지 않다.

2022년 기준 노인 의료급여 수급자는 65만 4,516명으로 전체 수급자의 42.9%를 차지하며, 노인 1인당 연간 총진료비는 894만 2,000원, 노인 의료급여액은 5조 8,525억 원으로 총의료급여액의 53.8%를 차지하고 있어 노인 의료급여 수급자의 의료비가 일반 수급자에 비해 상대적으로 높게 나타났다(건강보험심사평가원, 국민건강보험공단, 2024. 11.).

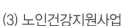

(3) 노인건강지원사업

사회보험인 건강보험과 공공부조인 의료급여 이외에 「노인복지법」과 「의료법」에 근거하여 노인의 건강 증진과 관리를 위한 노인건강지원사업이 실시되고 있다. 현재 「노인복지법」에 의거하여 실시되고 있는 사업에는 노인건강진단, 노인실명예방사업, 노인무릎인공관절 수술지원사업, 노인 틀니 및 임플란트 건강보험 적용, 결식우려 노인 무료급식사업이 있다 (보건복지부, 2024c). 그리고 노인돌봄서비스도 건강지원의 목적이 있으나, 건강지원이 주된 목적은 아니므로 이 책에서는 사회서비스로 분류하여 논의한다.

노인건강진단사업은 질병의 조기발견 및 조기치료를 통해 노인의 건강 유지와 증진을 도모하고, 건강하고 활기찬 노후생활을 보장할 목적으로 1983년에 처음 시행되었으며, 2005년 지방이양사업으로 전환되었다. 65세 이상 의료수급권자 노인 중 희망자에 한하여 실시한다. 노인건강검진의 검사항목은 1차 검진의 경우 흉부 X선 촬영, 인지선별검사(CIST) 외 12개 항목 그리고 2차 검사는 빈혈, 당뇨질환, 치매 등 29개 항목에 대하여 건강진단을 실시하며, 진단 수가는 국민건강보험의 건강진단 수가를 준용한다. 노인건강진단사업 대상자 중 66세 노인은 2008년부터 전 국민을 대상으로 생애전환기, 즉 16, 40, 66세에 맞춰 무상으로 건강검진을 실시하는 생애전환기 건강진단사업과 연계하여 시행하고 있다.

노인실명예방사업은 저소득층 노인 등에 대한 정밀 안검진의 실시로 안질환을 조기 발견·치료함으로써 노인의 시력 향상 및 실명 예방과 노인 개안수술비 지원을 통한 노인 및 가족의 의료비 부담 경감을 목적으로 실시되는 사업이다. 2003년 처음으로 시행되었으며 한국실명예방재단에서 사업을 주관하고 있다. 이 사업은 60세 이상 모든 노인을 대상으로 하되 저소득 노인에게 우선권을 부여하며, 국민기초생활보장 수급자 또는 차상위계층, 한부모가족지원법의 지원대상자에 대하여 본인부담금 전액을 지원하고 있다.

노인 무릎인공관절 수술 지원사업은 무릎관절증으로 지속적인 통증에 시달리나 경제적 이유로 수술을 받지 못하는 노인들의 고통을 경감하여 삶의 질을 개선할 목적으로 실시되는 노인건강지원사업이다. 이 사업의 지원대상은 건강보험급여 인공관절 치환술(슬관절) 인정 기준에 준하는 질환을 가진 자로서, 60세 이상 국민기초생활보장 수급자 또는 차상위계층, 「한부모가족지원법」의 지원대상자이다. 이들에 대해서는 검사비, 진료비 및 수술비를 최대 120만 원 한도 내에서 실비 지원한다.

노인틀니 및 임플란트 건강보험 적용사업은 노인의 틀니 및 임플란트 시술에 대해 국민 건강보험급여를 적용함으로써 저작(咀嚼) 기능을 개선하고 노인의 건강증진 및 삶의 질 향상을 도모할 목적에서 실시되는 노인건강지원사업이다. 이 사업은 2012년 7월 이가 다 빠진 75세 무치악(無齒顎) 노인을 대상으로 한 완전틀니에 대해 국민건강보험급여를 제공하여 시작되었으며, 2013년 부분틀니 그리고 2014년 임플란트로 급여항목이 확대되고, 2016년

7월부터는 65세 이상 노인으로 급여 대상이 확대되었다. 틀니는 완전틀니와 부분틀니 모두에 대하여 7년에 1회 그리고 치과임플란트는 치아가 남아 있는 노인 1인당 2개까지 국민건강보험급여를 적용하고 본인부담금은 30%이다.

결식우려 노인 무료급식 지원사업에는 경로식당 무료급식사업과 거동불편 저소득 재가노인 식사배달사업이 있다. 이 사업들은 가정형편이 어렵거나 부득이한 사정으로 식사를 거를 우려가 있는 노인에게 무료식사를 제공하는 데 목적을 둔 사업으로, 1991년 사회복지사업기금으로 시작되었으나 경로식당은 1999년부터 그리고 저소득 결식노인 무료급식사업은 2000년부터 국고에 의해 재정지원이 이루어졌으며, 2005년부터 지방자치단체로 이양되었다. 이 두 사업의 사업대상은 60세 이상의 저소득 결식우려 노인으로 정하고 있다. 국민기초생활 수급 노인과 독거노인을 포함한 차상위계층 노인에게는 무료급식을 하고, 그 이상의 일정한 능력을 갖춘 노인에게는 실비 수준의 급식비를 받고 있으며, 수익금은 재료비 등 급식의 질을 제고하는 경비로만 사용하도록 규정하고 있다. 무료급식사업에 대한 재정지원은 급식 인원수, 급식 횟수, 사업자의 재정형편 등을 고려하여 기초자치단체에서 예산범위 내에서 지원할 수 있다. 그리고 급식업무 보조인력으로는 노인일자리인력, 사회적 일자리형 자활근로인력, 급식도우미 등의 자원봉사자나 일자리사업 참여자를 활용하도록 권장하고 있다. 결식우려 노인 무료급식 지원사업의 이용 노인 수는 정확히 파악하기 어려우나, 2024년 16만 명 정도가 이용하고 2,000억 원 정도의 지방비 예산이 투입될 것으로 추정되고 있다.

이러한 건강증진사업 이외에 65세 이상 노인에게 무료 독감예방접종을 실시하고 있다. 노인복지관 등에서는 이용 노인을 대상으로 영양개선 및 운동관리 프로그램을 실시하고 있다. 국민건강보험공단에서는 경로당 등에 노인운동 전문인력을 파견하여 노인건강체조, 에어로빅, 여가, 기체조 등의 노인운동을 지원하고 있다.

(4) 치매국가책임제와 치매관리사업

우리나라에서 치매에 대해 관심을 기울이기 시작한 것은 1990년대 초반부터이며, 최초의 공식적 치매환자 보호대책은 1996년 3월 말에 발표된 '삶의 질 세계화를 위한 노인 · 장애인복지 종합대책'에 포함된 '치매노인 10년 대책'이다(권중돈, 2024b). 이후 2008년 9월 치매의 종합적 · 체계적 관리를 위한 치매종합관리대책(2008~2012)을 수립 · 발표하고 '치매와의 전쟁'을 선포하면서, 치매검진, 치매진료 · 약제비 등 지원, 보건소 치매상담센터 설치 · 운영 등의 정책사업을 추진하였다. 2012년 2월 치매관리법의 제정과 제2차 치매관리종합계획(2012~2015)을 기반으로 국가치매관리사업의 추진을 위하여 중앙치매센터와 광역치매센터를 설치하고, 2012년부터 치매상담콜센터를 운영하였다. 2015년 제3차 치매관리종합계획

(2016~2020)을 수립하여 지역사회 중심의 치매 예방·관리, 치매 진단·치료·돌봄, 치매 환자 가족 부담 경감을 위한 사업을 추진하였다. 2017년 국정과제로 치매국가책임제를 발표하여 치매 관련 통합적 상담·사례관리 등 치매관리체계를 수요자 중심으로 확대 발전시켰으며, 2020년 제4차 치매관리종합계획(2021~2025)을 수립하여 치매가족휴가제 이용한도 확대, 치매가족 상담수가 도입 등을 추진하고 있다.

2021년 기준 치매 국가책임제하에서 실시되고 있는 치매관리사업은 보건복지부 인구·사회서비스정책실 노인정책관 아래의 노인건강과에서 담당하고 있으며, 중앙치매센터-광역치매센터-치매안심센터의 전달체계를 거쳐 다양한 급여와 서비스를 제공하고 있다. 2024년 기준 치매관리사업에 참여하고 있는 기관과 시설로는 중앙치매센터 1개소, 광역치매센터 17개소, 치매안심센터 256개소, 치매안심병원 16개소, 공립요양병원 76개소 등이다(보건복지부, 2024f).

치매관리사업을 총괄 전담하는 보건복지부 노인건강과에서는 치매관리종합계획 수립·시행 및 평가, 국가치매관리사업 총괄 및 전달체계 수립 및 관리·지원, 중앙치매센터와 광역치매센터 및 치매안심센터 지원 및 지도감독 역할을 담당한다. 중앙치매센터에서는 치매관리종합계획 수립 및 시행계획 추진실적 평가 지원, 국가치매관리사업 기획 및 연구, 치매관리사업 수행기관 기술 지원 및 평가 지원, 치매관리사업 운영지침 개발 및 보급, 광역치매센터·치매안심센터 종사자 표준 교육과정 및 교재 개발, 치매정보시스템 구축·운영 및 치매등록통계사업 지원, 치매안심센터 업무 지원 등의 역할을 담당하고 있다. 광역치매센터는 광역지자체의 치매관리시행계획 수립 및 시행 지원, 지역치매관리사업 기획 및 연구, 치매안심센터 및 노인복지시설 등의 사업수행을 위한 기술지원, 치매안심센터 성과평가 수행 지원, 치매전문인력 종사자 교육, 지자체 내 치매 예방·치료 관련 기관 연계체계 구축 등의 사업을 실시한다.

기초자치단체 단위로 설치 운영되어 있으면서 치매환자와 그 가족들에게 직접적 서비스를 제공하는 치매관리사업의 최일선 기관은 치매안심센터이다. 이 기관에서 실시하는 사업으로는, ① 상담 및 등록관리사업, ② 치매조기검진, ③ 치매환자 맞춤형 사례관리, ④ 치매예방관리사업, ⑤ 치매환자 쉼터, ⑥ 치매지원서비스 관리사업, ⑦ 치매가족 및 보호자 지원사업, ⑧ 치매인식개선사업, ⑨ 치매파트너사업, ⑩ 치매안심마을 운영, ⑪ 지역사회 지원강화사업이 있다.

치매안심센터는 2017년 9월 치매 국가책임제의 시행과 함께 1997년부터 운영되어 오던 치매상담센터의 변경된 명칭이다. 치매안심센터는 치매 예방, 상담, 조기진단, 보건·복지 자원 연계 및 교육 등 유기적인 치매 통합관리서비스 제공으로 치매 중증화 억제 및 사회적 비용을 경감하고, 궁극적으로는 치매환자와 그 가족, 일반시민의 삶의 질 향상에 기여하는

표 11-9   치매안심센터의 운영 모델

구분			통합형	거점형	방문형	소규모형
주요서비스	공통		등록관리, 조기검진, 예방관리, 인식 개선 및 홍보			
	쉼터	개소	1~2	2~4	1(소규모)	별도 설치 또는 기존 유관시설 연계 · 활용(노인복지관 등)
		설치	별도설치 외 기존 자원 이용 가능	별도설치 외 기존 자원 이용 가능	지역사회 거점공간 방문활용(경로당, 마을회관 등)	
	카페	개소	1	1	1(소규모)	별도 설치 또는 기존 유관시설 활용
		기능	가족교실, 치매가족 자조모임, 돌봄부담분석, 정보교환 등			
시설	구성		사무실, 교육 · 상담실, 검진실, 쉼터 및 가족카페			
	면적		500m²	800m²	350m²	350m²
적합지역	특성	규모	광역시, 대도시	중소도시	농어촌	도서지역, 소도시
		면적	좁음	넓음	넓음	좁음
		노인인구	보통	높음	높음	다양
		접근성	높음(교통 편리)	낮음	낮음	다양
		유관자원	많음	보통	적음	보통

자료: 보건복지부(2021f, 2024g). 치매정책 사업안내.

데 목적을 두고 있다. 치매안심센터는 〈표 11-9〉의 네 가지 유형 중에서 지방자치단체가 그 유형을 자율적으로 선택하여 보건소에 전담조직을 설치하고 지방자치단체에서 직영한다.

치매안심센터의 센터장은 보건소장이 겸직하며, 간호사, 사회복지사(1급), 임상심리사 자격 소지자로 노인 관련 복지 또는 보건 · 의료 분야 5년 이상 경력자를 부센터장으로 하고, 간호사(상담, 등록, 진단검사, 사례관리), 임상심리사(진단검사), 사회복지사(상담, 등록, 사례관리)와 기타 센터 운영에 필요한 인력을 운영모델에 따라 배치하도록 하고 있다. 이러한 치매안심센터의 조직구성의 예는 [그림 11-1]에서 보는 바와 같고, 주요사업의 추진 흐름도는 [그림 11-2]와 같다.

치매안심센터에서 실시하는 열 가지 주요 사업을 살펴보면 다음과 같다. 치매안심센터는 센터를 이용하려는 치매환자와 그 가족을 이용자로 등록하고, 등록자에 대하여 치매 예방, 진단 등 치매 관련 제반 서비스의 안내와 함께 그들의 주요정보 파악을 위한 상담을 실시한다. 치매조기검진사업은 만 60세 이상으로 치매로 진단받지 않은 모든 주민과 60세 미만이지만 인지능력이 현저히 저하되어 조기검진이 필요하다고 인정되는 주민을 대상으로 하여, 1차적으로 인지선별검사(CIST)(제5장 〈표 5-8〉 참조)를 실시하고, 그 결과 인지저하자와 인

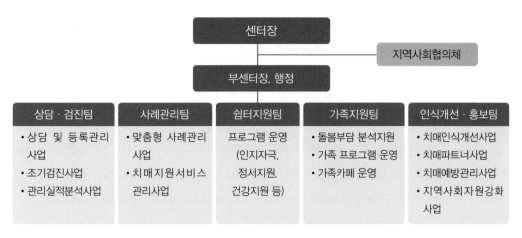

[그림 11-1] 치매안심센터의 조직구성

자료: 보건복지부(2024g). 치매정책 사업안내.

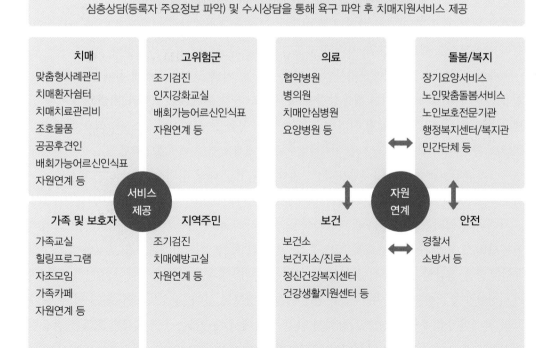

[그림 11-2] 치매안심센터의 주요사업 추진 흐름도

자료: 보건복지부(2024g). 치매정책 사업안내.

지저하 의심자에 대하여 2단계 진단검사를 실시하여 치매로 판정된 자는 감별검사를 의뢰하고, 경도인지장애는 1년마다 진단검사를 실시한다. 3단계 감별검사는 치매로 진단된 경우 치매 원인규명을 위해 협약병원에서 진단의학검사, 뇌영상 촬영, 전문의 진찰 등을 실시한다. 선별검사에서 인지저하 또는 경도인지장애로 판정된 경우 고위험군 대상자로 지정하고, 당해연도 75세 진입자에 대해서는 집중검진 대상자로 지정하여 조기검진을 주기적으로 실시한다. 이러한 치매조기검진사업에서 협약병원에서 2~3단계의 진단검사와 감별검사를 받는 경우 60세 이상 기준 중위소득 120% 이하의 노인에 대해서는 본인부담의료비를 진단검사 시에는 15만 원, 감별검사 시에는 8~11만 원 범위 내에서 지원한다.

치매환자 맞춤형 사례관리사업은 돌봄 사각지대를 해소하고, 신체, 심리, 사회, 환경적 요구와 관련된 문제에 체계적으로 개입·중재함으로써 안정적 지역사회 계속 거주(AIP)와 삶의 질을 향상하는 데 목적을 두고 있다. 치매안심센터의 사례관리위원회에서 사례관리대상자를 긴급대상군, 중점대상군, 일반대상군으로 판정·분류한 후, 사례관리 담당자 또는 팀이 대상자에 대한 초기평가, 사례관리 계획 수립, 서비스 제공, 평가와 종결, 사후관리의 과정을 통하여 맞춤형 사례관리서비스를 제공한다. 특히 사례관리 대상자가 치매로 인한 의사결정 능력 저하 및 권리를 대변해 줄 가족이 없어 공공후견인의 의사결정 및 후견사무 지원이 지속적으로 필요한 경우, 치매 공공후견제도를 활용하여 적극 지원한다.

치매안심센터의 치매예방관리사업은 지역주민 및 치매 고위험군에게 치매 발생 위험 요인을 파악하여 치매예방실천 행동강령을 제시하고 인지 훈련 프로그램을 제공하여 치매 발병 가능성을 감소시키고 발병 시기를 늦추는 데 목적을 둔 사업이다. 이 사업에는 치매예방콘텐츠 확산(치매예방수칙 3-3-3, 치매예방운동, 치매체크 앱, 치매위험도 확인 등), 치매예방 교실(주 1회 회당 60분 이상, 최소 8회기 이상), 치매 고위험군 대상 인지강화교실(주 1회 회당 60분 이상, 최소 8회기 이상) 등이 포함된다.

치매환자 쉼터는 치매환자의 치매악화를 방지하기 위해 전문적인 인지자극 프로그램과 돌봄서비스, 치매환자의 사회적 교류 증진, 낮 시간 동안 경증 치매환자를 보호하여 가족의 부양부담을 경감할 목적에서 운영된다. 치매안심센터에 등록된 경증치매환자(장기요양서비스 미신청자 및 미이용자, 인지지원등급 판정자)를 대상으로 하며, 저소득노인, 독거 및 부부 가구의 치매환자를 우선 대상으로 참여시킨다. 쉼터에서 제공하는 프로그램은 효과가 검증된 인지자극 프로그램 등으로 구성되어 있으며, 주 2회 이상 종일반 또는 최소 3시간 이상 운영한다.

치매지원서비스 관리사업으로는, ① 배회증상으로 실종이 염려되는 치매환자와 60세 이상 노인의 실종 시 조속한 발견과 복귀를 지원하기 위한 배회가능 어르신 인식표 보급 사업과 ② 치매를 조기에 지속적으로 치료·관리함으로써 효과적으로 치매증상을 호전시키거나 증상 심화를 방지할 목적에서 치매환자로 등록된 60세 이상의 노인 중에서 기준 중위소득 120% 이하의 자를 대상으로 치매치료관리비 보험급여분 중 본인부담금(치매약제비 본인부담금+약 처방 당일의 진료비 본인부담금)을 연간 36만 원 범위 내에서 월 3만 원씩 지원하는 치매치료관리비 지원사업, ③ 치매안심센터 등록 치매환자의 돌봄에 필요한 조호물품을 1년 범위 내에서 무상공급하는 조호물품 제공 사업이 있다.

치매가족 및 보호자 지원사업은 치매환자가족 및 보호자의 치매환자 돌봄에 대한 이해와 돌봄 역량을 향상하고, 스트레스를 해소하고 정서적 교류와 심리적 부담을 경감하며, 정서 및 정보 교류 지원을 통해 심리적 부담 경감과 사회적 고립을 방지할 목적에서 실시하는 사업이다. 이를 위해, ① 치매에 대한 바른 이해, 정신행동증상과 치매 종류별 초기증상과 위험요인, 치매 진단 및 치료와 관리, 마음 이해하기, 부정적 태도 극복하기, 의사소통 방법 학습 응용, 남아 있는 능력 찾기, 가족의 자기 돌보기를 주요 교육내용으로 하는 가족교실(헤아림교실), ② 치매환자나 경도인지장애 진단을 받은 환자와 그 가족 및 보호자를 대상으로 한 온라인 및 오프라인 치매가족 자조모임, ③ 미술, 운동, 원예, 나들이 등의 힐링 프로그램, ④ 가족교실, 자조모임, 힐링 프로그램 등 치매안심센터에서 진행되는 가족 프로그램에 참여하는 경우 치매환자를 보호해 주는 동반치매환자보호서비스를 제공하고 있다.

치매인식개선사업은 일반 대중의 치매에 대한 경각심을 고취하고 치매에 대한 편견을 불식시켜 치매와 더불어 살아갈 수 있는 사회적 공감대 형성 및 치매 친화적 환경을 조성할 목적에서 실시하는 사업으로, 한마음 치매극복 전국걷기행사, 치매극복의 날 및 치매극복 주간행사, 치매인식 개선 홍보 및 캠페인, 치매안심센터 홈페이지 관리 등이 있다. 치매파트너 사업은 치매인식 개선, 건전한 돌봄 문화 확산 및 치매 친화적 지역사회 조성, 지역사회 내 촘촘한 치매안전망 체계 구축을 목적으로 한 사업으로, 치매환자와 가족을 이해하고 배려하는 따뜻한 동반자인 치매파트너와 치매파트너 플러스 양성 및 활동, 치매극복선도단체 지정 및 관리, 치매안심가맹점 지정 및 관리 등의 사업이 포함된다.

치매안심마을 운영사업은 치매환자와 가족들이 일상생활을 안전하고 독립적으로 영위하며 원하는 사회활동에 자유롭게 참여하는 마을을 만드는 데 목적을 두고 있다. 센터당 2개 마을 이상을 지정하여 지역 여건 및 특성에 맞춰 교육사업, 홍보사업, 사회활동지원사업 등을 자율적이며 탄력적으로 사업을 수행할 수 있도록 지원하고 있다. 지역사회 지원강화사업은 산발적이고 분산되어 있는 지역사회 자원을 조사하고 연계함으로써 치매환자, 가족, 지역주민에게 적절한 의료·복지 서비스를 제공하는 데 목적을 두고 있으며, 지역사회협의체 구성 및 운영, 치매 관련 민관 협력체계 구축, 지역사회 자원 조사 및 발굴, 지역사회 자원 연계 등이 포함된다.

보건복지부에서는 「치매관리법」 제16조의4에 따라 치매의 진단과 치료·요양 등 치매 관련 의료서비스를 전문적이고 체계적으로 제공하기 위하여 필요한 인력·시설 및 장비를 갖추었거나 갖출 능력이 있다고 인정되는 의료기관을 치매안심병원으로 지정하여 운영하고 있는데, 2024년 기준 16개소가 운영되고 있다. 또한 2011년 12월 「노인복지법」 개정으로 '노인전문병원'이 폐지됨에 따라 공립요양병원의 공공보건의료 기능을 재정립하기 위하여 2024년 기준 76개소의 공립치매전문(안심)병동을 지정하고 기능보강사업비(국비 50%, 지방비 50%)와 치매환자 지원 프로그램을 지원하고 있다.

치매환자 및 60세 이상 노인을 대상으로 한 실종노인의 발생예방 및 찾기 사업으로 배회가능 어르신 인식표 보급 사업, 지문 등 사전등록제, 배회감지기 보급 사업, 치매체크 앱 배회감지서비스, 유전자 검사, 실종치매환자 찾기 지원사업, 무연고노인 관리 등의 사업을 실시하고 있다. 또한 의사결정능력 저하로 어려움을 겪고 있는 치매노인에게 성년후견제도를 이용할 수 있도록 지원하는 치매공공후견 사업을 실시하고 있는데, 성년후견사업에 대해서는 이 책의 제9장 4절에 기술된 내용을 참조하면 될 것이다.

(5) 호스피스 및 장사서비스

보건복지부 질병정책과에서는 「호스피스·완화의료 및 임종과정에 있는 환자의 연명의료결정에 관한 법률」(약칭 연명의료결정법)에 의거하여, 암, 후천성면역결핍증, 만성 폐쇄성 호흡기질환, 만성 간경화 등의 말기환자로 진단을 받은 환자 또는 임종과정에 있는 환자와 그 가족에게 통증과 증상의 완화 등을 포함한 신체적·심리사회적·영적 영역에 대한 종합적인 평가와 치료를 제공할 목적으로 호스피스 및 완화의료 지원사업을 추진하고 있다. 호스피스전문기관 지정기관과 호스피스·완화의료 시범사업 선정기관을 대상으로 필수인력 인건비, 교육비, 시설 및 장비비, 소진예방 프로그램 비용, 호스피스 서비스 및 자원봉사자 관리비용, 운영비 등을 지원하고 있다. 2024년 기준 입원형 호스피스 100개소 등 총 199개의 호스피스 전문기관을 지정하여 지원하고 있다. 호스피스에 관한 세부적 내용은 이 책의 제9장 2절의 내용을 참조하면 될 것이다.

모든 인간은 죽음으로 생을 마감할 수밖에 없으므로, 진정한 의미의 웰빙(well-being)은 웰다잉(well-dying)으로 마무리되어야 한다. 이에 정부에서는 매장 위주의 장사제도를 합리적으로 개선하고 국민의 욕구 및 정서 등에 부합하고 모든 세대가 공유할 수 있는 지속 가능한 장사문화 정착을 위하여 장사정책의 개선을 추진하고 있다(보건복지부, 2024c). 현행 장사정책의 방향은, ① 장사제도의 개선을 통한 장사행정의 역량강화, ② 매장 억제 및 화장, 봉안, 자연장의 장려와 위법한 분묘 설치의 방지를 위한 개선, ③ 국민의 인식 개선을 통한 장사문화의 개선으로 설정되어 있다. 이러한 정책 목표와 방향에 의거하여, 장사시설의 수급에 관한 종합계획 수립과 시행, 장사시설 공급 확충, 장사시설의 설치 및 조성 사업에의 주민참여와 주민 인센티브 제공, 지역사회와 환경친화적 장사시설의 설치, 소비자 권리보호를 위한 장사시설 관리방식 개선 등을 추진하고 있다. 그 결과 2002년의 화장률은 42.6%였으나 2010년에는 67.5%, 2022년 91.7%로 증가하였다(보건복지부, 2022. 12.). 그러나 화장시설의 부족, 장사서비스 과정의 불친절과 부당서비스, 장사시설 설치에 대한 지역주민의 반대 등과 같은 장사 시설과 서비스, 국민인식 개선 등에서 여전히 해결해야 할 문제가 남아 있다.

3) 노인장기요양보험제도[4]

2000년 '노인장기요양보호정책기획단'을 구성하여 노인장기요양보험의 모형을 개발하고 3년간의 시범사업을 거쳐 「노인장기요양보험법」을 제정(2007. 4. 27.)한 후, 2008년 7월부터 본격적으로 노인장기요양보험제도를 시행하고 있다. 노인장기요양보험제도는 국민연금, 건강보험, 산재보험, 고용보험에 이은 다섯 번째 사회보험으로서, '고령이나 노인성 질환 등의 사유로 일상생활을 혼자서 수행하기 어려운 노인 등에게 신체활동, 가사지원 등의 요양서비스를 가정이나 요양시설에서 제공하여 노후의 건강증진 및 생활안정을 도모하고 부양가족의 부양부담을 경감하여 국민의 삶의 질을 향상하고자 하는 사회보험제도'이다. 즉, 노인장기요양보험제도는 질병의 치료(cure)보다는 고령이나 노인성 질환 등으로 일상생활에 어려움을 겪는 노인에게 요양서비스(care)를 제공하는 제도이며, 노인의 건강증진과 생활안정 도모, 부양가족의 부담 경감을 통한 국민의 삶의 질 향상에 목적을 둔 사회보험제도이다. 그러므로 병의원, 요양병원, 약국 등에서 질병, 부상에 대한 치료 위주의 서비스를 제공하는 국민건강보험제도와는 달리 노인장기요양보험제도는 노인요양시설과 재가복지시설에서 요양서비스와 급여를 제공한다(www.nhis.or.kr). 만약 노인이 질병의 치료를 위해 진료와 투약 그리고 요양서비스가 필요할 경우에는 국민건강보험제도의 급여와 노인장기요양보험제도의 급여를 동시에 받을 수 있다. 이러한 노인장기요양보험제도의 사업대상, 요양 인정 및 서비스 이용절차, 재정 및 급여, 관리운영체계에 대해 살펴보면 다음과 같다.

(1) 대상

노인장기요양보험의 적용 대상은 전 국민으로 노인장기요양보험 가입자(국민건강보험 가입자와 동일함) 및 그 피부양자와 의료급여 수급권자가 포함된다. 장기요양보험료를 납부해야 하는 대상자는 국민건강보험료 납부대상자이다. 하지만 장기요양보험에 가입하였다

---

4) 노인장기요양보험제도의 시설급여에 관한 내용은 이 책의 제7장 4절을, 그리고 제도 전반에 관한 정보는 노인장기요양보험제도(www.longtermcare.or.kr) 홈페이지를 참고하도록 한다.

노인장기요양보험제도의 대상

구분	적용 대상자 범위
노인장기요양보험 적용 대상자	• 전국민(장기요양보험 가입자 및 피부양자+의료급여 적용 대상자)
보험료를 부담하는 대상자	• 장기요양보험 가입자(국민건강보험료 납부대상자)
장기요양 인정 신청 대상자	• 65세 이상 노인 또는 노인성 질환을 가진 65세 미만의 국민
장기요양급여 수급 대상자	• 장기요양등급판정위원회에서 장기요양 인정(1~5등급 또는 인지지원등급)을 받은 65세 이상 노인 또는 노인성 질환을 가진 65세 미만자

자료: 국민건강보험공단(www.nhis.or.kr).

고 하여 모두가 노인장기요양급여를 받을 수 있는 것은 아니며, 장기요양 인정 신청을 하고 1~5등급 또는 인지지원등급을 판정받은 자여야 한다. 장기요양 인정 신청자는 소득수준과 상관없이 노인장기요양보험 가입자와 그 피부양자, 의료급여 수급권자로서 65세 이상 노인과 65세 미만 노인성 질환이 있는 자이다. 장기요양급여 수급권자는 노인성 질환으로 6개월 이상의 기간 동안 혼자서 일상생활을 영위하기 어렵다고 장기요양등급판정위원회에서 1~5등급 또는 인지지원등급 판정을 받은 65세 이상 노인 또는 노인성 질환을 가진 65세 미만의 자이다.

2008년 제도 시행부터 2024년 9월 말까지 장기요양 인정 누적 신청자는 352만 7,116명인데 이 중 사망자 206만 3,271명을 제외한 146만 3,845명의 신청자 중 1등급이 5만 4,519명, 2등급이 9만 8,989명, 3등급이 30만 7,216명, 4등급이 52만 7,096명, 5등급이 13만 2,393명, 인지지원등급이 2만 7,256명, 등급외 자가 13만 5,409명으로 장기요양 인정률은 74.8%인 것으로 나타났다(www.longtermcare.or.kr). 그러나 65세 이상 노인인구 중 장기요양 인정 신청자는 14.7%이며, 장기요양 등급 인정자는 11.5%에 이르는 것으로 나타났다.

(2) 장기요양 인정 및 이용절차

노인장기요양보험급여를 받기 위해서는 우선적으로 노인 본인, 가족이나 대리인 등이 국민건강보험공단 지사(장기요양보험 운영센터)에 장기요양 인정 신청서, 의사소견서를 제출하여 장기요양 인정 신청을 하여야 한다. 장기요양 인정 신청을 받은 국민건강보험공단은 신청자의 가정이나 시설을 방문하여 방문조사를 실시하는데, 이때 장기요양 인정 조사항목은 〈표 11-11〉에서 보는 바와 같이 신체기능(ADL) 12개 항목, 인지기능 7개 항목, 행동변화 14개 항목, 간호처치 9개 항목, 재활욕구 10개 항목 등 총 52개 항목으로 구성되어 있다(www.longtermcare.or.kr).

表 11-11 장기요양 인정 조사표

영역	항목		
신체기능 (기본적 일상생활기능) (12개 항목)	• 옷 벗고 입기 • 식사하기 • 일어나 앉기 • 화장실 사용하기	• 세수하기 • 목욕하기 • 옮겨 앉기 • 대변 조절하기	• 양치질하기 • 체위 변경하기 • 방 밖으로 나오기 • 소변 조절하기
인지기능 (7개 항목)	• 단기 기억장애 • 상황 판단력 감퇴 • 나이 · 생년월일 불인지	• 지시 불인지 • 장소 불인지	• 날짜 불인지 • 의사소통 · 전달 장애
행동변화 (14개 항목)	• 망상 • 환각, 환청 • 슬픈 상태, 울기도 함 • 불규칙 수면, 주야혼돈 • 도움에 저항	• 서성거림, 안절부절못함 • 길을 잃음 • 폭언, 위협행동 • 밖으로 나가려 함 • 물건 망가트리기	• 의미 없거나 부적절한 • 행동 • 돈이나 물건 감추기 • 부적절한 옷입기 • 대 · 소변 불결행위
간호처치 (9개 항목)	• 기관지 절개관 간호 • 흡인 • 산소요법	• 경관 영양 • 욕창간호 • 암성통증간호	• 도뇨관리 • 장루간호 • 투석간호
재활 (10개 항목)	운동장애(4개 항목)	관절제한(6개 항목)	
	• 좌측상지 • 우측상지 • 좌측하지 • 우측하지	• 어깨관절 • 팔꿈치관절 • 손목 및 수지관절 • 고관절	• 무릎관절 • 발목관절

자료: 노인장기요양보험(www.longtermcare.or.kr).

장기요양 인정을 위한 등급판정절차는 두 단계에 걸쳐 이루어진다. 1단계에서는 국민건강보험공단의 방문조사원이 장기요양 인정조사 결과를 컴퓨터에 입력하여 1차로 장기요양 인정점수를 구하여 장기요양 인정 여부와 등급을 제시한다. 2단계에서는 의사, 사회복지사, 소속 공무원 등으로 구성된 등급판정위원회에서 방문조사내용, 의사소견서 등을 바탕으로 신청인의 개별적 심신 상황을 고려하여 장기요양 인정점수를 조정, 최종 결정한다. 장기요양 등급별 장기요양 인정점수와 기능상태는 〈표 11-12〉와 같다.

장기요양 등급 판정은 신청인이 신청한 날로부터 30일 이내에 이루어져야 하며, 장기요양 등급 1~5등급 또는 인지지원등급으로 결정된 수급권자에게 장기요양 등급, 유효기간, 장기요양급여의 종류 등이 기재된 장기요양 인정서와 장기요양 필요 영역, 주요 기능상태, 장기요양목표, 급여계획 등이 기재된 표준장기요양이용계획서를 동봉하여 통지하게 되고,

표 11-12 장기요양 등급별 기능수준과 인정점수

등급	심신의 기능상태	장기요양 인정점수
1등급	일상생활에서 전적으로 다른 사람의 도움이 필요한 상태	95점 이상
2등급	일상생활에서 상당 부분 다른 사람의 도움이 필요한 상태	75점 이상~95점 미만
3등급	일상생활에서 부분적으로 다른 사람의 도움이 필요한 상태	60점 이상~75점 미만
4등급	심신의 기능상태 장애로 일상생활에서 일정부분 다른 사람의 도움이 필요한 상태	51점 이상~60점 미만
5등급	치매환자(「노인장기요양보험법 시행령」 제2조에 따른 노인성질병으로 한정한다)	45점 이상~51점 미만
인지지원등급	치매환자	45점 미만

장기요양 인정서가 도달한 날부터 장기요양급여를 받을 수 있다. 장기요양 등급 1~5등급 또는 인지지원등급을 판정받은 자는 장기요양서비스를 제공하는 시설에 서비스 신청을 하고 계약을 통하여 서비스를 이용할 수 있는데, 노인장기요양보험의 이용절차는 [그림 11-3]과 같다.

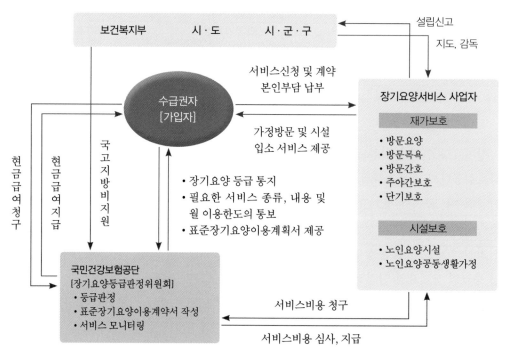

[그림 11-3] 노인장기요양보험 이용절차 및 관리운영체계

자료: 보건복지부(2024c). 노인보건복지사업안내.

(3) 재정 및 급여[5]

노인장기요양보험제도의 급여와 운영에 소요되는 재원은 장기요양보험료와 국가부담금 그리고 수급자의 본인부담금으로 마련된다. 노인장기요양보험료는 보건복지부 장관 소속의 장기요양위원회에서 결정하게 되는데, 이 위원회는 위원장 1인, 부위원장 1인을 포함한 16인 이상 22인 이하의 위원으로 구성되며, 근로자단체, 사용자단체, 시민단체, 노인단체, 농어업인단체, 자영자단체, 장기요양시설 또는 의료계, 학계 및 연구계, 고위공무원단 소속 공무원 등으로 구성되어 있다. 2024년의 노인장기요양보험료는 국민건강보험료액에 장기요양보험료율 12.95%를 곱하여 산출하게 되며, 장기요양보험료 경감자에게는 경감액만큼을 감해 준다. 결정된 노인장기요양보험료는 국민건강보험료와 같은 고지서에 통합하여 부과하며, 납부 시 자동으로 같이 계산되어 납부된다.

국가는 장기요양보험료 예상수입액의 20%에 상당하는 금액을 지원하되, 의료급여 수급권자의 장기요양급여비용, 의사소견서 발급비용, 방문간호지시서 발급비용 중 공단이 부담하여야 할 비용 및 관리운영비 전액을 부담하여야 한다. 수급자의 본인부담금은 재가급여를 이용할 경우에는 장기요양급여비용의 15%, 시설급여를 이용할 경우에는 장기요양급여비용의 20%를 부담하여야 한다. 다만, 국민기초생활보장법에 의한 수급자는 본인부담금이 면제되며, 의료급여 수급권자, 건강보험료 순위 25% 이하인 수급자, 천재지변 등으로 보건복지부 장관이 인정한 자는 본인부담금의 60%를 경감받는다. 그리고 건강보험료 순위 25% 초과~50% 이하의 수급자는 본인부담금의 40%를 경감받는다. 그리고 시설급여 이용자의 식사재료비, 이·미용비, 상급 침실(1~2인실) 이용 추가비용은 장기요양급여가 적용되지 않는 비급여 항목으로 본인이 전액 부담하여야 한다.

노인장기요양보험제도의 급여는 시설급여, 재가급여, 특별현금급여로 나뉜다. 시설급여에 대해서는 이 책의 제7장 4절에서 논의하였으므로, 다음에서는 재가급여와 특별현금급여에 대해 살펴본다. 먼저 특별현금급여는 가족요양비 1종이며 2024년 월급여액은 22만 9,070원이다. 가족요양비는 가족이 노인의 요양을 담당하고 있다고 하여 모두 받을 수 있는 것은 아니며, 장기요양기관이 현저히 부족한 지역(도서·벽지)에 거주하는 자, 천재지변 등으로 장기요양기관이 실시하는 장기요양급여 이용이 어렵다고 인정된 자, 신체·정신·성격 등의 사유로 가족 등의 장기요양을 받아야 하는 자에게만 지급된다.

재가급여는 방문요양, 주야간보호, 단기보호, 방문목욕, 방문간호, 기타 재가급여(복지용구 급여)가 있다. 방문요양서비스는 장기요양요원(요양보호사)이 수급자의 가정 등을 방문하

---

5) 노인장기요양보험제도의 급여종류별 세부 급여기준과 비용에 대해서는 보건복지부에서 매년 6~7월에 발표하는 「장기요양급여 제공기준 및 급여비용 산정방법 등에 관한 고시」를 참조하도록 한다.

여 신체활동 및 가사활동 등을 지원하는 장기요양급여이다. 방문요양서비스는 신체활동 지원서비스와 가사활동지원서비스로 나뉜다. 신체활동지원서비스는 수급자에게 세면도움, 목욕도움, 구강관리 등의 위생관리, 영양섭취를 위한 식사관리, 배설과 관련된 생리적 욕구를 도와주는 배설 관리, 일상생활에 기본적인 이동을 지원하는 서비스이다. 가사활동지원서비스는 수급자의 가정을 방문하여 취사, 청소, 세탁 등 급여 대상자와 직접적으로 관련된 기본 가사노동을 지원함으로써 생활하는 데 불편을 최소화하도록 도움을 주는 서비스이다. 2024년도 방문요양 수가는 시간에 따라 다르게 책정되어 있는데, 30분을 이용한 경우에는 회당 1만 6,630원이며 4시간 이상을 이용하였을 경우 6만 6,770원이다.

주·야간보호서비스는 수급자를 하루 중 일정 시간 동안 장기요양기관에 보호하여 신체활동 지원 및 심신기능의 유지·향상을 위한 교육·훈련 등을 제공하는 장기요양급여이다. 주야간보호의 서비스 내용은 송영서비스, 목욕서비스, 급식서비스, 실내에서의 간호서비스, 기능회복훈련서비스, 치매관리지원서비스 등이다. 주야간보호 수가는 등급과 시간에 따라 달라지는데, 2024년도에는 3등급 수급자가 3~6시간 미만의 서비스를 이용한 경우에는 1일 3만 4,020원 그리고 1등급 수급자가 13시간 이상 이용한 경우에는 7만 8,400원이며, 8~10시간 미만 이용한 경우 1등급 수가는 6만 6,360원, 2등급은 6만 1,480원, 3등급은 5만 6,760원, 5등급과 인지지원등급은 5만 3,640원이다.

단기보호서비스는 수급자를 일정 기간 동안 장기요양기관에 보호하여 신체활동 지원 및 심신기능의 유지·향상을 위한 교육·훈련 등을 제공하는 장기요양급여를 말한다. 구체적인 서비스 내용으로는 목욕서비스, 급식서비스, 실내에서의 간호서비스, 프로그램서비스 등이 있으며, 단기보호 급여를 받을 수 있는 기간은 월 9일 이내로 한다. 단기보호서비스의 2024년 수가는 1등급이 1일 7만 8,500원, 3등급이 6만 9,310원, 5등급이 5만 7,110원이다.

방문목욕서비스는 장기요양요원이 수급자의 가정을 방문하여 이용, 목욕 서비스를 제공하는 급여이다. 방문목욕은 목욕설비를 갖춘 차량을 이용하거나, 목욕차량에 부속되지 않은 이동식 욕조 등 장비를 가지고 수급자의 가정을 방문하여 목욕서비스를 제공할 수 있다. 방문목욕의 2024년도 수가는 차량을 이용할 경우 1회당 7만 6,340~8만 4,670원이며, 차량을 이용하지 않을 경우에는 4만 7,670원이다.

방문간호서비스는 장기요양요원인 간호사, 간호조무사, 치과위생사 등이 의사, 한의사 또는 치과의사의 방문간호 지시서에 따라 수급자의 가정 등을 방문하여 간호, 진료의 보조, 요양에 관한 상담 또는 구강위생 등을 제공하는 서비스이다. 방문간호서비스에는 의사·한의사의 방문간호지시서에 따른 기본 간호, 치료적 간호, 투약관리지도 등의 서비스와 치과의사의 방문간호 지시서에 따른 구강위생, 잇몸상처 관리 등이 포함된다. 2024년 방문간호의 수가는 30분 미만의 경우 1회당 4만 760원, 30~60분 미만인 경우에는 5만 1,110원, 60분

이상은 6만 1,490원으로 책정되어 있다.

기타 재가급여에 해당하는 복지용구 급여는 수급자의 일상생활 또는 신체활동 지원에 필요한 용구를 제공 또는 대여해 주는 급여로서 구입방식과 대여방식이 있다. 구입방식은 구입전용품목과 구입·대여품목에 대해 본인부담금을 부담하고 구입하는 방식이며, 대여방식은 구입·대여품목을 일정 기간 대여하여 당해 제품의 대여가격에서 본인부담금을 부담하는 방식이다. 2024년 복지용구 구입 또는 대여는 연간 160만 원 범위 내에서만 가능하다.

방문요양, 주야간보호, 단기보호, 방문목욕, 방문간호서비스 등의 재가급여는 무한정 이용할 수 있는 것은 아니며 월 한도액 범위 내에서만 급여가 가능하다. 2024년도의 재가급여 월 한도액은 1등급인 경우에는 206만 9,900원, 2등급은 186만 9,600원, 3등급은 145만 5,800원, 4등급은 134만 1,800원, 5등급은 115만 1,600원, 인지지원등급은 64만 3,700원으로서, 이 범위 내에서만 서비스를 이용할 수 있다. 단, 복지용구 급여는 재가급여의 월 한도액의 적용을 받지 아니한다.

(4) 관리운영체계

노인장기요양보험제도는 중앙 및 지방정부, 국민건강보험공단, 장기요양기관이 각각 역할을 분담하게 되며, 관리운영체계는 앞서 제시한 [그림 11-3]에서 보는 바와 같다. 이 중에서 장기요양기관은 재가급여나 시설급여를 제공할 수 있는 기관으로서, 「노인장기요양보험법」에 의하여 소재지를 관할 구역으로 하는 시장·군수·구청장으로부터 지정을 받아야 한다. 기존에 「노인복지법」에 의거하여 설치 신고된 재가노인복지시설과 노인의료복지시설은 시장·군수·구청장에게 장기요양기관 지정 신청을 하여 지정을 받아야 하며, 「노인장기요양보험법」에 의하여 설치된 재가장기요양기관은 별도의 지정절차가 필요하지 않다. 장기요양기관으로 지정받지 않으면 장기요양보험제도의 기관이 아니기 때문에 장기요양급여를 제공할 수 없고, 서비스를 제공한다고 해도 공단에 장기요양급여비용을 청구할 수 없다.

장기요양기관 및 재가장기요양기관이 폐업 또는 휴업을 하려는 경우에는 폐업 또는 휴업 예정일 30일 전까지 공단에 '장기요양기관 폐업·휴업 신고서' 등의 서류를 첨부하여 시장·군수·구청장에게 제출하여야 한다. 그리고 시·군·구청장은, ① 거짓이나 그 밖의 부정한 방법으로 장기요양기관 지정을 받은 경우, ② 지정 기준에 적합하지 아니한 경우, ③ 장기요양 급여를 거부한 경우, ④ 거짓이나 그 밖의 부정한 방법으로 재가 및 시설 급여비용을 청구한 경우, ⑤ 질문·검사 및 자료의 제출 요구를 거부·방해하거나 거짓으로 보고하거나 거짓 자료를 제출한 경우, ⑥ 장기요양기관의 종사자 등이 신체적 학대, 성폭행 또는 성희롱, 방임 행위 등을 한 경우, ⑦ 업무정지 기간 중에 장기요양급여를 제공한 경우에는 경고, 영업정지, 폐쇄명령, 지정취소 등의 조치를 취할 수 있다.

　장기요양기관에서 노인에게 요양서비스를 제공하는 인력을 장기요양요원이라 한다. 장기요양요원은 요양보호사, 간호사, 간호조무사 및 치과위생사 등을 말하며, 자격이 없는 장기요양요원은 서비스를 제공할 수 없다. 장기요양요원 중 요양보호사 자격을 갖추기 위해서는 소정의 교육과정을 거쳐야 하는데 이에 대해서는 이 책의 제7장 4절에서 이미 논의하였다.

4) 건강보장의 문제점과 과제

　이 책의 제4장과 이 절에서 현재 실시되고 있는 노인 건강보장제도에 대해서 살펴보았지만, 현재의 제도로는 건강한 노후생활을 보장하는 데 한계가 있다. 이러한 노인 건강보장제도의 문제점과 개선을 위한 과제를 제시해 보면 다음과 같다.

　첫째, 노인의료비의 급격한 증가로 인한 국가 재정위기의 초래 가능성 문제이다. 노인의료비 증가는 노인인구의 증가, 노인의 상병(傷病)구조 변화와 장기요양에 대한 욕구 증가, 의료이용 증가 등 노인의 질병이나 의료 이용과 관련된 특성에도 그 원인이 있으나, 건강보험 수가체계의 변화와 인상, 고비용 치료기기의 도입 등과 같은 병원 비용의 증가에도 상당한 원인이 있다. 노인장기요양보험제도의 도입으로 인하여 노인의료비의 일부는 줄어들고 있을지라도 노인의료비를 경감하기 위해서는 성인기부터의 건강 증진 및 예방사업의 강화, 노인환자에 대한 본인부담금 할인제도 도입, 경미한 질병에도 입원치료를 하는 사회적 입원의 억제, 건강보험 비급여 항목의 축소 등과 같은 건강보험 수가체계의 개선, 의료기관의 시설설비 비용과 서비스의 질에 대한 적극적인 지도감독의 강화가 이루어져야 한다.

　둘째, 노인의 건강보호시설 접근성에서의 차별 문제이다. 현재 보건의료기관의 대부분이 도시지역에 집중되어 있으므로 농림어촌지역 노인의 경우 보건의료기관에의 접근도가 낮아 적절한 치료와 간호를 받지 못하고 있다. 이러한 점을 감안하여 농림어촌지역을 중심으로 순회진료서비스, 보건소의 기능 강화 등을 통한 공공보건의료체계의 확대와 아울러 노인복지시설, 재가노인복지기관의 확대 설치가 요구된다.

　셋째, 「노인복지법」에 근거하여 실시되는 노인건강지원사업의 실효성에 관한 문제이다. 노인건강진단, 노인실명예방사업, 노인 무릎인공관절 수술 지원, 결식우려 노인 무료급식 지원사업 등 노인건강지원사업의 대상이 기초수급자 등의 저소득층에 국한되어 있다. 그리고 노인건강진단의 경우에는 제한적인 검진항목을 대폭 확대하고, 질병발견 시 후속 조치 등에 관한 사항이 강화될 필요가 있다.

　넷째, 치매나 중증질환을 앓고 있는 노인을 부양하는 가족에 대한 지원서비스의 취약성 문제이다. 노인 건강보장은 노인 환자에만 국한되어서는 안 되며, 노인환자 부양으로 인하여 어려움을 겪는 부양가족에 대한 서비스가 병행되어야 하나, 현재 건강보장체계에서는 이러한 서비스 체계를 갖추지 못하고 있다. 따라서 앞으로 노인장기요양보험제도에서는 가정중심 또는 지역사회 중심의 노인가족에 대한 건강지원서비스를 강화해야 한다. 그리고 치매나 중증질환 노인을 부양하는 가족에 대해서는 간병비용 또는 특별부양수당을 지원하는 방안도 긍정적으로 검토되어야 한다.

다섯째, 노인장기요양보험제도와 관련된 문제이다. 노인장기요양보험제도는 노인환자와 가족의 장기요양보호에 대한 수요를 충족하고 노인의료비 경감에 기여하는 등 많은 효과가 기대되고 있다. 그러나 노인의 기능상태와 욕구에 기초한 종합적 사례관리에 대한 고려가 미흡하고, 제도의 재정과 하드웨어의 구축에 치중함으로써 노인에 대한 서비스의 질 저하가 우려되고 있다. 또한 장기요양보험급여를 직접 제공하는 요양보호사가 단기교육과정을 통해 양성되므로 기존의 사회복지사나 간호사와 같은 전문성을 갖추지 못하고 있으며, 이로 인해 서비스의 질적 하락 문제가 야기되고 있다. 뿐만 아니라 일부 재가급여의 부당 청구문제, 요양보호사교육기관의 부실운영, 장기요양요원의 노동조건 악화 등의 문제가 야기되고 있다. 그리고 노인맞춤돌봄서비스와 주거복지시설 등과의 연계방안에 대해서도 좀 더 깊이 있는 논의가 필요하다.

5. 사회서비스

1) 사회서비스의 이해

노인에 대한 사회서비스는 일상생활에서 문제를 겪고 있는 노인과 그 가족의 사회적 기능을 향상하기 위한 신체, 심리, 사회적인 여러 측면의 서비스를 포함한다(최성재, 장인협, 2010). 즉, 노인을 위한 사회서비스란 노인의 심리사회적 적응, 자아발달을 위한 욕구충족 그리고 일상생활의 당면문제 해결 등을 위한 비화폐적 서비스로서 노인복지서비스라고도 부른다.

이러한 사회서비스는, ① 노인의 개별 욕구에 대응해야 하는 개별성, ② 일상생활에서 곤란을 겪는 노인의 의존상태 전락을 방지하는 예방성, ③ 노인의 선택 가능성과 서비스 이용에 필요한 접근도를 제고해야 하는 접근성, 그리고 ④ 입소서비스-통소(通所)서비스-재가서비스-이용서비스(장소), 장기보호-중간시설-단기보호-주야간보호(기간과 기능)를 포괄하는 다양성이라는 특성을 지닌다.

노인을 위한 사회서비스 프로그램에는 상담, 정보 제공과 서비스 의뢰, 주야간 보호서비스, 가정방문서비스, 건강보호서비스, 사회적 지지 서비스 등 다양한 내용이 포함될 수 있다 (Johnson & Schwartz, 1997). 그리고 서비스 제공장소에 따라 가정을 기반으로 한 서비스, 지역사회를 토대로 한 서비스, 시설보호서비스 등으로 구분된다(김형수 외, 2023). 그리고 사회서비스는, ① 노인의 일반적이고 발전적인 욕구의 충족, ② 일시적 또는 항구적인 문제해결의 원조, ③ 노인의 서비스 접근도 제고, 그리고 ④ 노인의 사회적 지위 유지를 위한 원조의 기능을 발휘한다(최성재, 장인협, 2010).

이와 같이 노년기에는 사회서비스에 대한 필요성이 증가하지만, 노인인구 중에서 필요한 서비스를 받지 못하는 노인의 비율은 아직 높은 편이다. 그 이유는 내담자 요인, 서비스 제공자 요인, 서비스 전달체계의 요인 등과 같은 서비스 장애요인이 존재하기 때문이다(Kropf & Hutchison, 2000). 먼저 노인 내담자가 지니는 서비스 장애요인은, ① 서비스를 받는 것을 스스로 수치스러운 일로 생각하며, ② 독립적 생활을 침해당할 것이라는 두려움을 갖는 경우가 많으며, ③ 많은 연령 차이로 인해 서비스 제공자가 자신을 이해하지 못할 것이란 인식을 갖고 있는 것을 들 수 있다. 서비스 제공자가 갖는 서비스 장애요인은, ① 노화와 노인에 대한 잘못된 가치관과 노인복지교육의 부족으로 인하여 노인에 대해 차별적 시각을 갖고 있거나, ② 노인을 접하게 됨으로써 자신의 죽음 또는 노년기에 대해 부정적 관점을 갖게 됨으로써 불편한 감정을 갖게 되는 점을 들 수 있다. 서비스 전달체계상의 장애요인으로는, ① 서비스나 자원에 대한 정보부재로 인한 서비스 전달체계로부터의 단절, ② 서비스 이용에 따르는 비용부담, ③ 서비스에의 낮은 접근도를 들 수 있다.

2) 현행 사회서비스 체계

노인을 위한 사회서비스, 즉 노인복지서비스는 서비스의 장소에 따라 가정, 지역사회, 시설을 기반으로 한 모든 비화폐적 서비스를 의미하며, 노인의 건강, 심리, 사회적 생활과 관련된 모든 내용의 서비스, 즉 상담, 여가, 교육, 봉사 등의 여가와 사회참여를 지원하는 서비스를 포괄한다. 우리나라에서는 노인장기요양보험제도가 실시되기 이전까지는 재가노인복지사업을 주된 사회서비스로 간주하였으나, 노인장기요양보험제도의 시행과 함께 서비스 대상이 중증환자에 국한된 서비스가 됨에 따라 방문요양, 주야간보호, 단기보호, 방문목욕, 방문간호 등은 건강보장의 급여로 분류하고, 노인장기요양급여의 재가급여가 아닌 재가노인을 지원하는 서비스는 사회서비스로 분류하는 것이 더욱 타당할 것이다. 그러므로 현행 노인을 위한 사회서비스는 노인장기요양보험급여를 이용하지 않고 지역사회에 거주하는 노인을 위한 노인돌봄서비스, 여가지원서비스, 평생교육서비스, 사회참여지원서비스, 노인권익보호서비스로 한정되므로, 다음에서는 이에 대해서만 다룬다. 이 외에 넓은 의미의 노인을 위한 사회서비스에 해당한다고 볼 수 있는 시설을 기반으로 한 서비스는 이 책의 제7장, 재가노인을 위한 장기요양서비스는 제11장의 4절, 그리고 상담에 대한 내용은 제13장에서의 논의로 대신하고자 한다.

(1) 노인돌봄서비스

현재 노인복지정책으로 실시되고 있는 노인돌봄서비스는 노인맞춤돌봄서비스, 독거노인·중증장애인 응급안전알림서비스, 독거노인공동생활홈서비스, 폐지수집노인 발굴·보호사업으로 구성되어 있다. 이들 노인돌봄서비스에 대해 살펴보면 다음과 같다(보건복지부, 2024b, 2024c).

① 노인맞춤돌봄서비스

노인맞춤돌봄서비스는 2007년부터 시행된 노인돌봄기본서비스, 노인돌봄종합서비스 및 단기가사서비스, 2013년부터 시행된 지역사회 자원연계 사업, 2014년부터 시행된 독거노인 사회관계 활성화 사업(일명 독거노인친구만들기 사업), 2019년부터 시행된 초기독거노인 자립지원사업을 2020년부터 통합 실시하는 노인돌봄서비스이다. 노인맞춤돌봄서비스는 일상생활 영위가 어려운 취약노인에게 적절한 돌봄서비스를 제공하여 안정적인 노후생활 보장, 노인의 기능·건강 유지 및 악화 예방에 목적을 둔 사회서비스이다.

서비스 대상은 만 65세 이상 국민기초생활수급자, 차상위계층 또는 기초연금 수급자로서 독거가구, 조손가구, 고령부부 가구 노인 등 돌봄을 필요로 하는 노인과 신체적 기능 저하, 정신적 어려움(인지저하, 우울감 등) 등으로 돌봄이 필요한 노인 그리고 고독사 및 자살 위험이 높은 노인이다. 다만, 노인장기요양보험 등급 판정자, 가사·간병 방문지원사업 이용자, 국가보훈처 보훈재가복지서비스 이용자, 장애인활동지원사업 이용자, 기타 국가 및 지방자치단체에서 시행하는 서비스 중 노인맞춤돌봄서비스와 유사한 재가서비스를 이용하는 노인은 노인맞춤돌봄서비스를 이용할 수 없다. 그리고 서비스 대상은 사회, 신체, 정신 영역의 돌봄 필요도에 따라 중점돌봄군, 일반돌봄군, 특화서비스 대상군으로 나뉜다. 중점돌봄군은 신체적인 기능 제한으로 일상생활에 지원 필요가 큰 대상으로서, 월 20~40시간 미만의 직접서비스를 제공하고 주기적인 가사지원서비스 제공도 가능하다. 일반돌봄군은 사회적인 관계 단절 및 일상생활의 어려움으로 돌봄 필요가 있는 대상으로서, 월 16시간 미만의 직접서비스를 제공하며 주기적인 가사지원서비스는 이용할 수 없다. 특화서비스 대상군은 사회관계 단절, 우울증 등으로 집중적인 서비스가 필요한 대상으로서 자살 예방 관련 서비스를 이용할 수 있다.

노인맞춤돌봄서비스를 이용하기 위해서는 서비스를 필요로 하는 노인 또는 그 가족 등이 읍·면·동 행정복지센터를 방문하거나 전화 등을 통해 서비스 이용 신청을 하여야 하며, 서비스 이용기간은 서비스 이용승인을 받은 다음날부터 1년간이며 재사정을 통하여 서비스의 지속 또는 종결을 결정할 수 있다. 서비스 신청을 받은 전담사회복지사는 14일 이내에 노인의 가정을 방문하여, 사회 영역(S), 신체 영역(P), 정신 영역(M) 3개의 영역(각 7~9개 지표·항목)의 23개 지표 항목으로 구성된 대상자선정조사지에 의거하여 조사를 실시하며, 각 영역별 지원 필요도를 상-중-하로 평가하여 100점 만점으로 점수를 집계한다. 이들 점수를 근거로 하여 신체 영역이 '상'이면서 사회 영역 또는 정신 영역에서 '중 또는 상'이 1개 이상으로 판정된 대상자는 중점돌봄군, 사회 영역이 '중' 이상이면서, 신체 영역 또는 정신 영

표 11-13 노인맞춤돌봄서비스의 세부서비스 내용

구분	대분류	중분류	소분류
직접 서비스 (방문·통원 등)	안전 지원	방문 안전지원	• 안전·안부 확인 • 정보제공(사회·재난안전, 보건·복지 정보제공) • 생활안전점검(안전관리점검, 위생관리점검) • 말벗(정서지원)
		전화 안전지원	• 안전·안부 확인 • 정보제공(사회·재난안전, 보건·복지 정보제공) • 말벗(정서지원)
		ICT 안전지원	• ICT 관리·교육 • ICT 안전·안부 확인
	사회 참여	사회관계 향상 프로그램	• 여가활동 • 평생교육활동 • 문화활동
		자조모임	• 자조모임
	생활 교육	신체건강분야	• 영양교육 • 보건교육 • 건강교육
		정신건강분야	• 우울예방 프로그램 • 인지활동 프로그램
	일상생활 지원	이동활동 지원	• 외출동행 지원
		가사지원	• 식사관리 • 청소관리
연계서비스 (민간후원자원)		생활지원연계	• 생활용품 지원 • 식료품 지원 • 후원금 지원
		주거개선연계	• 주거위생 개선 지원 • 주거환경 개선 지원
		건강지원연계	• 의료연계 지원 • 건강보조 지원
		기타서비스	• 기타 일상생활에 필요한 서비스 연계
특화서비스			• 개별 맞춤형 사례관리 • 집단활동 • 우울증 진단 및 투약 지원

자료: 보건복지부(2024b). 노인맞춤돌봄서비스 사업안내.

역에서 '중 또는 상'이 1개 이상으로 판정된 대상자는 일반돌봄군으로 선정한다.

　이러한 대상자 선정조사 결과를 바탕으로 전담사회복지사는 노인 개인별로 서비스 내용, 서비스 방법, 제공빈도, 담당 생활지원사 배정 등을 포함한 구체적인 서비스 제공계획을 수립하며, 생활지원사는 맞춤형 서비스 계획에 따라 노인이 필요로 하는 서비스를 제공한다. 노인맞춤돌봄서비스에서 제공하는 서비스는 직접서비스, 연계서비스, 특화서비스로 구성되어 있는데, 세부적인 서비스 내용을 보면 〈표 11-13〉과 같다. 서비스 대상자 유형별로는 중점돌봄군은 월 20~40시간 미만의 직접서비스를 이용할 수 있으며 주기적인 가사지원서비스 이용도 가능하고, 필요에 따라 연계서비스와 특화서비스의 이용도 가능하다. 일반돌봄군은 월 16시간 미만의 직접서비스를 이용할 수 있지만 주기적인 가사지원서비스는 이용할 수 없으며, 필요시 연계서비스와 특화서비스의 이용이 가능하다.

　특화서비스는 가족, 이웃 등과의 접촉이 거의 없어 고독사 및 자살위험이 높은 만 65세 이상 노인(고독사 및 자살위험이 크다고 판단되는 경우 60세 이상으로 하향 조정)을 대상으로 하여, 이용자 특성에 따라 은둔형, 우울형으로 유형을 구분한다. 은둔형은 가족, 이웃 등과 관계가 단절되어 있으면서, 민·관의 복지지원 및 사회안전망과 연결되지 않은 노인이다. 우울형은 정신건강 문제로 인해 일상생활 수행의 어려움을 겪거나, 가족·이웃 등과의 관계 축소 등으로 자살, 고독사 위험이 높은 노인이다. 은둔형 노인에 대해서는 개별상담, 지역사회 적응지원, 지역사회 자원연계 서비스, 중도탈락자 사후관리서비스를 최소 25회기 이상 제공한다. 우울형 노인에 대해서는 1:1 사례관리, 집단치료 또는 집단상담, 자조모임, 나들이, 지역사회연계서비스, 중도탈락자 사후관리서비스 등의 서비스를 개인별 8회기 이상 그리고 집단활동 16회기 이상을 제공한다.

② 독거노인·중증장애인 응급안전안심서비스

　독거노인·중증장애인 응급안전안심서비스는 독거노인과 중증장애인의 가정에 화재, 가스, 활동감지 센서를 설치하여 독거노인과 중증장애인의 상시 안전을 확인하고 응급상황 발생 시 구조 및 구급활동을 전개하는 시스템으로, 독거노인 댁내시스템의 구성은 [그림 11-4]에서 보는 바와 같다. 이 서비스에서는 장기요양서비스가 필요하지 않은 65세 이상 독거노인 중에서 안전확인의 필요도가 높은 노인을 우선 선정하여, 24시간 365일 독거노인 댁내시스템을 이용한 생활모니터링, 가정방문 및 유선으로 주기적 안전확인을 실시하고, 생활교육과 서비스 연계 등을 제공하는 24시간 예방적 서비스이다(보건복지부, 2024d).

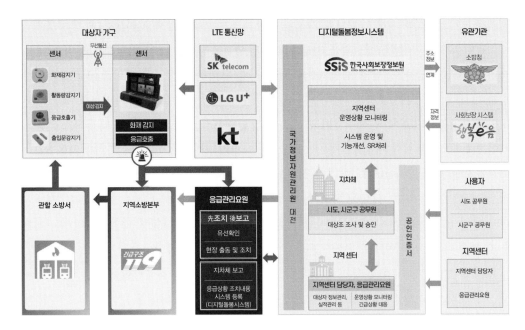

[그림 11-4] 독거노인·중증장애인 응급안전안심서비스 흐름도

자료: 보건복지부(2024d). 독거노인·장애인 응급안전안심서비스 사업안내.

③ 독거노인 공동생활 홈서비스

독거노인 공동생활 홈서비스는 농림부 및 농촌지역 중심의 일부 지방자치단체에서 독거노인의 고독사와 자살 예방 및 취약한 주거환경 등의 문제를 해소하기 위해 마을회관, 폐교, 경로당, 빈집 등의 공동시설이나 유휴시설을 개·보수하거나 건물을 신축하여 독거노인들이 공동생활을 할 수 있도록 돕는 사업이다. 도시지역의 경우에는 주로 주거지가 없거나 주거환경이 열악한 기초생활수급자 등 저소득 독거노인들이 지역사회 내의 일반주택(다가구·다세대 주택 등)에서 소규모로 모여 살 수 있도록 전세금(임대료) 등을 지원한다. 독거노인 공동생활 홈서비스는 유형이나 지역 여건에 따라 탄력적으로 제공할 수 있으며, 안부확인 및 보건·복지서비스 연계, 밑반찬 배달 및 자원봉사·민간 후원 연계, 건강·여가 프로그램 및 일자리 제공, 노인복지관과 치매안심센터 등과 연계한 맞춤형 프로그램 등이 포함되며, 지방자치단체별로 자체 운영 및 지원 조례를 제정하여 설립과 운영에 관한 사항을 규정하고 있다.

④ 폐지수집 노인 발굴·보호사업

폐지수집 노인 발굴 및 보호사업은 고령, 저소득, 위험노출, 건강문제 등 취약요소가 많은 폐지수집 노인에 대하여 지방자치단체에서 발굴·파악하여 개개인의 복지욕구를 확인하고 필요한 보건 · 복지서비스를 제공함으로써 취약노인 보호를 강화하고 복지사각지대를 축소하는 데 목적을 둔 노인돌봄서비스 중의 하나이다. 각 지방자치단체는 읍 · 면 · 동 맞춤형 복지팀, 방문건강관리, 노인맞춤돌봄서비스 인력 등을 활용하여 폐지 수집 노인을 적극적으로 발굴하고 개인의 복지욕구 등에 따라 관련 기관과 연계하여 상담을 실시한다. 그리고 지방자치단체 고유의 노인복지사업과 지역 내 민간자원과 연계하여, ① 소득 · 생활 지원 및 고용 · 노인 일자리 참여, ② 주거급여 또는 공동임대주택 신청 연계 등의 주거지원, ③ 지역보건소를 이용한 의료서비스, 의료급여 수급자 신청 등의 건강의료서비스, ④ 노인맞춤돌봄서비스나 노인복지관 이용 연계서비스 등의 돌봄안전서비스를 제공한다. 그리고 폐지 수집을 지속하기를 희망하는 노인의 경우, 방한점퍼 · 방한화 · 장갑 등 방한용품 및 야광조끼 · 반사 테이프 등 교통 안전용품 등을 지원하고 폐지수거 작업 시 안전관리 요령, 교통안전교육 실시 등 폐지 수집 노인이 안전한 환경에서 활동할 수 있도록 지원한다.

(2) 여가지원서비스

「노인복지법」 제36조에 따르면, 노인여가복지시설은 경로당, 노인복지관, 노인교실로 규정되어 있으며 노인휴양소는 2010년 4월 「노인복지법」 개정으로 노인여가복지시설에서 제외되었다. 그러나 노인교실은 1차적 목적이 여가활용이 아니라 평생교육서비스로 제6장에서 이미 논의하였으므로 여기에서는 나머지 경로당과 노인복지관에서 제공하는 사회서비스에 대해서만 논의한다.

① 경로당 활성화 사업

경로당은 노인정으로도 불리며, 지역노인이 자율적으로 친목도모, 취미활동, 공동작업장 운영 및 각종 정보교환과 기타 여가활동을 할 수 있도록 장소를 제공하는 노인여가복지시설이다. 2023년 말 기준 보건복지부에 등록된 경로당은 6만 8,792개소(보건복지부, 2024. 6.)이며, 미등록 경로당까지 합치면 그 수는 7만여 개소에 이를 것으로 추정된다. 보건복지부와 한국보건사회연구원(2023)의 노인실태조사에 따르면, 노인의 경로당 이용률은 26.5%이지만, 60대 후반 노인은 10명 중 1명, 70대 초반 노인은 5명 중 1명인 반면 80대 이상을 2명 중 1명이 이용하는 것으로 나타나 고령노인의 이용률이 상대적으로 높게 나타났다. 주당 평균 이용회수는 3회 정도이며, 친목도모를 목적으로 경로당을 이용하는 노인이 66% 정도이며, 식사서비스가 19% 정도, 건강증진프로그램은 5% 정도, 평생교육프로그램은 4% 정도, 취미여가프로그램은 3% 정도로 나타났다. 이러한 경로당 이용 실태를 고려해 볼 때, 경로당에서 단순 소일형 여가활동 프로그램이나 야외 나들이, 점심식사 제공 등의 프로그램 실행률은 높지만, 창의적이고 발전적인 여가활동 프로그램의 실시율은 매우 낮다는 것을 알 수 있다.

이와 같이 단순 소일공간으로서의 제한된 기능을 수행하고 있는 경로당의 기능을 강화하기 위하여 지역의 노인공동생활 장소와 학대노인지킴이센터로 기능을 혁신하고, 건강관리·운동·교육·여가·자원봉사 등 다양한 프로그램을 제공하는 다기능 공간으로 전환하기 위하여 경로당 활성화 사업을 추진하고 있다. 경로당 활성화 사업의 추진을 위하여 현황조사를 토대로 운영 프로그램이 미흡한 경로당을 선정하고, 이들 경로당에 사회참여, 공동작업장 운영, 노후생활교육 및 상담, 여가활동, 건강운동과 건강관리, 권익증진, 노인복지관 연계 프로그램 운영, 노인공동생활가정 운영, 학대노인지킴이센터 운영 등을 지원한다. 뿐만 아니라 지역사회보장협의체 산하 실무분과에 경로당 활성화 지원 협의체를 구성하여 운영하도록 함으로써 지역사회 내의 인적·물적 자원을 효과적으로 동원하고 연계할 수 있도록 하며, 경로당 순회 프로그램 관리자를 시·군·구별로 대한노인회 지회에 최소 1인 이상 사회복지사를 우선 채용하여 배치하고 이들의 인건비와 활동비를 지방자치단체에서 지원하도록 하고 있다. 그리고 시·도에 경로당 광역지원센터를 설치·운영하고, 매년 모범경로당을 선정하여 지방자치단체의 재량으로 운영비 지원 등에 있어서 인센티브를 제공하고 있으며, 경로당 회계관리 개선을 위한 회계교육을 강화하고 있다. 또한 경로당 난방비를 월 40만 원씩 5개월간, 냉방비를 월 16만 5,000원씩 2개월 그리고 정부양곡을 20kg 8포대 이내에서 지원한다.

② 노인복지관

노인복지관은 노인복지회관, 노인종합복지관 등의 다양한 용어로 불리고 있으나, 법적 용어는 노인복지관이다. 노인복지관은 「노인복지법」 제36조에서 정하는 노인여가복지시설로서 "노인의 교양·취미생활 및 사회참여활동 등에 대한 각종 정보와 서비스를 제공하고, 건강증진 및 질병예방과 소득보장·재가복지, 그 밖에 노인의 복지증진에 필요한 서비스를 제공함을 목적으로 하는 시설"이다.

노인복지관은 여가, 건강, 일자리 등 노인의 다양한 복지욕구를 충족할 수 있는 체계적이고 종합적인 복지서비스를 제공하기 위해서는 일정 규모 이상의 시설을 확보하여야 한다. 「노인복지법 시행규칙」 제26조 제1항에 따르면 노인복지관은 연면적 $500m^2$ 이상을 확보하여야 하고, 사무실, 식당 및 조리실, 상담실, 집회실 또는 강당, 프로그램실, 화장실, 물리치료실, 비상재해대비시설, 거실 또는 휴게실을 각각 1개실 이상을 설치하여야 하며, 노인복지관의 모든 시설공간은 고유목적사업에만 활용하여야 한다. 그리고 시·군·구에 노인복지관이 있으나 접근성이 좋지 않은 지역의 노인을 위하여 노인복지관 분관을 설치할 수 있다. 노인복지관 분관은 사무실, 상담실 또는 면회실, 집회실 또는 강당, 프로그램실, 화장실, 거실 또는 휴게실을 각각 1개실씩 설치하여야 하며, 최소 3~4인의 종사자를 배치하여야 한다.

노인복지관은 지역사회 노인의 성공적 노후생활 실현이라는 사명(mission)을 이행하고, ① 건강한 노후를 위한 예방, 돌봄 기반 구축 및 확충, ② 활동적인 노후를 위한 사회참여 여건 조성 및 활성화, ③ 안정적 노후를 위한 소득보장의 다양화와 내실화라는 목표를 달성하기 위하여 전문성, 지역성, 중립성, 책임성이라는 서비스 제공 원칙에 따라 지역주민에게 종합적 노인복지서비스를 제공해야 한다(보건복지부, 2024c).

노인복지관이 고유의 목적달성을 위해서 실시해야 할 서비스는 크게 기본사업과 선택사업으로 구분된다. 노인복지관의 기본사업에는 상담, 사례관리 및 지역사회돌봄, 건강생활지원, 노년 사회화교육, 지역자원 및 조직화, 사회참여 및 권익증진이 포함된다. 선택사업에는 지역 또는 노인복지관의 특성을 반영하여 개발, 추진 가능한 사업으로, 고용 및 소득지원사업, 가족기능지원사업, 돌봄 및 요양서비스 등이 포함된다. 이러한 노인복지관의 서비스 기능별로 주요 사업과 세부 프로그램을 제시하면 〈표 11-14〉와 같다.

노인복지관은 주요 기능과 사업을 수행하는 데 필요한 적정 수준의 재정을 확보해야 하는데, 시·군·구청장은 사업수행 실적, 시설 및 직원 규모 등을 고려하여 차등 재정지원을

표 11-14 노인복지관의 주요 사업과 프로그램

사업 구분		프로그램(예시)
상담	일반상담 및 정보제공	• 노인의 복지 정보 제공 일반상담(이용상담, 접수상담) • 외부 전문가 활용 정보 제공 상담(경제, 법률, 주택상담, 연금상담, 건강상담, 세무상담)
	전문상담	• 우울 및 자살예방 프로그램, 죽음준비 프로그램, 집단 프로그램, 자조모임, 학대 및 인권, 인지 및 행동 심리 상담, 애도, 상실, 관계(부부관계, 또래관계, 자녀관계 등) 등에 대한 개별 혹은 집단 개입 등
사례관리 및 지역사회돌봄	위기 및 취약노인 지원	• 취약노인의 신체·정서·사회적 자립 지원 프로그램 운영, 노인맞춤돌봄서비스, 사례관리사업, 읍면동 행정복지센터 및 유관기관 등과 연계(취약노인연계망구축사업)
	지역사회 생활자원연계 및 지원	• 노인에게 필요한 서비스 조정, 중재, 의뢰, 옹호, 자원반응역량 강화를 위한 지원 활동 • 지역사회 읍·면·동 복지 허브화와 맞춤돌봄에 관한 지역자원 발굴 연계
	가족기능 지원	• 노인과 관련된 가족상담, 가족관계 프로그램, 가족캠프, 세대통합 프로그램 등

사업 구분		프로그램(예시)
건강생활 지원	건강증진 지원	• 건강교육, 건강상담, 건강교실(건강체조, 기체조, 요가 등), 독거노인지원사업(기존 재가사업), 노인건강운동, 치매예방 인지활동서비스, 물리치료 등
	기능회복 지원	• 양 · 한방진료, 작업요법, 운동요법, ADL훈련 등
	급식 지원	• 경로식당(중식서비스), 밑반찬 · 도시락배달, 푸드뱅크 등
노년 사회화 교육	평생교육 지원	• 노인역량강화교육, 정보화교육, 사회화교육, 시민사회교육, 한글교실, 외국어교실, 교양교실, 인문학교육, 예비노인 은퇴준비 프로그램, 경제교육, 생애말기 준비 · 설계 교육, 웰다잉교육 등
	취미여가 지원	• 예능활동(음악, 미술, 생활도예, 서예, 댄스), 문화활동(연극, 사진, 영화, 바둑, 장기, 레크리에이션), 취미활동(종이접기, 손뜨개질, 민속놀이). 체육활동(탁구, 당구, 게이트볼), 동아리활동 등
지역자원 및 조직화	지역자원 개발	• 자원봉사자 발굴 · 관리, 후원자 개발, 외부 재정지원기관 사업수탁 등
	지역복지연계	• 경로당 프로그램 연계 등의 지역복지기관 연계, 지역협력사업(경로행사, 나들이 등) 등
	주거 지원	• 주택수리사업, 주거환경 개선사업(도배 등) 등
사회참여 및 권익증진	사회참여 지원	• 노인자원봉사 활성화 사업, 노인 일자리 및 사회활동 지원사업, 지역봉사 활동, 교통안전봉사, 동아리 · 클럽 활동 지원, 교통편의서비스 등
	노인권익증진	• 정책건의, 노인인권 옹호, 노인인식개선사업, 편의시설 설치, 노인소비자피해예방교육, 양성평등교육, 성교육 등
	고용 및 소득 지원	• 고령자취업지원사업, 취업교육, 창업지원(사회적 협동조합 등) 사업 등
돌봄 (선택사업)	요양서비스	• 치매환자 프로그램, 주 · 야간보호 등

※ 기타 제시되지 않은 사업은 자체 수행 가능

자료: 보건복지부(2024c). 노인보건복지사업안내.

할 수 있다. 그리고 이용자에게 양질의 서비스를 제공하기 위하여 사업 프로그램에 소요되는 최소한의 비용을 이용자에게 실비로 받을 수 있다. 노인복지관 운영을 위한 별도의 인력배치 기준은 없으며, 효과적이고 체계적 운영에 필요한 인력을 기관 자체 인사관리 규정에 의거하여 적정 수준에서 확보하고, 자체 보수지급 규정에 의거하여 적정 보수를 지급하여야 한다. 이와 같이 노인복지관의 운영은 자율성을 최대한 보장하되 서비스의 효과성과 효율성을 제고하고 이용자의 서비스 만족도를 제고하기 위하여 보건복지부에서는 「사회복지사업법」 제43조와 시행규칙 제27조에 의거하여 노인복지관에 대한 평가를 실시하고 있다. 2024년에 실시된 노인복지관 평가기준은 시설환경, 재정 및 조직운영, 프로그램 및 서비스, 이용자의 권리, 지역사회 관계, 시설운영 전반 등으로 구성되어 있다(중앙사회서비스원, 2022a. 12.).

(3) 평생교육서비스

「노인복지법」상 노인여가복지시설로 분류되어 있는 노인교실은 노인학교, 노인대학, 경로대학 등의 다양한 명칭으로 설립·운영되고 있다. 보건복지부(2024. 6.)에 등록된 노인교실은 2023년 말 기준 1,225개소에 이르고 있으나, 미등록 상태로 운영하고 있는 곳이 많아 정확한 운영실태를 파악하는 데 한계가 있다. 보건복지부에 등록된 노인교실은 대한노인회, 사회복지관, 노인복지관, 종교단체 등 다양한 기관에서 운영하고 있다. 이와 같이 노인교실을 운영하는 기관이 다양한 만큼 운영 상황은 천차만별이며, 노인교실의 대부분이 도시지역에 집중되어 있고, 운영 면에서도 도·농 간에 편차가 매우 크다. 노인교실에서 실시하고 있는 노인교육의 내용은 크게 교양강의와 여가활동으로 나뉘는데, 대부분의 경우 교양강의보다는 취미, 오락 위주의 프로그램에 치중하고 있다. 노인교실 등 노인 평생교육서비스의 실태와 문제점, 개선방안 등에 대한 자세한 사항은 이 책의 제6장 5절에서 논의한 내용으로 대신한다.

(4) 사회참여지원서비스

노인의 사회참여 수준은 매우 낮은 상황이다. 이 책의 제6장에서 살펴본 바와 같이 친목단체와 동호회 이외의 사회단체 참여율은 매우 낮으며, 자원봉사활동 참여율도 7% 정도에 머물고 있다. 이러한 노인의 사회참여를 조장하고 지원하기 위하여 보건복지부에서는 노인의 자원봉사활동을 활성화하기 위한 다양한 정책을 추진하고 있다. 노인의 자원봉사활동 참여를 조장하고 이를 지원하기 위한 사업은 2001년에 노인일거리마련사업에서 시작되었다. 이 사업은, ① 노인의 경륜과 지식을 최대한 활용하여 사회 봉사기회 확대, ② 최소한의 실비 지원을 통하여 노인의 자원봉사활동 기반 활성화, ③ 노인의 자율적인 봉사활동을 통하여 자아실현을 도모하고 참여감과 소속감 고취를 목적으로 실시되었다. 지역 여건별로 경로식당 봉사활동, 재가노인 식사배달 및 말벗 서비스, 노인복지시설 봉사활동, 경로당 활성화 사업 지원 등을 실시하였는데, 2005년 지방정부로 사업이 이양되어 노인일자리사업이나 자원봉사 프로그램으로 변경되었다.

보건복지부에서는 「노인복지법」 제23조에 의거해 노인자원봉사를 활성화하여 노인의 적극적 사회참여와 노인의 인적 자원 활용을 극대화하고, 노인의 지식, 경험, 기술을 지역 내 사회복지 자원으로 유입하기 위하여 2007년도부터 노인자원봉사활동 지원사업을 새롭게 시작하였다.

노인 자원봉사 활성화 사업은 노인의 경륜을 사회에 재투자할 수 있도록 노인 자원봉사를 활성화하여 노인의 적극적 사회참여와 노인의 인적 자원 활용을 극대화하는 데 목적을 두고 있다. 이 사업은 「노인복지법」 제23조 및 「저출산고령사회기본법」 제14조에 근거하여 추진되고 있으며, ① 지식과 재능을 이용한 전문성과 나눔문화 확산, ② 지역사회에서 노인의 주도적인 자원봉사 분위기 조성, ③ 차별화된 노인 자원봉사활동 영역을 마련하고자 한다. 주요 사업으로는 노인 자원봉사단 운영 지원, 노인자원봉사단 운영매뉴얼 개선, 전국 노인 자원봉사 대축제 개최, 노인 자원봉사 홈페이지 운영 지원 등이 있다. 이 중에서 핵심이 되는 사업은 노인 자원봉사단 운영 지원이다. 노인 자원봉사단 운영 지원사업은 자기주도적인 노인상 구현, 노인 자원봉사활동을 위한 실질적 지원체계 구축, 다양한 노인 자원봉사활동 모형 개발 및 활성화, 노인 자원봉사활동을 위한 역량 있는 리더 육성에 목적을 두고 있다. 노인 자원봉사단은 경로당과 노인복지관 이용노인 5~50명 내외로 구성되며, 노인 치매예방활동, 노인 건강증진활동, 마을가꾸기 활동, 노인 우울·자살예방활동 등의 봉사활동에 참여하며, 봉사단 활동과 운영에 필요한 경비를 지원한다(보건복지부, 2024c).

이 외에 노인의 안전한 보행을 지원하고, 교통안전 교육·캠페인 등을 실시하여 교통안전수칙 준수 생활화를 도모하기 위하여 노인 관련 단체를 중심으로 노인 교통자원봉사단을 구성하여 운영하고 있다. 그리고 교사, 공무원, 변호사 등 전문 퇴직자 모임에서 자발적으로 퇴직노인 봉사단을 조직하여 활동하거나, 시·군·구 자원봉사센터, 노인복지관, 사회복지관, 경로당 등에서 자발적인 노인 자원봉사단이 조직되어 활동하고 있다. 이러한 노인 자원봉사활동의 촉진과 관리방안에 대해서는 이 책의 제6장에서 논의한 내용으로 대신한다.

(5) 재가노인지원서비스

노인장기요양보험제도의 실시와 함께 중증질환을 앓는 노인에 대한 장기요양서비스는 확대되었지만, 중등도 이하의 질병을 앓거나 경제·정신·신체적인 이유로 독립적 일상생활에 어려움을 겪는 노인에 대한 사회서비스는 오히려 축소되는 결과가 초래되었다. 이러한 문제점을 보완하기 위하여 정부에서는 2010년 3월부터 재가노인지원서비스를 실시하고 있다. 재가노인지원서비스는 '경제적·정신적·신체적인 이유로 독립적인 일상생활을 영위하기 어려운 노인과 복지 사각지대 노인들에게 일상생활 지원을 비롯한 각종 필요서비스를 제공함으로써 지역사회 내에서 건강한 생활을 영위하는 데에 어려움이 없도록, 예방적 복지 실현 및 사회 안전망을 구축하는 데 목적을 둔 사회서비스'로서 노인장기요양보험제도의 재가급여와는 구분되는 재가서비스이다(보건복지부, 2024c).

재가노인지원서비스의 이용 대상노인은 재가노인지원서비스 욕구를 가지고 있는 지역
사회노인을 대상으로 하되, ① 기초생활보장 수급자, 차상위계층 등 경제적 취약노인, ② 경
도인지장애, 알코올의존 등의 신체적·정신적 어려움이 있는 노인, ③ 우울, 고독 등 사회
적 고립상태의 노인, ④ 재가노인복지 관련 서비스(장기요양, 맞춤돌봄, 치매안심센터 등) 이용
자 중 재가노인지원서비스를 필요로 하여 의뢰된 노인, ⑤ 긴급지원이 필요한 노인, ⑥ 기타

표 11-15 재자노인지원서비스의 세부 서비스 내용

대분류 (사업)	중분류 (프로그램)	소분류(서비스)
위기관리 체계구축	사각지대 노인 보호 발굴체계 구축	• 민관 협치체계 구축 • 서비스 수행기관간 연대협력 체계 구축 등
	사례관리	• 사례 발굴(의뢰, 아웃리치 등) • 초기상담 • 사정 및 계획 • 개입 • 점검 및 모니터링
	정보통신기반 일상생활 안전지원	• ICT기반의 일상생활 관리 • 야간안전확인을 통한 위기관리 등
	노인상담 및 정보제공	• 사회보험, 공공부조, 사회복지서비스 등에 대한 종합안내 • 노인 일상생활 관련 전문상담 등
	통합지원체계 구축	• 민관협의체 구성 • 가족, 이웃, 자원봉사자 등 돌봄공동체 형성 등
욕구기반 위기관리 서비스 제공	경제적 위기관리	• 급식 지원 • 주거안정 지원 • 자원관리 • 후원·결연 등
	신체적 위기관리	• 경도인지장애 관리 및 연계 • 노인성 질환 관리 및 연계 등
	정신적 위기관리	• 알코올의존, 우울, 학대 등의 정신적 위기 관련 관리 능력 향상 및 관련기관 연계 등
	사회적 위기관리	• 대인관계 증진 • 소규모 지역밀착형 문화생활 지원 • 지역자원 활용 사회참여 기회 확대 등
위기상황 관리 및 긴급지원	권리옹호	• 노인 위기상황 협력 대응체계 구축 • 노인인식 개선 • 돌봄가족 지원 등
	긴급지원	• 자연재해, 응급상황 등에 대한 보호 등
	기타	• 기타 지역사회 노인을 위한 사업

자료: 보건복지부(2024c). 노인보건복지사업안내.

시·군·구청장이 의뢰한 노인을 우선적 서비스 대상으로 한다.

재가노인지원서비스의 주요 서비스 내용은 위기관리체계 구축, 욕구기반 위기관리서비스 제공, 위기상황 관리 및 긴급지원서비스로 구성되는데, 세부 서비스 내용은 〈표 11-15〉와 같다. 재가노인지원서비스는 재가노인지원서비스센터가 제공하며, 시설장(1명), 사회복지사(1명 이상), 사무원(1명)으로 조직되며, 전용면적 33m² 이상의 공간에 사무실, 상담실, 교육실, 자원봉사자실을 갖추어야 한다. 그리고 재가노인지원서비스센터의 운영은 재가노인복지시설 운영 기준을 따른다.

재가노인지원서비스 이외에 농어촌지역의 경우에는 방문요양, 주간보호(10명), 단기보호(5명) 서비스를 통합적으로 제공할 수 있는 농어촌 재가노인복지시설이 운영되고 있다.

(6) 노인권익보호서비스

노인부양의식의 변화로 가족 간의 갈등과 부양부담 등이 증가하면서 노인학대 사례가 점차 늘어나고 있다. 이러한 노인학대 사례에 전문적이고 체계적으로 대처하기 위하여 2004년 1월에 「노인복지법」 제10차 개정을 통하여 노인학대의 예방과 학대받는 노인의 보호를 위한 긴급전화, 노인보호전문기관의 설치 등에 관한 조항을 신설하면서 노인의 권익보호서비스가 시작되었다. 2011년 4월 「노인복지법」 개정을 통하여 노인보호전문기관을 중앙노인보호전문기관과 지역노인보호전문기관으로 구분하여, 각 기관의 기능을 규정하고 있다.

중앙노인보호전문기관은 노인인권보호 관련 정책제안, 노인인권보호를 위한 연구 및 프로그램의 개발, 노인학대 예방의 홍보·교육자료의 제작 및 보급, 노인보호전문사업 관련 실적 취합·관리 및 대외자료 제공, 지역노인보호전문기관의 관리 및 업무지원, 지역노인보호전문기관 상담원의 심화교육, 관련 기관 협력체계의 구축 및 교류업무를 담당한다. 이에 비해 지역노인보호전문기관은 노인학대 신고전화의 운영 및 사례접수, 노인학대 의심 사례에 대한 현장조사, 학대피해노인 및 노인학대자에 대한 상담, 피해노인가족 관련자와 관련 기관에 대한 상담, 상담 및 서비스 제공에 따른 기록과 보관, 일반인을 대상으로 한 노인학대 예방교육, 노인학대 행위자를 대상으로 한 재발방지 교육 등의 업무를 담당한다. 2024년 기준 전국에 지역노인보호전문기관 38개소와 중앙노인보호전문기관 1개소가 설치되어 운영되고 있다.

노인보호전문기관의 주요 서비스 내용 중에서 노인학대 신고와 위기상담을 위하여 긴급전화(☎ 1577-1389)를 설치하여 24시간 위기상담서비스를 제공하고 있다. 그리고 전화, 내방, 이동상담, 가정방문, 서신, 온라인 등의 다양한 경로를 통하여 노인학대 사례가 신고 또는 접수되면 [그림 11-5]의 절차에 따라 사례관리 서비스를 제공하고 있다. 노인학대 예방교육사업으로 노인, 가족, 지역주민, 노인학대 신고의무자, 관련기관 종사자 등을 대상으로

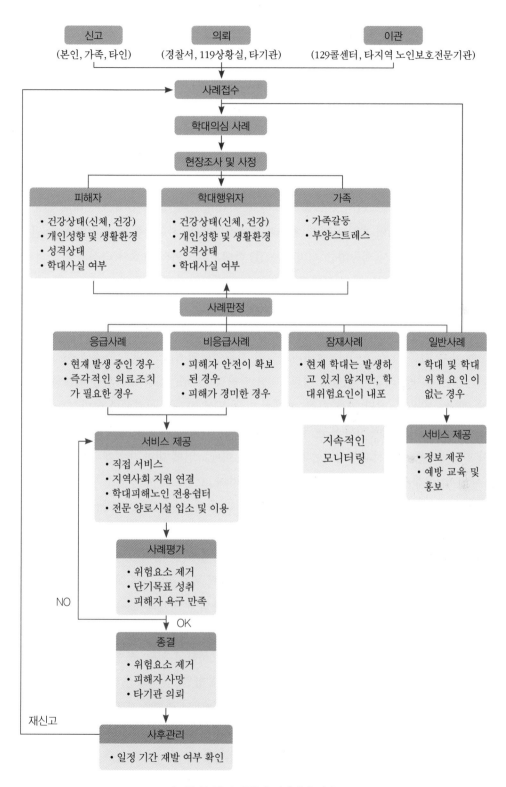

[그림 11-5] 노인학대 사례관리 절차

자료: 보건복지부(2024c). 노인보건복지사업안내.

교육을 실시하고 있으며, 효행 장려 및 지원에 관한 법률에 의거하여 유치원, 초·중·고, 사회복지시설, 평생교육기관에서 효행교육을 전개하고 있다. 그 외에 지역주민의 노인학대에 대한 인식을 제고하기 위하여 각종 홍보물, 언론광고, 만화 및 사진 전시회 등을 통하여 노인학대 홍보사업을 실시하고 있으며, 지역사회자원 개발과 동원을 위한 지역연계사업, 노인학대 자원봉사자 및 노인학대 지킴이단과 같은 노인일자리사업을 전개하고 있다. 그리고 노인 자살률이 급증함에 따라 노인자살예방사업을 전개하고 있다.

학대피해노인 전용쉼터는 학대피해노인에게 일정기간 보호조치 및 심신 치유 프로그램을 제공하여 학대피해노인의 보호를 강화하고, 학대행위자 및 그 가족들에 대해 전문상담서비스를 제공함으로써 재학대 발생 예방과 원가정 회복을 지원하는 데 목적을 둔 노인복지시설이다. 이 시설에서 제공하는 서비스는, ① 학대피해노인의 보호와 숙식제공 등의 쉼터 생활 지원, ② 학대피해노인의 심리적 안정을 위한 전문심리상담 등 치유 프로그램, ③ 학대피해노인에게 학대로 인한 신체적·정신적 치료를 위한 기본적인 의료비 지원, 학대 재발 방지와 원가정 회복을 위하여 노인학대 행위자 등에게 실시하는 전문상담서비스, ④ 학대행위자에 대한 법률 자문 등이다. 학대피해노인 전용쉼터의 입소정원은 5~9명 이하이고, 보호기간은 4~6개월 이내이며, 입소정원 1명당 연면적 15.9m² 이상의 공간을 확보해야 하고, 침실, 상담·교육실, 식당 및 조리실, 화장실 및 목욕실 공간을 설치해야 한다. 그리고 종사자로는 소장 1명, 사회복지사 또는 정신보건전문요원 2명 그리고 요양보호사 4명을 배치하여야 한다. 이 중에서 사회복지사는 쉼터 입소 및 이용노인에 대한 개입계획 및 사례관리 지원, 행정 및 회계 업무, 프로그램 개발 등을 담당하며, 요양보호사는 입소 및 이용노인에 대한 신체활동 및 일상생활 지원, 건강확인, 의료기관 동행, 가사활동, 조리업무, 프로그램 지원 등의 업무를 담당한다.

노인보호전문기관의 운영 이외에 노인의 인권보호를 위한 정책이 개발되어 시행되고 있다. 먼저 노인복지법 제6조의 3과 노인장기요양보험법 제35조의 3에 의거하여, 경로당과 노인교실을 제외한 모든 노인복지시설과 장기요양기관의 운영자와 종사자를 대상으로, 노인인권에 대한 이해와 관심 제고, 시설 운영자 및 종사자의 인권감수성 향상 그리고 이용자의 인권보호를 목적으로 한 인권교육(연 4시간 이상)을 실시하고 있다. 또한 노인복지법 제39조의 6 제5항에 의거하여, 노인복지시설, 요양병원, 종합병원, 장기요양기관에 소속된 노인학대 신고의무자(의료인, 의료기사, 노인복지시설 및 장기요양기관 종사자, 응급구조사 등 17개 직군)를 대상으로, 노인학대예방 및 신고의무, 노인학대 발견 시 신고요령, 피해노인 보호절차 등의 내용으로 구성된 노인학대 예방교육(연 1시간 이상)을 실시하고 있다. 또한 보건복지부(2006. 5.)는 노인복지시설 인권보호 및 안전관리지침을 제정하여 시행하고 있으며, 국가인권위원회(2008. 8., 2014)와 한국노인복지시설협회(2009. 10.)는 노인복지시설 종사자와 지역주민을 위한 인권교육교재와 인권매뉴얼을 개발·보급하였으며, 한국노인종합복지관협회에서는 노인권익위원(ombudsman) 사업을 사회복지공동모금회의 지원으로 실시하였다(한국노인종합복지관협회, 2010). 이 외에 노인의 인권보호, 학대예방 및 대처, 노인권익운동에 대한 상세한 내용은 이 책의 제9장 4절의 노인인권과 노인학대에 관한 논의로 대신한다.

3) 사회서비스의 문제점과 과제

이 책의 제6장과 제9장 그리고 이 절에서 현재 실시되고 있는 노인을 위한 사회서비스에 대해 살펴보았지만, 현재의 제도로는 활기찬 노후생활을 보장하는 데 한계가 있다. 이러한 노인을 위한 사회서비스의 문제점과 그 개선을 위한 과제를 제시해 보면 다음과 같다.

첫째, 장기요양서비스와 재가노인지원서비스 등의 노인돌봄서비스와 관련된 문제점이다. 노인장기요양보험제도의 시행에 따라 방문요양, 방문목욕, 방문간호, 주야간 및 단기보호서비스가 중증질환 노인에 대한 장기요양서비스를 제공하는 데 주력함에 따라 중등증 이하의 노인을 위한 돌봄서비스에 일부 공백 현상이 발생하게 되었다. 이러한 공백을 노인맞춤돌봄서비스, 노－노케어, 자활사업의 간병서비스, 재가노인지원서비스 등으로 보완하려하고 있다. 그러나 이들 사업대상이 저소득 노인이거나 독거노인이 주류를 이루고 있어, 중산층이면서 일상생활에 어려움을 겪는 노인을 대상으로 한 공적 노인돌봄서비스는 매우 제한되어 있다. 그리고 현행 노인돌봄서비스는 가족의 기능을 대체하는 성격이 강하여, 부양부담을 느끼면서도 노인 부양을 전담하고 있는 가족의 노인부양기능을 보완 또는 지원하는 서비스는 매우 제한되어 있다. 그리고 유사한 서비스를 제공하는 돌봄서비스 간의 연계와 조정이 원활히 이루어지지 않고, 서비스를 직접 제공하는 생활지원사와 요양보호사 등의 서비스 제공인력의 전문성에 한계가 있으며, 서비스 업무량에 대한 부담으로 전문적이고 질 높은 서비스를 제공하는 데 한계를 보이고 있다. 이를 개선하기 위해서는 가족의 노인 돌봄 기능을 지원 또는 보완할 수 있는 서비스를 더욱 적극적으로 개발하고, 노인돌봄서비스 간의 연계와 조정을 강화하거나 통합하고, 서비스 제공인력의 전문성 제고와 처우 개선을 위한 노력을 적극적으로 전개해 나가야 할 것이다.

둘째, 노인여가활동지원사업 전반에 걸쳐 나타나는 문제점이다. 현재 노인계층은 여가활용에 대한 인식과 준비가 미흡하고, 여가복지시설이 부족하며 접근도도 낮다. 그리고 노인의 여가활동을 지도할 수 있는 전문인력이 부족하며, 노인여가복지시설에서 제공하는 여가 프로그램도 노인의 여가욕구를 충족하는 데는 한계가 있다. 이러한 문제를 극복하고 노인의 여가활동 참여를 활성화하기 위해서는 노인의 여가에 대한 인식 증진을 통하여 새로운 노년기 여가문화를 정립하고 노인여가복지시설의 확충과 지원을 확대하며, 노인의 여가욕구에 근거한 다양한 질 높은 여가 프로그램을 개발하여야 한다. 그리고 노인여가활동을 지원할 수 있는 전문인력을 양성하고 민간부문의 경로우대제 확충과 노인여가산업 참여를 적극적으로 유도해야 한다.

셋째, 여가복지시설 중 경로당과 관련된 문제점이다. 현재 경로당은 시설기준이 지나치게 낮게 책정되어 있을 뿐만 아니라 소일공간 또는 동네사랑방으로서의 기능을 수행하는 데 머물러 있다. 이러한 문제점을 해결 또는 완화하기 위해서는 기존 경로당 중 소규모 노인복지관으로서의 기능을 수행할 수 있는 곳은 노인복지센터로 기능을 전환하고 그 외의 경로당은 소일공간으로서의 지위를 부여하는 등 경로당에 대한 기능 재정립을 해야 한다. 그리고 경로당 활성화 사업을 더욱 적극적으로 추진하여야 한다. 또한 이 사업에 대한 평가를 제도화하며, 경로당 지도자에 대한 리더십 개발과 특성화 프로그램을 개발·보급하여야 한다. 또한 지역단체나 주민과의 연계성을 더욱 강화하여 경로당 지원을 위한 지역 네트워크를 구축하고 경로당의 서비스 전달체계를 전체 사회복지 전달체계와 연계하여 발전시켜야 한다.

넷째, 노인복지관의 운영과 관련된 문제점이다. 우리나라의 기초자치단체 중 일부 지역에는 노인복지관이 설치되지 않고 있으며, 지역별로 노인복지관의 시설이나 서비스 수준에서 큰 편차를 보이고 있다. 그리고 모든 노인복지관이 지역 특성에 관계없이 기본사업을 수행하도록 함으로써 농어촌지역의 경우에는 형식적인 평생교육사업을 실시하는 경우도 발생하고 있다. 또한 전체 사업 중 평생교육사업이 차지하는 비중이 상대적으로 높고 가족기능지원사업과 사회참여지원사업 등의 비중은 낮아 사업 간 불균형의 문제도 야기되고 있다. 이러한 문제를 개선하기 위해서는 노인복지관 또는 분관을 지속적으로 확충하고 기관별 및 지역별로 특성화된 사업을 진행하되, 평생교육이 차지하는 비중을 줄이고 가족기능지원과 사회참여지원사업의 비중을 점차 늘려 나가야 한다.

다섯째, 평생교육과 관련된 문제점이다. 노인교육기관은 도시지역에 집중되어 있으며, 전문강사진의 부족, 운영재원의 부족, 교육시설 등 교육환경의 미비, 교육 프로그램과 방법의 전문성 결여, 지역사회 내 다른 노인교육기관과의 연계성 부족 등의 많은 문제점이 제기되고 있다. 이러한 문제를 완화하고 개선하기 위해서는 현재 여가복지시설로 규정되어 있는 노인교실을 평생교육기관으로 재규정해야 하며, 노인교육의 목표를 정립하고 이에 따른 체계적인 교육과정, 프로그램, 교재 등을 개발하여야 한다. 또한 노인교육 전문인력을 양성하고, 노인교육기관에 전문인력의 채용을 의무화하며, 지역사회 내의 노인교육 기능을 수행하는 대학, 종교단체, 복지 기관이나 단체, 노인교육 전문가 간의 유기적 협력체계를 구축해야 한다.

여섯째, 사회참여지원서비스와 관련된 문제점이다. 우리나라 노인 자원봉사활동의 문제점으로는 저조한 참여율, 노인의 봉사에 대한 인식 부족, 노인 자원봉사 프로그램의 부족,

노인 자원봉사조직 및 지원체계의 미비, 노인 자원봉사활동에 대한 사회보상체계의 미성숙 등을 들 수 있다. 이러한 문제점을 개선하고 노인의 자원봉사 참여를 촉진하기 위해서는 노인의 자원봉사 참여의식 제고, 노인을 위한 전문 봉사 프로그램의 개발, 노인 자원봉사 지도자 양성, 독자적 자원봉사 관리체계 구축, 노인 자원봉사조직의 확대, 자원봉사활동에 대한 보상체계 등과 같은 사회지원체계의 확충이 이루어져야 한다. 또한 노인 자원봉사자를 활용하는 기관에서는 노인 자원봉사자의 모집, 배치, 교육훈련, 활동지도 및 평가에 이르는 과정에서 체계적이고 전문적인 봉사자 관리활동을 전개해야 한다. 또한 현재 보건복지부에서 실시하고 있는 자원봉사활동지원사업은 교육부 등에서 실시하는 유사 노인자원봉사지원사업에 비하여 지원수준이 낮고 지원 규모가 매우 작아 실질적인 노인 자원봉사활동을 촉진하는 데는 한계가 있으며, 사회참여와 여가선용의 기능 수행에도 어려움을 보이고 있다. 이러한 문제를 해결하기 위해서는 노인자원봉사활동 지원수준을 더욱 강화해 나가야 할 것이다.

일곱째, 노인권익보호서비스와 관련된 문제점이다. 우리나라의 노인권익보호서비스의 역사는 매우 짧을 뿐만 아니라 노인의 인권이 극단적으로 침해를 받은 경우에 한정해서 노인학대문제를 예방하고 해결하려는 소극적 권익보호서비스가 주류를 이루고 있다. 그리고 노인의 인권에 대한 연구와 논의, 실천은 초보 단계에 머물러 있어 노인에게 직접 보호서비스를 제공하는 데 한계가 있으며, 노인인권보호를 위한 원칙이나 지침은 구체성과 실현 가능성이 매우 제한되어 있다. 이러한 문제를 해결하고 노인권익보호서비스를 강화해 나가기 위해서는 인권관점의 노인복지정책과 실천을 조장할 수 있도록 「노인복지법」의 개정이 필요하며, 노인인권에 대한 학술적 연구를 적극 지원하여 노인인권보호의 기본 방향과 원칙을 설정하고, 이를 근거로 적극적인 노인인권보호 프로그램과 서비스를 개발해 나가야 한다. 그리고 노인과 가족, 지역주민의 접근성을 제고하기 위해 노인보호전문기관을 확대 설치하고, 노인보호전문기관의 기능을 노인학대 상담, 사례관리 등에 국한하기보다는 노인인권보호센터로서의 기능을 수행할 수 있도록 재정비해 나가야 할 것이다. 또한 노인장기요양보험제도의 시행과 함께 시설 내에서 발생하는 인권침해문제의 예방과 서비스의 질 제고를 위하여 노인복지시설 인권보호 지침을 개정하고, 성년후견제도를 활성화하고, 노인복지 옴부즈맨(ombudsman) 프로그램을 도입하는 등 더욱 적극적인 인권보호 프로그램을 개발 · 실시하여야 한다.

생각해 보아야 할 문제

1. 국민연금제도의 지속 가능성과 안정적 노후소득보장 가능성에 관하여 토론해 보시오.

2. 국민기초생활보장제도의 급여를 받지 못하는 저소득 노인이 직면한 문제에 대해 토론해 보시오.

3. 고령자고용촉진법에 근거하여 실시되는 고령자 고용연장 및 일자리지원사업의 문제점과 개선방안을 모색해 보시오.

4. 인터넷이나 신문기사를 검색하여 노인 일자리 및 사회활동 지원사업에서 나타나는 문제점을 분석해 보시오.

5. 우리나라 노인 주거보장정책의 한계를 분석해 보고, 이를 개선할 수 있는 방안을 모색해 보시오.

6. 노인장기요양보험제도의 주요 내용과 문제점을 파악하고 이를 개선할 수 있는 방안을 모색해 보시오.

7. 농림어촌 노인의 의료 및 노인복지 서비스 이용과 관련된 문제를 분석하고 그 개선방안을 모색해 보시오.

8. 지역 내 경로당을 방문하여 관찰한 후 경로당의 기능 정립과 활성화 방안에 대해 토론해 보시오.

9. 노인 자원봉사활동 활성화 사업의 개선방안에 대해 토론해 보시오.

10. 현행 노인인권보호사업의 실태와 문제점을 분석하고 그 개선방안을 모색해 보시오.

제**12**장
노인복지 프로그램

학습목표 🔍

- 노인복지 프로그램의 개념과 특성을 이해하고, 정책, 서비스와의 관계를 이해한다.
- 노인복지 프로그램이 갖추어야 할 조건과 활용 가능한 프로그램을 이해한다.
- 노인복지 프로그램 개발의 과정과 각 단계별 프로그램 개발자의 과업을 이해한다.
- 노인복지 프로그램 제안서 작성방법을 이해한다.

1. 노인복지 프로그램의 개념과 특성

1) 프로그램의 개념

프로그램(program)이라는 용어는 '앞으로 해야 할 일을 명시해 놓은 시간표나 예정계획'이라는 사전적 의미를 지닌다. 즉, 처리해야 할 일이나 지시받은 업무를 어떤 순서로 어떻게 진행해야 하는지에 대한 실천계획을 내포하는 용어이다. 그렇지만 노인복지분야에서 간혹 정책, 실천, 서비스라는 용어와 혼용되고 있으므로, 프로그램의 정확한 의미를 규정하기는 쉽지 않다. 따라서 프로그램의 보다 정확한 개념 정의를 위하여 대표적인 학자들의 정의를 살펴보고자 한다.

York(1983)는 프로그램을 "목표를 달성하기 위한 일련의 상호의존적 활동"이라고 규정하고 있다. Rapp과 Poertner(1992)는 프로그램을 사회성원이 어떻게 도움을 받고 그들을 어떻게 도울 것인가에 관한 사회적 열망을 반영한 것으로서, "특정한 목적달성을 위한 여러 활동의 집합체"라고 정의하고 있다. Patti(1983)는 프로그램을 "조직의 설립이념 또는 사명을 달성하기 위하여 서비스 기술을 내담자 집단에 적용하는 활동체계"라고 정의하고 있다.

Royse 등(2000)은 "특정한 목표달성을 위한 조직화된 활동체계"로 프로그램을 정의하고 있다. 성규탁(1993)은 "특정한 사회복지 향상의 목적을 달성하기 위하여 한 가지 또는 여러 가지 서비스를 사전계획에 따라 전달하는 의도적이고 조직적인 활동"이라고 규정하고 있다. 그리고 정무성(2005)은 "사회복지조직에서 특정 목표를 달성하기 위하여 모든 과정을 마칠 때까지 요구되는 내용의 선정과 조직, 활동목표 체계, 시설, 인력, 예산, 지원체계, 기간 등과 관련된 전반적 과정"이라고 정의하고 있다.

이러한 기존 학자들의 정의는 프로그램은 정책이나 조직의 목적달성을 위한 활동체계로서, 계획적이고 조직적인 활동이며 자원과 기술을 투입하여 뒷받침해야 하는 것이라고 공통으로 강조하고 있다. 따라서 노인복지 프로그램은 '노인복지정책과 노인복지조직의 특정한 목적달성을 위하여 자원과 기술을 투입하여 수행하는 계획적이고 조직적인 활동체계'라고 정의할 수 있다.

2) 프로그램과 유사 개념의 구분

노인복지분야에서 프로그램은 매우 익숙하게 사용되고 있는 용어이지만, 때로는 정책, 실천, 서비스와 동의어로 사용되거나 특별한 구분 없이 사용되기도 한다. 따라서 정책, 실천과 서비스와의 관계를 정립하여 보는 것이 프로그램의 개념과 특성을 명확히 이해하는 데 도움이 될 것이다.

앞서 살펴본 바와 같이 프로그램이란 노인복지의 이념과 노인복지 정책 및 조직의 목적을 달성할 수 있도록 복지이념, 정책, 조직목적을 구체적인 실천이나 서비스로 전환하여 내담자에게 전달될 수 있도록 하는 수단 또는 활동체계다. 즉, 프로그램은 노인복지정책이나 조직의 목표를 구체적인 서비스나 급여, 실천으로 전환하는 수단이자 중간매개체이다(황성철, 2019). 다시 말해, 정책이 '무엇이 되어야 하는가?'라는 당위성이나 가치를 의미한다면, 프로그램은 '어떻게 그것을 실현할 것인가?'라고 하는 방법을 의미하며, 서비스나 급여, 실천은 '내담자에게 무엇을 제공할 것인가?'라는 실제적인 원조행위를 의미한다. 이처럼 정책이 목적이라고 한다면 프로그램은 수단에 해당한다(김영종, 2023).

프로그램은 정책, 서비스와 실천뿐 아니라 프로젝트(project)와도 간혹 혼용되어 사용된다. 프로젝트는 조직이나 지역사회에서 특정 문제, 욕구, 이슈 등에 대해 직접 또는 간접적으로 대응하기 위해서 진행되는 구체적이고 단기적이며 결과 중심의 활동이다(정무성, 2005; 황성철, 2019). 따라서 프로젝트는 시간 제한적이며, 대체로 한 가지 목적을 달성하기 위한 단기간의 특정 과업이나 활동을 일컫는다. 이에 비해서 프로그램은 좀 더 지속적으로 시행되며 여러 개의 목표를 달성하기 위한 활동으로, 다수의 프로젝트가 모여 형성된다는 차이

점이 있다. 즉, 프로그램이 사회변화와 내담자의 변화라는 다소 포괄적 목적달성을 위해 지속적이고 체계적으로 추진하는 활동체계라면, 프로젝트는 특정한 한 가지 목적달성을 위해 한시적이거나 실험적 형태로 이루어지는 활동체계이다.

3) 프로그램의 특성

노인복지 프로그램의 개념 정의에서 핵심이 되는 개념은 목적, 자원과 기술, 계획적 활동이며, 이는 프로그램의 기본 구성요소가 된다(황성철, 2019). 먼저, 프로그램의 목적은 프로그램 활동이 궁극적으로 추구하고자 하는 바람직한 상태를 의미하며, 조직의 사명과 설립이념, 정책의 목적에서 도출된다. 따라서 프로그램의 목적은 조직이나 정책의 목적이나 이념을 충실히 반영하여야 하며, 프로그램 자체의 목적을 더욱 구체적인 목표로 세분화하여야 한다. 즉, 프로그램의 목적은 개인 내담자나 조직, 사회의 변화라는 더욱 구체적인 세부 목표나 하위목표로 분화됨과 동시에 조직이나 정책의 목적으로 수렴되어야 한다.

다음으로, 프로그램의 실행을 위해서는 반드시 자원과 기술이 있어야 한다. 자원은 크게 인적 자원과 물적 자원 그리고 기술자원으로 나눌 수 있는데, 노인복지기관의 인적 자원에는 사회복지사, 요양보호사, 재활치료사, 자원봉사자 등이 포함된다. 그러나 사회복지조직이 인간과 사회의 변화를 도모하는 목적을 적절히 달성하기 위해서는 반드시 해당 프로그램과 관련된 분야의 전문역량을 갖춘 전문인력을 투입하여 프로그램을 실행해야 한다. 물적 자원에는 재원(예산), 시설, 장비 등이 포함되는데, 그중에서 가장 핵심이 되는 재원이 없이는 프로그램의 존재 자체가 불가능할 뿐 아니라 존재한다고 하여도 성공적으로 프로그램을 실행할 수 없다. 기술자원은 인적 자원이 지닌 전문적 지식과 실천기술과 역량을 의미한다. 프로그램은 반드시 인간과 환경을 변화시키는 데 필요한 실천이론과 방법, 기법 등을 밑바탕으로 하여 설계되어야 하며, 프로그램 실행과정에서 전문적인 기술을 적용하여야만 목적달성이 가능하다. 따라서 프로그램의 개발, 유지와 실행을 위해서는 적절한 인적 및 물적 자원의 투입과 함께 전문적 기술자원의 뒷받침이 있어야 한다.

마지막으로, 프로그램은 무작위적 활동이 아니라 계획적이고 조직적인 활동이어야 한다. 노인복지 프로그램이 내담자의 변화와 사회문제의 해결이라는 목적을 달성하기 위해서는 일련의 계획된 서비스와 원조활동, 예를 들면 상담, 치료, 재활, 돌봄, 정보 제공, 서비스 연계 등이 체계적이고 조직적이며 순차적으로 이루어져야 한다.

프로그램에는 이러한 서비스 제공활동 이외에도 프로그램 수행과 관련된 서류 작성, 예산 수립 및 집행, 권한 위임과 보고 등의 행정활동이 수반되어야 한다. 그리고 프로그램의 합법성과 지지를 확보하고, 대상자의 모집과 홍보 등을 위하여 지역사회 연계활동 또한 수행하여야 한다.

4) 노인복지 프로그램의 유형

정책이나 조직의 목적달성을 위한 수단이 되는 프로그램은 크게 프로그램의 대상과 서비스의 형태에 따라 구분할 수 있다. 즉, 프로그램은 '누구에게 제공할 것이냐'와 '무엇을 제공할 것이냐'에 따라 분류할 수 있다(Gates, 1980).

첫째, 프로그램의 자격요건, 즉 '누가 서비스의 수급자인가?'는 다시 생활수단 검증기준, 지위기준, 보상기준, 진단기준에 따라 프로그램을 분류할 수 있다. 생활수단 검증기준에 따라서는 보통 개인의 자산과 소득을 근거로 하여 프로그램에 참여할 자격이 있는지를 검증하는 것으로 주로 선별적 프로그램, 즉 특정 기준을 갖춘 대상만을 참여시키는 프로그램이다. 둘째, 지위기준은 한 개인의 사회적 위치(예: 65세 이상의 노인)에 의해 프로그램 참여자격이 결정된다는 의미로 노인복지시설에서 전체 생활노인을 대상으로 한 프로그램은 모두 여기에 속한다고 할 수 있다. 셋째, 보상기준은 '누가 기여를 많이 했는가 또는 누가 손해를 많이 입었는가?' 등을 기준으로 그 보상 차원에서 실시하는 프로그램이다. 노인복지시설에서 부과한 역할을 적절하게 수행한 노인에게만 야외 프로그램 참여 기회를 주는 경우가 여기에 해당된다. 넷째, 진단기준은 전문가의 판단에 의거하여 프로그램 참여를 결정하는 방법으로, 치매와 같은 특정 질환이 있는 노인만을 대상으로 한 프로그램이 대표적인 예이다.

서비스 내용에 따라서는 기회 제공, 현금 이전, 현물 지급, 사회서비스로 구분할 수 있다. 먼저 기회 제공이라는 무형의 급여(benefits)를 제공하는 프로그램은 이전에 제공하지 않았던 기회를 제공하는 것으로, 노인복지시설에서의 행동문제로 외출이나 외박을 금지했던 노인에게 외출과 외박을 허용하는 경우가 여기에 해당된다. 현금 이전은 일정액의 금전을 지급하는 것으로, 노인복지시설에서 원예 프로그램을 운영한 후 작품 판매대금을 노인에게 지급하는 경우가 여기에 해당한다. 현물제공 프로그램은 현금 대신 어떤 물품을 제공하거나 그와 유사한 효과를 내는 교환권 등을 지급하는 것으로, 바람직한 행동을 했을 때 달란트 등과 같은 인환권(token)을 주고 나중에 필요한 물품을 이것으로 구매할 수 있도록 하는 경우가 여기에 해당된다. 사회서비스 프로그램은 좀 더 직접 서비스 제공의 형태로 문제해결을 위해 직접적인 개입을 시도하는 것으로서 돌봄, 여가 및 취미, 교육, 운동 등 노인복지시설에서 실시되는 대부분의 프로그램이 여기에 속한다.

2. 노인복지 프로그램이 갖추어야 할 조건

프로그램이 노인복지조직의 목적달성에 기여하고 프로그램 자체의 목표와 하위목표를 달성하며, 적절한 프로그램의 진행이 이루어지도록 하기 위해서는 다음과 같은 여덟 가지 조건을 갖추어야 한다(권중돈, 2003b; 정무성, 2005).

첫째, 접근용이성이다. 아무리 좋은 프로그램을 기획했다고 하더라도 프로그램에 참여하는 노인이 쉽게 접근할 수 없다면 무용지물이다. 노인 내담자는 신체적 기능 저하로 인하여 일상생활 동작능력이 제한되어 있는 경우가 많으므로 노인복지조직에서 제공하는 프로그램에 접근하는 데 많은 어려움이 있다. 따라서 노인복지조직에서는 노인의 접근성을 최대화할 수 있도록 교통편의서비스를 제공하고 가급적 노인이 접근하기 쉽고 이동하기 쉬운 공간에서 프로그램을 운영하는 것이 바람직하다.

둘째, 지속성이다. 노인복지조직에서는 인력과 재정의 한계로 인하여 단기 프로그램이 진행되는 경우가 많이 있으나, 이는 프로그램의 효과가 단기간에 머문다는 점에서 바람직하지 않다. 그리고 노인의 경우 프로그램이 변경될 경우 적응하는 데 시간이 오래 걸리는 경향이 있음을 고려하여 최소한 3개월 이상 지속되고 정기적으로 실시되는 프로그램을 운영하는 것이 좋다.

셋째, 적합성이다. 노인복지조직의 프로그램은 노인의 욕구에 맞도록 개발·시행되어야 한다. 그러나 많은 경우 노인의 욕구보다는 조직 또는 프로그램 관리자가 편의에 따라 프로그램을 개발하여, 노인이 원하면 참여하라는 식으로 프로그램이 개발·운영되기도 하는데, 이는 잘못된 것이다. 따라서 어떤 프로그램을 계획하든지 노인의 욕구에 중점을 두고 개발하여야 한다.

넷째, 포괄성이다. 노인복지조직을 이용하는 노인은 복합적인 욕구, 기대, 문제를 갖고 있는 경우가 많다. 따라서 노인복지조직의 프로그램은 노인의 특정 욕구를 해결하기 위한 전문화된 프로그램을 개발·시행하는 것도 좋지만 가급적 두 가지 이상의 복합적 욕구를 동시에 해결할 수 있는 프로그램이 되도록 한다. 이를 위해서는 인력 부족의 문제가 있긴 하지만 사회복지 전문인력, 보건의료 전문인력 등 다분야의 전문가가 참여하여 프로그램을 개발하고 팀으로 프로그램을 관리·운영할 수 있도록 한다.

다섯째, 통합성이다. 노인복지조직에서 프로그램이라고 하면 대부분 평생교육, 여가 및 취미활동, 건강 및 운동 등의 특정 목적달성을 위하여 시행되는 단위 프로그램만을 의미하며, 각각의 프로그램은 독립적으로 시행되는 경우가 많다. 그러나 이러한 프로그램이 조직에서 제공하는 다른 서비스나 프로그램과 분리되어 실시되는 것은 그 효과가 크지 않다. 노인복지조직의 프로그램은 전체 조직의 서비스와 연결되고 통합되어야 프로그램의 효과성과 효율성을 제고할 수 있다.

여섯째, 공평성이다. 노인복지조직의 프로그램은 지위, 연령, 문제의 경중에 관계없이 공평하게 전달되어야 한다. 그럼에도 종종 다수의 노인복지조직에서 일부 중증질환자나 타인과의 교류에 문제가 있는 노인을 프로그램 참여 대상에서 제외하는 경우가 있는데, 이보다는 모든 노인에게 공평한 프로그램 참여기회를 부여하여야 한다. 그리고 차별성의 문제를 해결하기 위해서는 다양한 프로그램이 개발·실시되어야 한다.

일곱째, 비용의 적절성이다. 노인복지조직은 프로그램 운영경비의 확보가 쉽지 않기 때문에 프로그램에 소요되는 비용 문제가 프로그램의 성패와 직결될 수 있다. 노인복지조직 관리 운영자는 조직 내의 가용 재원 범위 내에서 프로그램 운영경비를 적정 수준 확보하여 노인이 별도의 비용부담 없이 프로그램에 참여할 수 있도록 노력해야 할 것이다. 국가보조금만으로 프로그램 운영재원을 확보하는 것은 현실적 제한이 많으므로 후원금 중의 일부를 프로그램 운영경비로 책정하거나, 외부 재정후원 단체나 기관의 프로그램 공모사업에 신청하여 외부 자원을 유입하는 것도 한 방법이 될 수 있다.

여덟째, 평가와 환류이다. 프로그램을 개발하고 그 효과와 효율성, 그리고 프로그램 진행과정의 적절성을 파악하기 위해서는 지속적인 점검과 평가가 이루어져야 한다. 물론 노인복지조직에서 체계적이고 과학적인 연구방법을 활용하여 객관적 평가를 할 수 있다면 더할 나위가 없겠지만, 그렇지 않은 경우에는 프로그램 진행과정을 수시로 점검하여 프로그램을 수정·보완해야 한다. 그리고 프로그램을 통하여 노인이 어느 정도 변화하였는지에 대한 평가 정도는 반드시 실시해야 한다. 이러한 노인복지조직의 프로그램 평가기능이 제고될 때 현장에서 발견된 사실이 사회복지 전문지식으로 전환되고, 이를 통하여 현장밀착형 노인복지 지식이 발전함으로써 지식과 현장의 통합이 이루어질 수 있을 것이다.

3. 노인복지조직에서 활용 가능한 프로그램

노인복지 증진을 목적으로 한 노인복지조직은 매우 다양하지만, 노인이 입주하여 생활하는 노인복지생활시설과 가정에서 생활하면서 여가, 평생교육, 사회참여 등의 욕구를 해결하기 위해 이용하는 노인복지관이 가장 대표적이다. 이들 노인복지조직에서 실행 가능하거나 현재 실행하고 있는 노인복지 프로그램을 살펴보면 다음과 같다.

1) 노인복지생활시설의 프로그램

현재 양로시설, 노인요양시설 등 노인복지생활시설의 시설, 인력, 재정 환경을 고려할 때 전문 노인복지 프로그램을 실시하는 데는 많은 어려움이 따른다. 하지만 실제 노인복지 프로그램을 활발하게 실시하는 노인복지생활시설의 경우 노인의 건강과 대인관계가 향상되며, 시설생활에 대한 만족도는 높아지고, 노인의 종사자에 대한 의존도가 낮아졌으며, 노인이 시설 운영에 적극적으로 참여하고 협조하는 사례가 늘어나고 있다. 또한 종사자와 노인의 관계가 긍정적으로 변화함으로써 시설 전체 분위기가 좋아졌으며, 시설 운영에 따르는 애로사항도 많이 줄어든 것으로 나타나고 있다(권중돈, 2003b). 이와 같이 노인복지생활시설에서의 프로그램은 시설 생활노인의 삶의 질 향상뿐만 아니라 시설 운영의 효율성 도모, 종사자의 업무부담 경감 효과 등에 이르기까지 노인복지생활시설 전반에 걸쳐 긍정적 영향을 미치고 있다.

따라서 노인복지생활시설에서는 다양한 프로그램을 개발하여 실시할 필요가 있다. 식사, 목욕, 청소 등의 기본적인 돌봄 서비스와 시설 운영에 따르는 행정 및 관리업무 등 모든 노인복지생활시설에서 공통으로 수행해야 할 기본 서비스 및 업무를 제외하고, 좀 더 특수화된 서비스를 하고 있는 노인복지생활시설 프로그램을 살펴보면 〈표 12-1〉과 같다.

〈표 12-1〉에서 열거한 프로그램을 하위 프로그램으로 좀 더 세분화하면 노인복지생활시설에서 실시할 수 있는 프로그램은 무수히 많다. 그리고 노인복지생활시설에서 실시할 수 있는 프로그램 중에서는 전문 지식과 기술이 필요한 프로그램도 있지만 특별한 지식과 기술이 없이도 실행할 수 있는 일상생활을 응용한 프로그램도 많이 있다. 물론 전문 지식과 기술이 바탕이 된 수준 높은 프로그램을 실시하는 것이 바람직하다. 그러나 현실적으로 노인복지생활시설 내에 전문 프로그램 개발에 관한 지식을 갖춘 인력이 충분하지 않다는 점과 프로그램 비용이나 시설이 충분치 못하다는 점을 고려한다면 전문성 높은 프로그램을 실시한다는 것은 쉬운 일이 아니다. 이러한 한계점을 고려하더라도 노인에게 기본 돌봄 서비스만을 제공하고 다른 프로그램은 아무것도 실시하지 않는다는 것은 이해하기 힘든 부분이다.

따라서 노인복지생활시설에서는 '무엇을 어떻게 잘 할 것인가?'를 고민하는 것도 중요하지만 '질적 수준은 좀 낮더라도 노인이 원하는 것을 한다.'라는 자세를 가져야 할 것이다. 예를 들면, 전문 원예치료 프로그램을 실행하는 것이 효과가 높지만, 프로그램을 실행할 수 있는 인적 및 물적 자원이 없다면 차라리 '봉숭아 기르기'를 하고 나중에 '봉숭아 꽃물들이기' 프로그램으로 연결하여 다시 회상요법으로 확대해 가는 것도 한 방법이 될 수 있다. 이처럼 '잘하기 위해서 아무것도 하지 않고 오래 준비하며 기다리는 것'보다는 '노인에게 해가 되지 않는다면 무엇이든 할 수 있는 것을 하는 것'이 노인에게 실질적으로 도움이 된다.

표 12-1 노인복지생활시설에서 활용 가능한 프로그램

구분	프로그램 예시	
교육	• 한글교실 • 시사정보교실(뉴스 읽기) • 성공적 노후생활	• 외국어교실 • 교양, 상식 • 노인안전교실
재활	• 물리치료 • 작업치료 • 언어치료	• 운동재활 • 청능치료 • 일상생활 동작훈련
건강	• 노후건강관리 강좌 • 위생관리 • 건강체조, 기체조 • 수지침 • 산책 • 인지기능검사, 치매교실	• 건강점검(혈당,혈압, 당뇨) • 일상생활 동작(ADL) 훈련 • 명상, 요가 • 발마사지 • 뇌졸중교실 • 회상치료
여가 · 취미	• 서예교실 • 수공예교실 • 풍물교실 • 노래방(교실) • 장기, 바둑 • 요리교실 • 자서전 쓰기	• 미술교실 • 원예치료(화초, 식물 재배) • 민요교실 • 댄스교실 • 레크리에이션과 게임 • 연기교실
경제 · 소득	• 공동작업 • 동물사육 • 노인작품 판매장	• 농사짓기 • 특산품 제작 · 판매
봉사	• 시설 내 봉사 • 타 복지시설 위문공연	• 지역사회 봉사활동
문화활동 · 사회참여	• 문화예술공연 관람 • 산업 시찰 • 노인복지기관 교류활동	• 스포츠 관람 • 춘 · 추계관광 • 시장 나들이
종교	• 예배 • 기도회	• 경전 공부 • 종교 절기 행사
특별행사	• 생신잔치 • 명절 · 절기 행사 • 후원인의 밤	• 지역노인 초청잔치 • 혼례잔치

자료: 권중돈(2003b). 노인복지시설현장에서의 프로그램 계획과 진행. 한국노인복지시설협회, 2003년도 전국 노인양로
      시설 신규생활지도원연수회자료집, 147-170.

2) 노인복지관의 프로그램

노인복지관은 노인복지생활시설에 비하여 프로그램을 실시할 수 있는 인력, 시설, 재정 측면에서 상대적으로 여유가 있을 뿐만 아니라 프로그램 이용노인의 역량 또한 더 높다. 그러나 노인복지생활시설의 경우에는 생활노인이 동질적인 특성과 유사한 욕구나 관심사를 가진 데 비해 노인복지관 이용노인은 특성이나 기능수준, 욕구, 관심사가 매우 다양하다. 따라서 노인복지관에서는 좀 더 다양한 프로그램을 개발하여 실시하여야 하며, 질적 수준에서도 일정 수준 이상을 유지하지 않으면 이용노인의 외면을 당할 위험이 있으므로 주의해야 한다.

노인복지관은 지역사회 노인의 성공적 노후생활 실현이라는 사명(mission)을 이행하고, ① 건강한 노후를 위한 예방, 돌봄 기반 구축 및 확충, ② 활동적인 노후를 위한 사회참여 여건 조성 및 활성화, ③ 안정적 노후를 위한 소득보장의 다양화와 내실화라는 장기 목표를 성취하기 위하여 전문성, 지역성, 중립성, 책임성이라는 서비스 제공원칙에 따라 지역주민에게 종합적 노인복지서비스 제공해야 한다(보건복지부, 2024c). 노인복지관이 고유 목적달성을 위해서 실시해야 할 서비스는 크게 기본사업과 선택사업으로 구분된다. 노인복지관의 기본사업에는 상담, 사례관리 및 지역사회돌봄, 건강생활지원, 노년 사회화교육, 지역자원 및 조직화, 사회참여 및 권익증진이 포함된다. 선택사업에는 지역 또는 노인복지관의 특성을 반영하여 개발, 추진 가능한 사업으로, 고용 및 소득지원사업, 가족기능지원사업, 돌봄 및 요양서비스 등이 포함된다. 이러한 노인복지관의 서비스 대상과 기능별로 실시하고 있는 주요 프로그램은 앞의 〈표 11-14〉와 같으며, 이들 프로그램 역시 얼마든지 세부 프로그램으로 전환이 가능하므로 노인복지관에서 실행할 수 있는 프로그램을 일일이 열거하는 것은 의미가 없다.

4. 노인복지 프로그램 개발의 개념과 모형

1) 프로그램 개발의 개념

흔히들 새로운 프로그램을 만들거나 기존 프로그램을 수정 또는 보완하여 프로그램을 개선하려는 노력과 과정을 프로그램 개발(program development)이라 한다(황성철, 2019). 좁은 의미의 사회복지 프로그램 개발은 새로운 프로그램을 개발하는 프로그램의 기획(planning) 또는 설계(design)의 의미로 사용된다. 그러나 프로그램 개발의 좁은 개념은 기존 프로그램

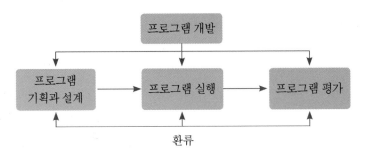

[그림 12-1] 노인복지 프로그램 개발의 개념 모형

자료: 황성철(2019). 사회복지 프로그램 개발과 평가. 경기: 공동체.

의 실행(implementation)과 프로그램의 수정 및 보완을 위한 점검(monitoring), 그리고 평가 (evaluation)의 과정을 포괄하지 못하는 문제를 지니게 된다. 그러므로 넓은 의미의 프로그램 개발은 새로운 프로그램을 개발하는 과정은 물론이고 기존 프로그램의 수정과 보완을 위한 과정까지를 포함하여 단계적으로 프로그램의 기획과 설계, 실행, 평가 등 전 단계를 총망라 하는 노력과 과정을 의미한다. 즉, 프로그램 개발은 '프로그램의 기본 방향을 설정하여 내담 자 집단의 욕구나 문제를 사정하고, 프로그램의 내용을 구성하기 위한 일련의 기획과 설계 과정을 거쳐 실제로 프로그램의 목적을 달성하기 위하여 프로그램을 실행하며, 프로그램의 산출과 성과를 측정하는 평가와 그 결과를 다시 기획과 설계에 투입하는 환류과정을 포함한 전체적인 순환과정'을 의미한다. 이러한 프로그램 개발의 개념을 그림으로 제시하면 [그림 12-1]과 같다.

2) 프로그램 개발의 모형

노인복지 프로그램을 개발하기 위해서는 5P의 요소를 고려해야 한다. 즉, 프로그램의 내 용이 목적(Purpose)에 적합해야 하며, 대상자(Person)의 능력과 흥미 수준에 맞아야 하며, 대상자의 생활과정에서 발생하는 전반적인 문제(Problem)를 통합적으로 고려하여야 하며, 장기적이고 체계적인 일정에 따라 진행되는 것이어야 하며(Process), 조직의 지역적 특성 (Place)과 문화적 특성을 충분히 고려하여야 한다(신복기 외, 2005). 합리적이고 과학적인 절 차가 중요하나 프로그램 개발과정은 프로그램 개발자가 사회문제나 내담자의 욕구를 얼마 나 심각하게 생각하는가와 어떤 절차와 방법을 사용하여 해결하려고 시도하는가에 따라 달 라지게 된다. 이러한 프로그램의 개발과정에 대해 학자마다 각기 다른 시각과 강조점을 가 지고 설명하는데, 각각의 프로그램 개발모형에서 제시한 프로그램 개발의 단계와 프로그램 개발자가 주로 수행해야 하는 과업을 정리해 보면 〈표 12-2〉와 같다.

표 12-2 프로그램 개발모형별 단계와 주요 과업

모형	단계	주요 과업
Kamerman 모형	• 기획, 개시, 실행	• 문제와 욕구 파악, 목적과 목표 설정, 개입방법 선택, 행정 및 재정적 지원 확보, 상부기관의 승인, 부서 확정, 조직구조 형성, 종사자 동기 유지, 책임성 확보
Patti 모형	• 설계, 실행, 안정화	• 욕구조사, 목표 설정, 개입전략 선택, 자원 결정, 자원 확보, 조직구조 개발, 종사자 역량 개발, 관리감독, 평가, 혁신
Thomas 설계개발모형	• 분석, 설계, 개발, 평가, 확산, 채택	• 문제 분석, 가능성 탐색, 자료수집, 조직화, 시범 테스트, 평가, 전파와 확산
Rapp과 Poertner 설계모형	• 8단계(주요 과업과 동일)	• 사회문제 분석, 일차적 수혜자 식별, 사회복지 원조이론의 결정, 서비스 절차의 구체화, 클라이언트에게 도움을 주는 인물 식별, 원조환경의 구체화, 실제 원조행동의 기술, 정서적 반응의 확인
Kettner, Moroney, Martin 설계관리모형	• 프로그램 개발 단계를 제시하지 않고, 설계와 관리 과정에 초점을 두어 일곱 가지 요소 제시	• 문제 분석, 욕구 사정, 전략 및 목표 수립, 프로그램 설계, 정보 관리, 예산 수립, 평가
Kirst-Ashman, Hull IMAGINE 모형	• 아이디어 개발, 지지 규합, 자산 확인, 목표 설정, 실행, 저항 중화, 평가	• 클라이언트 욕구 파악, 지원체계 확립, 예산 및 합법성 확보, 목표 설정, 시범적 실행, 방해요소 파악 및 저항의 중화, 점검, 효과성 평가
PIE 모형	• 기획설계, 실행, 평가	• 기획설계 단계: 사회문제 분석, 욕구 파악 및 조사, 목적과 목표 설정, 대상자 선정 및 개입전략 모색 • 실행 단계: 자원 확보, 기록 및 자료 관리, 점검체계 확립, 서비스 질 관리 및 저항의 중화 • 평가 단계: 평가 목적 및 계획 수립, 평가도구 선정, 성과 및 효율성 평가, 평가보고서 작성 제출

자료: 황성철(2019). 사회복지 프로그램 개발과 평가. 경기: 공동체에서 재구성.

5. 노인복지 프로그램 개발의 과정[1]

앞서 살펴본 프로그램 개발모형에서 제시하고 있는 프로그램 개발과 관리의 단계를 종합하여 보면 노인복지 프로그램 개발과정은, ① 사회문제 분석과 욕구조사, ② 프로그램 기획과 설계, ③ 프로그램 실행, ④ 프로그램 평가로 나뉘며, 이들 단계는 직선적 관계가 아니라 순환적 관계를 지닌다(정무성, 정진모, 2001). 이러한 과정을 좀 더 세분화하면, ① 문제분석, ② 욕구조사, ③ 대상자 선정과 자원체계 확인, ④ 목적과 목표 설정, ⑤ 자료수집과 프로그램 내용 선정, ⑥ 실행계획 수립, ⑦ 프로그램 실행, ⑧ 프로그램 평가로 나눌 수 있다(오세영, 2022; 지은구, 2005). 이러한 프로그램 개발과 관리에서 각 단계별로 프로그램 개발자가 수행해야 하는 주요 과업과 활동에 대해 살펴보면 다음과 같다.

1) 문제분석 단계

노인복지 프로그램은 기본적으로 사회문제의 해결이나 노인 내담자 집단의 욕구 충족을 돕는 일련의 활동이므로, 프로그램 개발에서 가장 먼저 해야 할 일은 사회문제를 확인하고 이를 분석하는 것이며, 이는 프로그램 목적 설정의 기초가 된다. 사회문제는 바람직하지 못한 사회 조건 또는 상황이 존재하고 다수의 사람이 그러한 사회적 조건이나 상황이 개선되어야 하고 또 개선의 가능성이 있다고 생각하는 상태를 의미한다. 이러한 바람직하지 못한 사회 조건이나 상황이 사회문제가 되기 위해서는 제1장에서 언급한 바와 같이, ① 사회 가치에 비추어 볼 때 바람직하지 못하며, ② 상당수의 사람이 그 현상에 관련되어 고통, 손해 또는 부당한 처우를 당하고 있으며, ③ 상당수의 사람이 문제라고 인식하거나 또는 일부 영향력 있는 사람이 문제로 인식하며, ④ 사회가 전반적으로 개선을 원하고 있으며, ⑤ 문제의 개선이 가능한 것이며, ⑥ 근본 원인이 사회적 요인과 관련되어 있으며, ⑦ 집단 또는 사회 차원의 노력으로 해결될 수 있는 것이어야 한다는 일곱 가지 조건을 갖추어야 한다(Rubington & Weinberg, 1981).

사회문제의 분석은 사회적 개입 또는 프로그램의 필요성을 확인하는 작업으로, 지역주민과의 비공식 면접, 현장조사, 델파이기법, 정부나 단체의 조사 결과에 대한 2차 자료 분석 등과 같은 다양한 방법을 활용할 수 있다. 그러나 어떤 방법을 사용하든지 사회문제를 보다 체

---

1) 노인복지 프로그램 개발의 실제 사례는 '권중돈 외(2012). 노인복지 프로그램 개발의 실제. 서울: 학지사'를 참조하도록 한다.

계적으로 이해하고 분석하여 노인복지 프로그램을 기획하는 데 도움이 되기 위해서는 바람
직한 사회문제 분석틀을 가져야 한다. 사회문제를 분석하는 데 활용할 수 있는 분석틀은 다
양하지만, York(1983)는 사회문제 분석틀에서는 다음의 열 가지 질문에 대한 답을 구해야
한다고 제안한다.

① 바람직하지 못한 상황과 조건은 무엇인가?
② 누가 그 문제로 인하여 고통을 받고 있는가?
③ 누가 그 문제로 인하여 이득을 얻고 있는가?
④ 누가 그것을 사회문제로 규정하는가?
⑤ 누가 그것을 사회문제로 규정하지 않는가?
⑥ 문제의 원인은 무엇인가?
⑦ 그 문제를 다루는 현재의 프로그램은 무엇인가?
⑧ 이들 프로그램을 중단할 경우 예상되는 결과는 무엇인가?
⑨ 사회변화의 목표는 무엇인가?
⑩ 욕구와 자원 간의 격차를 줄이는 데 찬성하는 사람과 반대하는 사람은 누구인가?

이와 같은 사회문제 분석틀을 이용하여 특정 문제가 지역주민에게 상당한 고통을 주고
있다는 사실이 확인되면, 실제로 사회문제가 얼마나 심각하게 만연되어 있는지 사회문제의
규모를 추정하여야 한다(황성철, 2019). 이러한 사회문제 규모를 추정하기 위해서는 일정 기
간(period of time) 동안 사회문제가 얼마나 발생(incidence)하고 어느 정도 확산(prevalence)
되었는지를 확인해야 한다. 그다음으로 프로그램 개발자는 사회문제가 내담자 집단에 어떤
영향을 미치는가를 파악하여야 한다. 즉, 사회문제로 인하여 내담자 집단이 당면한 문제는
무엇이고, 그러한 문제를 일으킨 원인은 무엇이며, 내담자 집단이 어느 정도 고통을 받고 있
고, 내담자 문제를 해결하는 데 찬성하거나 반대하는 사람은 누구이며, 지역사회가 이러한
문제를 해결하기 위해 어떤 노력을 기울여 왔는가를 조사하여야 한다.

2) 욕구조사 단계

사회문제와 내담자의 문제를 프로그램을 통해 해결하기 위해서는 문제를 동전의 양면과
같은 욕구의 개념으로 전환하여야 한다. 예를 들어, 노인의 빈곤문제는 소득에 관한 욕구로,
질병문제는 건강욕구로 재정의되어야 한다. 즉, 사회문제를 내담자 문제로 전환하고, 다시
이를 욕구로 전환하여 욕구 충족을 위한 개입방법을 도출하면 그것이 바로 프로그램이므로,

욕구를 조사하고 분석하는 것은 프로그램 기획의 필수 요소이다(황성철, 2019).

욕구조사에서 욕구(need)는 요구(want)와 유사한 개념이지만 상호 구별이 필요하다. 요구는 무엇이 필요하나 그것을 갖지 못했을 때 발생하는 개인의 인지 또는 정서 상태를 의미하지만, 욕구는 개인이 달성하고자 하는 상태(X)와 개인의 현재 상태(A) 간의 격차 또는 차이로서 '무엇이 결핍된 상태로 인하여 불편을 겪고 있는 상황'을 말하는 것으로 객관적 평가와 판단과정을 거친 개념이다. 그러므로 노인복지 프로그램에서는 노인 개개인의 요구보다는 객관적이고 합리적인 사정절차를 통해 규정되는 욕구에 더 많은 관심을 기울여야 한다.

Maslow는 욕구위계이론을 통하여 인간의 욕구를, ① 생리적 욕구, ② 안전욕구, ③ 소속과 애정의 욕구, ④ 자기존중의 욕구, 그리고 ⑤ 자기실현의 욕구로 구분하여 제시하고 있다(권중돈, 2021a). 그리고 Bradshaw(1972)는, ① 전문가에 의해 규정되는 사회적 조건과 상황을 말하는 규범적 욕구, ② 당사자가 스스로 인지하여 규정하는 인지적 욕구(felt need), ③ 당사자가 실제로 욕구 충족의 행위를 하여 나타나는 표현적 욕구, ④ 다른 사람이나 다른 지역과 비교해서 정해지는 비교적 욕구라는 네 가지 욕구로 인간의 욕구를 제시하고 있다(권중돈 외, 2024).

노인복지 프로그램 개발의 첫 단계가 기획과정이며, 기획과정에서 가장 중요한 부분이 욕구조사이다. 욕구조사는 내담자가 당면한 문제나 필요한 욕구, 낮은 삶의 질 또는 전문가의 필요 등에 대해 정확하게 사정하는 것이라고 할 수 있다(정무성, 2005). 이러한 욕구조사는 사회조사의 과정이면서 동시에 프로그램 개발과정의 한 부분으로서, 욕구확인(need identification)과 욕구사정(need assessment)을 포함하는 개념이다. 욕구확인은 특정 지역주민이나 내담자가 가지고 있는 욕구의 심각성을 파악하는 것이고, 욕구사정은 확인된 욕구의 상대적 중요성을 파악하는 데 그 목적이 있다. 따라서 욕구조사는 다양한 자료수집 방법을 이용하여 욕구를 확인하고, 확인된 욕구에 관한 정보를 토대로 프로그램 개발이 필요한 욕구의 우선순위를 판단하는 두 가지 과정을 포함한다.

이러한 욕구조사는 사회복지조직이 새로운 프로그램 수행을 위한 인력과 재원의 투입이 정당성을 지닐 수 있을 만한 충분한 욕구가 있는지를 검토하기 위해 이루어진다. 그리고 노인복지 프로그램이 표적집단의 문제나 욕구에 적절한지에 관한 경험적 증거를 제시해 주기에 반드시 필요하지만, 그 외에도 필요한 이유가 많다. 즉, 욕구조사는 실제로 그 프로그램이 필요한지를 평가하고, 프로그램의 전체 방향을 설정하고, 어떠한 세부 프로그램이 필요한지를 파악하게 해 주고, 지역사회에서 특정 욕구를 가진 사람들의 규모와 특성을 알려 주고, 다른 기관의 프로그램을 이해하고 내담자가 서비스를 이용하는 데 장애가 되는 요인이 무엇인지를 알게 해 주기 때문에 그 필요성이 매우 높다.

욕구조사는 일종의 사회조사의 형태를 취하기 때문에, 사회조사의 절차와 방법을 그대로 적용할 수 있다. 즉, 욕구조사는 ① 욕구조사의 목적과 조사에 투입될 자원 확인, ② 구체적 정보나 자료의 확인, ③ 조사설계, ④ 자료수집과 분석, ⑤ 조사보고서 작성이라는 단계를 거쳐서 실시된다. 이러한 욕구조사 과정에서 활용할 수 있는 방법과 기법은 매우 다양한데, 일반적인 욕구조사의 방법은 직접 관찰법, 사례조사법, 간접증거자료 조사법으로 나뉜다(성규탁, 1993; 오세영, 2022; 정무성, 2005; 지은구, 2005; 황성철, 2019).

먼저 직접 관찰법으로는, ① 지역주민 중에서 표집된 주민에 대한 일반인구조사방법, ② 특정한 인구사회적 특성을 지닌 표적집단을 대상으로 한 표적인구조사방법, ③ 세심하게 짜인 몇 단계의 질문을 통하여 특정한 관심사에 대한 올바른 판단을 하기 위한 델파이기법, ④ 중요한 정보를 제공해 줄 수 있는 사람들을 선발하여 심층면접을 진행하는 심층면접법, ⑤ 현장에서 직접 보거나 듣는 관찰법, ⑥ 실제 상황에 직접 들어가서 생활하는 과정에서 조사하는 직접 경험법, ⑦ 지역사회 공개토론회와 공청회 등이 있다. 사례조사법으로는, ① 서비스 제공자 조사, ② 주요 정보 제공자 조사, ③ 서비스 기관의 서비스 이용통계분석법이 있다. 그리고 간접증거자료조사법으로는, ① 정부나 연구기관에서 발표하는 사회지표나 조사자료를 분석하는 사회지표분석법, ② 행정기관, 연구원 등에서 행정 및 관리를 위해 수집한 정보를 분석하는 행정자료 조사방법, ③ 비구조화된 자료나 활동을 분석하는 방법 등이 있다.

이와 같은 방법을 통해 수집된 정보와 자료를 바탕으로 프로그램 개발의 근거가 되는 욕구를 진술할 때는 지역사회나 이용자가 해결하고자 하는 욕구가 왜 문제가 되며, 어느 정도 심각하며, 욕구를 가진 내담자 집단의 규모는 어느 정도이며, 내담자 집단의 특성은 어떠한가에 대하여 아주 구체적으로 진술하여야 한다.

3) 대상자 선정과 자원체계 확인 단계

프로그램을 개발하는 과정에서 중요한 과제 중의 하나는 '누가 혜택을 받을 것인가?'를 결정하는 것과 조직 내에 '그들에게 혜택을 제공할 수 있는 자원이나 기술이 있는가?'이다. 즉, 누구에게 무엇으로 혜택을 줄 것인가를 결정해야 한다.

프로그램 대상자의 선정, 즉 누가 프로그램의 대상이 되고 누가 제외될 것인지를 결정하기 위해서는 내담자의 문제와 욕구, 프로그램의 이론, 법적 규정, 행정적 관례와 같은 요소를 사려 깊고 체계적으로 분석하여 결정해야 한다(정무성, 2005; 황성철, 2019). Taber와 Finnegan은 프로그램의 대상자를 선택하는 방법으로 네 가지 인구집단을 구분하여 점차로 그 범위를 좁혀 가는 접근방법을 [그림 12-2]와 같이 제시하고 있다(황성철, 2019). 이러한 프로그램 대상자 선정방법은 자료와 정보의 불충분성으로 인하여 단순히 인구사회적 특성

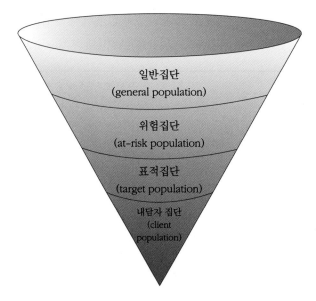

일반집단
(general population)

위험집단
(at-risk population)

표적집단
(target population)

내담자 집단
(client
population)

[그림 12-2] 프로그램 대상자 집단 추출방법

에 관한 정보와 다른 사회조사 자료를 이용해 문제집단 규모를 추정하는 방법으로서 논리적 추론을 통하여 사전에 표적집단의 개념을 정하고 그 분포와 규모를 대략적으로 추정하면서 범위를 좁혀 가는 접근방법이다.

　일반집단은 가장 포괄적인 집단으로 문제나 욕구를 갖고 있다고 판단되는 해당 지역의 전체 대상집단을 말한다. 예를 들어, 일반집단은 '서울특별시 동작구에 거주하는 65세 이상 노인인구 전체 ○○○명'으로 표현할 수 있다. 위험집단은 일반집단 중에서 사회문제에 더욱 취약성을 보이거나 문제나 욕구가 심각한 상태에 있는 인구집단을 말하며, 프로그램을 통한 특정한 개입이나 서비스가 필요한 사람을 추정하여 산출한다. 예를 들어, 동작구 거주 노인에 2024년도 치매유병률 10.4%를 곱하여 '동작구 거주노인 중 치매노인 ○○명'으로 표현할 수 있다. 표적집단은 위험집단의 하위집단으로 프로그램 대상자로서의 일차적 자격요건을 갖춘 사람들을 말한다. 위험집단에서 표적집단으로 좁혀 가는 과정에서는 프로그램의 이론적 기반과 개입전략, 조직의 자원이 표적집단의 한계를 규정하는 데 매우 중요한 요인으로 작용한다. 예방 프로그램은 대개 치료 프로그램보다 표적집단의 범위가 넓고, 조직의 인적 자원과 물적 자원, 기술적 자원이 풍부할수록 표적집단의 규모를 더 넓게 규정할 수 있다. 표적집단을 규정하는 방식을 예로 들면, '동작구 거주 65세 이상 치매노인 중에서 노인장기요양등급 3~5등급 판정을 받은 노인 ○○명'으로 규정할 수 있다. 내담자 집단은 표적집단 중에서 프로그램에 실제로 참여하게 될 집단이다. 현실적으로 표적집단 모두가 프로그램에 참여할 수는 없으므로, 자격이 되는 사람 중의 일부만을 선정하여 프로그램에 직접 참여하는 대상자를 선정하게 된다. 이때 프로그램 개발자는 내담자 집단을 선정함에 있어서, ① 조직의 인적 및 물적 자원의 범위를 감안하여 내담자 집단의 규모를 결정해야 하며, ② 프로그램 참여에 자발적 동의를 하는 사람만을 대상자로 선정하며, ③ 프로그램에 참여하여 일정한 혜택을 얻을 수 있는 능력과 자원이 있는 내담자를 대상자로 선정하여야 한다. 이러한 프로그램의 주된 대상자와 함께, 프로그램 실행 과정에서 도움을 주거나 함께 참여하는 주변참여자의 범위도 고려해야 한다.

이와 같이 프로그램 대상자 선정과정은 조직의 자원과 한계 범위 내에서 이루어지기에 프로그램 개발과정에서는 조직의 자원 동원과 관리 능력 등에 대한 검토가 이루어져야 한다. 즉, 프로그램의 실행에 필요한 주요 자원인 재정, 인력, 시설, 설비, 물품 등을 어떻게 개발·동원하여 활용할 것인지를 점검하여야 하며, 클라이언트 집단의 문제를 해결할 수 있는 지식, 기술, 경험이 어느 정도 수준인지도 검토해야 한다. 그리고 아무리 좋은 프로그램이라고 할지라도 조직의 능력과 자원이 부족하다면 근본적으로 프로그램은 한계를 지닐 수밖에 없으므로, 조직의 강점과 약점, 기회와 위협 요인을 면밀하게 파악하여야 할 것이다. 이를 위해서는 SWOT분석, 즉 조직의 강점(Strength), 약점(Weakness), 기회(Opportunity), 위협(Threat) 요인을 분석하는 기법이 주로 활용될 수 있다(오세영, 2022).

4) 목적과 목표 설정 단계

프로그램 개발과정의 네 번째 단계는 프로그램의 목적(purpose)과 목표(objectives)를 설정하는 단계이다. 프로그램 목적이란 누구의 어떤 문제를 어떻게 변화시킬 것인가와 관련된 추상적 진술이다. 즉, 프로그램 목적이란 조직의 설립 이념이나 목적, 정책목적에서 논리적으로 유추해 낸 프로그램의 궁극적 지향점이다. 프로그램 목표는 프로그램 목적에서 논리적으로 세분화된 것으로, 주어진 시간 내에 프로그램이 성취하고자 하는 결과와 영향을 구체적으로 기술한 것이다. 일반적으로 하나의 프로그램 목적에 다수의 목표가 존재하며, 또한 그 목표 아래 더욱 세부적이고 구체적인 하위목표를 설정할 수 있다.

프로그램의 목표는 위계구조를 지닌다(황성철, 2019). 가장 아래 수준에 위치하는 서비스목표(service objectives)는 프로그램을 통하여 개별 내담자가 얻을 수 있는 기대효과를 말한다. 서비스 목표 바로 위 수준의 목표로는 과정목표, 활동목표, 조직목표가 있다. 과정목표(process objectives)는 프로그램 수행과정 단계별로 도달하고자 하는 바람직한 상태이며, 활동목표(activity objectives)는 프로그램을 진행하는 사회복지사가 기대하는 바람직한 상태이며, 조직목표(agency objectives)는 프로그램을 수행하는 조직의 입장에서 설정한 목표이다. 그다음 상위목표는 성과목표(outcome objectives)로서 일련의 프로그램이 수행된 결과 내담자 체계에 나타난 변화를 나타내는 것이다. 최상위 목표는 영향목표(impact objectives)로서, 프로그램 수행을 통하여 지역사회 전체나 내담자 집단에서 어떤 파급효과가 나타나고, 전체 사회문제해결과 내담자 집단의 욕구 충족 정도를 진술한 것을 말한다.

프로그램 목표가 갖추어야 할 조건으로 황성철(2019)은, ① 프로그램 목적을 달성하는 데 기여할 수 있는 유의미성, ② 구체적이고 분명하게 진술되어야 하는 구체성, ③ 측정가능한 형태로 진술되어야 하는 측정 가능성, 그리고 ④ 클라이언트의 변화를 지향하고 이를 진술하는 지향성이라는 네 가지를 들고 있다. 정무성(2005)은 노인복지 프로그램의 목표는 개인의 변화, 환경의 변화, 개인과 환경의 변화를 추구할 수 있도록 설정되어야 하며, 목표 설정의 기준을 일곱 가지로 제시하고 있다. 즉, 프로그램 목표는 ① 사회문제 분석과 관련성을 지녀야 하며, ② 결과지향적이어야 하며, ③ 현실적이어야 하며, ④ 분명하게 진술되어야 하며, ⑤ 내담자 집단을 명확히 해야 하며, ⑥ 관찰 가능하고 추정 가능해야 하며, ⑦ 긍정적 방향으로 표현되어야 한다. 이러한 프로그램 목표는 2~3개의 하위목표로 나뉘어 기술되어야 하며, 그러기 위해서는 하위목표를 진술하는 과정에서 SMART의 원칙을 따라야 한다. 즉, 구체적이고 명료해야 하며(Specific), 측정 가능해야 하며(Measurable), 실현 가능해야 하며(Attainable), 결과지향적이어야 하며(Result-oriented), 시간적으로 구조화(Time frame)되어 있어야 한다(정무성, 2005). 그리고 황성철(2019)은 목표를 진술함에 있어서 누가, 무엇을, 어떻게라는 세 가지 요소가 포함되어야 한다고 보고 있다. 즉, 내담자(누가)가 갖고 있는 욕구의 충족과 문제의 해결을 통하여 도달하고자 하는 바람직한 상태나 결과(무엇을)를 어떤 수단이나 도구를 활용(어떻게)하여 달성할 것인지를 분명하게 진술하여야 한다.

5) 자료수집과 프로그램 내용 선정 단계

프로그램 목적과 목표가 설정되고 나면, 이러한 목적과 목표를 달성할 수 있는 방법을 모색하기 위하여 관련 자료를 수집하고 적절한 대안을 설정해야 한다. 이를 위해서는 먼저 프로그램 가설을 설정하여야 한다. 이때 프로그램 가설은 '만일 ~하면, ~할 것이다.'의 형태인 'if-then'의 문장으로 기술된다(황성철, 2019). 예를 들어, '부양자의 부양부담을 경감하는 서비스를 제공하면, 노인학대가 예방될 것이다.'와 같은 프로그램 가설을 설정할 수 있다. 이때 프로그램 가설은 프로그램의 목적과 목표와 밀접하게 관련되어 있어야 한다.

이와 같은 프로그램 가설이 설정되었다면 프로그램의 세부 내용을 구성하는 개입전략과 서비스 형태에 대한 설계가 가능해진다. 프로그램 가설 설정과 적절한 개입 및 서비스 전략을 모색하는 과정에서 프로그램 개발자는 특정 사회문제나 욕구에 관한 전문지식을 적극적으로 활용하고 창의적 아이디어를 만들어 내야 한다. 그러기 위해서는 프로그램의 대상자 집단이나 다루고자 하는 문제나 욕구와 관련하여 지역사회 조직에서 실시하는 프로그램, 기관에서 수행해 본 경험이 있는 프로그램 사례, 외국의 사례 등에 관한 자료를 수집하여 활용하여야 한다. 예를 들어, 다른 기관에서 발행한 프로그램 결과보고서, 연구보고서, 사례집 등을 참고하거나, 해당 기관을 방문 또는 전문가를 초청하여 세미나를 개최하거나, 현장답사와 인터넷 검색 등의 방법을 사용하거나, 브레인스토밍(brainstorming)과 같은 창의적 아이디어 개발기법을 이용할 수도 있다.

그러나 무엇보다 중요한 것은 프로그램 개발자가 '노인 내담자가 원하거나 해결하고 싶어 하는 것이 무엇인가?'와 관련하여 평소에 생각해 두었던 아이디어나 전문지식을 특정한 조건이나 목표에 맞추어 정리하는 작업이다. 왜냐하면 아무리 실행 가능하고 효과성이 입증된 프로그램이라고 할지라도 노인이 원하지 않는 서비스라면 아무런 의미가 없고, 프로그램 목적과 관련성을 지니지 않는다면 무의미하기 때문이다. 따라서 프로그램 내용을 선정하기 위한 단계에서는 노인 내담자의 욕구와 문제에 대해 평상시에 끊임없이 관찰하고(see), 생각하고(think), 실행해 본 것(do)을 체계적으로 정리하는 작업이 필요하다. 즉, 좋은 프로그램을 개발하기 위해서는 평상시에 노인 내담자의 욕구와 문제를 관찰하여 해결책을 생각하는 과정에서 얻은 아이디어를 활자화해 놓고, 생각해 낸 것을 평상시 업무를 수행하는 과정에서 시험적으로 실행에 옮겨 보고 이를 평가하고 수정·보완하는 작업이 중요하다. 그러나 아무것도 없는 무(無)의 상태에서 새로운 아이디어를 만들어 내는 것이 쉽지만은 않으므로, 다른 조직을 자주 방문하여 현장조사를 실시하고 다른 조직에서 발간한 자료를 참조하여 창조적으로 모방하는 것도 좋은 방법이 될 수 있다. 즉, 다른 조직에서 기존에 실행하고 있는 프로그램을 직접 보고(see), 창조적으로 모방(copy)하는 것 또한 프로그램의 세부 내용을 구상하는 데 좋은 방법이 될 수 있다(조학래, 2006).

프로그램 목적과 목표를 달성할 수 있는 개입전략이나 서비스에 관한 자료를 수집하였다면, 프로그램의 세부 내용에 포함될 수 있는 서비스나 개입전략의 우선순위를 결정하여야 한다(오세영, 2022). 즉, 프로그램 참여자에게 어느 정도 도움이 되는지, 프로그램 참여자의 능력에 맞는 서비스는 무엇인지, 서비스 제공에 소요되는 자원은 어느 정도인지, 프로그램 목적과 목표달성을 위해 가장 바람직한 서비스는 무엇인지, 프로그램 참여자와 제공자의 만족도가 높고 프로그램의 성과와 영향이 크고 지속적으로 유지될 수 있는 것은 무엇인지 등을 검토하여 서비스와 개입전략의 우선순위를 정해야 한다.

마지막으로는 프로그램의 세부 내용, 즉 프로그램 목적달성을 위한 적합한 대안선택 작업이 이루어져야 한다. 즉, 고안된 서비스나 개입전략 중에서 프로그램에 포함될 것을 선택해야 한다. 일반적으로 프로그램 내용을 선정함에 있어서는, ① 프로그램 내용이 프로그램의 목적과 목표에 부합되어야 한다는 합목적성의 원리, ② 여러 가지 성과를 동시에 얻을 수 있도록 가능한 한 포괄적이고 다양한 서비스나 개입전략으로 구성해야 한다는 포괄성의 원리, ③ 내담자의 실생활과 사회생활에 적용할 수 있어야 한다는 현실성의 원리, ④ 지역적 특성을 반영하여야 한다는 지역성의 원리라는 기준을 활용하는 것이 바람직하다(김영숙 외, 2002; 정무성, 정진모, 2001; 황성철, 2019).

이와 같은 프로그램 내용 선정의 원리를 충분히 고려하더라도, 프로그램 내용의 선정은 앞서 언급한 서비스의 우선순위 비교결과, 자원동원 가능성에 따라 결정되므로 이 두 가지 요인을 중요하게 고려하여야 한다. 그리고 프로그램 내용의 선정과정은 프로그램 개발자의 전문 지식, 프로그램 내용 선정과 조직화의 원리도 중요하지만, 프로그램 참여자의 의견 또한 매우 중요한 요소이다. 그러므로 프로그램 개발자는 프로그램의 세부 내용을 최종 결정하기 이전에 잠재적 프로그램 참여자 집단을 대상으로 프로그램의 세부 내용에 대한 의견을 사전에 수렴하여, 이를 근거로 조정해 나가는 작업을 반드시 거쳐야 한다.

6) 실행계획 수립 단계

프로그램 실행계획을 수립하는 과정에는 선정된 프로그램의 내용을 조직화하는 과정과 프로그램을 어떤 인력과 어떤 자원을 투입하여 어떤 방법과 절차로 실행에 옮길 것인가에 대한 의사결정을 하는 과정이 포함된다. 먼저 프로그램 실행계획을 수립하기 위해서는 선정된 프로그램의 세부 내용을 의미 있게 배열하는 프로그램 조직화 작업이 이루어져야 한다. 프로그램 내용을 조직화함에 있어서는, ① 프로그램의 내용과 참여자의 경험이 계속 반복될 수 있도록 하는 연속성의 원리, ② 일정한 순서에 따라 프로그램 내용이 조직화되어야 한다는 계열성의 원리, ③ 여러 가지 프로그램 내용이 상호관련성을 지니도록 배열해야 한다는 통합성의 원리, 그리고 ④ 프로그램 참여자의 욕구, 관심사, 능력 등이 충분히 발휘될 수 있도록 다양하고 융통성 있는 방법으로 프로그램 내용이 조직되어야 한다는 다양성의 원리를 고려해야 한다(김영숙 외, 2002; 정무성, 정진모, 2001; 황성철, 2019).

프로그램의 세부 내용이 조직화되면, 각각의 세부 프로그램 내용을 실행하는 구체적인 방법과 시간계획을 수립하여야 한다. 즉, 프로그램 계획서에 프로그램 목적과 목표에 따라 세부 프로그램 내용을 나열하고, 각각의 세부 프로그램을 실행하기 위해서 사용하는 개입 전략이나 기술, 과업에 대한 계획을 상세하게 설정하고, 이를 실행에 옮기는 데 필요한 수행시기, 시행 횟수 등에 대한 시간계획을 수립하여야 한다. 프로그램의 목표달성을 위한 시간계획과 프로그램의 진척 상황을 점검하기 위한 계획을 수립하는 방법으로는 프로그램 평가검토기술(PERT), 프로그램 내용과 활동별 시간계획(Gantt Chart), 월별 활동카드(Shed-U Graph), 프로그램 총괄진행도(Flow Chart) 등이 있다. PERT(program evluation and review technique) 기법은 특정 프로그램의 목표에 따라 이와 관련된 과업과 세부 활동 간의 관계를 논리적으로 시간순서에 따라 도식화한 것으로 프로그램의 진행 상황을 추적 · 검토할 수 있는 방법이다. 간트 도표는 프로그램 실행의 세부 내용을 일정이나 소요되는 시간에 따라 가로 막대로 표현하는 방법이다. 월별 활동카드는 특정 프로그램 활동이나 업무를 작은 종이 카드에 기입하여 월 단위에 붙이는 방법이다. 총괄진행도는 프로그램 시작에서 종료까지 이루어져야 하는 업무와 과업을 논리적 순서에 따라 그림으로 표현하는 방법이다.

프로그램을 실행에 옮기기 위해서는 프로그램 수행인력을 구성하고 각자의 역할분담에 대한 계획을 수립하여야 한다. 일반적으로 노인복지조직에서 프로그램을 수행하기 위해서는 프로그램 담당자를 배치하는 경우가 대부분인데, 대개 일선 사회복지사가 그 역할을 담당하는 경우가 많다. 그러나 프로그램을 효과적으로 수행하기 위해서는 프로그램 지도감독자(supervisor), 자문위원, 프로그램 보조인력, 준전문가나 자원봉사자가 필요하다. 따라서 프로그램 수행인력 구성 시에는 프로그램 담당자를 중심으로 복수의 전문가와 준전문가, 비전문가로 구성된 팀을 활용하는 것이 바람직하다.

프로그램 수행인력의 구성도 중요하지만, 더욱 중요한 것은 수행인력 간의 역할분담과 협력체계를 분명하게 명시하는 것이다. 역할분담은 전체 프로그램의 실행과정에서 프로그램 수행인력이 세부적으로 해야 할 업무와 과업을 할당하는 작업으로, 수행인력 간의 업무 중복이나 비효율성을 사전에 예방할 수 있도록 프로그램 계획서에 분명하게 명시되어야 한다. 이를 위해서는 프로그램 수행인력별로 담당해야 할 업무와 역할, 할당시간을 명기하는 방법이 활용되고 있으나 6하 원칙, 즉 5W1H 체크리스트를 활용하기도 한다(신복기 외, 2005; 오세영, 2022; 황성철, 2019). 다시 말해, 누가 언제 어디서 무엇을 왜 어떻게 할 것인지에 대한 세부적인 역할분담 계획과 업무에 대한 책임감을 명시하는 것이 좋다.

프로그램의 내용이 결정되고 인적 자원의 투입계획이 세워졌더라도, 프로그램 실행에 필요한 재정자원이 확보되지 않으면 프로그램의 실행은 불가능하다. 그러므로 프로그램에 필요한 예산, 시설, 장비, 물품 등의 자원을 어떻게 개발, 동원, 활용할 것인지에 대한 계획의 수립이 필수적이다. 그중에서도 프로그램 예산계획을 수립하는 것은 프로그램 수행에 필요한 재정의 계획을 세우고, 재원을 조달하여 여러 가지 목적에 따라 할당하는 과정으로서, 프로그램 실행에 필요한 수입과 지출을 구체화한 재정계획이다. 프로그램 수행에 소요되는 재정은 정부지원금, 사회복지 재정지원기관의 지원금, 기부금이나 후원금, 서비스 이용료와 기타 특별 수입금으로 마련된다. 이러한 재원으로 예산을 편성할 시에는 품목별 예산, 성과주의 예산, 기획예산, 영기준 예산 편성방법이 활용될 수 있다. 품목별 예산 편성방법은 사회복지조직에서 가장 보편적으로 사용되는 예산시스템으로 인건비, 사업비, 관리운영비 등의 항목별로 세부적인 수입과 지출계획을 수립하는 방법이다. 성과주의 예산 편성방법은 프로그램의 성과를 비용과 관련지어 상호 비교하기 위해 프로그램에 소요되는 단위원가와 업무량을 고려하여 예산을 편성하는 방법이다. 기획예산 편성방법은 조직의 장기 발전계획이나 사업계획을 세분화하여 단계별 목표를 설정하고 비용효과 분석을 통하여 목표의 우선순위를 확정하여 예산을 편성하는 방법이다. 영기준 예산 편성방법은 조직이 지금까지 추진한 사업을 처음부터 영(zero) 상태에서 다시 시작한다는 전제하에 기존에 배정된 예산에 구애받지 않고 새로운 조직목표와 우선순위에 따라 예산을 편성하는 개혁적인 예산 편성방법이다.

하지만 새로운 프로그램이 만들어졌다고 해서 곧바로 실행할 수 있는 것은 아니므로 상세한 프로그램 실행계획서를 작성하여 조직관리자의 승인을 받아야 한다. 그러나 관리자의 승인이 떨어졌다고 하더라도 한정된 서비스 자원으로 인하여 다른 프로그램의 실행을 방해할 수 있으며, 과다한 인력과 재원 투입이 요구되는 프로그램은 다른 부서나 종사자의 협조를 얻기가 어렵기 때문에 다른 부서나 종사자와 프로그램과 관련하여 사전에 협의를 하고 긴밀한 협조관계를 유지하는 것이 바람직하다.

7) 프로그램 실행 단계

프로그램 실행이란 수립된 프로그램 실행계획을 실시하는 것을 말하며, 실행 단계는 프로그램의 첫 번째 회기가 시작됨으로써 시작된다. 프로그램을 실행하면서 가장 유의해야 할 것은 프로그램 계획에 얽매여서 목표전치현상이 발생하지 않도록 해야 한다. 그 이유는 프로그램은 의도한 목적을 달성하기 위한 효율적이고 효과적인 서비스 전달수단이지 목적 자체가 아니기 때문이다. 따라서 프로그램의 실행은 융통성과 탄력성이 요구되며, 필요에 따라서는 프로그램 목적달성을 위하여 프로그램 계획을 수정 · 보완하여 실행에 옮기는 것도 적극적으로 고려해야 한다.

이와 같이 프로그램의 개선을 위해서 프로그램 관리자는 현재 실행되고 있는 프로그램이 과연 의도한 방향으로 진행되고 있는지를 확인하고 점검해야 한다. 프로그램 점검(monitoring)은 조직에서 프로그램의 전체 과정에서 관련된 요소를 확인하고 프로그램이 원래의 목표를 달성하는 방향으로 진행되고 있는지 또는 예기치 못한 문제가 발생하지는 않았는지 등에 관한 정보를 수집 · 분석하여 프로그램을 개선해 나가는 노력을 의미한다. 프로그램 관리자가 프로그램을 점검할 시에는 다음과 같은 상황을 검토해야 한다(지은구, 2005; 황성철, 2019).

① 프로그램이 표적집단에 속한 사람을 어느 정도 포함하고 있는가?

② 프로그램의 내용이 적합하며, 양질의 서비스가 전달되고 있는가?

③ 프로그램 수행인력은 적합한 능력을 갖추고 있고 그 수는 적당한가?

④ 프로그램 수행에 필요한 예산, 시설, 기자재는 적절히 지원되고 있는가?

⑤ 프로그램의 자원은 예산의 범위 내에서 적절히 집행되고 있는가?

⑥ 프로그램과 서비스는 적절한 전달체계를 통해 표적집단에 전달되고 있는가?

⑦ 프로그램이 공공기관 또는 자원제공자가 부과한 기준과 요구를 따르고 있는가?

프로그램을 성공적으로 실행하기 위해서 가장 중요한 것은 적정 규모의 프로그램 참여자를 확보하는 것이다. 노인의 프로그램 참여를 조장하기 위해서는 우선 프로그램의 성격에 적합한 특성을 지닌 노인에게 프로그램의 실행 사실을 알려야 하며, 첫 회기가 시작되기 전에 노인과 접촉하여 참여 약속이나 참여 계약을 맺는 것이 좋다. 다음으로는 노인이 프로그램에 쉽게 접근할 수 있도록 하여야 한다. 그러기 위해서는 노인의 프로그램 참여를 방해하는 요인이 무엇인지를 파악하여 이를 제거하여야 한다. 마지막으로 실행 단계에서 프로그램 관리자가 수행해야 하는 과업 중의 하나는 노인과 신뢰관계를 형성하는 것이다. 노인복지조직에서는 평상시 종사자와 노인 사이에 형성된 신뢰관계가 노인의 프로그램 참여에 영향을 미치므로, 종사자는 노인과 평상시에 원만한 관계를 맺고 전문 능력에 대한 신뢰감을 노인에게 심어 주어야 한다. 그러나 노화의 특성상 노인의 상당수는 프로그램 참여에 소극적 태도를 보이는 경향이 있으므로, 프로그램 관리자와 다른 종사자의 적극적인 프로그램 참여 권유가 노인의 안정적 프로그램 참여를 보장하는 좋은 방법이 될 수 있다.

프로그램이 실제 진행되는 단계에서는 적정 수준의 참여 노인을 확보하는 것도 중요하지만 프로그램과 관련된 조직의 상황 또한 면밀히 분석하고 고려해야 한다. 대부분의 경우 프로그램 실시를 위한 예산이나 별도의 인력을 확보하지 못하고 있는 경우가 많으므로 한 가지 프로그램의 진행은 다른 서비스나 업무에서의 자금 압박 또는 인력부족 현상을 야기할 수 있다. 그러므로 프로그램 관리자는 프로그램 실행과정에서 조직의 관리자에게 프로그램 진행 상황이나 결과, 소요자원에 대해 정기 보고를 하고 필요한 자원을 획득하기 위하여 노력하여야 한다. 그리고 부서 또는 종사자 간에 업무를 구체적으로 세분화하고 재조정하여 프로그램 실행으로 인하여 프로그램 관리자의 업무부담이 가중되거나, 다른 종사자에게 업무가 부당하게 이관되는 경우를 방지하여야 한다.

프로그램이 어느 정도 정상궤도에 진입하여 안정화 단계에 들어가게 되면 프로그램의 생존 여부는 더 이상 중요한 문제가 되지 않는다. 프로그램 실행 단계의 이전 두 단계에서 적정 규모의 노인 참여자를 확보하고 필요한 자원을 확보하고 업무 재조정도 이루어졌기 때문에 안정화 단계는 프로그램의 효과가 최대화되는 시기라고 할 수 있다. 그러나 프로그램이 안정화 단계에 진입했다고 하더라도 조직 내·외부의 상황 변화에 따라 프로그램 진행에 방해를 받을 수 있고 프로그램이 위축될 수도 있다. 따라서 프로그램 관리자는 프로그램이 원래의 목표를 달성하고 있는지, 계획에 따라 진행되고 있는지, 부족한 자원은 없는지, 참여자의 호응도는 어떠한지 등을 수시로 점검하여 프로그램을 수정·보완해야 한다. 이러한 프로그램 점검 작업은 프로그램을 더욱 안정화하고 정교화할 수 있으므로 프로그램 관리자가 반드시 수행해야 할 과업이다.

프로그램의 안정화와 제도화를 도모하기 위하여 노인복지조직에서는 프로그램을 진행하는 종사자의 업무 수행을 지지하고 촉진할 수 있는 분위기를 조성해야 하며, 프로그램 실행에 대한 슈퍼비전(supervision)과 환류(feedback)를 제공하여야 한다. 그리고 프로그램 관리자는 프로그램 실행과 질적 향상에 필요한 지식과 기술을 습득하기 위하여 꾸준히 노력하여야 하며, 프로그램이 소기의 목적과 목표를 달성하고 참여 노인에게 어떠한 영향을 미치는지를 객관적으로 평가하여 프로그램의 효과성과 효율성을 입증하여야 한다.

8) 프로그램 평가 단계

프로그램 개발과 관리의 마지막 단계는 평가 단계이다. 평가란 특정 개입이나 프로그램이 설정한 목적을 성취했는지, 투입된 비용은 효율적으로 집행되었는지를 기준으로 개입과 프로그램의 성공 여부를 결정하는 체계적 과정이다. 평가조사는 개입과 프로그램의 효과성을 측정하는 데 일반적인 조사방법론을 적용하는 일종의 응용조사이다. 평가의 대상에는 개인, 집단, 프로그램, 조직체 등 모든 수준의 대상이 포함될 수 있지만 프로그램이나 조직체의 효과성을 평가하는 조사를 프로그램 평가(program evaluation)라 한다(최성재, 남기민, 1993).

노인복지분야의 프로그램 평가는 서비스를 받아야 할 사람들을 대상으로 하고 있는가, 내담자 집단에 필요한 서비스를 제공하고 있는가, 서비스를 효과적으로 그리고 효율적으로 제공하고 있는가를 파악하는 중요한 행정 관리 수단이다(성규탁, 1993). 모든 노인복지기관은 조세, 사회보험료, 지원금이나 후원금 등으로 운영되므로 이를 부담하는 시민, 행정기관, 입법기관 관계자 그리고 서비스 이용자에 대한 책임을 성실히 이행해야 한다. 그러므로 노인복지기관에서는 프로그램이나 기관 운영에 대한 지속적인 평가를 실시함으로써 기관의 사회적 책임 이행을 증빙하고, 평가결과에 따라 조직 운영과 프로그램을 개선해야 한다 (Royse et al., 2000).

노인복지기관의 프로그램 평가의 일반적 목적은 내담자에게 긍정적 영향을 미칠 의도로 개발되어 실시된 프로그램이 효과적인지, 그리고 기관 운영이 효율적이며 사회적 책임을 적

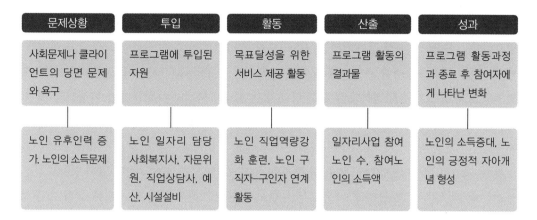

문제상황	투입	활동	산출	성과
사회문제나 클라이언트의 당면 문제와 욕구	프로그램에 투입된 자원	목표달성을 위한 서비스 제공 활동	프로그램 활동의 결과물	프로그램 활동과정과 종료 후 참여자에게 나타난 변화
노인 유후인력 증가, 노인의 소득문제	노인 일자리 담당 사회복지사, 자문위원, 직업상담사, 예산, 시설설비	노인 직업역량강화 훈련, 노인 구직자–구인자 연계 활동	일자리사업 참여 노인 수, 참여노인의 소득액	노인의 소득증대, 노인의 긍정적 자아개념 형성

[그림 12–3] 프로그램 평가를 위한 논리모형

절히 이행하고 있는지를 판단하여 프로그램의 질적 수준을 제고할 수 있는 개선방안을 마련하는 데 있다(김영종, 2023; 성규탁, 1993; 최성재, 남기민, 1993).

이러한 프로그램 평가의 목적을 달성하기 위하여 다양한 프로그램 평가모형이 제시되고 있는데, 우리나라의 민간복지재단과 사회복지공동모금회에서 자주 활용하고 있는 평가모형은 논리모형이다. 논리모형은 일반체계이론의 개념을 프로그램 개발과 평가과정에 적용하여 투입–전환(과정)–산출–성과 간의 관계를 논리적으로 설명하고 프로그램의 성과를 체계적으로 평가하는 모형이다. 특히 논리모형은 프로그램의 성과 평가에 강조점을 두고 장단기 성과가 어떻게 나타나는지를 논리적으로 설명해 주는 모형으로 [그림 12–3]과 같이 도식화할 수 있다(사회복지공동모금회, 2008).

프로그램 평가는 사용목적에 따라 총괄 평가(summative evaluation)와 형성 평가 또는 과정 평가(formative evaluation)로 구분할 수 있다(성규탁, 1993). 총괄 평가는 프로그램이 집행되고 난 후에 프로그램이 사회나 내담자에게 미친 효과나 영향을 추정하고, 프로그램이 어느 정도 효율적으로 이루어졌는지를 평가한다. 즉, 총괄 평가는 크게 효과성 평가와 효율성 평가로 구분할 수 있다. 먼저 효과성 평가는 프로그램이 의도한 결과나 목표를 달성한 정도를 판단하는 것으로 총괄 평가의 가장 중요한 부분이다. 이러한 효과성 평가는 크게 목적달성모델과 영향모델을 활용한다(김훈, 2001). 목적달성모델은 특정 프로그램의 목적달성의 성공 또는 실패 수준을 측정하는 모델로서 만약 궁극적 목적이 달성된다면 일련의 우선순위에 따른 성취과제가 수행된 것으로 본다. 즉, 이 모델은 투입보다는 오히려 산출의 측정을 강조하고 만약 목적이 달성된다면 투입의 적절한 결합이 이루어진 것으로 본다. 영향모델은 프로그램 효과의 측정을 위해서 서비스 이용자의 경험을 참조집단이나 비교집단의 경험과 비교하여야 한다. 이 모델에서는 '그 개입이 어떤 차이를 가져왔는가?'에 초점을 둔다. 이런 점에서 그 개입이 프로그램의 목적, 즉 종속변인과 독립변인 간의 관계를 측정하는 것이 필요하다. 이처럼 효과성 평가에서는, '① 의도한 프로그램의 효과가 과연 그 프로그램 때문에 발생했는가? ② 발생한 프로그램 효과는 프로그램 목표와 대비하여 어느 정도인가? ③ 프로그램 효과의 크기는 해결하고자 했던 원래의 내담자의 문제나 사회문제를 해결하는 데 충분했는가?'를 파악하여 프로그램의 중단, 축소, 현상 유지 또는 확대에 대한 의사결정을 하게 된다.

　총괄 평가의 또 다른 유형인 효율성 평가는 비용-편익모델 또는 비용-효과평가모델로 불리는데, 흔히 투입과 산출의 비율로서 표현되며 프로그램에 할당된 자원에 대한 정당성 여부에 주로 관심을 둔다. 이때 투입을 프로그램의 비용으로 하고 산출을 프로그램의 효과로 본다면, 효율성=산출/투입=효과(편익)/비용으로 표시할 수 있다(권중돈, 2002d). 비용-편익(cost-benefit)분석은 프로그램 비용과 산출 간의 관계를 화폐 단위로 나타내는 것으로 그 비율이 높을수록 프로그램이 더 효율적인 것으로 간주한다. 이 분석에서는 사회복지 프로그램의 수익성이라고 하는 기준에 근거하여 성공 가능성을 판단하며, 프로그램 간의 상대적인 평가가 가능한 장점이 있다. 그러나 사회복지 프로그램에서 비용-편익분석은 프로그램의 편익을 어떻게 경제적 가치로 환산할 것인가의 문제로 여러 가지 한계를 지닌다. 따라서 비용-편익분석 대신에 비용-효과분석 방법을 활용한다. 즉, 비용-효과분석에서는 프로그램의 산출을 화폐 단위로 환산하지 않고 동일한 목표를 가진 프로그램에 투입되는 비용을 비교하여 최소 비용으로 최대 효과를 내는 프로그램이 가장 효율적이라고 판단하는 것이다. 그러므로 비용-효과분석은 사회복지 프로그램의 효율성 평가에 많이 활용되고 있으나, 각기 다른 기준의 산출이 발생하는 프로그램에 대해서는 비용-효과분석을 적용하기 어려운 단점이 있다.

　형성 평가 또는 과정 평가는 프로그램 운영 및 활동을 분석하여 이를 바탕으로 좀 더 효율적인 집행전략을 수립하거나, 프로그램 내용을 수정·변경하거나, 프로그램의 중단·축소·유지·확대 여부를 결정하기 위해서 활용된다. 또한 프로그램의 효과나 부작용 등이 발생하는 경로를 밝혀낼 수 있으므로 총괄 평가를 보완하는 기능 또한 수행하게 된다. 좁은 의미의 과정 평가는 프로그램이 구체적으로 어떠한 과정을 거쳐 효과를 발생시키는지를 파악하는 것으로 독립변인인 프로그램과 종속변인인 효과 사이의 인과관계를 파악하되, 개입 과정에 영향을 미치는 매개변인을 확인하는 과정이다. 즉, 과정 평가는 프로그램의 시작에서 최종 목표에 도달할 때까지의 과정을 인과관계의 측면에서 확인하는 것으로, '① 프로그램의 효과는 어떤 경로를 거쳐서 발생하는가? ② 프로그램 효과가 발생하지 않는 경우 어떤 경로가 잘못되었는가? ③ 프로그램 효과에 더 강한 영향을 미치는 경로는 없는가?'와 같은 질문에 대한 해답을 찾는 평가이다.

과정 평가에는 운영과정 평가도 포함된다. 운영과정 평가는 프로그램이 계획 또는 의도한 대로 운영되고 있는가를 확인·점검하는 평가이다. 운영과정 평가는 프로그램의 운영이 원래의 운영 계획이나 설계에 따라 이루어지고 있는지를 확인하고, 프로그램 활동에 영향을 미치는 운영 절차와 자원, 프로그램 대상자에 대한 서비스 전달, 프로그램의 대상 영역을 점검하는 것이다. 따라서 운영과정 평가는, '① 원래 운영계획대로 활동이 이루어지는가? ② 계획된 양과 질의 자원이 계획된 시간에 투입되었는가? ③ 원래 의도한 프로그램 대상 집단을 상대로 실시되고 있는가? ④ 관련 법규나 규정에 순응하였는가?'라는 질문에 대한 해답을 찾는 과정이라 할 수 있다. 이를 통하여 프로그램 설계상의 약점을 보완할 수 있는 바람직한 절차나 방법을 제시하여 효율적 운영전략을 수립하고, 운영 상황을 점검하여 프로그램의 변경·수정을 도모하는 것으로, 운영 평가의 가장 중요한 방법은 점검이다.

6. 노인복지 프로그램 제안서 작성

1) 프로그램 제안서의 개념과 의의

「노인복지법」 제정 이후 지난 40여 년 동안의 정권 변화를 거치면서 각 정권이 내건 복지 슬로건은 생산적 복지, 참여복지, 능동적 복지 등으로 변화해 왔지만, 그 기저에는 복지재정의 효율성 제고와 민간부분의 복지 책임성 증진이라는 동일한 가치가 내재되어 있다. 즉, 정부는 사회복지조직에 최소 비용으로 최대의 성과를 거둘 것을 기대하고 있으며, 부족한 자원은 민간자원을 개발·동원하여 충당할 것을 비공식으로 강제하고 있는 상황이다. 특히 지방분권화정책 추진 이후 재정자립도가 낮은 지방자치단체에서는 공적 재원의 한계로 인하여 사회복지조직과 프로그램에 대한 긴축재정을 편성할 수밖에 없는 상황에 직면하게 되면서, 이 지역에 위치한 사회복지조직의 재정적 어려움은 더욱 가중되고 있는 실정이다.

이러한 상황에 직면한 사회복지조직은 조직 자체의 경쟁력을 제고하고, 서비스의 질을 향상하고, 부족한 재원을 확보하기 위하여 프로그램 제안서, 즉 프로포절(proposal)에 대한 관심이 높아지고 있다. 특히 중앙 및 지방 정부, 사회복지공동모금회, 민간기업복지재단 등에서 실시하는 프로그램 공모사업이 확대되고 지원하는 사례가 많아지면서 사회복지조직은 프로그램 제안서에 대한 관심이 더욱 높아져 프로그램 공모사업에 제안서를 제출하는 것은 사회복지조직의 일상 업무가 되었다고 해도 과언이 아니다.

프로그램 제안서는 사회복지조직이 수행하고자 하는 프로그램의 내용을 설명하는 일종의 설계도면과 같다. 프로그램 제안서는 사회복지사가 개발하고 기획한 프로그램의 실체로서, 프로그램의 전문성, 자원동원 수단, 목적달성의 방법 등이 포괄적이면서도 구체적으로 담겨 있는 사회복지조직의 서비스와 실천의 기반이 된다(오세영, 2022). 이러한 프로그램 제안서는 향후 실제 사업을 수행하는 데 있어서 지침이 될 뿐 아니라 대내외적으로 인정받기 위한 근거자료가 된다.

대표적인 민간 자원제공자인 사회복지공동모금회, 민간기업복지재단 등은 프로그램 공모사업을 실시하여 사회복지조직 간의 경쟁력을 제고하고 서비스의 질을 향상하고 기금 배분의 투명성을 확보하기 위해 프로그램 제안서를 활용한다. 사회복지조직 역시 프로그램 제안서를 통하여 조직의 경쟁력을 제고하고, 서비스의 전문성과 질 향상을 도모할 수 있지만, 외부 재정지원기관에 프로그램 제안서를 제출하는 1차 목적은 사업수행에 필요한 재원을 확보하는 것이다. 그러나 해를 거듭할수록 민간 자원제공자는 기금 배분을 위한 심사기준을 엄격하게 적용하고 있으며 다수의 사회복지조직이 공모사업에 응모함으로써 조직 간에 치열한 경쟁이 이루어지고 있다. 만약 사회복지조직에서 제안한 프로그램이 엄정한 심사과정과 치열한 조직 간의 경쟁을 뚫지 못하면 프로그램은 축소 시행되거나 심지어는 생명력을 얻지 못하는 결과를 초래할 수 있다. 이처럼 사회복지조직의 프로그램 제안서 작성 역량은 곧 조직의 성패를 가름할 정도로 중요해지고 있으므로, 사회복지조직은 프로그램 제안서 작성에 관한 지식과 기술을 갖추어야 한다.

2) 프로그램 제안서의 작성방법

프로그램 공모사업을 실시하고 있는 사회복지공동모금회, 민간기업 복지재단 등의 프로그램 제안서 양식은 그 내용에 있어 약간의 차이가 있기는 하지만 대동소이하다. 이에 다음에서는 프로그램 제안서 작성방법에 대해 살펴보고자 한다(사회복지공동모금회, 2009; 오세영, 2022; 정무성, 2005).

(1) 사업 개요
프로그램 제안서의 표지는 대부분 조직에 관한 사항과 프로그램에 관한 사항으로 구성되어 있다. 조직에 관한 사항은 법인의 특성, 연혁, 조직도, 예산, 외부지원금 현황, 신청사업과 유사한 사업의 수행 경험 등이 포함되어 있다. 이 부분은 이미 정해진 내용이 대부분이므로 작성에 소홀하기 쉬운데, 치열한 경쟁에서 이기기 위해서는 나름의 차별화 전략을 가져야 한다. 이를 위해 제안서를 작성하는 과정에서 외부 기관의 지원을 받은 실적과 신청사업과 관련된 기관의 선행(先行)사업 수행실적을 강조해서 제시하는 것이 한 가지 방법이 될 수 있다.

표지의 프로그램에 관한 사항은 프로그램 제안서의 전체 내용을 함축적으로 담고 있는 한 장의 계획서(one paper proposal)이다. 수많은 프로그램 제안서를 심사하고 평가해야 하는 민간 자원제공기관에서는 시간제한이라는 현실적 어려움 때문에 한 장으로 압축된 사업 개요를 보고 프로그램의 중요성과 지원 여부에 대한 1차 평가를 실시하므로 표지는 매우 중요한 의미를 지닌다. 특히 사업명에 대한 중요성은 아무리 강조해도 지나치지 않다. 사업명에는 프로그램의 대상, 목적, 방법이 제시되어야 한다. 그리고 사업명은 희망을 나타내는 용어로 표현되는 것이 좋으며, 시대적 이슈를 반영하는 독창적인 형태로 구성하는 것이 바람직하다. 그러나 가끔 독창적이고 참신하면서도 눈에 잘 띄는 독특한 제목을 붙이는 데만 치중하여 사업 대상과 내용, 목적을 한눈에 파악하는 데 한계를 지니는 경우를 볼 수 있는데, 이는 사업명으로는 적절하지 못하다. 이처럼 제목으로 충분한 의사전달이 어려운 경우에는 사업명에 부제를 달아서 사업 전반의 내용을 이해할 수 있도록 돕는 것이 좋으며, 제목이 독창적이고 가벼운 것이라면, 부제는 사업 전반의 개요와 전문성을 보여 줄 수 있는 것이 바람직하다. 그 외에 사업 개요에 해당하는 제안서의 표지에는 프로그램의 필요성과 기대효과, 프로그램 대상의 특성과 규모, 사업목적과 성과목표, 주요 사업내용, 투입인력과 예산 등을 간략하면서도 함축적으로 제시하여야 한다.

(2) 사업의 필요성

사업의 필요성은 프로그램의 당위성을 주장하는 근거가 되는 부분이다. 사업 필요성은 객관적 사실을 근거로 하여 프로그램을 실시해야 하는 당위성을 논리적으로 주장하여야 한다. 프로그램은 사회문제와 내담자의 문제와 욕구가 심각할수록 승인과 지원의 가능성이 높아진다. 따라서 제안서 작성자는 사회문제를 설명할 수 있는 기존 이론에 근거하여 사회문제의 심각성을 제시하고, 사회문제와 욕구가 어느 정도로 심각한지를 체계적 욕구조사와 공식 통계자료, 경험적 연구자료 등의 객관적인 자료에 기초해 주장하여야 한다.

특히 프로그램이 실행될 예정 지역의 환경적 특성에 대해서도 객관적 자료를 근거로 하여 상세히 기술하여야 하는데, 지역통계 등이 없는 경우는 초점집단면접 등의 질적 자료로라도 프로그램 필요성을 뒷받침해야 한다. 또한 프로그램을 시행하기 위해서 신청 조직 또는 다른 기관에서 유사한 사업을 실시한 선행사업 경험과 그 결과를 상세히 기술하여야 한다. 그리고 프로그램을 실시하기 위해 활용할 수 있는 지역사회 자원이나 서비스, 그리고 부족한 자원에 대해서도 상세히 기술해야 한다.

프로그램의 기대효과를 따로 제시하는 경우도 있으나 프로그램을 실시했을 때 나타날 수 있는 효과를 함께 제시하는 것도 좋다. 프로그램 기대효과는 프로그램을 수행함으로써 얻을 수 있는 다양한 이익과 효과가 무엇인지를 예측하여 제시하는 것이다. 기대효과 기술에서는 프로그램이 목적과 목표를 달성하였을 때 내담자 집단과 지역사회에 어떤 긍정적 변화가 일어날 것이고, 그것의 사회적 가치와 비용 효과가 얼마나 될 것인지를 제시하면 된다. 다만, 프로그램 개발자는 프로그램이 지니고 있는 단점, 장애 또는 실패요인을 제안서에 제시하지 않더라도 정확하게 인식하고 있어야 한다.

(3) 대상자 선정

프로그램의 대상자를 명확히 하는 것은 프로그램의 집중력을 향상하여 효과성과 효율성을 높인다. 그러므로 프로그램 제안서에서는 누구를 대상으로 프로그램을 실시할 것인지가 명확히 드러날 수 있도록 기술해야 한다. 프로그램 대상 선정은 앞서 언급([그림 12-2] 참조)한 바와 같이 일반 집단, 위기 집단, 표적 집단, 내담자 집단으로 그 범위를 위계적으로 좁혀 나감으로써 이루어진다. 만약 내담자 집단이 노인 에이즈 환자와 같이 범위가 매우 제한되어 있어 그 수를 정확히 파악할 수 있을 경우에는 내담자 수에 실 인원수를 기입하면 되지만, 대부분의 노인복지 프로그램에서는 내담자의 수를 정확히 제시하는 데 한계가 있으므로 일반 대상에서부터 그 범위를 점차 좁혀 내담자 수를 추정하여 기입하는 경우가 많다. 이와 같이 프로그램 대상의 범위를 좁혀 나가는 과정은 논리적 타당성과 객관적 자료를 근거로 하여 이루어져야 한다. 따라서 대상자 선정을 위한 기준, 선정 절차, 모집 부진 시 대응 방안을 상세히 기록해야 한다.

표 12-3 프로그램 대상자 선정의 예시

• 서비스 대상: ○○시 △△구 경로당 10개소의 임원(회장, 부회장, 총무)
• 실인원: 40명

대상 구분	서비스 대상자 산출근거	단위수(명)
1) 일반 집단	△△구 65세 이상 노인인구	36,980*
2) 위기 집단	△△구 경로당 이용 노인 수	7,293(152개소)**
3) 표적 집단	△△구 ○○노인복지관 경로당 활성화 사업 대상 경로당 이용자	1,389(40개소)**
4) 내담자 수	표적 집단 중 프로그램 참여에 동의한 경로당 임원	40(10개소)

자료: * ○○년도 ○○시 인구통계자료.
　　** ○○년도 △△구청 경로당 이용실태조사 결과보고서.

(4) 사업의 목적과 목표

프로그램의 목적은 프로그램을 통해서 달성하고자 하는 포괄적이고 추상적인 미래의 바람직한 상태를 의미한다. 대부분의 프로그램 제안서에서는 프로그램의 목적을 3~4행으로 제시하고, 이러한 목적을 달성하기 위한 목표를 구체적으로 제시하는 것이 좋다. 프로그램

표 12-4 프로그램 목적과 목표 설정의 예시

목적	산출목표	성과목표
경로당 임원의 개인 및 조직 지도자로서의 역량을 강화하여 경로당의 자조활동 능력을 강화하고, 지역사회 지원체계를 구축하여 경로당 기능을 활성화한다.	1. 경로당 임원을 대상으로 의사소통 교육과 훈련을 6회기 실시한다	임원과 회원 간의 대인관계 갈등 감소
	2. 경로당 임원을 대상으로 회계교육을 3회기 실시한다.	경로당 회계집행의 투명성 향상
	3. 경로당 임원으로 자원봉사단 5개 집단을 구성하여 격주 1회 지역사회 봉사활동을 전개한다.	경로당 임원의 사회기여활동 참여도 증가
	4. 경로당 임원과 지역사회 자조집단(예: 아파트 부녀회 등)과의 연석회의를 분기당 1회 개최한다.	지역 내 경로당 지원체계의 확대

제안서를 작성함에 있어 가장 중요한 것은 세부 목표이다. 세부 목표는 프로그램을 통하여 달성하고자 하는 구체적인 목표로서, 향후에 있을 효과성 평가의 기준선이 되며 실현되어야 할 내용과 구체적인 방법, 달성될 목표수치 등을 포함해야 한다. 그러므로 세부 목표는 실현 가능하면서도 구체적이고 현실적인 언어로 표현되어야 하며, 프로그램 시행 후 목표달성 정도를 평가할 수 있도록 측정 가능한 용어로 표현되어야 한다.

그러나 최근 들어 논리모형에 의거한 성과 평가가 강조되면서, 프로그램 제안서에 목적, 목표, 세부 목표의 순으로 기술하던 목표기술방식에 변화가 나타나고 있다. 즉, 프로그램의 목적을 기술한 다음 프로그램을 실행함으로써 발생하는 산출목표와 프로그램 종료 시 또는 그 이후에 나타나는 내담자와 지역사회의 변화를 의미하는 성과목표를 각각 기술하도록 요구하는 민간 재정지원기관이 늘어나고 있다.

(5) 사업 내용

프로그램의 내용은 세부 사업내용, 목표에 대한 평가방법, 담당인력 구성, 사업 진행일정, 홍보계획, 지역자원 활용계획으로 구성된다. 프로그램의 세부 사업내용은 프로그램의 성과목표를 달성하기 위하여 어떤 세부 사업을 어떤 방법으로, 언제, 어떤 수행인력을 투입하여 몇 명을 대상으로 몇 회기 또는 몇 시간 동안 실시할 것인지를 상세하게 기록한다. 특히 프로그램을 직접 개발하지 않은 사람이 보더라도 한눈에 사업을 어떻게 수행할 것인지를 파악할 수 있도록 아주 구체적으로 기록하는 것이 좋다.

표 12-5 세부 사업내용의 예시

성과목표	프로그램	활동 (수행방법)	시행 시기	수행 인력	참여 인원	시행횟수 시간
경로당 임원-회원 갈등 감소	의사소통 교육훈련	• 의사소통 전문강사에 의한 이론 강의: 의사소통의 기본 예절, 경청법, 나-메시지 전달법, 비언어적 의사소통 이해하기, 갈등 표현 및 해결 방법 • 강의 후 조별 의사소통 실습 및 전문강사에 의한 슈퍼비전	○○년 3~4월	전문강사 사회복지사 봉사자 1인	40	1회 2시간 6회기
경로당 회계집행의 투명성 향상	임원 회계교육	• 회계사에 의한 회계교육: 회계의 기본 이해, 수입과 지출 장부기재 및 증빙서류 • 경로당 임원의 장부기재 실습	○○년 5월	회계사 사회복지사 봉사자 3인	20 (회장, 총무)	1회 2시간 3회기
경로당 임원 사회 기여활동 참여 증가	노인 자원봉사단 구성 및 활동	• 자원봉사단 모집 및 조직: 40명, 5개 봉사단 • 자원봉사 기본 교육: 봉사의 개념과 봉사자 자세 • 자원봉사 심화교육: 환경분야 봉사교육 • 지역 환경보호 봉사활동(○○천, ○○공원)	○○년 5~11월	사회복지사 봉사자 10인	40	1회 2시간 20회기
경로당 지역 지원 체계 구축	경로당 임원- 지역자조 모임 연석회의	• 지역자조모임 10개 조직 접촉 • 연석회의 개최 • 경로당 후원금품 연계	○○년 3~12월	사회복지사 봉사자 3인	80	1회 2시간 4회기

프로그램의 평가와 관련된 계획은 프로그램 제안서의 마지막에 제시하는 것이 일반적이지만, 최근에는 목표와 사업내용, 그리고 평가 간의 연계성을 쉽게 확인할 수 있도록 프로그램의 내용을 기술하는 부분에 통합하여 기술하도록 요구하고 있다. 프로그램 목표에 대한 평가방법 서술 시에는 성과목표별로 성과지표, 자료원, 자료수집 방법, 자료수집 시기를 상세하게 기입하면 된다. 이때 성과지표는 프로그램의 성과를 측정하는 데 사용할 지표로서 목표 대비 달성수준, 기대하는 프로그램 전후의 변화량과 수준, 참여자의 만족도, 특정 행동이나 태도의 변화 등을 빈도, 점수 혹은 백분율 등으로 구체적으로 표시하여야 한다. 자료원

표 12-6 목표에 대한 평가방법 예시

성과목표	목표에 대한 평가방법			
	성과지표	자료원	자료수집 방법	자료수집 시기
경로당 임원-회원 갈등 감소	• 의사소통 능력 점수(점) • 경로당 구성원 간 갈등 빈도	복지관 자체 조사	• 의사소통능력 검사(사전-사후) • 경로당 임원의 자기관찰과 보고	• 사전-사후 • 매월
경로당 회계집행의 투명성 향상	• 경로당 회계장부 기록률 100% • 회계증빙서류 누락률 0%	경로당 회계장부와 증빙서류	• 경로당 회계장부 분석	• 분기
경로당 임원 사회기여활동 참여 증가	• 봉사교육 참여율 80% 이상 • 봉사활동 참여율 80% 이상 • 사회참여 태도의 긍정적 변화	출석부 복지관 자체 조사	• 교육 및 봉사활동 • 회기별 출석 점검 • 사회참여 태도 검사(사전-사후)	• 매 회기 • 사전-사후
경로당 지역 지원체계 구축	• 지역자조모임 10개 이상 참여 • 연석회의 참석률 80% 이상 • 경로당 운영비 증가 50% 이상	출석부 경로당 회계장부	• 출석 점검 • 경로당 회계장부 분석	• 분기

은 평가를 할 때 활용할 자료의 소재를 말한다. 자료수집 방법은 필요한 자료를 어떤 방법으로 수집할 것인지를 말하며, 자료수집 시기는 사전-사후 또는 상반기와 하반기 등으로 구체적으로 표현한다.

프로그램의 담당인력 구성은 지도감독자, 프로그램 담당자, 외부 전문강사, 자원봉사자를 모두 포함하되, 실명으로 기재하는 것이 원칙이다. 특히 담당인력의 부서와 직위, 경력이나 자격 사항은 프로그램 수행역량을 평가하는 데 중요한 기준이 되므로 구체적으로 명시하며, 투입시간은 주간 단위로 합리적으로 산정하여 제시하여야 한다.

표 12-7 담당인력 구성 예시

이름 (역할)	담당부서/ 직위	투입시간 (단위: 1주일)	경력(년)/주요업무	자격증 (신청사업 관련)
김희망 (주담당)	재가지원지팀/ 사회복지사	15시간	• 희망노인복지관 3년/경로당 활성화 사업 담당 • 열매종합사회복지관 2년	사회복지사 1급

이사랑 (부담당)	재가지원팀/ 사회복지사	8시간	• 희망노인복지관 5개월/재가복지담당	사회복지사 1급
박복지 (슈퍼바이저)	재가복지팀/ 팀장	3시간	• 희망노인복지관 5년/팀장 • 천상노인복지시설 2년/사회복지사	사회복지사 1급
권소통 (전문강사)	소통리더십센터/ 연구원	2시간	• 소통리더십센터 등 의사소통 훈련 강의 경력 5년	평생교육사 1급
신회계 (전문강사)	회계법인 신나라/ 회계사	2시간	• 비영리법인 회계업무 경력 10년	회계사
나봉사 외 10인(봉사자)	봉사대학교 미리내 봉사단	1시간	• 사회복지전공 대학생 봉사단 활동 3년	

사업 진행일정은 프로그램 실행에 요구되는 과업에 따라 간트 도표(Gantt Chart)를 이용하여 표기하는 것이 일반적이다. 홍보계획은 프로그램의 내용과 사업 수행기관, 그리고 재정지원기관에 대한 홍보 방법 및 횟수, 매체활용 정도 등을 구체적으로 기입하고, 사업수행기관이 속해 있는 지역주민, 지방자치단체, 다른 사회복지조직 등을 대상으로 어떻게 홍보할 것인지의 계획을 기입하여야 한다.

표 12-8 사업진행일정 예시

내용 \ 기간	1월	2월	3월	4월	5월	6월	7월	8월	9월	10월	11월	12월
사업 세부 계획 수립 및 홍보	•											
대상 경로당 및 임원 선정		•										
교육강사 및 교재 개발		•										
의사소통 교육훈련			•	•								
회계 교육					•							
자원봉사자 선발, 봉사단 조직					•							
자원봉사자 교육						•						
자원봉사활동							•	•	•	•	•	
지역자조모임 연석회의			•			•			•			•
사업평가회 및 보고서 제출							•					

지역자원 활용계획은 프로그램이 성공적 성과를 도출할 수 있도록 지역사회 내에 존재하

표 12-9 홍보계획 예시

대상	홍보 방법 및 횟수	활용매체
지역사회주민	리플릿 등의 홍보물 제작, 12개동 반상회 참석 사업 소개, 사업 설명회 1회 실시, 케이블 TV 연계 사례 소개, 지역신문 보도 2회 실시, 기관 홈페이지 및 SNS 홍보	리플릿, 홍보지, 케이블 TV, 신문, SNS
지역복지기관	홈페이지 게시판, SNS와 이메일로 사업소개	인터넷
지방자치단체	구청 및 주민센터 분기별 방문, 리플릿 수시 제공	리플릿

표 12-10 지역자원 동원 계획 예시

자원명	활용계획
소통리더십센터	의사소통 교육강사 지원, 교육교재 개발 자문 및 교재 집필
회계법인 신나라	회계교육 교육강사 지원, 교육교재 개발 자문 및 교재 집필
늘푸른 환경연구소	환경봉사 교육강사 지원, 교육교재 개발 자문 및 교재 집필
봉사대학교 사회복지학과	대학생 자원봉사자 연계(10인)
행정복지센터 및 구청	지역 내 자조모임 현황 자료 협조, 경로당 지원 연석회의 참여 유도

는 자원을 어떻게 활용할 것인지를 구체적으로 기입하는 것으로, 프로그램에 실제 참여하는 연계기관과 연계하는 자원의 내용과 예상실적을 추정하여 기록한다.

(6) 예산계획

프로그램 제안서의 세부 사업내용에 제시한 사업을 수행하는 데 직접 투입되는 소요비용을 예산계획으로 수립하여 제시하여야 한다. 프로그램 예산계획 수립 시에는 일반적으로 항목별 예산수립 방식을 활용하는데, 예산항목은 크게 인건비, 사업비, 관리운영비로 나뉜다. 인건비는 사업을 직접적으로 수행하는 인력에 투입되는 비용으로, 프로그램 담당자나 보조담당자 인건비가 포함된다. 사업비는 프로그램 수행, 즉 서비스 제공에 소요되는 비용으로서 강사비, 자원봉사자 관리비, 회의비, 행사진행비, 자문비, 홍보물품 구입, 프로그램 준비물 구입, 사업결과 보고서 또는 결과물 제작 등에 소요되는 비용이 포함된다. 사업비 중에서 프로그램 수행에 직접적으로 필요한 비품이나 장비의 구입비용은 책정할 수 있으나, 간접적으로 사업운영에 도움이 되는 비품이나 장비 구입비용은 편성하지 않도록 한다. 관리운영비는 프로그램 수행에 필요한 간접비용으로서 사무용품, 냉난방비, 공공요금, 사업담당자 교통비 또는 차량운행 유류비 등이 포함된다. 각 예산항목(목)은 다시 세부 항목(세

표 12-11 예산계획의 예시

목	세목		계	산출근거	신청금액	비율(%)	자부담	자부담비율(%)	자부담재원
	총계		27,515,000		13,855,000	100.0	13,660,000	100.0	
인건비	담당자		6,480,000	1,800,000원×1인×12월×30%=			6,480,000		자체예산
	보조담당자		3,600,000	1,500,000원×1인×12월×20%=			3,600,000		자체예산
	소계		12,960,000				12,960,000	94.9	
사업비	의사소통교육	강사비	1,200,000	100,000원×2시간×6회=	1,200,000				
		교재인쇄비	135,000	3,000원×45부=	135,000				
	회계교육	강사비	600,000	100,000원×2시간×3회=	600,000				
		교재인쇄비	90,000	2,000원×45부=	90,000				
	자원봉사활동	강사비	1,000,000	100,000원×2시간×5회=	1,000,000				
		발대식	320,000	8,000원×40인=					
		봉사활동비	4,000,000	5,000원×40인×20회=	4,000,000				
	연계회의	식비	1,600,000	5,000원×80인×4회=	1,600,000				
	평가회의	식비	800,000	5,000원×80인×2회=	800,000				
		평가자료집	500,000	10,000원×50부=	500,000				
		현수막	60,000	30,000원×2매=	60,000				
	홍보비	현수막	150,000	30,000원×5매=	150,000				
		리플릿인쇄비	2,000,000	1,000원×2,000부=	2,000,000				
	소계		12,455,000		12,455,000	95.0			
관리운영비	차량유류비		800,000	100,000원×8월=	400,000		400,000		자체예산
	사무용품비		600,000	50,000원×12월=	300,000		300,000		자체예산
	소계		1,400,000		700,000	5.0	700,000	5.1	

목)으로 구분하여야 하는데, 이때 세목을 너무 구체적으로 작성하거나 포괄적으로 작성하는 것보다는 프로그램 단위별로 작성하는 것이 추후 예산 변경이나 집행 등의 업무처리에 더욱 효율적이다.

총예산 중에서 신청기관에 지원을 신청하는 금액과 조직이나 기관에서 자체 예산으로 부담하는 금액을 구분하여 제시하고, 자부담액을 어떻게 조달할 것인지에 대한 구체적 방법을 제시하여야 한다. 최근에는 재정지원기관에서 일정 부분의 자부담을 요구하지는 않지만, 기관의 사업수행에 대한 적극적 의지를 표시하는 정도의 범위 내에서 일정 비율의 예산을 자부담하는 것이 좋다. 그러나 자부담의 비율과 금액을 너무 높게 책정할 경우 프로그램 총 예산이 늘어나 프로그램 효율성 평가에서 불이익을 받을 수도 있으니 유의하도록 한다.

예산항목과 세목이 정해지면, 세목별로 소요예산을 산출한 근거를 명확히 제시해야 한다. 이때 예산단가는 대개 자금지원기관에서 정한 단가를 따르는 것이 바람직하며, 특별히 단가가 정해지지 않은 경우에는 합리적 시장가격을 기준으로 예산을 산출하면 된다. 사업비나 관리운영비 산출 시 인원이나 횟수와 구매량 등은 세부 사업내용에 제시한 것과 반드시 일치하여야 하며, 프로그램 수행에 불필요한 예산을 편성하여 신청하는 것은 부정적 평가를 받을 위험이 높으므로 지양해야 한다. 프로그램을 신청하는 기관에서는 심사과정에서 일정 비율의 예산이 삭감될 것을 미리 고려하여 프로그램에 소요되는 예산을 부풀려 신청하는 경우가 있는데, 이 역시 투입비용의 적절성에서 낮은 평가를 받을 수 있으므로 지양해야 한다. 그리고 나들이, 체험여행 등의 일회성 프로그램과 간식비, 다과비 등이 차지하는 예산의 비중을 적절하게 조절해야 한다.

(7) 향후 계획

사회복지공동모금회, 민간기업복지재단, 중앙 및 지방정부 등의 공공 및 민간 재정지원기관에서는 특정 프로그램에 대해 무기한 재정지원을 하지 않는다. 모든 재정지원 기관에서는 사업 수행기간이 종료되면 투입, 프로그램 활동, 산출, 성과 등에 대한 체계적인 평가를 통하여 차기년도에 지속적으로 재정지원을 할지의 여부와 지원 규모를 결정한다. 일반적으로 프로그램의 최종 평가에 포함되는 항목은, ① 대상자 선정 및 선정 기준의 적절성, ② 프로그램 수행인력의 자격 및 능력의 적절성, ③ 사업 수행기관의 지원 적절성과 노력성, ④ 사업수행 절차와 지침의 준수성, ⑤ 지역사회 자원연계 노력, ⑥ 외부 자원의 동원 노력, ⑦ 프로그램 참여자의 참여도와 만족도, ⑧ 계획 대비 목표달성 정도, ⑨ 계획된 성과의 달성도, ⑩ 내담자와 지역사회의 상황 개선과 문제해결에 대한 기여도 등이다.

프로그램 제안서에 포함되는 향후 계획은 사업 수행기관에서 재정지원이 중단되었을 경우에 기관 자체 노력으로 프로그램을 지속적으로 수행할 의지가 있는지를 판단하는 데 중요한 자료가 된다. 따라서 사업수행기관에서는 차기년도의 주요 사업계획과 이에 따른 예산, 인력 등의 자원 확보 방안에 관한 전반적인 계획을 수립하여 기입하여야 한다. 그리고 재정지원기관에서 사전에 정한 재정지원 기간이 종료된 이후에 프로그램을 지속적으로 시행할 수 있는 자구 방안과 구체적 계획을 수립하여 명확하게 제시하여야 한다.

(8) 프로그램 제안서 심사 · 평가의 기준과 실제[2]

좋은 노인복지 프로그램이 되기 위해서는 지역사회 및 내담자 친화성, 욕구와 문제와의 적합성, 포괄성, 참신성과 시의성, 구체성, 일관성, 접근성과 지속성, 효율성과 균형성, 준비성과 역량 등 갖추어야 할 조건이 매우 많다. 이런 모든 조건을 갖춘 프로그램을 만들기는 사실 쉽지가 않지만, 노인복지 프로그램 공모사업의 심사과정에서 심사위원의 눈길이 주로 머무는 부분도 이와 크게 다르지 않다. 프로그램 공모사업 심사위원이 프로그램 제안서를 살필 때 주목해서 보는 부분을 제시해 보면, 다음과 같다.

노인복지 프로그램 공모사업의 심사위원이 가장 먼저 주목하는 부분은 프로그램이 "정말 지역주민과 내담자들이 필요로 하는 것인가? 아니면 사회복지사가 머리로 생각해서 만든 것인가?"라는 지역사회 및 내담자 친화성이다. 당연히 지역주민이나 내담자 집단이 꼭 필요로 하는 프로그램일수록 긍정적 평가를 받을 것이다. 이를 입증하기 위해서는 사업필요성 부분을 기술할 때 지역사회(주로 기초자치단체)와 프로그램에 참여시킬 예정인 잠재적 내담자 집단이 경험하는 문제나 미충족 욕구를 경험적 자료를 기반으로 객관적이고 구체적으로 충분히 기술하여야 한다.

프로그램의 지역주민 및 내담자 친화성과 함께 동시에 주목하는 부분은 바로 프로그램에서 활용하는 개입방법들이 내담자의 욕구나 문제를 해결하는데 얼마나 적합한가라는 점이다. 이를 입증하기 위해서는 근거기반 실천방법(evidence-based approach)을 활용해야 한다. 이를 증명하기 위해서는 프로그램에서 다루려는 문제나 욕구를 해결하기 위해서 개입한 방법들이 효과가 있음을 과학적으로 검증하여 전문 학술지에 게재된 논문자료를 찾아서 각주(脚注)로 제시하는 것이 좋다. 이처럼 문제나 욕구와 개입방법의 적합도가 높다는 점을 증빙하는 것이 매우 중요하지만, 또 하나 함께 고려해야 할 잣대가 있는데 바로 포괄성이다. 쉬운 말로 "도랑 치고 가재 잡을 수 있으면 더 좋다."는 말이다. 프로그램을 통해 지역주민이나 내담자의 표적 문제나 욕구를 해결하는 것이 중요하지만, 프로그램을 통해 부수적으로 다른 문제나 욕구까지도 해결할 수 있으면 더 좋다는 의미이다.

심사위원들이 주목하는 또 다른 부분은 '프로그램이 참신하고 시의성이 있는가?'라는 점이다. 노인복지기관에서 이미 보편적으로 실시하고 있는 프로그램을 이것저것 뭉뚱그려서 엮어놓은 프로그램은 좋은 평가를 받을 수 없다. 그리고 프로그램 기획 시점에 사회적으로 이슈(issues)가 되고 있는 문제 또는 사회복지전문직에서 많은 관심을 기울이고 있는 문제와 연관된 주제일수록 시의성 잣대 평가에서 긍정 평가를 받을 수 있다.

---

2) 노인복지 프로그램 개발 과정에서 활용할 수 있는 실천지혜(practice wisdom)에 대해서는 [권중돈(2024). 사회복지사의 길: 99가지 실천지혜, 서울: 학지사를 참조하도록 한다.

또 다른 잣대는 구체성이다. 심사위원들은 프로그램 제안서의 곳곳을 하나하나 살피면서, 프로그램이 구체적으로 설계되어 있는가를 따진다. 사업필요성은 말할 것도 없고, 프로그램의 목표는 SMART(구체적이고, 측정가능하고, 성취가능하며, 결과지향적이고, 시간제한적인 목표)한가, 회기별 세부 프로그램의 목표와 내용 그리고 실행방법이 구체적으로 기술되어 있는가, 사업수행인력 간의 역할배분은 명확하게 제시되어 있는가, 프로그램을 실행하기 위해 지역사회 유관 기관과의 네트워크 구축 및 자원 활용 방안이 구체적으로 마련되어 있는가, 사업추진일정이 구체적으로 계획되어 있는가, 프로그램 평가를 위한 자료원과 평가방법, 평가척도가 구체적으로 제시되어 있는가, 예산 산출근거가 명확하고 구체적으로 제시되어 있는가, 기대효과와 향후 추진계획을 명확하고 구체적으로 제시하고 있는가를 심사위원들은 살핀다. 이처럼 제안서 곳곳을 구체적으로 쓰다 보면 당연히 제안서가 두꺼워질 수밖에 없는데, 그러면 가독성(可讀性)이 떨어지는 문제가 생긴다. 심사자가 좀 더 편하게 주요 내용을 찾아 읽을 수 있도록, 핵심 내용에 밑줄을 긋거나 굵은 글씨로 돋보이게 쓰는 것이 조금 더 도움이 된다.

프로그램 제안서 작성에서 신경을 가장 많이 써야 하는 부분은 바로 프로그램의 일관성이다. 다시 말해 프로그램 제안서의 처음부터 끝까지 한 코로 꿰어져야 한다. 제안서에 기술된 사업필요성-목적과 목표-대상자 모집과 선정-세부 프로그램 내용-예산안-평가방법이 중간에 오락가락하지 않고, 모든 내용이 매끄럽게 연결되어야 한다. 사실 심사위원들은 수많은 기관에서 제출한 제안서 중에서 소수 기관의 제안서만 선정해야 하므로, 제안서에서 잘된 부분을 찾아서 점수를 더 줄까를 고민하기보다는 잘못된 부분을 찾아서 어떻게 점수를 깎을까를 먼저 생각한다고 보면 된다. 이때 가장 많이 활용하는 잣대가 바로 일관성이다. 일관성의 잣대를 심사위원이 많이 사용하는 이유는 제안서 중에는 아예 중구난방인 경우도 많고, 처음과 중간이 다르거나 중간과 끝이 다른 경우도 있고, 처음부터 끝 무렵까지는 일관되게 잘 오다가 마지막에서 삐끗하는 경우와 같이 전체 프로그램이 일관성을 갖추지 못한 사례가 의외로 많아서 점수를 깎기가 용이하기 때문이다.

좋은 프로그램이 되기 위해서는 지역주민이나 내담자 집단이 쉽게 찾아와서 이용할 수 있어야 하므로, 심사위원들은 프로그램 접근성을 유심히 살핀다. 서비스 접근성이 높을수록 좋은 점수를 얻겠지만, 접근성이 낮은 경우에 어떻게 대비할 것인가를 구체적으로 제시하면 좋은 점수를 얻을 수 있다. 또한 지역사회 문제나 내담자 집단이 겪고 있는 문제에 따라서는 장기간의 개입을 필요로 하는 경우가 많고, 프로그램 종결 이후에도 지속적으로 도움을 제공해야 하는 경우도 많다. 그러므로 프로그램 제안서에 제시된 세부 프로그램의 회기가 문제를 경감 또는 해결하기에 충분한가라는 점을 심사위원들은 들여다본다. 가급적이면 조금 많다 싶을 정도로 전체 회기 수를 구성하는 것이 긍정 평가를 받을 가능성을 높여 준다.

　프로그램을 실시하면서 돈을 많이 쓰고 효과를 얻는 것도 바람직하지 않지만, 너무 아껴서 필요한 것을 할 수 없게 되는 것도 좋지 않다. 그러므로 프로그램 예산은 적정 규모로 합리적으로 편성해야 한다. 간혹 기관에서 제안서를 제출할 때 산출근거가 되는 예산항목의 단가와 수량을 높여 잡거나, 불필요한 예산을 편성하는 등의 방법으로 나중에 깎일 것에 대비하여 예산을 부풀려 제시하는 경우들이 있는데 적절하지 못한 방법이다. 심사위원들은 노인복지기관이나 시설의 항목별 예산기준을 대부분 숙지하고 있을 뿐 아니라 필요하면 포털을 검색하여 시장가격을 확인하기도 하므로, 손쉽게 부풀려진 예산안을 찾아낼 수 있다. 그러므로 누가 봐도 적당하고 타당하고 생각되는 예산안을 마련하는 것이 좋다.

　프로그램을 실시하면 어떤 긍정과 부정의 효과가 나타나는지를 반드시 검증하여야 한다. 거의 모든 제안서에는 기존에 개발된 척도를 활용한 양적 평가방법을 활용하여 프로그램 성과를 확인하겠다는 평가계획이 제시되어 있다. 그런데 양적 평가는 프로그램을 통해 변화가 일어난 정도만 알아낼 수 있을 뿐 변화가 일어난 이유나 변화의 경로를 파악할 수 없고, 프로그램 실행과정에서 어떤 오류와 한계가 있었는지도 알 수 없다. 그러므로 반드시 질적 평가를 함께 실시하여야 하는데, 과학적이고 체계적인 질적 평가를 실시한다는 것이 쉽지 않지만, 포기하지 말고 다소 부족한 점이 있더라도 질적 평가를 실시하는 계획을 제시하는 것이 좋다.

　이와 같은 기준을 고려하여 프로그램 제안서를 잘 작성했다고 하더라도 준비성과 역량이라는 잣대를 통과하지 못하면, 프로그램 공모사업에서 선정되기는 쉽지 않다. 심사위원들은 대부분 여러 차례 제안서 심사에 참여하여 수많은 제안서를 읽고 읽는 일을 반복해 왔기 때문에 제안서를 훑어보기만 해도, 기관에서 유사사업을 한 경험이 얼마나 되는지, 해당 프로그램을 위해 얼마나 치밀하게 준비하고 있는지, 그렇지 않으면 제안서가 선정되면 그때 가서 구체적인 계획을 다시 수립하여 실행에 옮길 요량인지를 어느 정도 가늠할 수 있다. 앞서 제시한 제안서 내용의 구체성 기준에 더하여 기관에서 유사한 사업을 실행한 경험을 아주 자세히 제시하는 것이 좋다. 기관에서 애를 써보았지만, 이런 부분을 더해야 하는데 기관의 제한된 예산으로는 도저히 실행하기가 쉽지 않아서 재정지원을 신청한다는 인상을 뚜렷이 남기는 것이 도움이 된다.

　또 다른 핵심 잣대는 기관과 사회복지사의 전문성과 역량 수준이다. 제안서를 읽다 보면 프로그램의 핵심이 되는 부분을 주로 외부 전문가나 강사들을 활용하여 진행한다고 써놓는 경우가 많은데, 이는 기관 내부 역량이 매우 제한되어 있음을 스스로 노출하는 것에 불과하다. 그러므로 신청기관이 해당 프로그램과 관련된 사업을 얼마나 해 보았는지를 구체적으로 기술하고, 공공 및 민간재정지원 기관의 공모사업에 선정된 실적들을 열거하고, 사회복지사 등의 사업 수행 인력이 해당 프로그램과 관련된 자격증이 있거나 특별 교육훈련을 받았거나 유사 프로그램을 실행한 경험이 있으면 자세히 제안서에 기록하는 것이 좋다. 그래야만 기관과 사회복지사의 프로그램 실행 역량에 대해 긍정적 평가를 받을 수 있다.

생각해 보아야 할 문제

1. 노인복지정책, 프로그램, 서비스와 급여 사이의 관계를 실제 사례를 적용하여 파악해 보시오.

2. 현재 노인복지관, 노인복지시설에서 실시하고 있는 프로그램 종류와 세부 내용에 대한 정보를 수집·분석하여 보고, 이들 프로그램이 고령 노인 세대와 베이비붐 세대에 속한 노인세대의 욕구와 문제에 어느 정도 적합한지에 대해 토론해 보시오.

3. 노인복지관의 한 가지 프로그램을 선택하여 자원봉사활동을 하거나 참여 관찰을 해 보고, 프로그램 개발 및 관리자로서 사회복지사가 수행해야 할 역할과 과업에 대해 토론해 보시오.

4. 치매노인, 우울증 노인 또는 뇌졸중 노인, 대사증후군 노인 등의 건강문제를 지닌 노인을 대상으로 실시할 수 있는 프로그램의 제안서(proposal)를 사회복지공동모금회의 프로그램 배분 신청서 양식에 입각하여 작성해 보시오.

5. 건강하고 경제적 여유가 있는 전문직 퇴직 고령자의 사회참여를 지원할 수 있는 프로그램의 제안서를 사회복지공동모금회(www.chest.or.kr)의 제안서 양식을 다운받아 작성해 보시오.

제**13**장

노인복지실천

1. 노인복지실천의 이해

사회복지는 개인, 가족, 집단 또는 지역사회의 사회적 기능을 향상 또는 회복시키고 인간의 삶에 적절한 사회적 조건을 창출하고자 한다. 이러한 목적을 달성하기 위하여 사회복지 전문직에서는 인간의 변화를 추구하는 직접적 실천 또는 미시적 접근방법과, 환경의 변화를 추구하는 간접적 실천 또는 거시적 접근방법을 활용하여 왔다. 하지만 통합체계인 인간과 환경을 분리하여 개입하는 접근방법으로는 사회복지의 목적달성에 한계가 있다는 인식이 증가하면서 1970년대 이후 새로운 접근방법을 모색하게 되었고, 그 과정에서 등장한 것이 바로 사회복지실천이다. 다음에서는 노인을 대상으로 한 사회복지실천, 즉 노인복지실천의 개념과 목적, 개입수준, 구성체계 등에 대해 논의해 보고자 한다.

1) 노인복지실천의 개념과 목적

노인복지실천이란 노인을 대상으로 한 사회복지실천이다. 따라서 노인복지실천의 의미를 이해하기 위해서는 우선 사회복지실천의 의미를 이해해야 한다. 사회복지사는 인간의 사회적 기능 향상을 위하여 인간의 변화를 도모하거나, 환경의 변화를 도모하거나, 아니면 인간-환경 사이의 상호작용을 변화시키는 방법 중 하나를 선택할 수 있다. 과거의 사회복지 개입에서는 인간이나 환경 중 어느 하나를 변화시키는 데 주력하였다고 한다면, 1970년 대 이후에 등장한 사회복지실천에서는 인간-환경의 상호작용을 변화시키는 데 초점을 두고 있다. 즉, 오늘날의 사회복지실천은 인간과 환경이라는 두 체계에 동시에 초점을 두고, 양자 간의 상호작용을 변화시키는 사회복지의 통합적 접근방법이라 할 수 있다. 사회복지실천에 관한 기존의 정의를 종합하여 보면, 사회복지실천(social work practice)이란 "개인, 가족, 집단, 조직 및 지역사회 수준에서 원조를 제공하여 인간이 지닌 사회적 문제나 사회적 기능 수행상의 어려움을 해결하기 위한 사회복지의 통합적 접근방법"이라고 정의할 수 있다(김융일 외, 1995).

사회복지실천에 대한 정의를 바탕으로 할 때, 노인복지실천은 개인, 집단, 조직 및 지역사회 수준에서 원조와 서비스를 제공하여 노인의 사회적 기능을 향상하려는 통합적인 노인복지 접근방법이라고 정의할 수 있다. 이러한 노인복지실천은 노인과 그를 둘러싼 환경, 특히 가족을 주된 대상으로 하며, 노인이 환경과의 상호작용 과정에서 갖게 되는 욕구나 문제를 예방, 경감, 해결하여 노인의 사회적 기능을 향상하는 것을 기본 목적으로 한다.

미국사회복지사협회(NASW, 1992)에서 제시한 사회복지실천의 목적을 근거로 하면, 노인복지실천의 세부 목표는, ① 노인의 문제해결능력, 대처능력 및 발달상의 능력 향상, ② 자원, 서비스 및 기회를 제공하는 체계와 노인의 연결, ③ 자원과 서비스를 제공해 주는 체계의 효과적이고 인간적인 작동, ④ 사회정책의 개발과 증진, ⑤ 위험에 처한 집단의 역량강화를 통한 사회경제적 정의의 증진, ⑥ 전문 지식과 기술의 개발 및 검증이라고 할 수 있다. 그리고 미국사회복지교육협의회(CSWE, 1995)의 사회복지실천 목표에 근거하면, 노인복지실천의 세부 목표는, ① 노인의 사회적 기능 유지, 회복, 증진, ② 노인의 욕구 충족과 능력 개발에 필요한 사회정책, 서비스, 자원, 그리고 프로그램의 계획, 형성, 수행, ③ 위험에 직면한 노인의 역량강화와 사회경제적 정의를 증진하기 위한 옹호(advocacy)와 행동(action), ④ 노인복지와 관련된 전문 지식과 기술의 개발 및 검증이라고 규정할 수 있다.

노인복지실천은 이와 같은 목적과 목표를 추구하는 과정에서 예방, 회복, 치료적 기능을 수행한다(CSWE, 1995). 첫째, 예방은 문제가 발생하기 전에 노인의 사회적 기능을 향상시키는 것을 의미한다. 즉, 노인복지실천은 노인의 건강과 복리 증진을 위하여 현재의 신체적·심리적·사회적 기능상태를 유지하고 발달과업을 성공적으로 수행하며, 환경의 요구에 대처할 수 있는 능력을 강화하고, 필요한 자원을 제공하거나 연결하여 사전에 문제를 예방하는 기능을 수행한다. 둘째, 회복은 신체 및 정신적 문제나 장애로 약화된 기능을 되찾을 수 있도록 원조하는 데 초점을 두고 있다. 셋째, 치료적 기능은 노인이 현재 겪고 있는 문제나 장애를 해결 또는 개선하는 것을 목적으로 한다.

이러한 노인복지실천의 목적과 기능을 성취하기 위하여 사회복지사는 노인과 가족을 대상으로 하여, ① 상담, ② 집단활동 프로그램, ③ 노인교육, ④ 지역사회자원의 연결, ⑤ 취업알선, ⑥ 노인환자에 대한 돌봄, ⑦ 가정방문서비스, ⑧ 일상생활 동작훈련, ⑨ 여가활동 지원, ⑩ 사례관리 등의 다양한 업무를 수행한다(현외성 외, 2000). 그리고 노인복지실천에서 사회복지사는 조력자, 중개자, 옹호자, 임상가 또는 치료자, 클라이언트 발굴자, 사례관리자, 교육자, 자문가, 행동가, 방문서비스 제공자, 프로그램 및 정책 개발자, 지역사회 기획자, 부양자, 행정가, 자원동원가, 중재자 등의 다양한 역할을 수행하게 된다(Federico, 1973; Zastrow, 1992).

2) 노인복지실천의 개입수준

비슷한 연령대에 속해 있다고 할지라도 노인의 경험, 건강상태, 태도, 기능수준, 생활양식 등이 매우 다르므로 노인을 원조하는 사회복지사는 이와 같은 노인의 다양성을 고려한 실천을 하여야 한다. 즉, 인구사회적 특성, 사회적 기능수준, 욕구와 문제가 서로 다른 노인은 다양한 수준의 원조와 개입을 요구하기 때문에 사회복지사는 다양한 수준의 개입서비스를 제공하여야 한다. 이러한 노인복지실천의 개입수준을 Beaver와 Miller(1985)는 세 가지로 나누어 제시하고 있다.

1차적 수준의 개입은 건강하며 활동적인 노후생활을 영위하고 있는 노인을 대상으로 하여 이들의 문제를 사전에 예방하는 데 목적을 둔 것이다. 이 수준에서의 노인복지실천은 신체적 · 심리적 · 사회적 건강상태를 가능한 한 유지하고 이들의 복리를 증진하고자 한다. 따라서 문제나 증상의 치료와 해결에 목적을 둔 치료모델보다는 사전에 문제를 예측하고 사정해 볼 수 있는 문제해결모델을 주로 활용한다(김미혜, 2000). 이러한 예방적 개입은 지역사회에서 이루어지는 경우가 대부분이며, 노인의 현재 기능수준을 유지하기 위하여 건강증진 프로그램, 여가활동이나 자원봉사, 스트레스 대처방안에 관한 교육, 주택, 법적 지원, 교통편의서비스 등을 제공한다. 또한 사고, 범죄, 물질남용 등 노인의 현재 기능수준에 영향을 미칠 수 있는 위험에서 노인을 보호하거나, 의존적 욕구를 사전에 충족하여 문제 발생을 최소화하는 서비스 프로그램도 1차적 수준의 개입에 속한다. 따라서 사회복지사는 문제가 발생하기 전에 문제 발생의 원인을 차단하기 위하여 노인에게 건강과 관련된 정보를 제공하고 실천할 수 있도록 지원하는 교육이나 자문활동, 그리고 노인의 생활에 적합한 환경을 확보하고 유지할 수 있도록 중개자, 옹호자의 역할을 수행하여야 한다.

2차적 수준의 개입은 문제의 징후가 보이기 시작하는 초기에 더 이상 문제가 심화되는 것을 막기 위하여 조기 진단과 적절한 치료를 제공하고, 문제 상황에 대처하는 능력을 고양하는 것이다. 이러한 개입의 목적은 노인이 지역사회에서 독립적인 생활을 유지할 수 있도록 원조함으로써 노인이 시설에 조기 입소하는 것을 막는 것이다. 2차적 수준의 노인복지실천의 주요 대상은 생물적·심리적·사회적 노화로 인하여 위기 상황에 처해 있거나 만성질환과 일상생활 동작능력의 저하로 인하여 어느 정도 의존성을 지닌 노인이다. 그리고 2차적 수준의 개입에서는 1차적 수준에서 활용한 문제해결모델뿐 아니라 과제중심모델, 위기개입모델, 인지행동주의모델, 내담자중심모델, 가족치료, 회상치료 등의 다양한 치료 모델을 활용할 수 있다. 2차적 수준의 개입 역시 지역사회를 중심으로 이루어져야 하며 개인 및 가족 상담, 재가노인을 위한 사회서비스, 그리고 서비스나 프로그램 이용에서 제외된 노인 내담자 발굴 등과 같은 치료적이고 문제해결 중심적인 서비스가 제공된다. 이러한 서비스를 제공하기 위하여 사회복지사는 개인, 가족, 소집단 수준에서 개입해야 하며, 조력자(enabler)로서 노인의 태도, 감정, 행동의 변화를 촉진하고 정보 제공, 위기 개입, 상담 및 치료 등의 전략을 활용하는 치료자 또는 임상가로서의 역할을 주로 수행하여야 한다.

3차적 수준의 개입은 타인의 도움을 받지 않고는 생활이 불가능한 심한 기능상의 문제나 행동적 문제를 가진 노인과 그 부양가족을 대상으로 하여 이들의 역기능을 최소화하고 잔존능력을 유지하며, 다시 기능을 회복할 수 있도록 원조하는 것이다. 따라서 3차적 수준의 개입은 회복이나 완치가 아니라 장애를 줄이고 재활을 도모하는 지역사회나 병원, 노인복지시설에서의 장기요양서비스(long-term care)가 제공되어야 한다. 그리고 2차적 수준의 개입보다 더 강도 있는 의료 및 심리사회적 치료와 함께 노인의 기능을 회복할 수 있는 물리치료, 작업치료, 일상생활 동작훈련 등의 다양한 재활서비스가 제공되어야 하며, 복합적 문제를 지닌 노인을 대상으로 하는 사례관리서비스가 제공되어야 한다. 3차적 수준의 개입에서 사회복지사는 사례발굴자, 사례관리자, 자원동원가(mobilizer)로서의 역할을 주로 수행하게 된다.

이와 같이 노인복지실천은 노인과 가족의 특성, 욕구, 장애나 문제, 기능수준을 고려하여 1차적 수준의 개입과 3차적 수준의 개입을 양극단으로 하는 연속선상의 특정 실천모델과 전략을 선택적으로 활용하여 노인과 가족의 문제를 예방하고 해결함으로써 이들의 사회적 기능 향상을 도모해야 한다.

3) 노인복지실천의 구성체계

노인복지실천은 노인이 충족하지 못한 욕구에 관심을 기울이는 것에서 시작하여 노인이 처한 상황에 대한 사정과 개입계획을 수립하고, 이를 바탕으로 서비스나 원조를 제공하고

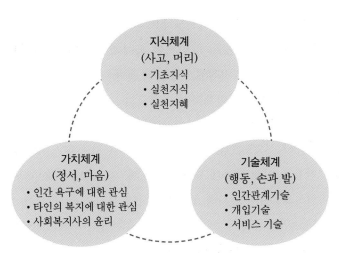

[그림 13-1] 노인복지실천의 구성체계

평가하는 일련의 과정으로 구성된다. 이때 노인의 욕구에 대한 관심은 노인복지실천의 가치체계(feeling or value)이고, 노인의 상황에 대한 사정과 개입계획은 지식체계(thinking or knowledge)이며, 서비스나 원조는 기술체계(acting or skills)라 할 수 있다. 따라서 효과적인 노인복지실천을 위해서 사회복지사는 독자적인 지식체계를 구축함과 함께 실제 복지현장에 적용할 수 있는 기술체계, 그리고 이러한 지식과 기술의 활용을 안내하는 가치체계를 동시에 갖추어야 한다(권중돈, 2024; Johnson & Yanca, 2001).

　인간과 사회환경이 지속적으로 변화하면서 노인복지실천의 지식체계의 범위도 넓어지고 있다. 즉, 노인복지실천의 발달 초기 단계에서는 의식주와 같은 기본적 욕구에 국한되어 있던 노인의 욕구가 최근에는 불평등, 인권, 정의, 배분, 정보 등으로 확대되고 있으며, 정보지식사회로의 변화과정에서 사회환경 또한 끊임없이 변하고 있다. 따라서 노인복지실천에서는 심리학, 사회학, 경제학, 정치학, 문화인류학, 법학, 역사학, 의학, 공학 등과 같은 다른 과학의 지식을 종합적으로 활용할 수밖에 없는 상황에 처하게 된다. 이와 같이 노인복지실천의 다학문적 속성은 고유한 지식체계가 없다는 비판으로 연결되면서 노인복지실천의 정체성을 혼란스럽게 만드는 요인이 되기도 하였다. 하지만 1917년 Richmond가 『사회진단 (Social Diagnosis)』을 발간하면서 사회복지의 과학화와 전문화가 시작된 이래 기능주의모델, 과제중심모델, 생태학적 모델 등 개인, 집단, 가족 등의 인간 변화에 중점을 둔 미시적 개입에 필요한 지식체계, 그리고 사회변동과 사회개혁에 중점을 둔 거시적 개입에 필요한 지식체계가 개발됨으로써 학문적 정체성과 독자성이 강화되었다. 즉, 노인복지실천은 노인복지실천현장과 사회의 요구에 직면하여 미시적 접근인 임상적 실천과 거시적 접근, 즉 정책이라고 하는 두 가지 지식체계를 아우르는 독자적 지식체계를 구축하게 된 것이다.

우리나라의 경우 서구적 사회복지 지식체계의 무비판적 수용으로 토착적 이론의 부재, 짧은 사회복지학의 역사, 국가주도의 획일적인 복지제도의 변화, 사회복지와 관련된 개념 및 용어의 혼란 등 사회복지의 지식체계에 많은 문제를 안고 있다(김융일 외, 2003). 이러한 한계를 극복하기 위한 노인복지학계와 실천현장의 노력이 지속적으로 이루어지고 있으므로, 앞으로 우리 고유의 노인복지실천의 지식체계가 형성될 것으로 기대된다. 그러나 이를 위해서는 많은 시간이 소요되므로 현재 노인복지학을 전공하는 사람들은, ① 노인과 사회, 양자 간의 상호작용을 이해하는 데 필요한 기초지식(foundation knowledge), ② 개인, 가족, 집단, 조직, 지역사회, 전체 사회를 원조하고 변화시키는 데 필요한 실천지식(practice knowledge), 그리고 ③ 현장 경험을 토대로 하여 체득한 실천지혜(practice wisdom)라는 세 가지 지식체계를 갖추기 위해 노력해야 한다.

　효과적인 노인복지실천을 위해서는 전문 기술체계를 갖추어야 한다. 과학적 사회복지학이 발달하기 전에는 구빈사업, 자선사업 등의 비전문적 원조행위가 지배적이었다. 개별사회복지실천, 집단사회복지실천, 지역사회조직, 사회복지정책, 사회복지 프로그램, 사회복지 자원관리 등 미시적 개입과 거시적 개입활동에 필요한 전문 기술이 개발되면서 노인복지실천에서도 노인을 원조하고 사회를 변화시킬 수 있는 전문적인 기술체계를 발전시키게 되었다. 물론 노인복지현장에서 활용하는 원조기술과 대학교육을 통해 학습한 원조기술 간의 괴리가 아직 해결되어야 할 부분으로 남아 있지만, 이 또한 지속적으로 개선될 것으로 예측된다. 그러므로 현 시점에서 사회복지학을 전공하는 사람들은, ① 노인복지실천의 기반을 이루는 인간관계, 즉 촉진적 원조관계를 형성할 수 있는 기술, ② 노인과 사회를 변화시킬 수 있는 개입기술, 그리고 ③ 실질적인 원조행위에 수반되는 서비스 기술을 갖추기 위한 노력을 해야 한다.

　노인복지실천이 나름의 독자적인 지식체계, 기술체계를 갖추었다고 하더라도 사람과 사람 사이의 관계로 형성된 사회를 돕고 변화시키기 위해서 가치체계에 기반을 두지 않는다면 아무런 의미를 지니지 못하게 된다. 즉, 노인복지실천은 사람과 세상에 대한 합리적 가치체계에 기반을 두지 않는다면 인간서비스 학문으로서의 가치를 상실하게 된다. 사회복지학의 가치체계를 흔히들 '사람사랑' '세상사랑'이라고 표현하는데, 이러한 인간과 사회에 대한 애정을 안내할 수 있는 원칙으로 사회복지전문직에서는 국가마다 사회복지사 윤리강령을 제정하여 시행하고 있다. 이러한 윤리강령은 시대나 사회에 따라 다르지만 인간과 세상에 대한 헌신과 봉사, 사회정의의 실현, 인간의 존엄성에 대한 존경, 인간관계의 중요성에 대한 인식과 실천 등이라 할 수 있다. 따라서 현재 노인복지학을 전공하는 사람들은 의학을 전공하는 사람들이 히포크라테스 선서를 믿고 따르는 것처럼, 그리고 여행을 떠나는 사람이 여행가이드와 지도를 믿고 따르는 것처럼, 사회복지사 윤리강령을 노인복지실천의 지식체계와 기술체계를 안내하는 모토로 삼아야 할 것이다.

　이와 같은 노인복지실천의 구성체계에 대한 논의를 근거로 할 때, 노인복지실천은 노인을 돕고 세상을 변화시키기 위하여 머리, 가슴, 손과 발을 동시에 활용하여 지식, 가치, 기술을 습득하는 학문분야라 할 수 있다. 따라서 노인복지분야에 종사하고자 하는 예비 사회복지사는 '차가운 머리, 뜨거운 가슴, 그리고 움직이는 손과 발'이라는 노인복지실천의 지식, 가치, 기술을 고루 갖춘 인간봉사 전문가로서의 자질을 함양해야 한다.

2. 노인상담

　노인상담은 심리학, 가족학, 사회복지학 등 다양한 학문분야에서 사용하는 전문적인 임상적 개입방법이다. 그중에서도 사회복지학의 지식과 기술, 가치를 기반으로 하여 이루어지는 노인복지실천에서 노인상담은 매우 중요한 위치를 차지하고 있다. 노인복지실천에서 노인상담은 노인이 직면한 심리사회적 문제를 직접 해결하는 치료적 기능뿐만 아니라 노인문제해결을 위한 다른 서비스나 원조의 매개체로서의 기능도 지니고 있다(McDonald & Haney, 1997). 이에 다음에서는 노인복지실천의 핵심 접근방법이라 할 수 있는 노인상담의 필요성, 개념, 목적, 상담과정과 기법 등에 대해 논의해 보고자 한다.

1) 노인상담의 필요성과 현상

　노년기에 이르면 생물적 · 심리적 · 사회적 노화로 인하여 자립적 일상생활능력이 감퇴되며, 노인과 가족 및 사회관계망과의 정서적 유대감이 약화되어 고독과 소외를 경험할 가능성이 높아진다. 이에 따라 심리적 욕구를 적절히 충족하지 못하고, 여러 가지 심리사회적 문제에 직면할 가능성도 높아진다. 따라서 노화과정에서 나타나는 부정적인 영향을 최소화하고, 노년기의 심리적 욕구 충족과 문제해결 및 노후생활에 대한 적응을 도모하며, 노년기의 삶의 질을 제고하기 위한 전문 노인상담이 좀 더 확대되어야 한다. 특히 노인상담은 소외된 노인에게 1차적 사회관계망으로서의 역할을 할 뿐 아니라 노인의 숨겨진 욕구나 문제를 탐색하여 이를 해결할 수 있도록 지원하고, 노후생활에 필요한 정보와 지지를 제공해 주며, 노인을 부양하는 가족에 대해서도 필요한 지지와 서비스를 제공해 줄 수 있기 때문에 그 필요성은 더욱 크다고 할 수 있다.

　이러한 필요성이 있음에도 노인과 그 부양가족에 대한 임상적 개입은 노인복지정책이 지니고 있는 것보다도 더 많은 한계를 지닌다. 실제 상담이나 심리치료를 포함한 임상분야

에서는 아동, 청년, 성인과 그 가족이 경험하는 문제에 대한 개입이 주류를 이루었으며, 노
인과 그 가족을 위한 상담과 임상적 개입은 거의 이루어지지 않고 있는 실정이다(김태현,
2007). 설령 노인이나 부양가족을 위한 상담을 실시한다고 할지라도 다른 서비스를 제공하
기 위한 접수면접(intake) 또는 기본 사정에 그치는 경우가 많으며, 노인상담을 통해 다루는
주된 문제 또한 취업, 복지시설 정보, 건강, 고부간의 갈등 등에 국한되어 있는 실정이다(마
포노인종합복지관, 2002; 서병진, 2003).

이와 같이 노인복지현장에서 노인상담이 활성화되지 못하고 있는 이유는 문화적 특
성, 노인이 지니고 있는 특성, 그리고 노인상담체계의 미흡 등으로 요약될 수 있다(권중돈,
2004a; 현외성 외, 2000). 첫째, 체통을 중시하고 가족주의 의식이 강한 한국 문화에서는 노인
이 문제에 직면했을 때 외부의 도움을 요청하기보다는 감추려는 성향이 강하고, 상담을 받
음으로써 자녀에게 폐가 될 수 있다는 점 때문에 기피하는 경향이 있다. 둘째, 노인은 노인
상담에 대한 정보가 제한되어 있고 노화로 인하여 상담기관에 대한 접근성이 낮기 때문에
전문상담을 받을 수 있는 기회를 갖기가 어렵다. 셋째, 노년기에 다양한 심리사회적 문제를
경험할지라도 '늙으면 다 그렇다.' 또는 '죽을 병도 아닌데, 뒤늦게 무슨…….'과 같은 방식으
로 문제를 인식함으로써 상담의 필요성 자체를 느끼지 못하는 경우가 많다. 넷째, 노인상담
에 관한 이론과 기법의 개발이 미흡하고 노인이 이용할 수 있는 상담센터가 매우 제한되어
있으며, 노인상담 전문가의 부족과 같은 노인상담체계의 미성숙이 노인상담의 활성화를 제
한하는 또 다른 요인이 되고 있다.

2) 노인상담의 개념과 특성

노인상담이란 "도움이 필요한 노인이 상담자와 전문적 원조관계를 형성하여 은퇴문제,
개인 및 가족문제, 경제 및 건강상의 문제를 해결하고 감정, 사고, 행동 측면의 성장을 도모
하여 성공적인 노후생활을 영위하기 위하여 노력하는 과정"이라고 할 수 있다(김태현, 2007).
이와 같은 정의에 따르면 노인상담은, ① 도움이 필요하거나 노인문제를 경험하고 있는 노
인과 가족이 주요 대상이 되며, ② 전문적인 교육과 훈련을 받은 전문가가 주체가 되며,
③ 노인 자신과 가족의 제반 문제를 해결하고 이들의 심리사회적 기능을 증진하려는 궁극적
목적을 위해, ④ 전문적인 원조관계하에 이루어지는 일련의 구체적이고 실제적인 서비스 과
정(현외성 외, 2001)이라는 네 가지 특성을 함축하고 있다.

Burlingame(1995)에 따르면 노인상담은, ① 문제해결이나 치료보다는 노인의 삶에 대한
지지를 더욱 강조하고, ② 상담과정에서 이루어진 성과를 실제 생활에 적용하는 것을 더욱
중시하며, ③ 노인의 체면을 손상하지 않기 위해 방어기제와 전이를 비교적 관대하게 다루

고, ④ 노인이 사망하거나 살던 집을 떠나 노인요양시설 등에 들어가면서 상담관계가 비계
획적으로 종결(unplanned termination)되는 경우가 다른 연령층에 비해 높기 때문에 각 회기
(session)의 종료(closing)과정에서 에너지가 더 투입된다는 점에서 일반 상담과 차이가 있다.

3) 노인상담의 영역과 목적

노인의 심리사회적 욕구 충족, 노인문제의 예방과 해결을 지원하고 노후생활 적응을 도
모하기 위한 노인상담은 일반적인 상담이나 정신치료와 마찬가지로 노년기의 4고(四苦) 중
에서 심리적 고독과 사회적 소외의 예방과 해결에 중점을 둔다. 하지만 노인상담의 목표가
성공적 노후생활 적응이라는 점을 고려해 볼 때, 노인상담의 영역은 〈표 13-1〉에서와 같이

표 13-1 노인상담의 주요 영역

상담 영역	주요 내용
정서 영역 (고독)	• 배우자 상실, 자녀와의 애정적 교류 단절 • 노인의 가족 내 지위 하락, 가치관 및 생활양식 변화에 따른 세대 간 갈등(예: 고부갈등) • 성격 특성의 변화문제: 우울 성향, 완고성, 내향성 및 수동성, 조심성, 친근한 사물이나 사람에 대한 애착 증가, 의존성 증가, 유산을 남기려는 성향 등 • 이성교제 또는 노년기 성생활에 관한 문제 • 정서서비스(예: 말벗 파견)의 문제
경제 영역 (빈곤과 일)	• 은퇴 전후의 재정 및 생활계획에 관한 문제 • 소득 감소 또는 상실로 인한 생계 유지와 경제지원문제 • 사회보장제도의 정보 제공 • 유산배분의 문제 • 경제활동 지원(취업알선, 직업훈련 등)
건강 영역 (질병과 부양)	• 노년기 건강 유지 및 질병 예방에 관한 상담 • 질병 치료 및 의료비 지원 상담 • 노인복지시설, 노인전문 의료시설에 관한 상담 • 가족부양체계 조성 상담 • 부양가족의 부담 경감을 위한 지원 상담
사회참여 영역 (소외와 무위)	• 종교활동, 사회단체 및 비공식모임 참여 문제 • 노년기 친구 및 이웃관계 문제 • 가족 내 역할부적응에 관한 문제 • 은퇴 이후의 사회관계 유지 문제 • 법률 및 복지제도에 대한 정보 상담

노년기의 네 가지 주된 문제가 되어야 한다(권중돈, 2004a).

노인상담은 노인의 성장을 지원하고 노년기에 직면하는 다양한 문제를 해결하여 성공적인 노후생활을 영위할 수 있도록 하는 데 기본 목적을 두고 있다. 이러한 노인상담의 목적과 관련하여 Thorman(1995)은 노인상담의 목표를, ① 자아존중감의 증진, ② 문제해결능력의 향상, ③ 상실에 대한 대처, ④ 위기 상황의 해결, 그리고 ⑤ 스트레스 감소와 대처능력 제고라고 하였다. 그리고 Burlingame(1995)은 노년기 발달과업을 근거로 하여 노인상담의 목적을 다음과 같이 여덟 가지로 제시하고 있다.

첫째, 필요한 의료적 · 사회적 · 정서적 지원을 효과적으로 동원하고 이용하도록 원조하는 것이다. 노인상담과정에서 상담자는 필요한 경우 노인이 의료적 검사나 치료 및 필요한 서비스를 받을 수 있도록 도와야 하며, 가족이나 친척, 친구, 이웃 등과 같은 사람에게서 정서적인 지원을 받을 수 있도록 원조해야 한다.

둘째, 신체적인 강점을 강화하고 건강 약화에 적응하도록 원조하는 것이다. 개인차가 있지만 노년기에는 신체기능이나 건강이 약화되고, 이러한 변화로 인해 그동안 가능했던 활동이 어려워질 수도 있다. 따라서 이러한 변화 가운데서도 정신적으로 건강하고 적절한 자기돌봄(self-care) 기능을 유지하기 위해서는 변화나 변화로 인한 상실에 적응하거나 필요한 권리를 주장하도록 도와야 한다.

셋째, 노년기의 신체적 · 재정적 변화와 관련하여 노인의 보호 및 주거시설에 대한 욕구가 충족되도록 원조하는 것이다. 노인이 자신이 살던 정든 집을 떠나 노인요양시설이나 병원과 같은 시설에 들어가야 할 경우에는 시설생활에 대한 정보를 제공하거나 정서적으로 지원하여 위축되지 않도록 배려한다.

넷째, 지역사회에서 새로운 역할을 가질 수 있도록 원조하는 것이다. 노년기에는 지역사회에서 모범을 보일 수 있는 어른의 역할이나 그동안의 직업인 역할을 대체할 수 있는 새로운 역할이 요구된다. 이를 위해 상담자는 노인이 지역사회에 기여할 수 있는 새로운 방법을 찾고 자신이 생산적이고 가치 있는 존재로 느끼며, 외부 세계와 교류할 수 있도록 원조해야 한다.

다섯째, 손자녀, 친척 및 지역사회와의 관계를 조정하도록 돕는 것이다. 여기서 중요한 점은 성인 자녀와 노부모의 역할 수행과 관련된 명확한 위계질서 정립이 필요하며, 상담자는 매개자로서의 역할을 수행할 수 있다. 하지만 노인이 신체적으로 허약한 경우에는 가족이나 다른 사람에게 의존하도록 노인의 태도를 변화시키는 것이 중요하다.

여섯째, 배우자나 친구 등 중요한 사람들의 상실에 적응하도록 원조하는 것이다. 노년기에는 가족이나 주변 사람과 사별할 가능성이 높아지는데, 친밀한 사람의 죽음에서 오는 슬픔은 남아 있는 사람의 인생에 지속적으로 영향을 미칠 수 있는 중요한 사건이다. 이런 경우

상담자는 노인이 친밀한 사람과의 사별을 현실로 받아들이고 슬픔에서 오는 고통을 극복하도록 원조해야 한다.

일곱째, 은퇴와 재정적인 변화에 대처하도록 원조하는 것이다. 이를 위해 여가를 의미 있게 보낼 수 있는 방법, 부부관계에서의 적응, 새롭게 찾아오는 소외감을 극복하는 문제 등을 중요하게 다루어야 한다. 또한 상담자는 수입의 감소와 관련하여 필요한 경우 노인의 경제적인 문제에 도움이 될 수 있는 일자리를 연결하는 데에도 관심을 가져야 한다.

여덟째, 노인이 자신의 삶에서 주도권을 갖고 중요한 결정을 할 수 있도록 원조하는 것이다. 이를 위해 상담자는 노인에게 필요한 정보를 제공하며, 중요한 의사결정에 필요한 대안을 제안해 주는 것이 좋다.

4) 노인상담의 원조관계와 상담자의 태도

노인상담에서 노인 내담자와 촉진적 원조관계를 형성할 때 지켜야 할 원칙과 상담자의 태도는 다른 일반 상담과 크게 다르지 않다. 일반 상담에서와 마찬가지로 상담자는 내담자와의 논쟁, 과도한 관여, 지속적인 편들기, 다른 사람을 대신해서 말하기 등의 행동을 하지 말아야 하며, 모든 내담자를 존중해야 한다. 노인상담에서 상담자가 따라야 하는 원칙은 일반적인 상담의 원칙과 대동소이하므로, 다음에서는 Biestek이 제시한 원조관계의 주요 원칙(장인협, 1996)에 기초해 노인상담에서의 원조관계 형성 원칙을 제시해 보고자 한다.

첫째, 개별화의 원칙이다. 노인이라고 해서 모두 같은 노인이 아니므로 개인의 특성이나 상황에 따라 다르게 처우해야 하며, 노인을 범주화해서 다루지 말아야 한다. 그리고 노인이나 노화에 대한 편견이나 선입관을 가져서는 안 되며, 면접 장소와 시간 등을 결정할 때 노인에 대한 세심한 배려가 필요하다.

둘째, 의도적 감정표현의 원칙이다. 노인이 가족 또는 사회관계에 대해 갖고 있는 부정적 감정을 의도적으로 표현하여 이를 긍정적 감정으로 전환할 수 있도록, 상담자는 시간 및 정서적으로 여유를 가짐으로써 스스로가 긴장하지 말아야 한다. 그리고 상담과정에서 수용적 태도를 갖고 경청하여야 하며, 비현실적 보장이나 성급한 판단을 삼감으로써 노인을 두 번 실망시키는 일을 해서는 안 된다.

셋째, 통제된 정서적 관여의 원칙이다. 상담자는 객관적 입장에서 노인의 심정을 감정이입적으로 이해하고, 노인의 감정을 수용할 수 있어야 한다. 그리고 좋은 감정은 물론 부정적 감정을 표현할 경우에도 노인에 대한 긍정적 태도를 유지해야 한다. 상담자는 노인과의 상담에서 감정적으로 동요되지 않고, 객관적인 입장에서 노인의 감정을 충분히 이해하고 사회적으로 바람직한 형태로 표출될 수 있는 방안을 모색해야 한다.

넷째, 수용의 원칙이다. 상담자는 노인의 인간적 존엄성을 존중하여 노인의 장점과 약점, 바람직한 성격과 그렇지 못한 성격, 긍정적 또는 부정적 감정과 행동 등 노인이 지닌 특성을 현재 있는 그대로의 모습으로 받아들여야 한다.

다섯째, 비심판적 태도의 원칙이다. 상담자는 노인의 사고와 감정에 대해 결코 심판적이어서는 안 되며, 문제해결에 노인이 공동 참여할 수 있도록 해야 한다. 이를 위해 상담자는 노인의 문제에 대해 노인을 비난하거나, 어느 정도의 책임이 있는가를 판단하고 따져서는 안 되며 노인의 감정, 행동, 태도, 가치관 등을 객관적으로 평가하되, 심판의 목적보다는 이해의 목적에서 행해야 한다.

여섯째, 자기결정의 원칙이다. 상담자는 노인의 자유의사를 존중하여 노인 자신의 능력과 자원에 맞는 목적을 설정하고 이를 달성할 수 있도록 지원해야 한다. 이를 위해 상담자는 노인을 대신하여 문제를 해결해 주는 것이 아니라, 노인이 원하고 노인 자신의 능력에 맞게 목표를 설정하고, 문제를 스스로 해결할 수 있는 능력을 고양하여야 한다.

일곱째, 비밀보장의 원칙이다. 상담자는 상담과정에서 획득한 노인이나 그 가족에 대한 사적인 비밀을 외부에 제공하여서는 안 되며, 철저하게 비밀을 지켜야 한다.

여덟째, 죽음에 대한 대비의 원칙이다. 상담과정에서 노인이 죽음에 대한 불안에 대처하고 남은 인생을 바람직하게 보낼 심리적 준비를 할 수 있도록 자아통합의 기회를 제공하여야 한다. 이를 위해 상담자는 노인의 삶에 대한 긍정적 회고를 할 수 있는 기회를 부여하고 죽음을 긍정적으로 수용할 수 있도록 유도하여야 한다.

모든 상담자는 전문적 자질(든 사람)과 인간적 자질(된 사람)을 동시에 갖추어야 한다. 즉, 상담자는 '든 사람'인 동시에 '된 사람'이기도 해야 한다(조학래, 2002). 이러한 상담자로서의 자질에 대해 논의하기에 앞서, 상담자가 범하기 쉬운 오류에 대해 먼저 살펴보고자 한다. 노인 상담자가 범하기 쉬운 잘못 중 하나는 노인이 겪는 심리적 고통과 그 고통을 겪는 노인을 별개로 생각하는 것이다. 이런 생각을 가진 상담자는 자기 자신을 문제해결 전문가라 자칭하면서 적절한 상담방법을 잘 적용하기만 하면 노인의 문제를 깨끗이 해결할 수 있다고 믿는다. 하지만 상담방법이나 기법만으로는 문제의 해결을 기대하기가 어렵다. 내담자인 노인을 이해하지 않고서는 노인이 겪는 문제의 의미와 성질을 제대로 파악하기 어려우며, 노인의 문제해결 의지와 노력을 이끌어 내지 못하면 그 문제는 해결되지 않는다. 따라서 상담자는 노인에게 인간적 신뢰감을 주고 노인을 존엄한 존재로 존중할 수 있어야 하며, 공감적 이해와 수용의 자세를 갖추어야 한다.

노인 상담자가 범하기 쉬운 또 하나의 잘못은 '인간으로서의 상담자'와 '전문가로서의 상담자'를 분리해서 생각하는 것이다. 상담자는 단순한 기술자나 기능인이 되어서는 안 된다. 상담자는 자신을 이해할 수 있는 만큼만 노인을 이해할 수 있고, 자신의 문제를 해결할 수 있는 만큼만 노인의 문제를 해결할 수 있으며, 자신이 성장할 수 있는 만큼만 노인을 성장시킬 수 있다. 상담자 자신이 인간으로서 겪을 수 있는 여러 문제와 콤플렉스에 대해 어느 정도 자유롭지 못하는 한, 노인을 객관적으로 이해하는 데에는 한계가 있다. 따라서 노인에 대한 이해와 그가 가진 문제의 해결, 그리고 노인의 인간적 성장의 촉진 등은 상담자가 가진 전문적 지식이나 기법의 범위를 넘어서서 상담자 자신의 인간 됨됨이와 삶에 대한 태도, 그리고 끊임없이 자기를 향상하려는 노력이 바탕되어야 한다. 이런 의미에서 인간으로서의 상담자는 그가 가진 전문 지식 및 경험과 함께 상담에서 가장 중요한 치료 도구 중의 하나인 셈이다.

또한 상담에서 노인은 어느 정도 상담자에게 의존하게 되고 도움을 요청한다. 이때 노인이 받아들이는 것은 상담자가 제공하는 문제해결방법이나 과정뿐만 아니라 상담자의 가치관, 삶의 태도와 생각, 그리고 경험에 대한 개방성 등을 관찰하고 마음에 새기게 된다. 자녀가 부모를 모방하듯이, 노인도 부지불식간에 상담자에게서 다양한 인간적 영향을 받게 되는 것이다. 이렇게 볼 때, 상담자는 자신이 노인에게 하나의 본보기 역할을 할 수 있음을 충분히 인식하여야 한다. 또한 본보기로서 자신이 어떠한지를 끊임없이 점검해야 하며, 나아가 스스로 성장하려는 노력을 게을리해서는 안 된다.

따라서 노인과의 상담을 실시하는 상담자는 노인에 대한 존중감을 바탕으로 노인에 대한 즉각적인 효과나 보상을 유보하고 끈기 있게 기다릴 수 있는 자세를 가져야 하고, 노인의 특성을 정확히 이해하고 노인의 장점과 자원을 발견하고 고양하여야 하며, 노인의 비언어적 의사소통을 활용할 수 있는 능력을 갖추어야 한다. 그리고 상담과정에서는 다음과 같은 태도를 갖추어야 한다(이호선, 2012; 이효선, 2008).

① 노인을 존중하고 나이가 어린 사람으로서의 예의를 지켜야 하지만, 연령 차이나 경험의 폭이 적다는 것으로 인해 위축되어서는 안 된다.
② 노인의 단점이나 문제보다는 장점과 자원을 발견하여 강조함으로써, 노인 스스로가 자신을 수용하고 존중하며 인생에 대해 자신감을 가질 수 있도록 격려해야 한다.
③ 상담과정을 통해 얻을 수 있는 긍정적 효과를 적극적으로 알리고, 노화에 따른 기능약화를 보완할 수 있는 상담환경을 구축하기 위해 세심한 주의와 노력을 기울여야 한다.
④ 노인 스스로 자신의 문제를 해결할 수 있도록 지원하고, 가능하면 단기간 내에 뚜렷한 성과를 거둘 수 있도록 도와야 한다.
⑤ 상담자가 노인문제를 전적으로 책임지고 노인 내담자를 조정하거나 부차적 역할만을 담당하게 하여 의존성을 조장하고 자립능력을 훼손해서는 안 된다.
⑥ 노인과의 나이 격차, 문화 차이, 가치관 차이를 수용하고, 이로 인해 나타나는 상담과

정의 저항을 민감하게 인식하고 해결해야 한다.

⑦ 노년기에 나타나는 기능 약화, 새로운 것에 대한 도전의식의 저하, 자기 주장의 약화 등을 보완할 수 있도록 상담자는 옹호자로서의 역할을 적극적으로 수행해야 한다.

⑧ 심리문제에 대한 상담실에서의 대화로 상담의 범위를 제한하여, 노인의 실생활에 도움이 되는 구체적인 서비스나 지원을 소홀히 하는 오류를 범해서는 안 되며, 사회자원의 중개자(social matchmaker)로서의 역할을 성실히 수행해야 한다.

⑨ 노인이 스스로 문제와 감정을 표현할 수 있도록 경청하고, 지지적 태도를 보이며, 변화가 늦고 저항이 있더라도 인내심을 갖고 기다릴 수 있어야 한다.

⑩ 죽음에 대한 불안에 대처할 수 있도록 도와야 한다.

5) 노인상담의 종류

노인상담은 대상자와 상담 매체에 따라 개인상담, 집단상담, 가족상담, 전화상담, 인터넷상담으로 나눌 수 있다. 노인과의 개인상담은 노인 내담자와 상담자가 일대일의 대면적 상황에서 이루어지는 상담으로서, 노인 자신의 문제를 내어 놓고 함께 풀어 가는 과정이다. 이러한 개인상담은 노인이 경험하고 있는 문제가 위급하거나, 심리적 갈등문제의 원인과 해결방법이 복잡하거나 노인의 성격상 집단상담에 적합하지 않은 경우에 매우 유용하다(김태현, 2007; 정상양 외, 2012). 그러나 노년기의 접근성 저하로 인하여 상담실을 스스로 찾기 어렵고, 언어표현능력의 제한으로 인하여 개인상담을 통한 문제해결의 효율성은 높지 않은 편이다.

집단상담은 비슷한 처지나 문제를 경험하는 노인과 집단지도자가 함께 활동하면서 서로의 문제해결을 지원하는 상담방법으로, 지역사회나 노인복지시설 등에서 자주 활용되고 있다. 노인을 대상으로 한 집단상담은 어떤 문제에 대해 토의하는 집단, 집단성원 간의 상호작용을 통한 개인의 변화를 추구하는 집단, 노인 개개인의 자아성장이나 자기표현능력을 제고하는 등 노인의 성장을 목적으로 한 집단, 그리고 노인의 평생교육을 목적으로 한 집단 등 매우 다양한 형태로 운영될 수 있다. 대부분의 노인이 집단상담에 적극적으로 참여하며(서병진, 2003), 집단상담의 일차적 목적달성 이외에 집단 구성원 간의 상호지지적 관계를 형성할 수 있는 이점이 있다(김종옥, 권중돈, 1993).

가족상담은 노인이 경험하는 문제를 노인만의 문제가 아니라 전체 가족문제로 규정하고, 가족 간의 직접적 상호작용을 통하여 문제해결과 가족관계의 변화를 도모하는 상담방법이다. 특히 노부부 갈등, 황혼이혼, 노부모와 자녀 간의 가치갈등이나 관계 악화, 성인 자녀 가족의 문제 등을 해결하는 데 적당하다. 이러한 가족상담은 가족성원 간에 감추어 두었던 감정을 표현할 수 있는 기회를 제공하고 다른 대안을 찾을 수 있는 기회를 제공하므로, 가족문제의 해결과 가족성원 간의 결속력 증진에 매우 유용한 방법이다. 특히 노인은 자신의 감정을 표현하기보다는 참고 사는 경우가 많기 때문에 노인의 감정이나 생각을 자발적으로 표현할 수 있도록 하는 것이 노인 가족을 대상으로 한 상담에서 매우 중요하다. 가족상담은 전체 가족성원 사이에 이루어지는 현재의 상호작용을 관찰하여 이를 변화시킴으로써 가족의 근본 문제를 해결하는 방법으로 전체 가족성원이 참여하는 것이 원칙이다. 그러나 일부 가족성원만을 대상으로 상담을 할 수 있으며, 필요에 따라서는 개인상담이나 부부상담의 방법을 동시에 활용할 수도 있다.

전화상담은 전화매체를 활용하여 신속하게 노인의 위기에 개입하는 상담의 한 형태이다. 전화상담은 노인의 접근성과 익명성 보장에 대한 요구를 수용하여 즉시 도움을 요청하고 신속하게 원조하는 방법으로, 최근 노인복지 상담분야에서 가장 활성화된 상담방법이다. 전화상담에서 다루어지는 주요 문제는 노년기의 이성교제 및 재혼, 노년기의 성문제, 가족갈등, 상속문제, 건강문제, 노인복지시설 입소, 재취업과 경제적 상담, 여가활용에 관한 상담 등이다. 전화상담은 노인의 제한된 상담접근성의 문제를 해결해 줄 수 있으며, 즉각적인 도움을 받을 수 있다는 이점이 있지만 상담자에 대한 신뢰성 문제, 목소리로만 감정이나 사고를 전달해야 하는 등의 제한점이 있다.

인터넷상담은 웹사이트상에 개설된 홈페이지의 개방형 상담코너를 이용한 상담, 상담자의 이메일(e-mail)을 이용한 비공개상담, 채팅 프로그램이나 영상통화를 이용한 실시간 상담, 노인으로 구성된 카페(cafe)를 이용한 동료상담 등의 다양한 형태로 운영되는 온라인(on-line) 상담이다. 아직까지는 노인의 제한된 정보화 능력으로 인하여 활성화되지는 못하고 있으나, 노인 관련 단체나 기관 또는 개인이 운영하는 노인을 위한 홈페이지가 꾸준히 늘어나면서 앞으로 이용하는 노인의 수가 더욱 증가할 전망이다. 웹사이트상의 홈페이지를 이용한 상담은 약간의 시간 간격을 두고 상담에 응할 수 있는 이점이 있지만, 이 역시 빠른 답을 제공하는 것이 바람직하다. 그러나 홈페이지 관리가 지속적으로 이루어지지 않을 경우 오히려 상담을 받으려다 또 다른 마음의 상처를 받을 수도 있으며, 잘못되거나 오래된 정보로 인하여 노인의 혼란이 더 가중될 수 있다.

6) 노인상담의 과정

노인상담은 일반 상담과 마찬가지로 접근방법에 관계없이 접수 및 관계 형성, 자료수집 및 사정, 개입, 평가와 종결이라는 네 단계로 이루어져 있다(권중돈, 2004a; 조학래, 2022).

(1) 접수 및 관계형성 단계

접수 및 관계형성(intake and engagement) 단계에서는 내담자인 노인의 상담에 대한 초기 불안과 거부감을 해소하고, 상담의 핵심요소가 되는 전문적 원조관계를 형성하여야 한다. 접수 및 관계형성 단계에는 다음과 같은 내용이 포함된다. ① 친화관계를 형성하는 것, ② 내담자인 노인의 문제를 제대로 이해하는 것, ③ 상담의 구조화, 즉 진행방식에 대해 합의를 이루는 것이다.

접수 및 관계형성 단계의 핵심요소인 친화관계(rapport) 형성을 위해서 첫 대면에서 상담자는 노인에게 친절하고 호감이 가고 명랑한 느낌을 주며, 적극적인 관심을 보여야 한다. 일반적으로 친화관계를 형성하는 데 필요한 상담자의 자세와 태도로는, ① 끊임없이 노인을 이해하려는 진지한 자세, ② 모든 것을 노인의 입장에서 생각해 보려는 내담자 중심의 태도, ③ 비난하거나 비판하기보다는 수용하고 존중하는 허용적인 자세, ④ 어떤 가식도 없는 진솔한 태도, ⑤ 노인을 도와주고자 하는 인간적 자세 등이 요구된다.

어느 정도 긴장이 풀리면 노인이 자신의 문제를 이야기할 준비가 되어 있는지를 확인한 다음 상담하러 온 동기를 파악한다. 먼저 상담자는 '어떻게 해서 오시게 됐습니까?' 또는 '제가 어떤 점을 도와드렸으면 좋겠습니까?' 등과 같은 질문을 하고 노인의 대답을 경청함으로써 노인이 도움을 요청하게 된 직접적인 이유와 동기를 파악한다. 다음으로는 현재 경험하는 문제가 어떤 배경에서 나오게 되었는지를 확인함으로써 상담에서 실제로 초점을 맞춰야 할 문제나 증상을 더욱 명확하게 한다. 다음으로 그런 문제가 과거에는 어떠했으며, 그때 당시에는 그것을 어떻게 처리 또는 해결했는지 등을 알아본다. 그리고 노인의 문제해결 의지와 동기를 확인하여야 한다. 성공적인 문제해결을 위해서는 내담자인 노인의 적극적인 참여와 협조가 필수적이다. 따라서 노인에게 상담이 어떤 것인지, 상담을 통해 무엇을 할 수 있고, 그것이 노인 자신에게 어떤 도움이 될 수 있는지, 그리고 상담을 활용해서 해결하고 싶은 다른 문제는 없는지에 관한 이야기를 충분히 나누는 것이 필요하다.

일반적인 대화와는 달리, 상담은 일정하게 정해진 방식대로 진행되는 것이 바람직하며, 또 그렇게 구조화되어야 소기의 성과를 얻을 수 있다. 상담의 구조화란 상담이 진행되는 방식이나 절차, 그리고 상담에서 바람직한 내담자의 행동과 태도 등에 대해 노인에게 자세히 안내하고 이에 대한 동의를 구하는 것이다. 이와 같은 상담의 구조화에는 비밀보장, 상담 기간과 시간, 내담자인 노인의 상담과정에서의 역할 등에 대한 안내가 포함된다.

(2) 자료수집 및 사정 단계

자료수집과 사정(data gathering and assessment)은 이 단계에서만 이루어지는 것은 아니며 전체 상담과정을 통하여 이루어지지만, 원조관계가 형성된 이후에 본격적인 자료수집과 사정이 이루어진다. 자료수집 및 사정 단계에서 노인의 문제를 규정하기 위해서는 노인이 처한 상황과 노인의 강점과 제한점을 모두 파악해야 한다. 문제를 규정할 때는 노인의 문제가 무엇이고 어느 정도 심각하며, 문제로 인해 야기되는 결과나 상황이 어떠한지 자세히 탐색한 다음에 상담과정에서 다룰 문제를 규정하여야 한다. 그리고 노인의 제한점뿐만 아니라 강점과 자원에 대해서 깊이 있는 사정이 이루어져야 한다. 따라서 의도적으로 노인의 행동, 개인적 특성, 자원의 측면에서 노인의 강점을 파악하고 격려해야 하는데, 이러한 강점의 강조는 치료적 효과까지도 갖는다.

사정과정에는 전반적으로 노인의 생물적 · 심리적 · 사회적 기능이 포괄적으로 고려되어야 한다. 노인의 생물적 기능을 사정할 때는 전반적인 건강상태와 일상생활 동작능력에 초점을 두며, 심리적 기능 사정에서는 노인의 성격과 인지 및 정서 기능에 초점을 둔다. 그리고 사회적 기능 사정에서는 노인이 주고받는 사회적 지원과 노인의 재정상태 및 사회활동 참여 정도, 그리고 주거환경에 대해 사정해야 한다. 또한 사정에는 이러한 요소 간의 상호 연관성과 한 가지 영역에서의 기능 저하가 다른 기능에 영향을 미칠 수 있는 가능성도 고려해야 한다.

노인의 자원에 대한 사정에는 문제해결능력, 필요한 자원과 한계, 성격 등의 측면에서 강점과 취약점을 균형 있게 조사하는 것이 중요하다. 또한 환경에 대한 사정은 노인의 가족은 물론 친구, 친척, 이웃 등을 포함하는 사회지지체계의 적절성과 부적합성, 긍정적 측면과 취약한 측면이 사정내용에 모두 포함된다. 이런 사정에서는 상담자의 경험과 직관에 의존하기보다는 객관적인 자료수집을 위해 기존에 개발되어 있는 임상평가도구를 노인에 맞게 적절히 수정해 사용하여야 하며, 노인의 경우 전반적인 노화가 진행되기 때문에 다차원적인 평가가 이루어져야 한다.

이와 같이 노인에 대한 문제 규정과 사정의 결과를 바탕으로 상담의 목표와 개입계획을 수립하여야 한다. 상담의 목표는 구체적이고 명확해야 하고 현실적으로 달성 가능한 것이어야 하며, 다양한 문제의 공통 요인을 중심으로 목표와 개입계획을 설정해야 한다.

(3) 개입 단계

개입(intervention) 단계는 문제해결 계획을 구체적인 행동으로 실천하는 단계이며, 문제를 해결하는 단계이다. 이러한 개입활동의 적절성과 효과를 검토하기 위해 상담자는 개입과 동시에 개입과정을 평가하여야 하며, 개입으로 유도된 변화를 지속하려는 노력을 수행하여야 한다.

앞에서 설정한 상담의 목표에 도달하기까지 어떤 중간 통과 지점을 지나야 하는데, 이러한 중간 지점을 상담의 과정적 목표라고 한다. 노인상담은 하나의 큰 목표를 한꺼번에 달성하는 과정이라기보다는 큰 목표를 달성하기 위해 반드시 필요한 일련의 하위목표를 순차적으로 달성해 가는 과정으로 이해하는 것이 바람직하다. 이렇게 할 때 목표를 달성하기 위한 구체적인 개입방법의 선택이 용이하며, 문제해결과 목표의 달성 가능성 또한 높아진다. 그러나 과정적 목표로 무엇을 설정해야 할지는 상담의 초기 단계에서 설정한 목표가 무엇이냐에 따라 크게 달라진다. 따라서 상담자는 상담에서 궁극적으로 달성하고자 하는 목표에 대해 해박한 지식과 경험을 가지고 있어야 하며, 이를 바탕으로 구체적인 과정적 목표를 설정하고 이에 대한 해결 노력을 기울일 수 있어야 한다.

노년기에는 완고성과 경직성이 증가하고 새로운 변화를 기피하는 경향이 강해지며, 나이 어린 사람의 도움을 거부하거나 신뢰하지 않는 경우가 많다. 특히 상담자가 노인의 습관적 사고, 감정 및 행동 유형을 변화시키기 위하여 개입하는 과정에서 노인의 저항에 직면하는 경우가 많다. 따라서 상담자로서는 노인의 저항을 최소한으로 줄일 수 있는 상담방법을 고안해야 한다. 일반적으로 노인의 입장을 고려하지 않는 상담자의 일방적인 지시나 통제, 노인을 배려하지 않는 비우호적인 상담 분위기, 미처 준비도 하지 않은 노인에게 너무 급격한 변화의 압력을 가하는 상담자의 행위 등이 노인의 강한 저항을 불러일으키는 주요 요인이다. 따라서 상담자는 이러한 경우가 발생하지 않도록 조심하면서 노인의 변화동기를 고취하는 방향으로 문제해결 노력을 기울여야 한다.

개입활동으로 인해 야기된 새로운 행동 유형과 태도 등이 노인의 일상적인 유형으로 자리 잡을 때까지 일시적으로 혼란상태에 놓이게 된다. 따라서 상담자는 개입으로 인해 나타난 변화가 고정되고 지속될 수 있도록 계속적으로 평가하면서 도움을 제공하여야 한다.

(4) 평가 및 종결 단계

상담과정은 개입에 대한 최종 평가와 상담자와 노인 간의 전문적 원조관계를 종결함으로써 끝나게 된다. 먼저 종결시기 결정에서 노인이 처음에 호소했던 문제가 현저히 완화 내지는 해결되었다고 해서 곧바로 상담을 종결해서는 안 된다. 종결(termination)은 급격히 진행하기보다는 일정한 과정을 거쳐 서서히 이루어지도록 해야 한다. 이러한 점진적인 종결과정을 거치면서 얻는 이득 가운데 가장 큰 것은 상담 성과를 상담과 거리를 둔 상태에서 현실 생활에 적용해 보고, 그 과정에서 어떤 문제점이 얼마나 발생하는지를 평가할 수 있는 기회를 갖게 되는 것이다. 이런 의미에서 점진적인 종결과정은 실제 생활 적응 훈련과정으로 볼 수도 있다.

상담을 종결할 시기가 되면 일반적인 인간관계와 마찬가지로 노인은 그동안 정들었던 상담자와 헤어지는 것에 섭섭해하고, 상담자의 도움 없이 스스로 자신의 일을 잘 해결할 수 있을까 하는 걱정과 의심을 가질 수 있다. 만약 노인에게서 이런 불안감이 느껴지면 상담이

완전히 종결되기 전에 이 점에 대해 충분한 논의를 진행해야 한다. 즉, 상담과정의 여러 단계에서 일어난 변화의 종류와 내용을 재음미하고 요약하는 과정을 통해 종결에 대한 노인의 불안을 비롯하여 부정적인 정서반응을 다루는 과정이 필요하다. 이런 과정을 제대로 거칠 때 노인은 비로소 상담자에게서 진정한 심리적 독립을 달성할 수 있다. 이와 함께 노인의 '심리적 이유(離乳)'를 촉진하기 위해서는 노인의 자율적인 판단과 결정을 허용하고 격려하는 상담자의 태도와 자세가 중요하다. 즉, 사소하거나 중요하거나 간에 노인 스스로의 판단과 결정에 의해 일을 해결해 나가도록 격려해야 한다. 이런 과정을 점진적으로 거치면서 노인은 상담자의 도움 없이도 독자적으로 적응적인 삶을 영위할 수 있다.

노인을 다른 기관이나 전문가에게 의뢰할 경우, ① 필요한 기관 · 서비스에 대한 정보를 글로 써서 노인에게 전달하고, ② 의뢰할 기관에 노인의 욕구에 대해 개괄적으로 정리한 글을 보내고, ③ 노인이 떠나기 전에 의뢰기관에 연락하여 노인과 만날 약속시간을 정하고, ④ 노인이 의뢰기관에 가는 것을 꺼릴 경우에는 노인과 동행하고, ⑤ 의뢰기관에 대해 객관적인 정보를 제공하여 비현실적인 기대를 갖지 않도록 한다.

종결 이후에 몇 개월 동안 지속되는 추후상담은 상담자와 노인 모두에게 도움이 된다. 즉, 노인은 종결 이후에도 발전을 계속하며, 상담자는 노인의 변화와 발전을 인정해 주고 이러한 노력이 계속되도록 지지한다. 이처럼 추후상담은 노인에 대한 상담자의 계속적인 관심을 보여 줌으로써 노인으로 하여금 종결에 대한 충격을 완화하는 작용을 할 뿐만 아니라 상담자는 노인의 기능 수행상의 약화를 예방할 수 있는 원조를 적시에 제공할 수 있다.

7) 노인상담의 기술

심리사회적 모델, 기능주의모델, 인지행동주의모델, 위기개입모델, 생활모델, 역량강화모델 등 노인상담에서 어떤 상담모델을 선택하느냐에 따라 서로 다른 상담 기법 또는 기술이 활용된다. 그러나 여러 가지 모델의 기법이나 기술을 절충 또는 통합적으로 활용할 수도 있으며, 일반적인 상담이나 정신치료에서 사용하는 다양한 기법을 모두 사용할 수 있다. 이러한 노인상담의 주요 기법과 기술을 간략히 제시하면 다음과 같다.

(1) 주의집중과 경청
효과적인 의사소통과 상담이 이루어지기 위해서는 내담자의 관심에 집중하여야 한다. 이를 위해서 상담자는 시선을 내담자의 넥타이 매듭 위치와 눈 사이에서 이동하고 중요한 내용을 이야기할 때 눈을 마주치고, 몸은 앞으로 약간 숙이고, 팔다리를 꼬지 않고, 내담자의 보이지 않는 정서에 귀를 기울이며, 제3의 귀, 즉 눈으로 적극적으로 관찰하여야 한다.

이러한 주의집중기술과 함께 상담자는 내담자의 의사소통을 경청하여야 하는데, 이를 위해서는 1 · 2 · 3의 원칙을 따르는 것이 바람직하다. 즉, 1분 동안 상담자가 얘기하고, 2분 동안 내담자의 의사소통을 귀담아듣고, 3분 동안 내담자가 한 말의 의미를 깊이 되새기며 어떻게 반응할지에 대해 깊이 있게 생각해야 한다. 또 다른 표현으로는 1번 말하고, 2번 듣고, 3번 맞장구를 쳐 주라고 말할 수도 있다. 이러한 경청에는 지지적 언어반응, 언어의 재구성, 지지적 반응, 명료화, 비언어적 단서 탐색, 도전, 자기노출 등이 포함된다.

지지적 언어반응은 '아~예' '알겠어요.' 등과 같은 단순한 말 한마디로 내담자의 말에 동의하거나 내담자의 말을 이해하고 있다는 것을 전달하여 내담자가 계속 이야기하도록 격려하는 것이다. 언어의 재구성은 내담자가 말한 것을 다른 단어를 사용하여 재구성하는 기법으로, 내담자의 의도를 파악하고 내담자에게 자신이 한 말에 대해 잠시 생각해 볼 수 있는 시간을 주며, 내담자가 말한 것을 경청하고 있다는 것을 보여 주기 위해 사용한다. 지지적 반응은 '~는 정상적인 것입니다.'와 같은 반응을 통해 수용과 격려를 보여 주기 위해 사용한다. 명료화란 내담자의 말 중에서 모호한 점에 대해 좀 더 자세히 설명해 달라고 요구하는 것으로, 내담자에게 자신이 말한 것을 분명하게 인식시키고 동시에 상담자 자신의 이해를 분명하게 하기 위한 목적으로 사용된다.

비언어적 단서 탐색은 비언어적인 단서의 의미에 대해 묻는 것으로 '제가 보기에는~' 혹은 '제가 듣기에는~'과 같이 표현한다. 도전이란 내담자가 한, ① 말 간의 불일치, ② 말과 행동 간의 불일치, ③ 언어적인 행동과 비언어적 행동의 불일치, 그리고 ④ 둘 이상의 사람 간의 불일치에 대해 직접적으로 지적하는 것이다. 따라서 도전은 상대방에게 부정적이거나 적대적인 반응을 일으킬 수 있다. 하지만 도전을 통해 주요 문제와 내담자의 욕구 및 강점, 그리고 현재의 감정에 대해 탐색하고 명확히 할 수 있다. 자기노출은 상담자 자신의 개인적인 관찰, 경험, 생각을 내담자와 함께 이야기하는 것으로 내담자의 상황에 적합하고 짧고 간결해야 하며, 내담자에게 도움이 되는 한도에서 행해져야 한다.

(2) 질문기법

상담과정에서 질문을 할 때 지켜야 할 원칙은 일반 상담과 동일하며, 심문하듯이 질문을 쏟아내는 것은 피해야 한다. 노인상담에서 활용될 수 있는 해결중심단기치료의 다양한 질문기법으로는 초점질문, 해결중심질문, 순환질문, 기적질문, 대처질문 등이 있다. 초점질문은 구체적 사항을 묻는 것으로 내담자를 특정 사항에 집중케 하는 기법으로, '문제가 무엇입니까?' '문제가 생긴 지 얼마나 오래되었습니까?' 등과 같은 질문을 예로 들 수 있다. 해결중심질문은 해결에 초점을 두어 내담자의 생각이 문제보다는 해결방안 쪽으로 변화될 수 있게 하는 질문으로, '문제가 다소 좋아지는 때는 언제입니까?' '이러한 예외적인 일이 좀더 일어나기 위해 어르신께 필요한 것은 무엇입니까?' 등의 질문을 예로 들 수 있다. 순환질문은 내담자로 하여금 문제나 문제해결과 관련된 부분의 상호연관성을 파악하게 하는 질문으로, '친구분이 그렇게 할 때 어르신께서는 무얼 하셨습니까?' 등의 질문을 예로 들 수 있다. 기적 질문은 내담자로 하여금 미래지향적 사고를 갖게 할 목적으로 사용하는데, '기적처럼 어르신의 문제가 해결된다면 무엇이 달라지겠습니까?'와 같이 질문할 수 있다. 대처질문은 고통스러운 상황에서 생존하기 위해 내담자가 하고 있는 일이 무엇인지에 초점을 맞추게 하기 위한 것으로, '지금까지 힘들었을 때 가장 도움이 되었던 것은 무엇입니까?'와 같은 질문을 할 수 있다.

(3) 인지적 행동수정기법

지나친 일반화, 자기비하, 타인에 대한 비현실적인 요구, 자신에 대한 비현실적인 기대, 자신의 중요성에 대한 과장 등과 같은 노인의 비합리적이고 왜곡된 인지과정은 노인의 부정적 감정과 행동을 유발할 수 있다. 이러한 비합리적 인지를 재구조화하는 기법으로는 인지재구조화기법, 인지적 자기지시, 인지적 심상기법 등이 있으며 체계적 둔감화, 사고중단, 이완기법 등과 함께 사용된다.

인지적 재구조화기법은 Mahoney(1974)가 개발한 기법으로 내담자의 사고에 내포된 잘못된 논리를 표현하게 하고, 불합리한 사고과정을 논리적이고 합리적인 사고 유형으로 대치하는 기법이다. 이러한 인지적 재구조화기법은 먼저 내담자의 사고나 신념의 근거가 되는 비합리적 가정을 조사하고, 대안적 가정을 만들게 하고, 현실 상황에서 대안적 가정을 검증할 수 있는 행동을 하게 하고, 이러한 논리에 대해 환류를 제공함으로써 부적응적 행동의 원인이 되는 내담자의 잘못된 논리를 변화시키게 된다. 그리고 인지적 자기지시기법은 Meichenbaum(1977)이 개발한 기법으로 내적 대화와 겉으로 드러나지 않는 자기진술을 하게 함으로써 어려운 생활사건에 대처하고 행동문제를 해결하게 하는 기법이다. 예를 들면, 불안하여 '나는 할 수 없어.'라고 말하는 내담자에게 '나는 최선을 다해 그걸 해 볼 테야.'라는 말을 마음속으로 반복하게 함으로써 부적응적 행동의 원인이 되는 자기패배적 사고에서 벗어나게 할 수 있다. 인지적 심상기법은 공포나 불안을 야기하는 사건에 대한 비생산적 반응을 소거하기 위한 기법으로 홍수기법(flooding)과 내파기법(implosion)이 있다. 내파기법은 두려운 사건이나 자극 중에서 가장 두려웠던 경우를 상상하게 함으로써 실제 두려운 상황에 직면하였을 때 이를 극복할 수 있도록 원조하는 기법이다. 홍수기법은 내담자에게 사건 중에서 가장 두려웠던 순간을 상상하게 하는 것이 아니라 실제로 두려움을 느끼는 상황을 상상하게 한다는 점에서 내파기법과 다르다. 그리고 Lazarus(1971)의 합리적 심상기법은 불안이나 두려움을 느끼는 상황에서 즐겁고 유쾌한 상황이나 사건을 상상하게 하는 기법으로, 불합리한 신념이나 가정에 도전하고 불안을 야기하는 상황에 효과적으로 대처하게 해준다.

(4) 회상치료

인생회고(life review) 또는 인생회상(life reminiscence)은 과거의 사건이나 경험을 기억해내는 과정을 통해 과거를 돌아보고 지나온 생을 정리하는 특성을 가진 노인에게 적합한 상담방법이다. 이러한 회상을 통해 노인은, ① 과거 자신의 긍정적인 자아상과 현재를 동일시함으로써 자아성취감, 충족감, 생의 의미를 발견하게 되고, ② 심리적 상실감을 극복하고 자아통합을 성취하며 우울이 감소하고, ③ 자신의 과거를 미화하거나 합리화함으로써 죄의식과 갈등을 극복할 수 있지만, ④ 자신의 생애를 완전한 실패로 회고할 경우에는 외로움, 우울 및 죄의식이 심화될 수도 있다(전시자, 1989). 회상은 개별 노인이나 노인집단 모두를 대상으로 행해질 수 있지만 대개 집단과정을 통해 이루어진다. 집단회상 방법은 개별 노인에 대한 회상보다 비용이 적게 들고, 기억 공유과정을 통해 소속감이 증진되며, 다른 노인의 경험과 자신의 경험을 비교함으로써 개인적 정체성과 인간적인 가치감이 강화되고, 외로움과 소외감을 줄일 수 있는 장점이 있다.

(5) 인정요법

인정요법 또는 정당화요법(validation therapy)은 치매노인과 같이 인지기능이 저하된 노인에게 효과적인 개입방법으로, 비정상적인 행위일지라도 모든 행위 이면에는 어떤 논리가 존재한다는 전제를 근거로 한다(최선화, 2004). 인정요법은 현실에 대한 정확한 인식을 갖게 하는 것이 목표가 아니고, 개인 행동의 배후에 있는 개인적 의미를 이해하고, 내담자의 감정과 행동을 의미 있는 것으로 받아들이고, 노인의 과거 갈등을 해결할 수 있도록 도움으로써 내담자의 불안과 스트레스를 줄이고, 위엄과 안위, 자아존중감을 증진할 수 있는 접근방법이다(김경애, 하양숙, 1998). 이러한 인정요법의 치료목표는 인지기능이 저하된 노인의, ① 불안 감소, ② 원활한 의사소통, ③ 노인의 내면세계로의 칩거 방지, ④ 과거의 해결되지 않은 갈등 해결, 그리고 ⑤ 가족이나 상담자의 소진 예방이라 할 수 있다.

인정요법에서 사용하는 기술은 집중, 반복, 모방이다(김경애, 하양숙, 1998). 집중기법은 의심하거나 비난하는 노인 내담자와 상담할 때 상담자가 자신의 현재 감정을 솔직히 인정하고 심호흡을 하고 한곳을 집중하여 쳐다보는 등의 방법으로 문제가 되는 감정을 해결하는 기법이다. 반복은 인지기능이 저하된 노인은 자신이 말한 내용을 다른 사람을 통해 듣게 되었을 때 종종 편안함을 느끼므로 목소리 톤, 말의 속도 등을 똑같이 하여 노인 내담자가 한 말을 반복하는 기법이다. 모방기법은 반복적 행동, 즉 상동증(常同症)이 있는 노인 내담자의 동작을 똑같이 따라 함으로써 내담자의 신뢰를 얻는 기법이다.

(6) 기타의 상담기법

앞에서 제시한 상담기법이나 치료방법 이외에 일반 상담이나 치료에서 자주 활용되는 기법을 노인상담에서 활용할 수 있다. 먼저 역할전환기법은 내담자가 상대방의 역할을 수행해 봄으로써 상대방의 입장을 이해하게 하는 기법이다. 예를 들어, 시어머니와 며느리 사이에 갈등이 있을 때, 상담자가 며느리가 되고 내담자가 시어머니의 역할을 한 후 역할을 바꾸어서 수행해 봄으로써 서로의 입장을 더욱 빨리 이해할 수 있게 된다. 이러한 역할전환기법은 언어적 대화보다는 행동적 기법이 치료의 진행과 결과에 더욱 효과적인 경우가 많다.

재정의 및 긍정적 의미부여기법은 내담자로 하여금 다른 시각에서 문제를 볼 수 있도록 하는 일종의 역설기법으로서, 상담자가 문제나 관련된 상황을 긍정적 의미로 재해석하여 문제와 관련된 내담자의 정서를 변화시킨다. 이 기법은 세대 간 단절이나 고부갈등에 유용한데, '노부모를 자주 찾아오지 않는 아들'을 '사회적으로 성공한 자녀'로 재해석하여 의미를 전환하는 경우를 예로 들 수 있다.

지시나 과제부여기법은 내담자에게 상담시간이나 가정에서 수행할 수 있는 과제를 부여함으로써 문제 상황을 직접 확인하거나 가정으로 상담자를 데려간 것과 같은 효과를 얻기 위한 기법이다. 상담자는 상담시간 중에 언어로 설명만 하기보다는 그때의 상황을 재현해 보도록 하거나, 잘못된 의사소통양식을 지적하고 개선 및 향상 방법을 지시하거나, 새로운 의사소통방법을 교육하거나, 새로운 규칙을 따르도록 명령을 내릴 수 있다. 이러한 지시나 과제를 부과할 때 유의해야 할 사항은 다음과 같다. 과제는 수행 가능한 쉬운 문제부터 시작하여 작은 변화를 일으켜 체계의 변화를 유도해야 한다. 그리고 명확하고 구체적인 과제, 전체 가족이 참여하는 과제, 일상생활과 밀접한 과제를 부과하되 가족의 동의를 얻어야 하며, 과제를 부과한 이후에는 과제를 재검토하게 하고, 과제를 이행하지 않았을 경우에는 반드시 유감의 표현을 해야 한다.

장점활용기법을 활용하여 노인 내담자 스스로 문제를 정확히 인식하고 합리적인 문제해결방안을 찾을 수 있도록 도와주어야 한다. 상담자는 현재 상태에서 내담자가 생각하고 있는 방법이나 대안을 질문하고, 과거에 문제해결을 위하여 시도한 방법을 파악하여 문제해결에 장애가 되는 요인을 찾아보고, 극복방안을 제시해 보도록 한다. 그리고 상담자는 내담자의 문제나 단점에 초점을 둔 면접보다는 장점, 잠재력, 자원 발견에 초점을 둔 면접을 진행하여 내담자가 자신의 장점, 개인 및 주변 자원, 잠재력 등을 확인하여 이를 확대할 수 있도록 지지하여 노인 내담자의 독립적 생활능력을 강화해야 한다.

역설적 기법은 노인 내담자의 저항이 심할 때 변화를 일으키는 치료기법으로 처방, 제지 등이 있다. 처방은 증상을 지속하게 하거나, 과장하게 하고, 자의(自意)로 증상을 통제하도록 하는 기법이다. 제지는 소극적 노력을 하는 내담자에게 재발을 예측하여 경고하거나, 변화의 속도가 지나치게 빠르다고 지적하는 기법이다.

세대분화기법은 가족체계 내의 세대 간 정서적 융합을 줄이기 위한 방법으로 부분화, 편들기, 충성심 표출, 면죄부기법 등이 있다. 먼저 부분화 기법은 상담자가 확대 가족, 사망한 가족성원 등 가족과 관련된 모든 부분의 입장을 대변해 줌으로써 가족에 대한 주관적 인식을 바꾸고, 가족신념체계에서 분화하는 기법이다. 편들기 기법은 가족성원 한 명에게 돌아가면서 감정이입하고 그의 말을 경청해 주는 반면, 다른 사람에게는 적대적으로 대하여 분화를 촉진하는 기법이다. 충성심 표출 기법은 가족 내의 충성심 존재 여부, 충성심이 존중받게 된 과정, 다세대에 걸친 전수과정 등을 탐색하여 충성심의 윤곽을 제시하는 기법이다. 면죄부 기법은 가족성원이 가족에 충성을 다하지 못함으로써 느끼게 되는 죄의식이나 자기비난 등의 문제를 해결하기 위하여 특정 생활사건이 지니는 의미와 이 사건에 대해 개인적으로 갖고 있는 지각, 애도과정 등을 명확하게 해 주는 기법이다.

반려동물기법은 노인의 삶에 대한 애착 증진, 생활에 대한 책임감과 규칙적 생활의 유지를 도모하기 위한 기법이다. 반려동물과의 동반외출, 반려동물 쓰다듬기 등의 활동은 노인의 사회활동과 고독의 감소에 기여한다. 상담자는 노인이 좋아하는 반려동물을 직접 선택하여 키우도록 권유하고 반려동물을 키우는 것에 대해 지속적 관심을 기울여야 한다.

자원연결기법은 노인 내담자가 문제해결을 위해 활용할 수 있는 사회자원에 관한 정보를 제공하거나 직접 연결하는 기법이다. 노인상담에서는 상담실에서의 의사소통교환행위와 함께 노인에게 도움이 되는 직접 서비스가 같이 병행되어야 한다. 즉, 효과적 노인상담을 위해서는 전문상담 이전에 노인에 대한 존경과 이의 행동적 표현이 바탕이 되어야 하며, 상담실에서의 '말'의 교환행위가 아닌 질병 치료, 생활비 지원 등의 직접 서비스를 제공하는 '움직이는 상담', 즉 사회자원 연결이 매우 중요하다. 따라서 상담자는 사회적 자원 중개자(social matchmaker)로서 노년기의 사회관계망을 유지하고 이들 관계망으로부터 다양한 차원의 지지를 유도해 낼 수 있는 사회자원 동원기법을 활용해야 한다.

이 외에도 노인상담에서는 전통적 의미의 상담과 치료에서 활용되는 기법뿐만 아니라 음악치료, 미술치료, 작업치료, 원예치료, 문예치료, 향기치료, 발반사치료 등의 다양한 재활치료와 대안치료 접근방법의 세부 기법과 기술이 활용될 수 있다.

3. 사례관리

　현재와 같이 기능이나 문제 영역별로 분화된 노인복지제도하에서 노인이 자신의 문제를 해결하고 필요한 서비스를 받기 위해서는 여러 기관을 찾아다녀야 한다. 그러나 노인의 서비스 접근도는 저하되고 서비스에 대한 정보와 지식은 부족할 수밖에 없으므로, 노인은 서비스 이용에 많은 불편을 경험하거나 서비스를 이용하지 못하는 경우가 많다. 따라서 현존하는 공식 및 비공식 서비스에 대한 정보 제공, 서비스와 자원의 연계와 조정, 통합 서비스 제공을 가능하게 해 주는 사례관리의 필요성은 매우 높다고 할 수 있다. 이에 다음에서는 사례관리의 개념, 목적, 기능, 모형, 과정 등에 대해 논의한다.

1) 사례관리의 등장배경과 필요성

　영국의 경우 1970년대 『시봄보고서』에 의해 대인서비스를 강화하는 정책 변화로 복지와 보건서비스 간의 연계와 조정에 관심을 기울이면서 돌봄(care)에 중점을 둔 사례관리가 등장하게 되었다. 미국에서는 1970년대 정신장애인의 퇴원 후 지역사회서비스의 연계, 조정, 지속관리에 목적을 둔 사례관리를 적용함으로써 사례관리가 등장하게 되었다. 이러한 서구에서의 사례관리의 발달과정에 근거하여 볼 때, 사례관리의 등장배경은, ① 탈시설화, ② 클라이언트의 증가와 그들의 욕구의 다양화와 복합화, ③ 사회복지서비스 공급주체의 다양화, ④ 사회복지서비스의 지방분권화, ⑤ 대인서비스의 단편성과 불연속성, ⑥ 사회복지 비용의 삭감, ⑦ 사회관계망에 대한 관심의 증가, ⑧ 대인서비스 비용의 절감이라는 여덟 가지 요인을 들 수 있다(이근홍, 1998; Moxley, 1989).

　노인복지분야에서는 노인 내담자 집단의 특성과 노인복지정책과 전달체계상의 문제로 인하여 사례관리의 필요성이 높아지고 있다. 첫째, 급격한 인구고령화와 함께 빈곤노인, 중중질환이나 장애노인 등의 의존성 노인이 증가하게 됨에 따라 이들이 지닌 다양하고 복합적인 욕구와 문제를 해결하는 데 필요한 포괄적이고 종합적이며 연속적인 서비스를 제공할 수 있는 사례관리의 필요성이 높아지고 있다. 둘째, 노인의 경우 지역사회에 여러 가지 서비스가 존재한다고 할지라도 서비스 접근성이 제한되는 경우가 많아 필요한 서비스를 이용하기가 어렵다. 따라서 가정방문 등을 통하여 적극적으로 사례를 발굴하고 지역사회 내에 산재한 서비스를 연결·조정하는 사례관리가 필요하다. 셋째, 가족의 노인부양기능이 점진적으로 약화되고, 부양자의 부양부담이 가중됨에 따라 가족이 일차적 복지체계로서의 기능을 수행하지 못함으로써 노인에게 적절한 사회적 보호를 제공하기 위해서라도 사례관리가 필요하다. 넷째, 현행의 노인복지서비스가 기능 중심(예: 의료, 소득, 문화여가) 또는 문제 중심(예: 빈곤, 정신장애, 소외)으로 분리되어 있기 때문에 노인의 복합적인 서비스 욕구를 충족하는 데 한계가 있으므로 사례관리가 필요하다. 다섯째, 노인의 경우 보건, 복지, 문화여가 등의 다양한 서비스가 필요하지만 이러한 서비스를 제공하는 전문직이나 서비스 기관의 분열과 비협조로 인하여 노인에게 통합 서비스를 제공하지 못하고 있으므로, 서비스의 연계와 조정·통합을 이룰 수 있는 사례관리가 필요하다. 여섯째, 가족의 부양기능이 제한되고 지역사회의 노인복지서비스가 충분하지 못할 경우 불필요한 시설입소를 조장할 수 있으므로 이러한 시설입소를 억제하고 장기요양보호에 따르는 사회비용을 경감하기 위해서라도 사례관리가 필요하다.

2) 사례관리의 개념

사례관리(case management)라는 용어는 임상적 개입의 의미가 강한 사례(case)와 행정적 의미가 강한 관리(management)가 합쳐진 용어로서 통합적 사회복지실천의 성격이 강하다. 이러한 사례관리는 요양보호(managed care), 돌봄관리(care management), 돌봄조정(care coordination), 서비스 조정(service coordination) 등의 용어와 혼용되고 있다. 그리고 미국의 경우에는 사례관리가 정신장애인의 치료를 중심으로 발전한 반면, 영국에서는 노인이나 장애인에 대한 대인서비스를 중심으로 발전하였기 때문에 미국의 경우에는 사례관리, 그리고 영국의 경우에는 돌봄관리라는 용어를 사용하고 있다. 우리나라의 경우 노인장기요양보험제도에서는 돌봄관리의 성격이 강하기는 하지만, 사례관리라는 용어가 보편적으로 사용되고 있다.

사례관리와 관련하여 학자마다 다른 정의를 제시하고 있다. O'Connor(1988)는 사례관리를 행정적·관리적 차원(지역자원의 조직, 조정)과 직접개입(지속적 보호, 상담, 치료)의 차원에서 내담자의 욕구를 충족하는 활동이라고 정의하고 있다. Moxley(1989)는 사례관리를 복합적인 욕구를 가진 사람들의 복지와 기능을 최대화하기 위해 공적·사적 지원과 활동의 망(網)을 조직하고 조정하고 유지하는 것이라고 하였다. Rothman(1991)은 노인, 아동, 장애인을 포함한 다양한 내담자에게 지역사회에서 지속적이고 폭넓은 서비스를 제공하는 하나의 전략이자 방법으로, 지역사회 내에 거주하는 내담자에 대한 개별화된 조언, 상담, 치료를 제공하는 기능과 서비스 및 지지가 필요한 클라이언트, 지역사회 기관, 그리고 비공식 지지망을 연결하는 기능을 수행하는 것을 사례관리라고 정의하고 있다. 이러한 기존 학자들의 정의를 종합하여 볼 때, 사례관리는 "복합적 문제나 욕구를 가진 사람들의 기능과 복리를 최대화하기 위하여 직접 서비스를 제공할 뿐 아니라 공식 및 비공식 지지망과의 활동을 조직하고 서비스를 연결, 조정, 평가하는 서비스 전달방법"이라고 정의할 수 있다.

3) 사례관리의 목적과 기능

사례관리의 기본 목적은, ① 보호의 연속성 보장, ② 통합 서비스의 제공, ③ 서비스 접근성과 책임성의 증진, ④ 1차 집단의 보호능력 향상 또는 재가보호 기회의 증대, ⑤ 내담자의 사회적 기능과 복지 향상, ⑥ 자원의 개발, 동원, 효율적 이용이라고 할 수 있다(이근홍, 1998; 장창호 외, 2017). 이러한 사례관리의 목적을 구체적으로 살펴보면 다음과 같다.

첫째, 노인 내담자의 경우 질병이나 문제의 치료나 해결의 가능성이 낮고 점진적 악화의 과정을 거치며, 그에 따라 보호욕구 또한 지속적으로 상승하기 때문에 지속적인 서비스가 보장되어야 한다. 만약 서비스가 중도에 단절되거나 중단되었을 경우, 자기돌봄능력이 부족한 노인 내담자의 경우 기본 생활 유지가 어려울 뿐만 아니라 질병이나 문제가 더욱 악화될 가능성이 있으므로 서비스의 점검, 재사정, 평가 등을 통하여 계속적인 복합서비스가 제공되어야 한다.

둘째, 노인의 경우 보건, 의료, 재활, 간호, 복지, 건축, 예술 등 다양한 전문분야의 서비스가 통합될 때만이 사회적 기능의 개선과 유지가 가능하기 때문에 통합 서비스의 제공이 필수적이다. 그리고 부양가족의 입장에서도 가족생활, 교육, 건강, 사회활동 등의 다양한 영역의 서비스 욕구를 지니고 있으므로 이러한 서비스를 통합적으로 제공해야 이들의 부양부담을 경감하고 건강한 가족기능을 유지할 수 있다.

셋째, 노인이나 부양가족은 서비스에 대한 정보와 인식이 부족하고 이용방법을 몰라서 서비스에 접근하지 못하는 경우가 많으므로 방문원조, 안내 및 의뢰 등과 같은 좀 더 적극적인 서비스 방식을 채택하여 노인과 가족의 서비스 접근도를 높여야 한다. 그리고 서비스 제공자에 대한 조정과 점검을 통하여 노인과 가족이 적절한 서비스를 받을 수 있도록 보장하고, 질 높은 서비스가 유지될 수 있도록 서비스에 대한 책임성을 제고해야 한다.

넷째, 노인은 문제가 생겼을 경우에 가족이라는 1차 비공식 관계망에 가장 먼저 원조를 요청하므로 1차 집단의 보호부양기능을 강화하는 것이 필수적이다. 그러므로 부양가족에게 노인부양방법에 대한 지식과 기술을 교육하고, 가족의 제한된 자원과 부양기능을 보완해 줌으로써 노인이 안정되고 우호적인 분위기의 가정에서 지속적으로 보호받을 수 있도록 하여야 한다. 또한 노인부양에서 발생하는 스트레스나 부양부담으로 인한 가족갈등, 그리고 이에 따른 가족해체를 예방하기 위해서도 가족의 보호부양능력을 향상하여야 한다.

다섯째, 노화로 인한 생물적 · 심리적 · 사회적 기능의 저하를 방지하고 노인 스스로 자립적 생활을 영위할 수 있도록 노인 내담자의 사회적 기능과 복리 증진을 도모해야 한다.

여섯째, 노인이 가정이나 지역사회에서 삶의 연속성을 보장받으면서 안정된 노후생활을 영위하기 위해서는 가족은 물론 공공행정기관, 의료기관, 복지기관, 각종 사회단체 및 조직,

민간기업, 친구, 이웃, 자원봉사자, 자조집단 등의 다양한 사회자원의 개발과 동원, 그리고 제한된 자원의 효율적 이용이 필수적이다.

사례관리의 모형에 따라서 사례관리의 기능은 서로 달라질 수 있으나 모든 사례관리 모형이 공통으로 지니는 핵심 기능은, ① 내담자와 서비스의 연결, ② 비공식 보호체계와 내담자 간의 상호작용 촉진, ③ 사례관리 기관 간의 조정, ④ 상담, ⑤ 문제해결, 그리고 ⑥ 옹호이다(Ronbinson, 2000; Rothman, 1991; Soloman, 1992).

노인 내담자를 위한 사례관리에서는, 첫째, 사례관리자가 노인과 부양가족에게 유용한 현존 자원과 서비스를 적극적으로 연결·의뢰하여야 하며, 서비스 연결 또는 의뢰과정에서 장애가 되는 요인을 제거해 주어야 한다. 둘째, 현재 노인과 가족을 위한 공식 서비스가 제한되어 있는 점을 고려하여 사례관리자는 가족, 친척, 친구, 이웃, 자원봉사자, 자조집단과의 상호작용을 촉진하고 이들 비공식 지지망을 체계화해야 한다. 특히 노인과 가족이 지니고 있는 내적 자원과 장점을 최대화하여 가족의 기능을 강화하면서 주변의 이용 가능한 비공식 관계망의 지지를 최대한 활용할 수 있도록 가족을 도와야 한다. 셋째, 현재 노인과 가족에게 서비스를 제공하는 기관은 공공행정기관, 보건의료기관, 사회복지기관, 비영리 봉사단체가 있지만 이들 간의 교류나 협력은 매우 제한되어 있다. 따라서 사례관리자는 이들 기관 간의 정보 교류, 상호의뢰, 시설의 공유, 서비스의 조정과 연계를 촉진하여 노인과 가족이 필요한 서비스를 받을 수 있도록 해야 한다. 넷째, 노인과 가족에게 유용한 서비스에 접근할 수 있도록 정보를 제공하고, 그들의 욕구와 문제에 대한 이해를 증진하며, 서비스 제공기관과의 접촉을 향상할 수 있는 상담이 필수적이다. 따라서 노인과 가족에 대해서 문제해결, 현실검증, 간호지식과 기술의 교육, 서비스에 대한 정보 제공, 노인의 자기돌봄능력 향상, 가족관계의 개선 등에 목적을 둔 상담이 활발히 이루어져야 한다. 다섯째, 노인을 위한 사례관리에서는 문제를 정확히 인식하게 하고 문제해결을 위한 동기화를 촉진하며 문제해결에 필요한 기회와 자원에 접근하도록 하여 문제해결능력을 강화하기 위한 직접 서비스가 요구된다. 그리고 이 과정에서 사례관리자는 노인과 가족이 일상생활에서 직접 활용할 수 있는 문제해결 기술을 가르침으로써 가족의 자발적 문제해결능력을 제고해야 한다. 여섯째, 현재 우리나라의 노인복지정책은 노인과 부양가족의 욕구와 문제를 반영하지 않는다고 하기는 어렵지만, 이들의 욕구에 기초한 정책보다는 복지재정에 기반한 정책결정이 이루어지는 경우가 많다. 그리고 노인과 가족은 시민과 서비스 제공자로서의 의무를 성실히 이행하고 있음에도 서비스 수급권자로서의 권리를 보장받지 못하고 있지만, 스스로 자신의 권리를 주장할 수 있을 만큼 여유가 있거나 조직화되어 있지 못하여 자신들의 요구를 주장하지 못하고 있다. 따라서 사례관리자는 전문가집단과 연계하여 이들을 대신하여 정부나 서비스 제공기관에 이들의 욕구와 권리를 주장, 교섭, 협상하여 노인과 부양가족의 권리를 옹호하는 행동을 적극적으로 수행해야 한다.

4) 사례관리의 모형

　사례관리의 모형은 표적인구집단, 사례관리의 주체, 목적, 활동장소, 수행 역할, 기능과 조직구조적 차원 등에 따라 다양하게 나뉘는데, 이에 대해 간략하게 살펴보면 다음과 같다(이근홍, 1998; 정창호 외, 2017; Friesen & Poertner, 1995; Huxley & Warner, 1992; Korr & Cloninger, 1991).

　첫째, 사례관리 제공자에 따라서는, ① 전문가 또는 특별히 훈련된 준전문가에 의한 사례관리, ② 내담자와 특수한 관계에 있는 비전문가에 의한 사례관리, ③ 종합서비스센터에서 제공하는 사례관리로 구분할 수 있다. 첫 번째 범주에는 전문가가 치료자, 서비스 중개자로 활동하는 경우와 다학제 간 팀으로 활동하는 경우가 속하며, 효율성 면에서는 문제가 있을 수 있지만 종합 서비스 제공을 위해서는 다학제 간 팀 단위의 사례관리가 적절하다고 할 수 있다. 두 번째 범주에는 가족모형, 주민에 의한 지지적 보호모형, 그리고 자원봉사자모형이 있을 수 있다. 노인을 위한 사례관리에서는 이 세 가지 모형 모두가 활용될 수 있지만 가족을 서비스 제공자로 보는 동시에 내담자로 보는 시각이 필요하다. 세 번째 범주에는 노인복지시설이나 노인복지기관을 활용한 모형으로서 현재 우리나라에서는 노인복지시설이나 노인복지기관에서 실시하고 있는 사례관리가 해당된다고 할 수 있으나, 실제적인 사례관리의 기능을 수행하는 데는 많은 한계가 있다.

　둘째, 서비스 제공기관의 형태에 따른 분류로서 독자기관모형, 직접 서비스 기관 내의 특수단위모형, 특수단위시설 또는 복합기능기관모형, 조합모형, 보험모형 등이 있다. 우리나라에서는 사례관리만을 시행하는 독자기관은 아직 없으며, 직접 서비스 기관 내의 특정 부서나 특수단위시설과 복합기능기관에서 일부 사례관리를 시행하고 있을 뿐이다. 그리고 다양한 기관이 할당된 관리방식으로 협동적으로 일하는 모형인 조합모형은 현재 일부 지역에서 사업을 구상하고 실행을 준비하고 있는 상태이며, 보험모형은 노인장기요양보험제도의 도입으로 활성화되고 있다.

　셋째, 사례관리의 목적에 따라서는, ① 재가 내담자에 초점을 두고 건강보호보다는 오히려 기초적인 지지서비스를 제공하는 사회적 모형, ② 전통적인 의료모형에 기반을 두고 내담자에게 최소한의 보호를 제공하는 일차적 보호모형, ③ 위험에 처한 내담자의 시설 수용을 예방하고 지연할 수 있도록 필요한 서비스를 제공하는 의료사회적 모형이 있다.

　넷째, 사례관리의 포괄성에 따라서는, ① 방문원조, 사정, 보호계획 및 서비스 의뢰 등 사례관리의 최소한의 서비스를 제공하는 최소모형, ② 최소모형의 서비스 이외에 옹호, 직접 서비스, 자원체계의 개발과 연계 등을 실시하는 조정모형, 그리고 ③ 앞의 두 모형에서 제공하는 서비스 이외에 자원 개발에 대한 옹호, 서비스의 질적 점검, 공공교육, 위기개입 서비스를 제공하는 포괄모형의 세 가지로 구분된다. 현재 노인복지현장에서는 노인을 대상으로 최소모형과 조정모형에 의한 사례관리의 실천마저도 충분히 이루어지지 않고 있지만, 기존의 서비스 제공기관의 서비스를 종합하면 노인과 가족에게 가장 적절하다고 할 수 있는 포괄모형 사례관리의 도입 · 실행 가능성도 전혀 없는 것은 아니다.

다섯째, 사례관리의 기능과 조직구조적 차원에 따라 단순형, 기본형, 종합형, 전문관리형으로 구분할 수 있다. 먼저 단순형은 사례관리의 근본적인 목적을 내담자와 지역사회의 자원 및 서비스를 연계하는 데 초점을 둔 모형이다. 기본형은 지역사회의 공식 또는 비공식 노인복지기관과 협력관계를 형성하여 내담자와 서비스의 연계기능을 수행하고, 아울러 개별화된 조언 및 상담 등 직접 서비스를 제공하는 모형이다. 종합형은 내담자와 서비스의 연계를 도모하기도 하지만 내담자의 문제 상황과 행동을 치료하는 데 강조점을 둔 모형이다. 전문관리형은 다양한 전문가로 구성된 팀 접근방법을 활용하여 서비스의 연결 · 조정은 물론 간접 서비스로 분류되는 내담자의 가족과 지역사회를 대상으로 활동할 뿐만 아니라 상담, 치료와 같은 직접 서비스를 제공한다.

여섯째, 사례관리자의 역할에 따라서는 치료모형, 중개모형, 조정모형, 강점모형으로 나눌 수 있다. 치료모형은 기존의 임상적 치료에 사례관리를 첨가한 모형이며, 중개모형은 서비스 체계가 잘 조정되지 않아 내담자가 필요한 서비스를 받지 못할 때 서비스 체계나 자원을 중개 또는 연계하여 서비스를 받을 수 있도록 하는 모형이다. 조정모형은 다분야의 전문가에 의한 사정이 이루어진 후 팀으로 만나 함께 종합적인 사정을 실시하고 이에 따라 서비스를 제공하는 모형이다. 강점모형은 기존의 문제해결 중심의 접근에서 벗어나 내담자와 가족의 능력과 자원을 사정하고 이를 강화하는 모형이다.

5) 사례관리의 구성요소

일반적인 사례관리의 구성요소는, ① 다양하고 복합적인 욕구를 지닌 내담자, ② 사례관리를 실천하는 사례관리자(팀), ③ 사례관리의 과정, ④ 내담자에게 보호를 제공하는 사회자원으로 나눌 수 있다. 이를 도식화하면 [그림 13-2]와 같다.

노인을 위한 사례관리의 내담자는 복합적인 욕구나 문제를 지닌 노인은 물론 노인의 주된 부양책임을 맡은 주부양자, 동거가족, 노인과 별거하는 가족이 모두 포함되어야 한다. 그러나 별거가족이나 부양책임을 맡지 않은 동거가족은 내담자인 동시에 비공식 지지체계에도 속할 수 있다.

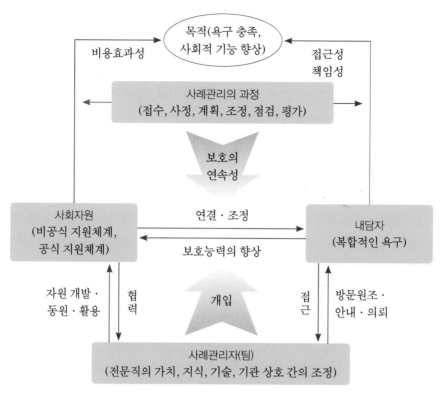

[그림 13-2] 사례관리의 구성요소

자료: 이근홍(1998). 케이스 매니지먼트. 서울: 대학출판사.

　노인을 위한 사례관리에서 사례관리팀은 의사, 간호사, 사회복지사, 임상심리사, 재활치료사, 요양보호사, 영양사, 자원봉사자, 차량서비스 운전자, 가족, 종교인 등 다분야의 전문가나 비전문가로 구성되며, 사례관리자가 핵심관리자(key worker)로서 이런 사례관리팀의 서비스와 활동을 조정·통제하게 된다. 만약 사례관리가 보건서비스 중심인 경우에는 의사나 간호사가 사례관리자의 역할을 담당할 수 있지만 복지서비스 중심일 경우에는 사회복지사가 사례관리자의 역할을 담당하게 된다. 미국의 경우 3/4 정도가 사회복지사가 사례관리자 또는 사례관리팀의 핵심 관리자를 담당하고 있다. 치매노인과 같은 중증의 환자의 경우에는 1명의 사례관리자가 담당하는 사례 수는 10명을 넘어서기 어렵다. 그러나 다분야의 전문가가 참여하는 팀 접근으로 사례관리를 하고 직접 개입보다는 서비스 연계와 조정 등의 간접 개입을 위주로 할 경우에는 20~30명의 내담자를 담당할 수 있는 여지가 충분히 있다. 그리고 노인을 위한 사례관리에서 사례관리자는 방문원조자, 사정자, 임상가, 계획자, 중재자, 조정자, 상담자, 문제해결자, 자원개발자, 중개자, 점검자, 평가자, 교사, 지도감독자, 행정가, 옹호자 등의 역할을 수행하며, 욕구를 사정하고 서비스와 내담자를 연결하고 서비스를 점검한다.

사례관리의 과정은 학자에 따라 서로 다르게 제시하고 있으나 일반적으로 접수, 사정, 계획, 계획의 실행과 조정, 점검, 평가의 과정을 거치게 되는데, 노인과 가족을 위한 사례관리의 과정은 다른 내담자를 대상으로 한 사례관리의 과정과 동일하다. 이러한 사례관리의 과정에 대해서는 다음에서 좀 더 상세히 논의하고자 한다.

노인과 가족의 다양하고 복합적인 욕구를 충족할 수 있는 사회자원에는 시설, 설비, 자금이나 물자 또는 개인이나 집단의 지식과 기능 등이 모두 포함된다. 이러한 사회자원에는 개인이나 가족의 내·외적 자원, 공식 및 비공식 자원, 실제적 자원과 잠재적 자원 등이 있을 수 있다. 노인을 위한 사례관리에서는 노인의 내적 자원은 제한되어 있는 경우가 많으므로 가족, 친척, 이웃, 자조집단, 자원봉사자 등의 비공식 자원의 정서적 지지, 정보 제공, 도구적 서비스 등을 적극적으로 활용하는 것이 좋다. 그리고 비공식 자원 이외에 공공행정기관, 사회복지기관이나 의료기관, 사회단체나 협회 등의 공식 자원과 서비스, 급여를 적극적으로 개발·이용하는 것이 바람직하다. 특히 현재와 같이 노인과 가족이 이용할 수 있는 서비스나 자원이 제한되어 있는 상황에서는 실제로 시행되고 있는 서비스나 자원의 개발과 이용도 중요하다. 이에 더하여 현재는 드러나지 않지만 잠재되어 있는 다양한 자원을 적극적으로 개발하고 동원하는 것도 필요하다.

6) 사례관리의 과정[1]

사례관리의 과정은 학자마다 서로 다르게 제시하고 있다. Steinberg와 Carter(1983)는 사례관리의 과정을 가입, 사정, 목적 설정과 서비스 기획, 보호계획의 수행, 그리고 재사정과 종결이라는 5단계로 구분하고 있다. Weil과 Karls(1985)는 내담자 확인과 방문원조, 개별 사정과 진단, 서비스 기획과 자원 확인, 서비스의 연결, 서비스의 실행과 조정, 서비스 전달의 점검, 옹호 및 평가라는 8단계로 구분하고 있다. 그리고 White와 Goldis(1992)는 사례 발견, 사정, 보호기획, 계획 수행, 사후 검토, 재사정이라는 6단계로 구분하고 있으며, Moxley(1989)는 사정, 기획, 개입, 점검 및 평가라는 5단계로 구분하고 있다. 이러한 기존 학자의 사례관리의 단계 구분을 바탕으로 이근홍(1998)은 사례관리의 과정을 접수, 사정, 계획, 계획의 실행과 조정, 점검, 평가라는 6단계로 구분하고 있는데, 각 단계의 특성을 살펴보면 다음과 같다.

---

1) 치매환자 사례관리 과정에 대해서는 '권중돈(2024). 치매와 가족(3판). 서울: 학지사'의 제11장을 참조하도록 한다.

(1) 접수 단계

사례관리의 첫 단계인 접수 단계는, ① 사례관리에 적절한 사례를 발견하고, ② 사전 적격
심사를 통하여 내담자를 확인한 후, ③ 서비스를 제공할 것을 약속하고 계약하는 과정이다.
사례관리를 위한 사례 발견 전략으로는 가정방문, 의뢰, 정보 제공 등이 있지만 노인의 경우
에는 서비스 접근성이 제한되어 있으므로 지역사회에 홍보활동이나 정보 제공서비스 또는
선별조사(screening test)를 실시한 후 가정방문을 통하여 사례를 발견하는 방법이 가장 적합
하다. 현재 노인맞춤돌봄서비스에서 보호가 필요한 사례 발견(case finding)을 위해 사용하
고 있는 양식은 〈표 13-2〉와 같다.

사례 발견을 통하여 서비스를 신청한 노인에 대해서는 서비스 적격성을 판단하여야 한
다. 이때 사전 적격심사의 기준이 되는 사항은 노인의 질병, 일상생활 동작능력, 시설보호나
서비스에 대한 욕구, 비공식 지원체계의 원조, 기관의 서비스 자격기준, 서비스 제공 가능

표 13-2 노인맞춤돌봄서비스의 사례발견을 위한 조사도구

노인맞춤돌봄서비스 대상자 선정 조사지					
기본 정보	성명		생년월일		사례번호
	주소				연락처
선정조사 문항					
사회 영역	가족구성 (S-1)	동거하는 가족으로부터 부양(지원)이 이루어지고 있다.			☐동거_일반(0) ☐동거_취약(6) ☐독거(8)
	가족관계 (S-2)	가족 또는 친지와 연락하고 있다.			☐1~2회/주(0) ☐1~2회/월(1) ☐1~2회/분기(2) ☐1~2회/년(3) ☐없음(4)
	이웃관계 (S-3)	이웃(친구 포함)과 왕래하고 있다.			☐1~2회/주(0) ☐1~2회/월(1) ☐1~2회/분기(2) ☐1~2회/년(3) ☐없음(4)
	사회활동 (S-4)	경로당이나 복지관, 종교시설 등을 정기적으로 다니고 있다.			☐3~4회 이상/주(0) ☐1~2회/주(1) ☐1~2회/월(2) ☐없음(4)
	경제활동 (S-5)	수입을 목적으로 일을 하고 있다.			☐3~4회 이상/주(0) ☐1~2회/주(1) ☐1~2회/월(2) ☐없음(4)
	식사준비 (S-6)	스스로 식사를 준비하고 있다.			☐자립(0) ☐부분도움(2) ☐완전도움(4)
	주거환경 (S-7)	건강에 해롭거나 지내기 어려운 환경에서 거주하고 있다.			☐아니요(0) ☐예_경미(2) ☐예_심각(4)
	식생활 여건 (S-8)	경제적 어려움 때문에 충분히 먹지 못한 적이 있다.			☐아니요(0) ☐예_경미(2) ☐예_심각(4)
	경제적여건 (S-9)	경제적 어려움 때문에 공과금 납부, 냉·난방, 병원 이용을 못한 적이 있다.			☐아니요(0) ☐예_경미(2) ☐예_심각(4)

		노인맞춤돌봄서비스 대상자 선정 조사지		
신체 영역	청결위생 (P-1)	스스로 목욕하기, 머리감기를 하고 있다.	☐ 자립(0) ☐ 부분도움(2) ☐ 완전도움(4)	
	식사기능 (P-2)	식사하기가 가능하다.	☐ 자립(0) ☐ 부분도움(2) ☐ 완전도움(4)	
	배변기능 (P-3)	소변 및 대변 조절이 가능하다.	☐ 자립(0) ☐ 부분도움(2) ☐ 완전도움(4)	
	하지기능 (P-4)	계단 오르기를 스스로 할 수 있다.	☐ 자립(0) ☐ 부분도움(2) ☐ 완전도움(4)	
	집안일 (P-5)	청소, 세탁 등 집안일을 스스로 할 수 있다.	☐ 자립(0) ☐ 부분도움(2) ☐ 완전도움(4)	
	수단적 일 (P-6)	근거리외출, 물건구입, 금전관리 등이 가능하다.	☐ 자립(0) ☐ 부분도움(2) ☐ 완전도움(4)	
	질병상태 (P-7)	최근 한 달간 다음과 같은 질병으로 치료를 받은 적이 있다.	☐ 암(2) ☐ 중풍(뇌혈관질환)(2) ☐ 투석(2) ☐ 당뇨병(1) ☐ 혈압(1) ☐ 심장질환(1) ☐ 골절, 관절염(1) ☐ 전립선염(1) ☐ 이석증(1) ☐ 안질환(1) ☐ 산소요법(1) ☐ 위장병, 소화기능 장애(1) ☐ 기타( )(1)	
정신 영역	우울감 (M-1)	슬프고 기분이 처져 있으며 때로 울기도 한다.	☐ 아니요(0) ☐ 예_경미(2) ☐ 예_심각(4)	
	화기관리 (M-2)	가스불이나 담뱃불, 연탄불과 같은 화기를 관리할 수 없다.	☐ 아니요(0) ☐ 예_경미(2) ☐ 예_심각(4)	
	단기기억, 의사소통 상태 (M-3)	방금 전에 들었던 이야기와 일을 잊거나, 의사소통과 전달에 장애가 있다.	☐ 아니요(0) ☐ 예_경미(2) ☐ 예_심각(4)	
	계산능력 (M-4)	간단한 계산을 하지 못한다.	☐ 아니요(0) ☐ 예_경미(2) ☐ 예_심각(4)	
	자살생각 (M-5)	지난 1년간, 자살생각을 하거나 시도를 해 봤다.	☐ 아니요(0) ☐ 예_경미(2) ☐ 예_심각(4)	
	약물사용 (M-6)	수면제, 항정신적 약물, 알코올 등을 복용하고 있다.	☐ 아니요(0) ☐ 예_가끔(2) ☐ 예_자주 또는 매일(4)	
	스트레스 상태 (M-7)	지난 1년간, 다음의 사건과 관련된 경험 또는 걱정을 한 일이 있다.	☐ 배우자 및 자녀의 사망(2) ☐ 친척 및 친구 사망(1) ☐ 법과 관련되는 일(1) ☐ 가족과 친구에게 소외(1) ☐ 본인의 건강 악화(1) ☐ 병원비나 약값 부족(1) ☐ 기타( )(1)	

		선정조사 결과			
조사 결과	☐ 중점 ☐ 일반 ☐ 부적합	점수결과	총점(사회/신체/정신) _____점		
수행기관 의견	☐ 중점 ☐ 일반 ☐ 부적합	사유			
비고사항		조사일시		조사자	

자료: 보건복지부(2024b). 노인맞춤돌봄서비스 사업안내.

성, 의무기록, 보호자의 유무와 보호능력 등이다. 이와 같은 사전 적격심사에 의해 사례관리에 적합한 사례로 판정되면 서면이나 구두로 계약을 하는 것이 중요한데, 먼저 내담자와 신뢰감을 형성하고 상호 간의 역할을 명확히 하며, 서비스에 대한 클라이언트의 기대와 기관의 서비스 제공능력에 대해서 협상하는 것이 중요하다.

(2) 사정 단계

사례관리를 위한 사정에서는 노인 내담자의 복합적 욕구와 문제, 현재의 기능 상태, 장점과 잠재능력, 공식 및 비공식 지원체계의 보호능력 등에 대한 전반적 자료를 수집하고 종합적으로 분석해야 한다. 이와 같은 노인과 가족, 그리고 공식 및 비공식 지원체계의 욕구와 자원, 보호능력을 사정하기 위해서는 〈표 13-3〉에 나와 있는 영역에 대해 사정해야 한다 (Moxley, 1989).

표 13-3 노인을 위한 사례관리의 사정 영역

내담자의 욕구	자기보호능력	전문적 보호능력	상호적 보호능력
• 소득 및 주택 • 고용 · 직업 • 신체 및 정신건강 • 사회활동과 참여 • 여가활동 • 일상생활 동작능력	• 신체적 기능 • 인지적 기능 • 정서적 기능 • 행동적 기능	• 자원목록 • 서비스 유용성 • 서비스 충분성 • 서비스 적절성 • 서비스 수용성 • 서비스 접근성	• 사회관계망의 구조와 상호작용 • 사회관계망의 지지 (정서적 지지, 도구적 지원, 물질적 지원 등)

자료: Moxley, D. P. (1989). *The Practice of Case Management*. New York: Sage.

노인을 위한 사례관리에서는 노인뿐만 아니라 부양가족까지도 내담자로 규정하고 이들의 문제나 욕구, 자기돌봄능력, 즉 노인부양 기능수준을 사정하는 것이 매우 중요하다. 그리고 노인 내담자의 욕구와 기능수준을 사정하기 위해서는 이 책의 제4장에서 제시한 노인장기요양보험제도의 요양욕구 평가판정도구 등과 같은 다양한 계량적 도구를 사용할 수 있지만, 사정 영역이 너무 광범위하여 사정절차가 매우 복잡하므로 노인보건복지 서비스욕구 사정도구를 활용하는 것도 도움이 될 것이다(권중돈 외, 2008). 그러나 사례관리의 사정에서 유의해야 할 사항은 욕구나 문제의 확인도 중요하지만 노인과 가족이 지니고 있는 자원, 장점, 그리고 주변의 활용 가능한 자원이나 서비스를 확인하는 것이 더욱 중요하다. 뿐만 아니라 노인복지기관 등에서 제공하는 공식 서비스에 대해서도 사정하여야 한다. 마지막으로 이러한 모든 영역의 사정결과를 종합적으로 고려하여 최종 사정을 한다(〈표 13-4〉 참조).

표 13-4   노인맞춤돌봄서비스의 사정도구

노인맞춤돌봄서비스 상담지					
기본 정보	성명		생년월일		사례번호	
	주소				연락처	
사회 영역 (S)	가족사항					
	사회참여					
	경제상태					
	주거환경					
신체 영역 (P)	고려사항	☐ 만성질환 ☐ 장애 ☐ 치아 ☐ 시력 ☐ 청력 ☐ 보조기 ☐ 기타				
	상담기록					
정신 영역 (M)	고려사항	☐ 인지기능 저하 ☐ 치매 의심 ☐ 우울 · 불안 ☐ 자살사고 · 시도 ☐ 항정신성 약물복용 ☐ 미처방 약물복용 ☐ 잦은 음주 ☐ 기타				
	상담기록					
강점 및 자원						
기타사항						
주요욕구		1. 2. 3.				
상담일시			상담장소		상담자	

자료: 보건복지부(2024b). 노인맞춤돌봄서비스 사업안내.

(3) 계획 단계

계획 단계에서는 사례관리의 목적을 달성하기 위해 내담자에 대한 장 · 단기 목적을 설정하고, 이러한 목적달성에 가장 적절한 해결방안을 모색하기 위하여 개별적인 보호계획을 수립하는 과정이다. 이러한 계획은, ① 확인된 목적을 바탕으로 구체적인 실천목표 또는 하위목표를 공식화하고, ② 욕구와 문제의 우선순위에 따라 목적의 순위를 결정하고, ③ 목적 성

표 13-5　노인맞춤돌봄서비스의 서비스 계획 수립 양식

노인맞춤돌봄서비스 제공 계획서

기본정보	사례번호							성별

선정조사 결과 및 서비스상담기록	선정조사 결과	종합	사회	신체	정신	생애월일	대상판정	특화서비스
		30	15	5	10	중중하	일반돌봄군	□의뢰필요 □이용중
	주요욕구	1. 가동 불편 및 기능 저하에 따른 식사준비 지원 2. 사회적 관계 미흡에 따른 정기적인 안부확인 필요						

서비스구분		서비스목표	소분류(실적 기준)	상세 서비스 내용	제공자	서비스 제공량		
대분류	중분류(제공시간 선출 기준)					주기	빈도	월시간
안전지원	방문 안전지원	안전확보	방문안부확인		생활지원사	주	3	2h
	전화 안전지원							
	ICT안전지원							
사회참여	사회관계 향상PG	사회적 관계망 확대	평생교육활동		○○복지관	월	1	1h
	자조모임							
생활교육	신체건강분야							
	정신건강분야							
일상생활 지원	이동·활동지원							
	가사지원	식생활 지원	식사관리	식사준비 지원	생활지원사	월	1	10h
연계서비스	생활지원연계	건강상태 개선	후원물품 지원	간헐적인 생활용품 지원	○○복지관	비정기		
	주거개선연계	주거환경 개선	주거개선서비스	도배 및 장판 교체	○○○복지관	비정기		
	건강지원연계							
	기타서비스							

종합의견	• 본 대상자는 최근 무릎수술로 인한 거동불편으로 식사생활 등이 어려움을 겪고 있어, 신체기능이 회복될 때까지 식생활지원서비스 및 생활지원서비스를 통해 매주 1회 정기적인 안전확인 실시 • 경제적인 어려움 및 생활환경을 고려하여 비정기적인 후원물품 및 주거개선서비스 제공	서비스제공량 산출	13h(최대 20h)
		서비스 제공기간	2021.1.2.~2021.1.31.
		타 서비스 연계	□의뢰필요 □의뢰불필요

자료: 보건복지부(2024b). 노인맞춤돌봄서비스 사업안내.

취에 필요한 기술, 전략, 개입방안, 즉 보호계획을 수립하며, ④ 사례관리 과정을 계획하는 것으로 구성된다. 이러한 일반적 사례관리과정의 계획 단계는 노인과 가족에게도 동일하게 적용되는데, 사례관리방법을 활용하는 노인맞춤돌봄서비스의 서비스 계획 수립 양식은 〈표 13-5〉와 같다.

(4) 실행 및 조정 단계

실행 및 조정 단계는 수립된 보호계획을 실행에 옮기고 서비스를 조정하는 단계이다. 이 단계에서는 서비스의 연속성을 보장하고 단편적이고 다양한 서비스를 통합·조정하며, 서비스에 대한 접근 및 서비스 제공과 활용에서의 장애를 극복할 수 있도록 내담자를 원조해야 한다. 이를 위해서 사례관리자는 보호계획의 이행자, 교사, 안내자, 협력자, 진행자, 정보제공자, 지원자 등의 직접 서비스 역할과 서비스 중개자, 서비스 전달의 조정자, 옹호자, 사회관계망 형성자, 자문 등의 간접 서비스 역할을 수행해야 한다. 그리고 보호계획을 수행하는 과정에서 내담자의 서비스 접근과 이용을 용이하게 하기 위해서 사례관리자는 서비스를 적절히 배열하고 정리하여 서비스의 효과성과 보호의 연속성을 보장하기 위한 조정 노력을 병행해야 한다.

(5) 점검 단계

점검 단계는 내담자에게 제공되는 서비스의 적시성, 충분성, 적절성 및 연속성을 보장하기 위해서 서비스 제공자를 포함한 내담자 지원체계의 서비스 전달과 실행을 추적하고 재사정하는 과정이다. 즉, 점검은 보호계획이 적절하게 실행되고 있는지, 내담자가 기대하는 서비스를 제공받고 있는지, 내담자에게 제공되는 서비스가 필요하고 적절한 것인지, 그리고 내담자의 지원체계가 제공하는 서비스 제공과 지지의 역할을 제대로 수행하고 있는지를 추적하고 감독하는 과정이다. 이러한 점검을 위해서 사례관리자는 내담자와 서비스 제공자와 지속적으로 접촉하여야 하며, 서비스 제공자에게 간섭으로 간주되지 않도록 유의하면서 권위와 영향력을 발휘할 수 있어야 한다. 그리고 서비스계획의 수행 중에 주기적인 재사정을 통하여 보호계획을 수정·보완해야 한다.

(6) 평가 단계

평가 단계는 내담자에게 제공된 서비스, 내담자의 진척 상황, 보호계획, 서비스 활동 및 서비스 체계의 효과성과 효율성을 전반적으로 판단하고, 사례관리를 종결하는 과정이다. 이러한 사례관리의 평가를 위해서는 내담자에 대한 직접면접, 전화면접, 사례회의, 전문가의 기록에 대한 검토, 시설과 기관의 이용빈도 등을 활용할 수 있으며, 효과성 평가와 효율성 평가를 포함한 총괄 평가와 과정 평가를 동시에 실시하는 것이 효과적이다. 그리고 사례의 목표가 달성되었거나, 더 이상 서비스가 필요하지 않거나, 내담자 상황의 중대한 변화로 인하여 사례관리를 지속할 수 없는 상황에서는 사례관리의 과정을 종결하되, 종결 이후의 미래계획 수립을 원조하고 추후상담을 하는 등 지속적인 사후관리를 해야 한다.

생각해 보아야 할 문제

1. 노인복지실천의 1~3차적 수준의 개입이 필요한 노인 내담자 한 명씩을 지역사회에서 발굴하여 이들에게 어떤 서비스를 제공하여야 하는지 그 구체적인 개입방안을 모색해 보시오.

2. 노인복지분야에 종사하기 위하여 갖추어야 할 가치, 지식, 기술체계를 자신이 어느 정도 갖추었는지 스스로 평가해 보고 앞으로 어떤 노력을 기울여야 할지 계획을 수립해 보시오.

3. 노인상담의 실천 사례를 찾아 접수 및 원조관계 형성, 자료수집 및 사정, 개입, 평가 및 종결 단계에서 상담자가 수행해야 할 과업을 얼마나 성공적으로 수행했는지 평가해 보시오.

4. 노인복지기관의 사례관리 실천 사례를 수집하여 사례관리의 과정이 얼마나 효과적으로 진행되었는지 평가해 보시오.

5. 치매노인의 사례관리 과정과 절차를 실제 사례를 근거로 하여 계획해 보시오.

🌱 참고문헌

강은나(2021. 3.). 노인주거복지시설의 현황과 과제. 보건복지포럼, 293, 88-101.

강인(2003). 성공적 노화의 지각에 관한 연구. 노인복지연구, 20(2), 95-116.

건강보험심사평가원, 국민건강보험공단(2023. 11.). 2022년도 건강보험 통계연보.

건강보험심사평가원, 국민건강보험공단(2023. 11.). 2022년 진료비 통계 지표.

건강보험심사평가원, 국민건강보험공단(2024. 11.). 2023년 의료급여 통계 연보.

건축자료연구회(1992). 노인의 주거환경. 서울: 도서출판 보원.

경기도가족여성연구원(2011). 노인의 성생활 실태와 정책지원 방안 연구.

경찰청(2024). 2023년 경찰접수 교통사고 현황.

고대식, 권중돈(2014). 차세대 독거노인 돌봄 시스템의 설계. 한국정보기술학회논문지, 12, 1-7.

고양곤(2000). 노인권익운동. 한국노년학회 편. 노년학의 이해 (pp. 270-284). 서울: 도서출판 대영문화사.

고양곤(2002). 현대사회의 노인차별: 노인의 경제 활동을 중심으로. 한국노인과학학술단체연합회, 2002년도 학술대회자료집-21세기 장수과학, 어떻게 발전시킬 것인가?, 47-60.

고양곤, 모선희, 원영희, 이금룡(2003). 노인과 자원봉사활동. 서울: 학지사.

고용노동부(2023. 6.). 사업체노동력조사 부가조사 결과.

고용노동부(2024. 6.). 고용형태별 근로실태조사 보고서.

공무원연금공단(2024). 공무원연금통계.

과학기술정보통신부, 한국지능정보사회진흥원(2024. 4.). 2023 인터넷 이용실태조사.

관계부처 합동(2017. 11.). 사회통합형 주거사다리 구축을 위한 주거복지 로드맵.

국가인권위원회(2004). 국제인권장전 유엔인권해설집.

국가인권위원회(2006). 국가인권정책기본계획 권고안(2007-2011).

국가인권위원회(2008. 8.). 노인분야 인권교육 교재.

국가인권위원회(2018). 노인인권종합보고서.

국가인권위원회(2014). 노인 인권 길라잡이.

국가인권위원회(2020). 국가인권실태조사.

국가인권위원회(2022. 7.). 2023~2027 제4차 국가인권정책기본계획(인권NAP) 권고.

국민건강보험공단, (사)건강복지정책연구원(2017. 4.) 고령사회를 대비한 노인의료비 효율적 관리 방안.

국민건강보험공단, 한국보건사회연구원(2013). 장기요양 인프라 미래지향적 발전방안.

국민연금공단(2024). 국민연금통계연보.

국민연금연구원(2022). 중고령자의 경제생활 및 노후준비 실태: 제9차 국민노후보장패널조사 (KReIS) 기초분석보고서.

국민연금 재정추계전문위원회(2023). 제5차 국민연금 재정계산: 재정추계결과.

국방부(2024). 군인연금통계연보.

국토교통부(2020). 주거실태조사.

국토교통부(2023. 4.). 2022년도 주거실태조사: 특성가구 연구보고서.

국토교통부(2024). 주거급여 사업안내.

권명아(2000). 가족이야기는 어떻게 만들어지는가. 서울: 책세상.

권오구(2000). 사회복지발달사. 서울: 홍익재.

권중돈(1994). 한국 치매노인 가족의 부양부담사정에 관한 연구. 연세대학교 대학원 박사학위논문.

권중돈(1995a). 노인복지서비스의 최근 동향. 한국사회과학연구소 편. 한국 노인복지의 이해(pp. 364-373). 서울: 도서출판 동풍.

권중돈(1995b). 치매노인 가족의 가족관계 변화와 가족치료적 접근. 한국가족치료학회지, 2, 1-16.

권중돈(1995c). 한국 가족문제의 유형화와 개입방안 (Ⅰ). 경기대학교 한국사회복지연구소, 한국 사회복지논총, 4, 129-146.

권중돈(1995d). 한국 치매가족연구: 부양부담사정도구 및 결정모형개발. 서울: 홍익재.

권중돈(1996). 치매노인 가족을 위한 서비스 개발. 노인복지정책연구, 1(2), 151-186.

권중돈(2001a). 노인문제의 양상과 자원봉사활동의 영역. 대전가정봉사원교육원 편. 가정봉사원 교육교재(pp. 1-14). 대전: 대전가정봉사원교육원.

권중돈(2001b). 치매환자·장애인을 위한 간호·치료용 전문가시스템의 수요자특성분석. 대전: (주)알파인터넷.

권중돈(2002a). 교회의 노인교육 및 여가프로그램 전문화 방안. 대한예수교장로회 대전지역 사회선교협의회, 고령화사회 노인선교의 방향, 28-46.

권중돈(2002b). 노인학대의 이해와 대응방안. 대전노인학대상담센터. 노인학대 세미나자료집, 1-16.

권중돈(2002c). 치매! 어떻게 할까요? 대전: 한국치매가족협회 대전지부.

권중돈(2002d). 프로그램 효과성 및 운영평가보고서. 서울: 남부노인종합복지관.

권중돈(2003a). 1·3세대 통합을 위한 한세대 프로그램의 효과성 평가연구. 서울: 한국노인복지관협회.

권중돈(2003b). 노인복지시설현장에서의 프로그램 계획과 진행. 한국노인복지시설협회, 2003년도 전국 노인양로시설 신규생활지도원연수회자료집, 147-170.

권중돈(2004a). 노인상담 프로그램. 질병관리본부 편. 노인건강관리과정 교육교재, 21-49. 서울: 질병관리본부.

권중돈(2004b). 노인학대에 영향을 미치는 요인. 한국노년학, 24(1), 1-20.

권중돈(2004c). 치매환자를 위한 프로그램의 실제. 서울: 현학사.

권중돈(2006a). 노인복지실천에서의 인권관점 도입방안 고찰. 광진노인종합복지관, 고령사회 노인인권 증진을 위한 실천적 접근, 44-65.

권중돈(2006b). 최신 노화이론과 성공적 노화. 대한간호협회 보건진료원회 대구·경북지회. 보건진료원 혁신교육 및 건강증진발표대회 자료집, 23-33.

권중돈(2008a). 경로당 임원 리더십강화 사업 매뉴얼. 서울: 한국노인종합복지관협회.

권중돈(2008b). 전문 노인자원봉사 프로그램 매뉴얼. 서울: 보건복지가족부.

권중돈(2010). 고독사 예방을 위한 노인돌봄서비스 강화방안. 이낙연. 노인 고독사, 막을 수 없나(pp. 49-69).

권중돈(2012). 인권과 노인복지실천. 서울: 학지사.

권중돈(2015b). 복지, 논어를 탐하다. 서울: 학지사.

권중돈(2018). 노인복지정책의 관점에서 본 치매 대응체계의 진단과 과제. 보건사회연구, 38(1), 9-36.

권중돈(2019). 복지, 맹자에서 길을 찾다. 서울: 학지사.

권중돈(2021a). 인간행동과 사회복지실천: 이론과 적용 (2판). 서울: 학지사.

권중돈(2021b). 인간행동과 사회환경(2판). 서울: 학지사.

권중돈(2024a). 사회복지사의 길: 99가지 실천지혜. 서울: 학지사.

권중돈(2024b). 치매와 가족(3판). 서울: 학지사.

권중돈, 강은경, 배숙경, 여미옥(2008). 노인보건복지 서비스 매뉴얼. 서울: 한국노인종합복지관협회 · 보건복지가족부.

권중돈, 김유진, 엄태영, 이인원(2010). 노인복지관의 자살예방사업 모형개발 연구. 서울: 한국노인종합 복지관협회.

권중돈, 배숙경, 여미옥, 민진암, 이기민, 이은주, 강은경, 김현미, 박경혜, 박주임(2012). 노인복지 프로그램 개발의 실제. 서울: 학지사.

권중돈, 손의성, 엄태영, 이민홍, 박정연(2018. 10.). 노인복지법 전문 개정(안) 연구, 세종: 보건복지부.

권중돈, 엄태영, 이은주, 김기수(2010). 노인복지관의

여가매트릭스 모형개발 연구. 서울: 한국노인종합 복지관협회.

권중돈, 이은주, 이은영, 정희남, 박현주(2014). 노인 인권 길라잡이. 서울: 국가인권위원회.

권중돈, 조학래, 김기수(2008). 자원봉사의 이해와 실천. 서울: 학지사.

권중돈, 조학래, 김명수(2011). 노인 자원봉사 관리체계 구축 방안 연구. 서울: 보건복지부 · 한국노인 종합복지관협회.

권중돈, 조학래, 안명숙, 유병구, 구본천(1999). 사회복지시설 건립 및 재산대체사업연구. 대전: 기독교 연합봉사회.

권중돈, 조학래, 윤경아, 이윤화, 이영미, 손의성, 오인근, 김동기(2024). 사회복지개론(6판). 서울: 학지사.

기영화(2007). 노인교육의 실제. 서울: 학지사.

기획재정부(1982~2024). 나라살림 예산 개요.

김경동(1994). 현대의 사회학: 사회학적 관심. 서울: 박영사.

김경애, 하양숙(1998). 치매노인에 대한 인정 요법 (Validation Therapy)의 효과. 정신간호학회지, 7(2), 384-397.

김광득(1997). 여가와 현대생활. 서울: 백산출판사.

김기태, 성명옥, 박봉길, 이경남, 최희경(2002). 노인복지실천론. 경기: 양서원.

김동배(2000). 노인과 자원봉사. 한국노년학회 편. 노년학의 이해 (pp. 254-269). 서울: 도서출판 대영문화사.

김동일(2000). 사회적 노화. 한국노년학회 편. 노년학의 이해 (pp. 87-106). 서울: 도서출판 대영문화사.

김만두, 한혜경(1994). 현대사회복지개론. 서울: 홍익재.

김미혜(1999). 노인과 인권. 복지동향, 8. 20-26.

김미혜(2000). 노인복지실천론. 한국노년학회 편. 노년학의 이해 (pp. 337-357). 서울: 도서출판 대영문화사.

김미혜(2001). 노인학대의 이해와 해결을 위한 첫걸음. 까리따스방배종합사회복지관, 노인학대세미나자료집－노인학대 실태 및 방향성 모색, 3-12.

김미혜, 신경림(2005). 한국 노인의 성공적 노후척도 개발에 관한 연구. 한국노년학, 25(2), 35-52.

김성순(1994). 생활노년학. 서울: 운산문화사.

김소희(2009). 노인의 주거환경 욕구에 관한 연구, 노인복지연구, 43, 157-182.

김수영, 김진선, 윤현숙(2004). 치매노인을 돌보는 가족부양자의 우울과 삶의 만족 예측요인. 한국노년학, 24(2), 111-128.

김열규(2001). 메멘토 모리: 죽음을 기억하라. 서울: 궁리.

김영숙, 김욱, 엄기욱, 오만록, 정태신(2002). 사회복지 프로그램 개발과 평가. 서울: 교육과학사.

김영종(2007). 사회복지조사방법론(2판). 서울: 학지사.

김영종(2023). 사회복지행정(5판). 서울: 학지사.

김영진(1992). 뇌사를 인정해야 하는가? 세종의학, 9(1), 9-19.

김영호(1994). 자원봉사의 이론과 실제. 서울: 홍익재.

김영호, 오정옥, 전향미(2002). 자원봉사의 이론과 실제. 서울: 창지사.

김욱(2002). 한국의 노인차별에 관한 탐색적 조사연구. 한국노인과학학술단체연합회. 2002년도 학술대회자료집－21세기 장수과학, 어떻게 발전시킬 것인가?, 61-77.

김융일, 김기환, 김미혜, 김형식, 박능후, 신준섭, 오창순, 이영분, 정무성, 황성철(2003). 사회복지개론. 서울: 동인.

김은영, 전경자(2003). 노인 장기요양서비스 유형별 비용분석. 한국노년학, 23(2), 32-49.

김익기, 김동배, 모선희, 박경숙, 원영희, 조성남(1999). 한국노인의 삶: 진단과 전망. 서울: 생각의 나무.

김전(1999). 노화의 특성(Ⅱ): 기능적 변화. 의학교육연수원 편. 노인의학 (pp. 14-26). 서울: 서울대학교 출판부.

김정석(2007). 고령화의 주요 사회이론과 담론. 한국노년학, 27(3), 667-690.

김종옥, 권중돈(1993). 집단사회사업방법론. 서울: 홍익재.

김진혁(2004). 최근 자살의 실태분석 및 예방대책에 관한 연구. 한국공안행정학보, 17, 31-42.

김태일(2000). 노인주택모형. 한국노년학회 편. 노년학의 이해 (pp. 197-216). 서울: 도서출판 대영문화사.

김태현(2007). 노년학(개정판). 서울: 교문사.

김태현, 김양호, 임선영(2011). 노인복지론. 서울: 구상.

김학주, 우경숙(2004). 중·고령자의 재취업 결정요인에 관한 연구. 한국노년학, 24(2), 92-110.

김한곤(1998). 노인학대의 인지도와 노인학대의 실태에 관한 연구. 한국노년학, 18(1), 184-197.

김한구, 안성호, 정하성, 황택주, 권중돈, 이창수, 박진호, 송두범(2000). 자원봉사실무론. 서울: 백산출판사.

김현주, 박재룡(1992). 실버산업의 현황과 전망. 월간 삼성경제, 2월호, 31-36.

김형수(2006). 노인과 자살. 노인복지연구, 10, 25-45.

김형수, 모선희, 윤경아, 정윤경, 김동선(2023). 현대노인복지론(7판). 서울: 학지사.

김효창(2010). 스트레스, 우울, 자살의 이해와 예방. 한국심리학회지: 사회문제, 16(2), 165-178.

김훈(2001). 사회복지조사방법론. 서울: 도서출판 양지.

나항진(2004). 서울지역 노인의 여가의식에 관한 연구. 노인복지연구, 22, 35-54.

남기민(2010). 사회복지정책론(2판). 서울: 학지사.

노원노인종합복지관(2003). 노인복지관의 자원봉사자 관리.

노원노인종합복지관(2006). 아름다운 생애마감을 위한 senior 죽음준비학교 사업보고서.

노유자(2000). 죽음, 임종, 호스피스. 한국노년학회 편. 노년학의 이해 (pp. 314-334). 서울: 도서출판 대영문화사.

노유자, 한성숙, 안성희, 김춘길(1994). 호스피스와 죽음. 서울: 현문사.

대검찰청(2023). 범죄분석.

대한노인의학 세부전문의위원회(2023). 노인의학. 고양: 의학출판사.

대한민국 정부(2008. 12.). 제1차 저출산고령사회 기본계획: 새로마지플랜 2010(보완판).

대한민국 정부(2012. 10.). 제2차 저출산 · 고령사회 기본계획: 새로마지 플랜 2015(보완판).

대한민국 정부(2015). 제3차 저출산 · 고령사회 기본계획: 브릿지 플랜 2020.

대한민국 정부(2020). 제4차 저출산 · 고령사회 기본계획(2021~2025).

동경볼룬티어센터(1999). 연장자 자원봉사 조정자 매뉴얼 (박태영, 이재모 공역). 대구: 대구광역시노인종합복지회관.

동아일보(2023. 10. 17.). 당신의 정년은 언제입니까.

류은숙(2009). 인권의 이해. 보건복지가족부 · 한국정신사회재활협회. 정신보건시설 인권교육 참고교재, (I), 9-33.

마포노인종합복지관(2002). 전문상담사례집.

매일경제신문사(2011). 양극화 고령화 속의 한국: 제2의 일본 되나.

모선희(2000). 노인교육. 한국노년학회 편. 노년학의 이해 (pp. 236-253). 서울: 도서출판 대영문화사.

모선희(2004). 고령화사회와 노인여가활동. 대전보건대학 평생교육원, 2004년 노인복지사 양성교재, 45-66.

문국진(1980). 최신 법의학. 서울: 일조각.

문화체육관광부(2023. 12.). 국민여가활동조사.

박경란, 이영숙(2002). 성공적 노화에 대한 인식 조사연구. 한국노년학, 22(3), 53-66.

박광성, 정호석(2019). 노인의 성건강과 성생활의 실태, *J Korean Med Assoc 2019 June*, 62(6), 301-307.

박동석, 김대환, 이연선(2003). 고령화 쇼크. 서울: 굿인포메이션.

박성식(1999). 노화의 특성(I): 구조적 변화. 의학교육연수원 편. 노인의학 (pp. 7-13). 서울: 서울대학교 출판부.

박수천(2005). 노인 인권보호의 세계동향과 성년후견인제 도입방안. 한국노인복지학회, 2005년 추계학술대회 자료집, 11-31.

박순미, 김유진, 박소정(2017). 국내 노인주거복지서비스 현황 및 특성 분석. 노인복지연구, 72(3), 395-428.

박영란(2001). 노인권익운동의 국제동향. 밝은 노후, 창간호, 52-63.

박왕호(2001). 고령사회 노인복지운동의 모색. 밝은 노후, 창간호, 8-24.

박재간(1997). 노년기 여가생활의 실태와 정책과제. 노인복지정책연구, 2(2), 7-51.

박재간(2002). 노인의 자원봉사활동. 한국노인문제연구소 편. 고령자 취업과 자원봉사활동 (pp. 21-40). 서울: 한국노인문제연구소.

박재황, 노용환, 위대한(2001). 농어촌과 지방도시에

서 노인자살 기도자에 대한 임상분석. 대한 응급
의학회지, 12(2), 81-92.

박형규(2001). 고령화사회에 있어서 노인의 성생활
실태에 관한 연구: 경기도 수원시 거주노인을 중
심으로. 사회복지, 봄호, 75-105.

밝은 노후를 만들어가는 사람들의 모임(2004. 9.).
경제적 · 사회적 · 문화적 권리 NAP 수립을 위한 노
인권 기초현황 조사.

배지연(2004). 노인자살에 관한 사례분석: 신문기사
내용을 중심으로. 노인복지연구, 23, 65-82.

백세시대(2024. 5. 27.). 대한노인회, 정책 능력이 있
는 단체로 거듭나야.

변용찬 외(2009). 성년후견제 사회복지분야 지원방안
연구. 세종: 한국보건사회연구원.

법무부(2024. 3.). 제4차 국가인권정책기본계획
(2023~2027).

보건복지부 장애인정책과(2021. 4.). 장애인 등록현황
(2020년 12월 기준).

보건복지부(2000). 고령화 관련 국제행동계획과 노인을
위한 유엔원칙.

보건복지부(2002. 8.). 마드리드 고령화국제행동계획.

보건복지부(2006. 5.). 노인복지시설 인권보호 및 안전
관리지침.

보건복지부(2022. 6. 10.). 장기요양기관 평가방법 등에
관한 고시.

보건복지부(2020. 9.). 제4차 치매관리종합계획(2021~
2025).

보건복지부(2022. 12.). 2022년 화장통계.

보건복지부(2023. 6.). 노인자원봉사 활성화 지원사업
운영 안내.

보건복지부(2024a). 국민기초생활보장 사업안내.

보건복지부(2024b). 노인맞춤돌봄서비스 사업안내.

보건복지부(2024c). 노인보건복지사업안내.

보건복지부(2024d). 독거노인 · 장애인 응급안전안심
서비스 사업안내.

보건복지부(2024e). 발달장애인 지원 사업안내(제Ⅷ권).

보건복지부(2024f). 요양보호사 양성지침.

보건복지부(2024g). 치매정책 사업안내.

보건복지부(2024h). 호스피스 · 완화의료 사업안내.

보건복지부(2024a. 1.). 2024년 보건복지부 소관 예산
및 기금 운용계획 개요.

보건복지부(2024b. 1.). 의료급여 사업안내.

보건복지부(2024. 6.). 2024 노인복지시설현황.

보건복지부(2024. 7.). 2023년도 국민기초생활보장 수
급자 현황.

보건복지부(2024. 7. 1.). 장기요양급여 제공기준 및 산
정방법 등에 관한 고시.

보건복지부, 국립의료원, 중앙치매센터(2021~2024).
대한민국 치매현황 2020~2023.

보건복지부, 인구보건복지협회(2012). 노인의 안전한
성생활을 위한 연구.

보건복지부, 중앙노인보호전문기관(2024. 6.). 2023
년 노인학대현황보고서.

보건복지부, 질병관리본부(2023. 12.). 제9기 1차년도
(2022) 국민건강영양조사.

보건복지부, 한국보건사회연구원(2012, 2015, 2017,
2020, 2023). 노인실태조사.

보건복지부, 한국보건사회연구원(2017. 11.). 2017년
장애인실태조사.

보건복지부, 한국보건사회연구원(2023. 2.). 2022년
고독사 예방 실태조사 연구.

보건복지부, 한국보건사회연구원(2024. 4.). 2023년
장애인실태조사.

보건복지부, 한국보건산업진흥원(2011). 고령친화산
업 실태조사 및 산업분석.

보건복지부, 한국보건산업진흥원(2022). 고령친화산

업 제조 서비스업 실태조사 및 분석 보고서.

보건복지부, 한국영양학회(2020). 2020 한국인 영양소 섭취기준.

사랑의 전화(2004). 활기찬 노인의 성(性)을 위한 사회조사.

사립학교교직원연금공단(2024). 사학연금통계연보.

사회복지공동모금회(2008). 배분사업에 있어서 논리모델과 성과측정에 대한 연구.

사회복지공동모금회(2009). 2010년도 배분사업 안내

산업연구원(2024. 8.). 고령친화산업 현황과 정책 방향에 대한 고찰.

삼성사회봉사단(1996). 자원봉사의 이해와 활동방법.

서대문노인종합복지관(2008). 노인자살예방센터 운영 및 게이트키퍼양성사업 운영보고서.

서동우(2005). 생명존중 및 자살에 대한 국민태도조사. 2005년 한국자살예방협회 심포지엄 자료집.

서병숙(2000). 노인과 가족. 한국노년학회 편. 노년학의 이해(pp. 166-182). 서울: 도서출판 대영문화사.

서병진(2003). 노인복지현장경험론. 서울: 도서출판 솔바람.

서윤(2000). 노인학대에 대한 사회복지사의 인지와 목격실태에 관한 연구. 노인복지연구, 봄호, 27-69.

서혜경(2001). 노인권익운동의 오늘과 내일. 밝은노후, 창간호, 25-31.

서화정(2005). 노인자살예방을 위한 사회사업 개입 전략. 부산대학교 대학원 박사학위논문.

성규탁(1993). 사회복지행정론(제2판). 서울: 법문사.

성향숙(1997). 여성노인의 삶의 조건과 학대에 관한 연구. 여성연구논집, 8, 19-39.

성혜영, 유정헌(2002). 성공적 노화 개념의 인식에 관한 연구. 한국노년학, 22(2), 75-93.

송근원, 김태성(1995). 사회복지정책론. 서울: 나남

출판.

송성자(2002). 가족과 가족치료(제2판). 서울: 법문사.

신복기, 박경일, 장중탁, 이명현(2005). 사회복지행정론. 경기: 양서원.

신영전(2006). 국내 자살증가의 원인분석 및 정책개발을 위한 사회, 경제학적 연구. 전남: 한영대학교 의과대학 건강증진사업지원단.

안병준(2000). 인간공학. 서울: 한울출판.

안영진(2014). 사회복지정책의 분권화에 따른 지방자치단체의 사회복지재원 개선방안. 공법학연구, 15(2), 53-83.

안해균(1990). 정책학원론. 서울: 다산출판사.

양성렬(1999). 노화의 기전(Ⅰ): 노화의 원인. 의학교육연수원 편. 노인의학 (pp. 27-35). 서울: 서울대학교 출판부.

엄태완(2007). 노인 자살관련 요인: 무망감과 우울증이 자살생각에 미치는 영향에 대한 사회적 지지와 자아통제감의 효과를 중심으로. 한국사회복지학, 59(2), 355-379.

염형국(2004). 시설장애인의 인권보장을 위한 실천방안 모색. 교남 소망의 집 개원 22주년 기념 세미나 자료집.

오세영(2022). 사회복지행정론(5판). 서울: 도서출판 신정.

오진주(2001). 노인과 성. 한국노년학회 편. 노년학의 이해 (pp. 300-313). 서울: 도서출판 대영문화사.

오진주, 신은영(1998). 노인의 성적 욕구에 대한 시설 종사자들의 태도에 관한 조사연구. 한국노년학, 18(2), 97-109.

우국희(2000). 노인학대와 사회복지실천. 조흥식 외. 사회복지실천 분야론 (pp. 143-169). 서울: 학지사.

우국희(2002). 노인학대의 의미와 사회적 개입에

대한 노인들의 인식 연구. 한국사회복지학, 50, 109-129.

원영희(2000). 노인과 여가. 한국노년학회 편. 노년학의 이해 (pp. 218-235). 서울: 도서출판 대영문화사.

원영희(2004). 노인편견에 영향을 미치는 요인. 한국노년학, 24(1), 187-206.

유경(2008). 유경의 죽음준비학교. 서울: 궁리.

유영주(1986). 가족관계학. 서울: 교문사.

유형준(1999). 노인환자의 특성. 의학교육연수원 편. 노인의학 (pp. 67-79). 서울대학교 출판부.

윤순덕, 한경혜(2004). 농촌노인의 생산적 활동과 심리적 복지. 한국노년학, 24(2), 57-77.

윤은자, 김홍규(1998). 죽음의 이해: 코오리엔테이션의 시각. 대한간호학회지, 28(2), 270-279.

윤진(1996). 성인·노인심리학. 서울: 중앙적성출판사.

의학교육연수원 편(1999). 노인의학. 서울: 서울대학교 출판부.

이경락(2003). 고령사회에서의 노인주거문제 및 대응방안. 밝은 노후, 5, 8-23.

이광규(1982). 한국 가족의 구조분석. 서울: 일지사.

이규태(2001. 10. 16.). 어른 깔보기, 조선일보.

이근홍(1998). 케이스 매니지먼트. 서울: 대학출판사.

이금룡(2001). 한국 노인의 사회참여. 한국성인교육학회, 한국 노인교육의 비전과 전망, 56-66.

이동명(1997). 형법상 사람의 생명과 죽음. 호남대학교 논문집, 13(3), 409-428.

이상일(1999). 다시 보는 노인과 치매. 서울: 이상일신경정신과의원.

이석준(2001). 고령화 사회의 노인인권보장에 관한 연구. 고려대학교 대학원 박사학위논문.

이설희(2002). 와상노인 및 호스피스와 관련된 노인간호. 한국노인복지시설협회. 전국노인복지시설 직원연수회자료집, 17-26.

이성희, 권중돈(1993). 치매노인과 가족의 생활실태 및 복지욕구. 서울: 북부노인종합복지관.

이성희, 한은주(1998). 부양자의 노인학대 경험과 관련 요인. 한국노년학, 18(3), 123-141.

이소정, 이수형(2009). 우리나라 노인자살예방사업의 현황과 과제. 보건복지포럼, 32-42.

이승호(2024. 9.). 고령 노동시장 정책의 연령기준 현황과 이슈. 아셈노인인권정책센터 노인인권포럼 자료집, 1-32.

이신숙, 이경주(2002). 노인의 일상적 스트레스, 사회적 지지, 심리적 적응에 관한 연구. 한국노년학, 22(1), 1-19.

이연숙(2000). 노인과 주거생활. 한국노년학회 편. 노년학의 이해 (pp. 183-196). 서울: 도서출판 대영문화사.

이영균(1992). 죽음의 정의. 서울: 고려의학.

이영균(1997). 뇌사. 서울: 일조각.

이영진(2000). 신체적 노화. 한국노년학회 편. 노년학의 이해 (pp. 53-67). 서울: 도서출판 대영문화사.

이영환(2001). 영국의 노인주택정책과 관련법. 한국노인문제연구소 편. 주요선진국의 노인주택정책 (pp. 5-54). 서울: 한국노인문제연구소.

이영희(1992). 산업사회와 노동문제. 서울: 비봉출판사.

이윤숙(1983). 노인과 성. 아산사회복지사업재단 편. 현대사회와 노인복지 (pp. 172-199). 서울: 아산사회복지사업재단.

이은영(2018). 존엄한 죽음에 관한 철학적 성찰: 연명의료결정법과 안락사, 존엄사를 중심으로. 인격주의 생명윤리, 8(2), 109-137.

이의훈(1998). 55+시장의 전망 및 시장공략을 위한 마케팅전략. Marketing Communication Review, 106-122.

이의훈, 신주영(2004). 라이프스타일을 통한 실버시장 세분화 연구. 한국노년학, 24(2), 1-20.

이인수(2003). 실버타운의 개발전략. 서울: 21세기사.

이인수, 이용환(2000). 노인학대 인식도의 남녀 간 비교에 관한 연구, 노인복지연구, 10, 165-184.

이인재, 류진석, 권문일, 김진구(2022). 사회보장론(4판). 서울: 나남출판.

이지영, 이가옥(2004). 노인의 죽음에 대한 인식. 한국노년학, 24(2), 193-215.

이해성(2001). 노인교육방법론. 목원대학교 편. 노인교육전문가 양성과정 교육교재, 105-110.

이호선(2012). 노인상담(2판). 서울: 학지사.

이효선(2008). 노인상담과 연구. 서울: 신정.

이희성(2002). 고용보장정책과 고용보장법의 새로운 방향. 한양법학, 13, 119-143.

임미혜, 이승연(2014). 청년기 손자녀-친/외조부모 간 유대와 접촉, 가치유사성 및 부모-조부모관계 질과의 관계. 한국노년학, 34(2), 277-297.

임선영, 김미혜(1994). 노년기 형제관계에 관한 연구. 한국노년학, 14(1), 33-49.

장인협(1996). 사회사업실천방법론(상). 서울: 서울대학교 출판부.

장창호, 윤찬영, 임시아, 김국진, 장인원(2017). 케어매니지먼트 실무론. 경기: 공동체.

전길량, 송현애(1995). 노인홀대에 관한 연구. 한국가정관리학회지, 15(3), 83-94.

전시자(1989). 회상에 관한 개념 분석. 대한간호학회지, 19(1), 92-98.

전영기(2000). 죽음불안에 영향을 미치는 요인에 관한 연구. 목원대학교 산업정보대학원 석사학위논문.

전현숙, 오민준(2013). 노인 주거문제와 지원방안. 국토정책 Brief, 417, 1-6.

정무성(2005). 사회복지 프로그램 개발론. 서울: 학현사.

정무성, 정진모(2001). 사회복지 프로그램 개발과 평가. 경기: 양서원.

정민자 외(2001). 자원봉사활동 관리를 위한 자원봉사 길라잡이. 서울: 도서출판 양지.

정상양, 김옥희, 엄기욱, 이경남, 박차상(2012). 한국노인복지론(4판). 서울: 학지사.

정조원(2017). 우리 기업의 글로벌 경쟁력 강화를 위한 임금체계 개편이 시급. KERI Column, 1-2.

조성남, 이동원, 원영희(1998). 고령화사회와 중상층 노인의 사회활동. 서울: 집문당.

조소영(2001). 노인시설관리론. 서울: 학문사.

조영황(2005). 고령화 대응전략으로서의 노인인권 정책방향. 한국노인복지학회 2005년 추계학술대회 자료집, 5-10.

조은순(2001). 노인교육 프로그램의 시행과 평가. 목원대학교 편. 노인교육전문가 양육과정 교육교재, 127-132.

조학래(2002). 노인상담의 방법과 기술. 목원대학교 편. 노인교육전문가 양성과정 교육교재, 135-148.

조학래(2006). 사회복지시설의 프로그램 개발 전략. 목원대학교 산업정보대학원 사회복지학과. 사회복지시설 자원동원 및 프로그램 개발전략, 13-35.

조학래(2022). 사회복지실천(3판). 서울: 도서출판 신정.

주택산업연구원(2024. 2. 27.). 노인가구 주거편익 향상 방안, 노인가구 주거편익 향상 방안 세미나 자료집, 1-41.

중앙사회서비스원(2022a. 12.). 2024년도 사회복지시설평가: 노인복지관 평가지침.

중앙사회서비스원(2022b. 12.). 2024년도 사회복지시설평가: 양로시설 평가지침.

지광준(2002). 노인범죄의 특성과 그 대책. 한국노년학, 21(3), 1-14.

지은구(2005). 사회복지 프로그램 개발과 평가. 서울: 학지사.

차홍봉(2004). 노인복지시설의 노인복지시설의 과거·현재 그리고 미래. 한국노인복지시설협회. 창립 50주년기념 세미나자료집, 3-30.

최선화(2004). 노인상담과 주거보호. 서울: 현학사.

최성재(1995a). 노인복지에서의 실버산업의 도전.

최성재(1995b). 노인주거보장. 김수춘 외. 노인복지의 현황과 정책과제(pp. 177-201). 서울: 한국보건사회연구원.

최성재(2000). 실버산업. 한국노년학회 편. 노년학의 이해(pp. 399-420). 서울: 도서출판 대영문화사.

최성재(2001). 미국의 노인주택정책과 관련법. 주요 선진국의 노인주택정책(pp. 211-258). 서울: 한국노인문제연구소.

최성재, 남기민(1995). 사회복지행정론. 서울: 나남출판.

최성재, 장인협(2010). 고령사회의 노인 복지학. 서울: 서울대학교 출판문화원.

최순남(1999). 현대노인복지론. 오산: 한신대학교 출판부.

최신덕, 김종숙 편역(1983). 노인과 사회. 서울: 고시연구사.

최일섭, 이인재(1996). 공적부조의 이론과 실제. 서울: 집문당.

최일섭, 최성재(1996). 사회문제와 사회복지. 서울: 나남출판.

최재석(1982). 한국가족연구. 서울: 일지사.

통계청(2000~2024). 경제활동인구연보.

통계청(2005, 2011, 2016, 2018, 2021). 인구주택 총조사 보고서.

통계청(2011~2024). 사회조사보고서.

통계청(2020. 10.). 2019 생활시간조사보고서.

통계청(2022. 7.). 장래가구 추계(2020~2050).

통계청(2023a. 12.). 2022년 생명표.

통계청(2023b. 12.). 2022년 퇴직연금통계 결과.

통계청(2024a. 4.). 2023년 농림어업조사.

통계청(2024a. 9.). 2024 고령자 통계.

통계청(2024b. 4.). 2023년 인구동태통계연보(혼인·이혼편).

통계청(2024b. 9.). 경제활동인구조사.

통계청(2024. 2.). 장래인구 추계.

통계청(2024. 3.). 2023년 가계금융복지조사 보고서.

통계청(2024. 5.). 경제활동인구조사: 고령층 부가조사 결과.

통계청(2024. 10.). 2023년 사망원인통계연보.

하상락(1989). 한국사회복지사. 서울: 박영사.

한국노인문제연구소(1994). 유료노인복지시설 편람. 서울: 사법행정문화원.

한국노인복지시설협회(2001). 전국노인복지시설 관리자 및 노인결연담당자연수회자료집.

한국노인복지시설협회(2009. 10.). 노인복지시설 인권매뉴얼.

한국노인종합복지관협회(2010). 노인권익위원(ombudsman) 교육교재.

한국보건사회연구원(1995). 말기환자 관리를 위한 호스피스의 제도화 방안.

한국보건사회연구원(1996). 실버산업의 현황과 정책과제.

한국보건사회연구원(2000). 한국 가족의 변화와 대응방안.

한국보건사회연구원(2015). 2015년 전국 출산력 및 가족보건복지 실태조사.

한국자살예방협회(2008). 노인 자살 예방을 위한 실천적 정책 수립방안에 관한 연구. 서울: 보건복지가족부.

한국재가노인복지협회(2002a). 가족 수발자의 핸드북.

한국재가노인복지협회(2002b). 노인의 올바른 수발을 위한 가정봉사원 핸드북.

한국주택협회(1993). 실버산업 관련 노인주택에 관한 조사연구.

한국케어복지협회 편(2000). 케어기술론. 서울: 나눔의 집.

한국행정연구원(2024). 사회통합실태조사.

한국형사정책연구원(1995). 노인의 범죄 및 범죄피해에 관한 연구.

한남제(1994). 한국가족관계의 문제. 서울: 다산출판사.

한동희(1996). 노인학대에 관한 연구. 대구효성가톨릭대학교 대학원 박사학위논문.

한동희(2002). 한국의 노인 차별에 관한 연구: 공공영역에서 노인차별. 한국노년학회 추계학술대회 자료집, 78-93.

한동희, 김정옥(1995). 노년기 특성에 관련된 노인학대에 관한 연구. 가족학논집, 7, 185-209.

한삼성, 강성욱, 유왕근, 피영규(2009). 노인의 자살생각 결정요인에 관한 연구. 보건사회연구, 29(1), 192-212.

한은주(2000). 노인학대의 원인에 대한 생태학적 연구. 성신여자대학교 대학원 박사학위논문.

한은주, 김태현(2000). 노인학대의 원인에 대한 생태학적 연구. 한국노년학, 20(2), 71-89.

한정란(2015). 노인교육론. 서울: 학지사.

한정란, 박성희, 원영희, 최일선(2008). 노인교육의 체계화 및 활성화 방안 연구. 서울: 보건복지가족부.

행정안전부(2021). 한국도시통계.

허정무(2002). 노인교육이론과 실천방법론. 서울: 학지사.

허준수, 유수현(2002). 노인의 우울에 영향을 미치는 요인에 관한 연구. 정신보건과 사회사업, 13, 7-36.

현외성(2001). 한국 노인복지법의 형성과 변천과정. 노인복지연구, 14, 67-99.

현외성, 김수영, 조추용, 이은희, 윤은경(2000). 한국 노인복지학강론. 서울: 유풍출판사.

현외성, 장필립, 홍태용, 김은자, 조추용, 김혜경, 손덕옥, 남정자, 김용환, 윤은경(2001). 노인케어론. 경기: 양서원.

홍숙자(2010). 노년학개론(개정판). 서울: 도서출판 하우.

홍현방(2001). 성공적인 노화 개념정의를 위한 문헌연구. 이화여자대학교 대학원 박사학위논문.

황성철(2019). 사회복지 프로그램 개발과 평가. 경기: 공동체.

황진수(2000). 고령화사회와 노년공학. 한국노년학회 편. 노년학의 이해(pp. 421-437). 서울: 도서출판 대영문화사.

高極高宣 外(1987). 民間活動とシルバーサービス. 東京: 中央法規出版.

福祉士養成講座編集委員會(2001). 老人福祉論. 東京: 中央法規.

小室豊允 編(1992). 노인과 주거(상형종 역). 서울: 산업도서출판공사.

松井政明, 山野井敦德, 山本都久(1997). 高齢者教育論. 東京: 東信堂.

日本 國立社會保障, 人口問題研究所(2003). 人口統計資料輯.

川村匡由(1987). 老人福祉産業論. 京都: ミネルウァ書房.

Alford-Cooper, F. (1998). *For keeps: Marriages that last a lifetime*. New York: M. E. Sharpe.

American Psychiatric Association. (2022).

Diagnostic and statistical manual of mental disorders: Fifth edition text version(DSM-5-TR). Washington, DC: American Psychiatric Association.

Antonucci, T. C., Sherman, A. M., & Akiyama, H. (1996). Social networks, support, and integration. In J. E. Birren et al. (Eds.), *Encyclopedia of gerontology* (vol. 2, pp. 505–515). New York: Academic Press.

Atchely, R. C., & Barusch, A. (2004). *Social forces and aging: An introduction to social Gerontology* (10th ed.). Belmont, CA: Wordsworth.

Atchley, R. C. (1976). *The sociology of retirement*. New York: Schenkman.

Atchley, R. C., & Miller, S. J. (1983). Types of elderly couples. In T. H. Brubaker (Ed.), *Family relationships in later life* (pp. 77–90). Beverly Hills, CA: Sage Publications.

Bass, S. A., Caro, F. C., & Chen, Y. P. (1993). *Achieving a productive aging society*. Westport, CT: Auburn House.

Beaver, M. L., & Miller, D. (1985). *Clinical social work practice with elderly: Primary, secondary and tertiary interventions*. Homewood, IL: Dorsey Press.

Beck, A. T., Kovacs, M., & Weissman, A. (1979). Assessment of suicidal intention: The scale for suicide ideation. *Journal of Consulting and Clinical Psychology, 47*(2), 343–352.

Bee, H. L., & Bjorklund, B. R. (2000). *The journey of adulthood* (4th ed.). Englewood Cliffs, NJ: Prentice-Hall.

Benokraitis, N. V. (1993). *Marriages and families: Changes, Choices, and Constraints*. NJ: Prentice Hall.

Bilder, G. (2016). *Human Biological Aging: From macromolecules to organ systems*. NJ: John Wiley & Sons Inc.

Birren, J. E., & Schaie, K. W. (1977). *Handbook of the psychology of aging*. New York: Van Nostrand Reinhold Company.

Blumberg, M. (1980). Job switching in autonomous work froups. *Academy of Manangement Journal, 23*, 287–306.

Bourne, B. (1982). Effects of aging on work satisfaction, performance, and motivation. *Aging and Work, 5*, 37–47.

Bowlby, J. (1961). Processes of mourning. *International Journal of Psychoanalysis, 42*, 317–340.

Bradshaw, J. (1972). Taxonomy of social need. In G. McLachlan (Ed.), *Problems and progress in medical care: Essays on current research* (7th series) (pp. 71–82). London: Oxford University Press.

Breen, L. Z. (1960). The aging individual. In C. Tibbitts (Ed.), *Handbook of social gerontology* (pp. 145–162). Chicago: University of Chicago Press.

Bruggencate, T. T., Luukx, K. G., & Sturm, J. (2018). Social needs of older people: a systematic literature review. *Aging & Society, 38*(9), 1745–1770.

Burgio, M. R. (1987). *Friendship patterns and friendship expectancies among the successful* aging. (Unpublished doctoral dissertation). New York: New York University.

Burlingame, V. S. (1995). *Gerocounseling elders and their families.* New York: Springer.

Burr, J. A. Caro, F. G., & Moorhead, J. (2002). Productive aging and civic participation. *Journal of Aging Studies, 16,* 87-105.

Butler, R. N. (1969). Ageism. *The Gerontologist, 9,* 243-246.

Butler, R. N., & Lewis, M. I. (1973). *Aging and mental health: Positive psychosocial approaches.* Saint Louis, MO: The C. V. Mosby Co.

Cantor, M. H. (1983). Strain among caregivers. *The Gerontologist, 23*(6), 596-604.

Carp, F. M. (2000). *Elder abuse in the family.* New York: Springer.

Carter, J. (1999). 나이 드는 것의 미덕(김은령 역). 서울: 이끌리오.

Cherrington, D. (1979). Age and work values. *Academy of Manangement Journal, 22,* 671-623.

Christensen, K. (1990). Bridges over trobled water: How older workers view the labor market. In P. B. Doeringer (Ed.), *Bridges to retirement: Older workers in a changing labor market* (pp. 35-47). New York: ILR Press.

Coleman, P. G., & O'Hanlon, A. (2016). *Aging and development: social and emotional perspectives.* NY: Routledge.

Connor, S. R. (1998). *Hospice: Practice, pitfalls, and promise.* Washington, DC: Taylor & Francis.

Corr, C. A., Nabe, C. M., & Corr, D. M. (1997). *Death & dying, life & living* (2nd ed.). Pacific Grove, CA: Brooks/Cole.

Costa, P. T., & McCrae R. R. (1989). Personality continuity and the changes of adult life. In M. Storandt & G. R. VandenBos (Eds.), *The adult years: Continuity and change* (pp. 45-77). Washington, DC: American Psychological Association.

Council on Social Work Education (1995). *Curriculum policy statement.*

Cowgill, D. O., & Holmes, L. D. (1972). *Aging and modernization.* New York: Appleton-Century-Crofts.

Crohan, S. E., & Antonucci, T. C. (1989). Friendship as a source of social support in old age. In R. G. Adams & R. Blieszner (Eds.), *Older adult friendship: Structure and process* (pp. 129-146). CA: Sage. Publications.

Crosnoe, R., & Glen, E. H. (2002). Successful adaptation in later years. *Social Psychology Quarterly, 65*(4), 309-328.

Cross, K. P. (1979). Adults Learners: Characteristics, needs and interests. In R. E. Peterson (Ed.). *Lifelong learning in America* (pp. 75-141). CA: Jossey-Bass Inc.

Darvill, G., & Munday, B. (1984). *Volunteers in the personal social services.* London: Tavistock.

Dinitto, D. M., & Dye, T. R. (1983). *Social welfare: Politics and policy.* New York: Prentice-Hall.

Dror, Y. (1983). *Public policy making reexamined.* New Brunswick, NJ: Transaction Books.

Dychtwald, K. (Ed.). (1999). *Health aging.*

Graithersburg, MD: Aspen Publishers.

Ekerdt, D. J., Baden, L., Bosse, R., & Dibbs, E. (1983). The effect of retirement on physical health. *American Journal of Public Health, 73,* 779-783.

Erber, J. T. and Szuchman, L. T. (2015). *Great myths of aging.* New Jersey: John Wiley & Sons, Inc.

Erikson, E. H. (1963). *Childhood and society* (2nd ed.). New York: Norton.

Federico, R. (1973). *The social welfare institution.* Lexington, MA: Health.

Ferguson, A. J., & Schriver, J. (2012). The Future of gerontological social work: A case for structural lag. *Journal of Gerontological Social Work, 55*(4), 304-320.

Fillenbaum, G. G. (2001). Activities of daily living. In G. L. Maddox et al. (Eds.), *The encyclopedia of aging: A comprehesive resource in gerontology and geriatrics* (3rd ed, pp. 8-9). New York: Springer Publishing Company.

Fisher, B. J. (1995). Successful aging. Life satisfaction, and generativity in later life. *International Journal of Aging and Human Development, 41,* 239-250.

Forman, D. E, Berman, A. D., McCabe, C. H., Baim, D. S., & Wei, J. Y.(1992). PTCA in the elderly: The "young-old" versus the "old-old". *Journal of the American Geriatrics Society, 40*(1), 19-22.

Freeman, J. L., Sears, D. O., & Carlsmith, J. M. (1981). *Social psychology* (4th ed.). Englewood Cliffs, NJ: Prentice-Hall.

Friedlander, W., & Apte, R. Z. (1980). *Introduction to social welfare* (5th ed.). Englewood Cliffs, NJ: Prentice-Hall.

Friesen, B. J., & Poertner, J. (Eds.). (1995). *From case management to service coordination for children with emotional, behavioral, or mental disorders.* New York: Paul H. Brooks.

Gale, J. S. (1898). *Korean sketches.* NY: F. H. Revell Co.

Galtung, J.(1994). *Human rights in another key.* Cambridge: Polity Press.

Gates, B. L. (1980). *Social program administration: The implementation of social policy.* Englewood Cliffs, NJ: Prentice-Hall.

Gilbert, N., & Terrell, P. (2013). *Dimensions of social welfare policy.* Boston: Pearson Education.

Gold, D. T. (1989). Sibling relationships in old age. *International Journal of Aging and Human Development, 28,* 37-54.

Gold, D. T. (1990). Later-life sibling relationships. *The Gerontologist, 30*(6), 741-748.

Goldsmith, T. C. (2012). *An introduction to biological aging theory*(Revised ed.). MD: Azinet Press.

Gorden, C., Gaitz, C. M., & Scott, J. (1976). Leisure and lives. In R. H. Binstock & E. Shanas (Eds.), *Handbook of aging and the social sciences* (pp. 310-341). New York: Van Nostrand Reinlold.

Gottehrer, D. M., & Hostina, M. (1998). *Essential characteristics of a classical ombudsman.* American Bar Association.

Hall, A., & Johanson, T. R. (1980). The determinants of planned retirement age. *Industrial and Labor Relations Review, 33*, 241–254.

Haroontyan, R. A. (1996). Volunteer activity by older adults. In J. E. Birren et al. (Eds.), *Encyclopedia of gerontology* (vol. 2, pp. 613–620). New York: Academic Press.

Harrigan, M. P., & Farmer, R. L. (2000). The myths and facts of aging. In R. L. Schneider et al. (Eds.), *Greontological social work* (2nd ed, pp. 26–64). California: Brooks/Cole.

Harvey, D. (1973). *Social justice and the city.* Oxford: Basil Blackwell.

Hayslip, B. (1996). Hospice. In J. E. Birren et al. (Eds.), *Encyclopedia of gerontology* (vol. 1, pp. 687–702). New York: Academic Press.

HelpAge International. (2007). *Advocacy with older people: Some practical suggestions.*

Herzog, A. R., Kahn, R. L., Morgan, J. N., Jackson, J. S., & Antoniucci, T. C. (1989). Age differences in productive activities. *Journal of Gerontology, 44*(4), s129–138.

Heumann, L. F., McCall, M. E., & Boldy, D. P. (Eds.). (2001). *Empowering frail elderly people: Oppertunities and impedimerts in housing, health, and support servicer delivery.* Westporct, CT: Praeger.

Huxley, P., & Warner, R. (1992). Case management, quality of life, and satisfaction with services of long-term psychiatric patients. *Hospital and Community Psychiatry, 43*, 799–802.

Ife, J. (2000). *Human rights and social work: Towards rights-based practice.* Cambridge: Cambridge University Press.

International Association of Gerontology (1951). *Report on the 2nd international conference of gerontology.*

International Ombudsman Association (2009a). *IOA best practices: A supplement to IOA's standards of practice* (3rd ed.).

International Ombudsman Association (2009b). *IOA standards of practice.* www. ombudsassociation.org.

Irving, P. (2016). 글로벌 고령화 위기인가 기회인가 (김선영 역). 서울: 아날로그.

Jarvis, P. (1990). Trends in education and gerontology. *Educational Gerontology, 16*(4), 401–409.

Jin, K. (2010). Modern biological theories of aging. *Aging and Disease, 1*(2), 72–74.

Johnson, L. C., & Yanca, S. J. (2001). *Social work practice: A generalist approach* (7th ed.). Boston: Allyn & Bacon.

Johnson, L. C., Schwartz, C. L., & Tate, D. S. (1997). *Social welfare: A response to human need* (3rd ed.). Boston: Allyn & Bacon.

Jones, C. J., & Meredith, W. (2000). Developmental paths of psychological health from early adolescence to later adulthood. *Psychology and Aging, 15*, 351–360.

Kaplan, M. (1960). The uses of leisure. In C. Tibbits (Ed.), *Handbook of social gerontology* (pp. 407–443). Chicago: The University of Chicago.

Kass, L. R. (1971). Death as an event: A community

on Robert Morison. *Science, 173*, 698-702.

Kastenbaum, R. (1996). Death and dying. In J. E. Birren et al. (Eds.), *Encyclopedia of gerontology* (vol. 1, pp. 361-372). New York: Academic Press.

Katz, D. (1983). Assessing self-maintenance: Activities of daily living, mobility and instrumental activities of daily living. *Journal of the American Geriatrics Society, 31*, 721-727.

Kelly, J. R. (1987). *Peorita winter: Styles and resources in later life.* MA: Lexington Books.

Kelly, J. R. (1992). *Activity and aging.* Berverly Hills, CA: Sage Puldications.

Kelly, J. R. (1996a). *Leisure* (3rd ed.). Englewood Cliffs, NJ: Prentice Hall.

Kelly, J. R. (1996b). Leisure. In J. E. Birren et al. (Eds.), *Encyclopedia of gerontology* (vol. 2, pp. 19-30). New York: Academic Press.

Kimmel, D. C. (1974). *Adulthood and aging.* New York: John Wiley & Son.

Kinney, J. M. et al. (1995). Stresses and satisfactions of family caregivers to older stroke patients. *Journal of Applied Gerontology, 14*, 4-21.

Kite, M. E., & Wagner, L. S. (2002). Attitudes toward older adults. In T. D. Nelson (Ed.), *Ageism.* Cambridge, MA: The MIT Press.

Kleemeier, R. W. (1961). *Intellectual change in the senium or death and the I.Q. presidential social address, division of maturity and old age.* New York: American Psychological Association.

Kleiber, D. A., Walker, G. J., & Mannell, R. C. (2011). *A social psychology of leisure.* PA: Venture Pub., Inc.

Knowles, M. (1977). *The modern practice of adult education: Andragoy versus pedagogy.* Chicago Association Press.

Kogan, N. (1990). Personality and aging. In J. E. Birren & K. W. Schaie (Eds.), *Handbook of the psychology of aging* (3rd ed., pp. 330-346). New York: Van Nostrand Reinhold.

Korr, W. S., & Cloninger, L. (1991). Assessment model of case management. *Journal of Social Service Research, 14*, 129-146.

Kosberg, J. I. (1988). Preventing elder abuse. *The Gerontologist, 28*(1), 43-50.

Kramer, B. J. (1997). Gain in the caregiving experiences. *The Gerontologist, 37*(2), 218-232.

Kropf, N. P., & Hutchson, E. D. (2000). Effective practice with elderly clients. In R. L. Schneider, N. P. Kropf, & A. J. Kisor (Eds.), *Gerontological social work* (2nd ed., pp. 3-25). Pacific Grove, CA: Brooks/Cole.

Kübler-Ross, E. (1969). *On death and dying.* New York: Macmillan.

Lawton, M. P. (1985). Housing and living environments of older people. In R. H. Binstock & E. Shanas (Eds.), *Handbook of aging and the social sciences* (2nd ed., pp. 450-478). New York: Van Nostrand Reinhold.

Lazarus, A. A. (1971). *Behavior therapy and beyond.* New York: McGraw-Hill.

Mahoney, F. I., & Barthel, D. W. (1965). Functional evaluation: The Barthel index. *Maryland tate Medical Journal, 240*, 622-630.

Mahoney, M. J. (1974). *Cognition and behavior*

modification. Cambridge, MA: Bollinger.

Manser, G., & Cass, R. H. (1976). *Voluntarism at the crossroads*. New York: Family Service Association of America.

Marshall, T. H. (1970). *Social Policy*. London: Hutchinson.

Matthias, R. E. et al. (1997). Sexual activity and satisfaction among very old adults. *The Gerontologist, 37*(1), 6-14.

McClusky, H. (1974). Education for aging. In S. M. Grabowski & W. D. Mason (Eds.), *Learning for aging*. Washington, DC: Adult Education fo the USA.

McDonald, L. (1996). Abuse and neglect of elders. In J. E. Birren et al. (Eds.), *Encyclopedia of gerontology* (vol. 1, pp. 1-10). New York: Academic Press.

McDonald, P. A., & Haney, M. (1997). *Counseling the older adult: a training manual in clinical gerontology* (2nd ed.). SF: Jossey-Bass.

McGuire, F. A., Boyd, R. K., & Tedrick, R. T. (1996). *Leisure and aging: Ulyssean living in later life* (3rd ed.). Champaign, IL: Sagamore Publishing.

McGwan, T. G. (1996). Ageismand discrimination. In J. E. Birren et al. (Eds.), *Encyclopedia of gerontology* (vol. 1, pp. 71-80). New York: Academic Press.

Meichenbaum, D. (1977). *Cognitive behavior modification*. New York: Plenum.

Midanik, L., Sokhikian, K. Ransom, L. J., & Tekawa, I. S. (1995). The effect of retirement on mental health and health behavior. *Journal of Gerontology, 50*, s59-61.

Miller, S. J. (1965). The social dilemma of the aging leisure participant. In A. M. Rose & W. A. Peterson (Eds.), *Older people and their social world* (pp. 77-92). Philadelpia: F. A. Davis.

Morgan, D. L., Schuster, T. L., & Butler, E. W. (1991). Role reversals in the exchange of social support. *Journal of Gerontology, 46*(5), s278-287.

Morley, J. E., & Berg, L. (Eds.)(2000). *Endocrinology of Aging*. NJ: Humana Press.

Moxley, D. P. (1989). *The practice of case management*. New York: Sage.

Murphey, J. F. (1975). *Recreation and leisure services: A humanistic perspective*. Dubuque, IA: Brown Press.

National Association of Social Workers [NASW]. (1992). *Standards for the classification of social work practice*. Washington, DC: NASW.

National Association of Social Workers. (1995). *Encyclopedia of social work* (19th ed.). Washington, DC: NASW.

Neugarten, B. L. (1974). Age Groups in American Society and the rise of the young-old. *The Annals of the American Academy of Political and Social Science, 415*(1), 187-198.

Neugarten, B. L., & Neugarten, D. A. (1987). The changing meaning of age. *Psychology Today, 21*(5), 29-33.

Neugarten, B., & Weinstein, K. (1964). The changing American grandparent. *Journal of Marriage and the Family, 26*, 199-204.

Nordhus, I. H., VandenBods, G. R., Berg, D.,

& Fromholt, P. (Eds.). (1998). *Clinical geropsychology*. Washington, D.C.: American Psychological Association.

O'Connor, G. (1988). Case management: System and practice. *Social Casework, 33*(1), 97-106.

OECD. (2005. 3.). *The Impact on demand factor market and growth*.

OECD. (2023. 12.). *Pension at a glance 2023*.

Palmore, E. B., Burchett, B. M., Fillenbaum, G. G., George, L. K., & Wallman, L. M. (1985). *Retirement: Causes and consequences*. New York: Springer.

Palmore, E. B., Fillenbaum, G. G., & George, L. K. (1982). Predictors of retirement. *Journal of Gerontology, 37*, 733-742.

Parker, S. (1976). *Leisure: The basis of leisure*. London: Faber.

Passuth, P. M., & Bengtson, V. L. (1988). Sociological theories of aging. In J. E. Birren & V. L. Bengtson (Eds.), *Emergent theories of aging* (pp. 333-355). New York: Springer.

Patti, R. J. (1983). *Social welfare administration: Managing social programs in a developmental context*. Englewood Cliffs, NJ: Prentice-Hall.

Pattison, E. M. (1977). *The experience of dying*. Englewood Cliffs, NJ: Prentice-Hall.

Peterson, D. A. (1983). *Facilitating education for older learners*. San Francisco: Jossey-Bass.

Peterson, P. G. (2002). 노인들의 사회, 그 불안한 미래 (강연희 역). 서울: 에코리브르.

Pillemer, K., & Finkelhor, D. (1988). The prevalence of elder abuse. *The Gerontologist, 28*(1), 51-57.

Quinn, M. J., & Tomita, S. K. (1986). *Elder abuse and neglect*. New York: Springer.

Rando, T. A. (1993). *Treatment of complicated mourning*. Champaign, IL: Research Press.

Rapp, C., & Poertner, J. (1992). *Social administration: A client-centered approach*. New York: Longman.

Ray, M. et al. (2015). Gerontological social work: reflections on its role, purpose and value. *The British Journal of Social Work, 45*(4), 1296-1312.

Rein, M., & Salzman, H. (1995). Social integration, participation and exchange in five industrial countries. In S. C. Bass (Ed.), *Older and active: How Americans over 55 are contributing to society* (pp. 237-262). New Harven: Yale University Press.

Rein, M., & Turner, J. (1999). Work, family state, and market: Income packaging older households. *International Social Security Review, 42*, 95-106.

Reis, M., & Gold, D. P. (1993). Retirement, personality, and life satisfaction. *Journal of Applied Gerontology, 12*, 261-282.

Riegel, K. F. et al. (1976). A study of the dropout rates in logitudinal research on aging and the prediction of death. *Journal of Personality and Social Psychology, 5*, 342-348.

Robbins, G., Powers, D., & Burgless, S. (1997). *A wellness way of life*. Chicago: Brown and Benchmak.

Robinson, M. M. (2000) Case management for social workers: A gerontological appraoch.

In R. L. Schneider N. C. Kropf, & A. J. Kosor (Eds.), *Gerontological social work: Knowledge, service settings, and special populations* (2nd ed., pp. 136-164). Pacific Grove, CA: Brooks/Cole.

Rosow, I. (1985). Status and role change through the life cycle. In R. H. Binstock et al. (Eds.), *Handbook of aging and the social sciences* (2nd ed., pp. 62-93). New York: Van Nostrand Reinhold.

Rothman, T. (1991). A model of case management: Toward epirically based practice. *Social Work, 36*(6), 520-528.

Rowe, J. W., & Kahn, R. L. (1998). *Successful aging.* New York: Pantheon Books.

Royse, D., Thyer, B. A., Padgett, D. K., & Logan, T. K. (2000). *Program evaluation: An introduction* (3rd ed.). Pacific Grove, CA: Brooks/Cole.

Rubington, E., & Weinberg, M. S. (1981). *The study of social problems.* New York: Oxford University Press.

Ruth, J. (1996). Personality. In J. E. Birren et al. (Eds.), *Encyclopedia of gerontology* (vol. 2, pp. 281-294). New York: Academic Press.

Ryff, C. D. (1989). In the eye of beholder: Views of psychological well-being among middleaged and older adult. *Psychology and Aging, 4*, 195-210.

Saltz, C. C. (1997). *Social work response to the White House conference on aging.* New York: Haworth Press.

Sanderson, W. C., & Scherbov, S. (2013). The characteristics approach to the measurement of population aging. *Population and Development Review, 39*(4), 673-685.

Saunders, C. (Ed.). (1990). *Hospice and palliative care: An interdisciplinary approach.* London: Edward Arnold.

Schaie, C. D. (1990). Intellectual development in adulthood. In J. E. Birren & K. W. Schaie (Eds.), *Handbook of the psychology of aging* (3rd ed., pp. 291-310). New York: Academic Press.

Schneider, R. L., Kropf, N. C., & Kosor, A. J. (Eds.). (2000). *Gerontological social Work: Knowledge, service settings, and special populations* (2nd ed.). Pacific Grove, CA: Brooks/cole.

Schroots, J. J. F. (1996). Theories of aging: Psychological. In J. E. Birren et al. (Eds.), *Encyclopedia of gerontology* (vol. 2, pp. 557-567). New York: Academic Press.

Schultz, J. H. (1985). *The economics of aging.* Belmont, CA: Wadsworth.

Schwab, D., & Heneman, H. (1977). Effects of age and experience on productivity. *Industrial Gerontology, 4*, 113-117.

Seelbach, W. C. (1977). Gender differences in expectations for filial responsibility. *The Gerontologist, 17*, 506-512.

Sharkey, A., & Sharkey, N. (2012). Granny and the robots: ethical issues in robot care for the elderly. *Ethics and Information Technology, 14*(1), 27-40.

Simonton, D. K. (1990). Does creativity decline in later years? In M. Permutter (Ed.), *Late life potential* (pp. 83-112). Washington, DC: Gerontological Society of America.

Solomon, P. (1992). The efficacy of case management services for severely mentally disabled clients. *Community Mental Health Journal, 28*, 163-180.

Steinberg, R. M., & Carter, G. W. (1983). *Case management and the elderly*. Lexington, MA: Lexington Books.

Strehler, B. L. (1977). *Time, cells, and aging* (2nd ed.). New York: Academic Press.

Suzman, R. M. (2001). Oldest old. In G. L. Maddox et al. (Eds.), *The encyclopedia of aging* (Vol. 2., pp. 769-771). CA: Springer.

Thorman, G. (1995). *Counseling older persons: A professional handbook*. Springfield, IL: Charles C. Thomas Publisher.

Thorson, J. A. (2000). *Aging in the changing society* (2nd ed.). Pennsylvania: Brunner/Mazel.

Titmuss, R. (1974). *Social policy*. London: George Allen & Unwin.

Tornstam, L. (1994). Gerotranscendence: A theoretical and empirical exploration. In L. E. Thomas & S. A. Eisenhandler (Eds.), *Aging and the religious dimension* (pp. 203-225). Westport, CT: Greenwood Publishing Group.

UN Center for Human Rights. (2005). 인권과 사회 복지실천(이혜원 역). 서울: 학지사.

United Nations. (2019). *World Population Aging*.

United Nations. (2023). *World social report 2023: Leaving no one behind in an ageing world*.

United Nations. (2024). *World population prospects 2024: Summary of results*.

United States Department of Labor (2016). *Volunteering in the United States, 2015*.

United State Ombudsman Association. (2003). *Governmental Ombudsman Standards*.

United State Ombudsman Association. (2004). *Model Ombudsman Act for State Governments*.

Valliant, G. E. (2004). 10년 일찍 늙는 법, 10년 늦게 늙는 법(이덕남 역). 서울: 나무와 숲.

Van Tilburg, T. (1992). Support networks before and after retirement. *Journal of Social & Personal Relationships, 9*, 443-445.

Vercruyssen, M. et al. (1996). Gerontechnology in J. E. Birren (Eds.), *Encyclopedia of gerontology: Age, aging and the aged(1)* (pp. 593-603), CA: Academic Press.

Wallice, P. (2001). 증가하는 고령인구, 다시 그리는 경제지도 (유재천 역). 서울: 시유시.

Weg, R. B. (1996). Sexuality, sensyality, and intimacy. In J. E. Birren et al. (Eds.), *Encyclopedia of gerontology* (vol. 2, pp. 479-488). New York: Academic Press.

Weil, M., & Karls, J. M. (1985). *Case management in human services*. California: Jossey-Bass Inc.

Weisman, A. (1972). *On dying and denying*. New York: Behavioral Publications.

White, L. K., Booth, A., & Edwards, J. N. (1986). Children and marital happiness. *Journal of Family Issues, 7*, 131-149.

Whitlatch, C. J., & Noelker, L. S. (1996). Caregiving and Caring. In J. E. Birren et al. (Eds.), *Encyclopedia of gerontology* (vol. 1, pp. 253-268). New York: Academic Press.

Wiehe, V. R. (1998). *Understanding family*

violence. Beverly Hills, CA: Sage Publications.

Wilensky, H. L., & Lebeaux, C. N. (1965). *Industrial society and social welfare*. New York: Free Press.

Witkin, B. R. (1984). *Assessing needs in educational and social programs: Using information to make decisions, set priorities, and allocate resources*. San Francisco: Jossey-Bass.

Wolf, R. S., & Li, D. (1999). Factors affecting the rate of elder abuse reporting to a state protective service program. *The Gerontologist, 39*(2), 222-228.

Wolkove, N., Elkholy, O., Baltzan, M. & Palayew, M. (2007). Sleep and aging: 1. Sleep disorders commonly found in older people. *CMAJ, 176*(9), 1299-1304.

World Health Organization (2002). *Active aging: A policy framework*.

World Health Organization (2020). *Global health estimates 2019: deaths by cause, age, sex, by country and by region(2000-2019)*.

World Health Organization (2024). *ICD-11 for Mortality and Morbidity Statistics*.

Wortman, C. B., & Silver, S. C. (1989). The myth of coping with loss. *Journal of Clinical Consulting Psychology, 57*, 349-357.

Wylon, A. (1980). *Design for leisure entertainment*. Boston: Butter Worth Inc.

Xie, L., Zhang, J. Peng, F & Jiao, N.(2010). Prevalence and related influencing factors of depressive symptoms for empty-nest elderly living in the rural area of Yong Zhou, China.

Archives of Gerontology and Geriatrics, 50(1), 24-29.

Yates, F. E. (1996). Theories of aging: Biological. In J. E. Birren et al. (Eds.), *Encyclopedia of gerontology* (vol. 2, pp. 545-555). New York: Academic Press.

York, R. O. (1983). *Human service planning: Concepts, tools and methods*. Chapel Hill, NC: The University North Carolina Press.

Zastrow, C. (1992). *The practice of social work*. Belmont, CA: Wadsworth.

〈**Website**〉

건강보험심사평가원(www.hira.or.kr)
경제개발협력기구(OECD)(www.oecd.org)
고용노동부(www.moel.go.kr)
공무원연금공단(www.geps.or.kr)
교육부(www.moe.go.kr)
국가법령정보센터(www.law.go.kr)
국가인권위원회(www.humanrights.go.kr)
국가통계포털(kosis.kr)
국민건강보험공단(www.nhis.or.kr)
국민건강보험공단 노인장기요양보험(www.longtermcare.or.kr)
국민연금공단(www.nps.or.kr)
국방부(www.mnd.go.kr)
국제연합(UN)(www.un.org)
국토교통부(www.molit.go.kr)
국회 의안정보시스템(likms.assembly.go.kr)
금융감독원(www.fss.or.kr)
기초연금(basicpension.mohw.go.kr)
기획재정부(www.moef.go.kr)
농지은행 농지연금(www.fbo.or.kr)

뉴질랜드 의회 옴부즈맨(www.ombudsmen.parliament.nz)

대한노인회 취업지원본부(www.대한노인회.com)

대한민국 정책브리핑(www.korea.kr)

미국 은퇴자협회(www.aarp.org)

미국 호스피스협회(www.nhpco.org)

보건복지부(www.mohw.go.kr)

복지로(www.bokjiro.go.kr)

사립학교교직원연금공단(www.tp.or.kr)

사회보장정보원(www.ssis.or.kr)

사회복지공동모금회(www.chest.or.kr)

삼성노블카운티(www.samsungnc.com)

서울노인복지센터(www.seoulnoin.or.kr)

세계보건기구(www.who.int)

위키백과(ko.wikipedia.org)

잡코리아(www.jobkorea.co.kr)

저출산고령사회위원회(betterfuture.go.kr)

중앙노인보호전문기관(www.noinboho.or.kr)

중앙선거관리위원회(www.nec.go.kr)

중앙치매센터(www.nid.or.kr)

중앙호스피스센터(hospice.go.kr:8444)

청와대(www.president.go.kr)

퇴직연금(www.moel.go.kr/pension/)

한국노년학회(www.tkgs.or.kr)

한국노인복지중앙회(www.elder.or.kr)

한국노인인력개발원(www.kordi.or.kr)

한국노인종합복지관협회(www.kaswcs.or.kr)

한국보건사회연구원(www.kihasa.re.kr)

한국시니어클럽협회(www.silverpower.or.kr)

한국재가노인복지협회(www.kacold.or.kr)

한국주택금융공사(www.hf.go.kr)

그 외 언론사 및 주요 포털사이트

찾아보기

저자 소개

권중돈(Kwon, Jungdon 權重燉), kjd716@mokwon.ac.kr

1960년 늦여름 경남 의령의 작은 동네에서 태어나 성장하였고, 숭실대학교에서 영어영문학을 전공하고 사회사업학을 부전공하였으며, 연세대학교 대학원에서 사회사업학 석사와 박사 과정을 이수하였다.

가족, 정신장애, 노인, 전통사회복지라는 네 가지 주제에 관심을 갖고 연구하여, 치매가족의 부양부담에 관한 주제로 박사학위논문을 제출하였다. 이후『한국치매가족 연구』『치매와 가족』『치매환자를 위한 프로그램의 실제』『인간행동과 사회환경』『인간행동과 사회복지실천』『집단사회사업방법론』『자원봉사의이해와 실천』『사회복지학개론』『노인복지론』『노인복지 프로그램 개발의 실제』『인권과 노인복지실천』『복지, 논어를 탐하다』『복지, 맹자에서 길을 찾다』『길에서 만난 복지: 해파랑길 770km를 걸으며』『사회복지사의 길: 99가지 실천지혜』등의 노인복지와 사회복지실천 그리고 전통사회복지 분야의 저서와 논문을 주로발표하였다.

보건복지부 산하 연구원인 한국보건사회연구원의 주임연구원으로 재직하였으며, 1995년부터 목원대학교 사회복지학과 교수로 재직하고 있다. 또한 보건복지부와 대전광역시청, 사회복지공동모금회, 삼성복지재단, 현대자동차, 아산사회복지재단을 비롯한 여러 사회복지기관과 단체의 각종 위원으로 활동하였다.

노인복지론(9판)
Welfare for the aged (9th ed.)

2004년 9월 15일 1판 1쇄 발행
2006년 9월 15일 1판 5쇄 발행
2007년 3월 30일 2판 1쇄 발행
2008년 3월 20일 2판 4쇄 발행
2009년 3월 5일 3판 1쇄 발행
2010년 3월 5일 4판 1쇄 발행
2012년 1월 20일 4판 6쇄 발행
2012년 9월 13일 5판 1쇄 발행
2015년 1월 20일 5판 6쇄 발행
2016년 2월 15일 6판 1쇄 발행
2019년 3월 20일 6판 7쇄 발행
2019년 7월 15일 7판 1쇄 발행
2021년 8월 20일 7판 4쇄 발행
2022년 1월 30일 8판 1쇄 발행
2023년 10월 20일 8판 4쇄 발행
2025년 3월 5일 9판 1쇄 발행

지은이 • 권중돈
펴낸이 • 김진환
펴낸곳 • ㈜ **학지사**

04031 서울특별시 마포구 양화로 15길 20 마인드월드빌딩
대표전화 • 02-330-5114   팩스 • 02-324-2345
등록번호 • 제313-2006-000265호

홈페이지 • http://www.hakjisa.co.kr
인스타그램 • https://www.instagram.com/hakjisabook

ISBN 978-89-997-3341-3 93330

정가 25,000원

출판미디어기업 **학지사**

간호보건의학출판 **학지사메디컬** www.hakjisamd.co.kr
심리검사연구소 **인싸이트** www.inpsyt.co.kr
학술논문서비스 **뉴논문** www.newnonmun.com
교육연수원 **카운피아** www.counpia.com
대학교재전자책플랫폼 **캠퍼스북** www.campusbook.co.kr